SQL 초보자를 위해 친절하게 설명한

2025
SQLD
SQL 개발자

앱 인증 코드표

자세한 설명은 [사용 설명서]의 "A11"페이지를 참고하세요.

1	ZLIHUM	11	BGGDSC	21	SQCNPU
2	HEGRGV	12	GULGOX	22	XIVOFU
3	QGEQMZ	13	DUZKQI	23	CIBSCK
4	DYNLUC	14	ACKMBY	24	RDEYUX
5	XDZJOB	15	ZEYTAG	25	NTEQQU
6	OBAWXE	16	LUXQCN	26	FLRSQX
7	GCGWJL	17	EDMOMP	27	YVDQPH
8	VOUUCY	18	AJZLNO	28	VHCMOK
9	LGDRND	19	XIEGOD	29	XGZZWF
10	AVTSVQ	20	FWISRT	30	PUMEQI

SQL 초보자를 위해 친절하게 설명한

2025
SQLD SQL 개발자

지은이 **전용문** 감수 송영민

펴낸이 **박찬규** 엮은이 **이대엽, 윤가희, 전이주** 디자인 **북누리** 표지디자인 **아로와 & 아로와나**

펴낸곳 **위키북스** 전화 031-955-3658, 3659 팩스 031-955-3660

주소 **경기도 파주시 문발로 115 세종출판벤처타운 #311**

가격 **26,000** 페이지 **584** 책규격 **188 x 240mm**

초판 발행 **2025년 02월 05일**

ISBN **979-11-5839-568-1 (13000)**

등록번호 **제406-2006-000036호** 등록일자 **2006년 05월 19일**

홈페이지 **wikibook.co.kr** 전자우편 **wikibook@wikibook.co.kr**

SQL 초보자를 위해 친절하게 설명한

2025
SQLD
SQL 개발자

전용문 지음, 송영민 감수

위키북스

서문

지은이 _ **전용문**

이 책은 너무나 당연하게도 SQLD 자격 검정을 위한 책이지만, 개인적으로 제 삶의 일부가 담긴 기록이기도 합니다. 문과생이자 비전공자인 저는 오래전에 SQL을 처음 접했을 때, 당혹스러움과 걱정으로 머릿속이 하얘졌던 기억이 납니다. 실무에서 SQL을 어떻게 사용해야 할지 막막했고, SQL을 친절히 설명해 줄 지인도 없었기에 하나하나 독수리 타법으로 쿼리문을 입력하며 공부했습니다.

책의 서문을 이렇게 감성적으로 시작한 이유는 SQL을 처음 접하는 초심자, 문과생, 비전공자들을 응원하고 싶었기 때문입니다. 시험 준비를 앞두고 어떤 책을 선택해야 할지 고민하며 리뷰를 검색하거나, 주변에 물어보거나, 서점에서 목차를 훑어보며 직접 비교도 해보셨을 것입니다. 저 역시 처음에는 그렇게 시작했기에, 어떻게 하면 조금 더 쉽게 SQL을 공부할 수 있을지 고민하며 이 책을 집필하게 되었습니다. 그래서 '이래도 되나?' 싶을 정도로 쉽고 친절하게 쓰고자 노력했습니다. 때로는 편집자가 설명이 지나치게 많다는 지적을 할 정도였습니다. 전문가의 의견을 존중해 일부 내용을 수정하긴 했지만, 쉽고 친절하게 쓰겠다는 제 집필 원칙만큼은 확고히 지켰습니다. 그래서 이 책을 구입하기 전에 서문을 읽고 계신 독자분들께 한 가지 당부드리고 싶습니다.

만약 실무에서 이미 SQL을 사용한 경험이 있거나, 교육기관에서 SQL 기초를 배운 적이 있다면 이 책을 선택하지 않아도 됩니다. 그런 분들에게는 압축적으로 요약된 시중의 다른 교재를 구입하시는 것을 추천합니다. 하지만 SQL을 처음 접하는 분들에게는 이 책보다 쉬운 SQLD 수험서는 없을 것이라고 장담합니다.

이 책은 초심자, 문과생, 비전공자가 한 달 동안 이 책으로 시험 준비를 하며 좋은 결실을 볼 수 있도록 설계했습니다. 작은 단락인 '절'이 끝날 때마다 핵심 문제로 기억을 점검할 수 있도록 했고, 하나의 '장'이 끝날 때마다 기본 문제를 수록했습니다. 또한 최신 기출문제와 모의고사를 통해 실전에 철저히 대비할 수 있도록 알차게 구성했습니다.

SQLD 시험은 실무에서 잘 사용하지 않는 쿼리들이 종종 출제되기도 합니다. 그래서 오히려 실무 경험이 있는 수험생이 원하는 결과를 얻지 못하는 경우도 종종 있습니다. 특히 2024년부터는 문제의 출제 경향이 변경되었고, 출제 난이도도 높아졌습니다. 따라서 초심자, 문과생, 비전공자에게 결코 쉬운 시험이 아닐 수 있습니다. 그러나 미리 겁먹을 필요는 없습니다. 철저히 준비하면 충분히 좋은 결과를 얻을 수 있기 때문입니다. 이 책은 기출문제 유형을 꼼꼼히 분석하여 본문의 설명에 반영함으로써 독자의 이해도를 높이고자 했습니다. 또한, 기출문제와 유사한 문제들을 반복적으로 제공해 높은 학습 효과를 거둘 수 있도록 구성했습니다.

이 책에 담긴 저의 잔소리 하나하나가 거대한 바다에서 흰수염고래가 먹는 플랑크톤이나 크릴새우 같은 영양분이 되기를 바랍니다. 이 책이 더 큰 세상으로 헤엄쳐 가는 여정에서 지치지 않고 함께할 수 있는 든든한 조력자가 되기를 진심으로 소망합니다. 일과 글쓰기를 병행하느라 기획에서 출간까지 소요된 약 1년 정도의 기간을 기다려주시고, 집필에 큰 힘을 실어주신 위키북스 박찬규 대표님께 진심으로 감사드립니다. 그리고 제 거친 원고를 잘 다듬어주신 윤가희 에디터 님과, 오랜 실무 경험을 바탕으로 문제와 내용을 꼼꼼히 감수해 주신 송영민 님께도 깊은 감사를 전합니다.

감수 _ **송영민**

글쓴이와 오랜 인연으로 이 책의 감수를 맡기로 했지만, 솔직히 걱정이 앞섰습니다. 실무에서 SQL을 사용한 지 26년이 넘었지만, 여전히 제가 모르는 부분이 분명히 있기 때문입니다.

제가 과연 이 책을 감수할 자격이 있는지 고민했지만, 현장에서 쌓아온 노하우를 조금이라도 나눌 기회가 될 수 있겠다는 생각과, 이 책의 완성도를 높이는 데 작게나마 보탬이 되고자 하는 마음으로 감수를 수락하게 되었습니다.

현장에서 오랜 기간 쿼리를 작성하고 데이터를 만지며 놀았지만, SQLD 시험이 있다는 사실은 잘 알지 못했습니다. 감수를 맡기 전 어떤 시험인지 알아야겠다는 생각에 SQLD 시험에 응시했고, 다행히 합격은 했지만, 고득점을 받지는 못했습니다.

물론 시험공부를 열심히 했다고는 자신 있게 말할 수 없지만, 자존심이 상한 건 어쩔 수 없었습니다. 시험을 복기해보니, 시험을 위한 공부는 따로 있다고 생각하게 되었습니다. 그래서 수험생들에게는 본인에게 딱 맞는 수험서가 꼭 필요하다는 것을 느꼈습니다.

이 책은 이 분야에 처음 발을 디딘 저자가 온몸으로 부딪치며 겪은 경험을 자신의 것으로 소화한 후, 선한 의지로 다른 이들과 나누고자 하는 마음이 절절히 드러나 있습니다. 저자는 외롭게 고군분투했지만, 이 길에 들어설 후배들은 시행착오를 줄였으면 하는 바람을 담은 것 같습니다.

전공자이자 오랜 실무자인 저도 이 책을 감수하며 초심이 떠올라 개인적으로는 감수하는 동안 설레기도 했습니다. 부디 독자분들께도 저자의 진심이 온전히 전달되기를 바랍니다. 이 책과 함께 후회 없는 한 달을 보내시고, SQLD 시험에 꼭 한 번에 합격하시길 진심으로 기원합니다.

{EASY PASS}

2025 SQLD

사용 설명서

[1] 매일 하루 1개 Subsection 한달 완성

이 책과 함께 하루에 2~3시간 정도 시간을 할애하여 매일 20쪽 내외의 Subsection 하나를 학습하는 것을 기준으로 삼았습니다. 물론 수험생마다 이보다 더 짧은 시간에 가능할 수도 있고 혹은 시간이 더 소요될 수도 있습니다. 각 개인의 여건에 따라 탄력적으로 응용하시면 됩니다. 공부를 하면서 도 저히 하루에 20쪽 내외의 분량을 소화하기 어려울 경우 2일 과정을 3일로 조율하는 등 탄력적으로 수정해서 계획을 세우길 바랍니다.

【 SQLD 과목별 문항 및 배점 】

과목	과목명	문항수	배점	합격기준
I 과목	데이터 모델링의 이해	10	20	합격 총점 60점 이상
II 과목	SQL 기본 및 활용	10	80	과락 과목별 40% 미만
계		50	100	(총점이 합격점을 넘어도 과락 있을 시 불합격)

더 자세한 수험 정보는 한국데이터산업진흥원 데이터 자격검정 사이트 'dataq.or.kr'을 참고하기 바랍니다.

【 SQLD 한달 스터디 계획 】

과목명(Chapter)	주요항목(Section)	세부항목(Subsection)	DAY
1과목 데이터 모델링의 이해	1장 데이터 모델링의 이해	1. 데이터모델의 이해 2. 관계형 데이터베이스 개요	1_day
		3. 엔터티 4. 속성	2_day
		5. 관계	3_day
		6. 식별자	4_day

[1] 깊이감을 더하는 '참고 BOX'

좀 더 자세한 내용을 알고 싶을 때 '참고 BOX'를 활용하세요. 본문 곳곳에
수시로 등장하여 본문의 내용을 보충하고, 본문의 이해를 도와줍니다.

[2] 친절한 'TIP BOX'

시험에 자주 나오는 중요한 개념이거나 반드시 체크해야 할 내용은 본문 중간 중간에
'TIP BOX'를 구성하여 수시로 중요도를 파악할 수 있게 했습니다.

[3] 복잡한 내용을 한눈에 알기 쉽게 정리

이 책에는 독자의 이해를 돕기 위해 표, 그림,
다이어그램, 그래프 등 다양한 시각 자료들을
활용하여 구성했습니다.

[4] 복잡한 쿼리를 친절하게 해설

쿼리문의 행마다 의미하는 바를 친절하게
설명하고 결과와 비교하여, 쿼리문으로
어떤 결과가 나타나는지 눈으로 쉽게 확인
할 수 있도록 집필&편집했습니다.

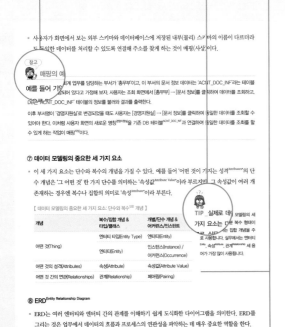

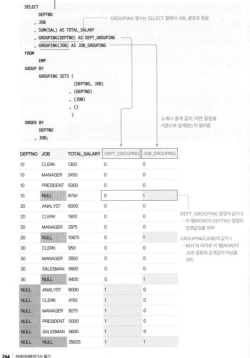

A8

1과목 1장 기·본·문·제

01. 데이터 모델링의 정의로 가장 적절한 것은 무엇인가?

① 데이터베이스 설계를 위한 물리적 구조 생성
② 현실 세계의 데이터를 약속된 표기법에 의해 표현하는 과정
③ 데이터의 무결성을 보장하기 위한 정규화 과정
④ 데이터베이스의 성능 최적화를 위한 인덱스 설계 과정

02. 다음은 데이터 모델링의 세 가지 단계 중 어떤 단계에 대한 설명인가?

• 시스템으로 구축하고자 하는 업무에 대해 키(Key), 속성, 관계 등을 정확하게 표현
• 높은 재사용성을 가짐
• 추상적 수준의 모델링 진행

① 개념적 데이터 모델링　　　　② 논리적 데이터 모델링
③ 물리적 데이터 모델링　　　　④ 구조적 데이터 모델링

[5] 핵심문제와 기본문제로 점검

본문의 '절'마다 공부가 끝나면 곧바로 자신이 공부한 내용 중 핵심 사항을 문제로 확인할 수 있도록 별도의 핵심문제를 수록했습니다. 문항 수가 많지는 않지만 해당 '절'의 가장 중요한 내용이니 꼭 확인하세요. '장'이 끝나면 약 20~30 문제의 기본문제를 꼭 풀어보세요. 핵심문제보다 난이도가 높은 문제로 출제했습니다.

[6] 모의고사와 최신 기출 문제로 최종 점검

모의고사 2회분과 최신 기출 문제 2회분을 수록했습니다. 시험을 보기 전, 최종적으로 모의고사를 통해 자주 틀리는 문제 유형과 핵심 내용을 빠르게 점검할 수 있습니다. 기출 변형 문제로 최근 달라진 기출 경향을 파악할 수 있습니다.

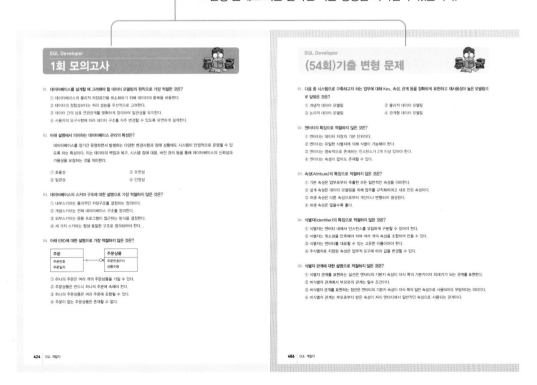

[7] 자투리 시간 활용을 위한 수험용 앱 활용

지하철에서 혹은 누구를 기다릴 때, 자투리 시간을 이
용해 앱으로 공부할 수 있습니다.

■ 애플 앱스토어 또는 구글 플레이스토어에서 'SQLD'로
검색하거나 오른쪽 주소에서 내려받을 수 있습니다.

https://bit.ly/이지패스sqld앱 ➡

■ SQLD 시험의 기본 정보와 시험 일정을 확인할 수 있
습니다. 시험 일정에 있는 [알림] 버튼을 탭하면 캘린
더에 일정이 저장됩니다.

■ 모의고사에서는 문제를 풀어볼 수 있습니다. [정답보기] 버튼을 누르면 정답과 해설을 살펴볼 수 있고, 문제를 모두 푼 후에는 채점 결과가 나옵니다. [오답확인]에서는 틀린 문제를 다시 풀어볼 수 있습니다

■ SQLD 앱의 일부 기능은 도서 구매 인증이 필요합니다. 인증 코드를 입력하라는 화면이 나오면 표시된 번호에 해당하는 코드를 아래 표에서 찾아 정확하게 입력합니다.

1	ZLIHUM	11	BGGDSC	21	SQCNPU
2	HEGRGV	12	GULGOX	22	XIVOFU
3	QGEQMZ	13	DUZKQI	23	CIBSCK
4	DYNLUC	14	ACKMBY	24	RDEYUX
5	XDZJOB	15	ZEYTAG	25	NTEQQU
6	OBAWXE	16	LUXQCN	26	FLRSQX
7	GCGWJL	17	EDMOMP	27	YVDQPH
8	VOUUCY	18	AJZLNO	28	VHCMOK
9	LGDRND	19	XIEGOD	29	XGZZWF
10	AVTSVQ	20	FWISRT	30	PUMEQI

[8] 독자의 궁금증을 해결해주는 Q&A 커뮤니티 운영!

네이버 카페 '이지패스 ADsP, SQLD'에서 독자들을 위한 SQLD 커뮤니티를 운영합니다. 커뮤니티에서 궁금한 점을 해결하고, 책에 수록되지 않은 정보와 최신 자료들도 얻을 수 있습니다.

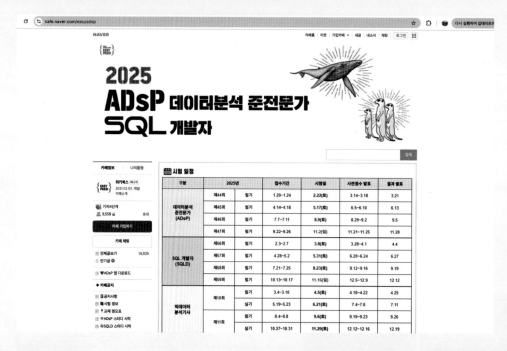

네이버 카페 주소
https://cafe.naver.com/easyadsp

01 과목

데이터 모델링의 이해

02 과목

SQL 기본과 활용

목차

오라클
실습 환경 구축하기

한국데이터진흥원에서 주관하는 SQLD 시험은 오라클 데이터베이스를 기준으로 출제됩니다. SQL 언어 대부분은 ANSI SQL(미국표준협회에서 정한 SQL 표준)을 따르지만, 각 SQL 언어마다 약간의 차이가 있습니다. 특히 오라클(ORACLE)의 SQL 문법은 다른 SQL 문법과 다소 차이가 있으므로, 시험 출제 기준에 맞춰 오라클 환경에서 실습하는 것을 추천합니다.

오라클 실습 환경은 크게 두 가지 형태로 구축할 수 있습니다. 첫 번째 방법은 언제 어디서나 접속할 수 있는 오라클 라이브 SQL(ORACLE Live SQL) 서비스를 이용하는 방법으로, 실습 환경을 구축하기 가장 쉬운 방법입니다. 두 번째 방법은 개인 PC에 오라클 DBMS를 설치해 실습하는 방법입니다.

[1] 오라클 라이브 SQL 서비스 이용하기

오라클 클라우드의 오라클 클라우드 프리 티어(Oracle Cloud Free Tier)를 이용하면 클라우드 환경에서 무료로 SQL을 실습할 수 있습니다. 클라우드 환경에 익숙하다면 이 방법으로 실습해도 좋지만, 인스턴스를 생성하고 오라클 DBMS를 설치하는 과정이 초보자에게는 다소 어려울 수 있습니다. 대신, 온라인에서 편하게 실습할 수 있는 오라클 라이브 SQL 서비스를 추천합니다. 오라클 라이브 SQL 서비스는 별도의 설치나 설정 없이 매우 간편하게 실습할 수 있습니다.

01. 오라클 라이브 SQL 서비스에 접속합니다.

- **오라클 라이브 SQL**: https://www.oracle.com/database/technologies/oracle-live-sql/

  오라클 정책에 따라 링크가 변경될 수 있습니다. 링크가 동작하지 않는다면, 검색 엔진에서 'ORACLE Live SQL'을 검색해 접속합니다.

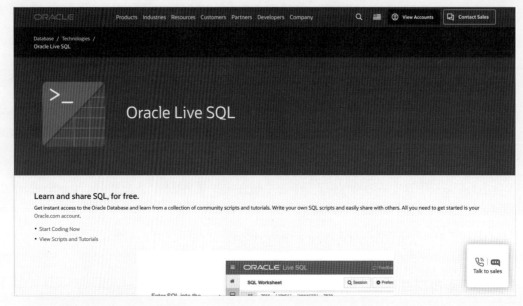

그림 0.1 오라클 라이브 SQL 서비스 접속하기

02. 오라클 라이브 SQL 서비스를 이용하려면 오라클 계정이 필요합니다. 화면 중간에 있는 [Oracle.com ac-count] 링크를 클릭해 계정을 생성한 후 로그인합니다.

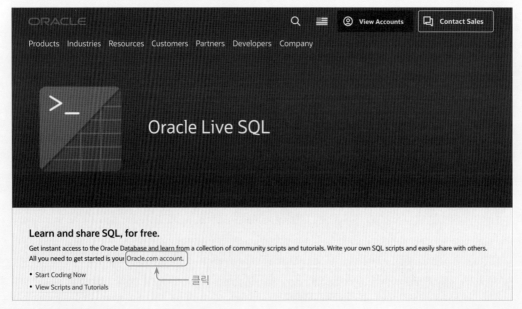

그림 0.2 오라클 계정 생성하기

03. 계정을 생성하고 로그인하면 다음과 같이 Live SQL 화면이 나타납니다. 화면 중앙에 있는 [Start Coding] 버튼
을 클릭합니다.

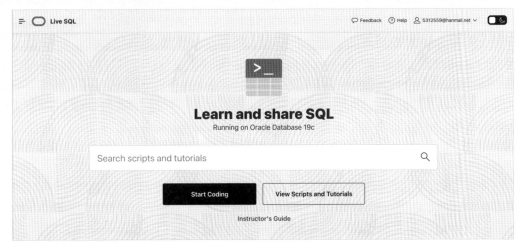

그림 0.3 오라클 라이브 SQL 접속하기

04. 다음과 같은 빈 화면이 나왔다면 실습을 위한 모든 준비는 끝났습니다. Live SQL에는 다양한 실습 파일이 준비돼
있습니다. 이어서 실습 파일을 열고 SQL 문을 실습하는 방법을 살펴보겠습니다. 먼저 화면 왼쪽 상단에 있는 =
아이콘을 클릭해 메뉴를 엽니다

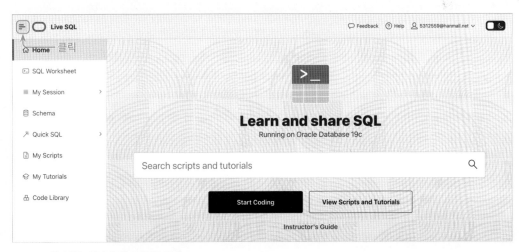

그림 0.4 화면 왼쪽 상단의 메뉴 아이콘 클릭

05. 왼쪽 메뉴에서 [Schema]를 클릭하면 미리 준비된 스키마가 보입니다.

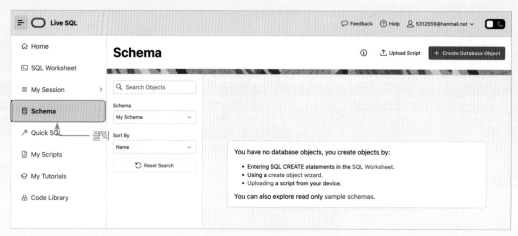

그림 0.5 Schema 메뉴 클릭

06. Schema 드롭다운 메뉴에서 SQLD 시험에 자주 등장하는 [Human Resource (HR)]를 선택하면 해당 스키마에 포함된 테이블(table)과 뷰(view)의 목록이 나옵니다.

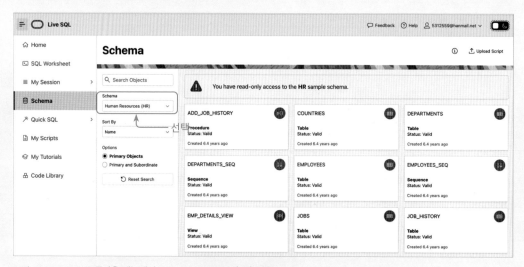

그림 0.6 Schema 드롭다운 메뉴에서 Human Resources(HR) 선택

07. 테이블과 뷰 목록에서 [EMPLOYEES] 테이블을 클릭해보겠습니다.

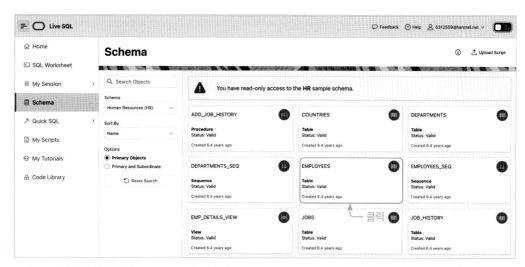

그림 0.7 테이블과 뷰 목록에서 EMPLOYEES 테이블 선택

08. 테이블을 선택하면 해당 테이블의 정보를 볼 수 있습니다. 오른쪽 상단의 ① [Copy Query] 버튼을 클릭하면 조회 쿼리가 클립보드에 복사됩니다. 쿼리를 복사한 다음 왼쪽 메뉴에서 ② [SQL Worksheet] 메뉴를 클릭해 워크시트를 열어보겠습니다.

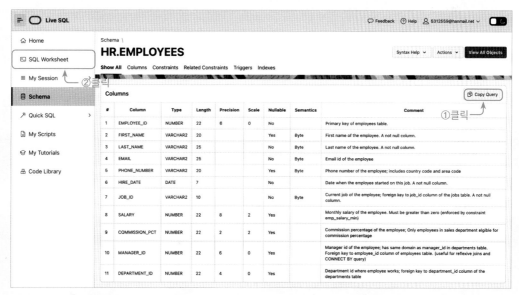

그림 0.8 테이블의 정보 확인

09. 위쪽에 있는 SQL 워크시트(SQL Worksheet) 영역은 SQL문을 입력하는 영역이고, 아래쪽 결과창은 SQL 실행
결과를 표시하는 영역입니다. SQL 워크시트에 복사해둔 ① 쿼리를 붙여 넣고, 오른쪽 상단의 ② [Run] 버튼을 클
릭하거나 스크립트 마지막 행에서 [Ctrl] + [Enter] 키를 누르면 SQL 문이 실행됩니다.

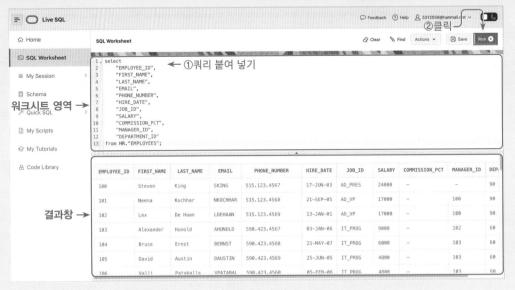

그림 0.9 SQL 워크벤치에서 SQL 실행하기

이제 실습 준비가 모두 끝났습니다. 이처럼 오라클 라이브 SQL 서비스를 이용하면 DBeaver와 같은 별도
의 관리 도구를 설치하지 않아도 간편하게 실습할 수 있습니다.

[2] Windows 운영체제에 '오라클 21c XE' 설치하기

이 책에서는 Windows 운영체제에 오라클 21c XE와 관리 도구인 DBeaver를 설치하는 과정을 설명하겠
습니다. 오라클의 전용 관리 도구인 오라클 SQL 디벨로퍼(Oracle SQL Developer)를 설치해도 괜찮지
만, 오라클 SQL 디벨로퍼는 설정이 까다롭고, 실무에서는 확장성이 뛰어난 DBeaver가 더 많이 사용됩니
다. 따라서 이 책에서는 DBeaver를 사용하겠습니다[1].

---

1 macOS 환경에서는 오라클이 정식 지원되지 않으므로, 도커와 Colima를 설치한 후 오라클 이미지를 사용해야 합니다. 이 책에서는 Windows 운영체
제에서의 설치 방법만 다루며, macOS에서의 설치 방법은 포함하지 않습니다.

'오라클 21c XE' 설치 전 필수 점검 사항

오라클 21c XE를 설치하기 위한 최소 하드웨어 사양과 필수 점검 사항은 다음과 같습니다.

하드웨어 사양

- OS: Windows 10, Windows 11(Windows 7의 경우, ORACLE 18c 버전을 선택)
- RAM: 최소 4GB 이상(원활한 구동을 위해 8GB 이상 권장)
- HDD: 여유 용량 8.5GB 이상

필수 점검 사항

- 사용자 이름이 한글일 경우 설치 도중 오류 발생할 수 있으므로 영문으로 변경 후 설치해야 합니다.

'오라클 21c XE' 설치하기

01. 'ORACLE Database XE' 다운로드 사이트에 접속한 후, Download 아래의 [Oracle Database 21c Express Edition for Windows x64] 링크를 클릭해 설치 파일을 내려받습니다.

- ORACLE Database XE 다운로드 사이트: https://www.oracle.com/kr/database/technologies/xe-downloads.html

그림 0.10 Oracle Database XE 설치 파일 내려받기

02. C드라이브에 내려 받은 파일의 압축을 풀고, OracleXE213_Win64 폴더에서 setup.exe 파일을 마우스 오른쪽 버튼으로 클릭한 다음 [관리자 권한으로 실행]을 선택합니다. 반드시 C 드라이브에서 압축을 풀고 관리자 권한으로 실행해야 합니다.

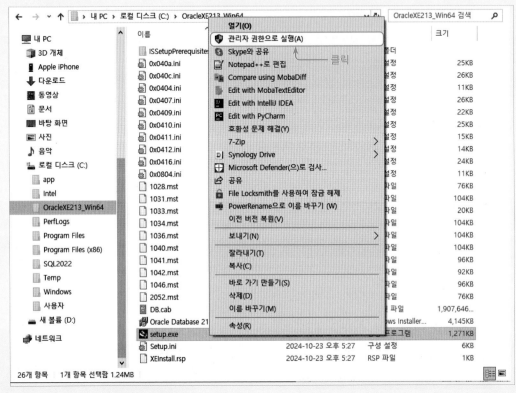

그림 0.11 관리자 권한으로 설치 파일 실행하기

03. 설치 마법사가 나오면 안내에 따라 설치를 진행합니다. Oracle Database 정보 입력 화면이 나오면 데이터베이스에 사용할 비밀번호를 입력합니다. 이 비밀번호는 SYS, SYSTEM 및 RDBADMIN 계정에 사용되므로 잊지 않도록 메모장에 적어 별도로 보관합니다.

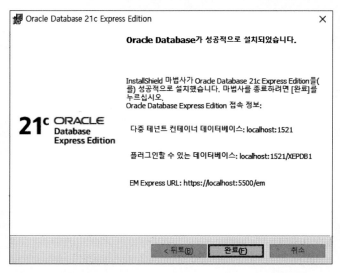

그림 0.12 데이터베이스의 비밀번호 설정

04. [다음] 버튼을 눌러 설치를 진행하면, 다음과 같이 설치가 완료됩니다.

그림 0.13 오라클 21c XE 설치 완료

'오라클 21c XE' 설치 확인 및 데이터베이스 연결 설정

설치를 마쳤다면 명령 프롬프트를 열어 설치가 잘 됐는지 확인해보겠습니다.

01. 윈도우 왼쪽 아래의 검색창에 ① 'cmd'를 입력합니다. 검색 결과에서 '명령 프롬프트'를 마우스 오른쪽 버튼으로 클릭한 다음 ② [관리자 권한으로 실행]을 선택해 명령 프롬프트를 실행합니다. 검색 결과 오른쪽 화면의 [관리자 권한으로 실행]을 선택해도 됩니다.

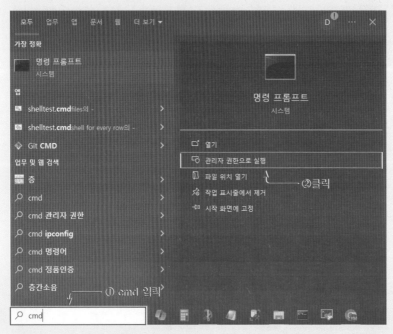

그림 0.14 관리자 권한으로 명령 프롬프트 실행

02. 명령 프롬프트가 열리면 화면에 다음 명령어를 입력합니다. 이 명령어는 오라클 데이터베이스의 SQL Plus를 사용해 관리자 권한으로 데이터베이스에 접속하기 위한 명령어입니다.

```
sqlplus / as sysdba
```

03. 다음과 같이 접속 완료 메시지와 함께 프롬프트가 'SQL>'로 바뀌면 데이터베이스에 성공적으로 접속된 것입니다.

그림 0.15 명령 프롬프트에서 관리자 권한으로 데이터베이스에 접속

04. 오라클 데이터베이스의 인스턴스 정보를 조회하려면 다음 명령어를 차례로 입력합니다.

```
SQL> set lines 200 pages 1000; Enter

SQL> select instance_name, status, version from v$instance; Enter
```

05. 다음과 같이 STATUS가 'OPEN'으로 나오면 정상적으로 연결된 것입니다.

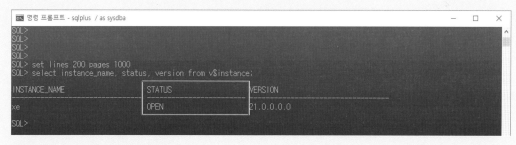

그림 0.16 SQL Plus에서 인스턴스 정보 조회

06. 이제 오라클 데이터베이스 클라이언트가 데이터베이스 인스턴스에 연결할 수 있도록 설정하겠습니다. 파일 탐색기를 열고 다음 경로로 이동합니다. 'tnsnames.ora' 파일을 마우스 오른쪽 버튼으로 클릭한 후 [메모장]을 선택해 엽니다.

C:\app\유저명\product\21c\homes\OraDB21Home1\network\admin

07. 'tnsnames.ora' 파일 맨 아래에 다음 내용을 추가한 후 저장합니다.

```
XPDB =
  (DESCRIPTION =
    (ADDRESS = (PROTOCOL = TCP)(HOST = localhost)(PORT = 1521))
    (CONNECT_DATA =
      (SERVER = DEDICATED)
      (SERVICE_NAME = XEPDB1)
    )
  )
```

```
ORACLR_CONNECTION_DATA =
  (DESCRIPTION =
    (ADDRESS_LIST =
      (ADDRESS = (PROTOCOL = IPC)(KEY = EXTPROC1521))
    )
    (CONNECT_DATA =
      (SID = CLRExtProc)
      (PRESENTATION = RO)
    )
  )
XPDB =
  (DESCRIPTION =
    (ADDRESS = (PROTOCOL = TCP)(HOST = localhost)(PORT = 1521))
    (CONNECT_DATA =
      (SERVER = DEDICATED)
      (SERVICE_NAME = XEPDB1)
    )
  )
```

추가

그림 0.17 tnsnames.ora 파일 수정

08. 다시 윈도우 왼쪽 아래 검색창에 'cmd'를 입력해 명령 프롬프트를 실행하고, 다음 명령어를 입력합니다. '확인'이라는 메시지가 출력되면 설정이 정상적으로 완료된 것입니다.

명령 프롬프트 — □ ×

```
tnsping XPDB
```

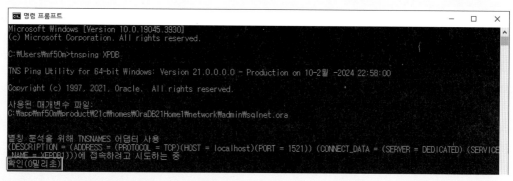

그림 0.18 데이터베이스 연결 테스트

09. 이어서 SQL Plus에 접속하여 새로운 사용자를 생성하겠습니다. 먼저, 다음 명령어를 입력해 SQL Plus에 접속합니다.

```
sqlplus / as sysdba
```

10. 새로운 사용자를 생성하기 위해 다음과 같이 입력합니다. [아이디]와 [비밀번호]에는 원하는 아이디와 비밀번호를 입력합니다. 이 책에서는 아이디는 'ot'로, 비밀번호는 '1234'로 설정했습니다.

```
SQL> create user c##[아이디] identified by [비밀번호];
```

```
SQL> create user c##ot identified by 1234;
```

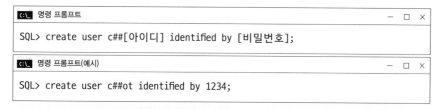

```
SQL> create user c##ot identified by 1234;
사용자가 생성되었습니다.
SQL>
```

그림 0.19 데이터베이스의 새로운 사용자 생성

11. 새로운 사용자를 생성했다면, 다음 명령어를 입력하여 권한을 부여합니다.

```
c:\. 명령 프롬프트                                           — □ ×

SQL> grant dba to c##[아이디];
```

```
c:\. 명령 프롬프트(아이디가 ot일 때)                            — □ ×

SQL> grant dba to c##ot;
```

```
SQL> grant dba to c##ot;
권한이 부여되었습니다.
SQL>
```

그림 0.20 새로운 사용자에게 권한 부여

12. 권한을 부여했다면 'exit'를 입력해 SQL Plus에서 빠져나옵니다.

```
c:\. 명령 프롬프트                                           — □ ×

SQL> exit
```

참고

 아이디에 c##을 붙이지 않는 방법

오라클 12c부터는 공통 유저 계정을 생성하려면 계정명 앞에 'c##'을 붙여야 합니다(이전 버전에는 해당하지 않음). 그런데 c##을 붙이기 싫다면 다음 방법을 사용할 수 있습니다.

참고 _ 이후 설명하는 모든 작업은 명령 프롬프트에서 진행됩니다.

01. 먼저, 계정을 하나 더 생성하기 위해 sysdba 계정으로 SQL Plus에 로그인합니다.

```
c:\. 명령 프롬프트                                           — □ ×

> sqlplus / as sysdba
```

02. 다음 명령어를 실행합니다.

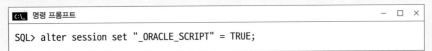

```
c:\. 명령 프롬프트                                           — □ ×

SQL> alter session set "_ORACLE_SCRIPT" = TRUE;
```

03. 새로운 사용자 'bbigter'를 생성하고, grant 명령어로 권한을 부여합니다.

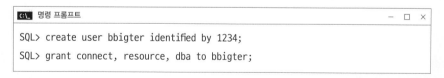

```
SQL> create user bbigter identified by 1234;
SQL> grant connect, resource, dba to bbigter;
```

04. 새로 생성한 계정으로 접속하고 유저명을 확인합니다.

```
SQL> conn
사용자명 입력: bbigter
비밀번호 입력:
연결되었습니다.

SQL> show user
USER은 "BBIGTER"입니다
```

DBeaver 설치하기

01. DBeaver 다운로드 사이트에 접속하여 무료 버전인 DBeaver Community 설치 파일을 내려받습니다.

- DBeaver 다운로드 사이트: https://dbeaver.io/download/

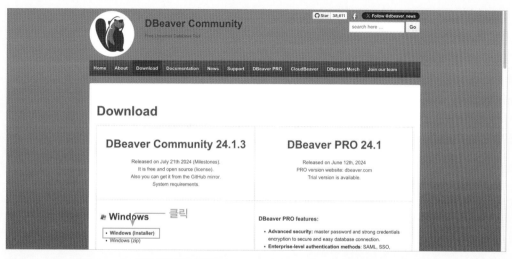

그림 0.21 DBeaver Community 버전 설치 파일 내려받기

02. 내려 받은 설치 프로그램을 실행하여 설치를 진행합니다. 설치 마법사 안내에 따라 진행하면 쉽게 설치할 수 있습니다.

그림 0.22 DBeaver Community 버전 설치하기

DBeaver와 ORACLE 연결하기

01. 설치한 DBeaver를 실행한 후, 상단 메뉴에서 [데이터베이스] → [새 데이터베이스 연결]을 클릭합니다.

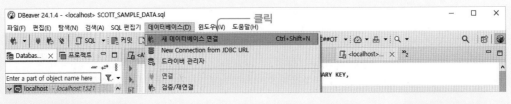

그림 0.23 새 데이터베이스 연결

02. Connect to a database 창이 나오면, 왼쪽에서 ① [SQL]을 선택하고, 데이터베이스를 선택창에서 ② [Oracle]을 선택한 후 ③ [다음] 버튼을 클릭합니다.

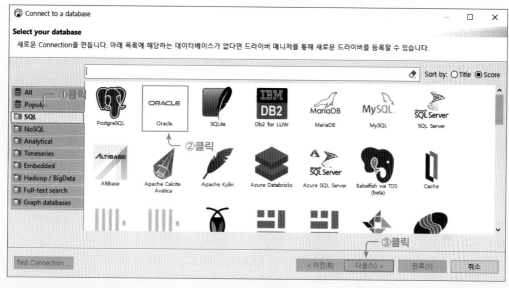

그림 0.24 데이터베이스 선택

03. Connection 설정 화면이 나오면 Username에 계정명, Password에 비밀번호를 입력합니다. 이 책에서는 앞서
생성한 계정명인 'c##ot'와 '1234'를 입력했습니다.

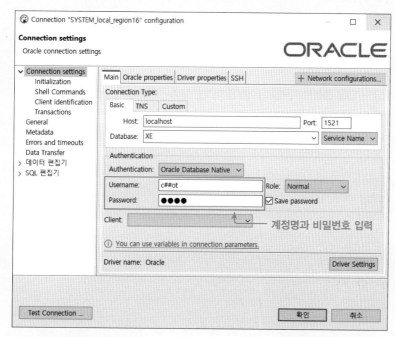

그림 0.25 계정명과 비밀번호 입력

04. 다음과 같은 화면이 나타나면 정상적으로 연결된 것입니다. C##OT 스키마에 데이터가 없으므로 아직 아무 것도 표시되지 않습니다.

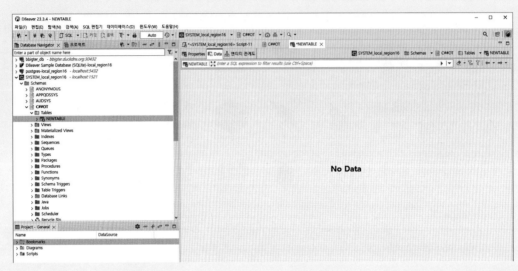

그림 0.26 DBeaver와 오라클 연결 성공

실습을 위한 샘플 데이터 추가하기

실습을 진행하려면 데이터베이스에 샘플 데이터를 추가해야 합니다. 앞서 만든 C##OT 스키마에 오라클에서 제공하는 샘플 테이블을 추가해보겠습니다.

01. 도서 홈페이지에서 [예제 코드] 탭을 클릭하여 샘플 데이터를 내려받습니다. C 드라이브에 dbsample 폴더를 생성하고, 그 안에 샘플 데이터의 압축을 해제하여 넣습니다.

- 도서 홈페이지: https://wikibook.co.kr/sqld2025

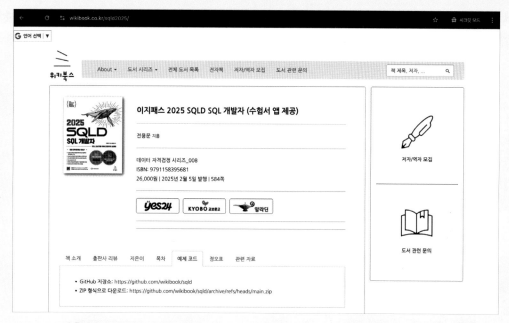

그림 0.27 도서 홈페이지에서 샘플 데이터 내려받기

02. 이어서 DBeaver에서 쿼리로 테이블을 생성하는 방법을 살펴보겠습니다. DBeaver에서 C##OT를 마우스 오른쪽
버튼으로 클릭한 후 [SQL 편집기] → [새 SQL 편집기]를 클릭합니다.

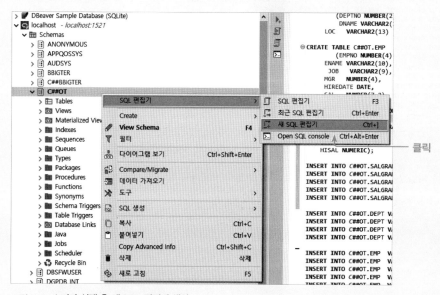

그림 0.28 스키마 선택 후 새 SQL 편집기 생성

실습 환경
구축

03. 앞서 다운로드한 파일(SCOTT_SAMPLE_DATA.sql)은 오라클에서 제공하는 SCOTT 스키마 샘플 파일을 c##ot 계정에 맞게 약간 수정한 것입니다. 내려받은 파일은 .sql 확장자로, Windows 메모장으로 열 수 있습니다. 메모장에서 쿼리를 복사하여 DBeaver의 SQL 편집기에 붙여넣습니다.

```sql
CREATE TABLE C##OT.DEPT
        (DEPTNO NUMBER(2) CONSTRAINT PK_DEPT PRIMARY KEY,
         DNAME VARCHAR2(14),
    LOC   VARCHAR2(13) ) ;

CREATE TABLE C##OT.EMP
        (EMPNO NUMBER(4) CONSTRAINT PK_EMP PRIMARY KEY,
    ENAME VARCHAR2(10),
     JOB   VARCHAR2(9),
    MGR   NUMBER(4),
    HIREDATE DATE,
    SAL   NUMBER(7,2),
    COMM  NUMBER(7,2),
    DEPTNO NUMBER(2) CONSTRAINT FK_DEPTNO REFERENCES DEPT);

CREATE TABLE C##OT.SALGRADE
    (GRADE NUMERIC,
    LOSAL NUMERIC,
    HISAL NUMERIC);

INSERT INTO C##OT.SALGRADE VALUES (1, 700, 1200);
INSERT INTO C##OT.SALGRADE VALUES (2, 1201, 1400);
INSERT INTO C##OT.SALGRADE VALUES (3, 1401, 2000);
INSERT INTO C##OT.SALGRADE VALUES (4, 2001, 3000);
INSERT INTO C##OT.SALGRADE VALUES (5, 3001, 9999);

INSERT INTO C##OT.DEPT VALUES (10,'ACCOUNTING','NEW YORK');
INSERT INTO C##OT.DEPT VALUES (20,'RESEARCH','DALLAS');
INSERT INTO C##OT.DEPT VALUES (30,'SALES','CHICAGO');
INSERT INTO C##OT.DEPT VALUES (40,'OPERATIONS','BOSTON');

INSERT INTO C##OT.EMP  VALUES (7369,'SMITH','CLERK',    7902,to_date('17-12-1980','dd-mm-yyyy'), 800,NULL,20);
INSERT INTO C##OT.EMP  VALUES (7499,'ALLEN','SALESMAN', 7698,to_date('20-2-1981', 'dd-mm-yyyy'),1600,300, 30);
INSERT INTO C##OT.EMP  VALUES (7521,'WARD','SALESMAN',  7698,to_date('22-2-1981', 'dd-mm-yyyy'),1250,500, 30);
INSERT INTO C##OT.EMP  VALUES (7566,'JONES','MANAGER',  7839,to_date('2-4-1981',  'dd-mm-yyyy'),2975,NULL,20);
INSERT INTO C##OT.EMP  VALUES (7654,'MARTIN','SALESMAN',7698,to_date('28-9-1981', 'dd-mm-yyyy'),1250,1400,30);
INSERT INTO C##OT.EMP  VALUES (7698,'BLAKE','MANAGER',  7839,to_date('1-5-1981',  'dd-mm-yyyy'),2850,NULL,30);
INSERT INTO C##OT.EMP  VALUES (7782,'CLARK','MANAGER',  7839,to_date('9-6-1981',  'dd-mm-yyyy'),2450,NULL,10);
INSERT INTO C##OT.EMP  VALUES (7788,'SCOTT','ANALYST',  7566,to_date('13-07-1987','dd-mm-yyyy'),3000,NULL,20);
INSERT INTO C##OT.EMP  VALUES (7839,'KING','PRESIDENT', NULL,to_date('17-11-1981','dd-mm-yyyy'),5000,NULL,10);
INSERT INTO C##OT.EMP  VALUES (7844,'TURNER','SALESMAN',7698,to_date('8-9-1981',  'dd-mm-yyyy'),1500,0,   30);
INSERT INTO C##OT.EMP  VALUES (7876,'ADAMS','CLERK',    7788,to_date('13-07-1987','dd-mm-yyyy'),1100,NULL,20);
INSERT INTO C##OT.EMP  VALUES (7900,'JAMES','CLERK',    7698,to_date('3-12-1981', 'dd-mm-yyyy'), 950,NULL,30);
INSERT INTO C##OT.EMP  VALUES (7902,'FORD','ANALYST',   7566,to_date('3-12-1981', 'dd-mm-yyyy'),3000,NULL,20);
INSERT INTO C##OT.EMP  VALUES (7934,'MILLER','CLERK',   7782,to_date('23-1-1982', 'dd-mm-yyyy'),1300,NULL,10);
```

그림 0.29 쿼리 복사 후 SQL 편집기에 붙여넣기

또는 내려받은 파일을 DBeaver 편집기 창으로 드래그 앤드 드롭해도 됩니다. 이때 상단의 접속 상태 메뉴에서 LOCALHOST와 C##OT 계정이 선택돼 있는지 확인합니다.

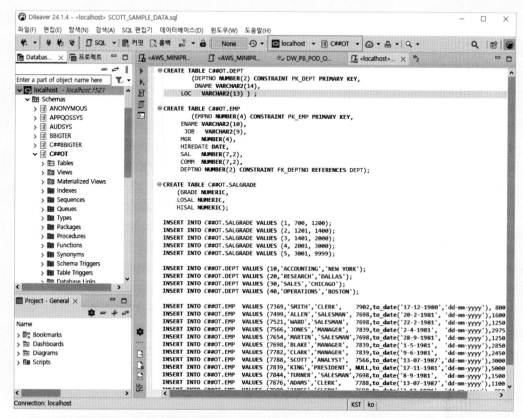

그림 0.30 내려받은 파일을 DBeaver 편집기 창으로 드래그 앤드 드롭

04. 그다음 Ctrl + A로 전체 선택하고, Alt + X를 눌러 모든 SQL 명령문을 한꺼번에 실행합니다. 또는 전체 선택 후,
마우스 오른쪽 버튼으로 클릭하고 [실행] → [SQL 스크립트 실행]을 선택해도 됩니다. 각 명령문은 세미콜론(;)으
로 구분되며, 개별 실행이 필요하다면 문단별로 나누어 실행할 수도 있습니다.

```
CREATE TABLE C##OT.DEPT
        (DEPTNO NUMBER(2) CONSTRAINT PK_DEPT PRIMARY KEY,
        DNAME VARCHAR2(14),
    LOC   VARCHAR2(13) ) ;

CREATE TABLE C##OT.EMP
        (EMPNO NUMBER(4) CONSTRAINT PK_EMP PRIMARY KEY,
    ENAME VARCHAR2(10),
    JOB   VARCHAR2(9),
    MGR   NUMBER(4),
    HIREDATE DATE,
    SAL   NUMBER(7,2),
    COMM  NUMBER(7,2),
    DEPTNO NUMBER(2) CONSTRAINT FK_DEPTNO REFERENCES DEPT);

CREATE TABLE C##OT.SALGRADE
    (GRADE NUMERIC,
    LOSAL
    HISAL
```

	SQL문 실행	클릭	Ctrl+Enter		실행	>
	새 탭에서 SQL문 실행		Ctrl+₩		파일	>
	SQL 스크립트 실행		Alt+X		Format	>
	Execute SQL Script natively		Alt+N		Panels	>
	Execute SQL script from the position		Alt+P		레이아웃	>
	Execute queries in separate tabs		Ctrl+Alt+Shift+X		SQL Assist	Ctrl+Space
	Cancel active query				SQL Template	Ctrl+Alt+Space
	로우 건수 조회		Ctrl+Alt+Shift+C		SQL Context Information	F2
	전체 결과 조회		Ctrl+Alt+Shift+A		Open Declaration	F4
	Evaluate SQL expression		Ctrl+Alt+'		Copy SQL as source code	Ctrl+Shift+C
	쿼리 결과 내보내기				Copy selected query	
	실행계획 보기		Ctrl+Shift+E		Search selected text with Google	
	Load Execution Plan				잘라내기(T)	Ctrl+X
	SQL Terminal				복사(C)	Ctrl+C
	활성화된 DB연결 설정				붙여넣기(P)	Ctrl+V
	활성화된 스키마 선택				실행 취소(U)	Ctrl+Z
					저장(S)	Ctrl+S
					Preferences...	

```
INSERT IN
INSERT IN
INSERT IN
INSERT IN
INSERT IN
INSERT IN
INSERT IN
INSERT IN
INSERT IN
INSERT IN
INSERT IN
INSERT IN
INSERT IN
INSERT IN
INSERT INTO C##OT.EMP  VALUES (7902,'FORD','ANALYST',    7566,t
INSERT INTO C##OT.EMP  VALUES (7934,'MILLER','CLERK',    7782,t
```

그림 0.31 SQL 스크립트 실행

본 책에서 사용한 SQL 쿼리 가독성 원칙

- SQL은 파이썬 등의 언어처럼 엄격하게 들여쓰기를 지키지 않아도 됩니다. 하지만, 쿼리 가독성을 위해 개발자들은 대부분 일정한 원칙을 정하고 그 원칙을 따르는 것이 일반적입니다. 쿼리 가독성 원칙에는 Mozilla의 SQL Style Guide, Gitlab의 SQL Style Guide, Simon Holywell의 SQL Style Guide 등이 있습니다. 그중에서 일반적으로 많이 사용되는 Simon Holywell의 SQL Style Guide(https://www.sqlstyle.guide/)를 보면 다음과 같습니다.

```
SELECT f.species_name,
       AVG(f.height) AS average_height,
       AVG(f.diameter) AS average_diameter
  FROM flora AS f
 WHERE f.species_name = 'Banksia'
    OR f.species_name = 'Sheoak'
    OR f.species_name = 'Wattle'
 GROUP BY f.species_name, f.observation_date
```

- 본 책에서는 Simon Holywell의 SQL Style Guide를 베이스로 삼되, 쿼리를 이해하기 쉽고, 설명을 디자인 측면에서 보여주기 쉽게 하기 위해 약간 변형을 했습니다. 본 책에서 사용한 SQL 쿼리 가독성 원칙은 다음과 같습니다. 다만, 문제편의 경우엔 실제로 시험에선 아무래도 인쇄라는 특성 상 쿼리 가독성 원칙이 잘 안지켜지는 경우가 많기도 하고, 또 본문처럼 SQL 쿼리 가독성 원칙을 지킬 경우 지나치게 페이지가 많아지는 단점 때문에 엄격하게 적용하지 않았습니다. 다만 문제편은 실제 SQL 시험 문제 쿼리 스타일과 일부러 비슷하게는 맞추었습니다.

- 대문자 표기: SQLD 문제가 대문자로 출제되기 때문(실제로는 칼럼명 등을 소문자로 하는 경우도 있음)
- 콤마(,)는 왼쪽에 배치(수정작업의 편의성)
- 콤마(,)가 없는 첫 행은 스페이스 6칸
- 콤마(,)가 있는 첫 행은 들여쓰기(Indent)는 스페이스 4칸
- JOIN은 FROM 절의 첫 테이블과 동일한 띄어쓰기(인덴트)
- JOIN에서 ON 절은 JOIN에서 4칸 들여쓰기를 하며 항상 새로운 줄에 작성
- WHERE, HAVING 절에서 AND와 OR는 콤마와 같이 항상 왼쪽에 배치
- WHEN은 CASE문 다음 줄에 표현하며 4칸 들여쓰기를 적용
- ELSE는 WHEN과 동일한 위치에 정렬
- END는 CASE와 동일한 위치에 정렬
- 세미콜론(;)은 마지막행 끝에 붙여 사용

```
SELECT
    ENAME
  , SAL
  , (SELECT AVG(SAL) FROM EMP) AS AVG_SAL
FROM
    EMP
ORDER BY
    SAL DESC;
```

  (편집 상의 이유로 이 책에서 사용한 방법이지만, 실제로 세미콜론은 단독으로 맨 마지막에 적는 것이 쿼리를 수정하기엔 좋음)

01
과목

데이터 모델링의 이해

데이터 모델링의 이해

학습목표

- 데이터 모델링의 개념, 중요성, 단계, 구성 요소 및 표기법을 이해하고, 좋은 데이터 모델의 특징을 학습합니다.
- 관계형 데이터베이스의 개념, 특징, SQL의 역할과 종류, 테이블 구조, 데이터 타입 등을 이해합니다.
- 엔터티의 개념, 표기법, 특징, 분류, 그리고 명명 규칙을 이해하고 실제로 적용할 수 있도록 학습합니다.
- 엔터티의 속성에 대한 개념, 특징, 분류, 그리고 표현 방법을 이해하고, 데이터 모델링에서 속성을 정의하는 방법을 학습합니다.
- 관계의 개념, 종류, 표기법, 그리고 관계가 엔터티와 어떻게 연결되는지 이해합니다.
- 식별자의 개념, 특징, 분류, 도출 기준, 그리고 식별자 관계와 비식별자 관계를 이해하고 실제 데이터 모델에 적용하는 방법을 학습합니다.

1. 데이터 모델의 이해

(1) 데이터 모델의 이해

① 모델링^{Modeling}의 정의

- 데이터진흥원: 사람이 살아가면서 접할 수 있는 다양한 현상(사람, 사물, 개념 등)을 표기법에 따라 표기하는 것 자체를 의미한다.

- 모델링은 매우 넓은 의미를 갖는다. 쉽게 말해 일종의 약속(그림, 기호, 수식 등)에 따라 다양하고 복잡한 여러 현상을 알기 쉽게 표현한 집합체라고 이해하면 된다.

참고
모델링

- 정보통신용어해설 _ 일반적으로 모두에게 공통적으로 이해되도록 약속된 방식(수식, 그림 등)으로 표현하는 것을 의미한다. (출처: 정보통신용어해설 http://www.ktword.co.kr)
- 위키백과 _ 객체, 시스템, 또는 개념에 대한 구조나 작업을 보여주기 위한 패턴, 계획, 또는 설명을 만드는 일을 모델링이라 한다.

② 모델링의 종류

- 정보시스템 모델링: 정보 모델링, 데이터 모델링, 프로세스 모델링 등이 포함되며, SQLD 시험 대비를 위한 모델링은 데이터 모델링이다. 데이터 모델링은 복잡한 데이터를 컴퓨터 저장 구조로 변환하는 과정으로, 데이터를 구조화하고 체계화하는 모든 것을 망라하는 개념이다.

- 수리 모델링: 수학적 모델링으로도 불리며, 공학 분야에서 사용되는 미분 방정식, 상태 방정식, 시스템 방정식, 시스템 함수 등이 이에 해당한다.

- 통계(확률) 모델링: 확률 현상을 차트, 표, 수식, 함수 등으로 표현하며, 데이터 분석에서 유용하게 활용된다.

- 회로 모델링: 회로 소자를 이용해 증폭, 필터링, 스위칭 등 연산을 수행하는 회로를 특정한 규칙에 따라 표현하는 것을 의미한다.

③ 모델링의 특징

- 추상화: 현실 세계를 일정한 형식에 맞춰 추상적으로 표현하는 과정이다. 특정 표기법에 의해 중요한 요소만 간략히 표현한다.

TIP _ 모델링의 특징이 아닌 것을 고르는 문제가 자주 출제되었습니다. '추–단–명'으로 암기하면 쉽습니다.

- 단순화: 복잡한 현실 세계를 특정한 약속에 따라 기호, 문자, 그림 등으로 쉽게 이해할 수 있게 단순화하는 개념을 의미한다.

- **명확화**: 누구나 이해하기 쉽도록 애매함을 제거하고, 명확하게 현상을 기술하는 것을 의미한다.

④ 정보시스템 모델링의 세 가지 관점

- 업무를 분석하여 정보시스템을 구축하는 과정에서 업무 내용과 시스템의 구조를 적절한 표기법으로 표현하는 것을 정보시스템 모델링이라 한다.
- 정보시스템 모델링은 세 가지 관점에서 설명되며, SQLD 시험에서는 주로 데이터 관점을 다룬다.

【 정보시스템 모델링의 관점 】

데이터 관점 (What, Data)	업무가 어떤 데이터와 관련이 있는지, 또 관계는 어떠한지를 모델링하는 방법(SQLD 영역)
프로세스 관점 (How, Process)	업무가 실제로 처리하는 일이 무엇인지, 또 무엇을 해야 하는지를 모델링하는 방법
데이터와 프로세스의 상관 관점 (Interaction)	업무 처리 방식에 따라 데이터가 서로 어떤 영향을 주고 받는지를 모델링하는 방법

(2) 데이터 모델링

① 데이터 모델링의 정의

- 데이터 모델링이란 정보시스템 구축을 위해 데이터 관점에서 업무를 분석하고, 현실의 데이터를 약속된 표기법으로 표현하는 과정이다.
- 실무적으로는 데이터베이스를 구축하기 위한 분석 및 설계 과정을 의미한다.

② 데이터 모델이 제공하는 기능

- **시스템 가시화 지원**: 데이터 모델은 시스템을 현재 또는 원하는 모습으로 가시화하여, 개발자와 이해관계자가 시스템 구조를 쉽게 이해할 수 있도록 돕는다.
- **시스템 구조와 행동 명세화**: 시스템의 구조와 행동을 명세화해 개발 과정에서 구체적인 지침을 제공한다.
- **구조화된 틀 제공**: 시스템을 구축하는 데 필요한 구조화된 틀을 제공해 개발자가 효율적으로 시스템을 설계하고 구현할 수 있도록 한다.

- 문서화: 시스템 구축 과정에서 결정한 사항을 문서화해 프로젝트 참여자 간 의사소통을 용이하게 하고, 프로젝트의 지식 기반을 구축한다.

- 다양한 관점 제공: 복잡한 시스템을 다룰 때 특정 부분에 초점을 맞추고, 다른 부분은 추상화해 처리할 수 있도록 돕는다.

- 상세 수준의 구체화: 특정 목표에 따라 구체화된 상세 수준의 표현 방법을 제공하여, 개발자가 시스템의 특정 부분을 더 세밀하게 다룰 수 있도록 한다.

③ 데이터 모델링의 중요성 및 유의점

【 데이터 모델링의 중요성 및 유의점 】

데이터 모델링의 중요성	**파급효과**: 시스템 구축에서 데이터 설계는 다른 어떤 설계 과정보다 중요한 영향을 미침
	복잡한 정보 요구 사항을 간결하게 표현: 데이터 모델은 시스템의 정보 요구 사항과 한계를 가장 명확하고 간결하게 표현할 수 있는 도구임
	데이터 품질 향상: 데이터의 중복, 비유연성, 비일관성을 줄여 데이터의 품질을 높임
데이터 모델링 시 유의점(위험성 낮춤)	**중복 최소화**: 데이터베이스가 여러 위치에 같은 정보를 저장하지 않게 함. 다만 필요에 따라 중복이 있을 수 있으나 이를 최소화하는 것이 중요함
	비유연성 낮춤: 데이터 정의를 데이터 사용 프로세스와 분리하여 비유연성을 줄이고 유연성을 높임 **예】** 업무 변화가 있을 때마다 데이터 모델링을 수정해야 한다면, 이는 데이터와 프로세스가 서로 종속적이어서 유연성이 떨어짐. 데이터 모델링에서는 이러한 종속성을 줄이고 유연성을 높이는 것이 좋음

④ 데이터 모델링의 3단계

- 데이터 모델링은 개념적 데이터 모델링, 논리적 데이터 모델링, 물리적 데이터 모델링의 순으로 진행된다.

TIP _ 데이터 모델링의 3단계 진행은 기출문제로 자주 등장하는 단골 테마입니다. 각 모델링 단계를 정확히 알아두어야 합니다. 모델링 진행 단계의 첫글자를 따서 '개—논—물'로 암기하면 쉽습니다.

【 데이터 모델링의 3단계 】

데이터 모델링	설명	수준
개념적 데이터 모델링	추상화 수준이 높고 업무 중심적이며 포괄적인 수준의 모델링 진행	추상적
논리적 데이터 모델링	시스템 구축을 위한 키(Key), 속성, 관계 등을 정확하게 표현하며, 높은 재사용성을 가짐	추상적
물리적 데이터 모델링	성능, 저장 등 물리적인 성격을 고려하여 실제 데이터베이스 구성을 설계	구체적

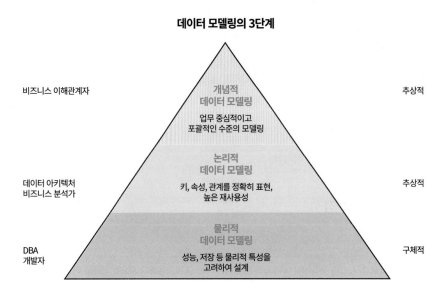

데이터 모델링의 3단계

⑤ 프로젝트 생명주기(Life Cycle)에서의 데이터 모델링

- 일반적인 워터폴(Waterfall) 방식의 프로젝트 방법론에서는 '계획' 또는 '분석' 단계에서 업무 중심의 논리적 데이터 모델링을 수행하고, '설계' 단계에서 하드웨어 성능을 고려한 물리적 데이터 모델링을 수행한다.

【 프로젝트 생명주기(Life Cycle)에서 데이터 모델링 】

구분	계획 단계	분석 단계	설계 단계
이론	개념적 모델링	논리적 모델링	물리적 모델링
실무		개념적 + 논리적 모델링	물리적 모델링

⑥ 데이터 모델링에서 데이터 독립성의 이해

- 데이터 독립성이란 사용자의 접근 유형에 따라 데이터 구성 방법이 영향을 받지 않아야 한다는 개념이다.

- 데이터 구성 방법이 접근 환경에 따라 달라지면 데이터의 복잡도, 중복성, 비용이 증가하며 대응 시간도 길어진다. 이러한 문제를 해결하기 위해 1970년대 후반에 데이터 독립성 개념이 도입됐다.

- 1978년 미국 표준 협회(ANSI)는 데이터의 독립성을 위해 Three-Schema Architecture라는 데이터베이스 3단계 표준 모델을 제시했다.

【 데이터 독립성의 구성 요소_Three-Schema Architecture 】

항목	내용	비고
외부 스키마 (External Schema)	• Sub 스키마 또는 View 스키마라고 부름 • 화면에서 사용자가 보는 개인적인 DB 스키마	사용자 관점
개념 스키마 (Conceptual Schema)	• 모든 애플리케이션과 사용자가 필요로 하는 데이터를 통합해 조직 전체의 DB를 기술하는 것 • 데이터베이스 내에 데이터 구조와 관계를 설명	논리적 단계 통합 관점
내부 스키마 (Internal Schema)	• 데이터베이스의 물리적 저장 구조를 갖춘 내부 스키마 • DB가 물리적으로 저장된 형식 • 데이터가 실제 저장되는 방식	물리적 단계 물리 저장 구조

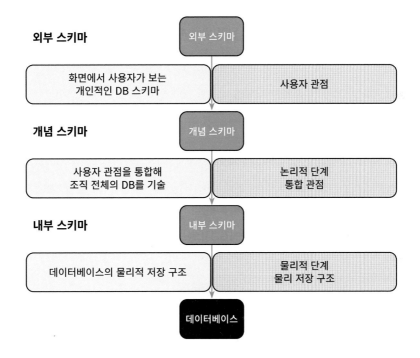

■ 이렇게 데이터베이스의 3단계 스키마가 분리되면서 각 영역의 독립성을 지정하는 용어가 **논리적 독립성**과 **물리적 독립성**이다.

참고

스키마schema

데이터베이스 스키마database schema는 컴퓨터 과학에서 자료의 구조, 표현 방식, 자료 간의 관계를 형식 언어로 정의한 구조다. 데이터베이스 관리 시스템DBMS은 설정에 따라 데이터베이스 스키마를 생성하며, 사용자가 자료를 저장, 조회, 삭제, 변경할 때 DBMS는 생성한 스키마를 참조해 명령을 수행한다(출처: 위키백과).

【 논리적 독립성과 물리적 독립성 】

독립성	내용	특징
논리적 독립성	• 개념 스키마가 변경되어도 외부 스키마에는 영향을 미치지 않도록 지원하는 것 • 논리적 구조가 변경되어도 응용프로그램에는 영향이 없음	• 사용자 특성에 맞게 구조 변경 가능 • 통합 구조 변경 가능
물리적 독립성	• 내부 스키마가 변경되어도 외부 및 개념 스키마에 영향을 미치지 않도록 지원하는 것 • 저장 장치의 구조 변경이 응용 프로그램과 개념 스키마에 영향을 주지 않음	• 물리적 구조의 영향 없이 개념 구조 변경 가능 • 개념 구조 영향 없이 물리 구조 변경 가능

- 데이터의 독립성은 보장하되, 각 스키마 개념을 긴밀히 연결해야 한다. 이를 **매핑**^{Mapping} 또는 **사상**^{寫像}이라 부른다. 사전적 의미로 매핑은 '서로를 잇고 연결해주는 역할'을 의미한다.

- 사용자가 화면에서 보는 외부 스키마와 데이터베이스에 저장된 내부(물리) 스키마의 이름이 다르더라도 동일한 데이터를 처리할 수 있도록 연결해 주소를 찾게 하는 것이 매핑(사상)이다.

참고

매핑의 예

예를 들어 기업 내 회계 업무를 담당하는 부서가 '총무부'이고, 이 부서의 문서 정보 데이터가 'ACNT_DOC_INF'라는 테이블명으로 DB에 저장되어 있다고 가정해 보자. 사용자는 조회 화면에서 [총무부] → [문서 정보]를 클릭하여 데이터를 조회하고, DB는 'ACNT_DOC_INF' 테이블의 정보를 불러와 결과를 출력한다.

이후 부서명이 '경영지원실'로 변경되었을 때도 사용자는 [경영지원실] → [문서 정보]를 클릭하여 동일한 데이터를 조회할 수 있어야 한다. 이처럼 사용자 화면의 새로운 명칭^{경영지원실}을 기존 DB 테이블$^{ACNT\_DOC\_INF}$과 연결하여 동일한 데이터를 조회를 할 수 있게 하는 작업이 매핑^{사상}이다.

【 매핑^{Mapping} = 사상^{寫像} 】

사상	내용	예
외부적/개념적 사상	• 외부적 뷰와 개념적 뷰의 상호 관련성을 정의	• 사용자가 접근하는 형식에 따라 다른 타입의 필드를 가질 수 있음 • 개념적 뷰의 필드 타입은 변화하지 않음
개념적/내부적 사상	• 개념적 뷰와 저장된 데이터베이스 간의 상호 관련성을 정의	• 저장된 데이터베이스의 구조가 바뀌면 개념적/내부적 사상이 바뀌어야 함

⑦ 데이터 모델링의 중요한 세 가지 요소

- 데이터 모델링을 구성할 때 중요한 세 가지 요소가 있다. 첫째, 업무가 관여하는 어떤 것^{Things}, 둘째, 어떤 것이 가지는 성격^{Attributes}, 셋째, 업무가 관여하는 어떤 것 간의 관계^{Relationships}이다.

- 이 세 가지 요소는 단수와 복수의 개념을 가질 수 있다. 예를 들어 '어떤 것이 가지는 성격^{Attributes}'의 단수 개념은 '그 어떤 것' 한 가지 단수를 의미하는 '속성값$^{Attribute\ Value}$'이라 부르지만, 그 속성값이 여러 개 존재하는 경우에는 복수나 집합의 의미로 '속성^{Attribute}'이라 부른다.

【 데이터 모델링의 중요한 세 가지 요소: 단수와 복수^{집합} 개념 】

개념	복수/집합 개념 & 타입/클래스	개별/단수 개념 & 어커런스/인스턴트
어떤 것(Thing)	엔터티 타입(Entity Type)	엔터티(Entity)
	엔터티(Entity)	인스턴스(Instance) / 어커런스(Occurrence)
어떤 것의 성격(Attributes)	속성(Attribute)	속성값(Attribute Value)
어떤 것 간의 연관(Relationships)	관계(Relationship)	페어링(Pairing)

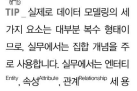

TIP_ 실제로 데이터 모델링의 세 가지 요소는 대부분 복수 형태이므로, 실무에서는 집합 개념을 주로 사용합니다. 실무에서는 엔터티^{Entity}, 속성^{Attribute}, 관계^{Relationship} 세 용어가 가장 많이 사용됩니다.

⑧ ERD$^{Entity\ Relationship\ Diagram}$

- ERD는 여러 엔터티와 엔터티 간의 관계를 이해하기 쉽게 도식화한 다이어그램을 의미한다. ERD를 그리는 것은 업무에서 데이터의 흐름과 프로세스의 연관성을 파악하는 데 매우 중요한 역할을 한다.

- 데이터 모델 표기법은 1976년 피터 첸이 처음 만들었다. 엔터티는 사각형, 관계는 마름모, 속성은 타원으로 표기하며, Chen 표기법이라고 한다.

- ERD 표기법에는 여러 종류가 있으며, 실무에서는 IE(Information Engineering) 표기법과 바커(Barker) 표기법이 가장 많이 사용된다.

【 ERD 표기법으로 모델링하는 순서 】

엔터티 그리기 → 엔터티 배치 → 엔터티 간의 관계 설정 → 관계명 기술 → 관계의 참여도 기술 → 관계의 필수 여부 기술

- IE 표기법(Information Engineering)

  · 관계 데이터 모델링에서 많이 사용되는 방식으로, 엔터티와 관계를 명확히 구분하여 시각적으로 표현하는 것이 특징이다.

  · 주요 구성 요소는 사각형 엔터티, 다이아몬드형 관계선, 속성에 관한 세부 사항이다.

  · 관계선 끝에 원이 없으면 필수 관계, 원이 있으면 선택적 관계를 나타내어 관계의 강제성을 쉽게 구분할 수 있다.

  · 엔터티와 관계의 필수 여부 및 식별 관계를 명확히 하는 데 중점을 둔다.

【 IE^{Information Engineering} 표기법 】

IE/Crow's Foot

- 까마귀발 모양의 표기법으로 가장 많이 사용함
- ERWin, ERStudio

- 바커 표기법

  · 시스템 내 엔터티 간 관계를 보여주는 방식으로, 특히 식별자, 비식별자, 속성 등을 쉽게 구분하도록 고안되었다.

  · 필수 관계는 실선, 선택적 관계는 점선으로 구분하여 표기한다.

  · 엔터티 내부에 #은 주식별자를, *는 일반 속성을 나타낸다.

  · 관계 구조를 명확히 표현하여 데이터베이스 설계에서 주로 사용된다.

  · ERwin, 오라클 디자이너(Oracle Designer)와 같은 여러 설계 툴에서 널리 활용되며, 모델이 직관적이며 유지보수가 용이하다.

【 바커 표기법 】

Case*Method/Barker

- Crow's Foot을 적용하지만, 관계 표기법 등 일부 표기법이 다름 (Barker's Notation)
- DA#

【 IE 표기법과 바커 표기법의 차이 】

관계	선택성	IE 표기법	Barker 표기법
1:1	필수	┼──────┼	───────────
1:1	선택	┼──────○	-------------
1:N	필수	┼──────<	─────────<
1:N	선택	┼──────○<	-----------<

⑨ 좋은 데이터 모델의 요소

- 완전성: 업무에 필요한 모든 데이터가 데이터 모델에 정의돼 있어야 한다.

- 중복 배제: 동일한 정보는 데이터베이스에 한 번만 기록해야 하며, 중복이 없어야 한다.

- 업무 규칙: 데이터 모델링 과정에서 도출된 업무 규칙을 데이터 모델에 표현하고, 모든 사용자가 이를 공유할 수 있어야 한다.

- 데이터 재사용: 데이터의 통합성과 독립성을 보장해 데이터의 재사용이 원활해야 한다.

- 의사소통^{Communication}: 좋은 데이터 모델은 소통의 도구로 활용된다.

- 통합성: 동일한 데이터는 한 번만 정의하고 이를 참조하는 방식으로 설계돼야 한다.

2. 관계형 데이터베이스 개요

(1) 데이터베이스

① 데이터베이스의 다양한 정의

- EU의 데이터베이스 법적 보호 지침: 데이터베이스는 체계적 또는 조직적으로 정리된 독립된 저작물, 데이터, 기타 소재의 수집물로, 전자식 또는 기타 수단으로 개별적으로 접근할 수 있다.

- 우리나라 저작권법: 데이터베이스는 소재를 체계적으로 배열 및 구성하여 개별적으로 접근하거나 검색할 수 있도록 한 편집물로, 법률적으로 기술 기반 저작물로 인정된다.

- 컴퓨터용어사전, 정보통신용어사전(TTA): 데이터베이스는 여러 이용자의 요구에 대응하여 데이터를 받아들이고 저장 · 공급하기 위해 일정한 구조로 구성된 데이터의 집합이다.

- 위키피디아: 데이터베이스는 체계적으로 정렬된 데이터 집합을 의미한다. 데이터 양과 이용이 늘어나면서 대용량 데이터를 저장 · 관리 · 검색 · 이용할 수 있는 컴퓨터 기반 시스템으로 발전했다.

- 한국데이터산업진흥원: 데이터베이스는 문자, 기호, 음성, 화상, 영상 등 다양한 콘텐츠를 체계적으로 수집 · 축적하여 다양한 용도로 이용할 수 있게 정리한 정보의 집합체다. 콘텐츠는 다양한 의미 전달 매체에 의해 표현된 데이터, 정보, 지식, 저작물 등 인식 가능한 모든 자료를 의미한다.

참고

 데이터베이스 용어의 연혁

- 1950년대 _ 미군에서 군수물자를 관리하기 위해 수집된 자료를 일컫는 데이터^{Data}와 기지^{Base}를 합성해 데이터베이스^{Database}라는 용어가 처음 등장했다.
- 1963년 데이터베이스라는 용어를 공식적으로 사용 _ 미국 SDC$^{System Development Corporation}$ 심포지엄에서 대량의 데이터를 축적하는 기지라는 개념으로 데이터베이스라는 용어가 공식적으로 처음 사용됐다. 같은 해 GE의 C. 바크만은 최초로 현대적 데이터베이스 관리 시스템인 IDS를 개발했다. 이후 저장 장치에 직접 접근하기 위한 다양한 데이터 모델과 데이터베이스 관리 시스템이 개발됐다.
- 우리나라에서의 최초 사용 _ 1975년, 미국의 CAC$^{Chemical Abstracts Condensates}$가 한국과학기술정보센터^{KORSTIC}를 통해 데이터베이스를 도입하면서 우리나라에도 데이터베이스가 사용되기 시작했다.

② 데이터베이스의 발전

1960년대	• 풀로우차트를 사용하여 파일 구조로 데이터를 저장 · 관리하는 방식 도입
1970년대	• 데이터베이스 관리 기법의 태동 • 계층형(Hierarchical) 및 망형 (Network) 데이터베이스 상용화
1980년대	• 관계형 데이터베이스가 상용화 • 오라클, Sybase, DB2 등 주요 제품 등장
1990년대	• 오라클, Sybase, Informix, DB2, Teradata, SQL Server 등이 향상된 기능을 제공하여 정보시스템의 핵심 솔루션으로 자리 잡음 • 객체 관계형 데이터베이스로 발전

③ 관계형 데이터베이스의 특징

- IBM이 SQL을 개발한 후 오라클이 이를 상용화하면서 관계형 데이터베이스가 널리 사용되기 시작했다. 관계형 데이터베이스는 기존의 파일 시스템과 계층형 · 망형 데이터베이스를 대부분 대체하며 주류 데이터베이스로 자리 잡았다. 객체 관계형 데이터베이스도 일부 사용되지만, 대부분 핵심 데이터는 여전히 관계형 데이터베이스 구조로 저장되고 SQL로 관리된다.

- 파일 시스템은 동시에 많은 사용자가 검색할 수 있지만, 입력 · 수정 · 삭제 작업에서 문제가 발생한다. 동일한 데이터를 여러 파일에 복사해 사용하면 데이터 불일치가 발생할 수 있다. 관계형 데이터베이스는 정규화를 통해 데이터 중복을 최소화하고, 동시성 관리와 병행 제어 기능을 제공하여 여러 사용자가 동시에 데이터를 조작할 수 있는 기능을 제공한다.

- 관계형 데이터베이스는 메타 데이터 관리, 데이터 표준화, 보안 기능, 데이터 무결성 보장, 장애 복구 등의 기능을 제공한다.

(2) SQL 개요

① SQL 정의

- SQL(Structured Query Language)은 관계형 데이터베이스에서 데이터를 정의, 조작, 제어하기 위해 사용하는 언어다. 원래 SEQUEL(Structured English Query Language)로 불렸으나, 현재는 SQL로 표기하며 '에스큐엘'로 읽는 것을 권장한다.

- SQL은 영어 문법과 유사해 기초 학습이 비교적 쉬운 편이다. 하지만 시스템에 미치는 영향이 크므로 고급 SQL이나 SQL 튜닝이 중요하다. SQL의 목표는 정확한 데이터 출력이며, SQL 튜닝의 목표는 시스템 자원을 효율적으로 사용하는 것이다.

- SQL은 1986년부터 ANSI/ISO에 의해 표준화되었고, 대부분의 관계형 데이터베이스가 이 표준을 따른다. 따라서 SQL 지식은 다양한 데이터베이스에 활용할 수 있으며, 표준 SQL을 준수하면 프로그램 이식성을 높일 수 있다.

- 각 벤더의 관계형 데이터베이스(RDBMS)는 표준 SQL 외에도 독자적인 추가 기능이나 내장 함수를 제공한다. 사용자들은 표준 기능과 벤더별 독자적 기능 중 선택할 수 있지만, 가능한 한 ANSI/ISO 표준을 따르는 것이 좋다.

- SQL은 독립된 개발 언어다. 다른 프로그래밍 언어와 달리 SQL은 관계형 데이터베이스에 대한 전담 접속 용도로 사용되며, 문장은 세미콜론(;)으로 구분한다.

- 관계형 데이터베이스는 수학의 집합 논리에 기반하며, SQL도 데이터를 집합으로 취급한다. 예를 들어, '포지션이 미드필더(MF)인 선수 정보 검색'은 선수 집합에서 미드필더 데이터를 추출하는 작업이다.

- SQL을 통해 사용자는 데이터 입력, 수정, 삭제 및 조회 작업을 수행할 수 있다. 따라서 SQL을 배우는 것은 관계형 데이터베이스를 배우는 기본 단계다.

② SQL 명령문의 종류

- 데이터 조작어DML: Data Manipulation Language: 데이터베이스에 저장된 데이터를 추가, 수정, 삭제, 조회하는 SQL 명령어

  · INSERT: 새로운 데이터를 테이블에 추가

  · UPDATE: 기존 데이터를 수정

  · DELETE: 데이터를 삭제

  · SELECT: 데이터를 조회

- 데이터 정의어DDL: Data Definition Language: 데이터베이스 객체(테이블, 인덱스, 뷰 등)를 생성, 수정, 삭제하는 SQL 명령어

  · CREATE: 새로운 데이터베이스 객체를 생성

  · ALTER: 기존 객체를 수정

  · DROP: 객체를 삭제

- 데이터 제어어DCL: Data Control Language: 데이터베이스에 대한 권한을 설정하고 제어하는 SQL 명령어

  · GRANT: 사용자에게 특정 권한을 부여

  · REVOKE: 사용자에게 부여된 권한을 취소

- 트랜잭션 제어어[TCL: Transaction Control Language] : 데이터베이스 트랜잭션을 관리하는 SQL 명령어

  · COMMIT: 트랜잭션의 작업을 영구적으로 적용

  · ROLLBACK: 트랜잭션의 작업을 취소하고 이전 상태로 복구

  · SAVEPOINT: 트랜잭션 내 저장점을 설정해 부분적으로 롤백

③ 테이블(Table)

- 테이블은 데이터를 저장하는 2차원 구조의 객체로, 데이터베이스의 기본 단위다.

- 모든 자료는 테이블에 저장되며, 원하는 데이터를 테이블에서 조회할 수 있다.

- 테이블은 특정 주제와 목적에 따라 생성되는 집합이다.

테이블	데이터를 저장하는 2차원 구조의 객체로, 데이터베이스의 기본 단위
칼럼(열, Column)	테이블의 세로 방향 구조로, 각 열은 특정 데이터 속성을 나타낸다. 예】 '이름', '나이', '주소'
행(Row)	테이블의 가로 방향 구조로, 각 행은 개별 데이터 항목을 나타낸다. 예】 한 사람에 대한 모든 정보
필드(Field)	칼럼과 행이 겹치는 하나의 공간, 개별 데이터 값을 저장

【 테이블의 구조 】

	고유번호	이름	전화번호_1	전화번호_2
행(Row)	10_sqld_000_31	Stephens	010-1234-1234	010-1234-5678
	10_sqld_000_32	Gray	031-123-4567	null
	10_sqld_000_33	Peterson	02-1234-5678	010-1234-9876

열(Column)

필드(Field)

테이블(Table)

(3) 데이터 타입(Data Type)

① 데이터 타입의 정의

- 데이터 타입은 테이블에 데이터를 입력할 때 해당 데이터의 저장 공간 유형을 정의하는 기준이다. 각 칼럼에 선언된 데이터 타입은 그 칼럼이 받을 수 있는 데이터의 종류를 규정한다.

- 잘못된 데이터 타입이 입력되거나, 선언된 크기를 넘는 데이터가 입력되면 데이터베이스는 오류를 발생시킨다.

② 데이터 타입의 중요성

- 데이터 타입은 각 칼럼에 저장될 데이터의 형식을 정의한다. 예를 들어, 숫자에는 숫자 타입, 문자에는 문자 타입을 사용한다.
- 데이터 타입을 통해 잘못된 데이터 입력을 방지하고, 데이터 무결성을 유지한다.

③ 데이터 타입의 종류

- 숫자 타입: 숫자를 저장하는 데 사용된다.

  · NUMERIC: 정확한 소수

  · DECIMAL(DEC): NUMERIC과 유사하지만, 소수 자릿수 지정 가능

  · INTEGER(INT): 정수

  · BIGINT: 큰 정수

  · SMALLINT: 작은 정수

  · FLOAT, REAL, DOUBLE PRECISION: 부동 소수

  · MONEY, SMALLMONEY: 화폐 금액

- 문자 타입: 문자를 저장하는 데 사용된다.

  · CHAR: 고정 길이 문자열

  · VARCHAR: 가변 길이 문자열

  · TEXT: 긴 문자열

- 날짜 및 시각 타입: 날짜와 시각을 저장하는 데 사용된다.

  · DATE: 날짜

  · TIME: 시각

  · DATETIME: 날짜와 시각

  · TIMESTAMP: 날짜와 시각

참고
 datetime과 timestamp의 차이

구분	datetime	timestamp
특징	시간대 변환이 필요 없는 경우	시간대에 따라 다른 시간으로 변환이 필요한 경우
기준	날짜와 시각 표현	1970년 1월 1일 UTC 기준 경과 시간
사용 용도	인간 친화적 시간 표현, 데이터 분석	시스템 연산, 동기화, 저장
UTC 시각으로 변환 여부	X	O
쿼리의 캐시 저장 여부	X	O

- **기타 타입**: 다양한 데이터를 저장하는 데 사용된다.

  - BINARY: 고정 길이 이진 데이터

  - VARBINARY: 가변 길이 이진 데이터

  - BOOLEAN: 참(True) 또는 거짓(False)

- **벤더별 데이터 타입 차이**: 벤더마다 지원하는 데이터 타입과 함수가 다를 수 있다. 예를 들어, SQL Server와 Sybase는 다양한 숫자 타입을 제공하지만, 오라클은 NUMBER 하나만 지원한다.

  벤더별로 표준과 다른 용어를 사용하는 경우가 있으며, 이는 벤더의 특화 기능에 따라 달라질 수 있다.

참고
 CHAR 유형과 VARCHAR 유형의 차이

CHAR와 VARCHAR는 둘 다 문자열 데이터를 저장하는 데 사용되는 데이터 타입이지만, 저장 방식과 메모리 사용에 차이가 있다.

• CHAR(고정 길이 문자형)

고정된 길이의 문자열을 저장하는 데이터 타입이다. 지정한 길이만큼의 공간을 항상 차지한다. 만약 실제 데이터가 지정 길이보다 짧으면 나머지 공간을 공백 문자로 채운다.

  • **장점**: 문자열 길이가 일정하므로 데이터 접근 속도가 빠르다.

  • **단점**: 저장 공간을 비효율적으로 사용할 수 있다. 짧은 문자열을 저장해도 고정된 길이를 유지하므로 메모리가 낭비될 수 있다.

  • SQL 예:

```
CREATE TABLE ExampleChar (
    FixedLength CHAR(5)
);
```

- FixedLength 칼럼에 'ABC'라는 값을 저장하면, 실제로는 'ABC '(뒤에 공백 2개 포함)로 저장된다.

- VARCHAR(가변 길이 문자형)

가변 길이 문자열을 저장하는 데이터 타입이다. 실제 데이터 길이만큼의 공간만 차지한다. 문자열 길이가 변하면 필요한 만큼의 저장 공간이 할당된다.

- **장점**: 문자열 길이에 따라 필요한 만큼만 공간을 사용하므로 메모리 낭비가 적어 저장 공간에 효율적이다.

- **단점**: 문자열 길이가 가변적이므로 데이터 접근 속도가 CHAR에 비해 느릴 수 있다.

- SQL 예:

```
CREATE TABLE ExampleVarChar (
    VariableLength VARCHAR(10)
);
```

- VariableLength 칼럼에 'ABC'라는 값을 저장하면, 실제로는 'ABC'(공백이 포함되지 않음)로 저장된다.

【 차이점 정리 】

	CHAR	VARCHAR
저장 방식	고정 길이로 저장. 지정된 길이보다 짧으면 공백으로 채움	가변 길이로 저장. 실제 데이터 길이만큼만 공간 사용
저장 공간 효율성	메모리 낭비 가능성이 있음	메모리 사용이 효율적
접근 속도	일정한 길이로 인해 접근 속도가 빠름	길이가 가변적이어서 접근 속도가 상대적으로 느릴 수 있음

3. 엔터티

(1) 엔터티 개념

① 엔터티의 정의

- 엔터티는 업무에 필요하고 유용한 정보를 저장하고 관리하기 위한 집합적인 실체 또는 객체를 의미한다.

- 엔터티는 그 집합에 속하는 개체들의 특성을 설명하는 속성(Attribute)을 필수적으로 갖는다.

- 엔터티는 용도별로 데이터를 분류하고 적절하게 묶은 집합의 개념이다.

- 엔터티를 도출하고 속성을 정의한 후, 엔터티 간의 관계를 연결하는 것이 데이터 모델링의 주요 수행 과정이다. 속성과 관계에 대해서는 엔터티에 이어 계속 설명을 이어가기로 한다.

참고

엔터티, 속성의 도출

예를 들어, OOO대학교에서 학생을 관리하는 데이터 모델링을 수행한다고 가정해 보자. 정보를 저장하고 관리하기 위한 집합적인 실체나 객체, 즉 엔터티는 학생이다. 학생 엔터티는 학번, 전공 과목, 이름, 이수 학점, 주소, 전화번호 등의 속성을 가진다.

OOO대학교에는 학생뿐만 아니라 강사 엔터티도 존재한다. 강사 역시 하나의 집합적인 실체나 객체가 되며 또 하나의 엔터티가 된다. 강사 엔터티는 강사 고유번호, 담당 과목, 이름, 주소, 전화번호 등의 속성을 가진다. OOO대학교 업무를 중심으로 데이터 모델링을 수행할 경우 다양한 엔터티가 도출되며, 각 엔터티는 세부적으로 더 다양한 속성을 가진다.

② 엔터티 표기법

- IE 표기법: 주 식별자를 별도로 표시하지 않으며, 필수 속성 여부는 속성 이름의 위치로 구분한다.

- 바커 표기법: # 기호로 주 식별자를, * 기호로 일반 속성을 표시하여 속성의 역할을 명확히 구분한다. 이를 통해 엔터티 구성과 속성의 역할을 쉽게 파악할 수 있다.

【 엔터티 표기법 _ IE 표기법과 바커 표기법 】

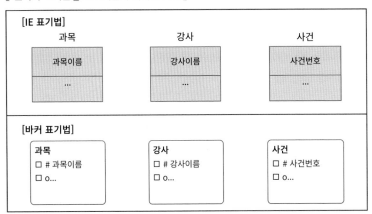

(2) 엔터티의 특징과 분류

① 엔터티의 특징

- **업무에서 필요로 하는 정보**: 반드시 업무에서 필요하고 관리할 가치가 있는 정보여야 한다.

- **식별자에 의해 식별 가능**: 엔터티는 사번, 학번과 같은 유일한 식별자로 식별할 수 있어야 한다. 예를 들어, 이름은 동명이인이 있을 수 있으므로 식별자로 적합하지 않다. 사번과 같은 유일한 식별자를 사용해야 한다.

- 인스턴스의 집합: 엔터티는 2개 이상의 인스턴스(행, Row)를 포함하는 집합이어야 한다. 엔터티를 엑셀에서의 표 혹은 테이블이라고 가정할 때, 인스턴스는 행(Row)이라고 생각하면 쉽다.

- 업무 프로세스에 이용: 엔터티는 반드시 업무 프로세스에 사용되어야 한다.

- 속성 포함: 엔터티에는 반드시 속성이 포함되어야 한다. 단, 관계 엔터티의 경우 주식별자 속성 하나만 있어도 엔터티로 인정한다.

- 관계의 존재: 엔터티는 다른 엔터티와 최소한 1개 이상의 관계가 있어야 한다.

【 엔터티와 속성, 인스턴스 】

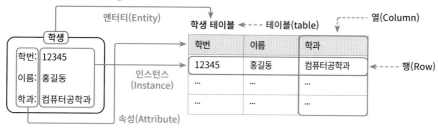

【 오라클 스키마와 엔터티 】

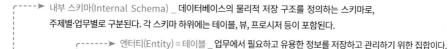

내부 스키마(Internal Schema) _ 데이터베이스의 물리적 저장 구조를 정의하는 스키마로, 주제별·업무별로 구분된다. 각 스키마 하위에는 테이블, 뷰, 프로시저 등이 포함된다.

엔터티(Entity) = 테이블 _ 업무에서 필요하고 유용한 정보를 저장하고 관리하기 위한 집합이다. 주로 개념, 사건, 장소 등 명사(Things)로 구성된다.

속성(Attribute) = 칼럼 _ 엔터티를 구성하는 개체들의 특성을 설명하는 요소다.

인스턴스(Instance) = 행 _ 데이터베이스에 저장된 데이터의 개별 항목으로, 모든 인스턴스의 전체 집합은 하나의 엔터티(=테이블)를 구성한다.

② 엔터티의 분류

【 유무형에 따른 분류 】

분류	내용	예
유형 엔터티	물리적인 형태가 있으며, 안정적이고 지속적으로 활용되는 엔터티다. 업무에서 구분하기가 가장 용이하다.	사원, 물품, 강사
개념 엔터티	물리적인 형태는 없지만 관리해야 할 개념적 정보를 포함하는 엔터티다.	조직, 보험상품
사건 엔터티	업무 수행 중 발생하지만 독립적으로 생성가능하며, 발생량이 많고 각종 통계 자료로 활용될 수 있다.	주문, 청구, 미납

【 발생시점에 따른 분류 】

분류	내용	예
기본 엔터티	업무에 원래 존재하는 정보로, 다른 엔터티에 의해 생성되지 않고 독립적으로 생성 가능하며, 타 엔터티의 부모 역할을 한다.	사원, 부서, 고객, 상품, 자재
중심 엔터티	기본 엔터티로부터 발생하며, 업무의 중심 역할을 수행한다. 데이터 양이 많으며 다른 엔터티와의 관계를 통해 많은 행위 엔터티를 생성한다.	계약, 사고, 예금원장, 청구, 주문, 매출
행위 엔터티	두 개 이상의 부모 엔터티로부터 발생하며, 데이터가 자주 변경되거나 양이 증가하는 특징이 있다. 상세 설계나 프로세스와 모델링에서 도출된다.	주문목록, 사원변경이력

참고

엔터티의 명명 규칙

• 실제 업무에서 사용하는 용어를 사용한다.

• 약어를 사용하지 않는다.

• 단수 명사를 사용한다.

• 모든 엔터티의 이름은 유일해야 한다.

• 엔터티의 생성 목적에 맞는 이름을 부여한다.

• 띄어쓰지 않고 하나의 단어로 작성한다.

• 여러 단어가 필요할 때에는 CamelCase(단어 첫 글자를 대문자로 연결)나 SnakeCase(단어 사이를 언더바로 연결)를 사용한다.

  • CamelCase 예: userName, getUserInfo, isLoggedIn, calculateTotalPrice

  • SnakeCase 예: user_name, get_user_info, is_logged_in, calculate_total_price

• 한글과 영문을 혼용하지 않고 일관성 있게 작성한다.

4. 속성

(1) 속성의 개념

① 속성의 정의

- 속성은 사물의 특징이나 본래의 성질을 의미한다.

- 데이터 모델링에서 속성은 업무에서 필요로 하는 최소한의 데이터 단위로, 더 이상 분리되지 않는 정보를 의미한다.

- 속성은 엔터티를 설명하고 인스턴스의 구성요소가 된다.

- 예를 들어, 학생 엔터티에는 학번, 전공과목, 이름, 이수학점, 주소, 전화번호 등의 속성이 있으며, 각 속성은 학생 엔터티의 특성을 설명한다. 하나의 행은 학생 엔터티를 구성하는 하나의 인스턴스가 된다.

② 엔터티, 속성, 인스턴스 이해하기

- 오라클에서 제공하는 샘플 데이터 중 EMPLOYEES 테이블 통해 엔터티, 속성, 인스턴스의 개념을 알아보자.

엔터티
【 EMPLOYEES 테이블 】 ◄

속성

EMPLO YEE_ID	FIRST_ NAME	LAST_ NAME	EMAIL	PHONE	HIRE_DATE	MANA GER_ID	JOB_TITLE
1	Tommy	Bailey	tommy.bailey@example.com	515.123.4567	2016-06-17 0:00:00		President
2	Jude	Rivera	jude.rivera@example.com	515.123.4568	2016-07-21 0:00:00	1	Administration Vice President
3	Blake	Cooper	blake.cooper@example.com	515.123.4569	2016-09-13 0:00:00	1	Administration Vice President
4	Louie	Richardson	louie.richardson@example.com	590.423.4567	2016-09-03 0:00:00	3	Programmer
5	Nathan	Cox	nathan.cox@example.com	590.423.4568	2016-05-21 0:00:00	4	Programmer

인스턴스

- 엔터티 ⇒ EMPLOYEES

- 속성 ⇒ EMPLOYEE_ID, FIRST_NAME, LAST_NAME, EMAIL, PHONE, HIRE_DATE, MANAGER_ID, JOB_TITLE

- 5개의 인스턴스 ⇒

  1, Tommy, Bailey, tommy.bailey@example.com, 515.123.4567, 2016-06-17 00:00:00.000, , President

  2, Jude, Rivera, jude.rivera@example.com, 515.123.4568, 2016-07-21 00:00:00.000, 1, Administration Vice President

  3, Blake, Cooper, blake.cooper@example.com, 515.123.4569, 2016-09-13 00:00:00.000, 1, Administration Vice President

  4, Louie, Richardson, louie.richardson@example.com, 590.423.4567, 2016-09-03 00:00:00.000, 3, Programmer

  5, Nathan, Cox, nathan.cox@example.com, 590.423.4568, 2016-05-21 00:00:00.000, 4, Programmer

(2) 속성의 특징과 분류

① 속성의 특징

- 속성은 반드시 해당 업무에서 필요하고, 관리해야 할 정보여야 한다. 예를 들어, EMPLOYEES 테이블에 업무와 관련이 없는 속성(예: 선호하는 정당 이름)을 포함하는 것은 부적절하다.

- 속성은 정규화 이론에 따라 주식별자에 함수적 종속성을 가져야 한다.

- 하나의 속성은 한 개의 값만을 가진다. 예를 들어, EMPLOYEES 테이블에서 전화번호가 2개인 경우에는 유선전화와 휴대전화로 분리하거나, 필요 시 새로운 엔터티로 구성해야 한다. 관계형 데이터베이스에서 속성은 절대로 2개 이상의 속성값을 가질 수 없다. 다만 일부 NoSQL에서는 다중값을 갖는 속성 표현이 가능하다.

> **참고**
>
> 🧑 **함수적 종속성**
>
> - EMPLOYEES 테이블에서 'Louie. Richardson'의 MANAGER_ID는 '3'이다. 이는 'Louie. Richardson'의 상관인 MANAGER의 EMPLOYEE_ID를 의미하며, EMPLOYEE_ID가 '3'인 사람은 'Blake. Cooper'이다.
>
> - MANAGER_ID를 알면 MANAGER의 이름을 알 수 있다. MANAGER_ID에 따라 MANAGER의 이름이 달라지므로, MANAGER의 이름은 MANAGER_ID에 함수적으로 종속된다고 표현한다.
>
> - MANAGER의 이름을 결정하는 건 MANAGER_ID이므로, MANAGER_ID가 결정자이며, MANAGER의 이름은 종속자이다.
>
> - 함수적 종속 관계는 형태에 따라 완전 함수 종속, 부분 함수 종속, 이행적 함수 종속 등으로 분류된다. 함수 종속성은 나중에 따로 설명하기로 한다.

② 속성의 분류

 TIP _ 속성의 분류는 시험에 자주 출제되는 주제입니다. 특히 이자와 이자율은 혼동하기 쉬워서 기출문제로 자주 출제되었습니다. 각각의 분류와 예시를 잘 알아두는 것이 중요합니다.

【 특성에 따른 분류 】

기본 속성(Basic Attribute)	업무 분석을 통해 바로 정의한 속성 예】이자율, 상품이름, 제조년월, 상품가격, 주민등록번호 등
설계 속성(Designed Attribute)	원래 업무에 존재하지 않지만, 설계 과정에서 도출된 속성 예】예금분류코드, 상품분류, 약품용기코드 등
파생 속성(Derived Attribute)	다른 속성으로부터 계산되거나 변형되어 생성되는 속성 예】이자, 계산값, 상품 테이블의 판매 가격, 회원등급, 이벤트 응모 건수 등

【 엔터티 구성 방식에 따른 분류 】

PK(Primary Key) 속성	엔터티를 식별할 수 있는 속성 예】사번, 학번, 문서번호, 상품고유코드 등
FK(Foreign Key) 속성	다른 엔터티와의 관계를 나타내는 속성 예】사원매니저ID, 상품원재료코드, 사원직책코드, 회원등급코드
일반 속성	PK나 FK에 포함되지 않는 엔터티의 일반 속성 예】사원명, 학생명, 이메일, 생년월일, 제조년월 등

참고

 속성의 명명 규칙

• 해당 업무에서 사용하는 이름을 부여한다.

• 서술식 속성명은 사용하지 않는다.

• 약어 사용은 가급적 제한한다.

• 전체 데이터 모델에서 속성 이름의 유일성을 확보하는 것이 좋다.

참고

 도메인(Domain)

• 도메인은 업무에서 필요로 하는 데이터의 최소 단위로 각 속성이 가질 수 있는 값의 범위를 의미하며, 속성은 도메인을 벗어난 값을 가질 수 없다.

• 예를 들어, 학생 엔터티의 학점 속성은 0.0~4.5 사이의 실수 값, 주소 속성은 최대 20자리 문자열을 도메인으로 가진다.

• 오라클 샘플 테이블의 EMPLOYEES 테이블에서 각 칼럼의 Type은 해당 속성 값이 문자인지, 숫자인지, 자릿수가 얼마인지를 나타내며, 이 범위가 도메인이다.

• 예를 들어, FIRST_NAME 속성의 데이터 타입은 문자이며, 1~255 글자 이내의 값을 가진다. 이때 도메인은 '1~255글자의 문자'다.

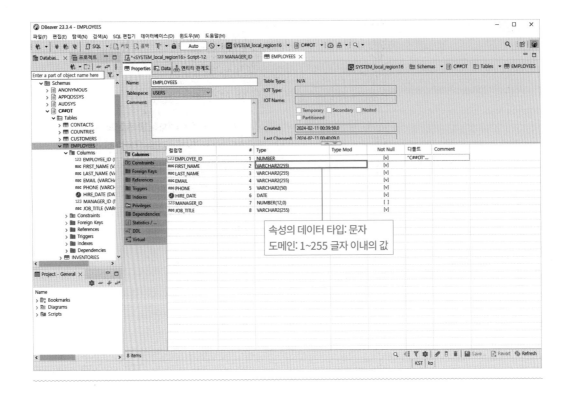

5. 관계

(1) 관계의 개념

① 관계의 정의

- 관계는 사전적으로 상호 연관성이 있는 상태를 의미한다.
- 데이터 모델링에서는 '엔터티의 인스턴스 간에 논리적인 연관성을 가지는 존재의 형태나 행위로서, 서로에게 연관성이 부여된 상태'라고 정의할 수 있다.

② 관계의 페어링

- 관계는 하나의 엔터티(그룹)안에서 개별적인 인스턴스(구성원)들끼리 연결되는 모습을 의미한다. 그리고 이런 연결들을 모아서 하나의 관계로 표현한다.

- 각각의 엔터티 인스턴스는 자신과 연관된 다른 엔터티 인스턴스와 연결되어 관계를 형성하는데, 이러한 연결이 이루어지는 과정을 관계 페어링(Relationship Pairing)이라 한다.

- 만약 두 엔터티 간에 여러 종류의 관계가 존재한다면, 두 엔터티 사이에는 두 개 이상의 관계가 형성될 수 있다.

(2) 관계의 분류와 카디널리티(Cardinality)

① 관계의 분류

【 관계의 분류 】

존재의 의한 관계	엔터티가 특정 존재 상태에 속해 있음으로써 형성되는 관계로, 행위나 이벤트와 무관하게 발생하는 관계다. 예시】"사원은 부서에 속한다" – 사원이 부서에 소속돼 있는 상태 자체에서 관계가 형성된다.
행위에 의한 관계	엔터티 간의 특정 행위나 이벤트에 의해 형성되는 관계로, 두 엔터티의 상호작용으로 발생하는 관계다. 예시】"고객이 상품을 구입할 때 주문이 발생한다" – 고객의 구매 행위로 주문이 발생하므로 두 엔터티 사이의 관계는 행위에 의한 관계다.

② 카디널리티(관계차수, Cardinality)

- 두 엔터티 간의 관계에서 참여자의 수를 표현하는 것으로, 1:1, 1:M, N:M 등의 형태로 나타낸다.

- 관계는 두 개의 관계명을 가지며, 각 관계명에 의해 두 가지 관점으로 표현될 수 있다. 엔터티에서 관계가 시작되는 편을 관계 시작점(The Beginning), 관계를 받는 편을 관계 끝점(The End)이라 부른다.

- 관계 시작점과 끝점은 각각 관계 이름을 가지며, 관계에 참여하는 관점에 따라 능동적(Active) 또는 수동적(Passive)으로 명명된다.

【 1:M 관계 표기법 】

예시】하나의 부서는 여러 명의 사원을 포함하며, 한 명의 사원은 오직 하나의 부서에만 소속된다.

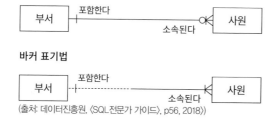

(출처: 데이터진흥원, 〈SQL전문가 가이드〉, p56, 2018)

【 N:M 관계 표기법 】

예시】 여러 주문은 여러 개의 제품을 포함한다.

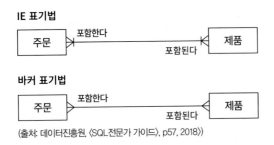

(출처: 데이터진흥원, 《SQL전문가 가이드》, p57, 2018)

③ 관계선택사양(Optionality)

- 두 엔터티 간의 관계에서 필수적이지 않고, 선택적으로 참여할 수 있는 경우를 의미한다.

- 예를 들어, 목록 엔터티가 주문 목록과 관계를 맺을 때 목록에 주문이 포함되지 않는 경우도 있을 수 있다. 이때 목록과 주문 목록 간의 관계는 선택적 참여 관계다.

【 관계선택참여 】

예시】 하나의 주문 목록에는 한 개의 목록을 항상 포함하고, 한 목록은 여러 개의 주문 목록에 포함될 수 있다.

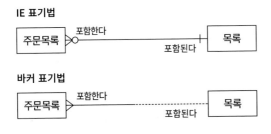

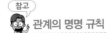
참고
관계의 명명 규칙

- 관계를 표현할 때 명확하고 구체적인 동사를 사용한다. 예를 들어, '이러한 관계가 있다'와 같은 모호한 표현보다는 '주문을 포함한다', '담당한다' 등으로 구체적으로 명명한다.

- 과거형이나 미래형이 아닌 현재형으로 표현한다. '주문을 완료했다', '주문을 할 것이다' 대신 '주문을 포함한다'와 같이 현재형으로 표현한다.

6. 식별자

(1) 식별자의 개념과 특징

① 식별자(Identifier)의 개념

- 2개 이상의 인스턴스가 모여 하나의 엔터티를 구성한다. 엑셀 프로그램을 예를 들면, 행 수가 적을 때는 원하는 데이터를 쉽게 찾을 수 있지만, 행이 많아지면 특정 값을 찾기가 어렵다.

- 식별자는 여러 인스턴스 중에서 특정 인스턴스를 구분할 수 있는 일종의 구분자로, 엔터티를 대표하는 속성이다. 하나의 엔터티에는 반드시 하나의 유일한 식별자가 존재해야 한다.
- 식별자와 키(Key)는 같은 개념이며, 논리 모델링에서는 식별자, 물리 모델링에서는 키(Key)라는 용어를 사용한다.

② 식별자의 특징

【 식별자의 특징 】

특징	내용
유일성	주식별자는 엔터티 내 모든 인스턴스를 유일하게 구분함 **예】** 사원번호는 직원들에게 고유하게 부여된다.
최소성	주식별자를 구성하는 속성 수는 유일성을 만족하는 최소한의 수여야 함 **예】** 사원번호+부서번호로 이뤄진 주식별자는 최소성에 위배된다. 사원번호가 유일하다면 부서번호와의 조합은 불필요하다.
불변성	주식별자가 한 번 지정되면 그 식별자의 값은 변하지 않아야 함 **예】** 사번이 변경되면 실제 사번이 변경되는 것이 아니라, 이전 사번은 말소되고 새로운 사번이 생성된다.
존재성	주식별자가 지정되면 반드시 값이 존재해야 하며, NULL 값을 가질 수 없다. **예】** 사번이 부여되면 해당 사번을 가진 직원이 반드시 존재한다.

(2) 식별자의 분류 및 도출 기준

TIP _ 식별자의 분류는 시험에 자주 출제되는 주제입니다. 분류 기준을 제시하고 주식별자의 명칭을 묻는 문제 유형이 자주 출제되었고, 주식별자 명칭과 설명을 바탕으로 해당 식별자를 구분하는 문제도 자주 출제되었습니다.

① 식별자의 분류

【 식별자의 분류 】

분류	식별자	설명
대표성 여부	주식별자	엔터티 내에서 각 행을 구분할 수 있는 대표 식별자이며, 다른 엔터티와 참조 관계를 연결할 수 있는 식별자 (예】 사원번호, 고객번호)
	보조식별자	각 행을 구분할 수 있으나, 대표성이 없어 참조 관계 연결이 불가능한 식별자 (예】 주민등록번호)
스스로 생성 여부	내부식별자	엔터티 내부에서 스스로 생성되는 식별자 (예】 고객번호)
	외부식별자	다른 엔터티와의 관계를 통해 외부 엔터티로부터 받아오는 식별자 (예】 주문 엔터티의 고객번호)

분류	식별자	설명
속성의 수	단일식별자	하나의 속성으로 구성된 식별자 (예) 고객 엔터티의 고객번호)
	복합식별자	둘 이상의 속성으로 구성된 식별자 (예) 주문상세 엔터티의 주문번호+상세순번)
대체 여부	본질식별자	업무적으로 자연스럽게 생성되는 식별자 (예) 고객번호)
	인조식별자	복잡한 원조 식별자를 대체하기 위해 인위적으로 만든 식별자 (예) 주문엔터티의 주문번호(고객번호+주문번호+순번))

참고

대표성을 갖지 못하는 주민등록번호

주민등록번호는 흔히 유일한 식별자로 여겨지지만, 다음과 같은 이유로 데이터 모델링에서 대표 식별자로 사용하기에는 한계가 있다.

1. 개인정보 보호 이슈

주민등록번호는 민감한 개인정보로, 유출 시 심각한 피해가 발생할 수 있다. 개인정보 보호법에 따라 주민등록번호의 수집과 사용이 엄격히 제한되므로, 데이터베이스에서 기본 식별자로 사용하기 어렵다.

2. 변경 가능성

주민등록번호는 특정 상황(예: 성별 변경, 주민등록번호 변경 요청)에서 변경될 수 있어, 불변성이 요구되는 대표 식별자 역할에 적합하지 않다.

3. 중복 가능성 (실제 예외 사례)

주민등록번호가 고유하다고 하지만, 과거 중복 발급 사례나 특수한 경우(예: 쌍둥이, 재발급 오류)로 인해 절대적인 고유성이 보장되지 않는다.

4. 외부 기관 연계 및 사용 제한

외부 기관과 데이터 연계 시 주민등록번호는 민감정보로 취급되어, 복잡한 절차가 추가로 필요하다. 이를 피하기 위해 민감하지 않은 대체 식별자(고객번호 등)를 사용하는 것이 효율적이다.

5. 대안: 인조 식별자 사용

이러한 이유로 데이터베이스에서는 고객번호나 회원번호 같은 인조 식별자를 주식별자로 사용한다. 인조 식별자는 변경되지 않고 민감정보가 아니므로 안전하게 고유성을 보장할 수 있다. 따라서 주민등록번호는 고유한 식별자임에도 불구하고 보조 식별자로 사용하는 것이 바람직하다.

② 식별자의 도출 기준

- 주식별자는 해당 업무에서 자주 사용되는 속성으로 설정한다. 예를 들어, 학생의 경우 학번과 주민등록번호가 유일하게 구별 가능한 식별자가 될 수 있다. 그중 학번이 학생 관리 업무에 자주 사용되므로 학번을 주식별자, 주민등록번호는 보조식별자로 지정한다.

- 명칭, 내역과 같이 이름으로 기술되는 것들은 주식별자로 지정하지 않는다. 이름으로 기술된 속성은 데이터를 조회할 때 쿼리에 이름을 나열해야 하므로 오류 발생 가능성이 높아진다. 부득이하게 이름을 구분자로 사용해야 한다면 코드화하여 사용한다. 예를 들어, 부서명 대신 부서코드를 주식별자로 설정한다.

- 복합 식별자를 사용할 경우 속성의 수를 최소화한다. 주민등록번호가 유일한 식별자이긴 하지만, 주식별자로 사용하기에 적당하지 않은 이유는 주민등록번호에 포함된 속성이 너무 많기 때문이다. 복합 식별자는 두 개 이상의 속성을 결합하여 구성할 수 있지만, 너무 많은 속성을 결합하면 쿼리 성능 저하와 데이터 모델의 복잡성이 증가할 수 있다. 이런 경우 인조 식별자를 생성하여 단순화할 수 있다. 예를 들어, '관할코드+접수일자+신청인구분코드+접수인+신청횟수'와 같은 복합 식별자를 '접수코드'라는 새로운 인조 식별자로 단순화할 수 있다.

(3) 식별자 관계와 비식별자 관계

① 주식별자 관계(Identifying Relationship)

- 부모 엔터티의 주식별자가 자식 엔터티에 상속되어 자식 엔터티의 주식별자로 사용되는 경우를 말한다.

- 자식 엔터티의 주식별자에 NULL 값이 올 수 없으며, 반드시 부모 엔터티가 생성된 후에 자식 엔터티가 생성된다.

- 주식별자는 데이터베이스 생성 시 PK(Primary Key) 역할을 한다.

② 비식별자 관계(Non-Identifying Relationship)

- 부모 엔터티의 주식별자가 자식 엔터티에 상속됐지만, 자식 엔터티의 주식별자로 사용되지 않고 단순히 연결 속성으로만 활용되는 경우다.

- 부모 엔터티로부터 생성된 속성은 외부식별자라고 하며, 데이터베이스 생성 시 FK(Foreign Key) 역할을 한다.

식별자 관계로만 설정할 경우의 문제점

- 식별자 관계만으로 연결된 데이터 모델은 그 흐름이 증가할수록 PK 속성의 수가 계속 증가하여, 관리와 유지보수가 어려워진다.

- 데이터 모델을 참조할 때 엔터티와 관계를 고려하여 식별자 관계와 비식별자 관계를 적절히 혼합해 사용해야 한다.

- 조인에 참여하는 PK 속성이 많아지면, 조인 조건이 누락될 가능성이 증가하여 데이터 조회에 문제가 발생할 수 있다.

- 식별자 관계로만 연결될 경우 주식별자 속성이 계속 증가하여 개발 과정이 복잡해지고, 오류 발생 가능성이 높아진다.

 1과목 / 1장 / 기 · 본 · 문 · 제

01. 데이터 모델링의 정의로 가장 적절한 것은 무엇인가?

① 데이터베이스 설계를 위한 물리적 구조 생성
② 현실 세계의 데이터를 약속된 표기법에 의해 표현하는 과정
③ 데이터의 무결성을 보장하기 위한 정규화 과정
④ 데이터베이스의 성능 최적화를 위한 인덱스 설계 과정

02. 다음은 데이터 모델링의 세 가지 단계 중 어떤 단계에 대한 설명인가?

- 시스템으로 구축하고자 하는 업무에 대해 키(Key), 속성, 관계 등을 정확하게 표현
- 높은 재사용성을 가짐
- 추상적 수준의 모델링 진행

① 개념적 데이터 모델링   ② 논리적 데이터 모델링
③ 물리적 데이터 모델링   ④ 구조적 데이터 모델링

03. 다음은 데이터 모델링 단계에 대한 설명이다. 괄호 안에 들어갈 단어로 알맞은 것은 무엇인가?

데이터 모델링의 첫 번째 단계는 (ㄱ) 데이터 모델링으로, 업무 중심적이며 포괄적인 수준에서 모델링을 진행한다. 두 번째 단계는 (ㄴ) 데이터 모델링으로, 시스템으로 구축하려는 업무에 대해 키(Key), 속성, 관계 등을 정확하게 표현한다. 마지막 단계는 (ㄷ) 데이터 모델링으로, 실제로 데이터베이스를 구성할 수 있도록 성능, 저장 등 물리적인 성격을 고려하여 설계한다.

① ㄱ) 개념적 ㄴ) 논리적 ㄷ) 물리적   ② ㄱ) 논리적 ㄴ) 개념적 ㄷ) 물리적
③ ㄱ) 논리적 ㄴ) 물리적 ㄷ) 개념적   ④ ㄱ) 개념적 ㄴ) 물리적 ㄷ) 논리적

04. 데이터베이스 스키마의 3단계 중 외부 스키마(External Schema)에 대한 설명으로 가장 적절한 것은 무엇인가?

① 전체 데이터베이스의 정의를 나타내는 스키마

② 데이터베이스의 물리적 저장 구조를 정의하는 스키마

③ 개별 사용자나 응용 프로그램의 관점에서 필요한 데이터베이스의 논리적 구조를 정의하는 스키마

④ 데이터베이스 관리자의 관점에서 전체 데이터베이스를 정의하는 스키마

05. 데이터의 독립성 중 논리적 독립성에 대한 설명으로 가장 적절한 것은 무엇인가?

① 내부 스키마가 변경되어도 외부 스키마에 영향을 미치지 않는 것

② 개념 스키마가 변경되어도 외부 스키마에 영향을 미치지 않는 것

③ 외부 스키마가 변경되어도 개념 스키마에 영향을 미치지 않는 것

④ 물리적 저장 장치의 변경이 논리적 구조에 영향을 미치지 않는 것

06. 엔터티(Entity)에 대한 설명으로 가장 옳지 않은 것은 무엇인가?

① 업무에 필요하고 유용한 정보를 저장하고 관리하기 위한 집합적인 것이다.

② 엔터티는 인스턴스의 집합으로, 2개 이상의 인스턴스가 있어야 한다.

③ 엔터티는 반드시 속성을 포함해야 한다.

④ 엔터티는 다른 엔터티와의 관계가 없어도 데이터베이스의 통합성과 연결성을 확보할 수 있다.

07. 다음 중 유형 엔터티(Tangible Entity)의 예로 가장 적절한 것은 무엇인가?

① 주문   ② 사원

③ 부서   ④ 보험상품

08. 관계형 데이터베이스의 속성(Attribute)에 대한 설명으로 가장 옳지 않은 것은 무엇인가?

① 업무에서 필요로 하는 인스턴스로 관리하고자 하는 의미상 더 이상 분리되지 않는 최소의 데이터 단위이다.

② 파생 속성(Derived Attribute)은 다른 속성으로부터 계산이나 변형되어 생성되는 속성이다.

③ 하나의 속성은 여러 개의 속성값을 동시에 가질 수 있다.

④ 속성은 엔터티를 설명하고 인스턴스의 구성요소가 된다.

09. 다음 중 기본 속성(Basic Attribute)에 해당하는 것은 무엇인가?

① 주민등록번호   ② 나이

③ 평균 성적   ④ 회원 등급

10. 관계(Relationship)에 대한 설명으로 가장 적절하지 않은 것은 무엇인가?

① 엔터티의 인스턴스 사이의 논리적인 연관성으로서, 존재의 형태나 행위로 서로에게 연관성이 부여된 상태를 의미한다.

② 관계는 엔터티와 엔터티 간에만 존재하며, 속성 간에는 성립할 수 없다.

③ 관계는 존재에 의한 관계와 행위에 의한 관계로 구분할 수 있다.

④ 관계는 엔터티 간 연결을 담당하는 연결고리 역할을 한다.

11. 다음 중 1:M 관계를 가장 잘 설명하는 것은 무엇인가?

① 하나의 학생이 하나의 학번만 가질 수 있다.　② 하나의 부서에 여러 명의 사원이 속할 수 있다.

③ 한 명의 고객이 한 개의 계좌만 개설할 수 있다.　④ 여러 명의 학생이 여러 개의 과목을 수강할 수 있다.

12. 식별자(Identifier)에 대한 설명으로 옳지 않은 것은 무엇인가?

① 식별자는 엔터티 내에서 인스턴스를 유일하게 구분할 수 있는 구분자 역할을 한다.

② 식별자는 최소성의 원칙을 만족해야 한다.

③ 식별자는 반드시 단일 속성으로만 구성되어야 한다.

④ 식별자는 엔터티를 대표할 수 있는 속성이어야 한다.

13. 다음 중 본질 식별자(Natural Identifier)에 대한 설명으로 가장 적절한 것은 무엇인가?

① 인위적으로 만들어진 식별자이다.　② 업무적으로 만들어지는 식별자이다.

③ 여러 개의 속성을 조합하여 만든 식별자이다.　④ 시스템 내부에서 자동으로 생성되는 식별자이다.

14. 다음 중 식별자 관계(Identifying Relationship)에 대한 설명으로 가장 적절한 것은 무엇인가?

① 부모 엔터티의 주식별자가 자식 엔터티의 일반 속성으로 상속되는 관계이다.

② 부모 엔터티의 주식별자가 자식 엔터티의 주식별자로 상속되는 관계이다.

③ 부모 엔터티와 자식 엔터티 간에 아무런 관계가 없는 상태를 의미한다.

④ 자식 엔터티의 주식별자가 부모 엔터티로 상속되는 관계이다.

15. 데이터 모델에서 속성(Attribute)의 특성으로 옳지 않은 것은 무엇인가?

① 업무에서 필요로 하고 관리하고자 하는 정보여야 한다.

② 속성은 기본키(주식별자)에 대해 함수적 종속성을 가져야 한다.

③ 하나의 속성에는 한 개의 값만 가질 수 있다.

④ 속성은 항상 다른 엔터티와의 관계를 나타내야 한다.

16. 다음 중 엔터티(Entity)의 특징으로 가장 적절하지 않은 것은 무엇인가?

① 반드시 속성을 포함해야 한다.

② 데이터베이스의 통합성과 연결성을 확보하기 위해 다른 엔터티와 최소 한 개 이상의 관계가 있어야 한다.

③ 영속적으로 존재하는 인스턴스의 집합이어야 한다.

④ 업무 프로세스에 이용되어야 한다.

17. 데이터 모델링에서 카디널리티(Cardinality)에 대한 설명으로 가장 적절한 것은 무엇인가?

① 엔터티 간의 관계에서 참여자의 수를 표현한 것이다.

② 엔터티의 인스턴스를 유일하게 식별할 수 있는 속성의 수를 나타낸다.

③ 엔터티가 가질 수 있는 속성의 최대 개수를 의미한다.

④ 데이터베이스의 테이블 수를 나타내는 지표이다.

18. 다음 ERD에서 주문목록과 목록 간의 관계에 대한 설명으로 가장 올바른 것은?

① 한 개의 주문목록은 여러 개의 목록을 포함할 수 있고, 한 개의 목록은 하나의 주문목록에만 포함될 수 있다.
② 한 개의 주문목록은 하나의 목록만 포함할 수 있고, 한 개의 목록은 여러 주문목록에 포함될 수 있다.
③ 한 개의 주문목록은 하나의 목록만 포함할 수 있고, 한 개의 목록도 하나의 주문목록에만 포함될 수 있다.
④ 한 개의 주문목록은 여러 개의 목록을 포함할 수 있고, 한 개의 목록도 여러 주문목록에 포함될 수 있다.

19. 다음 중 엔터티(Entity)의 속성과 관계에 대한 설명으로 옳은 것을 모두 고른 것은?

A. 모든 엔터티는 반드시 하나 이상의 관계(Relationship)를 가져야 한다.
B. 엔터티는 개별 인스턴스를 구분하기 위한 식별자를 반드시 포함해야 한다.
C. 엔터티의 속성(Attribute)은 항상 복합 속성으로만 구성된다.
D. 엔터티는 물리적으로 실재하지 않더라도 독립적인 의미를 가질 수 있다.

① A, B   ② B, D
③ A, C   ④ B, C, D

20. 다음 ERD에서 부서와 사원 간의 관계를 가장 잘 설명한 것은 무엇인가?

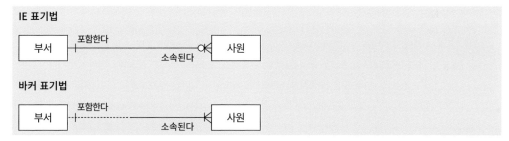

① 한 명의 사원은 여러 개의 부서에 소속될 수 있다.
② 하나의 부서는 여러 명의 사원을 포함할 수 있다.
③ 하나의 부서에는 반드시 한 명 이상의 직원이 있어야 한다.
④ 하나의 부서는 반드시 한 명의 사원만 포함해야 한다.

【 정답&해설 】

01. **답:** ②

    해설: 데이터 모델링은 현실 세계의 데이터를 약속된 표기법에 따라 표현하는 과정이다. 이는 정보 시스템을 구축하기 위해 데이터를 분석하는 기법으로, 현실 세계의 데이터를 추상화하여 데이터베이스의 논리적 및 물리적 구조로 변환하는 과정을 포함한다.

02. **답:** ②

    해설: 논리적 데이터 모델링은 시스템으로 구축하고자 하는 업무에 대해 키, 속성, 관계 등을 정확하게 표현하는 단계이다. 이 단계는 높은 재사용성을 가지며, 여전히 추상적 수준에서 모델링을 진행한다.

03. **답:** ①

    해설: **개념적 모델링**: 업무 중심으로 데이터의 큰 구조만 정의(엔터티와 관계).

    논리적 모델링: 키, 속성, 관계 등 세부적으로 설계.

    물리적 모델링: 데이터베이스로 구현 가능한 형태로 설계(테이블, 인덱스 등).

    데이터 모델링은 업무 → 설계 → 구현의 순서로 진행된다.

04. **답:** ③

    해설: 외부 스키마(External Schema)는 개별 사용자나 응용 프로그램의 관점에서 필요한 데이터베이스의 논리적 구조를 정의하는 스키마다. Sub 스키마 또는 View 스키마라고도 불리며, 실제 사용자가 보는 개인적인 DB 스키마를 의미한다. 전체 데이터베이스 중 사용자가 필요로 하는 부분만을 정의한 것으로, 사용자 관점의 스키마다.

05. **답:** ②

    해설: 논리적 독립성은 개념 스키마가 변경되어도 외부 스키마에 영향을 미치지 않도록 지원하는 것을 의미한다. 즉, 데이터베이스의 논리적 구조가 변경되더라도 응용 프로그램에는 영향이 없음을 뜻한다. 이를 통해 사용자 특성에 맞게 변경이 가능하고, 통합 구조의 변경도 가능하다.

06. **답:** ④

    해설: 엔터티의 특징 중 하나는 다른 엔터티와 최소한 하나 이상의 관계가 존재해야 한다는 것이다. 엔터티는 독립적으로 존재할 수는 있으나, 정보시스템 관점에서는 다른 엔터티와의 관계가 최소 1개 이상 필요하다. 따라서 '엔터티는 다른 엔터티와의 관계가 없어도 데이터베이스의 통합성과 연결성을 확보할 수 있다'는 설명은 옳지 않다. 엔터티는 업무에 필요한 정보를 저장하고 관리하기 위한 집합적인 것이며, 2개 이상의 인스턴스로 구성되어야 하고, 반드시 속성을 포함해야 한다.

07. **답:** ②

    해설: 유형 엔터티(Tangible Entity)는 물리적인 형태가 있으며 안정적이고 지속적으로 활용되는 엔터티를 말한다. 사원은 실제로 존재하는 물리적 형태를 가진 엔터티이므로 유형 엔터티의 좋은 예이다. 반면 주문은 사건 엔터티, 부서는 개념 엔터티, 보험상품은 개념 엔터티에 가깝다.

08. 답: ③

해설: 속성의 특징 중 하나는 하나의 속성은 한 개의 값만을 가진다는 점이다. 이것이 '단일값 속성(Single-valued Attribute)' 의 개념이다. '하나의 속성은 여러 개의 속성값을 동시에 가질 수 있다'는 설명은 옳지 않다. 하나의 속성은 한 개의 값만을 가져야 한다는 것이 바로 제1정규화 원칙이다. 만약 하나의 속성에 다중값이 있다면 엔터티를 추가하는 등의 제1정규화를 수행해야 한다. 속성은 업무에서 필요로 하는 최소의 데이터 단위이며, 파생 속성은 다른 속성으로부터 계산되거나 변형되어 생성되는 속성이다. 또한 속성은 엔터티를 설명하고 인스턴스의 구성요소가 된다. 관계형 데이터베이스가 아닌 NoSQL 데이터베이스(예: MongoDB)에서는 다중값 속성을 허용하는 경우가 있다.

09. 답: ①

해설: 기본 속성(Basic Attribute)은 업무 분석을 통해 바로 정의된 속성을 말한다. 주민등록번호는 업무 분석을 통해 직접 도출되는 속성이므로 기본 속성의 좋은 예이다. 반면 나이는 주민등록번호로부터 계산될 수 있는 파생 속성이고, 평균 성적은 개별 성적들로부터 계산되는 파생 속성이다. 회원 등급은 다른 속성들(예: 구매 횟수, 구매 금액 등)을 기반으로 결정되는 설계 속성이나 파생 속성에 해당한다. 따라서 주어진 보기 중 기본 속성에 해당하는 것은 주민등록번호.

10. 답: ②

해설: 관계는 주로 엔터티 간에 존재하지만, 속성 간에도 성립할 수 있다. 예를 들어, 한 엔터티 내에서 속성 간의 종속성이나 계산 관계 등이 존재할 수 있다. 따라서 '관계는 엔터티와 엔터티 간에만 존재하며, 속성 간에는 성립할 수 없다'는 설명은 적절하지 않다. 관계는 엔터티의 인스턴스 사이의 논리적 연관성을 나타내며, 존재에 의한 관계와 행위에 의한 관계로 구분될 수 있고, 엔터티 간 연결을 담당하는 역할을 한다.

11. 답: ②

해설: 1:M(일대다) 관계는 한 엔터티의 하나의 인스턴스가 다른 엔터티의 여러 인스턴스와 관련될 수 있는 관계를 의미한다. '하나의 부서에 여러 명의 사원이 속할 수 있다'는 설명이 1:M 관계를 가장 잘 나타낸다. 여기서 '부서'가 '1'이고 '사원'이 'M'에 해당한다. 하나의 부서에는 여러 명의 사원이 속할 수 있지만, 한 사원은 하나의 부서에만 속하는 관계를 나타낸다.

12. 답: ③

해설: '식별자는 반드시 단일 속성으로만 구성되어야 한다'는 설명은 옳지 않다. 식별자는 단일 속성으로 구성될 수도 있고, 여러 속성의 조합으로 구성될 수도 있다. 이를 복합 식별자라고 한다. 식별자는 엔터티 내에서 인스턴스를 유일하게 구분할 수 있어야 하며, 최소성의 원칙을 만족해야 한다. 또한 식별자는 엔터티를 대표할 수 있는 속성이어야 한다.

13. 답: ②

해설: 본질 식별자(Natural Identifier)는 업무에 의해 만들어지는 식별자를 말한다. 이는 비즈니스 프로세스에서 자연스럽게 발생하는 식별자로, 예를 들어 학생의 학번, 직원의 사원번호 등이 이에 해당한다. 반면에 인조 식별자는 인위적으로 만들어진 식별자를 의미하며, 복합 식별자는 여러 개의 속성을 조합하여 만든 식별자를 말한다.

14. 답: ②

해설: 식별자 관계(Identifying Relationship)는 부모 엔터티의 주식별자가 자식 엔터티에 상속되어 자식 엔터티의 주식별자로 사용되는 경우를 말한다. 이 경우, 자식 엔터티의 주식별자는 부모로부터 받은 식별자와 자신의 고유한 식별자로 구성된다. 이러한 관계에서는 부모 엔터티의 존재가 자식 엔터티의 존재 여부를 결정하게 되며, 데이터베이스 설계 시 중요한 개념이다.

15. 답: ④

해설: 속성(Attribute)은 엔터티의 성질이나 상태를 기술하는 항목으로, 반드시 다른 엔터티와의 관계를 나타내야 하는 것은 아니다. 속성은 업무에서 필요로 하고 관리하고자 하는 정보여야 하며, 정규화 이론에 따라 주식별자에 함수적 종속성을 가져야 한다. 또한, 하나의 속성은 한 개의 값만을 가질 수 있다. 그러나 속성이 항상 다른 엔터티와의 관계를 나타내야 한다는 것은 옳지 않다.

16. 답: ③

해설: 엔터티(Entity)의 특징 중 '영속적으로 존재하는 인스턴스의 집합이어야 한다'는 설명은 적절하지 않다. 엔터티는 반드시 영속적일 필요는 없으며, 일시적으로 존재하는 인스턴스의 집합일 수도 있다. 예를 들어, '주문'이나 '예약'과 같은 엔터티는 일시적인 성격을 가질 수 있다. 엔터티는 반드시 속성을 포함해야 하고, 다른 엔터티와 최소 한 개 이상의 관계가 있어야 하며, 업무 프로세스에 이용되어야 한다.

17. 답: ①

해설: 카디널리티(Cardinality)는 두 개의 엔터티 간 관계에서 참여자의 수를 표현한 것이다. 이는 1:1, 1:M, N:M 등으로 표현되며, 각 엔터티 인스턴스 간의 관계 수를 나타낸다. 예를 들어, 1:M 관계에서는 한 엔터티의 하나의 인스턴스가 다른 엔터티의 여러 인스턴스와 관련될 수 있음을 의미한다. 카디널리티는 데이터 모델링에서 엔터티 간의 관계를 정의하고 이해하는 데 중요한 개념이다. 이는 데이터베이스 설계 시 테이블 간의 관계를 결정하고, 적절한 키를 설정하는 데 도움을 준다.

18. 답: ②

해설: • **IE 표기법 분석:** 주문목록 쪽에 원(○) 표시가 있음: 이는 주문목록이 '한 개'의 목록만 포함할 수 있음을 의미한다. 목록 쪽에 단선(|) 표시는 한 개의 목록이 '여러' 주문목록에 포함될 수 있음을 의미한다.

• **바커 표기법 분석:** 주문목록 쪽에 '〉' 표시: 이는 주문목록이 '한 개'의 목록만 포함할 수 있음을 표시한다. 점선은 선택적 관계를 나타내고 관계의 방향성이 명확히 표시된다.

이는 1:N 관계를 나타내며, 목록이 '1'이고 주문목록이 'N'인 관계를 의미한다. 따라서 ②번이 정답이며, 한 개의 주문목록은 반드시 하나의 목록만 포함할 수 있고(1) 한 개의 목록은 여러 주문목록에 포함될 수 있다(N).

19. 답: ②

해설: A (오답): 엔터티는 반드시 관계를 가질 필요는 없다. 독립적으로 존재하는 엔터티도 가능하다(예: 독립 엔터티). 하지만 데이터베이스의 통합성과 연결성을 확보를 위해서는 최소 한 개 이상의 관계가 필요하다.

B (정답): 엔터티는 각 인스턴스를 구분하기 위해 식별자(Primary Key)를 가져야 한다.

C (오답): 속성은 단순 속성(예: 이름, 나이)일 수도 있고, 복합 속성(예: 주소: 도시 + 우편번호)일 수도 있다.

D (정답): 엔터티는 물리적으로 실재하지 않아도 독립적 의미를 가질 수 있다(예: 주문, 계약과 같은 개념적 엔터티).

20. 답: ②

해설: ERD에서 부서에서 직원으로 향하는 관계선이 1:M(일대다) 관계를 나타내고 있다. 이는 하나의 부서가 여러 명의 직원을 포함할 수 있음을 의미한다. 따라서 '하나의 부서는 여러 명의 직원을 포함할 수 있다'가 정답이다.

데이터 모델과 SQL

학습목표

- 정규화의 개념, 필요성, 정규화 단계, 반정규화의 개념과 적용, 그리고 SQL 쿼리 실행 순서를 이해합니다.
- 관계와 조인의 개념, 조인의 종류와 활용, 계층형 데이터 모델과 상호배타적 관계의 특징을 이해합니다.
- 트랜잭션의 개념, ACID 속성, 그리고 데이터 모델에서 트랜잭션을 표현하는 방법과 중요성을 이해합니다.
- NULL의 개념과 특징을 이해하고, 연산 및 집계 함수에서 NULL을 처리하는 방법, 특히 NVL 함수의 활용법을 익힙니다.
- 본질식별자와 인조식별자의 개념과 차이점을 이해하고, 인조식별자 사용 시 발생할 수 있는 문제점과 주의 사항을 학습합니다.

1. 정규화

(1) 정규화의 개념

① 정규화(Normalization)의 정의

- 한국데이터진흥원은 '정규화는 데이터를 결정하는 결정자에 의해 함수적 종속을 가지고 있는 일반 속성을 의존자로 하여 입력/수정/삭제 이상 현상을 제거하는 것'이라고 정의한다.(출처: 데이터진흥원, 〈SQL전문가 가이드〉, p85, 2018〉)

- 정규화는 데이터베이스 설계에서 중복을 최소화하고, 데이터 구조를 체계화하려는 목적으로 시작됐으며, 이는 데이터의 일관성과 무결성을 보장하는 데 필수적이다. 정규화는 데이터베이스 설계에서 상당히 중요한 개념이다. 정규화를 충분히 고려하지 않고 설계된 데이터베이스는 데이터가 증가함에 따라 많은 문제를 겪을 수 있다.

② 정규화의 필요성

- 데이터베이스에서 데이터의 중복을 줄이고, 데이터를 구조화함으로써 데이터의 일관성과 무결성을 보장한다.

- 정규화를 통해 테이블을 더 작고, 관리하기 쉬운 여러 테이블로 분리한다. 이는 데이터의 추가, 삭제, 수정 시 발생할 수 있는 다양한 이상 현상(Anomalies)을 방지한다.

③ 다양한 정규 형태

- 정규화는 여러 단계의 정규 형태(Normal Forms)로 구성되며, 각 단계는 데이터 구조를 더욱 효율적으로 만들기 위한 규칙을 적용한다.

- 주로 1차 정규형(1NF), 2차 정규형(2NF), 3차 정규형(3NF)이 사용되며, 복잡한 데이터 구조의 경우 보이스/코드 정규형(BCNF), 4차 정규형(4NF), 5차 정규형(5NF)까지 확장된 규칙을 적용하기도 한다.

(2) 정규화 형태

① 제1정규형(1NF)

- 제1정규형의 기본 명제는, '속성은 하나의 값만 가져야 한다'는 것이다. 즉, 하나의 칼럼에는 하나의 값만 포함되어야 한다는 의미이다.

- 제1정규형의 원칙이 지켜지지 않으면 데이터를 검색, 조회, 추출할 때 데이터베이스 성능이 저하될 뿐만 아니라 데이터의 입력 및 수정도 복잡해질 수 있다. 이로 인해 개발이 더 복잡해지고, 장기적으로 데이터 구조가 불안정해지며 데이터 품질도 저하될 수 있다.

- 예를 들어, '전화번호' 칼럼에는 전화번호 하나만 입력해야 한다. 여러 개의 전화번호를 저장하려면 집 전화번호, 회사 전화번호, 휴대전화번호 등으로 속성(칼럼)을 나누어야 한다. 다음 테이블에서 전화번호 칼럼의 중복된 값을 제거해보자.

> **참고**
>
> **정규형의 종류**
>
> - **제1정규형(1NF)**_모든 속성은 하나의 값만을 가져야 하며, 테이블에 중복된 데이터가 없어야 한다.
> - **제2정규형(2NF)**_제1정규형을 만족하며, 기본 키의 부분적 종속성이 제거되어 기본 키 전체에 종속되어야 한다.
> - **제3정규형(3NF)**_제2정규형을 만족하며, 모든 비주요 속성이 모든 주식별자에만 종속되고 비주요 속성 간의 종속성이 없어야 한다.
> - **제4정규형(4NF)**_제3정규형을 만족하며, 모든 다치 종속성이 후보 키를 통해서만 존재하는 상태로, 데이터 중복과 이상 현상을 제거해야 한다.
> - **제5정규형(5NF)**_제4정규형을 만족하며, 모든 조인 종속이 후보 키를 통해서만 존재하는 상태로, 데이터 중복과 이상 현상을 제거해야 한다.

【 제1정규형 적용 전 】

고유번호	이름	전화번호
10-_sqld_000_31	Stephens	010-1234-1234, 010-1234-5678
10-_sqld_000_32	Gray	031-123-4567
10-_sqld_000_33	Peterson	02-1234-5678, 010-1234-9876

속성은 하나의 값만 가져야 한다는 제1정규형 위배

- Stephens과 Peterson의 전화번호 칼럼을 보면 두 개의 전화번호가 포함돼 있다. 이를 하나의 속성 값만 가지도록 테이블을 수정하면 다음과 같다.

【 수정 후 】

고유번호	이름	전화번호
10-_sqld_000_31	Stephens	010-1234-1234
10-_sqld_000_31	Stephens	010-1234-5678
10-_sqld_000_32	Gray	031-123-4567
10-_sqld_000_33	Peterson	02-1234-5678
10-_sqld_000_33	Peterson	010-1234-9876

하나의 속성 값만 가지도록 테이블 수정

- 속성이 하나의 값만 가지도록 수정했지만, 다른 문제가 발생한다. 이름 칼럼이 전화번호 수만큼 중복되는 현상이 나타난다. 이를 해결하기 위해 다음과 같이 수정해보자.

【 재수정 후 】

고유번호	이름	전화번호_1	전화번호_2
10-_sqld_000_31	Stephens	010-1234-1234	010-1234-5678
10-_sqld_000_32	Gray	031-123-4567	NULL
10-_sqld_000_33	Peterson	02-1234-5678	010-1234-9876

전화번호 칼럼을 추가
불필요한 NULL 값이 생기는
문제 발생

- 전화번호 칼럼을 추가해 전화번호_1, 전화번호_2라는 칼럼을 만들었다. 만약 전화번호가 3개라면 전화번호_3 칼럼도 필요할 것이다. 그러나 이 방식은 Gray처럼 전화번호가 하나인 경우 불필요한 NULL 값이 생기는 문제가 발생한다. 이는 칼럼 낭비로 이어지며, 전화번호가 계속 늘어날 경우 테이블에 칼럼을 계속 추가해야 하는 상황이 발생한다. 따라서 이런 경우 테이블을 아예 분리해야 한다.

【 제1정규형 적용 후 】

고유번호, 이름 속성으로 구성된 테이블과
고유번호, 전화번호 순번, 전화번호 속성으로 구성된 테이블로 분리

고유번호	이름
10-_sqld_000_31	Stephens
10-_sqld_000_32	Gray
10-_sqld_000_33	Peterson

고유번호	전화번호_순번	전화번호
10-_sqld_000_31	1	010-1234-1234
10-_sqld_000_31	2	010-1234-5678
10-_sqld_000_32	1	031-123-4567
10-_sqld_000_33	1	02-1234-5678
10-_sqld_000_33	2	010-1234-9876

- 고유번호와 이름 속성으로 구성된 테이블과, 고유번호와 전화번호 순번, 전화번호 속성으로 구성된 테이블로 분리하면 앞서 발생한 문제가 해결된다.

- 새로운 전화번호가 추가될 때마다 칼럼을 늘리지 않아도 된다. 새로운 전화번호는 전화번호_순번 칼럼에 자동으로 1, 2, 3, 4 등으로 늘어나면서 하나의 고유번호에 몇 개의 전화번호가 있는지도 파악할 수 있다. 불필요하게 NULL 값이 들어오는 상황도 피할 수 있다. 두 테이블은 고유번호(PK)로 서로 식별자 관계를 가진다.

- 이처럼 유사한 속성이 반복되지 않도록 엔터티, 즉 테이블을 분리하는 것이 제1정규형이다. 제1정규형의 기본 명제인 '속성은 하나의 값만 가져야 한다'를 다시 한 번 기억하자.

② 제2정규형(2NF)

- 제2정규형은 '모든 일반 속성이 모든 식별자 전체에 완전 함수적으로 종속'해야 한다는 것을 의미한다.

- 이 정의는 비전공자나 초보자에게 매우 어려운 설명이다. 예를 들어 이를 더 알기 쉽게 풀어서 설명해 보겠다. 다음 두 개의 테이블을 살펴보자.

【 주문 】

주문번호(PK)	고객번호	고객명
wikibooks_001	10-_sqld_000_31	Stephens
wikibooks_002	10-_sqld_000_32	Gray
wikibooks_003	10-_sqld_000_32	Gray
wikibooks_004	10-_sqld_000_33	Peterson

【 주문내역 】

주문번호(FK)	상품번호(PK)	상품명
wikibooks_001	ADsP_001	이지패스 ADsP
wikibooks_002	SQLD_002	이지패스 SQLD
wikibooks_003	SQLD_002	이지패스 SQLD
wikibooks_004	SQLD_002	이지패스 SQLD

일반 속성인 상품명이 주식별자인
상품번호 속성에만 종속 (부분 함수종속성)

- 주문 테이블을 보면 Stephens, Peterson은 각각 1번씩 주문했으며, Gray는 2번 주문했다. '주문' 테이블의 주식별자(PK)는 주문번호이며, 이 주문번호는 자식 테이블인 '주문내역' 테이블의 외래식별자(FK)로 사용된다. 두 테이블은 주문번호 칼럼으로 식별자 관계를 가진다.

- '주문내역' 테이블에는 각 상품의 고유 값을 나타내는 상품번호가 있다. '주문내역' 테이블을 보면 wikibooks_002, wikibooks_003, wikibooks_004 주문은 동일한 상품을 주문한 것을 알 수 있다. 이로 인해 상품번호와 상품명에 동일한 값이 반복적으로 기록된다.

- '상품번호'는 상품을 식별하는 기본 코드 역할을 하며, 고객이 주문하는 단계에서 매핑되는 정보다. 즉, '상품번호' 속성은 '주문번호'라는 주식별자에 종속되어 있다고 할 수 있다.

- 종속이란 특정 값이 무엇에 의해 결정되는지를 나타낸다. 고객의 주문서에 따라 특정 상품이 선택되고 해당 상품의 상품번호가 주문에 종속되는 것을 의미한다. 이를 '상품번호'는 '주문번호'에 함수종속성을 가진다고 표현한다.

- 반면 '상품명'은 '주문번호'에 종속되지 않고 '상품번호'에 종속된다. 상품명은 상품번호에 따라 결정되는 값이지 주문번호에 따라 달라지지 않는다. 따라서 상품명은 주문번호가 아닌 상품번호에 함수종속성을 가진다고 표현할 수 있다.

- 함수종속성(Functional Dependency)은 데이터가 특정 기준값에 의해 종속되는 현상을 말하며, 이때의 기준값을 결정자(Determinant), 종속되는 값을 종속자(Dependent)라고 한다. 예를 들어, 상품명은 상품번호라는 결정자에 의해 결정되는 종속자다.

- '상품명'은 '주문내역' 테이블의 식별자인 '주문번호'와 '상품번호'에 완전히 종속되지 않는다. 다시 말해, '상품명'은 '주문번호'에는 종속되지 않지만, '상품번호'에는 종속되는 부분 함수종속성을 가진다. 이는 모든 식별자가 아니라 일부 식별자에만 종속된다는 의미다.

- 제2정규형의 정의에 따르면, 모든 일반 속성은 모든 식별자 전체키에 완전 함수적으로 종속해야 한다. 하지만 상품명은 모든 식별자(주문번호, 상품번호)에 종속되는 것이 아니라 일부 식별자(상품번호)에만 종속된다. 따라서 제2정규형의 규칙에 위배된다.

- 이 문제를 해결하려면 '상품명'을 별도의 테이블로 분리해 '주문내역' 테이블을 완전 함수적으로 종속된 상태로 만들고, 분리된 '상품명' 칼럼은 별도의 테이블로 만들어야 한다. 이때 분리된 '상품명' 칼럼은 '상품번호'라는 식별자와 함께 같은 테이블로 구성하여, 주문내역 테이블과 식별자 관계로 만든다. 위의 테이블에 제2정규화를 적용해보자.

상품명을 별도의 테이블로 분리해
주문내역 테이블을 완전 함수적으로 종속된 상태로 만듦

【 주문 】

주문번호(PK)	고객번호	고객명
wikibooks_001	10-_sqld_000_31	Stephens
wikibooks_002	10-_sqld_000_32	Gray
wikibooks_003	10-_sqld_000_32	Gray
wikibooks_004	10-_sqld_000_33	Peterson

【 주문내역 】

주문번호(FK)	상품번호(PK)
wikibooks_001	ADsP_001
wikibooks_002	SQLD_002
wikibooks_003	SQLD_002
wikibooks_004	SQLD_002

【 상품 】

상품번호	상품명
ADsP_001	이지패스 ADsP
SQLD_002	이지패스 SQLD

- 이렇게 제2정규형 규칙이 적용되었다. 제2정규형은 테이블이 제1정규형을 만족하면서 모든 일반 속성이 모든 식별자에 완전 함수적으로 종속되어야 한다. 즉, 부분 함수 종속성을 제거해야 한다. 이를 통해 데이터 중복을 줄이고, 데이터 무결성을 보장하며, 데이터를 보다 효율적으로 활용할 수 있다. 제2정규화를 통해 데이터베이스 설계를 개선하면 데이터 관리와 유지보수의 효율성을 높일 수 있다.

- 그렇다면 어떤 문제가 발생하기에 함수적 종속성을 엄격히 따지며 제2정규형을 지켜야 하는 것일까? 예를 들어, '주문내역' 테이블처럼 상품명이 중복되는 경우, 상품명이 변경될 때 상품명이 들어간 테이블 전체를 수정해야 한다. 만약 상품명이 포함된 테이블이 10개라면 10개 모두 수정해야 한다. 데이터를 바꾸는 도중에 사용자가 데이터를 검색 조회할 경우 일부 테이블은 변경되고 일부 테이블은 변경되는 않는다면 데이터가 서로 일치하지 않는 상황이 발생할 수 있다. 제2정규화를 적용하면 주식별자에 종속되는 속성만으로 테이블을 구성해 이러한 문제를 예방할 수 있다.

참고

제2정규화를 하지 않았을 경우 단점 = 제2정규화의 필요성

- 데이터 중복_제2정규형을 적용하지 않으면 데이터 중복이 발생해 불필요하게 저장 공간을 많이 사용하고, 데이터 관리가 복잡해진다.

- 업데이트 이상(Update Anomaly)_동일한 데이터를 여러 곳에 중복해서 저장하면, 데이터 수정 시 모든 위치를 일관되게 업데이트해야 한다. 이를 놓치면 데이터 불일치가 발생하며, 이는 데이터의 정확성과 신뢰성을 저하시킨다.

- 삽입 이상(Insertion Anomaly)_모든 필수 정보가 준비되지 않으면 데이터를 추가하기 어려울 수 있다. 예를 들어, 학생 정보와 수강 과목 정보가 한 테이블에 혼합된 경우, 새 학생이 수강 과목을 결정하지 않았으면 해당 학생의 정보를 추가하기 어렵다.

- 삭제 이상(Deletion Anomaly)_중복된 데이터 일부를 삭제하려다 의도하지 않은 데이터까지 삭제될 위험이 있다. 예를 들어, 특정 과목 정보를 삭제하려다 해당 과목을 수강하는 학생의 다른 정보까지 삭제될 수 있다.

③ 제3정규형(3NF)

- 제3정규형은 제2정규형을 만족하면서 모든 비주요 속성이 모든 주식별자에만 종속되고, 비주요 속성 간의 종속성이 없어야 한다. 이를 통해 이행적 종속성(Transitive Dependency)을 제거한다.

- 여기에 '이행적 종속성'이라는 개념이 등장한다. 이행적 종속성이란, 간단히 말해 'A가 B에게 영향을 주고, B가 C에게 영향을 준다면, A가 C에게 간접적으로 영향을 준다'는 관계를 말한다. 데이터베이스의 관점에서 보면, 한 테이블 내에서 특정 속성 값이 다른 속성을 통해 세 번째 속성 값을 결정짓는 상황을 의미한다.

- 제2정규형의 예로 들었던 '주문' 테이블을 다시 살펴보자. 이번에는 '주문' 테이블에 실제로 있을 법한 칼럼 두 가지를 추가했다.

【 주문 】

주문번호(PK)	고객번호	고객명	고객등급ID	고객등급명
wikibooks_001	10-_sqld_000_31	Stephens	3	Bronze
wikibooks_002	10-_sqld_000_32	Gray	1	Gold
wikibooks_003	10-_sqld_000_32	Gray	1	Gold
wikibooks_004	10-_sqld_000_33	Peterson	2	Silver

주식별자

일반 속성인 고객등급명이 다른 일반 속성인
고객등급ID에 종속(이행적 종속성)

- 위 테이블에서 '고객등급ID'는 '고객번호'에 의해 결정된다. 또한 '고객등급명'은 '고객등급ID'에 의해 결정된다. 여기서 '고객번호 → 고객등급ID → 고객등급명'으로 이어지는 종속 관계가 형성된다. '고 객등급명'은 직접적으로 '고객번호'에 종속되지 않지만, '고객번호'가 '고객등급ID'를 결정하고 '고객등급ID'가 '고객등급명'을 결정하면서 이행적 함수 종속 관계가 형성된다.

- 이 테이블은 '주문번호'를 유일한 기본키로 가정했을 때, 모든 속성이 함수적으로 기본키에 종속되므로 제2정규형을 만족한다. 그러나 '고객번호 → 고객등급ID → 고객등급명'의 이행적 함수 종속성으로 인해 제3정규형 규칙에 위배된다.

- 제3정규형을 만족시키려면 '주문' 테이블에서 고객 정보와 고객 등급 정보를 분리해 이행적 종속성을 제거해야 한다.

주문 테이블에서 고객 정보와 고객 등급 정보를 분리
(이행적 종속성 제거)

【 고객 】

고객번호(PK)	고객명	고객등급ID
10-_sqld_000_31	Stephens	3
10-_sqld_000_32	Gray	1
10-_sqld_000_33	Peterson	2

【 고객등급명 】

고객등급ID(PK)	고객등급명
1	Gold
2	Silver
3	Bronze

【 주문 】

주문번호(PK)	고객번호
wikibooks_001	10-_sqld_000_31
wikibooks_002	10-_sqld_000_32
wikibooks_003	10-_sqld_000_32
wikibooks_004	10-_sqld_000_33

- [고객] 테이블: '고객명'과 '고객등급ID'는 기본키인 '고객번호'에 직접 종속된다. '고객명'은 '고객번호'에 직접 종속되며, '고객등급ID'도 '고객번호'에 직접 종속된다.

- [고객등급명] 테이블: '고객등급ID'가 기본키이고, '고객등급명'은 '고객등급ID'에 직접 종속된다.

- [주문] 테이블: '주문번호'가 기본키로 설정되어 있으며, '고객번호'는 '주문번호'에 직접 종속된다. 이 구조는 제3정규형을 만족한다.

- 이로써 제3정규형을 만족하는 구조로 잘 조정되었다.

고급 정규화

보이스-코드 정규형(BCNF), 4차 정규형(4NF), 5차 정규형(5NF)은 데이터진흥원 기본 교재에 포함되지 않는 개념으로 여기서는 간단하게만 살펴볼 것이다. 시간이 여유롭지 않다면 이 부분은 건너뛰어도 무방하다. 이 정규형들은 데이터베이스 설계에서 중복을 최소화하고 무결성을 유지하기 위해 사용되는 고급 정규화 과정이다. 각 정규형은 데이터 구조의 특정한 이상 현상을 제거하고, 더 정교한 데이터 무결성 규칙을 제공한다.

① 보이스-코드 정규형(BCNF)

• 모든 결정자가 후보키인 상태를 의미한다. 이는 모든 비주요 속성뿐만 아니라 주요 속성도 후보키에 의해서만 결정된다.

• 제3정규형에서도 발생할 수 있는 함수적 종속성으로 인한 이상 현상을 해결하기 위해 도입된 규칙이다. 테이블이 제3정규형을 만족하면서, 모든 결정자가 후보키 집합에 속해야 한다.

예시】선생님이 여러 과목을 가르칠 수 있는 학교 데이터베이스에서 선생님 ID와 과목이 함께 결정자가 되어 선생님 이름을 결정한다면, 이 테이블은 BCNF를 만족하지 않는다. 선생님 ID만으로 선생님 이름을 결정할 수 있어야 한다.

② 제4정규형(4NF)

• 모든 '다치 종속성'이 후보키를 통해서만 존재하는 상태에서 데이터 중복과 이상 현상을 제거하는 것이 제4정규형이다.

• 다치 종속성이란 관계 데이터베이스에서 관계 속성 간에 성립하는 종속성의 일종으로, 하나의 결정자 속성에 대해 두 개 이상의 속성이 독립적으로 종속하는 경우를 말한다. 제4정규형은 BCNF에서도 해결할 수 없는 다치 종속으로 인한 문제를 해결한다.

예시】한 학생이 여러 취미와 여러 언어를 사용할 수 있다고 할 때, 학생 ID에 의해 취미와 언어가 다치 종속 관계를 가지면 이는 제4정규형을 위반한다. 취미와 언어를 별도의 테이블로 분리해야 한다.

③ 제5정규형(5NF)

• 모든 '조인 종속'이 후보키를 통해서만 존재하는 상태를 의미하며, 이를 통해 데이터 중복과 이상 현상을 제거하는 것이 제5정규형이다.

• 조인 종속이란, 여러 테이블로 분해된 데이터를 다시 조인했을 때 원래의 테이블과 같아지는 속성 간의 관계를 뜻한다. 제5정규형은 제4정규형에서도 해결하지 못하는 조인에 의한 데이터 중복과 이상 현상을 제거한다.

예시】학생, 강좌, 교재 세 개의 속성이 있을 때 학생과 강좌, 강좌와 교재, 학생과 교재 간의 관계가 복잡하게 얽혀 있어 이를 분리하여도 원래의 정보를 잃지 않고 다시 조합할 수 있다면, 이는 제5정규형을 만족한다.

(3) 반정규화

① 반정규화의 개념

▪ 반정규화(Denormalization)는 데이터베이스 설계 과정에서 정규화의 원칙을 일부 또는 전부 역행하여, 데이터의 중복을 의도적으로 허용하거나 테이블 구조를 단순화하는 과정을 말한다.

- 말 그대로 정규화의 반대로, 의도적으로 중복을 허용하거나 분리된 테이블을 합쳐 하나로 만드는 것이다. 실무에서는 주로 시각화 대시보드를 생성하기 위해 데이터를 조인하여 정규화된 테이블을 반정규화하여 데이터마트를 생성할 때 적용한다.

- 반정규화는 성능 최적화, 쿼리의 복잡성 감소, 데이터 접근 속도 향상을 목적으로 한다. 정규화가 데이터 중복을 최소화하고 무결성을 보장하는 데 중점을 둔다면, 반정규화는 특정 상황에서 시스템의 성능을 개선하기 위해 데이터 중복을 의도적으로 허용하는 것이 특징이다.

② 반정규화가 고려되는 상황

- **조회 성능 향상**: 정규화된 테이블을 조인하는 것보다 하나의 테이블에서 데이터를 읽는 것이 더 빠를 수 있다. 특히 읽기 연산이 많은 시스템에서 효과적이다.

- **쿼리 간소화**: 여러 테이블에 걸친 데이터를 조인 없이 접근할 수 있어 쿼리를 단순화할 수 있다. 이를 통해 개발자가 시스템을 더 쉽게 이해하고 유지보수할 수 있다.

- **트랜잭션 처리 시간 단축**: 데이터를 한 곳에 집중시키면 트랜잭션 처리 시간이 줄어든다. 특히, 데이터 쓰기 작업에서 성능 이점을 제공한다.

③ 반정규화의 방법

- **테이블 병합**: 서로 관련된 여러 테이블을 하나로 합쳐서 관리함으로써 쿼리의 조인 연산을 줄인다.

- **중복 데이터 추가**: 자주 접근하는 데이터를 여러 테이블에 중복 저장함으로써 데이터 접근 시간을 단축한다.

- **집계 데이터 저장**: 집계 함수를 사용해 조회하는 데이터(예: 평균, 합계 등)를 사전에 계산하여 별도의 테이블에 저장한다. 이는 집계 쿼리의 실행 시간을 줄여준다.

④ 반정규화 시 고려해야 할 사항

- **데이터 무결성**: 중복된 데이터는 데이터 무결성 문제를 일으킬 수 있으므로, 반정규화 시 무결성을 유지할 방법을 함께 고려해야 한다.

- **유지 보수**: 데이터 구조가 복잡해지고 중복 데이터가 많아질수록 유지 보수가 어려워질 수 있으므로, 반정규화는 필요한 최소한의 범위에서 신중히 적용해야 한다.

- 적용 필요성 검토: 반정규화는 성능과 효율성을 개선하기 위한 기법이지만, 데이터 무결성, 시스템 복잡성, 유지보수성 등을 신중히 고려한 뒤 꼭 필요할 때만 적용해야 한다.

- 합리적인 판단: 반정규화는 데이터 정합성 문제와 불필요한 트랜잭션으로 인한 성능 저하를 유발할 수 있다. 조회 성능에서 미미한 이점을 얻기 위해 반정규화를 적용했으나, 결과적으로 갱신 과정에서 다른 성능을 손해본다면 이는 합리적이지 않다. (인용: 〈SQL 전문가가이드(개정판2쇄)〉, 95p, 2021, 한국데이터산업진흥원)

참고

비전공자와 초심자를 위한 SQL 쿼리의 실행 순서

말 그대로 비전공자와 초심자를 위한 코너다. SQL 쿼리의 실행 순서를 이미 알고 있다면 이 부분을 건너뛰고 다음 진도로 넘어가도 된다. SQL이 처음이라면 꼭 읽어볼 것을 권장한다. SQL 쿼리의 실행 순서를 요리에 비유해 살펴보겠다.

- 1단계: FROM (재료 준비) → 테이블에서 데이터 가져오기

  요리의 첫 단계는 재료를 준비하는 것이다.
  SQL에서는 FROM 절이 이 역할을 한다. 어떤 테이블(재료)을 사용할지 결정한다.

- 2단계: WHERE (재료 선별) → 조건에 맞는 행 선택

  준비한 재료 중 실제로 사용할 것들을 골라낸다.
  SQL의 WHERE 절은 조건에 맞는 데이터만 선별한다.

- 3단계: GROUP BY (재료 분류) → 같은 종류끼리 그룹화

  선별한 재료들을 종류별로 분류한다.
  GROUP BY는 데이터를 지정된 열을 기준으로 그룹화한다.

- 4단계: HAVING (분류된 재료 다시 선별) → 그룹 중 조건에 맞는 것 선택

  분류한 재료 중에서 조건에 맞는 것만 다시 고른다.
  HAVING은 그룹화된 결과에 조건을 적용한다.

- 5단계: SELECT (요리 방법 선택) → 최종 결과 테이블의 칼럼을 만들거나 선택

  어떤 요리를 만들지 결정한다.
  SELECT는 출력할 열(정보)을 선택한다.

- 6단계: ORDER BY (플레이팅) → 최종 결과 테이블의 칼럼을 오름차순, 내림차순으로 정렬

  완성된 요리를 어떻게 담을지 결정한다.
  ORDER BY는 결과를 정렬하는 방법을 지정한다.

- **5단계:** SELECT 요리이름, COUNT(*) as 주문수

- **1단계:** FROM 주문내역

- **2단계:** WHERE 날짜 = '2024-07-22'

- **3단계:** GROUP BY 요리이름

- **4단계:** HAVING COUNT(*) > 5

- **6단계:** ORDER BY 주문수 DESC ;

【 해설 】

위 쿼리는 오라클 SQL 명령어 순서를 기준으로 작성했습니다.

- **1단계:** 가장 먼저 FROM 절을 읽어와 '주문내역' 테이블에서 시작한다(재료 준비).

- **2단계:** WHERE 절에서 오늘 날짜의 주문만 선택한다(재료 선별).

- **3단계:** GROUP BY 절에서 요리 이름별로 주문을 그룹화한다(재료 분류).

- **4단계:** HAVING 절에서 그룹 조건을 정의 → 5번 이상 주문된 요리만 선택한다(분류된 재료 다시 선별).

- **5단계:** SELECT 절에서 요리 이름과 주문 수를 선택한다(요리 방법 선택).

- **6단계:** ORDER BY 절에서 주문 수가 많은 순으로 정렬한다(플레이팅).

- 마지막으로 ';(세미콜론)' 기호로 커밋(COMMIT) 명령

※ ';(세미콜론)' 기호는 SQL 문의 끝을 나타내며, 쿼리의 종료와 다음 쿼리의 시작을 구분하는 역할을 한다. 아울러 하나의 SQL 명령이 끝났으니 실행하라는 의미이기도 하다. 저장 프로시저나 함수 내에서 사용되기도 하며 가독성을 위해 꼭 필요하다. 오라클에서는 필수로 사용하지만, SQLite, MySQL, PostgreSQL(psql 클라이언트), Microsoft SQL Server 등 일부 데이터베이스는 오토커밋(AUTOCOMMIT) 모드를 지원해 생략할 수도 있다. 하지만 오라클도 SQL*Plus나 일부 GUI 도구에서는 오토커밋 모드를 설정할 수 있다. 이러한 시스템(위의 오토커밋이 기본 설정인 DB)에서도 세미콜론은 여전히 SQL 문장의 끝을 나타내는 데 사용되지만, 커밋과는 직접적인 관련이 없다. 커밋은 데이터베이스의 설정이나 사용 모드에 따라 자동으로 처리된다. 복잡한 데이터 처리나 트랜잭션 관리가 필요한 경우, 자동 커밋 모드를 비활성화하고 명시적으로 트랜잭션을 관리하는 것이 좋다. 이를 통해 데이터 일관성과 무결성을 더 잘 제어할 수 있다.

※ 쿼리 실행 순서는 중요한 개념이므로 나중에 또 다시 다룰 예정이다.

2. 관계와 조인의 이해

(1) 조인

① 관계와 조인(Join)의 개념

- 관계는 서로 연결되어 있다는 뜻이다. 예를 들어, 부모가 자식에게 자신의 성씨(식별자라고 함)를 물려주는 것처럼, 부모 테이블의 식별자를 자식 테이블의 식별자로 포함시키면 '식별 관계'라고 한다. 반면 부모 테이블의 식별자를 자식 테이블이 일반 속성으로 받아들이면 '비식별 관계'라고 한다. 데이터 모델링에서의 '관계' 개념을 SQL에서는 조인(Join)이라고 부른다.

- 조인은 데이터를 서로 연결해서 볼 수 있는 방법이다. 데이터를 연결하는 연결고리(식별자)를 통해 두 가지 다른 정보를 한데 모아 볼 수 있다.

- 조인은 두 개 이상의 테이블에서 관련된 데이터를 결합하여 새로운 결과 집합을 생성하는 과정이다. 관계형 데이터베이스는 테이블 간의 관계를 정의하고, 이를 통해 데이터를 연결한다. 조인의 목적은 테이블 간의 관계를 활용해 필요한 정보를 효율적으로 검색하는 것이다.

② 조인의 예

- 조인은 데이터베이스의 테이블들이 서로 연관되어 있을 때, 이 데이터를 하나의 결과로 보여주기 위해 사용된다. 예를 들어, 고객 테이블과 주문 테이블이 있을 때 고객의 이름과 해당 고객이 주문한 상품 정보를 함께 보여주고 싶다면 조인을 사용해 두 테이블의 데이터를 결합할 수 있다.

- 조인의 종류에는 내부 조인(Inner Join), 외부 조인(Outer Join), 크로스 조인(Cross Join) 등이 있으며 각각의 사용 방법과 목적이 다르다. 자세한 내용은 뒤에서 다루기로 하고, 여기서는 간단한 예를 통해 조인의 개념을 살펴보자.

- 예를 들어, Customers 테이블과 Orders 테이블이 있고, 각 테이블은 다음과 같은 구조를 가지고 있다고 가정한다.

【 Customers 】테이블

CUSTOMER_ID(PK)
NAME
ADDRESS
WEBSITE
CREDIT_LIMIT

【 Orders 】테이블

ORDER_ID(PK)
CUSTOMER_ID(FK)
STATUS
SALESMAN_ID(FK)
ORDER_DATE

■ 실습화면에서 다음의 쿼리를 실행해보자. 이 쿼리는 Customers 테이블과 Orders 테이블을 CustomerID를 기준으로 내부 조인하여 고객 이름과 해당 고객의 주문 날짜를 조회하는 쿼리다.

```sql
SELECT
      A.CUSTOMER_ID
    , A.NAME
    , A.ADDRESS
    , B.ORDER_ID
    , B.STATUS
    , B.SALESMAN_ID
FROM
      CUSTOMERS A
      INNER JOIN ORDERS B
          ON A.CUSTOMER_ID = B.CUSTOMER_ID;
```

【 조인 실습 화면 】

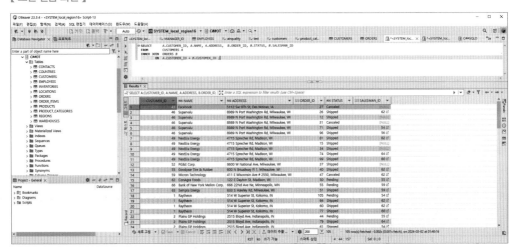

■ 오라클에서 제공하는 CUSTOMERS(고객) 테이블과 ORDERS(주문) 테이블은 CUSTOMER_ID(고객_ID)라는 기본키로 조인된다. 즉, CUSTOMERS 테이블의 CUSTOMER_ID와 ORDERS 테이블의 CUSTOMER_ID 값이 일치하는 행을 찾아 조회한다. 이렇게 두 개의 테이블을 조인하면, 어떤 고객이 어떤 주문을 했는지 결과 테이블에서 확인할 수 있다.

■ SELECT 문을 보면, CUSTOMER_ID, NAME, ADDRESS 칼럼은 CUSTOMERS(=A) 테이블에서 SELECT 된 것이며, ORDER_ID, STATUS, SALESMAN_ID 칼럼은 ORDERS(=B) 테이블에서 SELECT 된 것이다. 조인에 대한 자세한 사항은 〈2과목: SQL 기본과 활용〉편에서 다룰 예정이다. 비전공자, 초심자는 다음의 [참고_SQL 해설]을 참조하기 바란다.

【 쿼리 실행 결과 】

CUSTO MER_ID	NAME	ADDRESS	ORDER _ID	STATUS	SALES MAN_ID
43	Facebook	5112 Sw 9Th St, Des Moines, IA	27	Canceled	
46	Supervalu	8989 N Port Washington Rd, Milwaukee, WI	26	Shipped	62
46	Supervalu	8989 N Port Washington Rd, Milwaukee, WI	12	Shipped	
46	Supervalu	8989 N Port Washington Rd, Milwaukee, WI	31	Canceled	

SQL 해설

```
SELECT
      A.CUSTOMER_ID
    , A.NAME
    , A.ADDRESS
    , B.ORDER_ID
    , B.STATUS
    , B.SALESMAN_ID
FROM
      CUSTOMERS A
      INNER JOIN ORDERS B
          ON A.CUSTOMER_ID = B.CUSTOMER_ID;
```

① 테이블 선택 _ FROM 절에서 CUSTOMERS 테이블을 A라는 별칭(alias)으로, ORDERS 테이블을 B라는 별칭으로 지정한다. 이렇게 하면 쿼리 내에서 CUSTOMERS 테이블을 A, ORDERS 테이블을 B로 간단히 참조할 수 있다.

② 조인 조건 설정 _ INNER JOIN 구문을 사용해 두 테이블을 조인한다. 여기서 ON A.CUSTOMER_ID = B.CUSTOMER_ID 는 CUSTOMERS 테이블의 CUSTOMER_ID 칼럼과 ORDERS 테이블의 CUSTOMER_ID 칼럼이 일치하는 행끼리 결합 하라는 의미다. 즉, 같은 고객 ID를 가진 고객 정보와 주문 정보를 찾아 하나의 결과로 만든다.

③ 데이터 선택 _ SELECT 절에서는 조회할 데이터를 지정한다. CUSTOMERS 테이블에서는 고객 ID(CUSTOMER_ ID), 이름(NAME), 주소(ADDRESS)를, ORDERS 테이블에서 주문 ID(ORDER_ID), 주문 상태(STATUS), 영업사원 ID(SALESMAN_ID)를 선택한다. 이를 통해 각 고객의 이름, 주소와 그 고객이 주문한 주문 ID, 주문 상태, 담당 영업사원 ID를 함께 볼 수 있는 결과를 생성한다.

④ 결과 생성 _ SQL 쿼리가 실행되면, CUSTOMERS와 ORDERS 테이블에서 지정된 조건에 따라 결합된 새로운 결과 집합 이 생성된다. 이 결과 집합은 고객 정보와 해당 고객의 주문 정보가 포함된다. 결과는 고객 ID별로 정렬되지 않았을 수도 있으니, 필요하면 ORDER BY를 사용해 정렬할 수 있다.

⑤ 활용 _ 이 쿼리는 고객과 주문 정보를 함께 조회할 때 유용하다. 예를 들어, 어떤 고객이 무엇을 주문했고, 주문 상태가 어떤 지, 누가 담당 영업사원인지 등을 한눈에 파악할 수 있다.

- SQL 쿼리문을 작성할 때 들여쓰기 같은 쿼리 스타일에 관하여, 어떤 책에서는 이렇게 하는데 또 다른 책에서는 약간 다르게 하는 등 도대체 뭐가 맞는지 초보자의 입장에서 헷갈릴 때가 있다. SQL 쿼리는 코딩 스타일이 중요한 파이썬과 같은 언어와는 달리 사실 들여쓰기나 띄어쓰기에 민감하지 않다. 굳이 들여쓰기를 하지 않아도 쿼리를 수행하는 데는 문제가 없다.

- 한국데이터산업진흥원 교재와 문제집, 그리고 SQLD 시험에서도 가독성 있는 쿼리 스타일을 엄격하게 지키지 않고 있다. 다만 실무에서는 가독성 있게 쿼리를 작성하지 않으면 독해, 수정이 어려워지기 때문에 가독성을 소홀히 여기지 말자. 만약 꼼꼼하고 까다로운 선배를 만난다면 더더욱 쿼리의 가독성을 중시할 것이다.

- 본 책에서는 쿼리 스타일 가독성에 대해 몇 가지 원칙을 적용했다. 매우 엄격하게 가독성 위주로 쿼리 스타일을 적용하면 책이라는 매체의 특성상 지나치게 많은 페이지가 생성되어 책의 두께가 두꺼워지고 휴대의 불편함, 책값 상승 등의 단점이 생겨서, 본 책에서는 적절하게 타협하는 선에서 가능한 한 가독성을 유지하려 했다.

- 책에서 사용한 쿼리 스타일 가독성에 대한 원칙 몇 가지는 다음과 같다.

  - 대문자 표기: SQLD 문제가 대문자로 출제되기 때문(실제로는 칼럼명 등을 소문자로 하는 경우도 있음)

  - 콤마(,)는 왼쪽에 배치(수정작업의 편의성)

  - 콤마(,)가 없는 첫 행은 스페이스 6칸

  - 콤마(,)가 있는 첫 행은 들여쓰기(Indent)는 스페이스 4칸

  - JOIN은 FROM 절의 첫 테이블과 동일한 띄어쓰기(인덴트)

  - JOIN에서 ON절은 JOIN에서 4칸 들여쓰기를 하며 항상 새로운 줄에 작성

  - WHERE, HAVING 절에서 AND와 OR는 콤마와 같이 항상 왼쪽에 배치

  - WHEN은 CASE문 다음 줄에 표현하며 4칸 들여쓰기를 적용

  - ELSE는 WHEN과 동일한 위치에 정렬

  - END는 CASE와 동일한 위치에 정렬

  - 세미콜론(;)은 마지막행 끝에 붙여 사용 - - - - - - - - - - - - - -

```
SELECT
      ENAME
    , SAL
    , (SELECT AVG(SAL) FROM EMP) AS AVG_SAL
FROM
      EMP
ORDER BY
      SAL DESC;
```

    (편집 상의 이유로 이 책에서 사용한 방법이지만, 실제로 세미콜론은 단독으로 맨 마지막에 적는 것이 쿼리를 수정하기엔 좋음)

- 더욱 가독성이 좋은 'Simon Holywell'의 SQL 쿼리 스타일에 알고 싶은 독자는 다음 사이트를 방문해보길 권한다.

  - SQL 스타일 가이드 · SQL Style Guide

  - https://www.sqlstyle.guide/ko

스크립트로 SQL 테이블 생성하기

- SQL 스크립트(SQL Script)를 이용해 오라클 DB에 테이블을 생성하는 과정을 살펴보겠습니다.

- [실습] 코너는 SQL을 처음 접하는 독자들을 위해 구성했습니다. 이미 SQL 스크립트를 사용해 테이블을 생성하고 데이터를 입력할 수 있다면 이 부분은 건너뛰어도 됩니다.

- 이어지는 '(2) 계층형 데이터 모델' 편에서 사용할 두 개의 테이블을 생성하고, 데이터를 입력하는 과정을 알아보겠습니다.

- 위키북스 홈페이지의 도서 페이지에서 예제 파일을 내려받고, 예제 파일에 있는 create_emp.sql, create_dept.sql 두 파일을 사용합니다.

  - https://wikibook.co.kr/sqld2025

- DBeaver 왼쪽의 스키마 목록에서 앞서 설치하면서 설정했던 스키마를 선택합니다. 여기서는 C##OT 스키마를 선택하겠습니다. 만약 설치하면서 스키마 이름을 다르게 설정했다면 해당 스키마를 선택하면 됩니다.

- 스키마를 마우스 오른쪽 버튼으로 클릭하고 [SQL 편집기] → [새 SQL 편집기]를 선택합니다. 빈 화면이 열리는데, 상단 탭에서 현재 열려 있는 SQL 편집기가 어떤 스키마와 연결돼 있는지 확인할 수 있습니다.

- SQL 편집기는 기본적으로 선택한 스키마 기준으로 생성됩니다. 다른 스키마의 테이블을 다루려면 [스키마명].[테이블명] 형식으로 지정해야 합니다.

새 SQL 편집기 열기

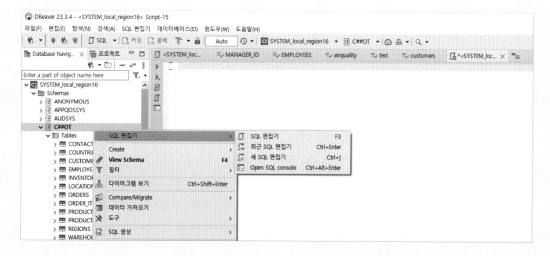

- 내려받은 create_emp.sql 파일을 DBeaver 편집기로 드래그 앤드 드롭합니다. 편집기에 해당 스크립트가 표시됩니다. 메모장으로 파일을 연 다음 복사, 붙여넣기 해도 상관 없습니다.

SQL 편집기로 'create_emp.sql' 불러오기

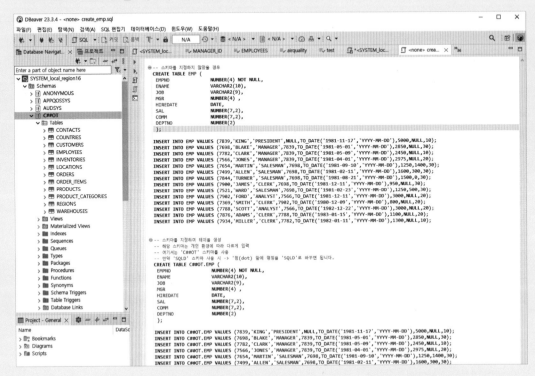

- 가장 첫 번째 문단을 실행해보겠습니다. SQL 스크립트에서 세미콜론(;)은 마치 문장의 마침표와 같은 역할을 합니다.

- '--'는 주석 표시로 실제 실행되지 않는 설명 문구를 작성할 때 사용합니다.

- 마우스 커서를 세미콜론(;)이 있는 행에 위치시키고 [Ctrl] + [Enter] 키를 누릅니다(또는 마우스 오른쪽 버튼을 클릭하고 [실행] → [SQL문 실행]을 선택해도 됩니다).

```
CREATE TABLE EMP (
      EMPNO NUMBER(4) NOT NULL
    , ENAME VARCHAR2(10)
    , JOB VARCHAR2(9)
    , MGR NUMBER(4)
    , HIREDATE DATE
    , SAL NUMBER(7, 2)
    , COMM NUMBER(7, 2)
    , DEPTNO NUMBER(2)
);
```

- 스키마를 지정하고 편집기를 생성한 상태라면 별도의 스키마를 지정하지 않아도 됩니다. 그러나 다른 스키마의 편집기에서 실행하거나, 특정한 스키마를 지정해야 할 경우에는 테이블명 앞에 스키마를 지정하고 점(.)으로 구분해야 합니다. 아래의 '-- 스키마를 지정하여 테이블 생성'하는 구문이 바로 그 예입니다.

- 메뉴 상단의 [스키마 표시] 버튼에서 스키마를 변경할 수 있습니다. 만약 다른 스키마를 선택했더라도 괜찮습니다. 여기에서 바꾸면 됩니다.

EMP 테이블 생성하기

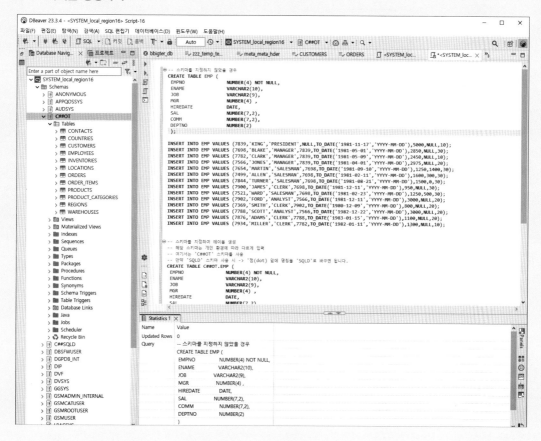

- 테이블이 잘 생성됐는지 확인해보겠습니다. 다음 쿼리를 실행합니다.

```
-- 테이블이 잘 생성됐는지 확인
SELECT * FROM EMP;
```

- 하단의 조회 결과 영역에 데이터는 없지만, 칼럼이 포함된 테이블이 보일 것입니다. 이렇게 보인다면 테이블이 정상적으로 생성된 것입니다.

EMP 테이블 확인하기

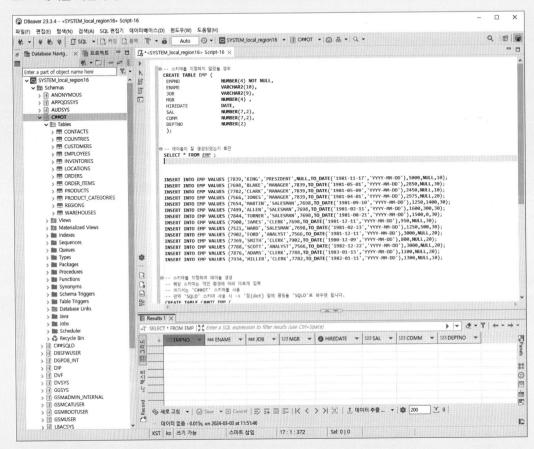

- 이어서 'INSERT～'로 시작하는 쿼리문을 실행합니다. 해당 스크립트는 한 줄 씩 [Ctrl] + [Enter] 키로 실행하거나, 드래그하여 영역을 선택한 후 한꺼번에 실행할 수도 있습니다.
- 여러 행을 한 번에 실행하려면 드래그하여 영역을 선택하고 [Alt] + [X] 키로 실행하면 됩니다.
- 데이터를 삽입하는 명령을 모두 실행하고 결과를 확인해보겠습니다.

EMP 테이블에 데이터 삽입 확인하기

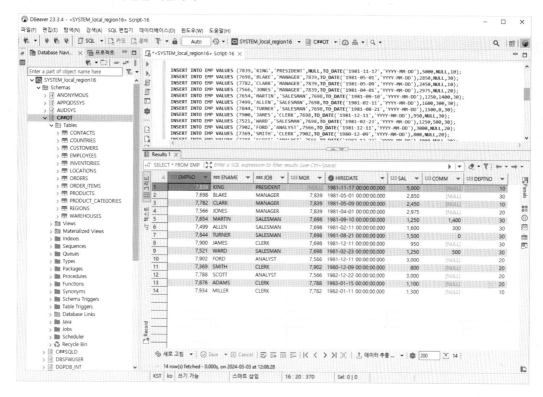

- 테이블에 데이터가 잘 삽입된 것을 확인할 수 있습니다.

- create_dept.sql 파일도 같은 방법으로 테이블을 생성하고 데이터를 삽입합니다.

- 만약 실행이 잘 안 된다면 스키마 문제일 확률이 높습니다. SQL 편집기를 열 때 스키마를 지정해 생성하면 이러한 번거로움을 줄일 수 있습니다.

오라클 LiveSQL 학습 사이트를 이용하는 경우

- 오라클에서 제공하는 LiveSQL 학습 사이트를 이용하는 경우도 절차는 비슷합니다.

- 오라클 LiveSQL 화면에서 왼쪽 위에 있는 메뉴 버튼(≡)을 누르고 [SQL Worksheet] 탭을 클릭해 편집기 창을 엽니다. 여기에 위의 코드를 복사해 붙여넣기한 뒤, 오른쪽 위의 [RUN] 버튼을 누르면 My schema에 새로운 테이블이 생성됩니다.

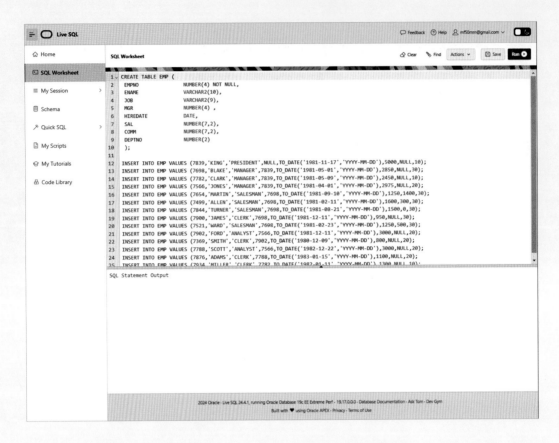

■ [메뉴] → [My schema] 항목을 선택하면 테이블이 생성된 것을 확인할 수 있습니다.

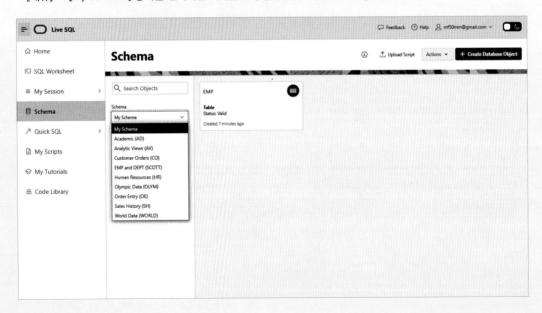

▪ [메뉴] → [SQL Worksheet]를 누르고 편집기 창에서 'select * from emp;'를 실행해도 됩니다. 아래와 같이 조회 결과가 표시되면 성공적으로 테이블이 생성된 것입니다. emp 테이블 앞에 스키마를 적지 않으면 기본적으로 My schema가 기본 스키마로 설정됩니다.

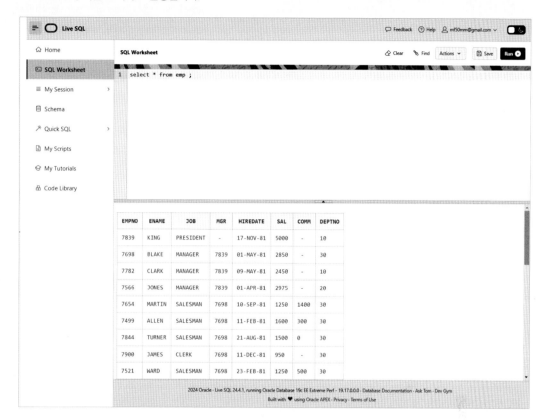

(2) 계층형 데이터 모델

① 계층형 데이터 모델의 개념

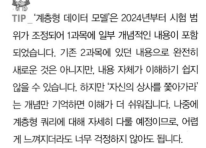

TIP_ '계층형 데이터 모델'은 2024년부터 시험 범위가 조정되어 1과목에 일부 개념적인 내용이 포함되었습니다. 기존 2과목에 있던 내용으로 완전히 새로운 것은 아니지만, 내용 자체가 이해하기 쉽지 않을 수 있습니다. 하지만 '자신의 상사를 쫓아가라'는 개념만 기억하면 이해가 더 쉬워집니다. 나중에 계층형 쿼리에 대해 자세히 다룰 예정이므로, 어렵게 느껴지더라도 너무 걱정하지 않아도 됩니다.

- 계층형 데이터 모델은 데이터를 나무(tree) 구조로 구성해 데이터 간의 관계를 계층적으로 나타내는 모델이다. 이는 회사의 조직도처럼 상위 요소와 하위 요소 간의 관계가 명확한 구조를 데이터베이스에 적용할 때 주로 사용된다.

- 이 모델의 주요 특징은 각 노드가 단 하나의 부모 노드만 가질 수 있다는 점이다. 예를 들어, 한 직원은 단 한 명의 상사만 가질 수 있으며, 이처럼 데이터 간의 관계가 단순하고 명확하게 정의된다. 그러나 이 모델은 유연성이 떨어진다는 단점도 있다. 예를 들어, 한 직원이 두 개 이상의 프로젝트 팀에 속하는 경우 이를 표현하기 어렵다.

② 계층형 데이터 모델의 이해

- 앞서 실습에서 생성했던 오라클 데이터베이스의 'EMP' 샘플 테이블을 사용해 계층형 데이터 모델을 살펴보자.

- EMP 테이블에는 직원(EMPNO), 이름(ENAME), 직무(JOB), 관리자(MGR), 입사일(HIREDATE), 급여(SAL), 커미션(COMM), 부서 번호(DEPTNO) 등의 정보가 있다. 여기서 'MGR' 필드는 해당 직원의 관리자를 나타내며, 이를 통해 계층적 관계를 형성한다. 최상위에는 CEO가 있고, 그 아래에는 부서장, 팀장, 일반 직원 등이 계층적으로 위치한다.

【 EMPLOYEES 테이블 】

EMPNO	ENAME	JOB	MGR	HIREDATE			DEPTNO
7839	KING	PRESIDENT	NULL	1981-11-17		L	10
7698	BLAKE	MANAGER	7839	1981-05-0			30
7782	CLARK	MANAGER	7839	1981-05-0		NULL	10
7566	JONES	MANAGER	7839	1981-04-01 0:00:00	2975	NULL	20
7654	MARTIN	SALESMAN	7698	1981-09-10 0:00:00	1250	1400	30
7499	ALLEN	SALESMAN	7698	1981-02-1			30
7844	TURNER	SALESMAN	7698	1981-08-2			30
7900	JAMES	CLERK	7698	1981-12-11 0:00:00	950	NULL	30
7521	WARD	SALESMAN	7698	1981-02-23 0:00:00	1250	500	30
7902	FORD	ANALYST	7566	1981-12-11 0:00:00	3000	NULL	20

회사의 대표로 관리자가 없음 (MGR 필드가 비어 있음)

상위관리자가 EMPNO=7839 KING, 대표 바로 밑의 직원

BLAKE에게 보고하는 영업 사원이나 사무 직원

- 예를 들어, 'KING'은 회사의 대표로 관리자가 없다(MGR 필드가 비어 있음). 'BLAKE', 'CLARK', 'JONES'는 각각 다른 부서의 매니저로, 모두 'KING'에게 보고한다(MGR 필드에 KING의 EMPNO인 7839가 있음). 이어서 'MARTIN', 'ALLEN', 'TURNER', 'JAMES', 'WARD'는 모두 'BLAKE'에게 보고하는 영업 사원이나 사무 직원이다(MGR 필드에 BLAKE의 EMPNO인 7698이 있음).

- EMP 테이블의 'MGR' 필드는 누가 누구의 상사인지를 나타내며, 이 관계를 통해 조직의 계층 구조를 데이터베이스 내에서 표현한다. 계층형 데이터 모델은 데이터(여기서는 직원)가 하나 상위 레벨의 데이터(상사)와 연결되는 트리(tree) 구조를 형성한다.

- 계층형 데이터 모델은 데이터 간의 관계가 명확하고 이해하기 쉬우며, 조직도나 가계도처럼 계층적인 정보를 표현하는 데 최적화되어 있다는 장점이 있다. 그러나 한 직원이 여러 매니저를 두는 등 복잡한 관계를 모델링하기에는 한계가 있다.

(3) 상호배타적 관계

① 상호배타적(Exclusive-OR) 관계의 개념

- 상호배타적 관계는 두 개 이상의 엔터티 타입이 같은 엔터티 집합에 속할 수 있지만, 특정 시점에는 하나의 엔터티 타입에만 속할 수 있는 관계를 말한다.

- 중요한 점은 '특정 시점의 관계'라는 것이다. 즉, 관계 자체가 배타적이란 의미다. 관계가 배타적이라는 의미는 어느 하나에만 속해야 한다는 뜻이다. 다음의 예를 보겠지만, 어떤 학생이 재학 중에 휴학을 했다고 가정해보자. 재학생 테이블에 학생의 학번이 존재하며, 휴학했을 때에는 재학생 테이블에서 그 학생의 학번이 사라지고 휴학생 테이블에 학생의 학번이 존재한다. 혹은 재학생 테이블에 휴학한 학생의 학번이 남아 있더라도 휴학여부란에 Y를 체크하면, 재학중이었다가 휴학을 했다는 것을 알수 있다. 이처럼 특정 시점의 관계가 배타적이기 때문에 특정 시점에는 어느 하나의 엔터티 타입에만 속해야 한다는 의미이다.

② 상호배타적 관계의 이해

- 학생(학번, 이름, 입학년도) 엔터티와 세 가지 다른 엔터티인 재학생(학번, 학기), 휴학생(학번, 휴학기간), 졸업생(학번, 졸업년도)이 있다고 해보자. 여기서 학번은 학생 엔터티와 각 상태 엔터티를 연결하는 고리 역할을 한다.

- 재학생: 학생이 현재 학교에 다니고 있는 상태다. 이 상태의 학생은 학기 정보를 가지고 있다.

- 휴학생: 학생이 일시적으로 학교를 다니지 않는 상태다. 이 상태의 학생은 휴학 기간 정보를 가지고 있다.

- 졸업생: 학생이 학교 과정을 모두 마치고 졸업한 상태다. 이 상태의 학생은 졸업년도 정보를 가지고 있다.

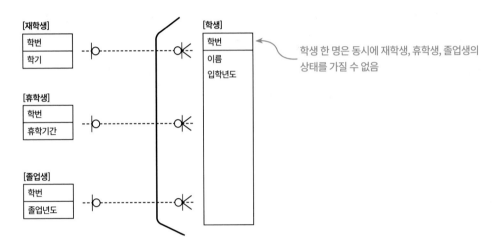

- 이 예에서 학생 한 명은 동시에 재학생, 휴학생, 졸업생의 상태를 가질 수 없다. 학생은 특정 시점에 하나의 상태만 가지며, 시간이 지나면서 상태가 변할 수 있다. 예를 들어, 재학생이 휴학을 결정하면 재학생 엔터티에서 휴학생 엔터티로 상태가 변경되고, 재학생 엔터티의 정보는 더 이상 유효하지 않게 된다.

- 이러한 관계는 데이터베이스 설계에서 중요한 개념 중 하나로, 데이터의 일관성과 정확성을 유지하는 데 도움을 준다. 상호배타적 관계를 통해 엔터티 간의 관계를 명확히 정의하고, 데이터베이스에 저장된 정보의 무결성을 보장하는 규칙이나 제약조건을 설정할 수 있다.

③ 상호배타적 관계의 특징

- 엄격한 분류: 엔터티는 상호배타적인 엔터티 집합 중 하나에만 속할 수 있다.

- 상태 전환: 엔터티의 상태가 변할 수 있으며, 이때 다른 엔터티 집합의 속성을 가진다.

- 데이터 무결성: 엔터티가 특정 시점에 하나의 상태만 가지도록 함으로써 데이터의 정확성과 일관성을 유지한다.

- 상호배타적 관계는 데이터 모델링에서 중요한 개념으로, 엔터티 간 관계를 명확히 정의하고, 데이터 무결성을 보장하는 데 중요한 역할을 한다.

3. 모델이 표현하는 트랜잭션의 이해

(1) 트랜잭션의 개념 및 속성

① 트랜잭션의 개념

- 트랜잭션은 데이터베이스 내에서 실행되는 하나의 논리적인 작업 단위로, 여러 연산을 포함할 수 있는 DB 명령의 논리적인 단위다.

- 데이터의 일관성과 무결성을 유지하기 위해 필수적이다. 데이터베이스에서 발생할 수 있는 다양한 문제, 예를 들어 동시에 여러 사용자가 같은 데이터를 수정하려고 할 때 발생할 수 있는 충돌과 같은 문제들을 관리하고 해결하는 데 중요한 역할을 한다.

② 트랜잭션의 ACID 속성

- 원자성(Atomicity): 데이터베이스의 일관성을 유지하는 핵심 메커니즘으로, 모든 연산이 성공적으로 완료되거나 아무것도 실행되지 않은 상태를 유지해야 한다.

- 일관성(Consistency): 트랜잭션은 데이터베이스의 일관성을 유지해야 한다.

- 고립성(Isolation): 트랜잭션은 다른 트랜잭션의 영향을 받지 않고 독립적으로 실행되어야 한다.

- 지속성(Durability): 성공적으로 완료된 트랜잭션의 결과는 시스템 오류가 발생해도 유지돼야 한다.

(2) 트랜잭션의 이해

① 트랜잭션의 이해

- 트랜잭션은 데이터베이스 관리 시스템(DBMS)에서 매우 중요한 개념이다. 사실상 데이터베이스의 안정성과 신뢰성을 보장하는 기본 단위다.

- 예를 들어, 은행 시스템에서 한 계좌에서 다른 계좌로 돈을 이체하는 작업은 하나의 트랜잭션으로 처리된다. 이 과정에서 출금 연산과 입금 연산이 모두 성공해야만 최종적으로 이체가 완료된다. 만약 이 중 하나라도 실패하면 트랜잭션은 처음 상태로 롤백되어 어떤 연산도 실행되지 않은 것처럼 처리된다.

【 SQL 예: 은행 시스템에서 한 계좌에서 다른 계좌로 돈을 이체하는 트랜잭션 】

```
-- 트랜잭션 시작
BEGIN TRANSACTION;
-- 계좌 A에서 100만큼 출금
UPDATE 계좌 SET 잔액 = 잔액 - 100 WHERE 계좌번호 = 'A';    ← 두 UPDATE 문이 모두 성공적으로
-- 계좌 B에 100만큼 입금                                          실행돼야 최종적으로 이체가 완료됨
UPDATE 계좌 SET 잔액 = 잔액 + 100 WHERE 계좌번호 = 'B';    ←
-- 트랜잭션 커밋
COMMIT;
```

- 위 예에서는 계좌 A에서 계좌 B로 돈을 이체하는 트랜잭션을 보여준다. 여기서 중요한 점은 두 UPDATE 문이 모두 성공적으로 실행되어야만 최종적으로 이체가 완료된다는 것이다. 중간에 오류가 발생하면 트랜잭션은 롤백되어 모든 작업이 취소된다.

② 모델에서 표현하는 트랜잭션의 특징

- 실제 업무에서 여러 트랜잭션이 있을 경우, 데이터 모델에서 트랜잭션을 단순하게 표현해야 할 때도 있다.

- 예를 들어, 주문과 주문 상세 정보 입력은 두 작업이 분리되어 개발되면 안 된다. 이런 접근 방식은 주문 중에 발생할 수 있는 문제(예: 핸드폰 배터리가 다 되어 꺼짐)로 인해 주문 정보는 저장되었지만, 주문 상세 정보는 저장되지 않는 상황을 초래할 수 있다. 이는 데이터의 일관성과 정확성에 큰 문제를 야기할 수 있다.

- 따라서 주문과 주문 상세 정보는 하나의 트랜잭션으로 처리되어야 한다. 즉, 두 정보 입력이 함께 성공해야 하며, 하나라도 실패하면 모두 취소되어야 한다. 이 방식은 데이터베이스의 일관성을 유지하고, 잘못된 데이터의 발생을 방지할 수 있다.

- 마지막으로, 많은 프레임워크가 자동 커밋(auto commit) 기능을 제공하기 때문에 개발자가 커밋을 간과하기 쉬운데, 이는 데이터 정합성 문제로 이어질 수 있으므로 주의가 필요하다. 모든 관련 데이터 작업은 반드시 하나의 트랜잭션 내에서 처리해야 하며, 이를 통해 데이터의 일관성과 품질을 보장할 수 있다.(일부 인용: 〈SQL 전문가가이드(개정판2쇄)〉, 106p, 2021, 한국데이터산업진흥원)

참고

프로시저(Procedure)

- SQL을 처음 접하는 독자에게는 어려울 수 있지만, 나중에 한 번이라도 등장할 개념이므로 여기서 간단하게 설명하기로 한다.

- 프로시저는 데이터베이스 안에서 실행할 수 있는 일련의 명령어를 묶어놓은 것이다. 마치 요리법처럼 어떤 작업을 수행하기 위해 따라야 하는 단계들을 정해놓은 것이다. 프로시저를 사용하면 복잡한 작업을 간단하게 반복해서 수행할 수 있다.

- 예를 들어, '케이크 만들기' 프로시저가 있다면, 이 프로시저는 케이크를 만들기 위한 모든 단계, 즉 재료를 섞고 오븐에 굽는 시간 등을 포함한다. 데이터베이스에서도 마찬가지로, 계좌 이체, 데이터 업데이트 같은 작업을 위한 모든 단계를 프로시저로 만들어 놓고 필요할 때마다 호출해서 사용할 수 있다.

- 간단히 말해, 프로시저는 어떤 작업을 수행하기 위한 '레시피'와 같으며, 데이터베이스에서 그 레시피대로 작업을 수행할 수 있게 해주는 도구다.

- 다음 SQL문은 위의 트랜잭션을 프로시저로 구성한 것이다. 프로시저의 세부 사항은 어차피 SQLD 시험 범위를 벗어나므로 여기서는 이렇게 생겼다는 정도로만 부담 없이 눈도장 찍고 넘어가면 된다.

【 오라클에서의 프로시저 작성 】

```
CREATE OR REPLACE PROCEDURE TransferMoney(
      p_FromAccountID VARCHAR2
    , p_ToAccountID VARCHAR2
    , p_Amount NUMBER
    )
IS
BEGIN
    -- 출금 계좌에서 금액 차감
    UPDATE 계좌
    SET 잔액 = 잔액 - p_Amount
    WHERE 계좌번호 = p_FromAccountID;

    -- 입금 계좌에 금액 추가
    UPDATE 계좌
    SET 잔액 = 잔액 + p_Amount
    WHERE 계좌번호 = p_ToAccountID;

    -- 변경사항 커밋
    COMMIT;
EXCEPTION

    -- 입금 계좌에 금액 추가
```

```
        UPDATE 계좌
        SET 잔액 = 잔액 + p_Amount
        WHERE 계좌번호 = p_ToAccountID;

        -- 변경사항 커밋
        COMMIT;
    EXCEPTION
        WHEN OTHERS THEN
            -- 오류 발생 시 롤백
            ROLLBACK;
            -- 오류 메시지 출력
            RAISE;
    END TransferMoney;
```

- 이 프로시저는 오라클 데이터베이스에서 계좌 이체 작업을 수행한다. 먼저 출금 계좌에서 지정된 금액을 차감하고, 입금 계좌에 해당 금액을 추가한다. 모든 작업이 성공적으로 완료되면 변경사항을 커밋한다. 만약 작업 도중 오류가 발생하면 EXCEPTION 블록이 실행되어 트랜잭션을 롤백하고, 오류를 발생시켜 호출자에게 알린다.

- 이 프로시저를 사용하려면 다음과 같이 호출한다. 이렇게 DB에 저장해두고 마치 함수처럼 프로시저를 호출해서 사용한다는 의미에서 저장 프로시저(Stored Procedure)라고 부른다.

【 오라클에서의 프로시저 실행문 】

```
    BEGIN
        TransferMoney ('출금계좌번호', '입금계좌번호', 이체금액);
    END;
```

4. NULL 속성의 이해

(1) NULL의 개념

① NULL의 정의

- 간단히 말해, 'NULL은 그냥 NULL'이다.

TIP_ 'NULL 속성의 이해' 파트는 2024년부터 시험 범위가 조정되어 1과목에 포함되었습니다. 이 내용은 기존 2과목에 있던 내용으로, 기출 문제에도 자주 등장하는 중요한 주제입니다. 1과목에서는 NULL 기초 개념과 NULL을 처리하는 다양한 명령어 중에서 오라클 명령어인 NVL만 다루고 있습니다. NULL 관련 다른 명령어는 2과목에서 자세히 살펴보기로 하고, 여기서는 NULL의 기초 개념과 NVL 명령어만 알아두면 됩니다. Null과 NULL 두 용어가 모두 사용되며, 이 책에서는 오라클 쿼리 표기 규칙에 따라 NULL로 표기하겠습니다.

- 뚱딴지같은 소리로 들릴 수 있지만, DB에서 NULL은 하나의 '값'으로 취급된다. DB에서 NULL은 아직 정의되지 않은 값을 의미한다. '0'이나 공백(스페이스) 값과는 다르다. 즉, '0'이나 공백(스페이스) 값은 정의된 값이라는 의미다. '0'은 숫자로 인식되고, 공백(스페이스)은 빈칸이라는 의미로 하나의 문자로 취급된다.

- 반면, NULL은 아직 정의되지 않은 값을 나타내며, 숫자나 문자 둘 다 아니다. 데이터가 없거나 알 수 없는 값을 의미한다.

② NULL 값의 연산은 언제나 NULL이다

- 일상에서 웹 서비스에 가입할 때 빈칸으로 둘 수 없는 항목들이 있다. 예를 들어 이름, 전화번호, 아이디 등이 그렇다. 빈칸으로 두면 다음 단계로 진행할 수 없다. 만약 빈칸으로 둬도 다음 단계로 진행 가능하다면 해당 속성은 주식별자 속성이 아닌 속성(PK로 설정되지 않은 속성)이거나 NOT NULL(NULL 입력이 불가능한 속성) 속성이 아닐 것이다.

- DB에서 NULL을 '0'이나 공백(스페이스) 값과 다르게 취급하는 이유는 연산할 때 이것이 어떤 값인지 모르기 때문이다. 숫자 '0'이나 문자열 공백(스페이스) 값과는 다르게 취급해야 한다. 따라서 NULL이라는 값을 모르는 데이터는 어떤 연산을 해도 결과는 여전히 알 수 없는 데이터로, 'NULL 값의 연산은 언제나 NULL이다.'

【 NULL 표기법 】

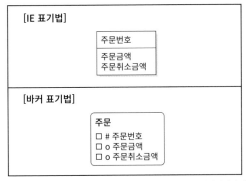

(출처 《SQL 전문가가이드(개정판2쇄)》, 107p, 2021, 한국데이터산업진흥원)

- IE 표기법에서는 NULL 허용 여부를 알 수 없지만, 바커 표기법에서는 알 수 있다. #이 붙은 속성은 NULL 값을 가질 수 없고, 동그라미가 그려진 속성은 NULL 허용 속성을 의미한다. 즉 바커 표기법에서 동그라미가 붙은 속성은 NULL 값을 가질 수 있는 속성이다.

(2) 연산&집계 함수에서의 NULL

① 연산에서의 NULL 처리

- DB에서 NULL은 '아직 정의되지 않은 미지의 값'이거나 '현재 데이터를 입력하지 못하는 경우'를 의미한다. NULL과 수치 또는 문자열을 연산하면 결과는 항상 NULL이 된다. 이는 DB가 NULL을 '아직 알 수 없는 값'으로 해석하기 때문에 연산 결과 역시 '알 수 없음'을 의미하는 NULL이 된다.

- 예를 들어, 다음과 같은 테이블이 있다고 가정해보자.

아이템ID	가격	수량
1	100	2
2	NULL	3
3	200	NULL
4	NULL	NULL

아직 정의되지 않은 미지의 값
= 아직 알 수 없는 값

- 이 테이블에서 각 아이템의 총 가격을 계산(연산을 수행)하려고 할 때, '가격' 또는 '수량' 중 하나라도 NULL 값이 있으면 해당 아이템의 총 가격도 NULL이 된다. 예를 들어, 아이템 2는 가격이 NULL이므로 총 가격도 NULL이 되며, 아이템 3의 경우 수량이 NULL이므로 총 가격도 NULL이 된다.

```
SELECT
      아이템ID
    , 가격 * 수량 AS 총가격
FROM
      아이템테이블;
```

아이템ID	총가격
1	200
2	NULL
3	NULL
4	NULL

알 수 없는 값

- NULL 값을 포함하는 연산의 결과가 NULL이 되는 이유는 데이터베이스가 '알 수 없는 값'에 대해 수행할 수 있는 유일한 논리적 연산이기 때문이다. 따라서 NULL 값이 포함된 연산을 정확히 처리하려면 NVL, ISNULL, COALESCE와 같은 함수를 사용해 NULL 값을 다른 값으로 대체한 후 연산을 수행해야 원하는 결과를 얻을 수 있다. 1과목에서는 NVL 함수만 간단히 살펴보기로 한다.

② NVL 함수

- NVL([첫번째 인자], [두 번째 인자])

- NVL 함수는 [첫 번째 인자]가 NULL일 경우, [두 번째 인자]로 지정된 값을 반환한다.

- 위 예에서 가격 또는 수량이 NULL인 경우 이를 0으로 대체하는 쿼리는 다음과 같이 작성할 수 있으며, 다음과 같은 결과를 반환한다.

```
SELECT
        아이템ID
    , NVL(가격, 0) * NVL(수량, 0) AS 총가격
FROM
        아이템테이블;
```

아이템ID	총가격
1	200
2	0
3	0
4	0

가격, 수량 중 하나라도 NULL이라면
총가격을 0으로 계산

- 이 NVL 함수는 가격 또는 수량 중 하나라도 NULL인 경우 해당 아이템의 총가격을 0으로 계산하도록 한다. 따라서, '가격'이나 '수량'이 알려지지 않은 아이템 2, 3, 4의 총가격이 0으로 처리된 것을 볼 수 있다. 이 방식을 통해 NULL 값으로 인한 연산 오류를 방지하고, 누락된 데이터가 있는 경우에도 쿼리의 실행 결과를 명확하게 얻을 수 있다.

- 데이터 분석에서는 실제로 NULL 값을 이렇게 무작정 '0'으로 대치하기보다는, 분석의 정확도를 위해 평균 대치법, 중앙값 대치법 등 다양한 방법으로 NULL 값을 처리한다.

집계함수에서의 NULL 처리

- 실습을 위해 다음의 '테이블 생성' 쿼리와 '데이터 삽입' 쿼리를 실행합니다. SQL 기초 지식이 있는 분들은 이 실습은 건너뛰어도 됩니다.

```
-- 테이블 생성 SQL
CREATE TABLE 주문정보 (
        주문번호 VARCHAR2(20)
    , 주문금액 NUMBER
    , 주문취소금액 NUMBER
    , 최종주문금액 NUMBER
);
-- 데이터 삽입 SQL
INSERT INTO 주문정보 (주문번호, 주문금액, 주문취소금액, 최종주문금액) VALUES ('1100001',
100000, 35000, 65000);
INSERT INTO 주문정보 (주문번호, 주문금액, 주문취소금액, 최종주문금액) VALUES ('1100002',
15000, NULL, NULL);
INSERT INTO 주문정보 (주문번호, 주문금액, 주문취소금액, 최종주문금액) VALUES ('1100003',
40000, NULL, NULL);
INSERT INTO 주문정보 (주문번호, 주문금액, 주문취소금액, 최종주문금액) VALUES ('1100004',
45000, 5000, 40000);
INSERT INTO 주문정보 (주문번호, 주문금액, 주문취소금액, 최종주문금액) VALUES ('1100005',
100000, 10000, 90000);

-- 데이터 삽입 확인을 위한 SELECT 문
SELECT * FROM 주문정보 ;
```

○	ᴬᴮᶜ 주문번호 ▼	123 주문금액 ▼	123 주문취소금액 ▼	123 최종주문금액 ▼
1	1100005	100000	10000	90000
2	1100001	100000	35000	65000
3	1100002	15000	[NULL]	[NULL]
4	1100003	40000	[NULL]	[NULL]
5	1100004	45000	5000	40000
6	1100005	100000	10000	90000

③ 집계함수에서의 NULL 처리

- 위 '[실습] 집계함수에서의 NULL 처리'의 샘플 테이블을 보면서 설명하기로 한다.

- 앞서 NULL과 어떤 수치 또는 문자열을 연산하면 결과가 항상 NULL이 된다는 것을 살펴봤다. 연산과 달리 집계 함수에서는 NULL을 제외하고 집계가 이뤄진다.

- 집계 함수는 합(SUM()), 평균(AVG()), 개수 세기(COUNT()), 최댓값(MAX()), 최솟값(MIN())과 같이 데이터를 집계하여 이를 기초로 연산을 수행하는 함수를 말한다.

- 아래 테이블의 '최종주문금액' 칼럼을 사용하여 각각의 집계함수를 적용하고, COL1, COL2, COL3의 결과를 다양한 방식으로 NULL 처리해보자.

【 집계함수의 NULL 처리 예_주문정보 테이블 】

주문번호	주문금액	주문취소금액	최종주문금액
1100001	100,000	35,000	65,000
1100002	15,000	NULL	NULL
1100003	40,000	NULL	NULL
1100004	45,000	5,000	40,000
1100005	100,000	10,000	90,000

- SUM 함수

```
SELECT
    SUM(최종주문금액) AS COL1
  , SUM(NVL(최종주문금액, 0)) AS COL2
  , SUM(NVL(주문금액, 0)) - SUM(NVL(주문취소금액, 0)) AS COL3
FROM
    주문정보;
```

	COL1	COL2	COL3
SUM	195000	195000	250000

【 해설 】

- COL1: 최종주문금액 합계는 195,000원이다. 이는 NULL 값을 제외한 모든 최종주문금액을 단순하게 합한 값이다.

- COL2: 최종주문금액의 합계에 대해 NULL을 0으로 대체하여 계산한 결과로, 195,000원이다.

- COL3: 주문금액의 총합에서 주문취소금액의 총합을 뺀 값으로, 250,000원이다. 이때 주문금액과 주문취소금액의 NULL은 0으로 치환하여 계산한다. 유의할 점은 최종주문금액이 아니라, 주문취소금액이라는 점이다.

▪ AVG 함수 예시

```
SELECT
     AVG(최종주문금액) AS COL1
   , AVG(NVL(최종주문금액, 0)) AS COL2
   , AVG(NVL(주문금액, 0)) - AVG(NVL(주문취소금액, 0)) AS COL3
FROM
     주문정보;
```

	COL1	COL2	COL3
AVG	65000	39000	50000

참고

평균을 구할 때의 NULL 처리

평균을 계산할 때 NULL 처리는 매우 중요한 문제다. 비즈니스 관점에 따라 NULL을 제외하고 평균을 구하거나, NULL을 0으로 치환한 후 평균을 계산하기도 한다. 다만 현실적인 수익성을 정확히 반영하기 위해서는 NULL을 제외한 평균을 구하는 방법이 일반적이다. 본문의 예를 보면 COL1의 값은 완료된 주문에 대해 NULL을 제외한 평균을 구한 값이다. COL2의 값은 모든 주문(취소 포함)을 분석하고 싶을 때 유용하지만, 평균이 왜곡될 수 있어 주의가 필요하다. COL3의 값은 주문 취소가 전체 수익에 미친 영향을 평가하거나 전체적인 손익을 분석하기에 적합하다.

【 해설 】

- COL1: 최종주문금액의 평균인 65,000원이다. 이는 NULL 값을 제외한 최종주문금액의 평균이다.

- COL2: 최종주문금액의 NULL을 '0'으로 변환하고 계산한 평균은 39,000원이다.

- COL3: 주문금액의 NULL을 '0'으로 변환해 계산한 평균에서, 주문취소금액의 NULL을 '0'으로 변환해 계산한 평균을 뺀 값은 50,000원이다.

▪ COUNT 함수 예시

```
SELECT
     COUNT(최종주문금액) AS COL1
   , COUNT(NVL(최종주문금액, 0)) AS COL2
   , COUNT(NVL(주문금액, 0)) - COUNT(NVL(주문취소금액, 0)) AS COL3
```

```
       , (NVL(COUNT(주문금액), 0) - NVL(COUNT(주문취소금액), 0)) AS COL4
    FROM
         주문정보 ;
```

	COL1	COL2	COL3	COL4
COUNT	3	5	0	2

【 해설 】

- COL1: 최종주문금액의 개수인 3이다. 이는 NULL 값을 제외하고 계산된 최종주문금액의 개수이다.

- COL2: 테이블 내의 총 행 개수를 반환한다. NVL을 사용했기 때문에 NULL 여부와 관계 없이 모든 행을 카운트한다.

- COL3: 주문된 건수에서 취소된 건수를 뺀 결과다. NVL 사용으로 모든 행이 포함되었으므로, 의미 있는 결과를 얻지 못한다.

- COL4: 주문금액에서 취소된 주문의 건수를 제외한 결과로, 취소되지 않은 주문 건수를 정확히 반영한다.

- NVL(COUNT(주문금액), 0)은 COUNT(주문금액) 값이 NULL인 경우 0으로 대체한다. COUNT(주문금액)은 5이므로, NVL을 적용해도 값은 그대로 5이다. NVL(COUNT(주문취소금액), 0)은 COUNT(주문취소금액) 값이 NULL인 경우 0으로 대체한다. COUNT(주문취소금액)은 3이므로, NVL을 적용해도 값은 그대로 3이다. 즉, 5-3=2이다.

- MAX 함수 예시

```
    SELECT
         MAX(최종주문금액) AS COL1
       , NVL(MAX(최종주문금액), 0) AS COL2
       , (NVL(MAX(주문금액), 0) - NVL(MAX(주문취소금액), 0)) AS COL3
       , MAX(NVL(주문금액, 0)) - MAX(NVL(주문취소금액, 0)) AS COL4
    FROM
         주문정보;
```

	COL1	COL2	COL3	COL4
MAX	90000	90000	65000	65000

- COL1: 최종주문금액의 최댓값인 90,000원이다.

- COL2: 최종주문금액의 NULL 값을 0으로 변환한 후 계산한 최댓값도 90,000원이다.

- COL3: 주문금액의 최댓값에서 주문취소금액의 최댓값을 뺀 값은 65,000원이다. 이는 주문금액 중 최댓값과 주문취소금액 중 최댓값의 차이다.

- COL4: 최대 주문금액에서 최대 취소금액을 뺀 결과로, COL3과 동일한 의미를 가진다.

- MAX(NVL(주문금액, 0))은 주문금액 값에서 NULL을 0으로 대체한 후의 최댓값이다. NVL 적용 결과는 기존 값과 동일하므로, MAX(주문금액)은 100,000이다. MAX(NVL(주문취소금액, 0))은 주문취소금액 값 중 NULL을 0으로 대체한 후의 최댓값이다. NVL 적용 결과는 기존 값과 동일하므로, MAX(주문취소금액)은 35,000이다. 즉, COL4=100,000−35,000=65,000이다.

가장 유의미한 칼럼은 COL1(최대 최종주문금액)과 COL3(최대 주문금액과 최대 취소금액의 차이)이다.

각각 완료된 주문 중 최고 금액과 취소를 고려한 최대 순이익 금액을 의미한다.

- MIN 함수 예시

```sql
SELECT
      MIN(최종주문금액) AS COL1
    , NVL(MIN(최종주문금액), 0) AS COL2
    , (NVL(MIN(주문금액), 0) - NVL(MIN(주문취소금액), 0)) AS COL3
    , MIN(NVL(주문금액, 0)) - MIN(NVL(주문취소금액, 0)) AS COL4
FROM
      주문정보;
```

	COL1	COL2	COL3	COL4
MIN	40000	40000	10000	15000

【 해설 】

- COL1: 최종주문금액의 최솟값인 40,000원이다. 이는 NULL 값을 제외한 최종주문금액 중 최솟값이다.

- COL2: 최종주문금액의 NULL 값을 0으로 변환한 후 계산한 최솟값도 40,000원이다.

- COL3: 주문금액의 최솟값에서 주문취소금액의 최솟값을 뺀 값은 10,000원이다. 이는 주문금액 중 최솟값과 주문취소금액 중 최솟값의 차이다.

- COL4: 최소 주문금액에서 NULL을 포함해 처리된 최소 취소금액을 뺀 결과다.

- MIN(NVL(주문금액, 0))은 주문금액 값에서 NULL을 0으로 대체한 후의 최솟값이다. NVL 적용 결과는 기존 값과 동일하므로(주문금액 값은 모두 NULL이 아니므로), 최솟값은 15,000이다. MIN(NVL(주문취소금액, 0))은 주문취소금액 값 중 NULL을 0으로 대체한 후의 최솟값이다. NULL이 0으로 대체되므로, 최솟값은 0이다. 즉, COL4=15,000−0=15,000이다.

5. 본질식별자 vs. 인조식별자

(1) 본질식별자와 인조식별자의 구분

① 본질식별자와 인조식별자의 정의

- 1장 '식별자의 분류'에서 살펴본 내용이지만, 다시 한 번 반복하는 의미에서 짚어보면, 본질식별자는 업무에 의해 만들어진 식별자다. 인조식별자는 업무적으로 만들어지지는 않지만, 본질식별자가 복잡한 구성을 갖고 있어 이를 단순화하기 위해 인위적으로 만든 식별자다.

TIP _ 식별자와 관련된 내용은 이미 1장에서 개념과 특징, 종류 등을 상세하게 다뤘습니다. 이번 파트는 한국데이터진흥원에서 발간한 2020년 개정판 〈SQL 전문가 가이드〉에 새로 추가된 내용으로, 기존의 식별자 내용이 더욱 심화되었습니다. 이전에 깊게 다루지 않았던 인조식별자를 다루고 있으며, 한동안 기출 문제에 자주 출제될 것으로 예상됩니다. 특히 인조식별자를 사용할 때 주의할 점(단점, 문제점) 등이 출제될 가능성이 큽니다.

【 대체 여부에 따른 식별자 분류 】

대체여부	본질식별자	업무에 의해 만들어지는 식별자(예】고객번호)
	인조식별자	업무적으로 만들어지지는 않지만 원조식별자가 복잡한 구성을 가지고 있기 때문에 인위적으로 만든 식별자(예】주문엔터티의 주문번호(고객번호+주문번호+순번))

② 본질식별자 예

- 본질식별자는 테이블의 본질적인 특성을 기반으로 만들어진다. 예를 들어, 학번은 학생이 입학할 때 부여되며, 각 학생을 고유하게 식별할 수 있는 정보다. 학번은 학생 데이터의 고유한 특성을 직접 반영하며, 본질식별자로서의 역할을 수행한다.

【 학생 】

학번(본질식별자)
이름
생년월일
전화번호

③ 인조식별자 예

▪ 인조식별자는 데이터베이스 시스템에서 자동으로 생성되고 관리되는 식별자이다. 예를 들어, 등록ID 는 학기 정보를 데이터베이스에 추가할 때마다 1, 2, 3과 같이 순차적으로 부여된다. 이는 인조식별 자로서 데이터의 본질적인 특성과 독립적으로 운영된다.

▪ 등록ID는 각 수강 기록을 고유하게 식별할 수 있다. 하지만 등록ID만으로는 특정 학생이 어떤 과목 을 언제 수강했는지와 같은 구체적인 정보를 알기 어렵다. 이러한 정보를 파악하려면 학번, 학과코드, 학기정보 등의 다른 칼럼을 함께 고려해야 한다.

【 학기정보 】

등록ID(인조식별자)
학번(본질식별자)
학과코드
학기정보

(2) 인조식별자의 사용 시 주의할 사항

① 인조식별자의 필요성

▪ 다음의 주문정보 테이블을 통해 시스템에서 자동으로 생성하는 인조식별자의 필요성을 살펴보겠다.

▪ 이 테이블에서 주문순번 칼럼은 동일한 주문번호와 상품명을 가진 경우, 이를 하나의 주문으로 관리 하기 위해 임의로 입력한 순번이다. 즉, 같은 주문번호로 순번이 늘어난다는 것은 동일 상품을 여러 번 주문했으나 배송지가 다른 경우를 의미한다. 이럴 때, 식별자 역할을 하는 칼럼이 필요하며, 이 테 이블에서는 주문순번이 그 역할을 담당하고 있다.

▪ 다만 이러한 경우, 순번을 입력하기 위해 동일한 주문번호일 경우 순차적으로 1개씩 카운트하며 주문 순번에 순차적으로 늘어나는 개수를 확인할 수 있는 입력 쿼리를 작성해야 한다.

주문번호	주문순번		상품번호	상품명	배송지
110001	1		1234	선물세트 1상자	우리집
110001	2		1234	선물세트 1상자	부모님집
110001	3		1234	선물세트 1상자	친구집

↑
└─── 주문순번을 관리하기 위한 쿼리 필요

- 이러한 구조에서 각 항목에 대한 고유성을 보다 명확하게 보장하고 관리하기 위해 더욱 단순화된 인조식별자의 도입이 유용할 수 있다. 주문순번으로 관리하는 것보다 생성도 자동으로 되고 관리도 편한 인조식별자가 훨씬 유용하다. 다음의 테이블을 살펴보자.

【 주문정보 】

주문ID	주문번호	상품번호	상품명	배송지
1	110001	1234	선물세트 1상자	우리집
2	110001	1234	선물세트 1상자	부모님집
3	110001	1234	선물세트 1상자	친구집

↑
└─── 새로운 인조식별자(자동으로 순차적으로 증가)

- 데이터베이스가 자동으로 순차적으로 새로운 인조식별자인 주문ID를 생성하면, 이 주문ID는 테이블 내에서 각 행을 유일하게 식별할 수 있는 고유 번호가 된다. 또한, 위의 경우처럼 순차적으로 1개씩 카운트하며 주문순번을 관리할 필요가 없다.

- '주문ID.SEQ.NEXTVAL'과 같이 칼럼명 뒤에 '.SEQ.NEXTVAL'을 추가하여 삽입하면 자동으로 새로운 인조식별자인 주문ID가 생성된다. 여기서는 1, 2, 3부터 시작하지만, 대부분의 경우 자동으로 생성되는 임의의 숫자가 인조식별자가 될 것이다.

② 인조식별자의 장점

- 고유성 보장: 주문항목ID는 각 주문 항목에 대해 완전히 고유한 값을 제공한다. 이는 데이터의 중복이나 혼동을 방지하는 데 매우 중요하다.

- 데이터 관리의 용이성: 새로운 인조식별자를 통해 데이터를 더 쉽게 조회, 수정, 삭제할 수 있다. 특히 대규모 데이터에서 특정 항목을 빠르게 찾는 데 인조식별자는 매우 유용하다.

- 데이터베이스 성능 향상: 고유한 주문항목ID를 기반으로 인덱싱할 경우, 데이터 검색과 관련된 데이터베이스의 성능이 향상될 수 있다.

- 복잡한 관계의 단순화: 여러 테이블 간의 관계를 설정할 때 주문항목ID와 같은 인조식별자를 사용하면, 관계 설정이 더욱 명확해지고 데이터의 일관성을 유지하기 쉬워진다.

③ 인조식별자 사용 시 주의할 사항 및 단점

- 중복 데이터로 인한 데이터 품질 저하: 실제 데이터의 내용이 같음에도 불구하고, 다른 인조식별자가 부여되어 중복 데이터가 발생할 수 있다. 이는 데이터 품질을 저하시키며, 데이터의 일관성과 정확성을 해칠 수 있다. 예를 들어, 고객 테이블에서 각 고객에게 고유한 번호(인조식별자)를 부여할 경우, 같은 사람이 다른 시간에 여러 번 등록했을 때 각각 다른 고유 번호가 부여되어 중복 데이터가 생성될 수 있다. '홍길동' 고객에 대한 정보가 실제로는 동일한데도 서로 다른 '고객ID'로 인해 중복으로 관리되는 문제가 발생할 수 있다. 이러한 중복 문제는 데이터의 품질 저하를 초래할 수 있다.

고객ID 인조식별자)	고객명	주소
1	홍길동	서울시 강남구
2	홍길동	서울시 강남구

중복 데이터 발생 가능
(데이터 품질 저하, 일관성/정확성 해칠 수 있음)

- 불필요한 인덱스 생성: 인조식별자를 사용할 때 각 데이터에 고유한 값을 부여하기 위해 인덱스를 생성하게 된다. 하지만 인조식별자가 많아질수록 그에 따른 인덱스도 함께 증가하며, 이는 데이터베이스의 성능 저하로 이어질 수 있다. 인덱스는 검색 성능을 향상시키는 데 사용되지만, 너무 많은 인덱스는 오히려 성능을 저하시킬 수 있다. 아래 상품 테이블에서 각 상품마다 고유한 상품ID(인조식별자)를 부여하고, 이를 기반으로 인덱스를 생성한다고 가정해보자. 상품의 수가 매우 많다면 각각의 상품ID에 대한 인덱스가 생성되어 데이터베이스 성능에 부담을 줄 수 있다.

상품ID (인조식별자)	상품코드	상품명	가격
1001	A-01	사과	1000
1002	B-04	바나나	2000

인조식별자가 많아질수록 인덱스도 함께 증가 (데이터베이스 성능 저하)

- 인조식별자 사용 시 주의할 사항: 인조식별자는 데이터의 정확성과 관리 효율성을 높이는 데 큰 도움을 준다. 현대의 데이터베이스 시스템에서 인조식별자는 복잡한 데이터 구조와 다양한 요구 사항을 처리하는 데 매우 중요한 역할을 한다. 그러나 중복 데이터 생성과 불필요한 인덱스의 생성에는 주의가 필요하다. 인조식별자의 장단점을 면밀히 검토하고, 꼭 필요한 경우에만 사용하는 것이 중요하다.

01. 데이터 모델링의 주된 목적은 무엇인가?

① 데이터의 중복 저장을 최대화하여 데이터를 더욱 효율적으로 관리

② 데이터와 그 관계를 명확히 하여 데이터의 무결성 및 일관성을 유지

③ 모든 데이터베이스 시스템의 성능을 일률적으로 향상

④ 데이터베이스 관리 시스템(DBMS)의 종류를 결정

02. 데이터 모델링 과정에서 생성되는 주요 결과물은 무엇인가?

① 프로그래밍 코드   ② ER 다이어그램

③ 네트워크 설정 파일   ④ 소프트웨어 사용 설명서

03. 다음 데이터는 제1정규형 규칙에 위배된다. 이를 제1정규형에 맞게 변경한 결과로 적합한 것은 무엇인가?

고유번호	이름	전화번호
001	김철수	010-1234-5678, 010-5678-1234
002	박영희	010-8765-4321

① 전화번호를 분리하여 칼럼을 추가한다.

② 전화번호를 다른 테이블로 분리하고 참조 키를 추가한다.

③ 이름을 기준으로 전화번호를 나열한다.

④ 데이터를 그대로 유지한다.

04. 다음 SQL 문에서 NVL 함수는 어떤 결과를 반환하는가?

```
SELECT NVL(NULL, '대체 값') AS 결과 FROM DUAL;
```

① NULL   ② '대체 값'

③ 오류   ④ NULL + '대체 값'

05. 다음 트랜잭션에서 중간에 오류가 발생하면 어떤 결과가 발생하는가?

```
BEGIN TRANSACTION;
UPDATE ACCOUNTS SET BALANCE = BALANCE - 100 WHERE ACCOUNT_ID = 'A';
UPDATE ACCOUNTS SET BALANCE = BALANCE + 100 WHERE ACCOUNT_ID = 'B';
ROLLBACK;
```

① 모든 변경사항이 취소된다.   ② 첫 번째 UPDATE만 적용된다.

③ 두 번째 UPDATE만 적용된다.   ④ 모든 변경사항이 커밋된다.

06. 다음 테이블에서 제3정규형을 만족하려면 어떻게 변경해야 하는가?

고객번호	고객명	고객등급ID	고객등급명
101	김철수	1	Gold
102	이영희	2	Silver

① 고객 등급 정보를 별도 테이블로 분리한다.

② 고객 번호와 고객 이름을 별도 테이블로 분리한다.

③ 테이블 구조를 그대로 유지한다.

④ 고객 번호를 기본 키로 설정한다.

07. 다음 테이블에서 다치 종속성을 제거하려면 어떻게 해야 하는가?

학생ID	취미	언어
1	독서	영어
1	독서	중국어
1	등산	영어
1	등산	중국어

① 취미와 언어를 별도 테이블로 분리한다.   ② 학생ID를 기본 키로 설정한다.

③ 테이블 구조를 유지한다.   ④ 학생ID를 기준으로 데이터를 정렬한다.

08. 다음 테이블은 제1정규형을 만족하지만, 제2정규형 규칙에 위배된다. 제2정규형을 만족하려면 어떤 변경이 필요한가?

주문번호	고객번호	고객명	상품번호	상품명
001	101	김철수	P001	노트북
002	102	이영희	P002	스마트폰

① 고객 정보를 별도 테이블로 분리한다.   ② 상품 정보를 별도 테이블로 분리한다.

③ 고객 정보와 상품 정보를 별도 테이블로 분리한다.   ④ 주문번호를 기준으로 데이터를 정렬한다.

09. 다음 SQL 문은 어떤 작업을 수행하는가?

```
CREATE TABLE 사용자 (
    사용자ID NUMBER GENERATED BY DEFAULT AS IDENTITY
  , 이름 VARCHAR2(50)
  , 이메일 VARCHAR2(100)
);
```

① 사용자 테이블을 생성하며, 사용자ID는 자동 증가 값을 가지는 인조식별자다.

② 사용자 테이블을 생성하며, 사용자ID는 수동으로 입력해야 한다.

③ 사용자 테이블을 생성하며, 사용자ID는 외래 키로 사용된다.

④ 사용자 테이블을 생성하며, 사용자ID는 고유성이 보장되지 않는다.

10. 다음 중 반정규화를 적용해야 할 상황은 무엇인가?

① 데이터 중복을 최소화해야 할 때   ② 조인 연산을 줄이고 조회 성능을 향상시켜야 할 때

③ 트랜잭션 무결성을 유지해야 할 때   ④ 데이터 구조를 단순화해야 할 때

11. 다음 SQL 문에서 실행 순서를 올바르게 나열하시오.

```
SELECT CATEGORY, SUM(SALES)
FROM PRODUCTS
WHERE SALES > 1000
GROUP BY CATEGORY
HAVING SUM(SALES) > 5000
ORDER BY CATEGORY;
```

① SELECT → FROM → WHERE → GROUP BY → HAVING → ORDER BY

② FROM → WHERE → GROUP BY → HAVING → SELECT → ORDER BY

③ WHERE → FROM → GROUP BY → HAVING → SELECT → ORDER BY

④ FROM → WHERE → SELECT → GROUP BY → HAVING → ORDER BY

12. 다음 SQL 문에서 NVL 함수가 반환하는 값은 무엇인가?

```
SELECT NVL(SALARY, 0) AS 실제급여
FROM EMPLOYEES
WHERE EMP_ID = 'E001';
(조건: EMP_ID = 'E001'인 직원의 SALARY는 NULL이다.)
```

① NULL   ② 0

③ SALARY   ④ 오류

13. 다음 SQL 쿼리의 실행 결과로 올바른 것은 무엇인가?

```
SELECT NVL(NULL, 'Unknown') AS result FROM DUAL;
```

① NULL   ② Unknown

③ 0   ④ Error

14. 다음의 테이블에 대한 SQL 수행 결과로 맞는 것을 고르시오.

아이템ID	가격	수량
1	100	2
2	NULL	3
3	200	NULL

```
SELECT 아이템ID, NVL(가격, 0) * NVL(수량, 0) AS 총가격
FROM 아이템테이블;
```

① 총가격: 200, 0, 0   ② 총가격: 200, NULL, NULL

③ 총가격: NULL, 300, NULL   ④ 총가격: 300, 0, 0

15. 다음의 테이블에 대한 SQL 수행 결과로 맞는 것을 고르시오.

주문번호	주문금액	할인금액
1	100000	NULL
2	150000	20000
3	NULL	NULL

```
SELECT 주문번호, NVL(주문금액, 0) - NVL(할인금액, 0) AS 최종금액
FROM 주문정보;
```

① 100000, 130000, 0   ② NULL, 130000, NULL

③ 100000, 130000, NULL   ④ 0, 130000, 0

16. 다음 SQL을 실행한 후 반환되는 결과로 올바른 것은 무엇인가?

```
CREATE TABLE 상품 (
      상품ID NUMBER
   , 가격 NUMBER
);
INSERT INTO 상품 VALUES (1, NULL);
INSERT INTO 상품 VALUES (2, 200);
SELECT SUM(가격) AS 총가격 FROM 상품;
```

① 200   ② NULL

③ 0   ④ Error

17. 다음의 테이블에 대한 SQL 수행 결과로 맞는 것을 고르시오.

학생ID	점수
1	85
2	NULL
3	90

```
SELECT AVG(NVL(점수, 0)) AS 평균점수
FROM 학생;
```

① 58.33　　　　　　　　　　② 87.5

③ NULL　　　　　　　　　　④ 90

18. 다음 중 인조식별자에 대한 설명으로 올바른 것은 무엇인가?

① 데이터베이스의 자동 증가 필드를 활용하여 생성된 고유 식별자

② 기존 데이터 속성 중 하나를 기본 키로 사용하는 식별자

③ 복합 키를 사용하여 생성된 식별자

④ 테이블 간 관계를 정의하지 않는 일반 속성

19. 다음 테이블에서 인조식별자를 기본 키로 사용하는 이유로 적합하지 않은 것은 무엇인가?

고객ID	이름	생년월일
1	홍길동	1990-01-01
2	김영희	1992-05-12

① 데이터 변경 시 기존 데이터의 일관성을 유지하기 위함이다.

② 복합 키 사용의 복잡성을 피하기 위함이다.

③ 데이터의 의미를 포함하여 가독성을 높이기 위함이다.

④ 데이터의 무결성을 보장하기 위한 고유 키로 활용하기 위함이다.

20. 다음과 같은 EMP 테이블이 있다. 이 테이블에서 특정 직원의 모든 부하 직원(직원ID 기준으로)을 가져오는 쿼리로 맞는 것은 무엇인가?

직원ID	이름	직책	상사ID
1	홍길동	사장	NULL
2	김철수	부장	1
3	이영희	과장	2
4	박민수	사원	3

① SELECT *
   FROM EMP
   START WITH 직원ID = 1
   CONNECT BY PRIOR 직원ID = 상사ID;

② SELECT *
   FROM EMP
   WHERE 상사ID = 1;

③ SELECT 직원ID, 이름
   FROM EMP
   WHERE 직책 = '부장';

④ 모든 부하 직원을 가져오는 방법은 없다.

21. 아래의 테이블은 어떤 정규형을 만족하지 않는가?

EMP_ID	EMP_NAME	DEPT_ID	DEPT_NAME	LOCATION
101	김철수	D01	인사팀	서울
102	이영희	D02	개발팀	부산
103	박민수	D01	인사팀	서울
104	정수진	D02	개발팀	부산

① 제1정규형(1NF)
② 제2정규형(2NF)
③ 제3정규형(3NF)
④ BCNF

22. 아래의 테이블은 어떤 정규형을 만족하지 않는가?

SALE_ID	PRODUCT_ID	PRODUCT_NAME	SALE_DATE	QUANTITY	PRICE
1	P001	모니터	2024-01-01	2	200
2	P002	키보드	2024-01-02	1	50
3	P001	모니터	2024-01-03	3	200

① 제1정규형(1NF)
② 제2정규형(2NF)
③ 제3정규형(3NF)
④ BCNF

23. 다음 중 제3정규형(3NF)을 위반한 테이블의 상태는 무엇인가?

① 비식별자가 기본키에 종속되지 않는다.

② 테이블이 더 이상 분해될 수 없다.

③ 모든 속성이 원자값으로만 구성된다.

④ 비식별자가 기본키 이외의 다른 속성에 종속된다.

24. 다음 중 BCNF(Boyce—Codd Normal Form)에 대한 설명으로 옳은 것은?

① 모든 비식별자가 기본키에 대해 완전 함수 종속이어야 한다.

② 이행적 종속성을 제거하여 정규화를 수행한다.

③ 결정자가 후보키가 아닌 함수 종속성을 제거해야 한다.

④ 테이블의 모든 데이터가 원자값으로 구성되어야 한다.

25. 다음 중 관계형 데이터베이스에서 테이블 간의 관계를 올바르게 설명한 것은?

① 1:1 관계는 하나의 레코드가 다른 테이블의 여러 레코드와 연결될 수 있다.

② 1:N 관계에서는 항상 하나의 테이블만 데이터가 저장된다.

③ M:N 관계는 두 테이블 간의 데이터 중복을 줄이기 위해 한 테이블로 결합된다.

④ 1:N 관계는 하나의 레코드가 다른 테이블의 여러 레코드와 연결될 수 있다.

26. 아래의 테이블 구조에서 반정규화가 적용된 예는 무엇인가?

ORDER_ID	CUSTOMER_ID	CUSTOMER_NAME	PRODUCT_ID	PRODUCT_NAME	QUANTITY	PRICE

① CUSTOMER_NAME과 PRODUCT_NAME을 별도의 테이블로 분리한다.

② 테이블에 있는 모든 중복 데이터를 제거한다.

③ CUSTOMER_NAME과 PRODUCT_NAME을 현재 테이블에 그대로 유지한다.

④ ORDER_ID를 기준으로 테이블을 분할한다.

27. 다음 중 반정규화를 적용해야 하는 상황으로 가장 적절한 것은?

① 데이터를 중복시켜 유지보수의 복잡성을 줄이고자 할 때

② 중복 데이터를 제거하고 테이블을 더 세분화하고자 할 때

③ 데이터 무결성을 엄격히 유지해야 할 때

④ 테이블의 조인 연산으로 인해 조회 성능이 저하될 때

28. 다음 테이블과 SQL 문에 대한 설명으로 옳은 것은?

【 EMPLOYEE 】

EMP_ID	SALARY
401	4000
402	NULL
403	6000

```
SELECT
     COUNT(SALARY)
   , AVG(SALARY)
FROM
     EMPLOYEE;
```

① COUNT(SALARY)는 2를 반환하고, AVG(SALARY)는 5000을 반환한다.

② COUNT(SALARY)는 3을 반환하고, AVG(SALARY)는 NULL을 반환한다.

③ COUNT(SALARY)는 NULL 값을 포함하여 3을 반환한다.

④ AVG(SALARY)는 NULL 값을 0으로 간주해 평균을 계산한다.

29. 다음 중 본질 식별자와 인조 식별자의 특성에 대한 설명으로 가장 적절한 것은?

① 인조 식별자는 현실 세계의 데이터에서 반드시 유일해야 하며, 본질 식별자는 시스템에서만 유일해야 한다.

② 본질 식별자는 시스템 성능을 높이기 위해 사용되며, 인조 식별자는 항상 중복 값을 허용한다.

③ 본질 식별자는 데이터의 수정 가능성이 높은 속성을 사용하며, 인조 식별자는 고유성을 보장하지 않는다.

④ 본질 식별자는 현실 세계에서 유일성을 갖는 자연 속성을 기반으로 하고, 인조 식별자는 시스템에서 생성된 대체 키를 기반으로 한다.

30. 다음은 ORDER 테이블의 설계 요구사항이다. 다음 중 적절한 설명을 고르시오.

- 요구사항:
  - 현실 세계에서 주문의 고유성은 ORDER_DATE와 PRODUCT_ID를 조합하여 보장된다.
  - 시스템의 성능을 위해 주문마다 자동 증가 번호가 필요하다.
- 테이블 구조:
  | ORDER_ID (PK) | ORDER_DATE | PRODUCT_ID | QUANTITY |

① ORDER_ID는 본질 식별자로 사용되며, ORDER_DATE와 PRODUCT_ID는 인조 식별자로 사용된다.

② ORDER_DATE와 PRODUCT_ID를 본질 식별자로 사용하고, ORDER_ID를 인조 식별자로 생성한다.

③ ORDER_DATE와 PRODUCT_ID를 인조 식별자로 사용하고, ORDER_ID는 현실 식별자이다.

④ ORDER_ID는 자연 식별자로 사용되며, ORDER_DATE와 PRODUCT_ID는 필요 없다.

31. 다음 중 트랜잭션의 원자성(Atomicity)에 대한 설명으로 가장 적절한 것은?

① 트랜잭션의 모든 작업이 완벽하게 실행되거나, 아무 작업도 실행되지 않아야 한다.

② 트랜잭션은 일부 작업만 성공하고 나머지는 실패할 수 있다.

③ 트랜잭션의 실행 결과는 시스템이 항상 일관된 상태를 유지하도록 한다.

④ 트랜잭션의 결과는 영구히 저장되며 시스템 오류로부터 보호된다.

32. 아래 상황이 설명하는 트랜잭션의 특성은 무엇인가?

- 상황:

"두 개의 트랜잭션이 동시에 실행되더라도 각 트랜잭션은 독립적으로 실행된 것처럼 보인다."

① 원자성(Atomicity)   ② 일관성(Consistency)

③ 고립성(Isolation)   ④ 지속성(Durability)

33. 다음 SQL 문장이 실행되었을 때, 트랜잭션의 원자성을 보장하기 위해 어떤 조치가 필요한가?

```
UPDATE ACCOUNT
SET BALANCE = BALANCE - 1000
WHERE ACCOUNT_ID = 'A01';

UPDATE ACCOUNT
SET BALANCE = BALANCE + 1000
WHERE ACCOUNT_ID = 'A02';
```

① 첫 번째 SQL 문이 실패해도 두 번째 SQL 문이 실행되도록 한다.

② SQL 문 각각을 독립적으로 실행되도록 설정한다.

③ 트랜잭션 단위로 묶고 실패 시 ROLLBACK이 필요하다.

④ 데이터베이스에 즉시 저장되도록 AUTO COMMIT을 활성화한다.

34. 다음 중 계층형 데이터 모델에서 자식 노드에 대한 설명으로 가장 적절한 것은?

① 자식 노드는 여러 부모 노드와 연결될 수 있다.

② 자식 노드는 부모 노드 없이 독립적으로 존재할 수 있다.

③ 자식 노드는 반드시 하나의 부모 노드와 연결된다.

④ 자식 노드는 다른 트리의 루트 노드와 병합될 수 있다.

35. 다음은 계층형 데이터 모델을 설명하는 예시이다. 어떤 문제가 발생할 수 있는가?

- 상황:

"부모 노드인 부서 테이블과 자식 노드인 직원 테이블이 존재한다. 한 명의 직원이 두 개의 부서에 동시에 속할 수 있다."

① 순환 관계 문제가 발생한다.   ② 모든 자식 노드에 동일한 값을 강제로 입력해야 한다.

③ 트리 구조가 비효율적으로 변경된다.   ④ 데이터의 중복이 발생할 수 있다.

01. **답:** ②

　　해설: 데이터 모델링의 목적은 데이터의 구조를 명확히 정의하여 데이터의 무결성, 일관성, 재사용성을 보장하고 중복을 최소화하는 것이다.

02. **답:** ②

　　해설: 데이터 모델링 과정의 주요 결과물은 엔터티−관계(ER) 다이어그램이다. 이 다이어그램은 데이터베이스의 구조적 설계를 시각적으로 표현하며, 엔터티(데이터를 저장하는 테이블) 간의 관계를 명확하게 나타낸다.

03. **답:** ②

　　해설: 제1정규형 규칙에 따라 속성에는 하나의 값만 저장해야 하므로, 전화번호를 별도 테이블로 분리하는 것이 규칙에 맞다.

04. **답:** ②

　　해설: NVL 함수는 첫 번째 인자가 NULL일 경우 두 번째 인자를 반환하므로, 결과는 '대체 값'이 된다.

05. **답:** ①

　　해설: 트랜잭션은 원자성을 보장하므로 ROLLBACK이 호출되면 트랜잭션 내 모든 변경사항이 취소된다.

06. **답:** ①

　　해설: 제3정규형은 모든 비주요 속성이 기본 키에만 종속되어야 한다. 고객등급명은 고객등급ID에 종속되므로 이를 분리해야 한다.

07. **답:** ①

　　해설: 다치 종속성은 한 결정자에 대해 다중 종속자가 독립적으로 존재할 때 발생한다. 이를 제거하려면 독립적으로 종속되는 속성들을 분리해야 한다.

08. **답:** ③

　　해설: 제2정규형은 기본 키의 부분적 종속성을 제거해야 한다. 고객 정보와 상품 정보를 분리하여 이 규칙을 만족한다.

09. **답:** ①

　　해설: GENERATED BY DEFAULT AS IDENTITY는 데이터베이스에서 자동으로 증가하는 값을 가지는 인조식별자를 정의한다.

10. **답:** ②

　　해설: 반정규화는 조인 연산을 줄이고 조회 성능을 향상시키기 위해 데이터 중복을 허용하는 기법이다.

11. **답:** ②

　　해설: SQL의 실행 순서는 FROM, WHERE, GROUP BY, HAVING, SELECT, ORDER BY 순서를 따른다.

12. **답:** ②

　　해설: NVL 함수는 첫 번째 인자가 NULL일 경우 두 번째 인자를 반환한다. 따라서 SALARY가 NULL이면 0이 반환된다.

13. **답:** ②

　　해설: NVL 함수는 첫 번째 인자가 NULL일 경우, 두 번째 인자를 반환하므로 'Unknown'이 반환된다.

14. **답**: ①

   해설: NVL을 사용하여 NULL 값을 0으로 대체했으므로 총가격 계산 시 NULL이 0으로 변환된다.

15. **답**: ①

   해설: NVL을 통해 NULL 값을 0으로 처리하여 최종 금액을 계산한다.

16. **답**: ①

   해설: 집계 함수 SUM()은 NULL을 제외하고 합산을 수행한다. 따라서 결과는 200이다.

17. **답**: ①

   해설: NVL로 NULL을 0으로 대체한 후 평균을 계산한다. 따라서 (85+0+90)/3 = 58.33이 된다.

18. **답**: ①

   해설: 인조식별자(Artificial Identifier)는 데이터베이스에서 자동으로 생성되는 고유 식별자로, 주로 숫자 또는 UUID 형식으로 사용되며 기존 데이터 속성에 의존하지 않는다.

19. **답**: ③

   해설: 인조식별자는 데이터의 의미를 포함하지 않고, 단순히 고유한 값을 제공하는 역할을 한다. 데이터의 의미를 포함하는 것은 주식별자 또는 자연식별자이다.

20. **답**: ①

   해설: START WITH와 CONNECT BY PRIOR를 사용하면 계층적으로 연결된 모든 부하 직원 데이터를 검색할 수 있다.

21. **답**: ③

   해설: DEPT_NAME과 LOCATION은 DEPT_ID에 종속되지만, EMP_ID와는 직접적으로 관계가 없다. 이 경우 이행적 종속이 발생하므로 제3정규형을 만족하지 않는다.

22. **답**: ②

   해설: PRODUCT_NAME과 PRICE는 PRODUCT_ID에 종속되지만, 기본키인 SALE_ID에 부분 함수 종속되어 있다. 제2정규형을 위반한 상태이다.

23. **답**: ④

   해설: 제3정규형(3NF)은 제2정규형을 만족하면서, 비식별자가 기본키 이외의 다른 속성에 이행적 종속이 되지 않아야 한다.

24. **답**: ③

   해설: BCNF는 제3정규형을 확장한 개념으로, 결정자가 후보키가 아닌 함수 종속성을 제거하여 더욱 철저한 정규화를 수행한다.

25. **답**: ④

   해설: 1:N 관계는 하나의 레코드가 다른 테이블의 여러 레코드와 연결되는 관계이다. 예를 들어, 한 부서(1)가 여러 사원(N)과 연결된다.

26. **답**: ③

   해설: 반정규화는 데이터 모델의 중복을 허용하여 성능을 최적화한다. 이 경우 CUSTOMER_NAME과 PRODUCT_NAME을 유지하는 것은 반정규화된 상태이다.

27. **답:** ④

해설: 테이블 간 조인 연산이 잦아 성능 저하가 발생할 경우, 테이블을 통합하거나 데이터를 중복시켜 반정규화를 적용한다.

28. **답:** ①

해설: COUNT(SALARY)는 NULL 값을 제외하므로 2를 반환한다. AVG(SALARY)도 NULL 값을 제외하고 (4000 + 6000) / 2 = 5000을 반환한다.

29. **답:** ④

해설: 본질 식별자: 현실 세계에서 의미를 가지며 유일한 값을 기반으로 한다(예: 주민등록번호, 학번). 인조 식별자: 시스템이 생성하는 대체 키로, 주로 성능이나 관리 편의성을 위해 사용된다.

30. **답:** ②

해설: ORDER_DATE와 PRODUCT_ID는 본질적으로 고유성을 보장하는 본질 식별자이다. 성능 및 관리 편의를 위해 ORDER_ID라는 인조 식별자를 추가할 수 있다.

31. **답:** ①

해설: 원자성은 트랜잭션의 작업이 모두 완료되거나 실패 시 모두 취소(ROLLBACK)되어야 함을 의미한다.

32. **답:** ③

해설: 고립성은 여러 트랜잭션이 동시에 실행되더라도 각 트랜잭션이 독립적으로 수행된 것처럼 보이는 특성을 의미한다.

33. **답:** ③

해설: 원자성을 보장하려면 두 SQL 문이 모두 성공하거나 모두 실패해야 한다. 이를 위해 트랜잭션 단위로 묶고 실패 시 ROLLBACK이 필요하다.

34. **답:** ③

해설: 계층형 모델에서 자식 노드는 반드시 하나의 부모 노드와 연결된다. 이것이 계층형 모델의 가장 기본적인 규칙이다.

35. **답:** ④

해설: 계층형 모델에서 한 자식 노드가 여러 부모 노드와 연결될 수 없으므로 데이터 중복이 발생할 수 있다.

02
과목

SQL 기본과 활용

01
장

SQL 기본

학습목표

- SELECT 문을 사용하여 데이터를 조회하는 방법과 DISTINCT, ALIAS, 연산자 등을 활용하여 원하는 결과를 얻는 방법을 익힙니다.
- 문자열, 숫자, 날짜, 변환, NULL 관련 함수를 사용하여 데이터를 효율적으로 처리하는 방법을 익힙니다.
- WHERE 절을 사용하여 조건에 맞는 데이터를 필터링하는 방법과 다양한 연산자의 활용법 및 우선순위를 이해합니다.
- GROUP BY 절, HAVING 절, ORDER BY 절을 사용하여 데이터를 그룹화하고, 그룹별 조건을 적용하며, 결과를 정렬하는 방법을 익힙니다.
- JOIN의 개념과 종류 그리고 ON/USING 조건절을 사용하여 테이블을 연결하고 데이터를 조회하는 방법을 익힙니다.

1. SELECT 문

(1) SELECT 문과 SELECT DISTINCT

① SELECT

- SQL 문 중에서 가장 기본적이면서 가장 많이 쓰이는 것이 바로 SELECT 문이다. SELECT 문은 특정 테이블의 특정 칼럼 값을 조회하는 쿼리문이다.

- SELECT 형식

```
SELECT [ALL/DISTINCT] 대상 칼럼명1, 대상 칼럼명2, ...
FROM 대상 칼럼들이 있는 테이블명;
```

- **ALL**: 기본 옵션이므로 별도로 표시하지 않아도 된다. 즉, 중복된 데이터가 있어도 모두 출력한다.

- **DISTINCT**: 중복된 데이터가 있을 때 1건으로 처리해 출력한다.

- *****: asterisk 혹은 star라고도 부르며, 조회 대상 칼럼을 지정하지 않고 FROM 절의 테이블에 있는 모든 칼럼을 조회할 때 사용한다. 실무에서는 '아스터', '애스터' 등으로 부른다. 보통은 'SELECT *' 로 사용하며 읽을 때는 '셀렉트 올'이라고 읽는다.

SQL 형식 표현 방법

SELECT [ALL/DISTINCT] 대상 칼럼명1, 대상 칼럼명2, ...
FROM 대상 칼럼들이 있는 테이블명 ;

위의 '▪ SELECT 형식'을 보면서 설명하겠습니다.

SELECT: SELECT 뒤에 나오는 특정 출력 대상 칼럼을 선택하라는 명령문입니다.

[ALL/DISTINCT]: 대괄호([ ])로 묶은 부분은 선택 옵션을 표시합니다. 실제로 SQL 코딩 시 대괄호는 쓰지 않습니다. 옵션을 표시하기 위해 사용된 것입니다. 따라서 [ALL]이라고 쓰지 않고 그냥 ALL만 씁니다. 표기상으로 여기서는 ALL을 쓸 수도 있고 DISTINCT를 쓸 수도 있습니다. 또는 둘 다 생략할 수 있습니다. 이 경우 기본 옵션인 ALL이 적용됩니다. 대부분의 경우 ALL은 사용하지 않으며, 특별히 중복 데이터를 판별해 하나만 보여주고 싶을 때 DISTINCT를 사용합니다.

FROM: FROM 뒤에 나오는 테이블에서 위의 칼럼을 선택해 데이터를 출력하라는 의미입니다. 즉, SELECT 문의 출력 칼럼이 어떤 테이블에 속하는지 설명하는 구문입니다.

※ SQL 쿼리는 행 구분을 하지 않아도 되지만, 가독성을 위해 명령어별로 행을 구분하는 것이 좋습니다.

■ 예시로 사용한 EMP 테이블

【 EMP 테이블 】

EMPNO	ENAME	JOB	MGR	HIREDATE	SAL	COMM	DEPTNO
7839	KING	PRESIDENT	NULL	1981-11-17	5000	NULL	10
7698	BLAKE	MANAGER	7839	1981-05-01	2850	NULL	30
7782	CLARK	MANAGER	7839	1981-06-09	2450	NULL	10
7369	SMITH	CLERK	7902	1980-12-17	800	NULL	20
7499	ALLEN	SALESMAN	7698	1981-02-20	1600	300	30
7521	WARD	SALESMAN	7698	1981-02-22	1250	500	30
7566	JONES	MANAGER	7839	1981-04-02	2975	NULL	20
7654	MARTIN	SALESMAN	7698	1981-09-28	1250	1400	30
7788	SCOTT	ANALYST	7566	1987-04-19	3000	NULL	20
7844	TURNER	SALESMAN	7698	1981-09-08	1500	0	30
7876	ADAMS	CLERK	7788	1987-05-23	1100	NULL	20
7900	JAMES	CLERK	7698	1981-12-03	950	NULL	30
7902	FORD	ANALYST	7566	1981-12-03	3000	NULL	20
7934	MILLER	CLERK	7782	1982-01-23	1300	NULL	10

■ EMP 테이블에서 사원번호(EMPNO), 사원이름(ENAME), 직무(JOB) 칼럼을 조회하는 쿼리

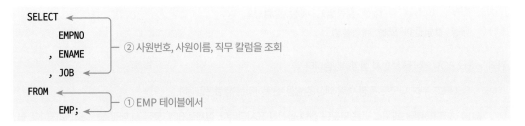

■ 모든 칼럼을 조회할 때 *(asterisk) 사용

② 칼럼 혹은 테이블명에 별칭(ALIAS)을 사용하여 SELECT

- ALIAS는 칼럼이나 테이블에 임시 이름을 지정하는 기능이다. 주로 칼럼 이름이 길거나 이해하기 어려울 때 쿼리 결과를 더 명확하게 하기 위해 사용한다.

- 조회된 결과에 별칭(ALIAS)을 부여해 칼럼 레이블을 변경할 수 있다.

- ALIAS는 AS 키워드를 사용해 정의하며, SELECT 문에서 칼럼명이나 테이블명 뒤에 붙여 사용한다. AS 키워드는 생략할 수 있지만, 명확성을 위해 사용하는 것이 좋다.

- EMP 테이블에서 EMPNO를 '사원번호', ENAME을 '사원이름'으로 별칭 사용

- 오라클에서는 별칭에 공백이 들어갈 경우 큰따옴표(" ")를 사용한다.

- 일부 데이터베이스 시스템(SQL Server 등)에서는 대괄호([ ])를 사용하기도 한다.

- 별칭에 공백을 사용하는 예제(오라클): EMP 테이블에서 EMPNO를 '사원 번호', ENAME을 '사원 이름'으로 별칭을 사용

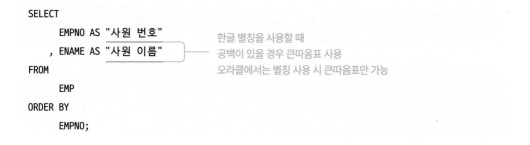

사원 번호	사원 이름
7369	SMITH
7499	ALLEN
7521	WARD

기존 칼럼명(EMPNO, ENAME) 대신 별칭이 사용됨

- 별칭에 공백을 사용하는 예제(SQL Server): EMP 테이블에서 EMPNO를 '사원 번호', ENAME를 '사원 이름'으로 별칭을 사용

```
SQL Server 쿼리문
SELECT
        EMPNO AS [사원 번호]
      , ENAME AS [사원 이름]
FROM
        EMP;
```

SQL Server에서는 별칭에 공백을 사용하는 경우 [ ] 사용

	EMPNO	ENAME
1	7369	SMITH
2	7499	ALLEN
3	7521	WARD
4	7566	JONES
5	7654	MARTIN
6	7698	BLAKE
7	7782	CLARK
8	7788	SCOTT

➡

	사원 번호	사원 이름
1	7369	SMITH
2	7499	ALLEN
3	7521	WARD
4	7566	JONES
5	7654	MARTIN
6	7698	BLAKE
7	7782	CLARK
8	7788	SCOTT

③ SELECT DISTINCT

- SELECT DISTINCT: 조회 시 중복된 값을 제외하고 고윳값만을 출력한다.

- SELECT 문으로 EMP 테이블의 JOB 칼럼 조회 → 14건의 모든 데이터 조회

```
SELECT
        JOB
FROM
        EMP;
```

14건의 모든 데이터 조회 ⟶

JOB	SALESMAN	ANALYST
PRESIDENT	SALESMAN	CLERK
MANAGER	CLERK	CLERK
MANAGER	SALESMAN	
MANAGER	ANALYST	
SALESMAN	CLERK	

- SELECT DISTINCT 문으로 EMP 테이블의 JOB 칼럼 조회 → 중복을 제외한 5건의 데이터만 조회

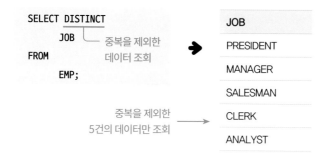

DBeaver에서 숫자 표시 방법 바꾸기

- 눈치가 빠른 독자라면 이미 알아차렸겠지만, 사원번호(EMPNO)를 표시할 때 SSMS(SQL Server용 IDE)에서의 화면 캡처와 DBeaver에서의 화면 캡처가 약간 다릅니다.

- 사원번호(EMPNO)를 보면 DBeaver에서는 1,000단위에 콤마가 붙은 형태로 표시됩니다. 반면 SSMS에서는 1,000단위 구분 콤마가 없습니다.

- 실제 데이터에는 콤마가 없습니다. 이는 DBeaver에서 숫자를 표시할 때 기본 설정으로 가독성을 위해 천 단위 구분 콤마를 표시하기 때문입니다.

- DBeaver에서 숫자를 표시할 때 콤마를 없애는 방법은 다음과 같습니다.

  - 상단 메뉴에서 [윈도우] → [설정]을 선택합니다.

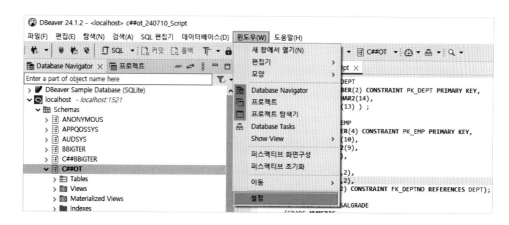

  - 왼쪽 메뉴에서 [편집기] → [데이터 편집기] → [데이터 포맷]에서 'Use grouping' 설정의 체크를 해제합니다.

- 이렇게 설정하면 모든 숫자 표시에서 더 이상 콤마가 보이지 않게 됩니다.

(2) 산술 연산자와 문자 합성 연산자

① 산술 연산자

- 산술 연산자는 숫자 데이터를 연산하는 데 사용되며, 주로 덧셈(+), 뺄셈(−), 곱셈(*), 나눗셈(/), 나머지 연산자(%)가 있다.

- 일반적으로 산술 연산을 사용하거나 특정 함수를 적용하면 칼럼의 레이블이 길어지고, 기존의 칼럼에 새로운 의미가 부여되므로 적절한 ALIAS를 새롭게 부여하는 것이 좋다.

- 산술 연산자는 수학에서와 같이 (), *, −의 우선순위를 가진다.

  - 덧셈 연산자 (+): 월급(SAL)과 커미션(COMM)을 합산하여 총보수(TOTAL_COMP)를 계산

    ```
    SELECT
          ENAME
        , SAL
        , COMM
        , (SAL + NVL(COMM, 0)) AS TOTAL_COMP
    FROM        └── 덧셈 연산자
          EMP;
    ```

  - 뺄셈 연산자 (−): 월급(SAL)에서 커미션(COMM)을 뺀 순수 월급(NET_SAL)을 계산

    ```
    SELECT
          ENAME
        , SAL
        , COMM
        , (SAL - NVL(COMM, 0)) AS NET_SAL
    FROM        └── 뺄셈 연산자
          EMP;
    ```

  - 곱셈 연산자 (*): 월급(SAL)을 연봉(ANNUAL_SAL)으로 환산할 때 월급(SAL)에 12를 곱하기

    ```
    SELECT
          ENAME
        , SAL
        , (SAL * 12) AS ANNUAL_SAL
    FROM        └── 곱셈 연산자
          EMP;
    ```

- 나눗셈 연산자(/): 월급(SAL)을 주 단위 급여(WEEKLY_SAL)로 환산할 때 월급(SAL)을 4로 나누기

```
SELECT
      ENAME
    , SAL
    , (SAL / 4) AS WEEKLY_SAL
FROM        └─ 나눗셈 연산자
      EMP;
```

- 나머지 연산자 (%): 숫자를 나누었을 때 나머지를 반환하는 연산자(MySQL, PostgreSQL 등에서 지원). 오라클에서는 % 연산자를 지원하지 않고 대신 MOD 함수를 사용한다.

【 EMP 테이블에서 직원 ID(EMPNO)가 홀수인지 짝수인지 확인 】

```
-- % 연산자 사용(MySQL, PostgreSQL 등)
SELECT
      ENAME
    , EMPNO
    , CASE
          WHEN EMPNO % 2 = 0 THEN '짝수'
          ELSE '홀수'
      END AS ID_TYPE          나머지 연산자
FROM                          (MySQL, PostgreSQL)
      EMP;
```

```
-- MOD 함수 사용(오라클)
SELECT
      ENAME
    , EMPNO
    , CASE
          WHEN MOD(EMPNO, 2) = 0 THEN '짝수'
          ELSE '홀수'
      END AS ID_TYPE          나머지 연산자
FROM                          (오라클)
      EMP;
```

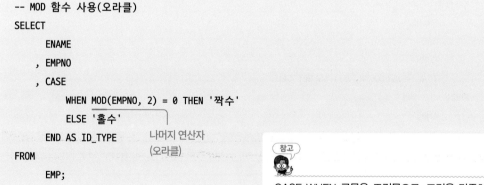

참고

CASE WHEN 구문은 조건문으로, 조건을 만족하면 THEN 이후 절을 출력하고, 그렇지 않으면 ELSE 이후 절을 출력합니다. 나중에 자세히 나오니 그때 다시 설명하겠습니다.

② 문자 합성 연산자

- 문자 합성 연산자는 두 개 이상의 문자열을 하나의 문자열로 합치는 데 사용하는 연산자다.

- 오라클에서는 두 개의 버티컬 라인(||)을 문자 합성 연산자로 사용한다(shift + '\(₩)' → 두 번 누르기).

- 문자열과 다른 데이터 타입(숫자 등)도 연결할 수 있다.

- 사원의 이름(ENAME)과 직무(JOB)를 하나의 문자열로 합쳐서 조회

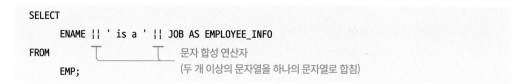

```
SELECT
       ENAME || ' is a ' || JOB AS EMPLOYEE_INFO
FROM                    └────┬────┘  문자 합성 연산자
                              (두 개 이상의 문자열을 하나의 문자열로 합침)
       EMP;
```

【 쿼리 결과 】

EMPLOYEE_INFO
KING is a PRESIDENT
BLAKE is a MANAGER
CLARK is a MANAGER

"ENAME is a JOB" 형태의 문자열로 합쳐서 조회

- SQL Server의 경우 문자와 문자를 연결할 때 '+' 연산자를 사용한다.

- 오라클 및 SQL Server에서는 CONCAT(string1, string2) 함수를 사용할 수도 있다.

오라클의 'DUAL' 테이블

- DUAL은 오라클 데이터베이스에서 제공하는 특수한 테이블입니다. 단일행을 반환해야 하는 연산이나 함수를 실행할 때 사용합니다. 다른 SQL에서는 사실 'FROM DUAL' 절이 필요 없지만, 오라클에서는 반드시 FROM 절이 필요하기 때문에 일종의 더미(DUMMY) 테이블로 사용하는 것입니다. 즉, FROM 절이 필요하지만 특정 테이블과 관련이 없는 연산을 수행할 때 더미 테이블처럼 사용합니다.

【 DUAL 테이블의 구조 】 (이 테이블은 단 하나의 행과 하나의 열만 가지고 있습니다.)

열 이름: DUMMY

데이터 타입: VARCHAR2(1)

값: 'X'

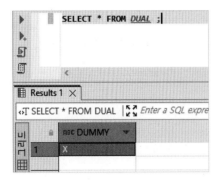

- DUAL 테이블의 사용 예

  - 시스템 날짜 조회: SELECT SYSDATE FROM DUAL;

  - 수학 함수 계산: SELECT SQRT(16) FROM DUAL;

  - 문자열 함수 사용: SELECT UPPER('hello') FROM DUAL;

- DUAL 테이블의 장점: 불필요한 테이블 스캔을 방지해 성능을 향상시킵니다. 단순 계산이나 함수 결과를 쉽게 확인할 수 있습니다.

- DUAL 테이블 사용 시 주의사항: DUAL 테이블은 읽기 전용이므로 수정할 수 없습니다. 대부분의 경우 DUAL 테이블은 자동으로 처리되므로 직접 관리할 필요가 없습니다.

- DUAL 테이블은 오라클에서 매우 자주 사용되는 유용한 도구입니다. 특히 단일 값을 반환하는 함수나 연산을 테스트할 때 유용합니다.

01. 다음 SQL 실행 결과 반환되는 결과 행 수는?

【 EMPLOYEE 】

EMP_ID	EMP_NAME	DEPT_ID	SALARY
101	김철수	D01	3000
102	이영희	D02	4000
103	박민수	D01	3000
104	정수진	D03	5000

```
SELECT DISTINCT DEPT_ID
FROM EMPLOYEE;
```

① 1   ② 3

③ 4   ④ 중복된 값은 제외되지 않는다.

02. 다음 중 SQL 쿼리에서 DISTINCT를 사용하는 목적에 해당하지 않는 것은?

① 중복된 데이터를 제거하기 위해 사용한다.

② 특정 열에 대해 중복값을 제거하여 간결한 결과를 얻는다.

③ 결과 데이터의 고유성을 보장한다.

④ 모든 데이터를 반환하여 원본 데이터를 유지한다.

03. 다음 SQL 실행 결과 반환되는 결과로 올바른 것을 고르시오.

【 STUDENT 】

STUDENT_ID	NAME	MAJOR
1	김영희	컴퓨터공학
2	이철수	전자공학
3	박민수	컴퓨터공학
4	정수진	기계공학

```
SELECT DISTINCT MAJOR
FROM STUDENT;
```

① 컴퓨터공학, 전자공학, 기계공학   ② 컴퓨터공학, 전자공학

③ 4개의 행   ④ 모든 MAJOR 값

04. 다음 EMPLOYEE 테이블에서 각 사원의 연봉을 계산하려고 한다. 다음 SQL 문이 반환하는 결괏값으로 적절하지 않은 것은?

【 EMPLOYEE 】

EMP_ID	NAME	SALARY	BONUS
101	김철수	3000	500
102	이영희	4000	800
103	박민수	2500	NULL

```
SELECT NAME, (SALARY + BONUS) * 12 AS ANNUAL_SALARY
FROM EMPLOYEE;
```

① 김철수의 ANNUAL_SALARY는 42000이다.　　② 이영희의 ANNUAL_SALARY는 57600이다.

③ 박민수의 ANNUAL_SALARY는 30000이다.　　④ NULL 값이 포함된 경우 연산 결과는 NULL이다.

05. 다음 STUDENT 테이블에 대한 SQL의 결과로 올바른 것을 고르시오.

【 STUDENT 】

STUDENT_ID	NAME	MAJOR
S01	김철수	컴퓨터공학
S02	이영희	전자공학
S03	박민수	기계공학

```
SELECT CONCAT('Hello, ', NAME) AS GREETING
FROM STUDENT
WHERE STUDENT_ID = 'S01';
```

① Hello, 김철수　　　　　　　　② Hello, 이영희

③ Hello, 박민수　　　　　　　　④ NULL 값이 반환된다.

06. 다음 EMPLOYEE 테이블에 대한 SQL의 결과로 올바른 것을 고르시오.

【 EMPLOYEE 】

EMP_ID	NAME	SALARY	BONUS
101	김철수	3000	500
102	이영희	4000	NULL
103	박민수	2500	200

```
SELECT NAME, SALARY + BONUS * 12 AS TOT_SAL
FROM EMPLOYEE;
```

① 김철수: 9000, 이영희: NULL, 박민수: 4900   ② 김철수: 9600, 이영희: NULL, 박민수: 2900

③ 김철수: 9600, 이영희: 4000, 박민수: 4900   ④ 김철수: 36000, 이영희: NULL, 박민수: 32400

【 정답&해설 】

01. 답: ②

해설: SELECT DISTINCT는 중복된 값을 제거한다. 테이블에서 DEPT_ID 값은 D01, D02, D03으로 3개의 고유값이 있으므로, 결과는 3개의 행만 반환된다.

02. 답: ④

해설: DISTINCT는 중복된 데이터를 제거하기 위해 사용되며, 원본 데이터를 모두 유지하는 것은 목적이 아니다.

03. 답: ①

해설: SELECT DISTINCT MAJOR는 중복된 전공(MAJOR)을 제거하고 컴퓨터공학, 전자공학, 기계공학의 고유값만 반환한다.

04. 답: ③

해설: 박민수의 BONUS가 NULL이므로 (SALARY + BONUS) 연산은 NULL 값을 반환하며, 연간 급여도 NULL이 된다. 따라서 결괏값으로 30000이 나올 수 없다.

05. 답: ①

해설: CONCAT 함수는 두 문자열을 결합하는 함수이다. STUDENT_ID가 'S01'인 학생의 NAME은 '김철수'이므로, 결과는 Hello, 김철수이다.

06. 답: ①

해설: 김철수: 3000 + (500 * 12) = 3000 + 6000 = 9000, 이영희: (4000 + NULL) → 전체가 NULL, 박민수: 2500 + (200 * 12) = 2500 + 2400 = 4900

2. 함수

(1) SQL 내장 함수의 개요

① SQL 내장 함수 정의

▪ SQL 내장 함수는 말 그대로 SQL에 이미 내장돼 있어서 사용자가 단순히 함수를 호출해서 사용할 수 있는 기본 함수다. 반면, 사용자 함수는 사용자가 특정 공식 및 로직 등을 함수로 구현하여 SQL에 저장해 사용하는 함수다.

▪ SQL 내장 함수는 데이터베이스에서 데이터를 처리하고 조작하기 위해 미리 정의된 함수들이다. 이러한 함수들은 주로 데이터 변환, 요약, 집계, 날짜 및 시간 처리, 문자열 조작 등을 수행하는 데 사용된다.

② SQL 내장 함수의 종류

▪ SQL 내장 함수는 유형별로 집계 함수, 문자열 함수, 날짜 및 시간 함수, 변환 함수, 수학 함수 등으로 분류된다.

▪ 내장 함수는 다시 입력 값이 단일행인 단일행 함수(Single-Row Function)와 여러 행의 값을 입력 받는 다중행 함수(Multi-Row Function)로 나눌 수 있다.

참고

단일행 함수와 다중행 함수

• 단일행 함수

• 단일행 함수는 각 행에 대해 하나의 결괏값을 반환하는 함수입니다. 주로 문자열, 숫자, 날짜 데이터를 조작하거나 변환하는 데 사용됩니다.

• 각 행마다 하나의 결괏값을 반환합니다.

• 문자열 함수, 숫자 함수, 날짜 함수, 변환 함수 등이 있습니다.

• 다중행 함수

• 다중행 함수는 여러 행의 데이터를 집계하여 하나의 결괏값을 반환하는 함수입니다. 주로 데이터의 요약과 집계에 사용됩니다.

• 여러 행의 데이터를 입력받아 하나의 결괏값을 반환합니다.

• 집계 함수(Aggregate Function), 그룹 함수(Group Function), 윈도우 함수(Window Function) 등이 있습니다.

※ 집계 함수는 1장 4절에서, 그룹 함수는 2장 3절에서, 윈도우 함수는 2장 4절에서 설명하고 여기서는 단일행 함수에 대해서만 설명합니다.

---

(2) 문자형 함수

① LOWER: 문자열을 소문자로 변환

- **LOWER('문자열')**

```
SELECT
        LOWER('HELLO WORLD') AS lower_string
FROM                       └── 문자열을 소문자로 변환
        DUAL;
```

➜ hello world

② UPPER: 문자열을 대문자로 변환

- **UPPER('문자열')**

```
SELECT
        UPPER('hello world') AS upper_string
FROM                       └── 문자열을 대문자로 변환
        DUAL;
```

➜ HELLO WORLD

③ ASCII: 문자의 ASCII 값을 반환

- **ASCII('문자')**

```
SELECT
        ASCII('A') AS ascii_value
FROM              └── 문자의 ASCII 값 반환
        DUAL;
```

➜ 65

④ CHR/CHAR: ASCII 번호에 해당하는 문자를 반환

- **CHR(ASCII 번호)**

```
SELECT
        CHR(65) AS char_value
FROM            └── ASCII 번호에 해당하는 문자 반환
        DUAL;
```

➜ A

⑤ CONCAT: 두 문자열을 연결

▪ CONCAT('문자열1', '문자열2')

```
SELECT
    CONCAT('Hello', ' World') AS concatenated_string
FROM        └── 두 문자열 연결
    DUAL;
```

➜ Hello World

⑥ SUBSTR/SUBSTRING: 문자열의 일부분을 추출

▪ SUBSTR('문자열', m[, n])

· m은 시작 위치, n은 추출할 길이, n 생략 시 마지막 문자까지 추출

```
SELECT
    SUBSTR('Hello World', 1, 5) AS substring
FROM                    └──── 추출할 길이(생략 시 마지막까지)
    DUAL;                └── 시작 위치
                └── 문자열의 일부분 추출
```
➜ Hello

⑦ LENGTH/LEN: 문자열의 길이를 반환(공백 포함)

▪ LENGTH('문자열')

```
SELECT
    LENGTH('Hello World') AS string_length
FROM        └── 문자열의 길이 반환
    DUAL;
```

➜ 11

⑧ LTRIM: 문자열의 왼쪽 공백을 제거

▪ LTRIM('   Hello')

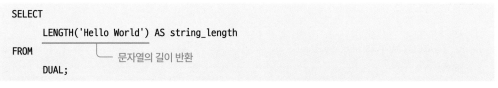

```
SELECT
    LTRIM('   Hello World') AS ltrim_string
FROM        └── 문자열의 왼쪽 공백 제거
    DUAL;
```

➜ Hello World

⑨ RTRIM: 문자열의 오른쪽 공백을 제거

▪ RTRIM('Hello   ')

```
SELECT
    RTRIM('Hello World   ') AS rtrim_string
FROM                └── 문자열의 오른쪽 공백 제거
    DUAL;
```

➜ Hello World

⑩ TRIM: 문자열의 양쪽 공백을 제거

▪ TRIM('   Hello   ')

```
SELECT
    TRIM('   Hello World   ') AS trimmed_string
FROM                 └── 문자열의 양쪽 공백 제거
    DUAL;
```

➜ Hello World

(3) 숫자형 함수

① ABS: 숫자의 절댓값을 반환

▪ ABS(숫자)

```
SELECT
    ABS(-15) AS 절댓값
FROM       └── 숫자의 절댓값 반환
    DUAL;
```

➜ 15

② SIGN: 숫자 n의 부호를 반환 (양수면 1, 음수면 -1, 0이면 0을 반환)

▪ SIGN(숫자)

```
SELECT
    SIGN(-10) AS sign_neg
, SIGN(0) AS sign_zero
, SIGN(10) AS sign_pos
FROM        └── 숫자 n의 부호 반환
    DUAL;
```

➜ -1, 0, 1

③ MOD: 숫자 n2를 숫자 n1으로 나눈 나머지를 반환

- MOD(n2, n1)

```
SELECT
        MOD(17, 5) AS MOD
FROM
            └── 숫자 17을 5로 나눈 나머지 반환
        DUAL;
```

➜ 2

④ CEIL: 숫자 n보다 크거나 같은 최소 정수를 반환(올림)

- CEIL(숫자)

```
SELECT
        CEIL(4.3) AS CEIL
FROM
            └── 숫자 4.3보다 크거나 같은 최소 정수 반환(올림)
        DUAL;
```

➜ 5

⑤ FLOOR: 숫자 n보다 작거나 같은 최대 정수를 반환(내림)

- FLOOR(숫자)

```
SELECT
        FLOOR(4.7) AS floor
FROM
            └── 숫자 4.7보다 작거나 같은 최대 정수 반환(내림)
        DUAL;
```

➜ 4

⑥ ROUND: 숫자 n을 소수점 m자리까지 반올림 (m을 생략하면 정수로 반올림)

- ROUND(n [, m])

```
SELECT
        ROUND(3.14159, 2) AS round
FROM
            └── 숫자 3.14159를 소수점 2자리까지 반올림
        DUAL;
```

➜ 3.14

⑦ TRUNC(n [, m]): 숫자 n을 소수점 m자리까지 자름 (m을 생략하면 정수 부분만 남김)

- TRUNC(n [, m])

```
SELECT
        TRUNC(3.14159, 2) AS trunc
FROM        └── 숫자 3.14159를 소수점 2자리까지 자름
        DUAL;
```

➜ 3.14

⑧ SIN, COS, TAN: 사인, 코사인, 탄젠트 값을 반환(라디안 단위 사용)

- SIN(숫자)
- COS(숫자)
- TAN(숫자)

```
SELECT
        SIN(1) AS sin
      , COS(1) AS cos
      , TAN(1) AS tan
FROM        └── 사인, 코사인, 탄젠트 값을 반환
        DUAL;
```

➜ 0.8414709848078965, 0.5403023058681398, 1.5574077246549023

⑨ EXP: e(e=2.71828183…)의 n 제곱 값을 반환

- EXP(n)

```
SELECT
        EXP(1) AS EXP
FROM        └── e의 1 제곱 값 반환
        DUAL;
```

➜ 2.718281828459045

⑩ POWER: n2의 n1 제곱을 반환

- POWER(n2, n1)

```
SELECT
        POWER(2, 3) AS power
FROM        └── 2의 3 제곱을 반환
        DUAL;
```

➜ 8

⑪ SQRT: n의 제곱근을 반환

- SQRT(n)

```
SELECT
        SQRT(9) AS sqrt
FROM        └── 9의 제곱근 반환
        DUAL;
```

➜ 3

⑫ LOG: 밑이 n1인 n2의 로그 값을 반환

- LOG(n2, n1)

```
SELECT
        LOG(2, 8) AS log
FROM        └── 밑이 2인 8의 로그 값 반환
        DUAL;
```

➜ 2.9999999999999 ... ┌── DBeaver에서 3으로 표시되기도 한다. 값을 클릭하면 위 값이 보인다.

⑬ LN: n의 자연로그 값을 반환

- LN(n)

```
SELECT
        LN(2.718281828459045) AS LN
FROM            └── 2.718281828459045의 자연로그 값 반환
        DUAL;
```

➜ 0.9999999999999 ... ┌── DBeaver에서 1로 표시되기도 한다. 값을 클릭하면 위 값이 보인다.

(4) 날짜형 함수

① SYSDATE: 현재 날짜와 시각을 반환

- SYSDATE

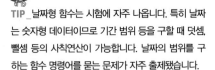

TIP_ 날짜형 함수는 시험에 자주 나옵니다. 특히 날짜는 숫자형 데이터이므로 기간 범위 등을 구할 때 덧셈, 뺄셈 등의 사칙연산이 가능합니다. 날짜의 범위를 구하는 함수 명령어를 묻는 문제가 자주 출제됐습니다.

```
SELECT
        SYSDATE AS system_date
FROM        └── 현재 날짜와 시각 반환
        DUAL;
```

➜ 2024-07-20 18:05:17.000
  (현재 날짜이므로 조회할 때마다 값이 바뀜)

② CURRENT_DATE: 세션의 현재 날짜와 시각을 반환

- CURRENT_DATE

```
SELECT
      CURRENT_DATE AS session_date
FROM              └── 세션의 현재 날짜와 시각 반환
      DUAL;
```

➜ 2024-07-20 18:08:20.000

SYSDATE와 CURRENT_DATE의 차이

SYSDATE는 데이터베이스 서버의 시간대를 반환하고, CURRENT_DATE는 현재 세션의 시간대를 반환합니다. 대부분의 경우 이 둘의 결과는 같지만, 예외적으로 글로벌 데이터베이스 분산 환경, 클라우드 환경, 가상화 환경이거나, 시간대가 다른 지역에서 사용자가 접속하는 경우에는 사용자 세션 시간대(CURRENT_DATE)와 데이터베이스의 시간대(SYSDATE)가 서로 다를 수 있습니다.

③ ADD_MONTHS: 지정한 개월 수만큼 날짜를 더함

- ADD_MONTHS(date, n)

```
SELECT
      ADD_MONTHS(SYSDATE, 3) AS future_date
FROM              └── 지정한 개월 수만큼 날짜를 더함
      DUAL;
```

➜ 2024-10-20 18:16:03.000
  (현재 날짜가 7월 20일이라고 가정할 때 현재 날짜에서 3개월을 더한 날짜)

④ MONTHS_BETWEEN: 두 날짜 사이의 개월 수를 계산

- MONTHS_BETWEEN(date1, date2)

```
SELECT
      MONTHS_BETWEEN(SYSDATE, '2024-01-01') AS months_diff
FROM              └── 두 날짜 사이의 개월 수 계산
      DUAL;
```

➜ 6.6375149342891278375149342891278375149342891278375149
  (현재 날짜가 7월 20일이라고 가정할 때 현재 날짜와 '2024-01-01' 사이의 개월 수 차이)

- 만약 'ORA-01861: literal does not match format string' 에러가 발생할 경우

이 오류는 입력된 날짜 문자열이 오라클의 기본 날짜 포맷이나 명시적인 포맷에 맞지 않을 때 발생한다. 즉, '2024-01-01'이 오라클에서 예상하는 날짜 포맷과 일치하지 않기 때문에 문제가 발생한 것이다. 다음의 쿼리와 같이 날짜 문자열을 오라클에서 인식할 수 있는 날짜 데이터 형식으로 변환한다.

```
SELECT
        MONTHS_BETWEEN(SYSDATE, TO_DATE('2024-01-01', 'YYYY-MM-DD')) AS months_diff
FROM                                                   └─ 문자열을 날짜 데이터 형식으로 변환
        DUAL;
```

⑤ NEXT_DAY: 주어진 날짜 이후의 특정 요일의 날짜를 반환

- **NEXT_DAY(date, 'day')**

```
SELECT
        NEXT_DAY('2024-07-20', '월요일')
FROM ─────────────────────────
        DUAL;       └─ 주어진 날짜 이후의 특정 요일의 날짜 반환
```

➜ 2024-07-22 00:00:00.000

 참고

NLS 설정: 날짜, 언어, 지역, 문자 인코딩

NLS(National Language Support) 설정은 오라클 데이터베이스에서 언어, 지역, 문자 인코딩 등과 관련된 세션별 환경 설정을 의미합니다. 이 설정은 데이터의 표시 방식, 정렬 순서, 날짜 및 시간 형식 등에 영향을 미칩니다. 만약 NLS_DATE_LANGUAGE 설정이 'KOREAN'으로 되어 있지 않다면, 위의 코드에서 '월요일' 대신 'MONDAY'를 사용해야 하며, 그렇지 않으면 오류가 발생할 수 있습니다. NLS 설정을 확인하는 방법은 다음과 같습니다.

```
SELECT
        *
FROM
        NLS_SESSION_PARAMETERS;
```

만약 NLS_DATE_LANGUAGE 설정을 영어로 바꾸고 싶다면 다음 코드를 실행하면 됩니다.

```
ALTER SESSION SET NLS_LANGUAGE = 'ENGLISH' ;
```

다음과 같은 결과가 나오면 정상적으로 변경된 것입니다. 이때부터는 날짜 함수에서 요일을 영어로 적으면 됩니다.

Name	Value
Updated Rows	0
Query	ALTER SESSION SET NLS_LANGUAGE = 'ENGLISH'
Start time	Sat Jul 20 18:34:44 KST 2024
Finish time	Sat Jul 20 18:34:44 KST 2024

⑥ LAST_DAY: 주어진 날짜가 속한 달의 마지막 날짜를 반환

▪ LAST_DAY(date)

```
SELECT
      LAST_DAY(SYSDATE) AS end_of_month
FROM         └── 주어진 날짜가 속한 달의 마지막 날짜 반환
      DUAL;
```

➜ 2024-07-31 18:38:03.000

⑦ TRUNC: 날짜에서 시각 부분을 제거하여 날짜만 반환

▪ TRUNC(date)

```
SELECT
      TRUNC(SYSDATE) AS truncated_date
FROM         └── 시각 부분을 제거하여 날짜만 반환
      DUAL;
```

➜ 2024-07-20 00:00:00.000
    (그런데 위와 같이 날짜 외에 '00:00:00.000'이 표시되는 경우가 있습니다. 이는 DBeaver 환경 설정에서
    기본 날짜 형식에 시분초가 포함돼 있기 때문입니다. 'TRUNC(date)'에서 시분초가 나오지 않도록 하려면
    다음의 '참고' 내용을 확인하기 바랍니다).

참고

'TRUNC(date)'에서 시분초가 나오지 않게 하는 방법

1. TO_CHAR 함수 사용

```sql
SELECT
    TO_CHAR(TRUNC(SYSDATE), 'YYYY-MM-DD') AS truncated_date
FROM
    DUAL;
```

2. DBeaver의 데이터 형식 설정 변경

- DBeaver 메인 메뉴에서 [Window] → [Preferences] 선택
- 왼쪽 패널에서 [Editors] → [Data Editor] → [Data Formats] 선택
- [Date/Time] 탭에서 'Date' 형식을 'yyyy-MM-dd'로 변경하고 [Apply and Close] 버튼 클릭

3. DBeaver의 SQL 실행 옵션 사용

SQL 편집기 상단의 도구 모음에서 [SQL Execute Options(톱니바퀴 아이콘)] 클릭 → 'Use native date/time format' 옵션 체크 해제

4. 결과 그리드에서 열 형식 직접 변경

- 결과 그리드에서 날짜 열의 헤더를 마우스 오른쪽 버튼으로 클릭
- [Format] → [Date/Time Format] 선택
- 원하는 형식(예: yyyy-MM-dd) 선택 또는 직접 입력

이 중에서 첫 번째 방법인 TO_CHAR 함수 사용이 가장 직접적이며, 다른 설정에 영향을 받지 않고 항상 원하는 형식으로 결과를 볼 수 있기 때문에 가장 권장됩니다. 다른 방법들은 DBeaver의 설정을 변경하거나 세션 파라미터를 수정하는 것이므로 다른 쿼리나 다른 열에도 영향을 줄 수 있습니다.

⑧ ROUND: 날짜를 가장 가까운 날짜 또는 시각으로 반올림

- **ROUND(date, 'format')**

```sql
SELECT
    ROUND(SYSDATE, 'MONTH') AS rounded_date
FROM                    └── 가장 가까운 날짜 또는 시각으로 반올림
    DUAL;
```

➜ 2024-08-01 00:00:00.000

   (현재 날짜가 7월 20일이라고 가정할 때 현재 날짜와 가장 가까운 'MONTH'를 반환)

⑨ EXTRACT: 날짜의 특정 부분(년, 월, 일 등)을 숫자 형식으로 추출

▪ **EXTRACT(part FROM date)   → 오라클**

```
SELECT
    EXTRACT(YEAR FROM SYSDATE) AS current_year
FROM              └── 날짜의 특정 부분을 숫자 형식으로 추출
    DUAL;
```

➜ 2024

```
SELECT
    EXTRACT(MONTH FROM SYSDATE) AS current_month
FROM               └── 날짜의 특정 부분을 숫자 형식으로 추출
    DUAL;
```

➜ 7

▪ **DATEPART(datepart, date) → SQL Server**

· SQL Server에서 날짜의 특정 부분(년, 월, 일 등)을 추출하는 함수

· EMP 테이블의 hiredate 칼럼은 datetime 형식

· hiredate 칼럼에서 특정 날짜를 숫자 형식으로 추출

```
SELECT
    DATEPART(YEAR, hiredate) AS YEAR
  , DATEPART(MONTH, hiredate) AS MONTH
  , DATEPART(DAY, hiredate) AS DAY
FROM            └── 날짜의 특정 부분을 추출(SQL Server)
    EMP;
```

year	month	day
1980	12	17
1981	2	20
1981	2	22

➜

(SQL Server에서 날짜를 추출할 때 문자열 형식의 월이나 요일 이름이 필요한 경우, DATENAME 함수를 사용할 수 있다. DATENAME 함수는 DATEPART와 유사하지만, 일부 날짜 부분에 대해 문자열을 반환한다.)

⑩ TO_CHAR: 날짜를 지정된 형식의 문자열로 변환

- **TO_CHAR(date, 'format')**

```
SELECT
        TO_CHAR(SYSDATE, 'YYYY-MM-DD HH24:MI:SS') AS formatted_date
FROM                        └── 날짜를 지정된 형식의 문자열로 변환
        DUAL;
```

➜ 2024-07-20 19:07:32

```
⊖ SELECT TO_CHAR(SYSDATE, 'YYYY-MM-DD HH24:MI:SS') AS formatted_date
  FROM DUAL ;

<

Results 1  ✕

SELECT TO_CHAR(SYSDATE, 'YY    Enter a SQL expression to filter results (use Ctrl+Space)

     ABC FORMATTED_DATE      ▾
1    2024-07-20 19:07:32
```

(위 그림에서 'FORMATTED_DATE' 옆에 'ABC'라고 표시된 것을 볼 수 있습니다. 이는 해당 칼럼이 문자 데이터 타입임을 나타냅니다. DBeaver에서 시계 모양 아이콘이 나오면 해당 칼럼의 데이터 타입이 날짜 형식임을 의미합니다.)

 참고

정말 자주 사용하는 'TO_CHAR' 함수와 'TO_DATE' 함수

문자열로 변환하는 'TO_CHAR' 함수는 실무에서 자주 사용되는 함수입니다. 날짜 데이터 타입을 문자 데이터 타입으로 변환할 때 자주 사용합니다. 반대로 문자 데이터 타입(CHAR, VARCHAR, STRING 등)을 날짜 형식인 DATE 데이터 타입으로 변환하는 함수는 'TO_DATE'이며, 이 역시 실무에서 자주 사용합니다.

1. TO_CHAR

- 날짜를 문자열로 변환

```
SELECT
        TO_CHAR(SYSDATE, 'YYYY-MM-DD HH24:MI:SS')
FROM
        DUAL;
```

- 숫자를 문자열로 변환

```
SELECT
        TO_CHAR(1234.56, '9,999.99')
FROM
        DUAL;
```

- 주요 형식 모델

  - **날짜**: YYYY(년), MM(월), DD(일), HH24(24시간), MI(분), SS(초)

  - **숫자**: 9(숫자), 0(빈자리 0으로 채움), (천 단위 구분자), .(소수점)

2. TO_DATE

- 문자열을 날짜로 변환

```
SELECT
      TO_DATE('2024-07-20 14:30:00', 'YYYY-MM-DD HH24:MI:SS')
FROM
      DUAL;
```

3. 주의사항

변환할 경우, 형식 모델과 입력 데이터가 일치해야 합니다. NLS 설정에 따라 결과가 달라질 수 있으므로 명시적인 형식 지정이 권장됩니다. TO_DATE로 변환 시 시간 정보가 없으면 기본값으로 00:00:00이 설정됩니다.

 참고

날짜 타입 중 'TIMESTAMP' 형식과 'DATETIME' 형식의 차이

- 데이터 타입(data-type)은 데이터베이스 시스템에 저장되는 데이터의 종류와 특성을 정의하는 중요한 개념입니다. 즉, 데이터의 속성이 문자인지, 숫자인지 혹은 날짜 형식인지를 정의하는 개념입니다. 오라클에서는 날짜와 시간을 모두 표현할 때 'TIMESTAMP' data-type 형식을 사용합니다. SQL Server를 비롯한 다른 대부분의 데이터베이스에서는 'DATETIME'을 사용합니다.

	TIMESTAMP	DATETIME
DB	오라클(오라클에서는 DATETIME 형식이 없음)	SQL Server를 비롯한 다른 대부분의 데이터베이스
시간 정밀도	밀리초(초단위에서 소수점 이하 6자리)	초
시간대 정보	TIMESTAMP WITH TIME ZONE은 시간대 정보 저장 가능	X
연산	TIMESTAMP가 더 정확한 날짜/시간 연산 가능	TIMESTAMP에 비해 상대적으로 덜 정확
호환성	나쁨	타 데이터베이스와의 호환성 좋음

- 다음 그림과 함께 살펴보겠습니다.

🕐 DATE_TIME_COL ▼	🕐 TIMESTAMP_COL ▼	ᴬᴮᶜ FORMATTED_DATE ▼	ᴬᴮᶜ FORMATTED_TIMESTAMP ▼
2024-07-20 19:31:30.000	2024-07-20 19:31:30.708	2024-07-20 19:31:30	2024-07-20 19:31:30.708000

왼쪽 2개의 칼럼을 보면 'DATETIME' 형식과 'TIMESTAMP' 형식이 보입니다. 같은 데이터로 보이지만 초 단위 이하의 숫자가 서로 다릅니다. 'DATETIME' 형식은 30초 밑으로는 '000'으로 표시됩니다. 이는 실제 데이터가 존재하지 않지만, DBeaver의 소수점 기본 표기법에 의해 그렇게 보이는 것뿐입니다. 반면 'TIMESTAMP' 형식은 초 단위에서 '30.708'로 초 단위 이하가 표시됩니다. 이를 'TO_CHAR' 함수로 문자열 형식으로 변환해보면 정확히 그 차이가 드러납니다.

왼쪽의 'FORMATTED_DATE' 칼럼 값의 초 단위 이하는 아예 보이지 않습니다. 반면 'FORMATTED_TIMESTAMP' 칼럼의 데이터 값은 초 단위에서 소수점 6자리까지 정확히 표시됩니다.

- 오라클에는 'DATETIME' 형식이 없지만, 시분초를 제외한 날짜만 저장하는 데이터 타입인 'DATE' 형식은 있습니다. 물론, 다른 데이터베이스에도 'DATE' 형식은 존재합니다.

(5) 변환형 함수

① TO_CHAR: 날짜를 지정된 형식의 문자열로 변환

- TO_CHAR(date, 'format')

```
SELECT
        TO_CHAR(SYSDATE, 'YYYY-MM-DD HH24:MI:SS') AS formatted_date
FROM                        └─ 날짜를 지정된 형식의 문자열로 변환
        DUAL;
```

➜ 2024-07-20 20:25:22

▪ 숫자를 문자열로 변환

```
SELECT
        TO_CHAR(1234.56, '9,999.99')
FROM                        └─ 숫자를 문자열로 변환
        DUAL;
```

➜ 1,234.56

② TO_DATE: 문자열을 지정된 형식의 날짜로 변환

- TO_DATE ([문자열], 'format')

```
SELECT
        TO_DATE('2024-07-21 20:25:22', 'YYYY-MM-DD HH24:MI:SS') AS formatted_date
FROM                        └─ 문자열을 지정된 형식의 날짜로 변환
        DUAL;
```

➜ 2024-07-21 20:25:22.000

- 만약 위와 같이 출력되지 않고 '21-JUL-24' 형식으로 나오는 경우가 있으면 그건 앞서 언급한 NLS_ DATE_FORMAT 형식 때문이다. 세션에서 기본 출력 포맷을 변경하려면 다음의 쿼리를 실행한다.

```
ALTER SESSION SET NLS_DATE_FORMAT = 'YYYY-MM-DD HH24:MI:SS';
```

③ TO_NUMBER: 문자열 데이터를 숫자 형식으로 변환

- `TO_NUMBER('string', 'format')`

```
SELECT
        TO_NUMBER('12345') AS number_value
FROM ───────── 문자열 데이터를 숫자 형식으로 변환
        DUAL;
```

➡ 12345

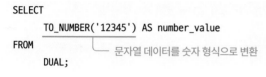

(문자열은 작은따옴표(' ') 혹은 큰따옴표(" ")로 묶어 해당 텍스트가 문자열임을 정의한다. 그림에서 칼럼명 옆에 있는 작은 파란색 글씨를 보면 '123'으로 표시되어 있다. 이는 해당 칼럼이 숫자 형식임을 의미한다.)

④ CAST: 한 데이터 타입을 다른 데이터 타입으로 변환

- `CAST(value AS datatype)`

```
SELECT
        CAST('12345' AS NUMBER) AS number_value
FROM ───────── 데이터 타입을 다른 데이터 타입으로 변환
        DUAL;
```

➡ 12345

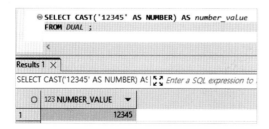

⑤ CONVERT: 문자열을 한 문자 세트에서 다른 문자 세트로 변환

- CONVERT('string', 'dest_charset', 'source_charset')

```
SELECT
    CONVERT('가나다라마', 'AL32UTF8', 'UTF8') AS converted_string
FROM                      └── 문자열을 한 문자 세트에서 다른 문자 세트로 변환
    DUAL;
```

➜ 가나다라마

('가나다라마' 문자열을 'KO16MSWIN949' 문자 세트에서 'UTF8' 문자 세트로 변환)

 변환 함수 예제

- 오라클에서 제공하는 EMP와 DEPT 테이블을 이용해 두 개의 칼럼을 정수로 변환하고, 그 합을 구하는 예제를 만들어 보겠습니다. EMP 테이블에는 사원 정보가, DEPT 테이블에는 부서 정보가 저장되어 있습니다.

EMP 테이블 구조

EMPNO	ENAME	JOB	MGR	HIREDATE	SAL	COMM	DEPTNO
7369	SMITH	CLERK	7902	1980-12-17	800	NULL	20
7499	ALLEN	SALESMAN	7698	1981-02-20	1600	300	30
...	...	...	...	...	...	...	...

DEPT 테이블 구조

DEPTNO	DNAME	LOC
10	ACCOUNTING	NEW YORK
20	RESEARCH	DALLAS
...	...	...

- 이 예제에서는 두 개의 칼럼을 정수로 변환하고, 그 합을 계산하는 예제를 작성합니다. EMP 테이블에서 급여(SAL)와 커미션(COMM)을 정수로 변환하고, 그 합을 계산해 보겠습니다.

- 참고로 NVL 함수는 NULL 함수에서 자세히 설명할 예정이므로 여기서는 간단히 설명하겠습니다. NVL 함수는 첫 번째 인자 값이 NULL일 경우 그 다음에 오는 인자 값으로 대치하는 함수입니다. 예컨대 NVL(COMM, 0)은 COMM 칼럼의 값이 NULL인 경우 0으로 대치하라는 의미입니다.

```
SELECT
    EMPNO AS "사원번호"
  , CAST(SAL AS INT) + CAST(NVL(COMM, 0) AS INT) AS "총 보수"
```

```
FROM
    EMP;
```

사원번호	총 보수
7839	5000
7698	2850
7782	2450

- EMPNO AS "사원번호": 사원 번호를 출력하고, 별칭을 "사원번호"로 지정합니다.

- CAST(SAL AS INT) + CAST(NVL(COMM, 0) AS INT) AS "총 보수": 급여(SAL)와 커미션(COMM)을 정수로 변환한 후 그 합을 계산합니다.

- NVL(COMM, 0): COMM이 NULL인 경우 0으로 대체합니다.

- FROM EMP: EMP 테이블로부터 데이터를 가져옵니다.

(6) CASE 문

① CASE 조건문의 기초 개념

- CASE 문은 조건에 따라 다른 값을 반환할 수 있는 조건문이다. 주로 SQL 쿼리에서 특정 조건에 따라 다른 결과를 출력할 때 사용되며, 자바(Java), 파이썬(Python) 등의 다른 프로그래밍 언어에서 사용되는 IF 조건문과 비슷한 역할을 한다. IF 조건문은 P/L-SQL에서 사용되기도 한다.

- IF 조건문은 일반적으로 코드 블록을 실행하고 별도의 반환문이 필요할 수 있다. 반면 CASE 문은 항상 단일 값을 반환하고, 이 값은 쿼리 결과의 일부가 된다.

참고

Java에서의 IF 조건문과 SQL에서의 CASE 문

- 자바(Java)

```
public class SalaryGrade {
    public static void main(String[] args) {
        int sal = 1600;
        String salaryGrade;

        if (sal < 1000) {                    ── sal이 1000 미만일 때
            salaryGrade = "Low Salary";
```

```
            } else if (sal >= 1000 && sal <= 3000) {          sal이 1000 이상 3000 이하일 때
                salaryGrade = "Medium Salary";
            } else if (sal > 3000) {          sal이 3000 초과일 때
                salaryGrade = "High Salary";
            } else {          그밖에
                salaryGrade = "Unknown";
            }

            System.out.println("Salary Grade: " + salaryGrade);
        }
    }
```

• SQL

```
SELECT
      ENAME
    , SAL
    , CASE
          WHEN SAL < 1000 THEN 'Low Salary'          sal이 1000 미만일 때
          WHEN SAL BETWEEN 1000 AND 3000 THEN 'Medium Salary'          sal이 1000 이상 3000 이하일 때
          WHEN SAL > 3000 THEN 'High Salary'          sal이 3000 초과일 때
          ELSE 'Unknown'          그밖에
      END AS SALARY_GRADE
    FROM
        EMP;
```

② 단순 CASE 문

▪ 표현식의 값을 조건과 비교하여 해당 조건이 참일 때 지정된 결과를 반환한다.

【 형식 】

```
CASE expression          expression(표현식)
    WHEN value1 THEN result1          expression(표현식)이 value1과 같으면 result1을 반환
    WHEN value2 THEN result2          expression(표현식)이 value2와 같으면 result2를 반환
    ...
    ELSE default_result          위 조건에 해당하지 않으면 default_result 값을 반환
END
```

예시] EMP 테이블에서 사원의 직무(JOB)에 따라 다른 메시지를 출력하는 예

```
SELECT
      ENAME
   , JOB
   , CASE JOB
          WHEN 'CLERK' THEN 'Clerk Job'      —— JOB이 'CLERK'이면 'Clerk Job' 반환
          WHEN 'SALESMAN' THEN 'Sales Job'    —— JOB이 'SALESMAN'이면 'Sales Job' 반환
          WHEN 'MANAGER' THEN 'Manager Job'   —— JOB이 'MANAGER'이면 'Manager Job' 반환
          ELSE 'Other Job'      —— 전부 아니라면 'Other Job' 반환
      END AS JOB_DESCRIPTION    —— 반환된 값의 칼럼명은 JOB_DESCRIPTION
FROM
      EMP;
```

ENAME	JOB	JOB_DESCRIPTION
KING	PRESIDENT	Other Job
BLAKE	MANAGER	Manager Job
CLARK	MANAGER	Manager Job
SCOTT	ANALYST	Other Job
ADAMS	CLERK	Clerk Job
MILLER	CLERK	Clerk Job

반환된 값의 칼럼명은 JOB_DESCRIPTION

JOB 값에 따라 CASE 문에서 반환된 값

③ 검색 CASE 문

- 각 조건을 평가하여 해당 조건이 참일 때 지정된 결과를 반환한다.

【 형식 】

```
CASE
      WHEN condition1 THEN result1   —— condition1(조건식)이 참이면 result1을 반환
      WHEN condition2 THEN result2   —— condition2(조건식)이 참이면 result2를 반환
      ...
      ELSE default_result   —— 위 조건에 해당하지 않으면 default_result 값을 반환
END
```

예시】 EMP 테이블에서 사원의 급여(SAL)가 특정 범위에 있을 때 다른 등급을 부여하는 예

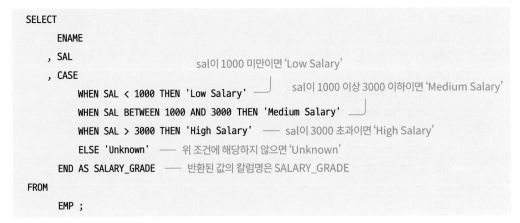

```
SELECT
    ENAME
  , SAL
  , CASE                                        sal이 1000 미만이면 'Low Salary'
      WHEN SAL < 1000 THEN 'Low Salary'
      WHEN SAL BETWEEN 1000 AND 3000 THEN 'Medium Salary'    sal이 1000 이상 3000 이하이면 'Medium Salary'
      WHEN SAL > 3000 THEN 'High Salary'    ── sal이 3000 초과이면 'High Salary'
      ELSE 'Unknown'        ── 위 조건에 해당하지 않으면 'Unknown'
    END AS SALARY_GRADE      ── 반환된 값의 칼럼명은 SALARY_GRADE
FROM
    EMP ;
```

ENAME	SAL	SALARY_GRADE	── 반환된 값의 칼럼명은 SALARY_GRADE
KING	5000	High Salary
BLAKE	2850	Medium Salary	── SAL 값에 따라 CASE 문에서 반환된 값
CLARK	2450	Medium Salary

④ 중첩된 CASE 문

- 위의 CASE 문을 잘 이해했다면, 조금 복잡해 보일 수 있지만 중첩된 CASE 문도 꼭 이해해야 한다. 실무에서는 하나의 CASE 문만 사용하기보다는 여러 개의 CASE 문을 중첩해서 사용하는 경우가 빈번하기 때문이다. 중첩된 CASE 문을 통해 다중 조건을 보다 효율적으로 관리할 수 있다.

예시】 직원의 부서와 급여를 기준으로 등급을 부여하고, 각 등급에 따라 추가 메시지를 표시
(ENAME: 사원명, SAL: 급여, HIREDATE: 입사일, SYSDATE: 현재일)

```
SELECT
    ENAME AS "사원명"
  , DEPTNO AS "부서번호"
  , SAL AS "급여"
  , CASE DEPTNO    ── 부서 번호에 따라 분기
      WHEN 10 THEN    ── 부서 번호가 10인 경우 (회계 부서)
        CASE                                        급여가 3000 미만이면 '회계 부서 – 낮은 급여'
          WHEN SAL < 3000 THEN '회계 부서 - 낮은 급여'
          ELSE '회계 부서 - 높은 급여'    ── 그렇지 않으면 '회계 부서 - 높은 급여'
        END
```

```
        WHEN 20 THEN  ——— 부서 번호가 20인 경우 (연구 부서)
            CASE                                      급여가 3000 미만이면 '연구 부서 – 낮은 급여'
                WHEN SAL < 3000 THEN '연구 부서 – 낮은 급여'
                ELSE '연구 부서 – 높은 급여'      ——— 그렇지 않으면 '연구 부서 – 높은 급여'
            END
        WHEN 30 THEN  ——— 부서 번호가 30인 경우 (영업 부서)
            CASE                                      급여가 3000 미만이면 '영업 부서 – 낮은 급여'
                WHEN SAL < 3000 THEN '영업 부서 – 낮은 급여'
                ELSE '영업 부서 – 높은 급여'  ——— 그렇지 않으면 '영업 부서 – 높은 급여'
            END
        ELSE '기타 부서'  ——— 다른 부서인 경우 '기타 부서'
        END AS "부서급여메시지"  ——— 결과 칼럼의 이름을 한글로 '부서급여메시지'로 지정
    FROM
        EMP;
```

사원명	부서번호	급여	부서급여메시지
KING	10	5000	회계 부서 – 높은 급여
BLAKE	30	2850	영업 부서 – 낮은 급여
CLARK	10	2450	회계 부서 – 낮은 급여
JONES	20	2975	연구 부서 – 낮은 급여

부서번호와 급여에 따라
CASE 문에서 반환된 값

(7) NULL 관련 함수

① NULL 기초 개념

- NULL 기초 개념은 이미 1과목에서 학습한 바 있다. NULL 개념은 매우 중요하므로 여기서 다시 간단 하게 짚고 넘어가기로 하자.

- NULL은 데이터베이스에서 값이 없음을 나타내는 특별한 표식이다. 이는 0, 공백(space), 빈 문자열 (공백이 문자열로 저장된 경우)과 다르며, NULL은 '알 수 없는 값' 또는 '존재하지 않는 값'을 의미 한다.

② NULL의 특성

- 비교 불가: NULL은 다른 값과 비교할 수 없다. NULL과 어떤 값을 비교해도 결과는 항상 NULL이다. 이는 NULL 자체가 어떤 값을 나타내지 않기 때문이다.

- 산술 연산: NULL과의 산술 연산 결과는 항상 NULL이다. 예를 들어, 5 + NULL = NULL이다.

- 문자열 연산: NULL과의 문자열 결합 연산 결과도 항상 NULL이다. 예를 들어, 'Hello' ¦¦ NULL = NULL이다(여기서 '¦¦'는 'OR'의 의미를 가지는 문자열 연결 연산자이며, 키보드에서 Shift + ₩(\)를 누르면 된다).

- 집계 함수: 대부분의 집계 함수는 NULL 값을 무시한다. 예를 들어, SUM 함수는 NULL 값을 포함하지 않고 합계를 계산한다.

② NVL 함수(오라클만 있음): 첫 번째 인자가 NULL인 경우 두 번째 인자로 대체

- **NVL(첫 번째 인자, 두 번째 인자)**

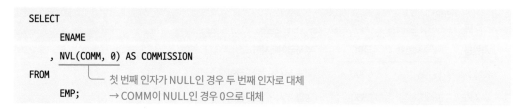

```
SELECT
      ENAME
    , NVL(COMM, 0) AS COMMISSION
FROM
      EMP;          첫 번째 인자가 NULL인 경우 두 번째 인자로 대체
                  → COMM이 NULL인 경우 0으로 대체
```

【 NULL이 존재하는 EMP 테이블 】

ENAME	COMMISSION
KING	NULL
BLAKE	NULL
CLARK	NULL
JONES	NULL
MARTIN	1400
ALLEN	300
TURNER	NULL

COMM이 NULL인 값 모두
0으로 대체됨

【 NVL 함수로 NULL을 '0'으로 대체 】

ENAME	COMMISSION
KING	0
BLAKE	0
CLARK	0
JONES	0
MARTIN	1400
ALLEN	300
TURNER	0

 NULL 값의 처리

TIP_NVL, ISNULL 등의 NULL 값을 다른 값으로 대체하는 경우는 실무에서 매우 빈번하게 발생하기 때문에 더욱 중요하며, 또한 그런 이유로 시험에도 자주 등장합니다. 데이터 분석에서도 전처리 과정에서 이 NULL 값을 결측값이라 부르며, 이를 처리하는 것이 매우 중요하게 다뤄집니다. 왜냐하면 NULL 값이 데이터 분석 결과에 큰 영향을 줄 수 있기 때문입니다. 또한 NULL 값을 대체할 때 어떤 값으로 대체할지도 매우 중요하게 다룹니다. NULL 값은 해당 칼럼의 평균값이나 중앙값으로 대체하기도 하고, 분석의 정확도를 높이기 위해 특별한 계산 로직으로 대체하기도 합니다.

③ COALESCE 함수(표준 SQL: DB 공통): 인자 목록에서 첫 번째로 NULL이 아닌 값을 반환

▪ COALESCE(첫 번째 인자, 두 번째 인자, ..., N 번째 인자)

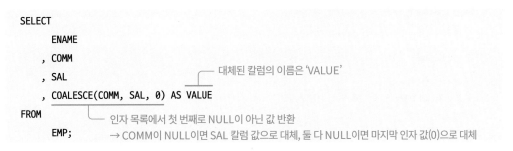

```
SELECT
      ENAME
    , COMM
    , SAL
    , COALESCE(COMM, SAL, 0) AS VALUE
FROM
      EMP;
```

대체된 칼럼의 이름은 'VALUE'

인자 목록에서 첫 번째로 NULL이 아닌 값 반환
→ COMM이 NULL이면 SAL 칼럼 값으로 대체, 둘 다 NULL이면 마지막 인자 값(0)으로 대체

ENAME	COMM	SAL	VALUE
KING	NULL	5000	5000
BLAKE	NULL	2850	2850
CLARK	NULL	2450	2450
JONES	NULL	2975	2975
MARTIN	1400	1250	1400
ALLEN	300	1600	300

칼럼의 이름은 'VALUE'

COMM이 NULL이라 VALUE 칼럼이 이 SAL 값으로 대체됨

COMM이 NULL이 아니라서 VALUE 칼럼이 이 COMM 값으로 대체됨

【 해설 】

EMP 테이블에서 ENAME, COMM, SAL 칼럼을 조회한다.

KING의 경우 다음처럼 SAL 값으로 대치되어 VALUE 값이 5000이다.

ENAME	COMM	SAL	VALUE
KING	NULL	5000	5000

COMM이 NULL이라서 VALUE 칼럼이 SAL 칼럼 값으로 대체됨

만약 다음처럼 SAL 값도 NULL이라면 마지막 인자 값인 '0'으로 대체되어 VALUE 값이 0이다.

ENAME	COMM	SAL	VALUE
KING	NULL	NULL	0

COMM이 NULL이고, SAL도 NULL이라 마지막 인자 값인 0으로 대체됨

▪ COALESCE(첫 번째 인자, 두 번째 인자, ..., N 번째 인자)에서 위의 예처럼 COMM, SAL 둘 다 NULL인 경우 '0'으로 대체하라는 지정이 없다면 어떻게 될까? 만약 마지막 N번째 인자까지 전부 NULL인 경우, 별도의 지정이 없더라도 NULL을 반환한다.

▪ 결국 COALESCE 함수는 모든 인자가 NULL이면 NULL 값을 반환한다.

④ NULLIF 함수(표준 SQL: DB 공통): 두 인자가 같으면 NULL을 반환하고, 그렇지 않으면 첫 번째 인자를 반환

- **NULLIF(첫 번째 인자, 두 번째 인자)**

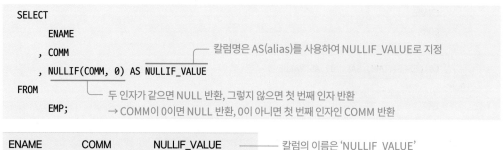

ENAME	COMM	NULLIF_VALUE
KING	NULL	NULL
BLAKE	NULL	NULL
CLARK	NULL	NULL
JONES	NULL	NULL
MARTIN	1400	1400
ALLEN	300	300
TURNER	0	NULL

칼럼의 이름은 'NULLIF_VALUE'

COMM이 0이 아니라 COMM 값 그대로 반환

COMM이 0이라 NULL 반환

⑤ IFNULL 함수(MySQL): 첫 번째 인자가 NULL이면 두 번째 인자를 반환하고, 그렇지 않으면 첫 번째 인자를 반환

- **IFNULL(첫 번째 인자, 두 번째 인자) - MySQL**

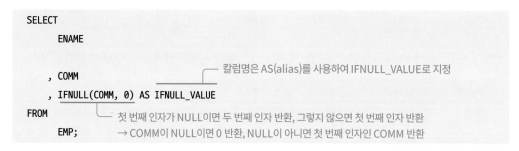

【 MySQL 결과 】

ENAME	COMM	IFNULL_VALUE	
SMITH	NULL	0	——— 칼럼의 이름은 'IFNULL_VALUE'
ALLEN	300	300	——— COMM이 NULL이라 0 반환
JONES	NULL	0	——— COMM이 NULL이 아니라 COMM 값 반환

⑥ ISNULL 함수(SQL Server): 첫 번째 인자가 NULL이면 두 번째 인자를 반환하고, 그렇지 않으면 첫 번째 인자를 반환

▪ ISNULL(첫 번째 인자, 두 번째 인자) - SQL Server

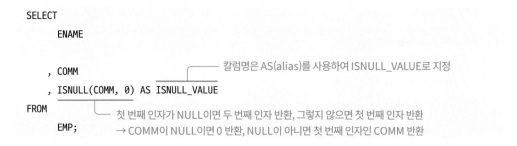

```
SELECT
        ENAME

      , COMM                              ── 칼럼명은 AS(alias)를 사용하여 ISNULL_VALUE로 지정
      , ISNULL(COMM, 0) AS ISNULL_VALUE
  FROM                    └─ 첫 번째 인자가 NULL이면 두 번째 인자 반환, 그렇지 않으면 첫 번째 인자 반환
        EMP;                 → COMM이 NULL이면 0 반환, NULL이 아니면 첫 번째 인자인 COMM 반환
```

【 SQL Server 결과 】

ENAME	COMM	ISNULL_VALUE	
SMITH	NULL	0	——— 칼럼의 이름은 'ISNULL_VALUE'
ALLEN	300	300	——— COMM이 NULL이라 0 반환
WARD	500	500	─ COMM이 NULL이 아니라 COMM 값 반환
JONES	NULL	0	——— COMM이 NULL이라 0 반환

01. 다음 테이블에 대한 SQL의 결과로 올바른 것을 고르시오.

【 PRODUCTS 】

PROD_ID	PRICE
P01	199.99
P02	249.49
P03	180.55

```
SELECT PROD_ID, ROUND(PRICE, 1) AS ADJUSTED_PRICE
  FROM PRODUCTS;
```

① P01: 200, P02: 249, P03: 181

② P01: 199.9, P02: 249.4, P03: 180.5

③ P01: 200.0, P02: 249.5, P03: 180.6

④ 모든 값이 0으로 변환된다.

02. 다음 테이블에 대한 SQL의 결과로 올바른 것을 고르시오.

【 ORDERS 】

ORDER_ID	ORDER_DATE
1001	2024-12-18
1002	2024-11-15
1003	2024-10-10

```
SELECT ORDER_ID, TO_CHAR(ORDER_DATE, 'YYYY-MM') AS ORDER_MONTH
  FROM ORDERS;
```

① 1001: 2024-12, 1002: 2024-11, 1003: 2024-10

② 1001: 2024, 1002: 2024, 1003: 2024

③ 1001: 12, 1002: 11, 1003: 10

④ 모든 값이 NULL로 변환된다.

03. 다음 테이블에 대한 SQL의 결과로 올바른 것을 고르시오.

【 SALES 】

SALE_ID	AMOUNT
1	500
2	NULL
3	300

```
SELECT SALE_ID, NVL(AMOUNT, 0) AS TOTAL_AMOUNT
FROM SALES;
```

① 1: 500, 2: NULL, 3: 300
② 1: 500, 2: 0, 3: 300
③ 1: 0, 2: 0, 3: 0
④ 모든 값이 NULL로 반환된다.

04. 다음 테이블에 대한 SQL의 결과로 올바른 것을 고르시오.

【 EMPLOYEE 】

EMP_ID	SALARY
1	3000
2	4500
3	4000

```
SELECT ROUND(AVG(SALARY), 2) AS AVG_SALARY
FROM EMPLOYEE;
```

① 3833.33
② 3833.34
③ 3833.00
④ NULL

05. 다음 보기 중 옳은 것을 고르시오.

① SYSDATE와 CURRENT_DATE는 동일한 값을 반환한다.
② SYSDATE는 서버의 현재 날짜와 시각을 반환하며, CURRENT_DATE는 클라이언트 세션의 날짜와 시각을 반환한다.
③ SYSDATE는 항상 고정된 날짜를 반환하며, CURRENT_DATE는 동적으로 변경된다.
④ 두 함수는 항상 NULL을 반환한다.

06. 다음 SQL 문이 반환하는 결과는 무엇인가?(2024년은 윤년이다.)

```
SELECT LAST_DAY(TO_DATE('2024-02-15', 'YYYY-MM-DD')) AS END_OF_MONTH
FROM DUAL;
```

① 2024-02-28
② 2024-02-29
③ 2024-03-01
④ NULL

07. 다음 SQL 문이 반환하는 결과는 무엇인가?

```
SELECT ADD_MONTHS(TO_DATE('2024-12-31', 'YYYY-MM-DD'), 3) AS NEW_DATE
FROM DUAL;
```

① 2025-01-31   ② 2025-02-28

③ 2025-03-31   ④ 2025-04-31

08. 다음 SQL 문이 반환하는 결과는 무엇인가?(소수점 셋째 자리 이후 절삭)

```
SELECT MONTHS_BETWEEN(TO_DATE('2024-08-31', 'YYYY-MM-DD'), TO_DATE('2024-04-01', 'YYYY-MM-
DD')) AS MONTH_DIFF
FROM DUAL;
```

① 3.96   ② 4

③ 4.96   ④ 5

09. 다음 SQL 문이 반환하는 결과는 무엇인가?

```
SELECT TRUNC(TO_DATE('2024-12-18 15:45:30', 'YYYY-MM-DD HH24:MI:SS'), 'MONTH') AS TRUNC_DATE
FROM DUAL;
```

① 2024-12-01   ② 2024-12-18

③ 2024-12-31   ④ NULL

10. 다음 테이블에 대한 SQL의 결과로 올바른 것을 고르시오.

【 EMPLOYEE 】

EMP_ID	NAME	SALARY
101	김철수	3000
102	이영희	1200
103	박민수	800

```
SELECT
      NAME
    , CASE
          WHEN SALARY >= 2000 THEN 'HIGH'
          WHEN SALARY >= 1000 THEN 'MID'
      END AS SALARY_GRADE
FROM
      EMPLOYEE;
```

① 김철수: HIGH, 이영희: MID, 박민수: NULL   ② 김철수: HIGH, 이영희: MID, 박민수: LOW

③ 김철수: MID, 이영희: MID, 박민수: NULL   ④ 모든 NAME 값이 NULL로 반환된다.

11. 다음 테이블에 대한 SQL의 결과로 올바른 것을 고르시오.

【 EMPLOYEE 】

EMP_ID	NAME	SALARY
101	김철수	3000
102	이영희	1200
103	박민수	800

```
SELECT
      NAME
    , CASE
          WHEN MOD(SALARY, 2) = 0 THEN 'EVEN'
          ELSE 'ODD'
      END AS SALARY_TYPE
FROM
      EMPLOYEE;
```

① 김철수: EVEN, 이영희: EVEN, 박민수: EVEN

② 김철수: ODD, 이영희: ODD, 박민수: EVEN

③ 김철수: EVEN, 이영희: ODD, 박민수: ODD

④ 김철수: EVEN, 이영희: EVEN, 박민수: ODD

12. 다음 테이블에 대한 SQL의 결과로 올바른 것을 고르시오.

【 SALES 】

SALE_ID	TARGET	ACTUAL
1	500	500
2	600	550
3	700	NULL

```
SELECT SALE_ID, NULLIF(TARGET, ACTUAL) AS RESULT
FROM SALES;
```

① 1: NULL, 2: 600, 3: 700

② 1: 500, 2: NULL, 3: 700

③ 1: NULL, 2: NULL, 3: NULL

④ 1: NULL, 2: 600, 3: NULL

13. 다음 테이블에 대한 SQL의 결과로 올바른 것을 고르시오.

【 EMPLOYEE 】

EMP_ID	EMP_NAME	BONUS
101	김철수	500
102	이영희	NULL
103	박민수	300

```
SELECT EMP_NAME, COALESCE(BONUS, 200, 100) AS FINAL_BONUS
FROM EMPLOYEE;
```

① 김철수: 500, 이영희: 200, 박민수: 200
② 김철수: 200, 이영희: 100, 박민수: 300
③ 김철수: 500, 이영희: 100, 박민수: 300
④ 김철수: 500, 이영희: 200, 박민수: 300

【 정답&해설 】

01. 답: ③

해설: ROUND 함수는 숫자를 지정된 소수점 자릿수까지 반올림한다. 소수점 첫째 자리까지 반올림하여 결과를 반환한다.

02. 답: ①

해설: TO_CHAR 함수는 날짜 데이터를 지정된 형식의 문자열로 변환한다. 'YYYY-MM' 형식으로 변환하면 연도와 월만 반환된다.

03. 답: ②

해설: NVL 함수는 첫 번째 인수가 NULL인 경우 두 번째 인수를 반환한다. AMOUNT가 NULL인 행은 0으로 대체된다.

04. 답: ①

해설: AVG 함수는 평균을 계산하고, ROUND 함수는 소수점 둘째 자리까지 반올림한다. 평균은 (3000 + 4500 + 4000) / 3 = 3833.3333이며, 둘째 자리로 반올림하면 3833.33이 된다.

05. 답: ②

해설: SYSDATE: 서버의 현재 날짜와 시각을 반환한다. CURRENT_DATE: 클라이언트 세션에 설정된 시간대의 현재 날짜와 시각을 반환한다.

06. 답: ②

해설: LAST_DAY 함수는 주어진 날짜가 속한 달의 마지막 날짜를 반환한다. 2024년은 윤년이므로 2월의 마지막 날짜는 29일이다.

07. 답: ③

해설: ADD_MONTHS 함수는 주어진 날짜에 지정된 개월 수를 더한 날짜를 반환한다. 2024-12-31에 3개월을 더하면 2025-03-31이 된다.

08. **답:** ③

해설: MONTHS_BETWEEN 함수는 두 날짜 간의 개월 수를 소수점 형식으로 반환한다. 2024-08-31과 2024-04-01 사이의 개월 수는 4.9677~ 이며, 소수점 셋째 자리 이후 절삭하면 4.96이다.

09. **답:** ①

해설: TRUNC 함수는 날짜를 지정된 단위로 절삭한다. 'MONTH' 단위로 절삭하면 해당 월의 첫 번째 날짜(2024-12-01)가 반환된다.

10. **답:** ①

해설: ELSE 절이 없으면 모든 조건을 만족하지 않는 행에는 NULL이 반환된다. 따라서 SALARY가 1000 미만인 박민수의 SALARY_GRADE는 NULL이다.

11. **답:** ①

해설: MOD(SALARY, 2)는 SALARY를 2로 나눈 나머지를 계산한다. 결과가 0이면 'EVEN', 그렇지 않으면 'ODD'를 반환한다.
김철수: EVEN, 이영희: EVEN, 박민수: EVEN

12. **답:** ①

해설: NULLIF(expr1, expr2)는 expr1과 expr2가 같으면 NULL을 반환하고, 그렇지 않으면 expr1을 반환한다.
1번 행: TARGET과 ACTUAL이 같으므로 NULL 반환.
2번 행: 다르므로 TARGET(600)을 반환.
3번 행: ACTUAL이 NULL이라도 TARGET(700)을 반환.

13. **답:** ④

해설: COALESCE(expr1, expr2, ..., exprN)는 NULL이 아닌 첫 번째 값을 반환한다.
- 김철수: BONUS(500) → NULL이 아니므로 500 반환.
- 이영희: BONUS → NULL이므로 다음 값 200 반환.
- 박민수: BONUS(300) → NULL이 아니므로 300 반환.

3. WHERE 절

(1) WHERE 절 개요

① WHERE 절 기초 개념

- WHERE 절은 SQL 쿼리에서 특정 조건을 만족하는 행만 선택하기 위해 사용된다. 이는 데이터베이스에서 원하는 데이터를 필터링하는 데 필수적이다.

- 책에서 다루는 오라클 샘플 데이터처럼 행이 많지 않은 테이블은 전체를 조회해도 큰 영향이 없지만, 실제 데이터베이스 환경에서 수백만 또는 수천만 행을 가진 테이블을 WHERE 절 없이 전체 조회하면 데이터베이스의 하드웨어 자원을 과도하게 사용하게 되며, 결국 다른 사용자에게까지 영향을 줄 수 있다. 따라서 실무에서는 전체 조회가 일종의 불문율처럼 금기시되고 있다.

- WHERE 절은 기본적으로 FROM 다음에 위치하는 문법을 따른다.

```
SELECT
      칼럼명 [ALIAS명]
FROM
      테이블명
WHERE
      조건절 ;
```

- 예를 들어 다음의 조회 쿼리문을 보자.

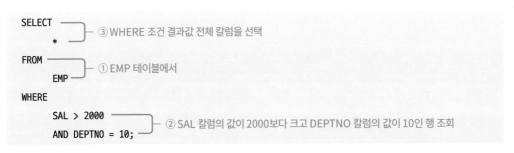

EMPNO	ENAME	JOB	MGR	HIREDATE	SAL	COMM	DEPTNO
7839	KING	PRESIDENT	NULL	1981-11-17	5000	NULL	10
7782	CLARK	MANAGER	7839	1981-05-09	2450	NULL	10

SAL 칼럼의 값이 2000보다 크고
DEPTNO 칼럼의 값이 10인 행만 조회됨

② WHERE 절 연산자의 종류

▪ WHERE 절 연산자의 종류

구분	연산자	내용
비교 연산자	=, 〈〉, 〉, 〈, 〉=, 〈=	부등호 기호 연산
부정 비교 연산자	!=	같지 않다(=의 부정)
	^=	같지 않다(=의 부정)
	〈〉	같지 않다(=의 부정) → 표준 SQL
	NOT [칼럼명] =	칼럼명과 같지 않다.
	NOT [칼럼명] 〉	칼럼명보다 크지 않다.
SQL 연산자	BETWEEN a AND b	a와 b 사이의 값
	IN (list)	list에 있는 값들 중 어느 하나라도 일치
	LIKE '비교문자열'	'비교문자열'과 일치하면 참(TRUE) → (%, _ 사용)
	IS NULL	NULL 값
부정 SQL 연산자	NOT BETWEEN a AND b	a와 b의 값 사이의 값을 가지지 않음
	NOT IN (list)	list에 있는 값들 중 어느 하나라도 일치하지 않음
	IS NOT NULL	NULL 값을 갖지 않음
논리 연산자	AND	두 개 이상의 조건이 모두 참(TRUE)일 때만 전체 조건을 참으로 반환. 즉, 모든 조건을 동시에 만족해야 함
	OR	두 개 이상의 조건 중 하나라도 참(TRUE)일 경우 전체 조건을 참으로 반환. 즉, 하나의 조건만 만족해도 됨
	NOT	조건의 참/거짓을 반전. 즉, 조건이 참(TRUE)이면 거짓(FALSE)을 반환하고, 조건이 거짓(FALSE)이면 참(TRUE)을 반환

③ WHERE 절 연산자의 우선순위

▪ WHERE 절에서 여러 연산자가 사용될 때 우선순위는 다음과 같다.

괄호 → 산술 연산자 → 문자열 연결 연산자(||, +) → 비교 연산자&SQL 연산자 → NOT 연산자 → AND → OR

▪ 비교 연산자와 SQL 연산자의 순위는 같으며 왼쪽에서 오른쪽으로 순서대로 적용된다. 예컨대 SAL 칼럼의 값이 1500과 3000 사이에 있고, 이 중에서 DEPTNO가 20인 값을 찾는 쿼리는 다음과 같다.

```
SELECT
      ENAME
    , JOB
    , SAL
    , DEPTNO
FROM
      EMP
WHERE
      SAL BETWEEN 1500 AND 3000
      AND DEPTNO = 20;
```

SAL 칼럼의 값이 1500과 3000 사이에 있고
DEPTNO 칼럼의 값이 20인 행 조회

ENAME	JOB	SAL	DEPTNO
JONES	MANAGER	2975	20
FORD	ANALYST	3000	20
SCOTT	ANALYST	3000	20

SAL 칼럼의 값이 1500과 3000 사이에 있고
DEPTNO 칼럼의 값이 20인 행만 조회됨

▪ 'OR DEPTNO = 20'과 'AND DEPTNO = 20'의 차이

```
SELECT
      ENAME
    , JOB
    , SAL
    , DEPTNO
FROM
      EMP
WHERE
      SAL BETWEEN 1500 AND 3000
      OR DEPTNO = 20;
```

SAL 칼럼의 값이 1500과 3000 사이에 있거나
DEPTNO 칼럼의 값이 20인 행 조회

ENAME	JOB	SAL	DEPTNO
BLAKE	MANAGER	2850	30
CLARK	MANAGER	2450	10
JONES	MANAGER	2975	20
ALLEN	SALESMAN	1600	30
TURNER	SALESMAN	1500	30
FORD	ANALYST	3000	20
SMITH	CLERK	800	20
SCOTT	ANALYST	3000	20
ADAMS	CLERK	1100	20

SAL 칼럼의 값이 1500과 3000 사이

DEPTNO 칼럼의 값이 20

- 괄호는 순서에 상관없이 우선순위가 가장 높다.

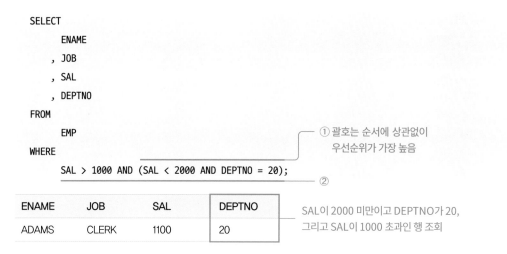

```
SELECT
      ENAME
    , JOB
    , SAL
    , DEPTNO
FROM
      EMP                                        ① 괄호는 순서에 상관없이
WHERE                                               우선순위가 가장 높음
      SAL > 1000 AND (SAL < 2000 AND DEPTNO = 20);   ②
```

ENAME	JOB	SAL	DEPTNO
ADAMS	CLERK	1100	20

SAL이 2000 미만이고 DEPTNO가 20, 그리고 SAL이 1000 초과인 행 조회

(2) 비교 연산자

① 숫자 데이터 타입 비교 연산

- 같다 (=): 숫자와 동일한 값을 가진 행을 선택

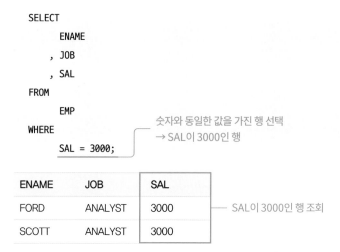

```
SELECT
      ENAME
    , JOB
    , SAL
FROM
      EMP
                            숫자와 동일한 값을 가진 행 선택
WHERE                        → SAL이 3000인 행
      SAL = 3000;
```

ENAME	JOB	SAL
FORD	ANALYST	3000
SCOTT	ANALYST	3000

SAL이 3000인 행 조회

- 같지 않다 (<>, !=): 특정 숫자와 다른 값을 가진 행을 선택

```
SELECT
        ENAME
      , JOB
      , SAL
FROM
        EMP
WHERE
        SAL <> 3000;
```

숫자와 다른 값을 가진 행 선택
→ SAL이 3000이 아닌 행

ENAME	JOB	SAL
KING	PRESIDENT	5000
BLAKE	MANAGER	2850
CLARK	MANAGER	2450

— SAL이 3000이 아닌 행 조회

- 크거나 같다 (>=): 특정 숫자보다 크거나 같은 값을 가진 행을 선택

- 작거나 같다 (<=): 특정 숫자보다 작거나 같은 값을 가진 행을 선택

```
SELECT
        ENAME
      , JOB
      , SAL
FROM
        EMP
WHERE
        SAL >= 2000;
```

숫자보다 크거나 같은 값을 가진 행 선택
→ SAL이 2000 이상인 행

ENAME	JOB	SAL
KING	PRESIDENT	5000
BLAKE	MANAGER	2850
CLARK	MANAGER	2450

— SAL이 2000이 이상인 행 조회

- 복합 조건과 괄호 사용: 조건의 우선순위를 명확히 하기 위해 괄호를 사용

```
SELECT
        ENAME
      , JOB
```

```
        , SAL
        , DEPTNO
FROM
        EMP
WHERE
        (SAL > 2000 AND DEPTNO = 10)
        OR
        (SAL BETWEEN 1500 AND 3000);
```

조건의 우선순위를 명확히 하기 위해 괄호 사용
→ SAL이 2000 초과이고 DEPTNO가 10인 행
또는 SAL이 1500 이상 3000 이하인 행

ENAME	JOB	SAL	DEPTNO
KING	PRESIDENT	5000	10
BLAKE	MANAGER	2850	30
CLARK	MANAGER	2450	10
JONES	MANAGER	2975	20

SAL이 2000 초과이고 DEPTNO가 10인 행

SAL이 1500 이상 3000 이하인 행

② 문자 데이터 타입 비교 연산

- 같다 (=): 특정 문자열과 동일한 값을 가진 행을 선택

```
SELECT
        ENAME
        , JOB
        , SAL
FROM
        EMP
WHERE
        ENAME = 'SMITH';
```

특정 문자열과 동일한 값을 가진 행 선택
→ ENAME이 SMITH인 행

ENAME	JOB	SAL
SMITH	CLERK	800

ENAME이 SMITH인 행 조회

- 같지 않다 (!= 또는 <>): 특정 문자열과 다른 값을 가진 행을 선택

```
SELECT
        ENAME
        , JOB
        , SAL
FROM
```

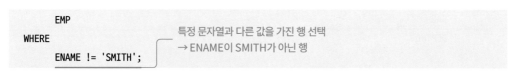

```
        EMP
  WHERE
        ENAME != 'SMITH';
```

특정 문자열과 다른 값을 가진 행 선택
→ ENAME이 SMITH가 아닌 행

ENAME	JOB	SAL
KING	PRESIDENT	5000
BLAKE	MANAGER	2850
CLARK	MANAGER	2450

ENAME이 SMITH가 아닌 행 조회

- 크다 (>): 특정 문자열보다 사전 순으로 큰 값(사전순으로 뒤에 나오는 값)을 가진 행을 선택

- 작다 (<): 특정 문자열보다 사전 순으로 작은 값(사전순으로 앞에 나오는 값)을 가진 행을 선택

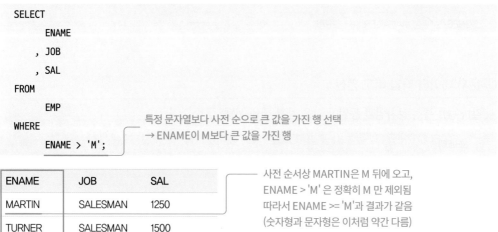

```
  SELECT
        ENAME
      , JOB
      , SAL
  FROM
        EMP
  WHERE
        ENAME > 'M';
```

특정 문자열보다 사전 순으로 큰 값을 가진 행 선택
→ ENAME이 M보다 큰 값을 가진 행

ENAME	JOB	SAL
MARTIN	SALESMAN	1250
TURNER	SALESMAN	1500
WARD	SALESMAN	1250

사전 순서상 MARTIN은 M 뒤에 오고,
ENAME > 'M' 은 정확히 M 만 제외됨
따라서 ENAME >= 'M'과 결과가 같음
(숫자형과 문자형은 이처럼 약간 다름)

ENAME이 M보다 큰 값을 가진 행 조회

- 크거나 같다 (>=): 특정 문자열보다 사전 순으로 크거나 같은 값을 가진 행을 선택

- 작거나 같다 (<=): 특정 문자열보다 사전 순으로 작거나 같은 값을 가진 행을 선택

```
  SELECT
        ENAME
      , JOB
      , SAL
  FROM
        EMP
  WHERE
        ENAME >= 'M';
```

특정 문자열보다 사전 순으로 크거나 같은 값을 가진 행 선택
→ ENAME이 M보다 크거나 같은 값을 가진 행

ENAME	JOB	SAL
MARTIN	SALESMAN	1250
TURNER	SALESMAN	1500
WARD	SALESMAN	1250

ENAME이 M보다 큰 값을 가진 행 조회

(3) SQL연산자의 종류

① SQL 연산자

- BETWEEN 연산자: 특정 범위 내에 있는 값을 선택

```
SELECT
        ENAME
    ,  JOB
    ,  SAL
FROM
        EMP
WHERE
        SAL BETWEEN 1500 AND 3000;
```

특정 범위 내에 있는 값을 가진 행 선택
→ SAL이 1500 이상 3000 이하인 값을 가진 행

ENAME	JOB	SAL
BLAKE	MANAGER	2850
CLARK	MANAGER	2450
JONES	MANAGER	2975

SAL이 1500 이상 3000 이하인 값을 가진 행 조회

- IN(list): list 중 하나라도 열의 값과 일치하면 참(TRUE)을 반환

```
SELECT
        ENAME
    ,  JOB
    ,  SAL
    ,  DEPTNO
FROM
        EMP
WHERE
        DEPTNO IN (10, 20, 30);
```

List 중 하나라도 열의 값과 일치하는 행 선택
→ DEPTNO가 10, 20, 30인 값을 가진 행

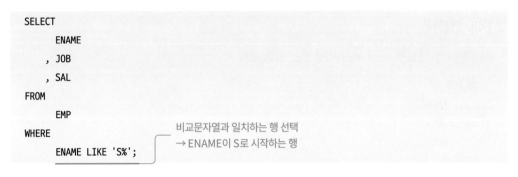

ENAME	JOB	SAL	DEPTNO
KING	PRESIDENT	5000	10
BLAKE	MANAGER	2850	30
CLARK	MANAGER	2450	10

— DEPT가 10, 20, 30인 행 조회

▪ LIKE '비교문자열': '비교문자열'과 일치하면 참(TRUE)을 반환

  (% 와일드카드는 0개 이상의 문자를, _ 와일드카드는 단일 문자를 의미)

```
SELECT
      ENAME
    , JOB
    , SAL
FROM
      EMP
WHERE
      ENAME LIKE 'S%';
```

비교문자열과 일치하는 행 선택
→ ENAME이 S로 시작하는 행

ENAME 칼럼 중 S로 시작하는 모든 문자(문자 길이 상관없음)

ENAME	JOB	SAL
SMITH	CLERK	800
SCOTT	ANALYST	3000

— ENAME이 S로 시작하는 행 조회

▪ LIKE 예: ENAME 칼럼 중 R이 포함된 모든 문자(문자 길이 상관없음)

```
SELECT
      ENAME
    , JOB
    , SAL
FROM
      EMP
WHERE
      ENAME LIKE '%R%';
```

— ENAME 칼럼 중 R이 포함된 행

ENAME	JOB	SAL
CLARK	MANAGER	2450
MARTIN	SALESMAN	1250
TURNER	SALESMAN	1500

———— ENAME 칼럼 중 R이 포함된 행 조회

- LIKE 예: ENAME이 'JONES', 'JANES' 등과 같이 'J', 'N', 'E', 'S'의 위치에 정확히 한 글자가 들어간 직원을 선택

```
SELECT
        ENAME
      , JOB
      , SAL
FROM
        EMP
WHERE
        ENAME LIKE 'J_NES';
```

ENAME의 첫 글자가 J, 세 번째 글자가 N,
네 번째 글자가 E, 다섯 번째 글자가 S인 행

ENAME	JOB	SAL
JONES	MANAGER	2975

———— ENAME의 첫 글자가 J, 세 번째 글자가 N,
네 번째 글자가 E, 다섯 번째 글자가 S인 행 조회

- LIKE 예: ENAME의 두 번째 문자가 'A'인 모든 직원을 선택

```
SELECT
        ENAME
      , JOB
      , SAL
FROM
        EMP
WHERE
        ENAME LIKE '_A%';
```

ENAME의 두 번째 글자가 A인 행

ENAME	JOB	SAL
MARTIN	SALESMAN	1250
JAMES	CLERK	950
WARD	SALESMAN	1250

———— ENAME의 두 번째 글자가 A인 행 조회

- LIKE 예: 대부분의 SQL 데이터베이스 시스템에서 LIKE 연산자는 대소문자를 구분하므로, 다음과 같이 소문자로 조회하면 아무것도 나오지 않는다.

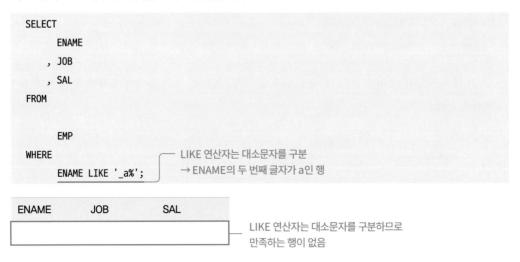

```
SELECT
      ENAME
    , JOB
    , SAL
FROM

      EMP
WHERE                          ┌─ LIKE 연산자는 대소문자를 구분
      ENAME LIKE '_a%';        └→ ENAME의 두 번째 글자가 a인 행
```

ENAME	JOB	SAL

LIKE 연산자는 대소문자를 구분하므로 만족하는 행이 없음

- LIKE 예: 대소문자를 구분하지 않고 검색하기 위해 대문자로 검색하고, 칼럼 앞에 UPPER를 붙여 준다. ENAME이 'A' 또는 'a'로 시작하는 모든 직원을 선택한다.

  UPPER 함수가 ENAME을 대문자로 변경하기 때문에 결과적으로 소문자도 함께 조회된다.

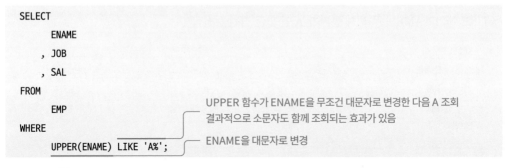

```
SELECT
      ENAME
    , JOB
    , SAL
FROM
      EMP                        UPPER 함수가 ENAME을 무조건 대문자로 변경한 다음 A 조회
WHERE                            결과적으로 소문자도 함께 조회되는 효과가 있음
      UPPER(ENAME) LIKE 'A%';    ENAME을 대문자로 변경
```

ENAME	JOB	SAL
ALLEN	SALESMAN	1600
ADAMS	CLERK	1100

UPPER 함수가 ENAME을 무조건 대문자로 변경했기 때문에 ENAME이 A 또는 a로 시작하는 행 조이 조회됨

(EMP 테이블에 소문자 이름이 없어 소문자 ENAME 조회 값은 없음)

- IS NULL 연산자: SQL에서 특정 열이 NULL 값을 가지는 행을 선택하기 위해 사용한다.

- NULL은 다른 값과 비교할 수 없으며, 일반적인 비교 연산자(=, <> 등)로는 비교되지 않으므로, 열의 값이 NULL인지 확인하는 데 사용된다.

- IS NULL 예(SQL Server) : COMM 열이 NULL인 행을 선택

② 이스케이프 문자(Escape Character) 사용

- LIKE 연산자를 사용하면서 '%'나 '_' 와일드카드를 이용해 문자열을 조회하는 예를 살펴봤다. 그렇다면 테이블에 '%', '_' 또는 '*'과 같은 와일드카드 문자가 문자열 그대로 저장돼 있는 경우는 어떻게 해야 할까?

- 예를 들어, ENAME 칼럼에 'JAMES_'와 같이 와일드카드로 사용하는 문자가 저장되어 있는 경우, 이 것이 와일드카드로 사용되는 문자인지 아니면 실제 저장된 문자 데이터인지 구분해야 한다. 이때 사용하는 것이 이스케이프 문자(Escape Character)다.

- 이스케이프 문자란 와일드카드 문자를 와일드카드 문자가 아닌 일반 문자로 인식하도록 지정하는 특별한 문자를 말한다.

- 이스케이프 문자는 일반적으로 역슬래시(\ 또는 ₩)를 사용하며, 문자 앞뒤로 역슬래시(\)를 붙여 그 안에 들어간 문자를 와일드카드가 아닌 문자로 인식시킨다. 그리고 마지막에 ESCAPE '\(₩)'를 적어 이스케이프 문자를 인식시킨다. \를 앞뒤로 붙여서 감싸주는 모양이다.(\%\)

- 혹시 키보드에 \가 없고 ₩만 있어도 당황하지 말자. DBeaver에서 ₩를 입력하면 자동으로 역슬래시 (\) 문자가 입력된다. ₩를 [CTRL] + [V]로 붙여넣기 해도 \가 입력된다.

참고

EMP 테이블에 와일드카드 문자가 들어간 임의의 데이터를 추가하는 SQL 쿼리

다음은 이스케이프 문자 사용을 설명하기 위해 임의의 데이터를 추가하는 쿼리입니다.

```
-- 새로운 행 추가 (ENAME에 %와 _ 포함)
INSERT INTO EMP (EMPNO, ENAME, JOB, MGR, HIREDATE, SAL, COMM, DEPTNO)
VALUES (9991, 'S%_MITH', 'CLERK', 7902, TO_DATE('2023-01-01', 'YYYY-MM-DD'), 800, NULL, 20);

INSERT INTO EMP (EMPNO, ENAME, JOB, MGR, HIREDATE, SAL, COMM, DEPTNO)
VALUES (9992, 'J%_NES', 'SALESMAN', 7698, TO_DATE('2023-02-01', 'YYYY-MM-DD'), 1600, 300, 30);

INSERT INTO EMP (EMPNO, ENAME, JOB, MGR, HIREDATE, SAL, COMM, DEPTNO)
VALUES (9993, 'A%_LLEN', 'MANAGER', 7839, TO_DATE('2023-03-01', 'YYYY-MM-DD'), 2975, NULL, 20);
```

	EMPNO	ENAME	JOB	MGR	HIREDATE	SAL	COMM	DEPTNO
1	9991	S%_MITH	CLERK	7902	2023-01-01 00:00:00.000	800	[NULL]	20
2	9992	J%_NES	SALESMAN	7698	2023-02-01 00:00:00.000	1600	300	30
3	9993	A%_LLEN	MANAGER	7839	2023-03-01 00:00:00.000	2975	[NULL]	20
4	7839	KING	PRESIDENT	[NULL]	1981-11-17 00:00:00.000	5000	[NULL]	10
5	7698	BLAKE	MANAGER	7839	1981-05-01 00:00:00.000	2850	[NULL]	30
6	7782	CLARK	MANAGER	7839	1981-05-09 00:00:00.000	2450	[NULL]	10
7	7566	JONES	MANAGER	7839	1981-04-01 00:00:00.000	2975	[NULL]	20
8	7654	MARTIN	SALESMAN	7698	1981-09-10 00:00:00.000	1250	1400	30
9	7499	ALLEN	SALESMAN	7698	1981-02-11 00:00:00.000	1600	300	30
10	7844	TURNER	SALESMAN	7698	1981-08-21 00:00:00.000	1500	0	30
11	7900	JAMES	CLERK	7698	1981-12-11 00:00:00.000	950	[NULL]	30
12	7521	WARD	SALESMAN	7698	1981-02-23 00:00:00.000	1250	500	30
13	7902	FORD	ANALYST	7566	1981-12-11 00:00:00.000	3000	[NULL]	20
14	7369	SMITH	CLERK	7902	1980-12-09 00:00:00.000	800	[NULL]	20
15	7788	SCOTT	ANALYST	7566	1982-12-22 00:00:00.000	3000	[NULL]	20
16	7876	ADAMS	CLERK	7788	1983-01-15 00:00:00.000	1100	[NULL]	20
17	7934	MILLER	CLERK	7782	1982-01-11 00:00:00.000	1300	[NULL]	10

- ENAME에 %와 _를 포함한 데이터 검색

```
SELECT
      EMPNO
    , ENAME
    , JOB
    , SAL
    , DEPTNO
FROM
      EMP
WHERE
      ENAME LIKE 'A\%\_LLEN' ESCAPE '\';
```

이스케이프 문자로 \ 사용
ENAME이 A%_LLEN인 행 조회

EMPNO	ENAME	JOB	SAL	DEPTNO	
9993	A%_LLEN	MANAGER	2975	20	—— ENAME이 A%_LLEN인 행 조회

참고

이스케이프 문자 실습 후, 다른 쿼리 결과에 영향을 줄 수 있으므로 실습이 끝나면 추가했던 3개의 행을 삭제합니다.

```
-- 추가된 행 삭제
DELETE
FROM
    EMP
WHERE
    EMPNO IN (9991, 9992, 9993);
```

(4) 논리 연산자

① 논리 연산자

▪ AND 연산자를 사용한 복합 조건: 두 개 이상의 조건이 모두 참일 때 행을 선택

```
SELECT
      ENAME
    , JOB
    , SAL
FROM
      EMP
WHERE
    SAL >= 2000
    AND JOB = 'MANAGER';
```
— 두 개 이상의 조건이 모두 참일 때 행 선택
→ SAL이 2000 이상이고 JOB이 MANAGER인 행

ENAME	JOB	SAL	
BLAKE	MANAGER	2850	
CLARK	MANAGER	2450	—— SAL이 2000 이상이고 JOB이 MANAGER인 행 조회
JONES	MANAGER	2975	

WHERE 1=1 쿼리를 사용하는 이유

간혹 인터넷에서 SQL문을 보다가 WHERE 1=1 쿼리를 본 적이 있을 겁니다. 사실 WHERE 1=1 조건은 당연히 참이므로 전체 쿼리에 아무런 영향을 미치지 않습니다. 그래도 이렇게 쓰는 이유는 WHERE 조건에 논리 연산자가 여러 개 있을 경우 나중에 수정하기 쉽게 하기 위해서입니다. 다음의 예제 쿼리처럼 WHERE 1=1 다음 행에 AND나 OR 연산자로 여러 번 반복되는 조건을 수정하기 쉽습니다. 실무에서 WHERE 조건 수정은 꽤나 빈번하기 때문에 이렇게 자주 사용됩니다.

```
SELECT
      ENAME
    , JOB
    , SAL
FROM
      EMP
WHERE 1=1
      AND SAL >= 2000
      AND JOB = 'MANAGER'
      AND ENAME = 'JONES';
```

- OR 연산자를 사용한 복합 조건: 두 개 이상의 조건 중 하나라도 참일 때 행을 선택

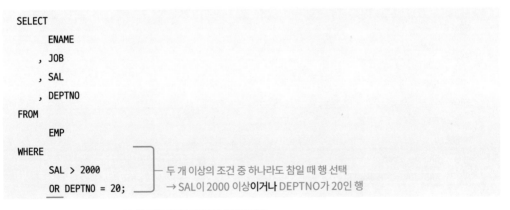

```
SELECT
      ENAME
    , JOB
    , SAL
    , DEPTNO
FROM
      EMP
WHERE
      SAL > 2000
      OR DEPTNO = 20;
```

— 두 개 이상의 조건 중 하나라도 참일 때 행 선택
→ SAL이 2000 이상이거나 DEPTNO가 20인 행

ENAME	JOB	SAL	DEPTNO
KING	PRESIDENT	5000	10
BLAKE	MANAGER	2850	30
CLARK	MANAGER	2450	10

— SAL이 2000 이상인 행

JONES	MANAGER	2975	20
FORD	ANALYST	3000	20
SMITH	CLERK	800	20
SCOTT	ANALYST	3000	20
ADAMS	CLERK	1100	20

DEPTNO가 20인 행

- NOT: 조건의 참/거짓을 반전시킨다. 즉, 조건이 참(TRUE)이면 거짓(FALSE)을 반환하고, 조건이 거 짓(FALSE)이면 참(TRUE)을 반환한다.

- 급여(SAL) 칼럼이 1000보다 크지 않거나 직무가 'MANAGER'인 직원들을 선택

```
SELECT
        ENAME
    , JOB
    , SAL
    , DEPTNO
FROM
        EMP
WHERE
    NOT SAL > 1000          조건의 참/거짓을 반전
                         → SAL이 1000 초과가 아님(SAL이 1000 이하인 행)
    OR JOB = 'MANAGER';      또는 JOB이 MANAGER인 행
```

ENAME	JOB	SAL	DEPTNO
BLAKE	MANAGER	2850	30
CLARK	MANAGER	2450	10
JONES	MANAGER	2975	20
JAMES	CLERK	950	30
SMITH	CLERK	800	20

JOB이 MANAGER인 행

SAL이 1000 초과가 아님(SAL이 1000 이하인 행)

② 논리 연산자 우선 순위

- 논리 연산자 우선 순위: NOT > AND > OR

```
SELECT
        ENAME
    , JOB
    , SAL
```

```sql
        , DEPTNO
  FROM
        EMP
  WHERE (
        NOT (SAL > 2000 AND DEPTNO = 10)
        )
        OR JOB = 'CLERK';
```

① SAL이 2000 초과이고 DEPTNO가 10인 행
② NOT(SAL이 2000 초과이고 DEPTNO가 10인 행)
→ SAL이 2000 이하이거나 DEPTNO가 10이 아닌 행
③ 또는 JOB이 CLERK인 행

① 괄호 안의 조건 먼저 적용
② NOT 연산자 적용
③ OR 연산자 적용

ENAME	JOB	SAL	DEPTNO
BLAKE	MANAGER	2850	30
JONES	MANAGER	2975	20
MARTIN	SALESMAN	1250	30
ALLEN	SALESMAN	1600	30
TURNER	SALESMAN	1500	30
JAMES	CLERK	950	30
WARD	SALESMAN	1250	30
FORD	ANALYST	3000	20
SMITH	CLERK	800	20
SCOTT	ANALYST	3000	20
ADAMS	CLERK	1100	20
MILLER	CLERK	1300	10

DEPTNO가 10이 아닌 행

JOB이 CLERK인 행

01. 다음 테이블에 대한 SQL의 결과로 올바른 것을 고르시오.

【 EMPLOYEE 】

EMP_ID	NAME	DEPT_ID	SALARY	BONUS
101	김철수	10	3000	500
102	이영희	20	2500	NULL
103	박민수	10	1500	200
104	정수진	30	4000	800

```
SELECT NAME
FROM EMPLOYEE
WHERE (SALARY > 2000 AND BONUS IS NOT NULL) OR (DEPT_ID = 20 AND BONUS IS NULL);
```

① 박민수, 이영희
② 이영희
③ 김철수, 이영희, 정수진
④ 김철수, 박민수

02. 다음 테이블에 대한 SQL의 결과로 올바른 것을 고르시오.

【 ORDERS 】

ORDER_ID	CUSTOMER_ID	AMOUNT
1	C001	500
2	C002	1500
3	C003	NULL

```
SELECT ORDER_ID
FROM ORDERS
WHERE AMOUNT * 2 > 1000 OR NVL(AMOUNT, 0) = 0;
```

① 1, 2
② 2, 3
③ 1, 3
④ 3

03. 다음 테이블에 대한 SQL의 결과로 올바른 것을 고르시오.

【 PRODUCT 】

PROD_ID	NAME	PRICE	STOCK
P01	노트북	1500	10
P02	키보드	50	0
P03	모니터	300	5
P04	마우스	30	20

```
SELECT NAME
FROM PRODUCT
WHERE (PRICE > 100 AND STOCK > 0) OR STOCK = 20;
```

① 노트북, 모니터, 마우스
② 노트북, 키보드, 마우스
③ 노트북, 모니터
④ 노트북, 키보드, 모니터

04. 다음 테이블에 대한 SQL의 결과로 올바른 것을 고르시오.

【 FILES 】

FILE_ID	FILE_NAME
1	report_2024.pdf
2	report%2024.pdf
3	summary_2023.doc

```
SELECT FILE_NAME
FROM FILES
WHERE FILE_NAME LIKE 'report\%2024%' ESCAPE '\';
```

① report_2024.pdf
② report%2024.pdf
③ summary_2023.doc
④ report_2024.pdf, report%2024.pdf

05. WHERE 절에 대한 설명으로 틀린 것은?

① WHERE 절은 NULL 값을 비교할 때 반드시 IS NULL 또는 IS NOT NULL을 사용해야 한다.
② WHERE 절은 열과 상수, 열과 열 간의 비교 연산을 수행할 수 있다.
③ WHERE 절은 SELECT 문에서 데이터를 필터링하지만, UPDATE와 DELETE 문에서는 사용할 수 없다.
④ WHERE 절은 단일 조건뿐만 아니라 여러 조건을 논리 연산자로 결합할 수 있다.

01. **답**: ③

해설: 첫 번째 조건 (SALARY > 2000 AND BONUS IS NOT NULL)을 만족하는 행은 김철수, 정수진이다. 두 번째 조건 (DEPT_ID = 20 AND BONUS IS NULL)을 만족하는 행은 이영희(DEPT_ID: 20, BONUS: NULL)이다. 따라서 결과는 김철수, 정수진, 이영희이다.

02. **답**: ②

해설: 조건 1: AMOUNT * 2 > 1000을 만족하는 행은 2(AMOUNT: 1500). 조건 2: NVL(AMOUNT, 0) = 0은 NULL 값을 0으로 대체하여 확인하므로, 3이 선택된다. 결과는 2와 3이다.

03. **답**: ①

해설: (PRICE > 100 AND STOCK > 0) → 노트북, 모니터. OR STOCK = 20 → 마우스. 따라서 노트북, 모니터, 마우스가 정답이다.

04. **답**: ②

해설: ESCAPE '\'를 지정하면, 백슬래시(\) 다음에 오는 문자를 일반 문자로 인식한다. 조건 'report\%2024%'은 %를 일반 문자로 처리하므로 report%2024.pdf와 일치한다.

05. **답**: ③

해설: ①: WHERE 절에서 NULL 값은 비교 연산자(=, != 등)로 비교할 수 없으며, IS NULL 또는 IS NOT NULL을 사용해야 하므로 올바른 설명이다. ②: WHERE 절은 열 간 비교 또는 상수와 열 간 비교 연산을 지원하므로 올바른 설명이다. ③: WHERE 절은 SELECT뿐만 아니라 UPDATE와 DELETE 문에서도 사용할 수 있으므로 틀린 설명이다. ④: WHERE 절은 논리 연산자(AND, OR, NOT 등)를 사용해 여러 조건을 결합할 수 있으므로 올바른 설명이다.

4. GROUP BY 절, HAVING 절, ORDER BY 절

(1) 다중행 함수와 집계 함수

① 다중행 함수와 집계 함수의 기초 개념

- 집계 함수는 SQL에서 여러 행의 데이터를 하나의 결괏값으로 집계하는 데 사용되는 함수다. 주로 데이터의 요약, 계산, 통계 목적으로 사용된다. 대표적인 집계 함수로는 SUM, AVG, COUNT, MAX, MIN 등이 있다.

- 데이터진흥원 기본서에서는 집계 함수의 특징을 다음과 같이 설명하고 있다.

- 여러 행들의 그룹이 모여서 그룹당 단 하나의 결과를 반환하는 다중행 함수 중 집계 함수(Aggregate Function)의 특성은 다음과 같다.(〈SQL 전문가 가이드〉, P204, 데이터진흥원, 2023)

  · 여러 행들의 그룹이 모여 그룹당 단 하나의 결과를 돌려주는 함수다.
  · GROUP BY 절은 행들을 소그룹화한다.
  · SELECT 절, HAVING 절, ORDER BY 절에서 사용할 수 있다.

- 예를 들어, 어느 고등학교 3학년 1반의 영어 평균 점수를 구한다고 가정해보자. 3학년 1반의 인원이 30명이라고 가정하면, 먼저 30명 각각의 영어 점수를 더한 다음(SUM) 그 값을 인원수인 30으로 나누면 된다. 즉, 학생 30명의 영어 점수가 각각 기록된 테이블의 30개 행을 평균(AVG)이라는 하나의 결괏값으로 돌려준다는 의미에서 이러한 함수를 다중행 함수라 부른다.

- 다중행 함수에서 주의할 사항은 WHERE 절에서는 사용할 수 없고, HAVING 절에서 사용 가능하다는 점이다. 왜냐하면 다중행 함수의 전제 조건이 바로 그룹화가 이루어져야 가능한 함수이기 때문이다. 반별 평균, 칼럼의 최댓값 등 먼저 그룹화한 다음에 다중행 함수가 실행되므로 SQL 문법 순서상 그룹화되기 전에 실행되는 WHERE 절에서 사용할 수 없다.

참고

다중행 함수를 WHERE 절에서 사용할 수 없는 이유

앞서 이미 설명드린 바 있지만, 여기서 이해하는 것이 중요하기 때문에 설명하고 넘어가겠습니다. 먼저 SQL 쿼리가 실행되는 과정을 요리하는 과정에 비유해 보겠습니다.

1단계: 재료 준비 -------------------------- FROM: 테이블에서 데이터 가져오기

2단계: 재료 선별 -------------------------- WHERE: 조건에 맞는 행 선택

3단계: 재료 분류 -------------------------- GROUP BY: 같은 종류끼리 그룹화

4단계: 분류된 재료 선별 -------------------- HAVING: 그룹 중 조건에 맞는 것 선택

5단계: 요리 완성 ---------------------------- SELECT: 최종 결과 선택

6단계: 정렬하기 ---------------------------- ORDER BY: 오름차순, 내림차순

다중행 함수(예: AVG, SUM)는 여러 재료를 한꺼번에 처리해야 합니다. 즉, 그룹화가 필요합니다. WHERE는 개별 재료를 선별하는 단계입니다. 이 단계에서는 아직 재료가 분류되지 않았기 때문에 여러 재료를 한꺼번에 처리하는 다중행 함수를 사용할 수 없습니다. HAVING은 재료를 분류한 후에 실행됩니다. 이때는 이미 재료가 그룹별로 정리되어 있어서 다중행 함수를 사용할 수 있습니다.

예를 들어:

WHERE: "빨간 사과만 선택해"

HAVING: "사과들의 평균 무게가 200g 이상인 종류만 선택해"

HAVING 절에서는 그룹별 '평균'이라는 개념을 사용할 수 있지만, WHERE 절에서는 아직 사과를 선택하는 단계이기 때문에 '평균'을 계산할 수 없습니다. 그룹별 '평균'이라는 것은 그룹핑을 먼저 한 다음에야 그룹별로 평균이라는 개념이 나오는 것이므로 항상 GROUPBY 다음에 HAVING이 온다고 생각하면 됩니다.

이렇게 SQL은 단계별로 데이터를 처리하며, 각 단계에서 할 수 있는 작업이 정해져 있습니다. 이는 데이터를 효율적으로 처리하고 논리적으로 일관된 결과를 얻기 위한 설계입니다. 그래서 SQL을 절차형 언어로 분류합니다. 정해진 문법 순서에 따라 철저하게 절차형으로 수행되는 언어이기 때문입니다.

② 다중행 함수의 종류

- 데이터진흥원 기본서에서 다중행 함수 중 집계 함수는 '2과목 1장 SQL 기본'에서 설명하고, 그룹 함수와 순위 함수, 윈도우 함수는 '2과목 2장 SQL 활용'에서 설명하고 있으므로 본 교재에서도 그 편집 구성을 따르기로 한다.

참고

SQLD 시험에 자주 나오는 다중행 함수

SQLD 시험에서는 집계 함수, 순위 함수, 윈도우 함수가 주로 출제되며 통계 함수와 데이터 분석 함수는 출제된 적이 거의 없습니다. 출제되더라도 기본 개념 정도 선에서 출제될 것으로 보입니다.

【 다중행 함수의 종류 】

2과목 1장 SQL 기본	집계 함수	COUNT(): 행의 개수를 계산
		SUM(): 합계를 계산
		AVG(): 평균을 계산
		MAX(): 최댓값을 찾음
		MIN(): 최솟값을 찾음

	통계 함수	STDDEV(): 표준편차를 계산
	(집계 함수로 분류하기도 함)	VARIANCE(): 분산을 계산
2과목 2장 SQL 활용	그룹 함수 (데이터 분석 함수로 분류하기도 함)	LISTAGG(): 여러 행의 값을 하나의 문자열로 연결(오라클)
		STRING_AGG(): LISTAGG와 유사(SQL Server)
		GROUP_CONCAT(): LISTAGG와 유사(MySQL)
	순위 함수	RANK(): 순위를 계산(동점 시 간격 발생)
		DENSE_RANK(): 순위를 계산(동점 시 간격 없음)
		ROW_NUMBER(): 각 행에 고유한 숫자를 할당
	윈도우 함수	위의 다중행 함수들을 OVER 절과 함께 사용하여 윈도우 함수로 활용 가능

- 집계 함수 적용 예: EMP 테이블의 합계, 평균, 행 수, 최댓값, 최솟값 계산

```
SELECT
      SUM(SAL) AS TOTAL_SALARY      ——— SAL의 총합 계산
    , AVG(SAL) AS AVERAGE_SALARY    ——— SAL의 평균 계산
    , COUNT(*) AS EMPLOYEE_COUNT    ——— 모든 행의 개수 계산
    , MAX(SAL) AS MAX_SALARY        ——— SAL의 최댓값 계산
    , MIN(SAL) AS MIN_SALARY        ——— SAL의 최솟값 계산
FROM
      EMP;
```

SAL의 총합 계산	SAL의 평균 계산	모든 행의 개수 계산	SAL의 최댓값 계산	SAL의 최솟값 계산
TOTAL_SALARY	AVERAGE_SALARY	EMPLOYEE_COUNT	MAX_SALARY	MIN_SALARY
29025	2073.214	14	5000	800

(2) GROUP BY 절

① GROUP BY 절 기초 개념

- GROUP BY 절은 SQL에서 데이터를 그룹화하는 데 사용되는 중요한 기능이다. GROUP BY는 지정된 칼럼(열)의 값이 같은 행들을 하나의 그룹으로 묶는다. 이렇게 그룹으로 묶는 이유는 집계 함수(COUNT, SUM, AVG 등)를 사용하여 그룹의 특성을 파악하기 위함이다. 따라서 보고서, 통계, 데이터 요약 등의 실무에서 자주 사용된다.

- GROUP BY 절에서 칼럼을 그룹으로 묶을 때 특정 조건을 지정하고 싶은 경우가 있다. 예를 들어, 학교에서 학년과 반을 기준으로 그룹화할 때 남학생을 제외한 여학생만 그룹으로 지정하고 싶을 때도 있을 것이다. 이때 HAVING 절을 사용한다. 뒤에서 설명하겠지만, HAVING 절은 그룹에 대한 조건을 지정할 때 사용되며, 대부분 GROUP BY 절과 함께 사용된다.

② GROUP BY 절 형식과 예

- GROUP BY 절은 SELECT 문에서 집계 함수를 사용할 때 지정된 열을 기준으로 행을 그룹으로 묶는다.

- 다음 예에서 알 수 있듯이, 그룹화된 칼럼(열)은 반드시 SELECT 절에도 포함되어야 한다. 이는 최종적으로 조회해서 보여주려면 그룹화된 칼럼(열)도 SELECT 절에 존재해야 하기 때문에 어찌 보면 당연한 말이다.

- 여러 열을 사용한 그룹화 예

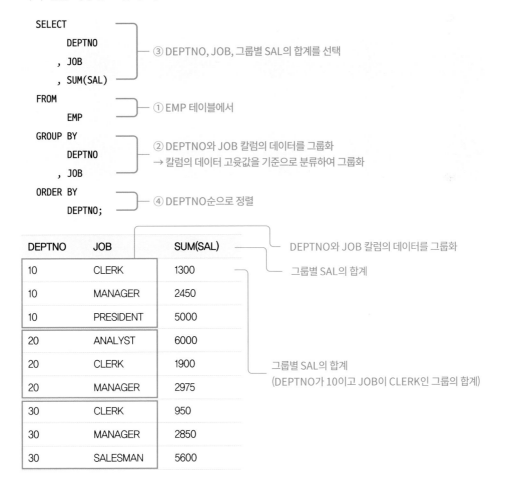

- GROUP BY 절에서는 ALIAS를 사용할 수 없다. 이는 시험에도 틀린 지문 혹은 맞는 지문으로 자주 등장하는 개념이다. 결론부터 말하면 그 이유는 SQL의 실행 순서 때문이다.

- SQL의 실행 순서

  1단계: 재료 준비 ------------------- FROM: 테이블에서 데이터 가져오기

  2단계: 재료 선별 ------------------- WHERE: 조건에 맞는 행 선택

  3단계: 재료 분류 ------------------- GROUP BY: 같은 종류끼리 그룹화

  4단계: 분류된 재료 선별 ------------- HAVING: 그룹 중 조건에 맞는 것 선택

  5단계: 요리 완성 ------------------- SELECT: 최종 결과 선택

  6단계: 정렬하기 ------------------- ORDER BY: 오름차순, 내림차순

- GROUP BY는 SELECT 절보다 먼저 실행되므로, GROUP BY에서 정의된 ALIAS를 인식할 수 없다. 따라서 다음의 예처럼 GROUP BY 절에서 정의된 ALIAS를 사용하면 오류가 발생한다.

- GROUP BY 절에서 정의된 ALIAS를 사용할 경우 오류 발생

```
SELECT
    DEPTNO
  , JOB
  , SUM(SAL)
FROM
    EMP
GROUP BY
    DEPTNO
  , JOB AS JOB_NAME;
```
GROUP BY 절에서 ALIAS 사용 시 오류 발생

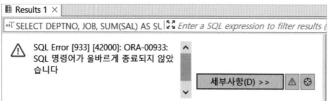

```
Results 1 ×
SELECT DEPTNO, JOB, SUM(SAL) AS SL   Enter a SQL expression to filter results

⚠  SQL Error [933] [42000]: ORA-00933:
    SQL 명령어가 올바르게 종료되지 않았
    습니다
                                    세부사항(D) >>
```

- SELECT 절에서 정의된 ALIAS를 사용

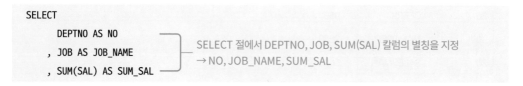

```
SELECT
    DEPTNO AS NO
  , JOB AS JOB_NAME
  , SUM(SAL) AS SUM_SAL
```
SELECT 절에서 DEPTNO, JOB, SUM(SAL) 칼럼의 별칭을 지정
→ NO, JOB_NAME, SUM_SAL

```
        FROM
                EMP
        GROUP BY
                DEPTNO
                , JOB ┐──── GROUP BY 절에서 별칭 사용 불가
        ORDER BY
                NO; ┐──── ORDER BY 절에서 별칭 사용 가능
                        (ORDER BY 절은 SELECT 절 이후에 수행되므로)
```

NO	JOB_NAME	SUM_SAL	──── NO, JOB_NAME, SUM_SAL 별칭 사용
10	CLERK	1300
10	MANAGER	2450
10	PRESIDENT	5000
20	ANALYST	6000
20	CLERK	1900
20	MANAGER	2975

참고

GROUP BY 절에서는 ALIAS를 사용할 수 없지만, ORDER BY 절에서는 ALIAS를 사용할 수 있는 이유

그 이유는 SQL 실행 순서와 깊은 관련이 있습니다. ORDER BY 절은 가장 마지막 단계에서 실행되므로 ORDER BY 절에서는 ALIAS 사용이 가능합니다. 하지만 최신 몇몇 DB(MySQL 5.7 이상, PostgreSQL 9.1 이상, SQLite, MariaDB)에서는 GROUP BY 절에서 ALIAS를 허용하기도 합니다. 오라클, SQL Server 등 다른 주요 데이터베이스 시스템에서는 여전히 GROUP BY 절에서 ALIAS 사용을 허용하지 않습니다.

(3) HAVING 절

① HAVING 절 기초 개념

- HAVING 절은 GROUP BY와 함께 자주 사용되며 그룹화된 결과에 조건을 적용할 때 사용한다.

- 다시 말해, GROUP BY 절로 그룹화된 특정 칼럼의 고유한 데이터값 전부를 그룹화하는 것이 아니라, 필터를 통해 그룹 내에서 필터링된 값만을 그룹화하고 싶을 때 사용한다.

- 예를 들어, 앞서 살펴본 예에서 3학년 1반 여학생들만의 영어 점수 평균을 알고 싶을 때, 'GROUP BY 영어점수' + 'HAVING 성별 = 여학생'과 같이 GROUP BY와 HAVING을 함께 적용한다.

- HAVING 절에는 주로 집계 함수(COUNT, AVG, SUM 등)가 사용된다.

- GROUP BY 없이 HAVING 절을 사용할 수 있지만, 이는 드문 경우다. 대부분은 GROUP BY와 함께 사용된다.

② HAVING 절의 형식과 예

- GROUP BY와 HAVING 절 적용 예

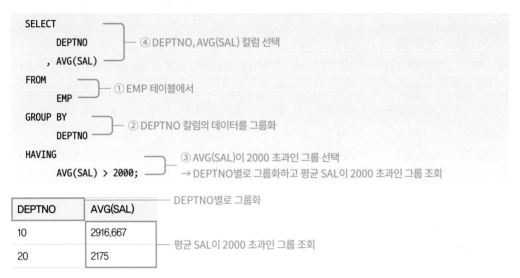

- GROUP BY와 HAVING 절의 순서가 바뀐 경우

  → 오라클에서는 문법 에러가 없고 결과물도 동일

  → SQL Server에서는 오류 발생

- 오라클에서 GROUP BY와 HAVING 절의 순서가 바뀐 경우의 예

```
SELECT
    DEPTNO
  , AVG(SAL)
FROM
    EMP
HAVING
    AVG(SAL) > 2000          오라클에서는 GROUP BY와 HAVING 절의 순서가 바뀌어도
GROUP BY                      에러가 발생하지 않음
    DEPTNO;
```

DEPTNO	AVG(SAL)
10	2916,667
20	2175

③ 데이터를 필터링할 때 WHERE 절 혹은 HAVING 절의 차이

- 데이터를 그룹핑하여 집계 함수를 적용할 때 특정한 그룹을 필터링할 수 있는 방법은 크게 두 가지다.

- 하나는 WHERE 절에서 먼저 데이터를 필터링하고 이를 가지고 집계하는 방법이며, 다른 하나는 HAVING 절에서 데이터를 필터링하는 방법이다.

- WHERE 절에서 먼저 데이터를 필터링하고 집계하는 방법

ENAME	SAL	DEPTNO
KING	5000	10
BLAKE	2850	30
CLARK	2450	10
ALLEN	1600	30
JONES	2975	20
SCOTT	3000	20
FORD	3000	20

먼저 SAL 값이 1500 초과인 행을 필터링

DEPTNO	AVG(SAL)
10	3725
30	2225
20	2991,667

그 후에 DEPTNO별로 그룹화하여 평균 급여 계산

- HAVING 절에서 데이터를 필터링하는 방법

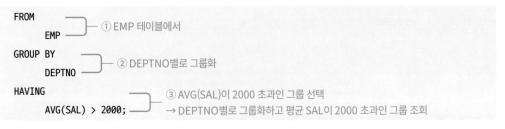

DEPTNO	AVG(SAL)
10	2916.667
20	2175

모든 행을 DEPTNO별로 그룹화하고
평균 급여가 2000 초과인 그룹 선택

- WHERE 절은 그룹화 전에 개별 행을 필터링한다. 즉, 적용 대상은 개별 행이며, 이때 WHERE 절에는 집계 함수를 사용할 수 없다.

- HAVING 절은 그룹화 후 그룹에 대해 필터링한다. 즉, 적용 대상은 그룹화된 결과이며, HAVING 절에는 집계 함수를 사용할 수 있다.

- WHERE 절은 데이터를 그룹화하기 전에 개별 행에 조건을 적용하여 필터링하고, HAVING 절은 데이터를 그룹화한 후 그룹에 조건을 적용하여 필터링한다. 이 두 절을 함께 사용하여 보다 정교한 데이터 필터링과 집계가 가능하다.

④ ORDER BY 절

- 단일 열을 기준으로 오름차순 정렬

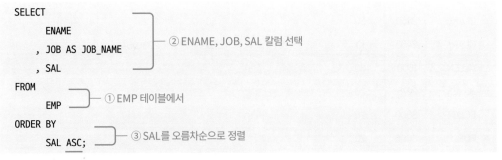

ENAME	JOB_NAME	SAL
SMITH	CLERK	800
JAMES	CLERK	950
ADAMS	CLERK	1100
WARD	SALESMAN	1250

SAL 오름차순으로 정렬

- 단일 열을 기준으로 내림차순 정렬

```
SELECT
        ENAME
    , JOB
    , SAL
FROM
        EMP
ORDER BY
        SAL DESC;
```

② ENAME, JOB, SAL 칼럼 선택
① EMP 테이블에서
③ SAL를 내림차순으로 정렬

ENAME	JOB	SAL
KING	PRESIDENT	5000
SCOTT	ANALYST	3000
FORD	ANALYST	3000
JONES	MANAGER	2975

SAL를 내림차순으로 정렬

- 여러 열을 기준으로 정렬

```
SELECT
        ENAME
    , JOB
    , SAL
    , DEPTNO
FROM
        EMP
ORDER BY
        DEPTNO ASC
    , SAL DESC;
```

② ENAME, JOB, SAL, DEPTNO 칼럼 선택
① EMP 테이블에서
③ DEPTNO는 오름차순으로 정렬하고,
동일한 부서 내에서는 SAL을 내림차순으로 정렬

ENAME	JOB	SAL	DEPTNO
KING	PRESIDENT	5000	10
CLARK	MANAGER	2450	10
MILLER	CLERK	1300	10
SCOTT	ANALYST	3000	20
FORD	ANALYST	3000	20
JONES	MANAGER	2975	20
ADAMS	CLERK	1100	20
SMITH	CLERK	800	20
BLAKE	MANAGER	2850	30

먼저 DEPTNO를 오름차순으로 정렬
같은 DEPT 내에서는 SAL을 내림차순으로 정렬

- 부서별로 가장 최근에 고용된 직원 찾기

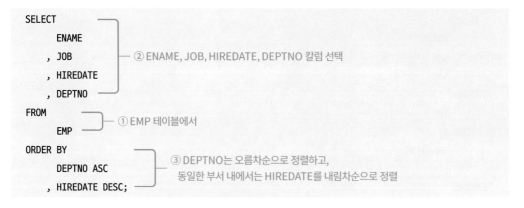

ENAME	JOB	HIREDATE	DEPTNO
MILLER	CLERK	1982-01-11	10	← 10번 부서에서 가장 최근에 고용된 직원
KING	PRESIDENT	1981-11-17	10
CLARK	MANAGER	1981-05-09	10	DEPTNO는 오름차순으로 정렬하고,
ADAMS	CLERK	1983-01-15	20	← 20번 부서에서 가장 최근에 고용된 직원
SCOTT	ANALYST	1982-12-22	20
FORD	ANALYST	1981-12-11	20	동일한 부서 내에서는 HIREDATE를 내림차순으로 정렬 → 부서에서 최근에 고용된 직원순으로 정렬

01. 다음 보기 중 설명이 가장 올바르지 않은 것을 고르시오.

① GROUP BY 절은 SELECT 문에서 집계함수를 사용하기 전에 데이터를 그룹화한다.

② HAVING 절은 GROUP BY 절과 상관없이 사용할 수 있다.

③ ORDER BY 절은 SELECT 절에서 정의되지 않은 열도 사용할 수 있다.

④ GROUP BY 절은 NULL 값을 포함한 데이터를 그룹화할 수 있다.

【 문제 2~5 】보기 테이블

【 EMPLOYEE 】

EMP_ID	DEPT_ID	SALARY
101	10	3000
102	10	4000
103	20	2000
104	20	3000

02. 다음 테이블에 대한 SQL의 결과로 올바른 것을 고르시오.

```
SELECT DEPT_ID, SUM(SALARY) AS TOTAL_SALARY
FROM EMPLOYEE
GROUP BY DEPT_ID;
```

① 10: 7000, 20: 5000 　　　　② 10: 4000, 20: 3000

③ 10: 3000, 20: 2000 　　　　④ 모든 행을 합산하여 반환한다.

03. 다음 SQL 수행 결과로 옳은 것을 고르시오.

```
SELECT DEPT_ID, SUM(SALARY) AS TOTAL_SALARY
FROM EMPLOYEE
GROUP BY DEPT_ID
HAVING SUM(SALARY) > 6000;
```

① 10: 7000 　　　　② 10: 7000, 20: 5000

③ 20: 5000 　　　　④ 결과가 반환되지 않는다.

04. 다음 SQL 수행 결과로 옳은 것을 고르시오.

```
SELECT DEPT_ID, COUNT(EMP_ID) AS EMP_COUNT
FROM EMPLOYEE
GROUP BY DEPT_ID
HAVING COUNT(EMP_ID) > 1;
```

① 결과가 반환되지 않는다.　　　　② DEPT_ID가 10인 부서만 반환된다.

③ DEPT_ID가 20인 부서만 반환된다.　　　　④ 모든 부서가 반환된다.

05. 다음 SQL 수행 결과로 옳은 것을 고르시오.

```
SELECT EMP_ID, SALARY
FROM EMPLOYEE
ORDER BY SALARY DESC NULLS LAST;
```

① SALARY가 낮은 순서대로 정렬되고 NULL 값은 마지막에 위치한다.

② NULL 값이 SALARY가 높은 값보다 먼저 정렬된다.

③ SALARY가 높은 순서대로 정렬되고 NULL 값은 마지막에 위치한다.

④ NULL 값은 무작위로 정렬된다.

【 정답&해설 】

01. **답:** ②

　　해설: HAVING 절은 GROUP BY 절과 상관없이 사용할 수 없다. HAVING 절은 반드시 GROUP BY 절과 함께 사용해야 한다. HAVING은 그룹화된 데이터에 대한 조건을 지정하는 절이다.

02. **답:** ①

　　해설: GROUP BY 절은 DEPT_ID로 데이터를 그룹화하고, 각 그룹의 SALARY 합계를 계산한다. 결과는 10번 부서 7000, 20번 부서 5000이다.

03. **답:** ①

　　해설: HAVING 절은 GROUP BY 결과에 조건을 적용한다. SUM(SALARY) > 6000인 그룹은 DEPT_ID가 10인 행이다.

04. **답:** ④

　　해설: 각 DEPT_ID에 대해 EMP_ID의 개수를 계산한다. 두 부서 모두 EMP_ID가 2개 이상이므로 모든 부서가 반환된다.

05. **답:** ③

　　해설: NULLS LAST는 NULL 값을 마지막에 위치시키며, SALARY는 DESC로 높은 순서부터 정렬한다.

5. JOIN

(1) JOIN 개요

JOIN 기초 개념

- 앞서 1과목에서도 관계와 JOIN에 대해 살펴본 바 있다. 반복되는 내용이지만 복습하는 의미에서 간단히 살펴보고 넘어가기로 한다.

- 데이터 모델링에서의 '관계'는 서로 연결되어 있다는 의미다. 부모 테이블의 식별자를 자식 테이블의 식별자로 포함시키면 '식별 관계'라고 하며, 그렇지 않으면 '비식별 관계'라고 한다. 바로 이 '관계' 개념을 SQL 언어에서 'JOIN'이라 부른다.

- JOIN은 데이터를 서로 연결해서 볼 수 있는 방법이라고 생각하면 된다. 데이터를 연결해 주는 연결고리(식별자)를 통해 두 가지 다른 정보를 한데 모아 볼 수 있게 된다.

- JOIN은 두 개 이상의 테이블에서 관련된 데이터를 결합하여 새로운 결과 집합을 생성하는 과정이다. 관계형 데이터베이스에서는 테이블 간의 관계를 정의하고, 이러한 관계를 통해 데이터를 연결한다. 조인의 기본 목적은 테이블 간의 관계를 활용하여 필요한 정보를 효율적으로 검색하는 것이다.

- JOIN 문법

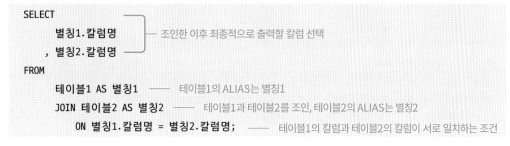

※ 주의 _ AS 별칭 사용 시 AS 없이 바로 별칭이 나올 수도 있고, 별칭 없이 테이블명이 바로 나올 수도 있다.

참고

JOIN을 설명하기 위한 샘플 테이블을 만들기 위한 쿼리

- 기존의 EMP, DEPT 테이블을 약간 수정하여 EMP_NEW, DEPT_NEW 테이블을 만들어 보겠습니다.

- 아래 쿼리를 순차적으로 실행하면 됩니다.

```
-- EMP_NEW 테이블 생성
CREATE TABLE EMP_NEW(
    EMPNO NUMBER(4) PRIMARY KEY,
```

```
    ENAME VARCHAR2(10),
    DEPTNO NUMBER(2),
    LOCATION VARCHAR2(13)
);

-- DEPT_NEW 테이블 생성
CREATE TABLE DEPT_NEW (
    DEPTNO NUMBER(2) PRIMARY KEY,
    DNAME VARCHAR2(14),
    LOCATION VARCHAR2(13)
);

-- EMP_NEW 테이블에 데이터 삽입
-- 전체 블록 선택 후 ALT+X로 한 번에 실행
INSERT INTO EMP_NEW (EMPNO, ENAME, DEPTNO, LOCATION) VALUES (7369, 'SMITH',  20, 'NEW YORK');
INSERT INTO EMP_NEW (EMPNO, ENAME, DEPTNO, LOCATION) VALUES (7499, 'ALLEN',  30, 'CHICAGO');
INSERT INTO EMP_NEW (EMPNO, ENAME, DEPTNO, LOCATION) VALUES (7521, 'WARD',   30, 'CHICAGO');
INSERT INTO EMP_NEW (EMPNO, ENAME, DEPTNO, LOCATION) VALUES (7566, 'JONES',  20, 'DALLAS');
INSERT INTO EMP_NEW (EMPNO, ENAME, DEPTNO, LOCATION) VALUES (7654, 'MARTIN', 30, 'CHICAGO');
INSERT INTO EMP_NEW (EMPNO, ENAME, DEPTNO, LOCATION) VALUES (7698, 'BLAKE',  30, 'BOSTON');
INSERT INTO EMP_NEW (EMPNO, ENAME, DEPTNO, LOCATION) VALUES (7782, 'CLARK',  10, 'NEW YORK');
INSERT INTO EMP_NEW (EMPNO, ENAME, DEPTNO, LOCATION) VALUES (7788, 'SCOTT',  20, 'DALLAS');
INSERT INTO EMP_NEW (EMPNO, ENAME, DEPTNO, LOCATION) VALUES (7839, 'KING',   10, 'BOSTON');
INSERT INTO EMP_NEW (EMPNO, ENAME, DEPTNO, LOCATION) VALUES (7844, 'TURNER', 30, 'CHICAGO');
INSERT INTO EMP_NEW (EMPNO, ENAME, DEPTNO, LOCATION) VALUES (7876, 'ADAMS',  20, 'DALLAS');
INSERT INTO EMP_NEW (EMPNO, ENAME, DEPTNO, LOCATION) VALUES (7900, 'JAMES',  30, 'CHICAGO');
INSERT INTO EMP_NEW (EMPNO, ENAME, DEPTNO, LOCATION) VALUES (7902, 'FORD',   20, 'DALLAS');
INSERT INTO EMP_NEW (EMPNO, ENAME, DEPTNO, LOCATION) VALUES (7934, 'MILLER', 10, 'NEW YORK');

-- DEPT_NEW 테이블에 데이터 삽입
-- 전체 블록 선택 후 ALT+X로 한 번에 실행
INSERT INTO DEPT_NEW (DEPTNO, DNAME, LOCATION) VALUES (10, 'ACCOUNTING', 'NEW YORK');
INSERT INTO DEPT_NEW (DEPTNO, DNAME, LOCATION) VALUES (20, 'RESEARCH',   'DALLAS');
INSERT INTO DEPT_NEW (DEPTNO, DNAME, LOCATION) VALUES (30, 'SALES',      'CHICAGO');
INSERT INTO DEPT_NEW (DEPTNO, DNAME, LOCATION) VALUES (40, 'OPERATIONS', 'BOSTON');
```

② JOIN은 반드시 식별자 관계만 가능한가?

- 결론부터 말하면, 그렇지는 않다. 일반적으로 주식별자(PK)나 보조식별자(FK) 값의 연관에 의해 조인이 이루어진다. 하지만 식별자 관계없이 논리적인 값들의 연관만으로도 JOIN이 이루어질 수 있다.

- 방금 만든 EMP_NEW 테이블과 DEPT_NEW 테이블을 통해 살펴보자.

【 EMP_NEW 테이블 】

EMPNO	ENAME	DEPTNO	LOCATION
7369	SMITH	20	NEW YORK
7499	ALLEN	30	CHICAGO
7521	WARD	30	CHICAGO
7566	JONES	20	DALLAS
7654	MARTIN	30	CHICAGO
7698	BLAKE	30	BOSTON
7782	CLARK	10	NEW YORK
7788	SCOTT	20	DALLAS
7839	KING	10	BOSTON
7844	TURNER	30	CHICAGO
7876	ADAMS	20	DALLAS
7900	JAMES	30	CHICAGO
7902	FORD	20	DALLAS
7934	MILLER	10	NEW YORK

· EMPNO (직원번호, PK)

· ENAME (직원이름)

· DEPTNO (부서번호, FK)

· LOCATION (근무지)

【 DEPT_NEW 테이블 】

DEPTNO	DNAME	LOCATION
10	ACCOUNTING	NEW YORK
20	RESEARCH	DALLAS
30	SALES	CHICAGO
40	OPERATIONS	BOSTON

· DEPTNO (부서번호, PK)

· DNAME (부서이름)

· LOCATION (근무지)

- 일반적인 식별자 관계 JOIN: EMP_NEW 테이블에는 직원 정보가 있으며, DEPTNO(부서번호, FK) 칼럼이 FK로 설정되어 있다. DEPT_NEW 테이블에서는 DEPTNO(부서번호, PK) 칼럼이 PK로 설정되어 있다.

- 복습하는 의미에서 다시 설명하면, 직원 정보를 저장하는 EMP_NEW 테이블에서는 직원의 부서 정보를 표시하기 위해 부서 정보 테이블인 DEPT_NEW 테이블의 DEPTNO(부서번호) 칼럼을 FK로 참조한다. EMP_NEW 테이블에서는 부서의 번호만 담고 있을 뿐, 세부적으로 어떤 부서인지에 관한 정보는 담고 있지 않다. 따라서 특정 직원이 속한 부서 이름을 알고 싶다면, 이 두 테이블을 DEPTNO(부서번호) 칼럼으로 조인해야 한다. 이렇게 식별자 관계로 조인하는 경우가 '일반적인 식별자 관계 JOIN'이다.

【 일반적인 식별자 관계 JOIN 】

- 비식별자 관계 JOIN: 식별자 관계가 아닐 경우에도 조인이 가능하다. EMP_NEW 테이블과 DEPT_NEW 테이블에 모두 존재하는 칼럼이지만, 식별자관계가 아닌 LOCATION(근무지) 칼럼으로 조인해보자.

- 이 경우 EMP_NEW 직원 정보 테이블에 있는 LOCATION(근무지) 칼럼과 DEPT_NEW 부서 정보 테이블의 LOCATION(근무지) 칼럼을 조인할 때 ON 조건절로 정의해야 한다.

【 비식별자 관계 JOIN 】

```
SELECT
      e.ENAME        ─── 조인한 이후 최종적으로 출력할 칼럼 선택
    , d.DNAME            EMP_NEW 테이블의 ENAME, DEPT_NEW 테이블의 DNAME
FROM
      EMP_NEW e      ─── EMP_NEW 테이블과 DEPT_NEW 테이블을 조인
      JOIN DEPT_NEW d     EMP_NEW 테이블의 별칭은 e, DEPT_NEW 테이블의 별칭은 d
          ON e.LOCATION = d.LOCATION;  ─── EMP_NEW 테이블의 LOCATION 칼럼과 DEPT_NEW 테이블의
                                            LOCATION 칼럼이 서로 일치하는 조건 (형식: ON A.칼럼 = B.칼럼)
```

ENAME	DNAME
SMITH	ACCOUNTING
ALLEN	SALES
WARD	SALES
JONES	RESEARCH

LOCATION으로 EMP 테이블과 DEPT 테이블을 조인하여
직원의 LOCATION에 있는 부서명 조회

■ 이 예시는 JOIN이 반드시 식별자 관계에만 국한되지 않음을 보여준다. 데이터 간의 논리적 연관성이 있다면 그것을 기준으로 JOIN을 수행할 수 있다. 그러나 이런 방식의 JOIN은 데이터의 정합성과 의미를 신중히 고려해야 한다. 조인 시 조건이 되는 칼럼이 서로 식별자 관계가 아니기 때문에 데이터의 정합성을 보장할 수 없으며, 경우에 따라 조인 후 테이블의 행 수가 두 테이블을 합친 것보다 훨씬 더 많이 늘어날 수도 있다(낮은 카디널리티). 또한 고유하지 않은 정보로 연결할 경우, 실제로는 관계없는 데이터가 연결될 수 있다. 즉, 조인 후 데이터가 정확하지 않을 수 있다.

참고

👩 카디널리티(Cardinality)

• 카디널리티(Cardinality) 정의: 카디널리티는 특정 데이터 집합에서 유니크한(중복되지 않는) 값의 개수를 의미합니다.

• 요약하면, 카디널리티는 데이터의 '유일성'을 나타내며, 높은 카디널리티 칼럼을 사용하면 데이터베이스 작업이 일반적으로 더 효율적이고 예측 가능해집니다. JOIN 시에도 가능하면 높은 카디널리티 칼럼을 사용하는 것이 좋습니다.

• 쉬운 예시

  – 성별 칼럼: 보통 '남성', '여성' 두 가지 값만 있으므로 낮은 카디널리티

  – 주민등록번호 칼럼: 모든 사람이 다른 값을 가지므로 높은 카디널리티

• 카디널리티의 중요성

  a) 인덱스 설계: 높은 카디널리티를 가진 칼럼이 인덱스로 더 적합합니다.

  b) 쿼리 성능: 높은 카디널리티 칼럼으로의 검색이 일반적으로 더 빠릅니다.

c) JOIN 효율성: 높은 카디널리티 칼럼으로 JOIN 시 더 효율적입니다.

- 카디널리티와 JOIN

  높은 카디널리티로 JOIN: 결과 행 수가 예측 가능하고 제어하기 쉽습니다.

  낮은 카디널리티로 JOIN: 결과 행 수가 급격히 증가할 수 있어 주의가 필요합니다.

- 실제 적용: 주민등록번호나 사원번호 같은 높은 카디널리티 칼럼으로 JOIN하면 1:1 매칭이 많아 결과가 예측 가능합니다. 성별이나 도시명 같은 낮은 카디널리티 칼럼으로 JOIN하면 1:다 매칭이 많아져 결과 행 수가 크게 증가할 수 있습니다.

- 주의점: 낮은 카디널리티 칼럼으로 JOIN 시, 데이터 폭발(Cartesian Explosion)이 일어날 수 있으며, 이는 성능 저하와 잘못된 데이터 해석을 야기할 수 있습니다.

 참고

이어서 실습할 '③ JOIN의 종류' 이해를 돕기 위한 실습 테이블 생성 쿼리

```
-- STUDENT 테이블 생성
CREATE TABLE STUDENT (
      ID NUMBER PRIMARY KEY
    , NAME VARCHAR2(50)
    , DEPTNO NUMBER
    , ENROLL_DATE DATE
    , GRADE NUMBER
    );

-- STUDENT 테이블에 데이터 삽입
INSERT INTO STUDENT (ID, NAME, DEPTNO, ENROLL_DATE, GRADE) VALUES (1, 'John', 10,
TO_DATE('2023-01-01', 'YYYY-MM-DD'), 90);
INSERT INTO STUDENT (ID, NAME, DEPTNO, ENROLL_DATE, GRADE) VALUES (2, 'Jane', 20,
TO_DATE('2022-02-01', 'YYYY-MM-DD'), 85);
INSERT INTO STUDENT (ID, NAME, DEPTNO, ENROLL_DATE, GRADE) VALUES (3, 'Jim', 10,
TO_DATE('2023-03-01', 'YYYY-MM-DD'), 88);
INSERT INTO STUDENT (ID, NAME, DEPTNO, ENROLL_DATE, GRADE) VALUES (4, 'Jake', 30,
TO_DATE('2023-04-01', 'YYYY-MM-DD'), 92);
INSERT INTO STUDENT (ID, NAME, DEPTNO, ENROLL_DATE, GRADE) VALUES (5, 'Jill', NULL,
TO_DATE('2023-05-01', 'YYYY-MM-DD'), 75);

-- DEPARTMENT 테이블 생성
CREATE TABLE DEPARTMENT (
      DEPTNO NUMBER PRIMARY KEY
    , DNAME VARCHAR2(50)
    );
```

```
-- DEPARTMENT 테이블에 데이터 삽입
INSERT INTO DEPARTMENT (DEPTNO, DNAME) VALUES (10, 'Computer Science');
INSERT INTO DEPARTMENT (DEPTNO, DNAME) VALUES (20, 'Mathematics');
INSERT INTO DEPARTMENT (DEPTNO, DNAME) VALUES (30, 'Physics');
INSERT INTO DEPARTMENT (DEPTNO, DNAME) VALUES (40, 'Chemistry');
```

③ JOIN의 종류

▪ 실습을 위해 위의 참고 코드로 테이블을 생성한다.

【 STUDENT 테이블 】

ID	NAME	DEPTNO	ENROLL_DATE	GRADE
1	John	10	2023-01-01	90
2	Jane	20	2022-02-01	85
3	Jim	10	2023-03-01	88
4	Jake	30	2023-04-01	92
5	Jill	NULL	2023-05-01	75

【 DEPARTMENT 테이블 】

DEPTNO	DNAME
10	Computer Science
20	Mathematics
30	Physics
40	Chemistry

▪ INNER JOIN: 두 테이블 간의 공통된 값을 가진 행만 반환

INNER 생략 가능(INNER JOIN = JOIN)

```
SELECT
      S.ID
    , S.NAME
    , D.DNAME
FROM
    STUDENT S
    INNER JOIN DEPARTMENT D
        ON S.DEPTNO = D.DEPTNO;
```

┌── 두 테이블에서 공통된 값을 가진 행만 반환

STUDENT와 DEPARTMENT 테이블의 공통 열인
DEPTNO를 기준으로 일치하는 행을 결합

ID	NAME	DNAME
1	John	Computer Science
2	Jane	Mathematics
3	Jim	Computer Science
4	Jake	Physics

— 나머지 4명만 출력

STUDENT 테이블의 ID 칼럼이 5인 Jill은 DEPTNO 칼럼 값이 NULL
DEPARTMENT 테이블에서 값을 찾을 수 없음
→ 따라서 INNER JOIN 시 ID 칼럼이 5인 Jill을 제외

INNER JOIN

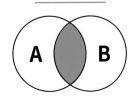

- LEFT OUTER JOIN: 왼쪽 테이블의 모든 행과 오른쪽 테이블의 공통된 값을 가진 행을 반환

  오른쪽 테이블에 일치하는 값이 없으면 NULL로 표시

  OUTER 생략 가능(LEFT JOIN = LEFT OUTER JOIN)

```
SELECT
      S.ID
    , S.NAME
    , D.DNAME
FROM
      STUDENT S
      LEFT OUTER JOIN DEPARTMENT D
          ON S.DEPTNO = D.DEPTNO;
```

왼쪽 테이블의 모든 행과 오른쪽 테이블의
공통된 값을 가진 행 반환

LEFT 테이블인 STUDENT 테이블의 모든 행과
RIGHT 테이블인 DEPARTMENT 테이블의 DEPTNO가
일치하는 행을 결합
일치하지 않는 DEPARTMENT 행은 NULL로 표시

ID	NAME	DNAME
1	John	Computer Science
3	Jim	Computer Science
2	Jane	Mathematics
4	Jake	Physics
5	Jill	NULL

STUDENT 테이블의 ID 칼럼이 5인 Jill은 DEPTNO 칼럼 값이 NULL
DEPARTMENT 테이블에서 값을 찾을 수 없음
→ LEFT 테이블(STUDENT)의 모든 행과 오른쪽 테이블의 공통된 값을 가진
행이므로 ID, NAME, DNAME 등의 LEFT 테이블 칼럼의 ROW 값을 모두 출력

RIGHT 테이블(DEPARTMENT)에는 DEPTNO 칼럼 값이 일치하는 것이 없음
→ DNAME이 NULL로 표시됨 (INNER JOIN과 달리 5개 행 모두 출력)

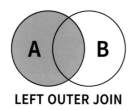

LEFT OUTER JOIN

- 오라클에서는 다음과 같이 WHERE 조건에서 (+) 기호를 기준이 되는 반대쪽 칼럼에 붙이면 LEFT OUTER JOIN과 같은 결과가 나온다. 반드시 기준이 되는 테이블의 반대쪽 테이블에 붙여야 한다.

- 오라클에서 LEFT OUTER JOIN 및 (+) 두 문법 모두 사용 가능하지만, 다른 DBMS로 마이그레이션 할 가능성이 있다면 ANSI 표준 문법을 사용하는 것이 좋다.

```
SELECT
      S.ID
    , S.NAME
    , D.DNAME
FROM
      STUDENT S

    , DEPARTMENT D
WHERE
      S.DEPTNO = D.DEPTNO(+);
```

WHERE 조건에서 (+) 기호를 기준이 되는 반대쪽 칼럼에 붙임
→ LEFT OUTER JOIN

ID	NAME	DNAME
1	John	Computer Science
3	Jim	Computer Science
v2	Jane	Mathematics
4	Jake	Physics
5	Jill	NULL

STUDENT 테이블의 ID 칼럼이 5인 Jill은 DEPTNO 칼럼 값이 NULL
DEPARTMENT 테이블에서 값을 찾을 수 없음
→ LEFT 테이블(STUDENT)의 모든 행과 오른쪽 테이블의 공통된 값을
가진 행이므로 ID, NAME, DNAME 등의 LEFT 테이블 칼럼의 ROW 값을
모두 출력

RIGHT 테이블(DEPARTMENT)에는 DEPTNO 칼럼 값이 일치하는 것이 없음
→ DNAME이 NULL로 표시됨 (INNER JOIN과 달리 5개 행 모두 출력)

- RIGHT OUTER JOIN: 오른쪽 테이블의 모든 행과 왼쪽 테이블의 공통된 값을 가진 행을 반환
   왼쪽 테이블에 일치하는 값이 없으면 NULL로 표시
   OUTER 생략 가능(RIGHT JOIN = RIGHT OUTER JOIN)

```
SELECT
      S.ID
    , S.NAME
    , D.DNAME
```

```
FROM
    STUDENT S
    RIGHT OUTER JOIN DEPARTMENT D
        ON S.DEPTNO = D.DEPTNO;
```

오른쪽 테이블의 모든 행과 왼쪽 테이블의 공통된 값을 가진 행 반환

RIGHT 테이블인 DEPARTMENT 테이블의 모든 행과
LEFT 테이블인 STUDENT 테이블의 DEPTNO가 일치하는
행을 결합
일치하지 않는 DEPARTMENT 행은 NULL로 표시

ID	NAME	DNAME
1	John	Computer Science
2	Jane	Mathematics
3	Jim	Computer Science
4	Jake	Physics
NULL	NULL	Chemistry

RIGHT 테이블인 DEPARTMENT 테이블의 DEPTNO 칼럼이 40
인 Chemistry는 LEFT 테이블인 STUDENT 테이블에 존재하지 않음
(STUDENT 테이블에서 값을 찾을 수 없음)
→ RIGHT 테이블(DEPARTMENT)의 모든 행과 왼쪽 테이블의 공통된
값을 가진 행이므로 RIGHT 테이블 칼럼의 ROW 값을 모두 출력

LEFT 테이블(STUDENT)에는 DEPTNO 칼럼 값이 일치하는 것이 없음
→ ID, NAME이 NULL로 표시됨

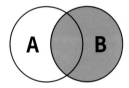

RIGHT OUTER JOIN

- 오라클에서는 다음과 같이 WHERE절에서 (+) 기호를 기준이 되는 반대쪽 칼럼에 붙이면 RIGHT OUTER JOIN과 같은 결과가 나온다. 반드시 기준이 되는 테이블의 반대쪽 테이블에 붙여야 한다.

```
SELECT
    S.ID
    , S.NAME
    , D.DNAME
FROM
    STUDENT S
    , DEPARTMENT D
WHERE
    S.DEPTNO(+) = D.DEPTNO;
```

WHERE 조건에서 (+) 기호를 기준이 되는 반대쪽 칼럼에 붙임
→ RIGHT OUTER JOIN

ID	NAME	DNAME
1	John	Computer Science
2	Jane	Mathematics
3	Jim	Computer Science
4	Jake	Physics
NULL	NULL	Chemistry

RIGHT 테이블인 DEPARTMENT 테이블의 DEPTNO 칼럼이 40인 Chemistry는
LEFT 테이블인 STUDENT 테이블에 존재하지 않음 (STUDENT 테이블에서 값을
찾을 수 없음)
→ RIGHT 테이블(DEPARTMENT)의 모든 행과 왼쪽 테이블의 공통된 값을 가진
행이므로 RIGHT 테이블 칼럼의 ROW 값을 모두 출력

LEFT 테이블(STUDENT)에는 DEPTNO 칼럼 값이 일치하는 것이 없음
→ ID, NAME이 NULL로 표시됨

LEFT OUTER JOIN과 RIGHT OUTER JOIN은 사실 같은 개념입니다. 서로 반대되는 방향에서 동일한 작업을 수행하며, 조인의 기준이 되는 테이블이 다를 뿐 로직은 동일합니다. 실무에서는 일반적으로 LEFT OUTER JOIN을 자주 사용하며, 조인의 기준이 되는 테이블의 순서를 바꿔서 RIGHT OUTER JOIN의 기능을 대신하곤 합니다. 그러나 LEFT OUTER JOIN과 RIGHT OUTER JOIN을 함께 사용해야 하는 경우도 물론 존재합니다.

- **FULL OUTER JOIN**: 두 테이블의 모든 행을 반환

  공통된 값이 없는 경우에도 각각의 테이블에서 행을 반환하고 NULL로 표시

  OUTER 생략 가능(FULL JOIN = FULL OUTER JOIN)

```
SELECT
        S.ID
      , S.NAME
      , D.DNAME
   FROM
        STUDENT S
        FULL OUTER JOIN DEPARTMENT D          ─── 두 테이블의 모든 행을 반환
            ON S.DEPTNO = D.DEPTNO;           ─── 공통된 값이 없는 경우에도 각 테이블에서 행을 반환하고
                                                  NULL로 표시
```

ID	NAME	DNAME
1	John	Computer Science
2	Jane	Mathematics
3	Jim	Computer Science
4	Jake	Physics
5	Jill	NULL
NULL	NULL	Chemistry

LEFT OUTER JOIN과 RIGHT OUTER JOIN의 합집합 개념 (=UNION ALL)
UNION ALL과 같이 중복이 있을 수 있음

STUDENT와 DEPARTMENT 테이블의 모든 행을 결합
→ 어느 한쪽에만 존재하는 행은 NULL로 표시

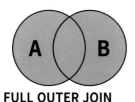

FULL OUTER JOIN

▪ UNION

  · UNION은 JOIN의 종류는 아니지만, 두 테이블을 결합할 때 자주 사용한다. UNION은 두 쿼리의 결과 집합을 합치되, 중복된 행이 있다면 중복 행을 제거하고 유일한 하나의 행만 출력한다.

  · 방금 설명한 FULL OUTER JOIN과 유사하지만, 중복 행을 제거해서 출력한다는 점에서 다르다.

  · 만약 FULL OUTER JOIN과 같이 중복된 행을 모두 표시하고 싶을 때는 UNION ALL을 사용해야 한다.

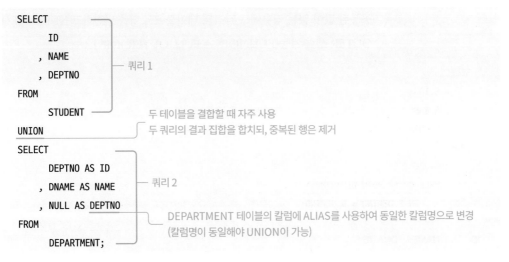

```
SELECT
        ID
      , NAME
      , DEPTNO                    ─ 쿼리1
FROM
        STUDENT                         두 테이블을 결합할 때 자주 사용
UNION                                   두 쿼리의 결과 집합을 합치되, 중복된 행은 제거
SELECT
        DEPTNO AS ID
      , DNAME AS NAME               ─ 쿼리2
      , NULL AS DEPTNO
FROM                               DEPARTMENT 테이블의 칼럼에 ALIAS를 사용하여 동일한 칼럼명으로 변경
        DEPARTMENT;                (칼럼명이 동일해야 UNION이 가능)
```

ID	NAME	DEPTNO	
1	John	10	┐
2	Jane	20	
3	Jim	10	─ 쿼리1의 결과
4	Jake	30	
5	Jill	NULL	┘
10	Computer Science	NULL	┐
20	Mathematics	NULL	─ 쿼리2의 결과
30	Physics	NULL	
40	Chemistry	NULL	┘

두 개의 SELECT 절 결과를 합치되 중복을 제거

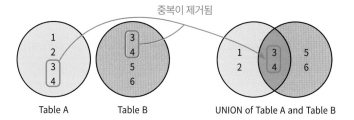

중복이 제거됨

1 2 3 4	3 4 5 6	1 2　3 4　5 6
Table A	Table B	UNION of Table A and Table B

- UNION 시 주의사항: UNION을 사용하려면 각 쿼리의 칼럼 개수와 데이터 유형이 동일해야 하며, 각 칼럼의 이름이 동일할 필요는 없지만 의미상으로는 일치해야 한다. 즉, 각 칼럼이 동일한 의미를 가져야 합쳐진 결과가 올바르게 해석될 수 있다.

- FULL OUTER JOIN과 UNION, UNION ALL의 차이: FULL OUTER JOIN은 두 테이블 간의 모든 행을 결합하고, 한쪽에만 존재하는 행도 포함하여 반환한다. UNION은 두 쿼리의 결과 집합을 합쳐 중복된 행을 제거하고 반환한다. UNION ALL은 두 쿼리의 결과 집합을 합쳐 중복된 행도 모두 포함하여 하나의 결과 집합으로 반환한다.

【 FULL OUTER JOIN 과 UNION, UNION ALL의 차이 】

항목	FULL OUTER JOIN	UNION	UNION ALL
데이터 결합 방식	두 테이블의 모든 행을 결합	두 쿼리의 결과 집합을 합침	두 쿼리의 결과 집합을 합침
중복 처리	중복된 행도 포함	중복된 행을 제거	중복된 행도 모두 포함
NULL 처리	어느 한쪽에만 존재하는 행은 NULL로 채움	중복된 행은 한 번만 포함	각 쿼리의 결과에 포함된 NULL 값이 그대로 유지되어 결과 집합에 포함
사용 목적	두 테이블 간의 모든 데이터를 결합	여러 쿼리의 결과를 하나로 결합	여러 쿼리의 결과를 중복된 행을 포함하여 하나로 결합

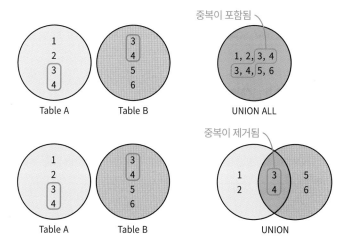

중복이 포함됨

1 2 3 4	3 4 5 6	1, 2, 3, 4 3, 4, 5, 6
Table A	Table B	UNION ALL

중복이 제거됨

1 2 3 4	3 4 5 6	1 2　3 4　5 6
Table A	Table B	UNION

```
-- NEW_STUDENT 테이블 생성
CREATE TABLE NEW_STUDENT (
      ID NUMBER PRIMARY KEY
   , NAME VARCHAR2(50)
   , SCORE NUMBER
   );

-- NEW_STUDENT 테이블에 데이터 삽입
INSERT INTO NEW_STUDENT (ID, NAME, SCORE) VALUES (1, 'John', 85);
INSERT INTO NEW_STUDENT (ID, NAME, SCORE) VALUES (2, 'Jane', 92);
INSERT INTO NEW_STUDENT (ID, NAME, SCORE) VALUES (3, 'Jim', 78);
INSERT INTO NEW_STUDENT (ID, NAME, SCORE) VALUES (4, 'Jake', 89);
INSERT INTO NEW_STUDENT (ID, NAME, SCORE) VALUES (5, 'Mike', 90);
INSERT INTO NEW_STUDENT (ID, NAME, SCORE) VALUES (6, 'Anna', 80);

-- NEW_DEPARTMENT 테이블 생성
CREATE TABLE NEW_DEPARTMENT (
      DEPT_ID NUMBER PRIMARY KEY
   , MIN_SCORE NUMBER
   , MAX_SCORE NUMBER
   , GRADE VARCHAR2(2)
);

-- NEW_DEPARTMENT 테이블에 데이터 삽입
INSERT INTO NEW_DEPARTMENT (DEPT_ID, MIN_SCORE, MAX_SCORE, GRADE) VALUES (1, 90, 100, 'A');
INSERT INTO NEW_DEPARTMENT (DEPT_ID, MIN_SCORE, MAX_SCORE, GRADE) VALUES (2, 80, 89, 'B');
INSERT INTO NEW_DEPARTMENT (DEPT_ID, MIN_SCORE, MAX_SCORE, GRADE) VALUES (3, 70, 79, 'C');
```

(2) EQUI JOIN(등가 조인)과 Non EQUI JOIN(비등가 조인)

① EQUI JOIN의 기초 개념

▪ EQUI JOIN은 두 테이블을 특정 열의 값이 동일한 행을 기준으로 결합하는 조인 방식이다. 이 조인은 ON 절에서 두 열의 값이 같은지 확인하는 조건을 사용한다. 가장 일반적인 형태의 조인 중 하나이며, INNER JOIN과 동일한 방식으로 작동한다.

- SQL에서 등가 조인은 일반적으로 = 연산자를 사용해 수행된다.

② Non EQUI JOIN의 기초 개념

- Non-EQUI JOIN은 두 테이블을 결합할 때 = 연산자가 아닌 다른 비교 연산자를 사용하는 조인 방식이다. 이 방식은 두 테이블 간의 관계가 단순히 동일한 값이 아니라, 범위나 다른 조건에 따라 결합되어야 할 때 사용된다.

- Non-EQUI JOIN은 두 테이블 간의 값을 비교할 때 = 연산자 이외의 다른 비교 연산자(〉, 〈, 〉=, 〈=, != 등)를 사용하여 결합한다. 일반적으로 특정 범위나 조건을 만족하는 행들을 결합할 때 사용된다.

③ EQUI JOIN과 Non EQUI JOIN

【 NEW_STUDENT 】

ID	NAME	SCORE
1	John	85
2	Jane	92
3	Jim	78
4	Jake	89
5	Mike	90
6	Anna	80

【 NEW_DEPARTMENT 】

DEPT_ID	MIN_SCORE	MAX_SCORE	GRADE
1	90	100	A
2	80	89	B
3	70	79	C

EQUI JOIN	Non EQUI JOIN
SELECT A.열1, B.열2, ... FROM 테이블A AS A JOIN 테이블B AS B ON A.공통열 = B.공통열 ;	SELECT A.*, B.* FROM 테이블A AS A JOIN 테이블B AS B ON A.비교열 연산자 B.비교열 ;
NEW_STUDENT 테이블의 SCORE 값이 NEW_DEPARTMENT 테이블의 MIN_SCORE 값과 동일한 행들을 결합	NEW_STUDENT 테이블의 SCORE 값이 NEW_DEPARTMENT 테이블의 MIN_SCORE와 MAX_SCORE 사이에 있는 경우를 결합

SELECT
    S.ID
  , S.NAME
  , S.SCORE
  , D.DEPT_ID
  , D.GRADE
FROM
    NEW_STUDENT S
    JOIN NEW_DEPARTMENT D
        ON S.SCORE = D.MIN_SCORE;
	SELECT
	    S.ID
	  , S.NAME
	  , S.SCORE
	  , D.DEPT_ID
	  , D.GRADE
	FROM
	    NEW_STUDENT S
	    JOIN NEW_DEPARTMENT D
	        ON S.SCORE
	        BETWEEN D.MIN_SCORE AND D.MAX_SCORE;

	123 ID	ᴀʙᴄ NAME	123 SCORE	123 DEPT_ID	ᴀʙᴄ GRADE
1	5	Mike	90	1	A
2	6	Anna	80	2	B

	123 ID	ᴀʙᴄ NAME	123 SCORE	123 DEPT_ID	ᴀʙᴄ GRADE
1	3	Jim	78	3	C
2	6	Anna	80	2	B
3	1	John	85	2	B
4	4	Jake	89	2	B
5	5	Mike	90	1	A
6	2	Jane	92	1	A

 ALIAS 사용 시 주의사항

TIP _ALIAS를 지정한 후에는 SQL 문 전체에서 일관되게 ALIAS를 사용해야 합니다. WHERE 절, SELECT 절, ORDER BY 절 등 모든 곳에서 원래 테이블 이름 대신 ALIAS를 사용해야 합니다.

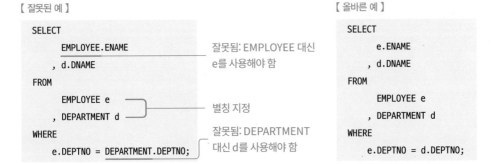

【 잘못된 예 】

```
SELECT
    EMPLOYEE.ENAME          잘못됨: EMPLOYEE 대신
  , d.DNAME                 e를 사용해야 함
FROM
    EMPLOYEE e              별칭 지정
  , DEPARTMENT d
WHERE                       잘못됨: DEPARTMENT
    e.DEPTNO = DEPARTMENT.DEPTNO;   대신 d를 사용해야 함
```

【 올바른 예 】

```
SELECT
    e.ENAME
  , d.DNAME
FROM
    EMPLOYEE e
  , DEPARTMENT d
WHERE
    e.DEPTNO = d.DEPTNO;
```

(3) 3개 이상의 TABLE JOIN

① 3개 이상의 TABLE JOIN

- 3개 이상의 테이블을 조인하는 방법은 두 개의 테이블을 조인하는 방식과 동일하게, 각 테이블 간의 관계를 정의하여 연결한다. 각 조인의 결과를 다음 조인에 사용하는 방식으로 여러 테이블을 연속적으로 조인한다.

- 따라서 3개 이상이든 10개 이상이든 개념은 같다. 실행 순서대로 먼저 2개의 테이블을 조인하고, 그 결과를 다시 다른 테이블과 조인하며, 이를 반복하면 된다.

② 3개 이상 TABLE JOIN 예

- 처음 설치했던 오라클의 샘플 데이터셋 중에서 ORDERS, EMPLOYEES, CUSTOMERS 테이블을 예로 들어보자.

- 다음의 관계를 보면, 어떻게 조인 쿼리를 작성해야 하는지 알 수 있다.

참고

ORDERS, EMPLOYEES, CUSTOMERS 테이블의 관계도

- 조인할 키 칼럼은 ORDERS.SALESMAN_ID(FK), EMPLOYEES.EMPLOYEE_ID(PK), ORDERS.CUSTOMER_ID(FK), CUSTOMERS.CUSTOMER_ID(PK)이다.
- 아래 그림은 DBeaver에서 테이블을 선택하고 [VIEW TABLE] → [엔터티관계도]를 클릭하면 볼 수 있다.
- DBeaver에서 테이블 관계도는 IE표기법이 아니다. 오라클에서 제공하는 샘플 테이블의 ERD(IE표기법)도 참고 바란다.

- **DBeaver에서의 테이블 관계도**

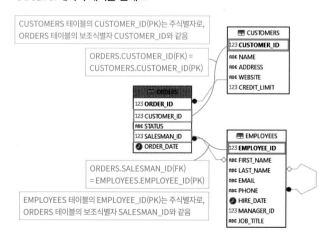

• 오라클에서 제공하는 샘플 테이블의 ERD(IE표기법)

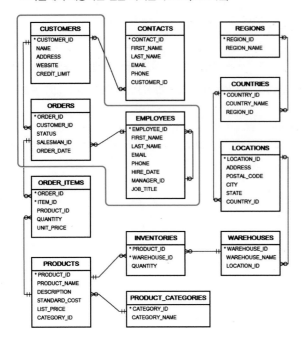

【 ORDERS 】

⊕	123 ORDER_ID ▼	123 CUSTOMER_ID ▼	ABC STATUS ▼	123 SALESMAN_ID ▼	🕐 ORDER_DATE ▼
1	105	1 ☑	Pending	54 ☑	2016-11-17 00:00:00.000
2	44	2 ☑	Pending	55 ☑	2017-02-20 00:00:00.000
3	101	3 ☑	Pending	55 ☑	2017-09-03 00:00:00.000
4	1	4 ☑	Pending	56 ☑	2017-10-15 00:00:00.000
5	5	5 ☑	Canceled	56 ☑	2017-04-09 00:00:00.000
6	28	6 ☑	Canceled	57 ☑	2017-08-15 00:00:00.000
7	87	7 ☑	Canceled	57 ☑	2016-12-01 00:00:00.000
8	4	8 ☑	Shipped	59 ☑	2015-04-09 00:00:00.000
9	41	9 ☑	Shipped	59 ☑	2017-05-11 00:00:00.000
10	82	44 ☑	Shipped	60 ☑	2016-12-03 00:00:00.000
11	102	45 ☑	Shipped	61 ☑	2016-12-20 00:00:00.000
12	26	46 ☑	Shipped	62 ☑	2016-08-16 00:00:00.000
13	43	47 ☑	Shipped	62 ☑	2015-05-02 00:00:00.000

【 EMPLOYEES 】

⊕	123 EMPLOYEE_ID ▼	ABC FIRST_NAME ▼	ABC LAST_NAME ▼	ABC EMAIL ▼	ABC PHONE ▼	🕐 HIRE_DATE ▼	123 MANAGER_ID ▼	ABC JOB_TITLE
1	107	Summer	Payne	summer.payne@example.com	515.123.8181	2016-06-07 00:00:00.000	106 ☑	Public Accountant
2	106	Rose	Stephens	rose.stephens@example.com	515.123.8080	2016-06-07 00:00:00.000	2 ☑	Accounting Manager
3	101	Annabelle	Dunn	annabelle.dunn@example.com	515.123.4444	2016-07-17 00:00:00.000	2 ☑	Administration Assista
4	1	Tommy	Bailey	tommy.bailey@example.com	515.123.4567	2016-06-17 00:00:00.000	[NULL]	President
5	3	Blake	Cooper	blake.cooper@example.com	515.123.4569	2016-09-13 00:00:00.000	1 ☑	Administration Vice Pr
6	2	Jude	Rivera	jude.rivera@example.com	515.123.4568	2016-07-21 00:00:00.000	1 ☑	Administration Vice Pr
7	11	Tyler	Ramirez	tyler.ramirez@example.com	515.124.4269	2016-07-28 00:00:00.000	9 ☑	Accountant
8	10	Ryan	Gray	ryan.gray@example.com	515.124.4169	2016-08-16 00:00:00.000	9 ☑	Accountant
9	14	Elliot	Brooks	elliot.brooks@example.com	515.124.4567	2016-12-07 00:00:00.000	9 ☑	Accountant
10	12	Elliott	James	elliott.james@example.com	515.124.4369	2016-07-30 00:00:00.000	9 ☑	Accountant
11	13	Albert	Watson	albert.watson@example.com	515.124.4469	2016-03-07 00:00:00.000	9 ☑	Accountant
12	9	Mohammad	Peterson	mohammad.peterson@example.com	515.124.4569	2016-08-17 00:00:00.000	2 ☑	Finance Manager
13	104	Harper	Spencer	harper.spencer@example.com	515.123.7777	2016-06-07 00:00:00.000	2 ☑	Human Resources Rep

【 CUSTOMERS 】

	123 CUSTOMER_ID	ᴀʙᴄ NAME	ᴀʙᴄ ADDRESS	ᴀʙᴄ WEBSITE	123 CREDIT_LIMIT
1	177	United Continental Holdings	2904 S Salina St, Syracuse, NY	☑ http://www.unitedcontinentalholdings.com	5000
2	180	INTL FCStone	5344 Haverford Ave, Philadelphia, PA	☑ http://www.intlfcstone.com	5000
3	184	Publix Super Markets	1795 Wu Meng, Muang Chonburi,	☑ http://www.publix.com	1200
4	187	ConocoPhillips	Walpurgisstr 69, Munich,	☑ http://www.conocophillips.com	2400
5	190	3M	Via Frenzy 6903, Roma,	☑ http://www.3m.com	1200
6	192	Exelon	Via Luminosa 162, Firenze,	☑ http://www.exeloncorp.com	500
7	208	Tesoro	Via Notoriosa 1942, Firenze,	☑ http://www.tsocorp.com	500
8	207	Northwestern Mutual	1831 No Wong, Peking,	☑ http://www.northwesternmutual.com	3600
9	200	Enterprise Products Partners	Via Notoriosa 1949, Firenze,	☑ http://www.enterpriseproducts.com	2400
10	204	Rite Aid	Piazza Cacchiatore 23, San Giminiano,	☑ http://www.riteaid.com	3600
11	212	Qualcomm	Piazza Svizzera, Milano,	☑ http://www.qualcomm.com	500
12	216	EMC	Via Delle Grazie 11, San Giminiano,	☑ http://www.emc.com	700
13	220	Time Warner Cable	1597 Legend St, Mysore, Kar	☑ http://www.twc.com	3700

- ORDERS, EMPLOYEES, CUSTOMERS 테이블 JOIN 쿼리

```
SELECT
      O.ORDER_ID
    , O.ORDER_DATE
    , E.FIRST_NAME
    , E.LAST_NAME
    , C.NAME
    , C.ADDRESS
FROM
      ORDERS O
      JOIN EMPLOYEES E
          ON O.SALESMAN_ID = E.EMPLOYEE_ID
      JOIN CUSTOMERS C
          ON O.CUSTOMER_ID = C.CUSTOMER_ID;
```

【 해설 】

먼저 ORDERS 테이블과 EMPLOYEES 테이블을 조인해보자.

조인 조건: ORDERS.SALESMAN_ID = EMPLOYEES.EMPLOYEE_ID

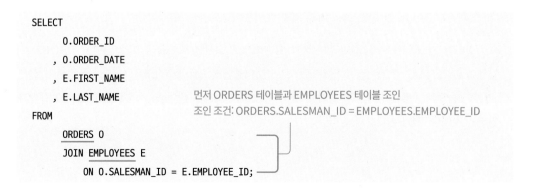

```
SELECT
      O.ORDER_ID
    , O.ORDER_DATE
    , E.FIRST_NAME
    , E.LAST_NAME
FROM
      ORDERS O
      JOIN EMPLOYEES E
          ON O.SALESMAN_ID = E.EMPLOYEE_ID;
```

먼저 ORDERS 테이블과 EMPLOYEES 테이블 조인
조인 조건: ORDERS.SALESMAN_ID = EMPLOYEES.EMPLOYEE_ID

ORDER_ID	ORDER_DATE	FIRST_NAME	LAST_NAME
1	2017-10-15	Evie	Harrison
5	2017-04-09	Evie	Harrison
54	2016-07-29	Evie	Harrison
91	2016-10-28	Evie	Harrison
96	2016-07-14	Evie	Harrison
28	2017-08-15	Scarlett	Gibson
87	2016-12-01	Scarlett	Gibson

※ 20개의 ROW만 표시

이 결과 테이블을 CUSTOMERS 테이블과 조인하는 것이다. 결국 순차적인 2개 조인만 이루어진다. 추가된 쿼리는 굵게 표시한다.

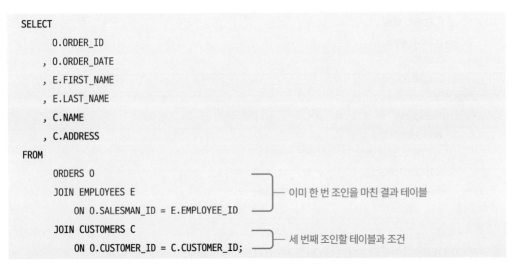

```
SELECT
      O.ORDER_ID
    , O.ORDER_DATE
    , E.FIRST_NAME
    , E.LAST_NAME
    , C.NAME
    , C.ADDRESS
FROM
      ORDERS O
      JOIN EMPLOYEES E                              ── 이미 한 번 조인을 마친 결과 테이블
          ON O.SALESMAN_ID = E.EMPLOYEE_ID
      JOIN CUSTOMERS C                              ── 세 번째 조인할 테이블과 조건
          ON O.CUSTOMER_ID = C.CUSTOMER_ID;
```

검은색으로 표시한 부분이 세 번째 조인할 테이블과 그 조건이다. 그냥 조인 쿼리를 그대로 적으면 된다. 회색 부분은 이미 한 번 조인을 마친 결과 테이블이라고 생각하면 된다.

즉, 이미 한 번 조인을 마친 결과 테이블과 검은색으로 표시한 테이블과의 조인이다. ORDERS 테이블에서 SALESMAN_ID는 결국 EMPLOYEES 테이블에서 EMPLOYEE_ID이다. 두 칼럼이 같은 행 (ROW)을 먼저 추출한 다음, 그 결과를 가지고 CUSTOMERS 테이블의 CUSTOMER_ID 칼럼과 조인하는 것이다. 결과는 다음과 같다.

ORDER_ID	ORDER_DATE	FIRST_NAME	LAST_NAME	NAME	ADDRESS
96	2016-07-14	Evie	Harrison	Supervalu	8989 N Port Washington Rd, Milwaukee, WI
26	2016-08-16	Freya	Gomez	Supervalu	8989 N Port Washington Rd, Milwaukee, WI
71	2017-02-21	Lily	Fisher	Supervalu	8989 N Port Washington Rd, Milwaukee, WI
99	2017-09-07	Isabelle	Marshall	NextEra Energy	4715 Sprecher Rd, Madison, WI
81	2016-12-13	Freya	Gomez	NextEra Energy	4715 Sprecher Rd, Madison, WI
74	2017-02-10	Florence	Freeman	NextEra Energy	4715 Sprecher Rd, Madison, WI
40	2017-05-11	Freya	Gomez	Goodyear Tire & Rubber	600 N Broadway Fl 1, Milwaukee, WI

(4) NATURAL JOIN

① NATURAL JOIN 기초 개념

- 두 테이블 간의 공통 열을 자동으로 사용하여 조인을 수행하는 SQL 조인 방식이다. 조인 조건을 명시적으로 지정할 필요가 없으며, 두 테이블에 동일한 이름을 가진 모든 열이 조인 조건으로 사용된다.

- 앞서 살펴본 JOIN은 종류를 막론하고 ON 다음에 조건을 명시해야 하지만, NATURAL JOIN은 조인 조건이 필요 없다는 점이 일반적인 JOIN과 가장 큰 차이점이다.

- NATURAL JOIN 형식은 다음과 같이 테이블만 지정하면 된다.

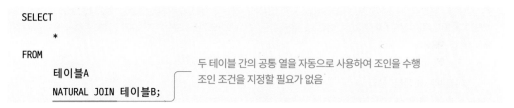

```
SELECT
    *
FROM
    테이블A
    NATURAL JOIN 테이블B;
```

두 테이블 간의 공통 열을 자동으로 사용하여 조인을 수행
조인 조건을 지정할 필요가 없음

- 이렇게 테이블만 지정하면 별다른 조건이 없어도, 테이블A와 테이블B의 공통된 칼럼명을 찾아서 자동으로 조인 조건으로 사용한다. 따라서 NATURAL JOIN은 공통된 칼럼명이 하나일 때 사용하는 것이 좋다.

② 공통된 칼럼명이 여러 개인 경우의 NATURAL JOIN

- NATURAL JOIN은 편리하지만, 만약에 테이블A에 칼럼X와 칼럼Y가 있고, 테이블B에도 칼럼X와 칼럼Y가 있다면 어떻게 될까? 이럴 경우 오류가 발생하거나, 결괏값이 없거나, 예상치 못한 방식으로 조인되어 결과 데이터가 이상하게 나오는 등의 문제가 발생할 수 있다.

공통된 칼럼명이 여러 개인 경우 예시 테이블 생성 쿼리

```sql
-- 테이블A(주문) 생성
CREATE TABLE 테이블A (
      주문ID NUMBER PRIMARY KEY
    , 고객ID NUMBER
    , 날짜 DATE
    , 금액 NUMBER
    );

-- 테이블B(배송) 생성
CREATE TABLE 테이블B (
      배송ID NUMBER PRIMARY KEY
    , 주문ID NUMBER
    , 날짜 DATE
    , 상태 VARCHAR2(20)
    );

-- 테이블A에 데이터 삽입
INSERT INTO 테이블A (주문ID, 고객ID, 날짜, 금액) VALUES (1, 100, TO_DATE('2024-01-01', 'YYYY-MM-DD'), 5000);
INSERT INTO 테이블A (주문ID, 고객ID, 날짜, 금액) VALUES (2, 101, TO_DATE('2024-01-02', 'YYYY-MM-DD'), 3000);
INSERT INTO 테이블A (주문ID, 고객ID, 날짜, 금액) VALUES (3, 102, TO_DATE('2024-01-03', 'YYYY-MM-DD'), 7000);

-- 테이블B에 데이터 삽입
INSERT INTO 테이블B (배송ID, 주문ID, 날짜, 상태) VALUES (1, 1, TO_DATE('2024-01-03', 'YYYY-MM-DD'), '배송완료');
INSERT INTO 테이블B (배송ID, 주문ID, 날짜, 상태) VALUES (2, 2, TO_DATE('2024-01-04', 'YYYY-MM-DD'), '배송중');
INSERT INTO 테이블B (배송ID, 주문ID, 날짜, 상태) VALUES (3, 3, TO_DATE('2024-01-05', 'YYYY-MM-DD'), '준비중');
```

- 이렇게 만들어진 테이블은 다음과 같다(주문ID, 날짜 2개의 칼럼명이 동일).

【 테이블A 】

주문ID	고객ID	날짜	금액
1	100	2024-01-01	5000
2	101	2024-01-02	3000
3	102	2024-01-03	7000

주문ID와 날짜 두 개의 칼럼명이 동일

【 테이블B 】

배송ID	주문ID	날짜	상태
1	1	2024-01-03	배송완료
2	2	2024-01-04	배송중
3	3	2024-01-05	준비중

- NATURAL JOIN 실행

```
SELECT
    *
FROM
    테이블A
    NATURAL JOIN 테이블B;
```
— 두 개의 칼럼명이 동일한 테이블A와 테이블B를 NATURAL JOIN

주문ID	날짜	고객ID	금액	배송ID	상태

— NATURAL JOIN 실행 시 아무런 결과 행이 나오지 않음

- JOIN 조건 사용 시

```
SELECT
    *
FROM
    테이블A A
    JOIN 테이블B B
        ON A.주문ID = B.주문ID;
```

JOIN 조건 지정
테이블A의 주문ID와 테이블B의 주문ID가 일치하는 행을 결합

주문ID	고객ID	날짜	금액	배송ID	주문ID	날짜	상태
1	100	2024-01-01	5000	1	1	2024-01-03	배송완료
2	101	2024-01-02	3000	2	2	2024-01-04	배송중
3	102	2024-01-03	7000	3	3	2024-01-05	준비중

— 모든 칼럼이 표시됨
주문ID를 조건으로 결과가 정상적으로 조회됨

③ NATURAL JOIN 예

▪ EMP, DEPT 테이블 NATURAL JOIN → 공통 칼럼명 → DEPTNO: EMP 테이블과 DEPT 테이블을 비교하여 공통된 칼럼을 찾아서 조인한다. 공통된 칼럼은 DEPTNO이므로 NATURAL JOIN의 조건이 되는 칼럼은 DEPTNO가 된다.

```
SELECT
    *
FROM
    EMP
    NATURAL JOIN DEPT;          ── EMP, DEPT 테이블 NATURAL JOIN
```

공통 칼럼인 DEPTNO 칼럼이
NATURAL JOIN의 조건으로 사용됨

EMP 테이블의 각 행마다
DEPT 테이블의 DNAME, LOC 칼럼이
DEPTNO 조건으로 매핑됨

공통칼럼	EMP 테이블							DEPT 테이블	
DEPTNO	EMPNO	ENAME	JOB	MGR	HIREDATE	SAL	COMM	DNAME	LOC
10	7782	CLARK	MANAGER	7839	1981-06-09	2450	NULL	ACCOUNTING	NEW YORK
10	7839	KING	PRESIDENT		1981-11-17	5000	NULL	ACCOUNTING	NEW YORK
10	7934	MILLER	CLERK	7782	1982-01-23	1300	NULL	ACCOUNTING	NEW YORK

▪ EMP, DEPT 테이블에 NATURAL JOIN 대신 INNER JOIN 사용

```
SELECT
    *
FROM
    EMP A
    INNER JOIN DEPT B          ── NATURAL JOIN 대신 INNER JOIN 사용
        ON A.DEPTNO = B.DEPTNO;
```

INNER JOIN은 조회 결과 표시가 약간 다름
NATURAL JOIN은 공통 칼럼이 한 번 나오고,
INNER JOIN은 공통 칼럼이 중복으로 두 번 나옴

EMP 테이블								DEPT 테이블		
EMPNO	ENAME	JOB	MGR	HIREDATE	SAL	COMM	DEPTNO	DEPTNO	DNAME	LOC
7782	CLARK	MANAGER	7839	1981-06-09	2450	NULL	10	10	ACCOUNTING	NEW YORK
7839	KING	PRESIDENT		1981-11-17	5000	NULL	10	10	ACCOUNTING	NEW YORK

(5) USING 조건절

① USING 조건절 기초 개념

- USING 조건절은 SQL에서 조인을 수행할 때 두 테이블 간의 공통 칼럼을 명시적으로 지정하는 방법이다. USING 조건절은 두 테이블에 동일한 이름을 가진 열을 지정하여 조인 조건으로 사용한다. 이는 NATURAL JOIN과 비슷하지만, 명시적으로 조인할 열을 지정할 수 있다는 점이 다르다.

- USING 조건절에 공통 칼럼을 쓸 때는 다음 형식처럼 반드시 괄호로 묶어줘야 한다.

- 두 테이블 간의 공통 칼럼을 지정하여 조인을 수행한다. 이때 결과는 NATURAL JOIN처럼 공통 칼럼이 한 번만 출력된다.

② USING 조건절 예

- EMP, DEPT 테이블 JOIN에 USING 조건절 사용

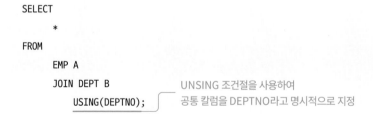

공통칼럼	EMP 테이블							DEPT 테이블	
DEPTNO	EMPNO	ENAME	JOB	MGR	HIREDATE	SAL	COMM	DNAME	LOC
10	7782	CLARK	MANAGER	7839	1981-06-09	2450	NULL	ACCOUNTING	NEW YORK
10	7839	KING	PRESIDENT		1981-11-17	5000	NULL	ACCOUNTING	NEW YORK
10	7934	MILLER	CLERK	7782	1982-01-23	1300	NULL	ACCOUNTING	NEW YORK

③ ON 조건절과 USING 조건절의 차이

- ON 조건절은 JOIN 구문의 일부로 사용되며, 조인할 열이나 복잡한 조건을 명시할 수 있다. ON 조건절은 다양한 유형의 조인(INNER JOIN, LEFT JOIN, RIGHT JOIN, FULL OUTER JOIN)에서 사용된다.

- ON 조건절 형식

- ON 조건절에서는 조건절에 사용되는 칼럼명이 동일하지 않아도 된다. 하지만 USING 조건절은 반드시 동일한 칼럼명을 사용하는 칼럼만 조건으로 사용할 수 있다.

- ON 조건절에서는 조인된 테이블의 칼럼이 그대로 결과에 포함되지만, USING 조건절은 조인된 공통 칼럼이 결과 집합에 한 번만 나타난다.

- USING 조건절 형식

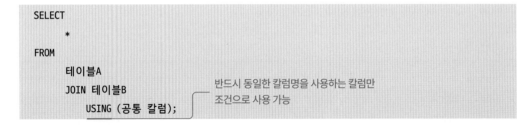

(6) CROSS JOIN

① CROSS JOIN 기초 개념

- CROSS JOIN은 두 테이블 간의 모든 행을 조합하여 결과 집합을 만드는 조인 방식이다. 이는 두 테이블의 카테시안 곱(Cartesian product)을 생성한다. 조인 조건이 없으며, 모든 가능한 행의 조합이 결과 집합에 포함된다.

- CROSS JOIN은 두 테이블 간의 모든 행을 조합하기 때문에 별도의 조건을 정의하는 칼럼명 등이 필요 없다.

- CROSS JOIN 형식

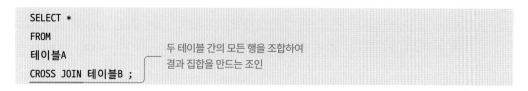

```
SELECT *
FROM
테이블A
CROSS JOIN 테이블B ;
```
두 테이블 간의 모든 행을 조합하여
결과 집합을 만드는 조인

② CROSS JOIN 예

- EMP, DEPT 테이블 CROSS JOIN

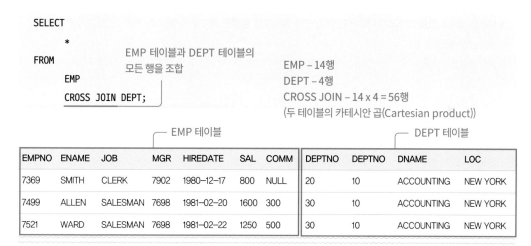

```
SELECT
    *
FROM
    EMP
    CROSS JOIN DEPT;
```
EMP 테이블과 DEPT 테이블의
모든 행을 조합

EMP – 14행
DEPT – 4행
CROSS JOIN – 14 x 4 = 56행
(두 테이블의 카테시안 곱(Cartesian product))

EMP 테이블 / DEPT 테이블

EMPNO	ENAME	JOB	MGR	HIREDATE	SAL	COMM	DEPTNO	DEPTNO	DNAME	LOC
7369	SMITH	CLERK	7902	1980-12-17	800	NULL	20	10	ACCOUNTING	NEW YORK
7499	ALLEN	SALESMAN	7698	1981-02-20	1600	300	30	10	ACCOUNTING	NEW YORK
7521	WARD	SALESMAN	7698	1981-02-22	1250	500	30	10	ACCOUNTING	NEW YORK

【 해설 】

CROSS JOIN은 두 테이블의 모든 행을 조합하여 결과 집합을 생성하는 조인 방식이다. 따라서 위 결과에서 보이는 것처럼 결과 집합은 두 테이블의 카테시안 곱(Cartesian product)으로, 두 테이블의 행 수를 곱한 만큼의 결과가 생성된다. 조인 조건이 없으므로 모든 가능한 행의 조합이 결과에 포함된다. 큰 테이블에 대해 사용 시 결과 집합의 크기가 매우 커질 수 있으므로 주의가 필요하다.

참고

CROSS JOIN 시 주의사항

- CROSS JOIN은 두 테이블 간의 모든 행을 조합하여 결과 집합을 만드는 조인 방식이므로, 매우 강력한 도구처럼 보일 수 있지만, 실제로는 상당한 주의를 요하는 조인 방식입니다.

- 예를 들어, 첫 번째 테이블에 1,000개의 행이 있고 두 번째 테이블에 1,000개의 행이 있으면, 결과 집합에는 1,000,000개의 행이 생성됩니다. 테이블이 클 경우, 결과 집합의 크기가 매우 커질 수 있어 메모리 및 성능 문제를 야기할 수 있습니다.

- 이처럼 대량의 데이터를 처리할 때 CROSS JOIN은 성능 저하를 초래할 수 있습니다. 실행 계획을 분석하고 인덱스를 사용하는 등 최적화를 고려해야 하며, 필요한 경우에만 사용하고, 데이터 양을 줄이기 위해 필터 조건을 추가하는 것이 좋습니다.

참고 쿼리 실행 계획(Query Plan)

쿼리 실행 계획이란, 말 그대로 DBMS가 주어진 SQL 쿼리를 어떻게 처리하겠다는 계획을 말한다. 대부분의 DBMS에서는 비용 기반 최적화 옵티마이저(Optimizer)가 이러한 역할을 담당한다. 최적의 성능을 위한 내부 연산 방식에는 크게 Full Table Scan(테이블의 모든 행을 검색), Index Scan(인덱스를 사용하여 검색), Join 연산(테이블 간의 결합 방식) 등이 있다. Join 연산은 테이블 간 결합 방식에 따라 다음의 셋으로 구분된다.

- **Nested Loop Join**: 하나의 테이블을 순차적으로 검색하며, 다른 테이블을 반복 검색. 주로 인덱스가 있는 작은 테이블과 큰 테이블을 조인할 때 효과적이다.

- **Hash Join**: 해시 함수를 사용해 두 테이블(큰 테이블)의 자료를 결합하는 조인 방식이다.

- **Merge Join**: 정렬 합병 조인이라고도 하며, 양쪽 테이블을 정렬한 결과를 차례로 스캔하여 연결 고리의 조건으로 결합하는 조인 방식이다.

 2과목 / 1장 / 5절 / **핵·심·문·제**

01. 다음 보기 중 설명이 옳은 것을 고르시오.

① INNER JOIN은 조건이 NULL인 경우에도 결과에 포함한다.

② INNER JOIN은 조건이 일치하지 않는 행도 포함한다.

③ INNER JOIN에서 ON 절을 생략하면 무조건 모든 행의 조합이 반환된다.

④ INNER JOIN은 두 테이블 간 조건에 일치하는 모든 행을 반환한다.

02. 다음 보기 중 설명이 틀린 것을 고르시오.

① LEFT OUTER JOIN은 왼쪽 테이블의 모든 행과 오른쪽 테이블에서 조건에 일치하는 행을 반환한다.

② LEFT OUTER JOIN에서 조건에 일치하지 않는 오른쪽 테이블의 값은 NULL로 표시된다.

③ LEFT OUTER JOIN은 RIGHT OUTER JOIN과 같은 결과를 반환한다.

④ LEFT OUTER JOIN은 ON 절 조건이 NULL인 경우에도 왼쪽 테이블의 모든 행을 반환한다.

03. CROSS JOIN에 대한 설명으로 옳은 것은?

① CROSS JOIN은 항상 두 테이블의 카테시안 곱(Cartesian Product)을 반환한다.

② CROSS JOIN은 조건을 지정하지 않아도 두 테이블의 모든 조합을 반환하지 않는다.

③ CROSS JOIN에서 ON 절을 사용하면 필터링된 결과를 반환한다.

④ CROSS JOIN은 INNER JOIN과 같은 결과를 반환한다.

【 문제 4~5 】 보기 테이블

【 EMP 】

EMP_ID	EMP_NAME	DEPT_ID
101	김철수	10
102	이영희	20
103	박민수	30

【 DEPT 】

DEPT_ID	DEPT_NAME
10	IT
20	HR

04. 보기 테이블에 대한 SQL의 결과로 올바른 것을 고르시오.

```
SELECT EMP_NAME, DEPT_NAME
FROM EMP LEFT OUTER JOIN DEPT
ON EMP.DEPT_ID = DEPT.DEPT_ID;
```

①

EMP_NAME	DEPT_NAME
김철수	IT
이영희	NULL
박민수	NULL

②

EMP_NAME	DEPT_NAME
이영희	HR
박민수	NULL

③

EMP_NAME	DEPT_NAME
김철수	IT
이영희	HR
박민수	NULL

④

EMP_NAME	DEPT_NAME
김철수	IT

05. 보기 테이블에 대한 SQL의 결과로 올바른 것을 고르시오.

```
SELECT EMP_NAME, DEPT_NAME
FROM EMP RIGHT OUTER JOIN DEPT
ON EMP.DEPT_ID = DEPT.DEPT_ID;
```

①

EMP_NAME	DEPT_NAME
김철수	IT
이영희	HR

②

EMP_NAME	DEPT_NAME
김철수	IT
박민수	NULL

③

EMP_NAME	DEPT_NAME
김철수	IT
NULL	NULL

④

EMP_NAME	DEPT_NAME
김철수	IT
이영희	HR
박민수	NULL
NULL	SALES

06. 다음 테이블에 대한 SQL의 결과로 올바른 것을 고르시오.

【 SALES 】

EMP_ID	AMOUNT
101	1000
102	2000
103	1500

【 EMP 】

EMP_ID	NAME
101	철수
102	영희

```
SELECT E.NAME, SUM(S.AMOUNT) AS TOTAL_SALES
FROM EMP E
LEFT JOIN SALES S
ON E.EMP_ID = S.EMP_ID
GROUP BY E.NAME;
```

①

EMP_ID	NAME
101	철수
102	영희

②

NAME	TOTAL_SALES
철수	1000
영희	2000
NULL	1500

③

NAME	TOTAL_SALES
철수	1000
영희	2000
NULL	NULL

④

NAME	TOTAL_SALES
철수	1000
영희	2000

07. 다음 테이블에 대한 SQL의 결과로 올바른 것을 고르시오.

【 PROJECT 】

PROJ_ID	TITLE
P01	프로젝트1
P02	프로젝트2

【 EMP 】

EMP_ID	NAME	PROJ_ID
101	철수	P01
102	영희	P03

```
SELECT E.NAME, P.TITLE
FROM EMP E FULL OUTER JOIN PROJECT P
ON E.PROJ_ID = P.PROJ_ID;
```

① NAME	TITLE
철수	프로젝트1
영희	NULL

② NAME	TITLE
철수	프로젝트1
NULL	프로젝트2

③ NAME	TITLE
철수	프로젝트1
영희	프로젝트2

④ NAME	TITLE
철수	프로젝트1
영희	NULL
NULL	프로젝트2

08. 다음 테이블에 대한 SQL의 결과로 올바른 것을 고르시오.

【 EMPLOYEE 】

EMP_ID	NAME	MANAGER_ID
1	철수	3
2	영희	1
3	민수	NULL

```
SELECT
      E1.NAME AS EMPLOYEE
    , E2.NAME AS MANAGER
FROM
      EMPLOYEE E1
LEFT JOIN
      EMPLOYEE E2
ON
      E1.MANAGER_ID = E2.EMP_ID;
```

① EMPLOYEE	MANAGER
철수	NULL
영희	철수
민수	NULL

② EMPLOYEE	MANAGER
철수	민수
영희	민수

③ EMPLOYEE	MANAGER
철수	민수
영희	철수
민수	NULL

④ EMPLOYEE	MANAGER
철수	민수
영희	NULL
민수	NULL

01. 답: ④

해설: INNER JOIN은 ON 절에서 지정된 조건에 일치하는 행만 반환한다. 조건이 일치하지 않거나 NULL인 경우 해당 행은 반환되지 않는다. ON 절을 생략하면 SQL 문법 오류가 발생한다.

02. 답: ③

해설: LEFT OUTER JOIN은 왼쪽 테이블을 기준으로 모든 행을 반환하며, 조건이 일치하지 않는 오른쪽 테이블의 값은 NULL로 표시된다. RIGHT OUTER JOIN은 오른쪽 테이블을 기준으로 작동하므로 LEFT OUTER JOIN과 결과가 다를 수 있다.

03. 답: ①

해설: CROSS JOIN은 두 테이블의 모든 행의 조합을 반환하며, 이는 카테시안 곱을 의미한다. 조건을 지정하지 않으면 필터링 없이 모든 조합이 반환된다. ON 절은 CROSS JOIN에 적용되지 않으며, WHERE 절을 통해 필터링을 수행할 수 있다.

04. 답: ③

해설: LEFT OUTER JOIN은 EMP 테이블의 모든 행과 DEPT 테이블의 일치하는 행을 반환하며, 일치하지 않는 행은 NULL로 채운다.

05. 답: ①

해설: 결과에서 박민수는 제외된다. 왜냐하면 그의 DEPT_ID는 DEPT 테이블에 없기 때문이다.

06. 답: ④

해설: EMP 테이블의 모든 행이 유지되며 SALES 테이블에서 매칭되지 않는 경우 S.AMOUNT는 NULL로 처리한다. E.NAME별로 그룹화하고 각 그룹의 S.AMOUNT 값을 합산한다. NULL은 0으로 처리되지 않으며, 단순히 합산에서 제외한다.

07. 답: ④

해설: FULL OUTER JOIN은 EMP와 PROJECT 테이블의 모든 행을 반환하며, 일치하지 않는 열은 NULL로 표시한다.

08. 답: ③

해설: SELF JOIN은 EMPLOYEE 테이블에서 매니저 정보를 연결하는 데 사용된다. MANAGER_ID가 NULL인 민수는 매니저가 없으므로 MANAGER 열에 NULL이 나타난다.

01. 다음 중 설명 중 단일행 함수와 다중행 함수의 차이점을 가장 올바르게 설명한 것은 무엇인가?

① 단일행 함수는 날짜 데이터를 조작하고, 다중행 함수는 문자열 데이터를 조작한다.

② 단일행 함수는 여러 행의 데이터를 집계하여 하나의 결괏값을 반환하고, 다중행 함수는 각 행에 대해 하나의 결괏값을 반환한다.

③ 단일행 함수는 문자열 데이터를 조작하고, 다중행 함수는 숫자 데이터를 조작한다.

④ 단일행 함수는 각 행에 대해 하나의 결괏값을 반환하고, 다중행 함수는 여러 행의 데이터를 집계하여 하나의 결괏값을 반환한다.

02. 현재 날짜와 시각을 반환하는 함수는 무엇인가?

① SYSDATE   ② TO_DATE

③ MONTHS_BETWEEN   ④ ADD_MONTHS

03. 다음 SQL 문을 실행했을 때 반환되는 값은 무엇인가?

```
SELECT
MONTHS_BETWEEN(TO_DATE('2024-12-01', 'YYYY-MM-DD')
, TO_DATE('2024-01-01', 'YYYY-MM-DD')) AS MONTH_DIFF
FROM DUAL;
```

① 12   ② 11

③ −11   ④ 0

04. 다음 SQL 문을 실행했을 때 반환되는 값은 무엇인가?

```
SELECT
TO_CHAR(TO_DATE('2024-12-01', 'YYYY-MM-DD')
, 'MM/DD/YYYY') AS FORMATTED_DATE
FROM DUAL;
```

① 12−01−2024   ② 2024/12/01

③ 12/01/2024   ④ 01/12/2024

05. 다음 SQL 문장을 실행했을 때 오류가 발생하는 이유는 무엇인가?

```
SELECT
DEPTNO
, ROUND(AVG(SAL), 2)
FROM EMP
WHERE AVG(SAL) > 2000
GROUP BY DEPTNO;
```

① GROUP BY 절이 없다.
② AVG 함수가 WHERE 절에서 사용되었다.
③ ROUND 함수가 잘못 사용되었다.
④ DEPTNO가 SELECT에 포함되어 있지 않다.

06. 다음 중 서브 쿼리가 아닌 것은 무엇인가?

① SELECT * FROM EMP WHERE SAL > (SELECT AVG(SAL) FROM EMP);

② SELECT * FROM EMP WHERE EXISTS (SELECT DEPTNO FROM DEPT);

③ SELECT EMPNO, ENAME FROM EMP INNER JOIN DEPT ON EMP.DEPTNO = DEPT.DEPTNO;

④ SELECT EMPNO FROM EMP WHERE DEPTNO IN (SELECT DEPTNO FROM DEPT);

07. 다음 SQL 문에서 반환되는 값은 무엇인가?

```
SELECT 10 + 5 * 2 AS RESULT
FROM DUAL;
```

① 30
② 20
③ 15
④ 25

08. 다음 중 SQL 수행 결과에 해당하지 않는 것은 무엇인가?

```
SELECT ENAME, SAL FROM EMP
WHERE SAL < 1500 OR SAL > 3000;
```

① SAL이 3000 이상인 행
② SAL이 1500 이하인 행
③ SAL이 1500과 3000 사이인 행
④ 모든 SAL 값이 포함되지는 않는다.

09. 다음 중 SQL 문에서 실행 결과로 'SMITH', 'JONES'만 반환하려고 할 때 가장 옳은 것은 무엇인가?

① SELECT ENAME FROM EMP WHERE ENAME NOT IN ('SCOTT');

② SELECT ENAME FROM EMP WHERE ENAME = 'SMITH' AND ENAME = 'JONES';

③ SELECT ENAME FROM EMP WHERE ENAME LIKE 'S%' OR ENAME LIKE 'J%';

④ SELECT ENAME FROM EMP WHERE ENAME IN ('SMITH', 'JONES');

【 문제 10~20 】 예시 테이블

【 EMP 테이블 】

EMPNO	ENAME	JOB	MGR	HIREDATE	SAL	COMM	DEPTNO
7839	KING	PRESIDENT	NULL	1981-11-17	5000	NULL	10
7698	BLAKE	MANAGER	7839	1981-05-01	2850	NULL	30
7782	CLARK	MANAGER	7839	1981-05-09	2450	NULL	10
7566	JONES	MANAGER	7839	1981-04-01	2975	NULL	20
7654	MARTIN	SALESMAN	7698	1981-09-10	1250	1400	30
7499	ALLEN	SALESMAN	7698	1981-02-11	1600	300	30
7844	TURNER	SALESMAN	7698	1981-08-21	1500	0	30
7900	JAMES	CLERK	7698	1981-12-11	950	NULL	30
7521	WARD	SALESMAN	7698	1981-02-23	1250	500	30
7902	FORD	ANALYST	7566	1981-12-11	3000	NULL	20
7369	SMITH	CLERK	7902	1980-12-09	800	NULL	20
7788	SCOTT	ANALYST	7566	1982-12-22	3000	NULL	20
7876	ADAMS	CLERK	7788	1983-01-15	1100	NULL	20
7934	MILLER	CLERK	7782	1982-01-11	1300	NULL	10

【 DEPT 테이블 】

DEPTNO	DNAME	LOC
10	ACCOUNTING	NEW YORK
20	RESEARCH	DALLAS
30	SALES	CHICAGO
40	OPERATIONS	BOSTON

10. EMP 테이블에서 월급(SAL)을 연봉으로 계산하여 "Annual Salary" 혹은 "연봉"이라는 별칭으로 조회하려고 한다. 다음 중 틀린 것은 무엇인가?

① SELECT SAL * 12 AS "Annual Salary" FROM EMP;

② SELECT SAL * 12 AS Annual Salary FROM EMP;

③ SELECT SAL * 12 "Annual Salary" FROM EMP;

④ SELECT SAL * 12 "연봉" FROM EMP;

11. EMP 테이블에서 사원의 이름과 월급을 하나의 문자열로 합쳐서 조회하려면 어떤 SQL 문장을 사용해야 하는가?

① SELECT ENAME ¦¦ ' earns ' ¦¦ SAL ¦¦ ' per month' AS SALARY_INFO FROM EMP;

② SELECT ENAME + ' earns ' + SAL + ' per month' AS SALARY_INFO FROM EMP;

③ SELECT ENAME - ' earns ' - SAL - ' per month' AS SALARY_INFO FROM EMP;

④ SELECT ENAME * ' earns ' * SAL * ' per month' AS SALARY_INFO FROM EMP;

12. 다음 중 EMP 테이블에서 각 직원(ENAME)과 그 직원의 매니저 이름(MGR)을 출력하는 SQL은 무엇인가?(NULL이 없어야 함)

① SELECT ENAME AS EMPLOYEE, MGR AS MANAGER

   FROM EMP;

② SELECT A.ENAME AS EMPLOYEE, B.ENAME AS MANAGER

   FROM EMP A FULL OUTER JOIN EMP B

   ON A.MGR = B.EMPNO;

③ SELECT A.ENAME AS EMPLOYEE, B.ENAME AS MANAGER

   FROM EMP A INNER JOIN EMP B

   ON A.MGR = B.EMPNO;

④ SELECT A.ENAME AS EMPLOYEE, B.ENAME AS MANAGER

   FROM EMP A LEFT OUTER JOIN EMP B

   ON A.MGR = B.EMPNO;

13. 다음 중 EMP 테이블과 DEPT 테이블을 DEPTNO를 기준으로 내부 조인하여 각 직원의 이름(ENAME), 부서 이름(DNAME), 부서 위치(LOC)를 다음과 같이 출력하는 SQL은 무엇인가?

ENAME	DNAME	LOC
KING	ACCOUNTING	NEW YORK
BLAKE	SALES	CHICAGO
CLARK	ACCOUNTING	NEW YORK
JONES	RESEARCH	DALLAS
MARTIN	SALES	CHICAGO
ALLEN	SALES	CHICAGO
TURNER	SALES	CHICAGO
JAMES	SALES	CHICAGO
WARD	SALES	CHICAGO
FORD	RESEARCH	DALLAS
SMITH	RESEARCH	DALLAS

SCOTT	RESEARCH	DALLAS
ADAMS	RESEARCH	DALLAS
MILLER	ACCOUNTING	NEW YORK

① SELECT ENAME, DNAME, LOC

   FROM EMP FULL OUTER JOIN DEPT

   ON EMP.DEPTNO = DEPT.DEPTNO;

② SELECT ENAME, DNAME, LOC

   FROM EMP INNER JOIN DEPT

   ON EMP.DEPTNO = DEPT.DEPTNO;

③ SELECT ENAME, DNAME, LOC

   FROM EMP CROSS JOIN DEPT;

④ SELECT ENAME, DNAME, LOC

   FROM EMP WHERE EMP.DEPTNO = DEPT.DEPTNO;

14. 다음 중 모든 직원과 모든 부서를 조합한 결과를 반환하는 SQL은 무엇인가?

① SELECT ENAME, DNAME

   FROM EMP LEFT OUTER JOIN DEPT

   ON EMP.DEPTNO = DEPT.DEPTNO;

② SELECT ENAME, DNAME

   FROM EMP INNER JOIN DEPT

   ON EMP.DEPTNO = DEPT.DEPTNO;

③ SELECT ENAME, DNAME

   FROM EMP CROSS JOIN DEPT;

④ SELECT ENAME, DNAME4

   FROM EMP RIGHT OUTER JOIN DEPT

   ON EMP.DEPTNO = DEPT.DEPTNO;

15. 다음 중 다음 결과를 출력하는 것은 무엇인가?

ENAME	DNAME	LOC
KING	ACCOUNTING	NEW YORK
BLAKE	SALES	CHICAGO
CLARK	ACCOUNTING	NEW YORK
JONES	RESEARCH	DALLAS
MARTIN	SALES	CHICAGO
ALLEN	SALES	CHICAGO
TURNER	SALES	CHICAGO
JAMES	SALES	CHICAGO
WARD	SALES	CHICAGO
FORD	RESEARCH	DALLAS
SMITH	RESEARCH	DALLAS
SCOTT	RESEARCH	DALLAS
ADAMS	RESEARCH	DALLAS
MILLER	ACCOUNTING	NEW YORK
NULL	OPERATIONS	BOSTON

① SELECT ENAME, DNAME, LOC

    FROM EMP CROSS JOIN DEPT;

② SELECT ENAME, DNAME, LOC

    FROM EMP LEFT OUTER JOIN DEPT

    ON EMP.DEPTNO = DEPT.DEPTNO;

③ SELECT ENAME, DNAME, LOC

    FROM EMP RIGHT OUTER JOIN DEPT

    ON EMP.DEPTNO = DEPT.DEPTNO;

④ SELECT ENAME, DNAME, LOC

    FROM EMP JOIN DEPT

    ON EMP.DEPTNO = DEPT.DEPTNO;

16. 다음 SQL의 실행 결과로 옳은 것은 무엇인가?

```
SELECT ENAME, DNAME

FROM EMP INNER JOIN DEPT

ON NVL(EMP.DEPTNO, 0) = NVL(DEPT.DEPTNO, 0);
```

① 조인 조건이 무시된다.

② EMP와 DEPT의 모든 NULL 값이 조인된다.

③ EMP와 DEPT에서 0 값만 조인된다.

④ EMP와 DEPT의 NULL 값은 제외된다.

17. 다음 SQL 문 중 SAL 값이 NULL이 아닌 행만 반환하는 것으로 가장 옳은 것은 무엇인가?

① SELECT ENAME FROM EMP WHERE SAL IS NOT NULL;

② SELECT ENAME FROM EMP WHERE SAL IS NULL;

③ SELECT ENAME FROM EMP WHERE SAL > 0;

④ SELECT ENAME FROM EMP WHERE SAL >= 0;

18. 다음 SQL을 실행한 결과로 반환되는 행의 개수는 무엇인가?

```
SELECT ENAME, DNAME

FROM EMP INNER JOIN DEPT

ON EMP.DEPTNO = DEPT.DEPTNO;
```

① 16

② 15

③ 14

④ 13

19. 다음 SQL 문에서 HAVING 절의 역할은 무엇인가?

```
SELECT DEPTNO, AVG(SAL) AS AVG_SAL

FROM EMP

GROUP BY DEPTNO

HAVING AVG(SAL) > 2000;
```

① 전체 직원의 평균 급여가 2000 이상인 경우 출력한다.

② DEPTNO 기준 그룹의 평균 급여가 2000 보다 작은 경우 출력한다.

③ DEPTNO 기준 그룹의 평균 급여가 2000 보다 큰 경우 출력한다.

④ 모든 부서를 출력한다.

20. 다음 SQL 문에서 반환되는 결과는 무엇인가?

```
SELECT JOB, DEPTNO, SUM(SAL) AS TOTAL_SAL
FROM EMP
GROUP BY JOB, DEPTNO
ORDER BY DEPTNO, TOTAL_SAL DESC;
```

① 부서별로 각 JOB의 총급여를 오름차순으로 정렬

② 부서별로 각 JOB의 총급여를 내림차순으로 정렬

③ DEPTNO와 JOB 조합별 총급여를 DEPTNO 오름차순, TOTAL_SAL 내림차순으로 정렬

④ 모든 직원의 총급여를 DEPTNO 내림차순으로 정렬

21. 다음 설명에 해당하는 SQL 명령어의 종류는?

여러 개의 SQL문을 하나의 작업 단위로 묶어서 처리하며, 데이터의 무결성을 보장하기 위한 목적으로 사용된다. Commit, Rollback, Savepoint 등의 명령어가 포함되며, 이를 통해 데이터의 일관성을 유지하고 동시성을 제어할 수 있다.

① DDL (Data Definition Language)

② DML (Data Manipulation Language)

③ TCL (Transaction Control Language)

④ DCL (Data Control Language)

22. 다음 테이블에 대한 SQL 수행 결과로 옳은 것을 고르시오.

【 TAB_X 】

COL1	COL2	COL3
25	NULL	15
NULL	40	20
0	15	NULL

```
SELECT SUM(COL2) + SUM(COL3) FROM TAB_X;
SELECT SUM(COL2) + SUM(COL3) FROM TAB_X WHERE COL1 > 0;
SELECT SUM(COL2) + SUM(COL3) FROM TAB_X WHERE COL1 IS NOT NULL;
SELECT SUM(COL2) + SUM(COL3) FROM TAB_X WHERE COL1 IS NULL;
```

① 75, 15, 15, 60

② 90, NULL, 30, 60

③ 90, NULL, 15, 60

④ 90, 15, 30, 60

23. 다음의 테이블 정의과 SQL문에 대한 설명으로 올바른 것은?

```
[TAB_Y]
CREATE TABLE TAB_Y (
     emp_id VARCHAR2(10) PRIMARY KEY
   , emp_name VARCHAR2(100) NULL
   , hire_date DATE NOT NULL
   );
[SQL]
/* Query 1 */  SELECT * FROM EMPLOYEE WHERE emp_id = 'E001';
/* Query 2 */  INSERT INTO EMPLOYEE VALUES ('999', '', '2024-03-15');
/* Query 3 */  SELECT * FROM EMPLOYEE WHERE emp_name = '';
/* Query 4 */  SELECT * FROM EMPLOYEE WHERE emp_name IS NULL;
```

① emp_id 칼럼에 숫자로만 구성된 값을 입력할 경우, VARCHAR2 타입이므로 자동으로 NUMBER 타입으로 변환되어 저장된다.

② Query 2에서 emp_name에 빈 문자열('')을 입력하면, 오라클은 이를 NULL로 변환하여 저장한다.

③ Query 3과 Query 4의 실행 결과는 같다.

④ emp_name 칼럼이 NULL로 선언되어 있으므로, 빈 문자열('')을 입력하면 에러가 발생한다.

24. GROUP BY와 HAVING 절에 대한 설명으로 가장 적절한 것은?

① GROUP BY 절은 조건을 만족하는 레코드가 없을 경우에도 최소 1개의 NULL 행을 반환한다.

② 집계 함수를 GROUP BY 조건으로 사용할 수 있다. (예: GROUP BY SUM(salary))

③ HAVING 절은 WHERE 절과 달리 집계 함수를 조건으로 사용할 수 있다.

④ GROUP BY 절에서 SELECT 절에 있는 모든 칼럼을 반드시 포함해야 한다.

25. 아래 SQL의 실행 결과로 가장 적절한 것은? (DBMS는 오라클로 가정)

```
SELECT TO_CHAR(TO_DATE('2024.03.15 14:30:00', 'YYYY.MM.DD HH24:MI:SS') + 1/48, 'YYYY.MM.DD
HH24:MI:SS')
FROM DUAL;
```

① 2024.03.15 14:30:00
② 2024.03.15 15:00:00
③ 2024.03.16 14:30:00
④ 2024.03.15 13:30:00

26. 실행 결과가 NULL인 SQL은? (단, DBMS는 오라클로 가정)

① SELECT NVL2('ABC', NULL, '123') FROM DUAL;

② SELECT NULLIF('ABC', 'XYZ') ¦¦ '100' FROM DUAL;

③ SELECT COALESCE(NULL, NULL, NULL, 'A') FROM DUAL;

④ SELECT CASE WHEN NULL = NULL THEN 'Y' ELSE 'N' END FROM DUAL;

27. 다음은 사원의 이름이 'M'으로 시작하고 'N'으로 끝나는 사원을 조회하는 SQL입니다. 빈칸 ⓐ에 들어갈 수 있는 내용으로 가장 적절하지 않은 것은?

```
SELECT emp_name
FROM employees
WHERE emp_name LIKE [ⓐ]
```

① 'M%N'   ② 'M_N'
③ 'M_%N'   ④ 'M%_%N'

28. 수식 실행 결과로 가장 적절하지 않은 것은?(단, B의 아스키코드는 66이다.)

① INITCAP('hello world') : 'Hello World'
② LOWER('Database SQL') : 'database sql'
③ ASCII('B') : 66
④ RTRIM('xxxYYZZxYZxx', 'x') : 'YYZZxYZxx'

29. HAVING 절에 대한 설명으로 틀린 것은?

① HAVING 절은 GROUP BY 절로 그룹화된 데이터에 조건을 적용할 때 사용된다.
② HAVING 절은 집계 함수(SUM, AVG 등) 없이도 사용할 수 있다.
③ HAVING 절은 WHERE 절보다 먼저 처리된다.
④ HAVING 절은 SELECT 문에서 집계 결과에 필터를 적용한다.

30. ORDER BY 절에 대한 설명으로 틀린 것은?

① ORDER BY 절은 SELECT 문에서 데이터를 정렬하는 데 사용된다.
② ORDER BY 절은 SELECT 목록에 포함되지 않은 열을 기준으로 정렬할 수 있다.
③ ORDER BY 절은 GROUP BY 절보다 먼저 처리된다.
④ ORDER BY 절은 기본적으로 오름차순(ASC) 정렬을 수행한다.

【 정답&해설 】

01. 답: ④

해설: 단일행 함수는 각 행에 대해 하나의 결괏값을 반환하고, 다중행 함수는 여러 행의 데이터를 집계하여 하나의 결괏값을 반환한다.

02. 답: ①

해설: SYSDATE는 현재 날짜와 시각을 반환한다.

03. 답: ②

해설: MONTHS_BETWEEN 함수는 두 날짜 사이의 개월 수를 반환한다. 여기서는 2024년 12월 1일과 2024년 1월 1일의 차이는 11개월이다.

04. 답: ③

해설: TO_DATE는 문자열을 날짜 형식으로 변환하며, TO_CHAR은 날짜 형식을 특정 문자열로 변환한다. 'MM/DD/YYYY' 형식이 지정되어 결과는 12/01/2024이다.

05. 답: ②

해설: 집계 함수는 WHERE 절에서 직접 사용할 수 없으며, HAVING 절에서 사용해야 한다.

06. 답: ③

해설: INNER JOIN은 두 테이블을 조인하는 구문이며, 서브 쿼리가 아니다. 나머지는 모두 서브 쿼리를 포함하고 있다.

07. 답: ②

해설: 산술 연산자에서 *가 +보다 우선순위가 높으므로, 5 * 2 = 10이 먼저 계산되고, 10 + 10 = 20이 결과로 반환된다.

08. 답: ③

해설: OR 조건에 따라 1500 미만이거나 3000 초과인 SAL 값만 선택되며, 1500~3000 사이 값은 제외된다.

09. 답: ④

해설: IN 연산자는 특정 값 목록에 포함된 데이터를 반환한다.

10. 답: ②

해설: Annual Salary라는 칼럼명은 공백을 포함하고 있기 때문에 공백을 포함하기 위해서는 큰따옴표("")로 감싸주어야 하는데, 그렇지 않아서 틀렸다. AS는 생략할 수 있다.

11. 답: ①

해설: 오라클에서 문자 합성 연산자로는 두 개의 버티컬 라인(||)을 사용한다(shift + '₩' → 두 번 누르기).

12. 답: ③

해설: 셀프 조인은 같은 테이블에서 조인을 수행하며, 여기서는 EMP 테이블에서 직원과 매니저를 연결한다. ②번은 FULL OUTER JOIN이어서 EMPLOYEE 칼럼에 NULL이 함께 출력되고, ④번은 KING의 경우 MANAGER가 없기 때문에 NULL이 출력된다.

13. 답: ②

해설: 내부 조인은 두 테이블에서 조인 조건을 만족하는 행만 반환한다.

14. 답: ③

해설: CROSS JOIN은 두 테이블의 모든 행을 곱집합으로 반환한다.

15. 답: ③

해설: RIGHT OUTER JOIN은 오른쪽 테이블(DEPT)의 모든 레코드를 포함하고, 왼쪽 테이블(EMP)과 매칭되는 레코드가 없는 경우 NULL을 출력한다.

16. 답: ④

해설: NVL 함수는 NULL 값을 대체하여 조인을 수행하므로 NULL 값은 제외된다.

17. 답: ①

해설: IS NOT NULL 조건은 NULL 값이 없는 행을 반환한다.

18. 답: ③

해설: INNER JOIN은 EMP와 DEPT 테이블에서 DEPTNO가 일치하는 모든 행(14개)을 반환한다.

19. 답: ③

해설: HAVING 절은 GROUP BY로 생성된 그룹의 집계 결과에 조건을 적용한다. 여기서는 평균 급여가 2000 이상인 그룹만 출력된다.

20. 답: ③

해설: GROUP BY는 JOB과 DEPTNO 조합별로 그룹화하며, ORDER BY는 DEPTNO는 오름차순, TOTAL_SAL은 내림차순으로 정렬한다.

21. 답: ③

해설: TCL(Transaction Control Language)은 트랜잭션 제어어로, 데이터의 일관성을 유지하고 안정성을 보장하기 위한 명령어들을 포함한다. 주요 명령어는 다음과 같다. COMMIT: 트랜잭션의 작업을 영구적으로 반영, ROLLBACK: 트랜잭션의 작업을 취소하고 이전 상태로 되돌림, SAVEPOINT: 트랜잭션 내에 복귀점을 지정

22. 답: ②

해설: SUM 함수는 NULL을 무시하지만, 계산 가능한 값이 하나도 없는 경우 결과는 0이 아니라 NULL로 반환된다. 각 쿼리를 수행한 결과는 다음과 같다.

첫 번째 쿼리: SUM(COL2) = 55, SUM(COL3) = 20, 따라서 55 + 35 = 90

두 번째 쿼리: COL1 〉 0 조건에서는 첫 번째 행만 해당되므로, NULL + 15 = NULL

세 번째 쿼리: COL1 IS NOT NULL 조건에서는 첫 번째와 세 번째 행이 해당되므로, 15 + 15 = 30

네 번째 쿼리: COL1 IS NULL 조건에서는 두 번째 행만 해당되므로, 40 + 20 = 60

23. 답: ②

해설: 각 선지의 해설은 다음과 같다.

① VARCHAR2 타입은 문자열 타입으로, 입력된 값이 숫자로만 구성되어 있더라도 문자열 그대로 저장된다. NUMBER 타입으로 자동 변환되지 않는다. 예를 들어, '999'는 문자열 '999'로 저장되며 숫자 999로 변환되지 않는다.

② 오라클은 빈 문자열('')을 자동으로 NULL로 변환하여 저장하는 특징이 있다. 따라서 Query 2 실행 시 emp_name은 NULL로 저장된다.

③ 오라클에서는 빈 문자열이 NULL로 저장되었기 때문에 = 연산자로는 검색할 수 없다.

④ NULL 제약조건은 NULL 값 허용을 의미한다. 오라클은 빈 문자열('') 입력 시 에러가 아닌 NULL로 변환되어 저장된다.

24. 답: ③

해설: 각 선지의 해설은 다음과 같다.

① GROUP BY 절은 조건을 만족하는 레코드가 없으면 결과를 반환하지 않는다. NULL 행을 자동으로 생성하지 않는다.

② GROUP BY 절에는 집계 함수를 사용할 수 없다. 개별 칼럼이나 표현식만 사용 가능하다.

③ HAVING 절은 그룹화된 결과에 대한 조건을 지정할 때 사용한다. SUM(), COUNT(), AVG() 등의 집계 함수를 조건으로 사용할 수 있다.

④ SELECT 절에 있는 칼럼 중 집계 함수를 사용하지 않는 칼럼만 GROUP BY 절에 포함하면 된다. 집계 함수를 사용한 칼럼은 GROUP BY 절에 포함할 필요가 없다.

25. **답:** ②

해설: 날짜 연산의 단위와 계산 과정은 다음과 같다.

- 날짜 연산의 단위
  - 1: 하루(24시간)를 의미
  - 1/24: 1시간을 의미
  - 1/48: 30분을 의미
  - 1/24/60: 1분을 의미
  - 1/24/60/60: 1초를 의미
- 계산 과정
  - 기준 시간: 2024.03.15 14:30:00
  - 1/48(30분)을 더함
  - 결과: 2024.03.15 15:00:00
- 주요 포인트
  - TO_DATE 함수: 문자열을 날짜형으로 변환
  - TO_CHAR 함수: 날짜형을 문자열로 변환
  - 날짜 포맷 'YYYY.MM.DD HH24:MI:SS'는 24시간제 표기
  - 오라클에서 날짜 데이터에 숫자를 더하거나 빼면 일수 단위로 계산됨

26. **답:** ①

해설: 각 선지의 해설은 다음과 같다.

① NVL2(expr1, expr2, expr3) 함수는 expr1이 NULL이 아니면 expr2를 반환하고, expr1이 NULL이면 expr3을 반환한다. 여기서는 'ABC'가 NULL이 아니므로 NULL을 반환한다.

② NULLIF(expr1, expr2)는 두 표현식이 같으면 NULL을, 다르면 expr1을 반환한다. 'ABC'와 'XYZ'는 다르므로 'ABC'를 반환하고, 'ABC' || '100'은 문자열 연결로 'ABC100'을 반환한다.

③ COALESCE 함수는 NULL이 아닌 첫 번째 값을 반환한다. NULL이 아닌 값 'A'가 있으므로 'A'를 반환한다.

④ 오라클에서 NULL = NULL은 NULL을 반환한다. 조건이 FALSE이므로 ELSE 절로 이하여 ELSE 절에 있는 'N'을 반환한다.

27. **답:** ②

해설: ②번 'M_N'은 정확히 3글자이면서 첫 글자가 M, 마지막 글자가 N인 이름만 검색할 수 있다. 따라서 3글자보다 긴 이름은 검색이 불가능하다.

28. **답:** ④

해설: 각 선지의 해설은 다음과 같다.

① INITCAP('hello world'): 문자열의 각 단어의 첫 글자를 대문자로 변환하므로 'hello world' → 'Hello World'

② LOWER('Database SQL'): 모든 문자를 소문자로 변환하므로 'Database SQL' → 'database sql'

③ ASCII('B'): 문자 'B'의 ASCII 코드값을 반환하므로 'B' → 66

④ RTRIM은 오른쪽에서 지정된 문자를 제거하므로, 'xxxYYZZxYZ'가 되어야 한다.

29. 답: ③

해설: 각 선지의 해설은 다음과 같다.

① HAVING 절은 GROUP BY 결과에 조건을 적용하는 데 사용되므로 올바르다.

② HAVING 절은 집계 함수 없이도 사용할 수 있으며, 단일 그룹에 조건을 적용할 때 사용 가능하다.

③ WHERE 절이 HAVING 절보다 먼저 처리된다. WHERE는 그룹화 전에 조건을 필터링하고, HAVING은 그룹화 후에 조건을 필터링한다.

④ HAVING 절은 SELECT 결과의 집계 데이터에 필터를 적용하므로 올바르다.

30. 답: ③

해설: 각 선지의 해설은 다음과 같다.

① ORDER BY 절은 SELECT 문에서 결과를 정렬하기 위해 사용되므로 올바르다.

② ORDER BY 절은 SELECT 목록에 포함되지 않은 열도 정렬 기준으로 사용할 수 있다.

③ ORDER BY 절은 GROUP BY 절보다 나중에 처리된다. GROUP BY는 데이터를 그룹화하고, ORDER BY는 그룹화된 결과를 정렬한다.

④ ORDER BY 절은 오름차순(ASC)이 기본값이며, 내림차순(DESC)을 명시적으로 지정할 수 있다.

02장

SQL 활용

학습목표

- 서브쿼리의 개념, 종류 및 활용법과 뷰의 개념과 활용법을 이해합니다.
- 집합 연산자를 사용하여 두 개 이상의 SELECT 문 결과를 결합하고, 원하는 결과 집합을 생성하는 방법을 익힙니다.
- 데이터를 다차원적으로 집계하고, GROUPING/CASE 문/DECODE 함수를 활용하여 결과의 가독성을 높이는 방법을 익힙니다.
- 윈도우 함수의 개념을 이해하고, OVER 절과 함께 사용하여 데이터를 분석하고 처리하는 방법을 익힙니다.
- ROWNUM 슈도 칼럼과 Top N 쿼리를 사용하여 원하는 개수만큼의 결과 행을 효율적으로 선택하는 방법을 익힙니다.
- 셀프 조인을 사용하여 동일 테이블 내의 행 간 관계를 분석하는 방법과 계층형 질의를 사용하여 계층 구조 데이터를 조회하는 방법을 익힙니다.
- PIVOT 절과 UNPIVOT 절을 사용하여 열과 행을 변환하는 방법을 이해하고 데이터 형태를 바꾸는 방법을 익힙니다.
- 정규표현식 연산자 및 함수의 개념과 활용법을 익히고, 문자열 데이터를 처리하는 방법을 배웁니다.

1. 서브쿼리

(1) 서브쿼리 개요

① 서브쿼리의 기초 개념

- 쿼리(Query)는 하나의 명령 문장을 의미하며, 이를 메인쿼리(Mainquery)라고 한다. 그 명령 문장 안에 또 다른 명령 문장이 독립적으로 실행되는 것을 서브쿼리(Subquery)라고 한다. 서브쿼리는 내부쿼리 또는 중첩쿼리라고도 한다.

- 주로 복잡한 쿼리를 단순화하고, 특정 조건에 맞는 데이터를 필터링하거나 계산할 때 사용된다.

- 서브쿼리는 메인쿼리의 일부로 실행되며, 메인쿼리와 구분하기 위해 서브쿼리를 괄호로 감싼다.

- 서브쿼리는 메인쿼리의 WHERE, FROM, SELECT 절 등에서 사용된다.

- 메인쿼리

- 메인쿼리 내의 서브쿼리

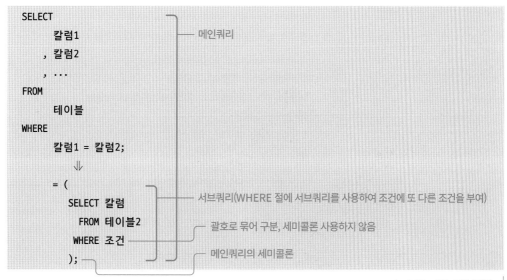

【 해설 】

위 메인쿼리를 보면 WHERE 조건이 칼럼1과 칼럼2가 서로 같을 때이다. 그런데 칼럼2의 값을 고정된 상수값이 아니라, 일정한 조건에 의해 변경이 되어 최종 선별되는 값으로 하고 싶을 때가 있다. 이런 경우는 실무에서도 빈번히 발생한다. 그럴 때는 WHERE 절에 서브쿼리를 사용하여 조건에 또 다른 조건을 부여할 수 있다. 메인쿼리의 칼럼2의 값 대신에 (SELECT 칼럼 FROM 다른_테이블 WHERE 조건)으로 도출된 값을 사용하면 된다. 서브쿼리는 괄호로 묶어 구분하지만, 세미콜론(;)은 사용하지 않는다.

② 언제 서브쿼리를 사용하는가?

- 앞서 예로 든 것처럼 WHERE 절에서 조건을 추가하고 싶을 때 사용한다.

- 데이터를 좀 더 복잡한 조건을 만들어 필터링하고 싶을 때 사용한다.

- 원래 데이터에는 존재하지 않는 계산된 칼럼을 생성하고 싶을 때 SELECT 문에서 사용한다.

- DB에 테이블을 만들지 않고, 쿼리 안에서만 임시로 FROM 절에 테이블을 만들어 사용한다(IN-LINE-VIEW).

- 일부 작업은 서브쿼리가 조인보다 간단하다. 특히 EXISTS 또는 IN처럼 존재 여부를 확인하는 경우, 서브쿼리가 적합하다.

③ 서브쿼리의 종류

- 동작하는 방식에 따른 서브쿼리

연관(Correlated) 서브쿼리	• 메인쿼리의 칼럼을 참조하는 서브쿼리 • 메인쿼리의 각 행에 대해 서브쿼리가 실행됨 • 메인쿼리의 칼럼 값을 이용해 서브쿼리의 결과를 계산함 • 메인쿼리의 각 행마다 실행되므로 처리 시간이 더 소요됨
비 연관(Un-Correlated) 서브쿼리	• 메인쿼리와 독립적으로 실행되는 서브쿼리 • 메인쿼리의 칼럼을 참조하지 않음 • 서브쿼리가 먼저 실행되고, 그 결과가 메인쿼리에서 사용됨 • 보통 한 번만 실행됨

- 반환되는 데이터의 형태에 따른 서브쿼리

단일행(Single Row) 서브쿼리	• 하나의 행만 반환하는 서브쿼리(0행일 경우 서브쿼리의 반환값을 NULL로 간주) • 단일 값을 반환 • 주로 비교 연산자(=, >, <, >=, <=, <>)와 함께 사용

다중행(Multi Row) 서브쿼리	• 여러 행을 반환하는 서브쿼리 • 하나 이상의 행을 반환 • IN, ANY, ALL, EXISTS 같은 연산자와 함께 사용
다중칼럼(Multi Column) 서브쿼리	• 여러 칼럼을 반환하는 서브쿼리 • 두 개 이상의 칼럼을 반환 • 주로 복합 비교에 사용

(2) 서브쿼리의 종류

① 단일행 서브쿼리

- 단일행 서브쿼리는 오직 하나의 행(row)만을 반환하는 서브쿼리다(0행일 경우 서브쿼리의 반환값을 NULL로 간주).

- 단일행 서브쿼리는 하나의 행을 반환하며, 메인쿼리에서 하나의 값처럼 사용된다.

- 주로 비교 연산자(=, >, <, >=, <=, <>) 및 집계 함수(AVG, SUM, MAX, MIN, COUNT 등)와 함께 자주 사용된다.

【 EMP 테이블 】

EMPNO	ENAME	JOB	MGR	HIREDATE	SAL	COMM	DEPTNO
7369	SMITH	CLERK	7902	1980-12-17	800	NULL	20
7499	ALLEN	SALESMAN	7698	1981-02-20	1600	300	30
7934	MILLER	CLERK	7782	1982-01-23	1300	NULL	10

 참고

여기 '2장 1절 서브쿼리' 편에서는 예시 쿼리만 수행하고 EMP 데이터를 변경하지 않았습니다.

혹시 임의로 행을 추가하거나 삭제한 경우 계산식의 결과가 이번 장의 예와 다를 수 있습니다.

이럴 때는 기존의 EMP 테이블을 삭제하고 새롭게 EMP 테이블을 생성하거나, 추가된 행을 지우거나 삭제한 행을 다시 INSERT해야 합니다. EMP 테이블이 14행이면 맞습니다.

- WHERE 절에서의 단일행 서브쿼리 사용: 급여가 평균 급여보다 높은 사원 정보를 조회

```
SELECT
      ENAME
   , SAL
```

```
FROM
        EMP
                    ── WHERE 절에서의 단일행 서브쿼리
WHERE
        SAL > (SELECT AVG(SAL) FROM EMP)        ── EMP 테이블의 평균 급여
ORDER BY                                           급여가 평균 급여보다 높은 사원 조회
        SAL DESC;
```

ENAME	SAL
KING	5000
FORD	3000
SCOTT	3000
JONES	2975
BLAKE	2850
CLARK	2450

EMP 테이블의 평균 급여 = 2073.21
급여가 평균 급여(2073.214)보다 높은 사원 조회

 참고

ORDER BY [칼럼명] DESC

• 칼럼을 내림차순으로 정렬하는 명령

• 반대로 오름차순으로 정렬하려면 DESC 대신 ASC를 사용하거나, 오름차순이 디폴트 설정이므로 아무것도 적지 않아도 된다.

- HAVING 절에서의 단일행 서브쿼리 사용: 부서의 평균 급여가 전체 평균 급여보다 높은 부서 조회

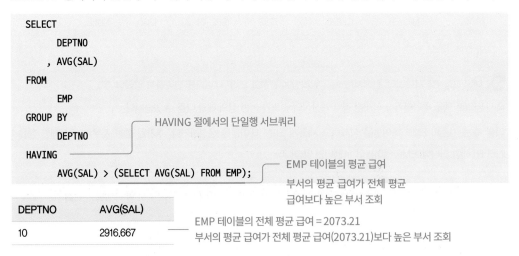

```
SELECT
        DEPTNO
    , AVG(SAL)
FROM
        EMP
GROUP BY
        DEPTNO                  ── HAVING 절에서의 단일행 서브쿼리
HAVING
        AVG(SAL) > (SELECT AVG(SAL) FROM EMP);    ── EMP 테이블의 평균 급여
                                                     부서의 평균 급여가 전체 평균
                                                     급여보다 높은 부서 조회
```

DEPTNO	AVG(SAL)
10	2916.667

EMP 테이블의 전체 평균 급여 = 2073.21
부서의 평균 급여가 전체 평균 급여(2073.21)보다 높은 부서 조회

- SELECT 절에서의 단일행 서브쿼리 사용: 각 행에서 전체 평균 급여를 함께 표시

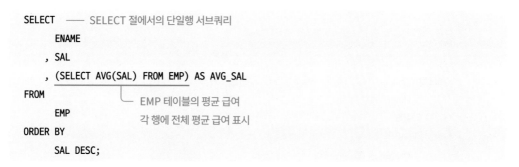

```
SELECT        ── SELECT 절에서의 단일행 서브쿼리
      ENAME
    , SAL
    , (SELECT AVG(SAL) FROM EMP) AS AVG_SAL
FROM
                    ├─ EMP 테이블의 평균 급여
      EMP             각 행에 전체 평균 급여 표시
ORDER BY
      SAL DESC;
```

ENAME	SAL	AVG_SAL
KING	5000	2073.214
FORD	3000	2073.214
SCOTT	3000	2073.214

── 각 행에 전체 평균 급여 표시

- FROM 절에서의 단일행 서브쿼리 사용(인라인 뷰): 평균 급여를 FROM 절에서 조회하고 메인 쿼리에서 평균 급여보다 높은 급여를 받는 사원을 조회

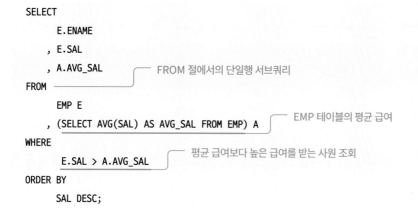

```
SELECT
      E.ENAME
    , E.SAL
    , A.AVG_SAL         ── FROM 절에서의 단일행 서브쿼리
FROM
      EMP E
    , (SELECT AVG(SAL) AS AVG_SAL FROM EMP) A   ── EMP 테이블의 평균 급여
WHERE
      E.SAL > A.AVG_SAL   ── 평균 급여보다 높은 급여를 받는 사원 조회
ORDER BY
      SAL DESC;
```

- 서브쿼리의 SELECT 절의 칼럼의 수가 많을 경우에는 아래와 같이 괄호와 행 구분을 사용하면 쿼리의 가독성이 높아진다. 또한 SELECT 절의 칼럼이 많을 경우, 콤마를 칼럼 앞에 쓰면 콤마 누락으로 인한 에러를 줄일 수 있으며, SELECT 절에 칼럼을 추가할 때 코딩이 훨씬 수월해진다. 물론 서브쿼리 SELECT 절의 칼럼이 위의 예처럼 적을 경우에는 한 줄로(나열식) 써도 무방하다.

```
-- 서브쿼리 내부에 칼럼이 많을 경우
SELECT
      E.ENAME
```

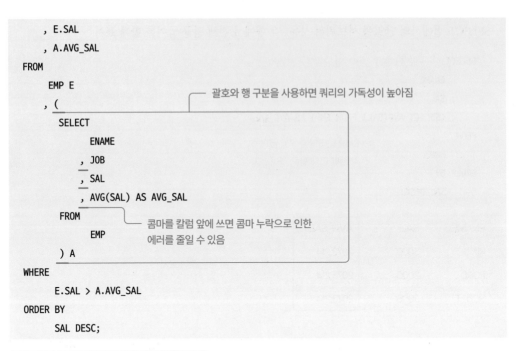

```
          , E.SAL
          , A.AVG_SAL
FROM
      EMP E
      , (                        ─── 괄호와 행 구분을 사용하면 쿼리의 가독성이 높아짐
          SELECT
                ENAME
              , JOB
              , SAL
              , AVG(SAL) AS AVG_SAL
          FROM              ─── 콤마를 칼럼 앞에 쓰면 콤마 누락으로 인한
                EMP               에러를 줄일 수 있음
      ) A
WHERE
      E.SAL > A.AVG_SAL
ORDER BY
      SAL DESC;
```

ENAME	SAL	AVG_SAL
KING	5000	2073.214
FORD	3000	2073.214
SCOTT	3000	2073.214
JONES	2975	2073.214
BLAKE	2850	2073.214
CLARK	2450	2073.214

▪ INSERT 문에서의 단일행 서브쿼리 사용: 새 사원을 추가할 때 자동으로 다음 사원 번호를 생성

```
INSERT INTO EMP (
      EMPNO  ←
    , ENAME  ←
    , SAL)   ←
VALUES (                          INSERT 문에서의 단일행 서브쿼리
      (SELECT MAX(EMPNO) + 1 FROM EMP)   순서대로 칼럼의 값(Value) 삽입
    , 'NEW_EMP'
    , 3000
      );      ─── 자동으로 다음 사원 번호 생성
```

【 쿼리 수행 전 】

EMPNO	ENAME	SAL
7934	MILLER	1300
7902	FORD	3000
7900	JAMES	1264.45
7876	ADAMS	1100
7844	TURNER	1996.5

MAX(EMPNO) + 1
EMPNO 최댓값인 7934에 1을
더한 7935를 신규 삽입된 행의
EMPNO 값으로 사용

【 쿼리 수행 후 】

EMPNO	ENAME	SAL
7935	NEW_EMP	3000
7934	MILLER	1300
7902	FORD	3000
7900	JAMES	1264.45
7876	ADAMS	1100

참고

신규로 추가한 행 삭제

• 추가한 행(NEW_EMP)을 삭제해야 집계함수 수행 결과가 책과 동일하게 보입니다. 앞에서 추가한 NEW_EMP 행을 삭제 하는 쿼리를 실행하여 추가한 행을 다시 삭제해 봅시다.

```
DELETE FROM EMP WHERE EMPNO=7935 ;
```

▪ UPDATE 문에서의 사용: SALES 부서의 모든 사원의 급여를 10% 인상하고 NEW_SAL에 값 입력

```
-- 신규 칼럼을 추가하는 SQL
ALTER TABLE EMP
    ADD NEW_SAL NUMBER(7,2);        ── NEW_SAL 칼럼 추가


-- SALES 부서의 모든 사원의 급여를 10% 인상하고 NEW_SAL에 값 입력
-- EMP 테이블의 DEPTNO=30으로 해도 되지만, 여기서는 업데이트 문에서의 서브쿼리를 살펴보기 위한
예제이므로 WHERE 절에 서브쿼리를 사용함
UPDATE EMP        ── UPDATE 문에서의 서브쿼리
    SET NEW_SAL = SAL * 1.1    ── 급여를 10% 인상
WHERE DEPTNO = (
            SELECT DEPTNO
            FROM DEPT            ── SALES 부서의 부서 번호 조회
            WHERE DNAME = 'SALES'
            );


-- 업데이트 후 조회
SELECT
        E.EMPNO
    , E.ENAME
    , E.DEPTNO
```

```
          , D.DNAME
          , E.SAL
          , E.NEW_SAL
    FROM
          EMP E
          JOIN DEPT D
                ON E.DEPTNO = D.DEPTNO
    WHERE
          D.DNAME = 'SALES';
```

NEW_SAL = SAL * 1.1
10% 인상된 NEW_SAL

【 쿼리 수행 후 】

EMPNO	ENAME	DEPTNO	DNAME	SAL	NEW_SAL
7521	WARD	30	SALES	1250	1375
7499	ALLEN	30	SALES	1600	1760
7844	TURNER	30	SALES	1500	1650

참고

신규로 추가한 칼럼 삭제

• 신규로 추가한 NEW_SAL 칼럼 삭제

```
ALTER TABLE EMP DROP COLUMN NEW_SAL;
```

■ DELETE 문에서의 사용: 평균 급여 미만을 받는 모든 사원을 삭제

　· 실제 데이터를 삭제하는 것이므로 주의가 필요하다. 실제 데이터 삭제 후에는 EMP 테이블을 다시
　　생성해준다.

【 쿼리 수행 전 】 − EMP 테이블에 AVG 칼럼을 추가해서 누가 평균 미만의 SAL(급여)을 받는지 확인

```
SELECT
      ENAME
    , SAL
    , (SELECT AVG(SAL) FROM EMP) AVG          AVG 칼럼을 추가해
                                              평균 미만의 급여를 받는 사원 확인
FROM
      EMP
ORDER BY
      EMPNO DESC;
```

ENAME	SAL	AVG
MILLER	1300	2073.214
FORD	3000	2073.214
JAMES	950	2073.214
ADAMS	1100	2073.214
TURNER	1500	2073.214
KING	5000	2073.214
SCOTT	3000	2073.214

```
DELETE ──── DELETE 문에서의 서브쿼리
FROM
      EMP
WHERE
      SAL < (SELECT AVG(SAL) FROM EMP);
```

EMP 테이블의 평균 급여
평균 급여보다 낮은 급여를 받는 사원

【 쿼리 수행 후 】

ENAME	SAL	AVG
FORD	3000	2073.214
KING	5000	2073.214
SCOTT	3000	2073.214
CLARK	2450	2073.214
BLAKE	2850	2073.214
JONES	2975	2073.214

평균 급여보다 낮은 급여를 받는 사원이 모두 삭제됨

- 스칼라 서브쿼리(칼럼 대신 값을 반환) : 각 사원의 부서 이름을 함께 조회

```
SELECT
      ENAME
    , SAL
    , ( ──── 스칼라 서브쿼리
    SELECT DNAME
      FROM DEPT
      WHERE DEPT.DEPTNO = EMP.DEPTNO
    ) AS DEPT_NAME
FROM
```

사원의 부서명

```
        EMP
ORDER BY
        EMPNO DESC;
```

ENAME	SAL	DEPT_NAME
MILLER	1300	ACCOUNTING
FORD	3000	SALES
JAMES	950	SALES

각 사원의 부서 이름을 함께 조회

[EMP 테이블] MILLER의 DEPTNO는 10
[DEPT 테이블] DEPTNO가 10인 DNAME은
ACCOUNTING

참고

스칼라 서브쿼리의 특징

• 단일 값(스칼라값) 반환: 하나의 행과 하나의 칼럼만 반환

• 사용 위치: SELECT, WHERE, HAVING 절 등에서 사용

• 성능: 적절히 사용하면 쿼리 성능이 향상됨

• 가독성: 복잡한 조인 대신 사용하여 쿼리를 더 읽기 쉽게 만듦

■ 상관 서브쿼리: 메인 쿼리의 각 행에 의존하여 실행되는 형태의 서브쿼리다. 각 사원의 급여가 자신이 속한 부서의 평균 급여보다 높은 경우를 조회

```
SELECT
        ENAME,
        DEPTNO,
        SAL
FROM
        EMP E1              상관 서브쿼리: 메인 쿼리의 각 행에 의존하여 실행
WHERE                       자신이 속한 부서의 평균 급여보다 높은 경우
        SAL > (
            SELECT AVG(SAL)
              FROM EMP E2                  자신이 속한 부서의 평균 급여
              WHERE E1.DEPTNO = E2.DEPTNO
            )
ORDER BY
        EMPNO DESC;
```

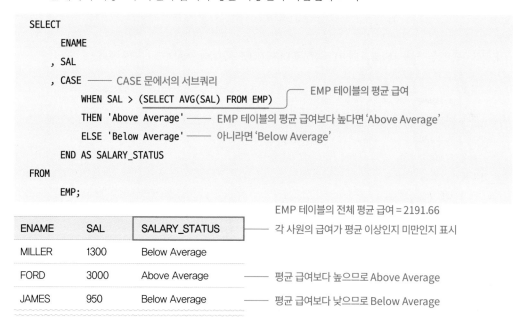

ENAME	DEPTNO	SAL
FORD	30	3000
KING	10	5000
SCOTT	20	3000
BLAKE	30	2850
JONES	20	2975

FORD의 DEPTNO는 30
DEPTNO가 30인 부서의 평균 급여는 약 1771.43

FORD의 SAL 칼럼 값은 3000이므로 DEPTNO가 30인
사람들의 AVG(SAL)보다 높다.

- CASE 문에서의 사용: 각 사원의 급여가 평균 이상인지 미만인지 표시

```
SELECT
      ENAME
    , SAL
    , CASE             ── CASE 문에서의 서브쿼리
          WHEN SAL > (SELECT AVG(SAL) FROM EMP)     ── EMP 테이블의 평균 급여
          THEN 'Above Average'     ── EMP 테이블의 평균 급여보다 높다면 'Above Average'
          ELSE 'Below Average'     ── 아니라면 'Below Average'
      END AS SALARY_STATUS
FROM
      EMP;
```

EMP 테이블의 전체 평균 급여 = 2191.66

ENAME	SAL	SALARY_STATUS
MILLER	1300	Below Average
FORD	3000	Above Average
JAMES	950	Below Average

각 사원의 급여가 평균 이상인지 미만인지 표시

평균 급여보다 높으므로 Above Average

평균 급여보다 낮으므로 Below Average

② 다중행 서브쿼리

- 다중행 서브쿼리는 하나 이상의 행을 반환하는 서브쿼리를 말한다.

- 다중행 연산자(IN, ANY, ALL, EXISTS 등)와 함께 사용된다.

- 하나 이상의 행을 반환하므로 단일행 연산자(=, >, <, >=, <=, <>)를 직접 사용할 수 없다.

- IN: 서브쿼리가 반환한 여러 행 중 하나라도 일치하면 조건을 만족. 예) 부서 위치가 뉴욕에 있는 사원의 정보를 조회

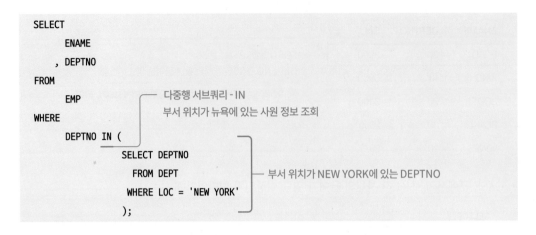

```
SELECT
      ENAME
    , DEPTNO
FROM
      EMP                        다중행 서브쿼리 - IN
WHERE                            부서 위치가 뉴욕에 있는 사원 정보 조회
      DEPTNO IN (
            SELECT DEPTNO
            FROM DEPT          부서 위치가 NEW YORK에 있는 DEPTNO
            WHERE LOC = 'NEW YORK'
            );
```

【 쿼리 수행 전 】 – EMP 테이블과 DEPT 테이블을 DEPTNO로 조인하여 DNAME과 LOC를 조회

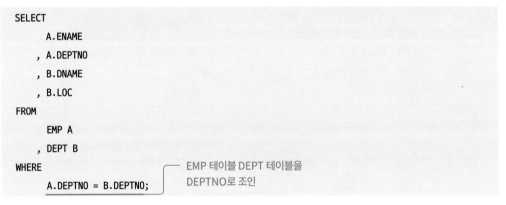

```
SELECT
      A.ENAME
    , A.DEPTNO
    , B.DNAME
    , B.LOC
FROM
      EMP A
    , DEPT B
WHERE                            EMP 테이블 DEPT 테이블을
      A.DEPTNO = B.DEPTNO;       DEPTNO로 조인
```

사원 정보와 함께
부서 이름, 부서 위치 조회

ENAME	DEPTNO	DNAME	LOC
KING	10	ACCOUNTING	NEW YORK
BLAKE	30	SALES	CHICAGO
CLARK	10	ACCOUNTING	NEW YORK

【 쿼리 수행 후 】

ENAME	DEPTNO	
KING	10	부서 위치가 뉴욕에 있는 사원 정보 조회
CLARK	10	
MILLER	10	

▪ ANY 또는 SOME: 서브쿼리가 반환한 여러 행 중 하나라도 일치하면 조건을 만족. 예) 10번 부서에 속한 어떤 직원의 급여보다 더 높은 급여를 받는 사원을 조회

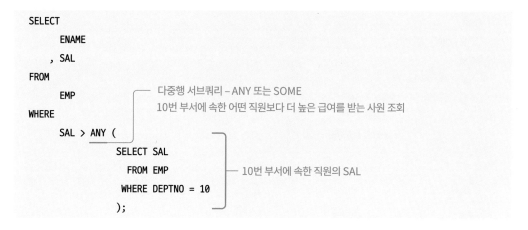

```
SELECT
        ENAME
      , SAL
FROM
        EMP
WHERE
        SAL > ANY (
                SELECT SAL
                FROM EMP
                WHERE DEPTNO = 10
                );
```

다중행 서브쿼리 – ANY 또는 SOME
10번 부서에 속한 어떤 직원보다 더 높은 급여를 받는 사원 조회

10번 부서에 속한 직원의 SAL

【 쿼리 수행 전 】

ENAME	DEPTNO	DNAME	SAL
KING	10	ACCOUNTING	5000
CLARK	10	ACCOUNTING	2450
MILLER	10	ACCOUNTING	1300

DEPTNO가 10인 사원은 3명
KING → 5000
CLARK → 2450
MILLER → 1300

【 쿼리 수행 후 】

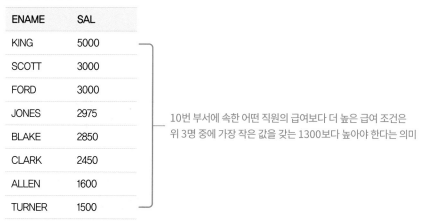

ENAME	SAL
KING	5000
SCOTT	3000
FORD	3000
JONES	2975
BLAKE	2850
CLARK	2450
ALLEN	1600
TURNER	1500

10번 부서에 속한 어떤 직원의 급여보다 더 높은 급여 조건은
위 3명 중에 가장 작은 값을 갖는 1300보다 높아야 한다는 의미

▪ ALL: 서브쿼리가 반환한 모든 행이 조건을 만족. 예) 20번 부서에 속한 모든 직원의 급여보다 더 높은 급여를 받는 사원을 조회

```
SELECT
      ENAME
   , SAL
FROM
      EMP
WHERE
      SAL > ALL (
            SELECT SAL
               FROM EMP
            WHERE DEPTNO = 20
            );
```

다중행 서브쿼리 – ALL
20번 부서에 속한 모든 직원보다 더 높은 급여를 받는 사원 조회

20번 부서에 속한 직원

【 쿼리 수행 전 】

ENAME	DEPTNO	DNAME	SAL
JONES	20	RESEARCH	2975
FORD	20	RESEARCH	3000
SMITH	20	RESEARCH	800
SCOTT	20	RESEARCH	3000
ADAMS	20	RESEARCH	1100

DEPTNO가 20인 사원은 5명
JONES → 2975
FORD → 3000
SMITH → 800
SCOTT → 3000
ADAMS → 1100

【 쿼리 수행 후 】

ENAME	SAL
KING	5000

20번 부서에 속한 모든 직원의 급여보다 더 높은 급여 조건은
위 5명 중에 가장 큰 값을 갖는 3000보다 높아야 한다는 의미

SELECT 1

SELECT 1은 특정 값을 반환하도록 작성된 구문입니다. 여기서 1은 단순히 값의 존재 유무를 나타내는 TRUE(참)라는 의미로, 결과로 반환되는 데이터 자체가 중요하지 않을 때 사용됩니다. 일반적으로 상관 서브쿼리와 함께 EXISTS 절에서 사용됩니다.

▪ EXISTS: 서브쿼리가 한 행이라도 반환하면 조건을 만족. 예) 두 테이블에서 동일한 부서이면서 부서의 위치가 'DALLAS'인 사원명과 부서번호를 조회

```
SELECT
      ENAME
   , DEPTNO
```

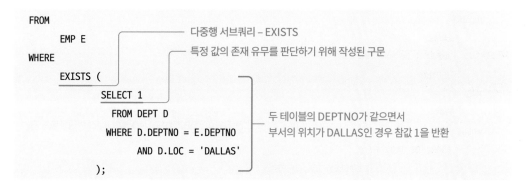

```
FROM
        EMP E                           다중행 서브쿼리 – EXISTS
WHERE                                   특정 값의 존재 유무를 판단하기 위해 작성된 구문
        EXISTS (
            SELECT 1
            FROM DEPT D
            WHERE D.DEPTNO = E.DEPTNO       두 테이블의 DEPTNO가 같으면서
              AND D.LOC = 'DALLAS'          부서의 위치가 DALLAS인 경우 참값 1을 반환
        );
```

【 쿼리 수행 전 】

ENAME	DEPTNO	DNAME	LOC
KING	10	ACCOUNTING	NEW YORK
BLAKE	30	SALES	CHICAGO
CLARK	10	ACCOUNTING	NEW YORK
JONES	20	RESEARCH	DALLAS

【 쿼리 수행 후 】

ENAME	DEPTNO
JONES	20
FORD	20
SMITH	20
SCOTT	20
ADAMS	20

두 테이블의 DEPTNO가 같으면서
부서의 위치가 DALLAS인 경우 참값 1을 반환
EXISTS는 한 행이라도 결과가 나타나면 조건을 만족

③ 다중칼럼 서브쿼리

- 다중칼럼 서브쿼리(Multi-Column Subquery)는 서브쿼리에서 여러 칼럼을 반환하여 메인쿼리의 조건과 비교하는 서브쿼리를 말한다.

- 일반적으로 두 개 이상의 칼럼을 비교할 때 사용되며, 비교 연산자로 IN, EXISTS 등을 사용한다.

- IN 연산자와 다중칼럼 서브쿼리: SAL이 3000보다 큰 직원들의 JOB과 DEPTNO를 서브쿼리로 찾고, 그 JOB과 DEPTNO를 가진 EMP 테이블의 직원들을 조회

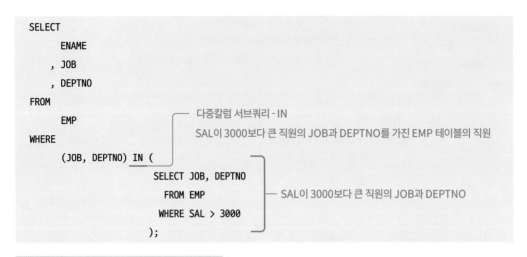

ENAME	JOB	DEPTNO
KING	PRESIDENT	10

- EXISTS 연산자와 다중칼럼 서브쿼리: 서브쿼리가 한 행이라도 반환하면 조건을 만족. 예) 'DALLAS' 에 위치한 부서에 속한 모든 직원의 이름과 사원 번호를 조회

ENAME	DEPTNO
JONES	20
FORD	20
SMITH	20
SCOTT	20
ADAMS	20

④ 연관 서브쿼리

- 연관 서브쿼리(Correlated Subquery)는 메인 쿼리의 각 행에 대해 서브쿼리가 한 번씩 실행되는 서브쿼리를 말한다.

- 서브쿼리는 메인쿼리의 각 행과 관련되어 있으며, 메인쿼리의 데이터를 참조한다. 연관 서브쿼리는 반복적으로 실행되므로 일반 서브쿼리보다 성능이 떨어질 수 있다.

- 서브쿼리는 메인쿼리의 행 데이터를 참조하여 각 행에 대해 조건을 평가한다.

- 서브쿼리는 메인쿼리와 관련된 데이터를 기반으로 동적으로 실행된다.

- 연관 서브쿼리 #1: 각 직원의 급여가 동일한 부서의 평균 급여보다 높은 직원을 조회

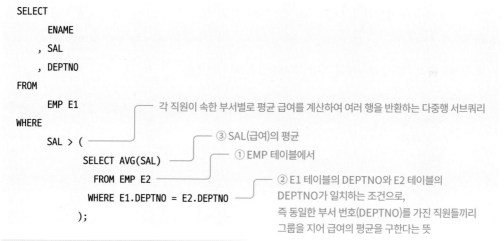

```
SELECT
        ENAME
    , SAL
    , DEPTNO
FROM
    EMP E1
WHERE
    SAL > (
        SELECT AVG(SAL)
        FROM EMP E2
        WHERE E1.DEPTNO = E2.DEPTNO
    );
```

각 직원이 속한 부서별로 평균 급여를 계산하여 여러 행을 반환하는 다중행 서브쿼리

③ SAL(급여)의 평균
① EMP 테이블에서
② E1 테이블의 DEPTNO와 E2 테이블의 DEPTNO가 일치하는 조건으로,
즉 동일한 부서 번호(DEPTNO)를 가진 직원들끼리 그룹을 지어 급여의 평균을 구한다는 뜻

ENAME	SAL	DEPTNO
KING	5000	10
BLAKE	2850	30
JONES	2975	20
ALLEN	1600	30
FORD	3000	20
SCOTT	3000	20

【 해설 】

서브쿼리의 WHERE 절의 의미는 동일한 부서 번호(DEPTNO)를 가진 직원들끼리 그룹을 지어 급여의 평균을 구한다는 뜻이다. 다시 말해, 메인쿼리의 모든 행에 대해 그 직원이 속한 부서의 전체 평균 급여를 계산하는 것이다. 결과적으로 전체를 다시 보면 메인쿼리를 다음과 같이 다시 쓸 수 있다.

```
SELECT
      ENAME
    , SAL
    , DEPTNO
FROM
      EMP E1
WHERE
      SAL > [부서별 평균 급여]          직원이 속한 부서의 평균 급여보다
                                      높은 급여를 받는 직원 조회
```

즉, 메인쿼리는 각 행(ROW)의 SAL(급여) 칼럼과 각 행(ROW)의 직원이 속한 부서의 평균 급여를 비교하여, 그중 큰 급여를 가진 직원들만 출력하라는 의미다. 서브쿼리는 이 '부서별 평균 급여'를 구하는 역할을 하며, 각 직원이 속한 부서별로 평균 급여를 계산하여 여러 행을 반환하는 다중행 서브쿼리다. 서브쿼리가 '메인쿼리의 행 데이터를 참조하여 각 행에 대해 조건을 평가한다'는 의미가 바로 이것이다.

- 연관 서브쿼리 #2: 각 부서에서 가장 최근에 고용된 직원 조회

```
SELECT
      ENAME
    , HIREDATE
    , DEPTNO
FROM
      EMP E1
WHERE
      HIREDATE = (
                   SELECT MAX(HIREDATE)           직원이 속한 부서에서 가장 최근에
                       FROM EMP E2                 고용된 직원의 고용일
                       WHERE E1.DEPTNO = E2.DEPTNO
                 );
```

ENAME	HIREDATE	DEPTNO
JAMES	1981-12-11	30
ADAMS	1983-01-15	20
MILLER	1982-01-11	10

【 해설 】

서브쿼리 WHERE 절의 의미는 동일한 부서 번호(DEPTNO)를 조건으로 한다는 의미다. 다시 말해, 메인쿼리의 모든 행에 대해 그 직원이 속한 부서에서 가장 최근 고용일을 구하는 것이다. 결과적으로 전체를 다시 보면 메인쿼리를 다음과 같이 다시 쓸 수 있다.

```
SELECT
    ENAME
    , HIREDATE
    , DEPTNO
FROM
    EMP E1
WHERE
    HIREDATE = [부서에서 고용일이 가장 최근인 날짜];
```
직원이 속한 부서에서
가장 최근에 고용된 직원

즉, 메인쿼리는 각 행(ROW)의 고용일(HIREDATE) 칼럼과 각 행(ROW)의 직원이 속한 부서 내에서
고용일이 가장 최근인 날짜와 비교하여 일치하는 값만 출력하라는 의미다. 결국 부서 내에서 고용일
이 가장 최근인 직원만 출력하라는 것이다.

이해를 돕기 위해 출력 결과를 확인해보자. 다음 쿼리는 부서 내에서 가장 최근 고용일 값을 찾는 쿼
리다. 'GROUP BY'는 해당 칼럼을 그룹화하라는 의미다. 즉, DEPTNO 칼럼을 기준으로 그룹화하라
는 뜻이므로, 부서별로 그룹화하는 것이 된다.

```
SELECT
    DEPTNO
    , MAX(HIREDATE)
FROM
    EMP
GROUP BY
    DEPTNO;
```

DEPTNO	MAX(HIREDATE)
30	1981-12-03
20	1987-07-13
10	1982-01-23

— 부서별로 가장 최근에 고용된 직원

각 부서번호(DEPTNO)별로 그룹화하고 가장 최근 값을 찾은 결과다. 이제 EMP 테이블의 모든 행
(ROW)의 HIREDATE(고용일)에 대해 위 결과 테이블의 MAX(HIREDATE)와 같은 값을 찾으면 된
다. 첫 번째가 메인쿼리의 EMP 테이블이며(일부 칼럼만 출력), 두 번째가 부서 내에서 고용일이 가장
최근인 날짜만 출력한 테이블이다.

【 EMP 테이블 】

EMPNO	ENAME	HIREDATE	DEPTNO	
7839	KING	1981-11-17	10	
7698	BLAKE	1981-05-01	30	
7782	CLARK	1981-05-09	10	
7566	JONES	1981-04-01	20	
7654	MARTIN	1981-09-10	30	
7499	ALLEN	1981-02-11	30	
7844	TURNER	1981-08-21	30	
7900	JAMES	1981-12-11	30	—— 30번 부서에서 가장 최근에 고용된 직원
7521	WARD	1981-02-23	30	
7902	FORD	1981-12-11	20	
7369	SMITH	1980-12-09	20	
7788	SCOTT	1982-12-22	20	
7876	ADAMS	1983-01-15	20	—— 20번 부서에서 가장 최근에 고용된 직원
7934	MILLER	1982-01-11	10	—— 10번 부서에서 가장 최근에 고용된 직원

【 부서 내에서 고용일이 가장 최근인 날짜만 출력한 테이블 】

DEPTNO	MAX(HIREDATE)
30	1981-12-11
20	1983-01-15
10	1982-01-11

이제 메인쿼리를 다시 확인해보자.

```
SELECT
      ENAME
    , HIREDATE
    , DEPTNO
FROM
      EMP E1
WHERE
      HIREDATE = [부서에서 고용일이 가장 최근 날짜];
```

다른 부서 조건 없이 오직 HIREDATE 칼럼 값이 일치하는 행만 출력하면 된다. 그러면 결국 처음의 결과와 같은 결과를 확인할 수 있다.

【 메인쿼리 수행 결과 】

ENAME	HIREDATE	DEPTNO
JAMES	1981-12-11	30
ADAMS	1983-01-15	20
MILLER	1982-01-11	10

⑤ 뷰(VIEW)

- 뷰(View)는 하나 이상의 테이블에서 데이터를 검색하는 SQL 쿼리의 결과를 저장하는 가상 테이블이다.

- 뷰는 실제 데이터를 저장하지 않고, 기본 테이블에서 데이터를 가져와 동적이며 읽기 전용의 데이터 집합을 제공한다.

- 이를 통해 복잡한 쿼리를 단순화하고 데이터 접근을 제어하며 보안과 편의성을 높일 수 있다.

- 뷰(View) 형식: SELECT 문을 기본으로 하며, 가장 첫 줄에 CREATE VIEW를 적고 뷰 이름을 지정하면 끝이다.

```
CREATE VIEW 뷰이름        ── CREATE VIEW와 뷰이름 지정
SELECT ┌
        칼럼1
      , 칼럼2
      , ...          ── SELECT 문
FROM
        테이블
WHERE
        조건; └
```

- 뷰(View)의 예: 부서의 지역(LOC)이 'CHICAGO'인 부서의 직원 정보를 포함하는 뷰 생성

```
CREATE VIEW EMP_DEPT_VIEW AS
SELECT
        E.ENAME
      , E.JOB
      , D.DNAME
      , D.LOC
```

```
FROM
        EMP E
        JOIN DEPT D
                ON E.DEPTNO = D.DEPTNO
WHERE
        D.LOC = 'CHICAGO';
```

【 해설 】

아래와 같은 결과가 나오면 성공이다.

Statistics 1 ×	
Name	Value
Updated Rows	0
Query	CREATE VIEW EMP_DEPT_VIEW AS
	SELECT E.ENAME, E.JOB, D.DNAME, D.LOC
	FROM EMP E
	JOIN DEPT D ON E.DEPTNO = D.DEPTNO
	WHERE D.LOC = 'CHICAGO'
Start time	Mon Jul 29 11:19:35 KST 2024
Finish time	Mon Jul 29 11:19:35 KST 2024

테이블은 편집기 왼쪽 내비게이션 영역의 'Tables'에서 찾을 수 있었다. 뷰는 테이블과는 별도로 아래에 있는 'Views'에서도 볼 수 있다. 만약 생성한 뷰가 보이지 않으면 'Views'를 마우스 오른쪽 버튼으로 클릭한 다음 [새로고침]을 누르거나 F5 키를 누르면 보일 것이다.

- 이렇게 만들어진 뷰는 마치 하나의 테이블처럼 쿼리하여 조회할 수 있다.

- 원래 EMP 테이블은 정규화되어 있어서 부서 번호(DEPTNO) 칼럼만 있고, 부서명(DNAME)이나 부서의 지역 정보(LOC) 등은 포함되지 않는다. 그래서 직원별로 부서의 이름이나 위치 정보를 쉽게 확인할 수 있도록 EMP 테이블과 DEPT 테이블을 결합해 임시로 하나의 테이블처럼 사용할 수 있는 뷰를 만드는 것이다.

참고

 뷰를 사용하는 이유 = 뷰의 장점

- 데이터 중복 방지_ 뷰는 실제 데이터를 저장하지 않아 중복을 피할 수 있다. 신규 테이블은 데이터를 복제하므로 저장 공간을 더 많이 사용한다.

- 데이터 일관성_ 뷰는 항상 최신 데이터를 보여준다. 신규 테이블은 주기적으로 갱신해야 하며, 그 사이에 데이터 불일치가 일어날 수 있다.

- 보안 강화_ 뷰를 통해 특정 칼럼이나 행에 대한 접근을 제한할 수 있다. 원본 테이블의 구조를 숨기면서 필요한 정보만 제공할 수 있다.

- 복잡한 쿼리 단순화_ 자주 사용되는 복잡한 쿼리를 뷰로 만들어 재사용할 수 있다. 이는 코드의 가독성과 유지보수성을 높인다. 실무에서 뷰를 사용하는 가장 큰 이유 중 하나다.

- 유연성_ 기본 테이블 구조가 변경되어도 뷰를 통해 일관된 인터페이스를 제공할 수 있다. 애플리케이션 코드 수정 없이 뷰만 수정하면 된다.

- 성능 최적화_ 일부 DBMS에서는 materialized view를 제공하여 성능을 향상시킬 수 있다. materialized view는 실제 데이터를 저장하는 방식의 뷰이다(오라클, PostgreSQL 9.3 이후, IBM DB2, Amazon Redshift, Vertica, Teradata, Apache Hive, Google BigQuery 등).

- 논리적 데이터 독립성_ 논리적 데이터 독립성이란 데이터베이스의 논리적 구조(예: 테이블, 칼럼 등)와 물리적 구조(예: 저장 경로, 저장 파일, 색인 등)를 분리하여, 한쪽의 변화가 다른 쪽에 영향을 미치지 않도록 하는 데이터베이스의 설계 원칙이다. 뷰(View)는 논리적 데이터 독립성을 실현하는 중요한 수단이다. 뷰를 통해 물리적 데이터 구조와 논리적 데이터 구조를 분리할 수 있다.

- 저장 공간 절약_ 실제 데이터를 저장하지 않으므로 추가 저장 공간이 필요 없다.

- 시스템 카탈로그 관리 용이_ 시스템 카탈로그는 데이터베이스에서 테이블, 뷰, 색인, 제약 조건, 사용자 권한 등 데이터베이스 객체에 대한 메타데이터를 관리하는 특수한 데이터베이스 영역이다. 뷰는 논리적 데이터 구조로서 가상 테이블이며, 물리적으로 데이터를 저장하지 않기 때문에 시스템 카탈로그에 영향을 덜 미친다. 뷰는 실제 테이블보다 시스템 카탈로그에 미치는 영향이 적다.

【 뷰(View)와 테이블(Table)의 주요 차이점 】

특성	테이블 (Table)	뷰 (View)
데이터 저장	실제 데이터를 물리적으로 저장	데이터를 저장하지 않음 (쿼리 정의만 저장)
생성 방식	CREATE TABLE 문으로 생성	CREATE VIEW 문으로 생성 (SELECT 문 기반)
데이터 수정	직접적인 INSERT, UPDATE, DELETE 가능	일반적으로 읽기 전용 (특정 조건에서 수정 가능)
용도	데이터의 기본 저장소	데이터 접근 제어, 쿼리 단순화, 데이터 요약

특성	테이블 (Table)	뷰 (View)
성능	직접 접근으로 일반적으로 빠름	쿼리 실행 시 계산되어 약간의 오버헤드 가능
독립성	독립적으로 존재	하나 이상의 테이블에 종속적
인덱스	인덱스 생성 가능	직접적인 인덱스 생성 불가 (일부 DBMS 예외)
저장 공간	실제 데이터만큼의 공간 필요	쿼리 정의만 저장하여 최소한의 공간 필요
데이터 중복	데이터 중복 가능성 있음	데이터 중복 없음
데이터 일관성	직접 관리 필요	항상 최신 데이터 반영
보안	테이블 수준의 보안	칼럼 또는 행 수준의 세밀한 보안 가능

참고

VIEW와 MATERIALIZED VIEW

VIEW는 실제 데이터를 저장하지 않습니다. 그래서 항상 최신의 원본 데이터를 보여줄 수 있으며, 중복을 피할 수 있습니다. 하지만 VIEW는 조회 시 쿼리가 실행되는 구조이므로, 만약 수행 처리에 시간이 많이 걸리는 복잡하고 대용량 데이터를 처리하는 쿼리라면 속도가 느릴 수밖에 없습니다. 그래서 이럴 때는 아예 VIEW로 조인되거나 처리된 데이터를 저장하는 신규 테이블을 만들어 사용하기도 합니다. 이를 데이터마트라고 부르는데, 이 역시 단점이 존재합니다. 만약 원본 데이터의 변경이 일어날 경우 변경사항을 반영해줘야 한다는 것입니다.

따라서 오라클을 비롯한 DB 제조사들은 MATERIALIZED VIEW라는 개념을 만들었습니다. 신규 데이터마트 테이블처럼 데이터를 실제로 저장하면서도 일일이 원본 데이터의 변경을 반영할 필요 없이 설정만으로도 MATERIALIZED VIEW가 알아서 원본 데이터의 변경을 감지해서 반영합니다.

옆 캡처화면을 보면 [Views]라는 항목에 VIEW가 표시되며, 그리고 필자가 임의로 생성한 MATERIALIZED VIEW인 'MP_DEPT_M_VIEW'는 [Tables]와 [Materialized Views] 항목에 표시됩니다. 이 둘은 같은 하나의 MATERIALIZED VIEW이지만 두 곳에 표시된다고 이해하면 됩니다.

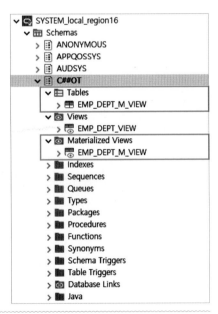

01. 다음 SQL 문장에서 서브쿼리의 결과를 여러 칼럼으로 반환한다. 적합한 서브쿼리의 종류는?

```
SELECT EMPNO, ENAME
FROM EMP
WHERE (DEPTNO, JOB) IN (SELECT DEPTNO, JOB FROM EMP_DEPT WHERE LOC = 'DALLAS');
```

① 단일행 서브쿼리   ② 다중행 서브쿼리

③ 다중 칼럼 서브쿼리   ④ 상관 서브쿼리

02. 다음 SQL 문장의 서브쿼리 실행 방식에 대해 가장 적합한 설명은?

```
SELECT EMPNO, ENAME
FROM EMP E
WHERE EXISTS (SELECT 1 FROM DEPT D WHERE E.DEPTNO = D.DEPTNO);
```

① 비연관 서브쿼리   ② 연관 서브쿼리

③ 단일행 서브쿼리   ④ 다중 칼럼 서브쿼리

03. 다음 SQL 문장이 오류 없이 실행되기 위해 충족해야 하는 조건으로 적합한 것은?

```
SELECT EMPNO, ENAME
FROM EMP
WHERE SAL = (SELECT SAL FROM EMP WHERE JOB = 'CLERK');
```

① 서브쿼리가 반드시 한 행을 반환해야 한다.

② 서브쿼리가 여러 행을 반환해도 상관없다.

③ 메인 쿼리와 서브쿼리의 칼럼 이름이 같아야 한다.

④ 서브쿼리에서 GROUP BY를 사용할 수 있다.

04. 다음 SQL 문장에서 서브쿼리 결과로 여러 행을 반환할 수 있도록 하려면 수정해야 할 부분은 무엇인가?

```
SELECT EMPNO, ENAME
FROM EMP
WHERE SAL = (SELECT SAL FROM EMP WHERE JOB = 'CLERK');
```

① =를 IN으로 수정한다.

② 서브쿼리에 DISTINCT를 추가한다.

③ 메인 쿼리와 서브쿼리의 테이블 이름을 동일하게 만든다.

④ 서브쿼리에 GROUP BY를 추가한다.

05. 다음 테이블에 대해 SQL 문을 실행했을 때 반환되는 결과로 가장 적합한 것은?

【 EMP 테이블 】

ENAME	JOB	SAL
SMITH	CLERK	800
ALLEN	SALESMAN	1600
WARD	SALESMAN	1250
JONES	MANAGER	2975
BLAKE	MANAGER	2850

```
SELECT ENAME, JOB
FROM EMP
WHERE SAL > (SELECT AVG(SAL) FROM EMP);
```

① SMITH, CLERK
② ALLEN, SALESMAN
③ JONES, MANAGER
④ JONES, MANAGER와 BLAKE, MANAGER

06. 다음 SQL에서 서브쿼리가 실행되지 않는 경우는 무엇인가?

```
SELECT ENAME
FROM EMP
WHERE DEPTNO = (SELECT DEPTNO FROM DEPT WHERE LOC = 'DALLAS');
```

① EMP 테이블에 DEPTNO가 NULL인 행이 있는 경우
② DEPT 테이블에 LOC가 'DALLAS'인 행이 없는 경우
③ EMP와 DEPT 테이블의 데이터가 서로 일치하지 않는 경우
④ 서브쿼리 결과가 다중행인 경우

【 정답&해설 】

01. 답: ③
해설: 서브쿼리가 여러 칼럼(DEPTNO, JOB)을 반환하므로 다중 칼럼 서브쿼리이다.

02. 답: ②
해설: 서브쿼리는 메인 쿼리의 DEPTNO 값을 사용하여 실행되므로 연관 서브쿼리에 해당한다.

03. 답: ①
해설: 단일행 비교 연산자 =를 사용했기 때문에 서브쿼리는 단일 값을 반환해야 한다.

04. 답: ①
해설: 다중행 서브쿼리를 사용하려면 다중행 비교 연산자인 IN을 사용해야 한다.

05. 답: ④

　　해설: 서브쿼리 (SELECT AVG(SAL) FROM EMP)의 결과는 평균 급여(2073.21)이며, 이보다 높은 급여를 가진 행인 JONES, BLAKE 행이 반환된다.

06. 답: ④

　　해설: 단일행 비교 연산자 =를 사용했기 때문에 서브쿼리 결과는 반드시 하나의 값이어야 한다.

2. 집합 연산자

(1) 집합 연산자 개요

① 집합 연산자 기초 개념

- 집합 연산자(Set Operators)는 두 개 이상의 SELECT 문에서 반환된 결과 집합을 결합하여 하나의 결과 집합으로 만드는 데 사용된다.

- 주요 집합 연산자로는 UNION, UNION ALL, INTERSECT, MINUS가 있다.

- 집합 연산자는 두 개 이상의 SELECT 문에서 반환된 결과 집합을 결합한다. 모든 SELECT 문은 동일한 수의 칼럼을 반환해야 하며, 각 칼럼의 데이터 타입은 호환 가능해야 한다.

- 집합 연산자를 사용하여 복잡한 데이터 조작을 수행할 수 있다.

② 집합 연산자 종류

【 집합 연산자 】

연산자	설명	중복 제거
UNION	두 SELECT 문의 결과 집합을 결합하고, 중복된 행은 제거	예
UNION ALL	두 SELECT 문의 결과 집합을 결합하고, 중복된 행도 모두 포함	아니오
INTERSECT	두 SELECT 문의 결과 집합에서 공통된 행만 반환	예
MINUS	첫 번째 SELECT 문의 결과 집합에서 두 번째 SELECT 문의 결과 집합에 없는 행만 반환	예

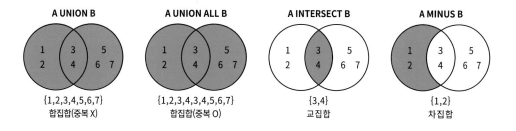

참고

실습 시 행의 순서가 책과 다른 경우

실습 진행 시 책에 나와 있는 테이블 등이 내용은 같은데, 순서가 내가 실습한 것과 다르게 보일 때가 있을 수 있습니다. 이것은 잘못된 것이 아니라, SELECT 조회 시 ORDER BY로 순서를 정확히 명시하지 않으면 순서는 일관성이 사라집니다. 그래서 만약 순서가 중요하면 반드시 ORDER BY 구문으로 정렬 순서를 명시해야 합니다. 본 책에서는 꼭 필요한 경우 ORDER BY 구문으로 순서를 명시했으며, 설명에 지장이 없거나, SQL 쿼리가 길어지는 것이 더 가독성을 나쁘게 하는 경우 등에는 순서를 명시하지 않았습니다.

(2) 집합 연산자 종류

TIP _ UNION과 UNION ALL, 그리고 FULL OUTER JOIN과의 차이 등은 시험에 단골로 출제되는 항목입니다. 꼭 차이점을 알아두어야 합니다.

① UNION 연산자

▪ UNION 연산자는 두 SELECT 문의 결과 집합을 결합하고, 중복된 행을 제거한다.

▪ UNION 연산자는 FULL OUTER JOIN과 유사하지만, 중복된 행을 제거해서 출력한다는 점에서 다르다. 만약 중복된 행을 모두 표시하려면 UNION ALL을 사용해야 한다.

▪ UNION 예

```
SELECT
      DEPTNO
    , DNAME
FROM
      DEPT
UNION              ┐ UNION 연산자
                   └ 두 SELECT 문의 결과 집합을 결합, 중복된 행 제거
SELECT
      DEPTNO
    , JOB
FROM
      EMP;
```

【 DEPT 테이블 】

DEPTNO	DNAME
10	ACCOUNTING
20	RESEARCH
30	SALES
40	OPERATIONS

【 EMP 테이블 】

ENAME	JOB	DEPTNO
SMITH	CLERK	20
ALLEN	SALESMAN	30
WARD	SALESMAN	30
JONES	MANAGER	20
MARTIN	SALESMAN	30
BLAKE	MANAGER	30
CLARK	MANAGER	10
SCOTT	ANALYST	20
KING	PRESIDENT	10
TURNER	SALESMAN	30
ADAMS	CLERK	20
JAMES	CLERK	30
FORD	ANALYST	20
MILLER	CLERK	10

【 쿼리 수행 결과 】

DEPTNO	DNAME	
10	ACCOUNTING	
20	RESEARCH	— DEPT 테이블
30	SALES	
40	OPERATIONS	
20	CLERK	
30	SALESMAN	
20	MANAGER	
30	MANAGER	
10	MANAGER	— EMP 테이블
20	ANALYST	중복된 행 제거됨
10	PRESIDENT	
30	CLERK	
10	CLERK	

② UNION ALL 연산자

- UNION ALL 연산자는 두 SELECT 문의 결과 집합을 결합하고, 중복된 행도 모두 포함한다.

- UNION ALL 연산자는 UNION과 유사하지만, 중복된 행도 모두 포함한다는 점에서 다르다.

- UNION ALL 예

```
SELECT
      DEPTNO
    , DNAME
FROM

      DEPT
UNION ALL                    ┐  UNION ALL 연산자
SELECT                          두 SELECT 문의 결과 집합을 결합, 중복된 행도 모두 포함
      DEPTNO
    , JOB
FROM
      EMP;
```

【 쿼리 수행 결과 】

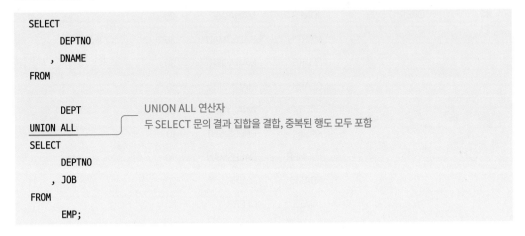

DEPTNO	DNAME
10	ACCOUNTING
20	RESEARCH
30	SALES
40	OPERATIONS
20	CLERK
30	SALESMAN
30	SALESMAN
20	MANAGER
30	SALESMAN
30	MANAGER
10	MANAGER
20	ANALYST
10	PRESIDENT
30	SALESMAN
20	CLERK
30	CLERK
20	ANALYST
10	CLERK

— DEPT 테이블

— EMP 테이블
중복된 행 제거되지 않음

③ INTERSECT 연산자

- 두 SELECT 문의 결과 집합에서 공통된 행만 반환한다(교집합).

- INTERSECT 예

【 DEPT 테이블 】

DEPTNO
10
20
30
40

공통된 행 (10, 20, 30)

DEPTNO 40은 DEPT 테이블에는 있지만 EMP 테이블에는 없음

【 EMP 테이블 】

DEPTNO
20
30
30
20
30
30
10
20
10
30
20
30
20
10

【 쿼리 수행 결과 】

DEPTNO
20
30
10

④ MINUS/EXCEPT 연산자

- 첫 번째 SELECT 문의 결과 집합에서 두 번째 SELECT 문의 결과 집합에 없는 행만 반환한다(차집합). 여기서는 원래의 테이블 예를 생략하기로 한다. 바로 위 INTERSECT에서 설명한 테이블을 참조하기 바란다.

- MINUS/EXCEPT는 동일한 기능을 한다.

- MINUS/EXCEPT 예

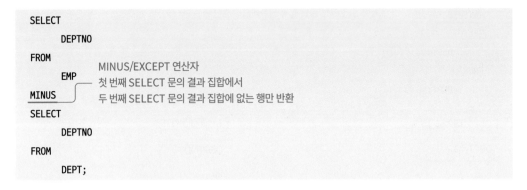

【 쿼리 수행 결과 】

DEPT 테이블에서 EMP 테이블에 있는 것을 빼는 개념이라고 이해하면 쉽다.
결국 DEPT 테이블만 가지고 있는 고유의 행만 남는다.

2과목 / 2장 / 2절 **핵·심·문·제**

01. 다음 SQL 문장에서 INTERSECT 연산의 결과로 적합한 것은?

【 EMP 테이블 】

JOB
SALESMAN
CLERK
MANAGER

【 JOBS 테이블 】

JOB
MANAGER
ANALYST
SALESMAN

```
SELECT JOB FROM EMP
INTERSECT
SELECT JOB FROM JOBS;
```

① MANAGER, SALESMAN   ② SALESMAN, CLERK

③ CLERK, MANAGER   ④ ANALYST, SALESMAN

02. 다음 중 집합 연산자를 사용한 SQL 문으로 적합하지 않은 것은?

① ```
SELECT DEPTNO FROM EMP
UNION
SELECT DEPTNO FROM DEPT;
```

② ```
SELECT DEPTNO FROM EMP
INTERSECT
SELECT DEPTNO FROM DEPT;
```

③ ```
SELECT DEPTNO FROM EMP
MINUS
SELECT DEPTNO FROM DEPT;
```

④ ```
SELECT DEPTNO FROM EMP
CROSS JOIN SELECT DEPTNO FROM DEPT;
```

03. 다음 SQL 문에서 UNION을 사용할 때와 UNION ALL을 사용할 때의 차이점은?

```
SELECT ENAME FROM EMP
UNION
SELECT ENAME FROM DEPT;
```

① 두 결과의 교집합이 반환된다.

② UNION은 중복된 데이터를 제거하고 UNION ALL은 중복된 데이터를 포함한다.

③ UNION ALL은 정렬된 결과를 반환한다.

④ 두 결과가 동일하다.

04. 다음 보기 중 옳은 것을 고르시오.

① UNION ALL은 두 테이블의 모든 행을 합치고, FULL OUTER JOIN은 공통 키를 기준으로 매칭하거나 매칭되지 않는 데이터를 모두 포함한다.

② UNION ALL은 중복 데이터를 제거하고, FULL OUTER JOIN은 중복 데이터를 포함한다.

③ FULL OUTER JOIN은 모든 데이터를 단순히 합치며, UNION ALL은 특정 키를 기준으로 데이터를 매칭한다.

④ 두 SQL 문은 동일한 결과를 반환한다.

05. 다음 SQL 문들을 실행한 결과로 가장 적합한 것은?

【 EMP 테이블 】

EMPNO	ENAME	JOB	SAL	DEPTNO
7369	SMITH	CLERK	800	20
7499	ALLEN	SALESMAN	1600	30
7521	WARD	SALESMAN	1250	30
7566	JONES	MANAGER	2975	20
7698	BLAKE	MANAGER	2850	30

【 DEPT 테이블 】

DEPTNO	DNAME	LOC
10	ACCOUNTING	NEW YORK
20	RESEARCH	DALLAS
30	SALES	CHICAGO
40	OPERATIONS	BOSTON

```
-- Query 1
SELECT DEPTNO
FROM EMP
UNION ALL
SELECT DEPTNO
FROM DEPT;

-- Query 2
SELECT E.DEPTNO, COUNT(E.EMPNO) AS EMP_COUNT, D.DNAME
FROM EMP E
FULL OUTER JOIN DEPT D
ON E.DEPTNO = D.DEPTNO
GROUP BY E.DEPTNO, D.DNAME;

-- Query 3
SELECT DEPTNO
FROM DEPT
MINUS
SELECT DEPTNO
FROM EMP;

-- Query 4
SELECT DEPTNO
FROM EMP
INTERSECT
SELECT DEPTNO
FROM DEPT;
```

① Query 1과 Query 3의 결과가 동일하다.

② Query 2에서 EMP_COUNT는 매칭되지 않는 DEPT의 행에서는 NULL이 된다.

③ Query 4는 Query 3과 항상 동일한 결과를 반환한다.

④ Query 3은 EMP 테이블과 DEPT 테이블의 DEPTNO 교집합을 반환한다.

06. 다음 데이터와 결과 테이블을 확인하고, 결과 테이블을 생성하는 SQL 쿼리를 고르시오.

【 EMP 테이블 】

EMPNO	ENAME	JOB	SAL	DEPTNO
7369	SMITH	CLERK	800	20
7499	ALLEN	SALESMAN	1600	30
7521	WARD	SALESMAN	1250	30
7566	JONES	MANAGER	2975	20
7698	BLAKE	MANAGER	2850	30

【 DEPT 테이블 】

DEPTNO	DNAME	LOC
10	ACCOUNTING	NEW YORK
20	RESEARCH	DALLAS
30	SALES	CHICAGO
40	OPERATIONS	BOSTON

【 결과 테이블 】

DEPTNO	DNAME	EMP_COUNT
10	ACCOUNTING	0
20	RESEARCH	2
30	SALES	3
40	OPERATIONS	0

① SELECT D.DEPTNO, D.DNAME, SUM(CASE WHEN E.EMPNO IS NOT NULL THEN 1 ELSE 0 END) AS EMP_COUNT

   FROM DEPT D

   FULL OUTER JOIN EMP E

   ON D.DEPTNO = E.DEPTNO

   GROUP BY D.DEPTNO, D.DNAME;

② SELECT D.DEPTNO, D.DNAME, COUNT(*) AS EMP_COUNT

   FROM DEPT D

   INNER JOIN EMP E

   ON D.DEPTNO = E.DEPTNO

   GROUP BY D.DEPTNO, D.DNAME;

③ SELECT DEPTNO, DNAME, COUNT(*)

  FROM DEPT

  WHERE DEPTNO IN (SELECT DISTINCT DEPTNO FROM EMP);

④ SELECT D.DEPTNO, D.DNAME, COUNT(E.EMPNO) AS EMP_COUNT

  FROM DEPT D

  LEFT JOIN EMP E

  ON D.DEPTNO = E.DEPTNO

  GROUP BY D.DEPTNO, D.DNAME;

07. 다음 SQL문에 대한 다음 보기 중 옳은 것을 고르시오.

```
SELECT DEPTNO FROM EMP
UNION
SELECT DEPTNO FROM DEPT
MINUS
SELECT DISTINCT DEPTNO FROM EMP;
```

① 이 쿼리는 EMP와 DEPT의 공통된 부서 번호만 반환한다.

② MINUS는 항상 앞 쿼리와 뒤 쿼리의 교집합을 반환한다.

③ UNION은 중복을 제거하므로, 결과는 EMP에 없는 DEPT의 부서 번호를 반환한다.

④ UNION 대신 UNION ALL을 사용하면 결과가 달라진다.

【 정답&해설 】

01. 답: ①

해설: INTERSECT는 두 테이블의 공통된 데이터를 반환한다.

02. 답: ④

해설: CROSS JOIN은 집합 연산자가 아니라 조인의 한 종류다. 나머지는 모두 집합 연산자이다.

03. 답: ②

해설: UNION은 중복된 데이터를 제거하고 UNION ALL은 중복된 데이터를 포함한다. UNION은 결과를 정렬하여 반환하고, UNION ALL은 정렬하지 않는다.

04. 답: ①

해설: UNION ALL은 두 결과 세트를 단순히 합치며, 중복을 제거하지 않는다. 반면, FULL OUTER JOIN은 공통 키를 기준으로 데이터를 매칭하고, 매칭되지 않는 행도 포함한다. ② UNION ALL은 중복 데이터를 제거하지 않으며, 그대로 포함한다. ③ FULL OUTER JOIN은 데이터를 단순히 합치는 것이 아니라 공통 키를 기준으로 매칭한다. ④ UNION ALL과 FULL OUTER JOIN은 결과가 완전히 다르다. UNION ALL은 합집합이고, FULL OUTER JOIN은 매칭 결과와 각 테이블의 매칭되지 않는 데이터를 포함한다.

05. 답: ②

해설: Query 2에서 EMP_COUNT는 매칭되지 않는 DEPT의 행에서는 NULL이 된다.

- **Query 1:** UNION ALL은 모든 DEPTNO 값을 중복 포함하여 반환한다.

  결과: {20, 30, 20, 30, 10, 40}

- **Query 2:** FULL OUTER JOIN을 사용했기 때문에 EMP와 매칭되지 않는 DEPT의 행에서는 EMP_COUNT가 NULL 이 된다.

  결과:

DEPTNO	EMP_COUNT	DNAME
20	2	RESEARCH
30	3	SALES
10	NULL	ACCOUNTING
40	NULL	OPERATIONS

- **Query 3:** MINUS 연산자는 DEPTNO가 DEPT에만 있고 EMP에는 없는 값을 반환한다.

  결과: {10, 40}

- **Query 4:** INTERSECT 연산자는 두 테이블의 공통된 DEPTNO를 반환한다.

  결과: {20, 30}

06. 답: ④

해설: ④ LEFT JOIN을 사용해 DEPT의 모든 행을 유지하고, 매칭되는 EMP의 데이터를 그룹화하여 EMP_COUNT를 계산한다. 결과는 DEPTNO와 DNAME에 대해 각각의 부서에 속한 직원 수를 계산하며, 직원이 없는 부서는 0을 반환한다. ① FULL OUTER JOIN은 필요 없는 EMP의 모든 데이터까지 포함될 가능성이 있어 부적합하다. ② INNER JOIN은 매칭되는 부서만 반환하므로, 직원이 없는 부서는 결과에 포함되지 않는다. ③ 서브쿼리를 통해 EMP에 존재하는 DEPTNO만 조회하므로 직원이 없는 부서는 포함되지 않는다.

07. 답: ③

해설: UNION은 EMP와 DEPT의 모든 부서 번호를 합치고 중복을 제거한다. 이후 MINUS 연산자를 통해 EMP에 존재하지 않는 부서 번호만 반환한다. ① 공통된 데이터를 반환하려면 INTERSECT 연산자를 사용해야 한다. ② MINUS는 차집합을 계산하며, 교집합은 INTERSECT 연산자가 사용되어야 한다. ④ UNION ALL은 중복을 제거하지 않지만, MINUS의 결과는 달라지지 않는다.

3. 그룹 함수

(1) ROLLUP

TIP_ '2장 3절 그룹 함수' 편은 시험에 매우 자주 나오고 문항수도 많이 출제되는 영역입니다. 주관식 문제가 출제된 지난 기출 문제에서도 자주 등장했고, 주관식이 없어진 후에도 여전히 빈번하게 출제되고 있습니다. 문제와 보기를 꼬아서 출제하기 때문에 반드시 이해를 먼저 한 후에 문제를 많이 풀어 보는 것을 추천드립니다.

① ROLLUP 함수의 기초 개념

- ROLLUP 함수는 SQL에서 그룹화된 데이터의 다차원 집계를 생성하는 데 사용된다.

- 그룹화된 데이터의 다차원 집계(Multidimensional Aggregation)는 다양한 수준의 데이터 요약을 한 번의 쿼리로 계산하는 방법이다. 이는 데이터의 특정 그룹화 기준에 따라 요약(집계)하는 작업을 여러 차원에서 수행하며, 주로 데이터 분석과 비즈니스 인텔리전스(BI)에서 사용된다.

- ROLLUP 함수는 GROUP BY 절과 함께 사용되며, 지정된 칼럼에 대한 소계와 합계를 계산하여 계층 구조를 형성한다. 이를 통해 다양한 수준에서의 집계 결과를 한 번의 쿼리로 얻을 수 있다.

  계층 구조의 각 단계에서 소계(subtotal)와 전체 합계(grand total)를 계산한다.

- ROLLUP 함수는 다차원 분석(Multi-dimensional Analysis)과 데이터 요약에 유용하다.

② ROLLUP 함수의 형식과 원리

- 다음의 예를 보면서 ROLLUP 함수의 원리를 알아보자.

- ROLLUP 함수는 GROUP BY 뒤에 간단히 ROLLUP(칼럼명#1, 칼럼명#2, 칼럼명#3, …)을 적으면 된다.

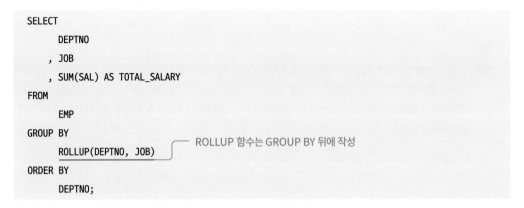

```
SELECT
      DEPTNO
    , JOB
    , SUM(SAL) AS TOTAL_SALARY
FROM
      EMP
GROUP BY
      ROLLUP(DEPTNO, JOB) ──── ROLLUP 함수는 GROUP BY 뒤에 작성
ORDER BY
      DEPTNO;
```

【 ROLLUP 적용 전: GROUP BY 적용 】

```
SELECT
      DEPTNO
    , JOB
```

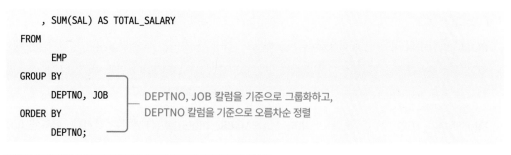

```
     , SUM(SAL) AS TOTAL_SALARY
  FROM
         EMP
  GROUP BY
         DEPTNO, JOB
  ORDER BY
         DEPTNO;
```

DEPTNO, JOB 칼럼을 기준으로 그룹화하고,
DEPTNO 칼럼을 기준으로 오름차순 정렬

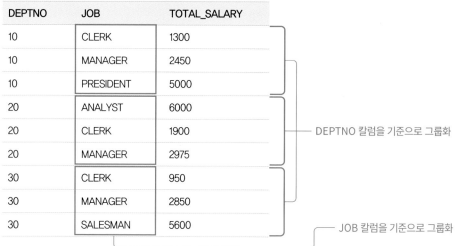

DEPTNO	JOB	TOTAL_SALARY
10	CLERK	1300
10	MANAGER	2450
10	PRESIDENT	5000
20	ANALYST	6000
20	CLERK	1900
20	MANAGER	2975
30	CLERK	950
30	MANAGER	2850
30	SALESMAN	5600

DEPTNO 칼럼을 기준으로 그룹화

JOB 칼럼을 기준으로 그룹화

【 ROLLUP 적용 후: GROUP BY ROLLUP 적용 】

DEPTNO	JOB	TOTAL_SALARY
10	CLERK	1300
10	MANAGER	2450
10	PRESIDENT	5000
10	NULL	8750
20	ANALYST	6000
20	CLERK	1900
20	MANAGER	2975
20	NULL	10875
30	CLERK	950
30	MANAGER	2850
30	SALESMAN	5600
30	NULL	9400
NULL	NULL	29025

이 부분은 ROLLUP 적용 전(GROUP BY)만
작성했을 때와 동일

DEPTNO가 10인 그룹의 소계
즉, DEPTNO가 10인 부서에서 직무(JOB)별
TOTAL_SALARY의 소계

DEPTNO가 20인 그룹의 소계
즉, DEPTNO가 20인 부서에서 직무(JOB)별
TOTAL_SALARY의 소계

DEPTNO가 30인 그룹의 소계
즉, DEPTNO가 30인 부서에서 직무(JOB)별
TOTAL_SALARY의 소계

DEPTNO 칼럼의 값이 NULL이다.
이 NULL은 부서별이 아니라
부서 전체 = DEPTNO 전체의 합계라는 의미다

DEPTNO별 소계의 합 = 전체의 합

【 해설 】

ROLLUP 함수의 적용 전과 적용 후를 비교해보자. 가장 큰 차이는 색으로 표시한 행이다. 이 행들이 ROLLUP 함수를 적용한 후에 생성된 행들이다. ORDER BY DEPTNO 뒤에 아무 표시가 없으면 디폴트로 오름차순(ASC) 정렬이므로, DEPTNO 기준으로 오름차순이다.

DEPTNO가 10인 행들을 보면 CLERK, MANAGER, PRESIDENT까지는 같지만, 이후에 JOB이 NULL이 나온다. 이 NULL의 의미는 DEPTNO가 10인 그룹의 소계다. 즉, DEPTNO가 10인 부서에서 직무(JOB) TOTAL_SALARY의 소계인 것이다.

GROUP BY가 적용되어 먼저 DEPTNO별로 부서가 그룹화되고, 그다음 JOB이 그룹화된다. 이후 직무별로 급여(SAL)가 집계되어 직무별 TOTAL_SALARY 값이 나온다. 그다음에 직무별 TOTAL_SALARY 값 상위의 카테고리인 DEPTNO가 10인 부서의 JOB 소계 값이 나온다.

DEPTNO	JOB	TOTAL_SALARY
10	NULL	8750

하단의 DEPTNO가 20인 행을 봐도 원리는 같다. 다음은 각각 DEPTNO가 20과 30인 부서의 JOB 소계 값이다.

DEPTNO	JOB	TOTAL_SALARY
20	NULL	10875

DEPTNO	JOB	TOTAL_SALARY
30	NULL	9400

JOB 항목의 NULL은 해당 JOB의 소계를 의미한다. 바꿔 말하면 부서별 SAL 소계라는 의미다. 마지막 행을 보자.

DEPTNO	JOB	TOTAL_SALARY
NULL	NULL	29025

DEPTNO가 10인 부서의 JOB 소계 8750
+ DEPTNO가 20인 부서의 JOB 소계 10875
+ DEPTNO가 30인 부서의 JOB 소계 9400
= DEPTNO 전체의 SAL 합계 29025

DEPTNO 칼럼의 값이 NULL이다. 이 NULL 의미는 부서별이 아니라 부서 전체, 즉 DEPTNO 전체의 합계라는 의미를 갖는다.

- ROLLUP을 비롯한 그룹 함수에서는 바로 이 NULL이 어떤 칼럼에 위치하는지 유심히 보고 이것이 ROLLUP 함수인지, CUBE 함수인지 등을 판단해야 한다. 결과만 주어지고 어떤 함수인지를 찾는 문제가 자주 나온다.

(2) CUBE

① CUBE 함수의 기초 개념

- CUBE 함수는 SQL에서 다차원 집계를 생성하는 데 사용된다.

- CUBE 함수는 GROUP BY 절과 함께 사용되며, 지정된 칼럼에 대한 모든 가능한 조합의 소계와 합계를 계산한다. CUBE 함수는 ROLLUP 함수보다 소계 및 합계를 집계하는 경우의 수가 훨씬 다양하다는 점이 특징이다.

- CUBE 함수도 ROLLUP 함수처럼 다차원 데이터 분석과 복잡한 집계를 쉽게 수행할 수 있다.

② CUBE 함수의 원리

- 다음의 예를 통해 CUBE 함수의 원리를 알아보자.

- CUBE 함수는 GROUP BY 뒤에 간단히 CUBE(칼럼명#1, 칼럼명#2, 칼럼명#3, …)을 적으면 된다. 형식은 ROLLUP 함수와 같다.

```
SELECT
    DEPTNO
    , JOB
    , SUM(SAL) AS TOTAL_SALARY
FROM
    EMP
GROUP BY
    CUBE(DEPTNO, JOB)        ┌─ CUBE 함수는 GROUP BY 뒤에 작성
ORDER BY
    DEPTNO;
```

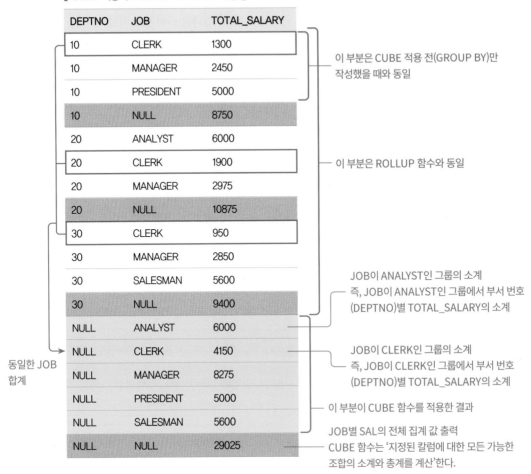

【 CUBE 적용 후: GROUP BY CUBE 적용 】

DEPTNO	JOB	TOTAL_SALARY
10	CLERK	1300
10	MANAGER	2450
10	PRESIDENT	5000
10	NULL	8750
20	ANALYST	6000
20	CLERK	1900
20	MANAGER	2975
20	NULL	10875
30	CLERK	950
30	MANAGER	2850
30	SALESMAN	5600
30	NULL	9400
NULL	ANALYST	6000
NULL	CLERK	4150
NULL	MANAGER	8275
NULL	PRESIDENT	5000
NULL	SALESMAN	5600
NULL	NULL	29025

이 부분은 CUBE 적용 전(GROUP BY)만 작성했을 때와 동일

이 부분은 ROLLUP 함수와 동일

JOB이 ANALYST인 그룹의 소계 즉, JOB이 ANALYST인 그룹에서 부서 번호 (DEPTNO)별 TOTAL_SALARY의 소계

JOB이 CLERK인 그룹의 소계 즉, JOB이 CLERK인 그룹에서 부서 번호 (DEPTNO)별 TOTAL_SALARY의 소계

이 부분이 CUBE 함수를 적용한 결과

JOB별 SAL의 전체 집계 값 출력
CUBE 함수는 '지정된 칼럼에 대한 모든 가능한 조합의 소계와 총계를 계산'한다.

동일한 JOB 합계

【 해설 】

CUBE 함수의 적용 전과 적용 후를 비교해보자. CUBE 함수의 적용 전 예는 바로 위 ROLLUP 적용 전과 같으므로 여기서는 생략하기로 한다. ROLLUP 함수와 가장 큰 차이는 주황색으로 표시한 행이다. 노란색 행은 앞서 살펴본 ROLLUP 함수와 같다. 이후 주황색 부분부터 ROLLUP 함수와 다르다.

CUBE 함수는 JOB별 SAL 값을 전체 집계한 값도 출력해준다. 이것은 JOB별 SAL 값을 합산하면서 부서별 집계는 아예 적용하지 않은 것이다. CUBE 함수가 '지정된 칼럼에 대한 모든 가능한 조합의 소계와 총계를 계산'하는 것이 바로 이 때문이다.

주황색 부분은 DEPTNO, JOB별 소계뿐만 아니라, 만약 CUBE 함수 다음에 지정된 칼럼이 5개라면 그 조합은 2^5=32, 즉 32개 조합의 소계와 총계가 나오게 된다.

NULL	ANALYST	6000
NULL	CLERK	4150
NULL	MANAGER	8275
NULL	PRESIDENT	5000
NULL	SALESMAN	5600

물론 ROLLUP 함수처럼 전체 집계한 값도 나온다.

DEPTNO	JOB	TOTAL_SALARY
NULL	NULL	29025

- CUBE 함수는 ROLLUP과 유사하지만, 그룹화된 데이터의 다차원 집계를 생성하여 모든 가능한 조합의 소계와 총계를 계산한다는 점에서 다르다. 그래서 CUBE 함수와 ROLLUP 함수를 구분하는 문제가 상당히 자주 출제된다.

(3) GROUPING SETS

① GROUPING SETS 함수의 기초 개념

- 여러 그룹화 집합을 개별적으로 지정하여 그룹화된 데이터를 다차원적으로 집계하는 데 사용된다.

- GROUPING SETS는 GROUP BY 절에서 특정 칼럼의 조합으로 데이터를 그룹화하여 다양한 집계 결과를 생성한다.

- GROUPING SETS를 사용하면 ROLLUP과 CUBE의 일부 기능을 제공하면서 더 많은 제어가 가능하다.

- GROUPING SETS는 ROLLUP이나 CUBE처럼 정해진 조합만 사용하는 것이 아니라, 사용자가 임의로 그룹화셋을 만들어 지정할 수 있다는 것이 큰 장점이다.

② GROUPING SETS 함수

- GROUP BY 절 다음에 GROUPING SETS를 지정하는 형식이다. 괄호 안에 또 다른 괄호의 묶음을 지정하는데, 이 괄호의 묶음이 바로 하나의 그룹을 의미한다.

```
SELECT 칼럼1, 칼럼2, ..., 집계 함수(칼럼)
FROM 테이블
GROUP BY                    GROUP BY 절 다음에 GROUPING SETS를 지정해
                           함수 선언, 괄호로 묶음
    GROUPING SETS (
            (칼럼1, 칼럼2),  ─── 칼럼1과 칼럼2 = 하나의 그룹별 합계
            (칼럼1),  ─── 칼럼1별 합계
            (칼럼2),  ─── 칼럼2별 합계
            ()  ─── 전체 합계
        );
```

- GROUPING SETS 함수의 예

```
SELECT
      DEPTNO
    , JOB
    , SUM(SAL) AS TOTAL_SALARY
FROM
      EMP
GROUP BY
      GROUPING SETS (
            (DEPTNO, JOB)
          , (DEPTNO)
          , (JOB)
          , ()
          )
ORDER BY DEPTNO, JOB;
```

GROUP BY 절 다음에 GROUPING SETS를 지정해 함수 선언, 괄호로 묶음

(DEPTNO, JOB) —— 칼럼1과 칼럼2 = 하나의 그룹별 합계
(DEPTNO) —— 칼럼1별 합계
(JOB) —— 칼럼2별 합계
() —— 전체 합계

DEPTNO	JOB	TOTAL_SALARY	그룹화셋
10	CLERK	1300	(DEPTNO, JOB)
10	MANAGER	2450	(DEPTNO, JOB)
10	PRESIDENT	5000	(DEPTNO, JOB)
10	NULL	8750	(DEPTNO)
20	ANALYST	6000	(DEPTNO, JOB)
20	CLERK	1900	(DEPTNO, JOB)
20	MANAGER	2975	(DEPTNO, JOB)
20	NULL	10875	(DEPTNO)
30	CLERK	950	(DEPTNO, JOB)
30	MANAGER	2850	(DEPTNO, JOB)
30	SALESMAN	5600	(DEPTNO, JOB)
30	NULL	9400	(DEPTNO)
NULL	ANALYST	6000	(JOB)
NULL	CLERK	4150	(JOB)
NULL	MANAGER	8275	(JOB)
NULL	PRESIDENT	5000	(JOB)
NULL	SALESMAN	5600	(JOB)
NULL	NULL	29025	()

결과적으로 보면 GROUPING SETS 쿼리 결과는 CUBE 함수의 결과와 같다. 다만 GROUPING SETS는 사용자가 임의로 그룹화할 집계 칼럼을 지정할 수 있다는 점이 장점이다. 물론 GROUPING SETS는 사용자가 임의로 그룹화할 집계 칼럼을 지정할 경우 CUBE 함수와 결과가 같지는 않다.

(4) GROUPING

① GROUPING 함수의 기초 개념

- GROUPING 함수는 GROUP BY 절에서 ROLLUP, CUBE, GROUPING SETS와 함께 사용되어 각 행이 소계 또는 총계에 속하는지 여부를 나타낸다.

- 앞서 ROLLUP, CUBE, GROUPING SETS 등의 함수는 집계 칼럼 값이 NULL로 출력되기 때문에 무엇이 소계이고, 무엇이 합계인지 알 수 없다는 단점이 있다. 이를 보완하기 위해 ROLLUP, CUBE, GROUPING SETS 등의 함수 사용 시 그룹화한 칼럼을 SELECT 절에 GROUPING 함수로 지정하여 그룹화한 기준을 알 수 있게 한다. 예를 들어, 집곗값를 구할 때 어떤 칼럼을 기준으로 한 집곗값인지 식별할 수 있게 도와준다.

- GROUPING 함수는 SQL에서 데이터를 그룹화할 때 사용되며, 주로 GROUP BY 절과 함께 사용된다.

- GROUPING 함수는 각 그룹 수준에서 0 또는 1을 반환하는데, 0은 집계 수준을 의미하고, 1은 해당 수준이 그룹화되지 않았음을 의미한다.

② GROUPING 함수 형식

- GROUPING 함수는 SELECT 절에서 사용하며, 괄호로 칼럼명을 묶어준다.

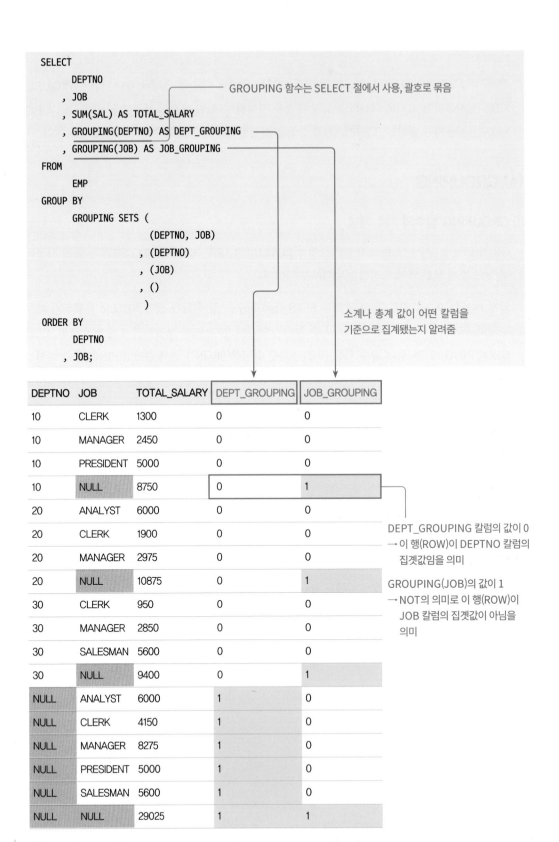

```
SELECT
    DEPTNO
    , JOB
    , SUM(SAL) AS TOTAL_SALARY          ─── GROUPING 함수는 SELECT 절에서 사용, 괄호로 묶음
    , GROUPING(DEPTNO) AS DEPT_GROUPING
    , GROUPING(JOB) AS JOB_GROUPING
FROM
    EMP
GROUP BY
    GROUPING SETS (
                    (DEPTNO, JOB)
                    , (DEPTNO)
                    , (JOB)
                    , ()
                  )
ORDER BY
    DEPTNO
    , JOB;
```

소계나 총계 값이 어떤 칼럼을
기준으로 집계됐는지 알려줌

DEPTNO	JOB	TOTAL_SALARY	DEPT_GROUPING	JOB_GROUPING
10	CLERK	1300	0	0
10	MANAGER	2450	0	0
10	PRESIDENT	5000	0	0
10	NULL	8750	0	1
20	ANALYST	6000	0	0
20	CLERK	1900	0	0
20	MANAGER	2975	0	0
20	NULL	10875	0	1
30	CLERK	950	0	0
30	MANAGER	2850	0	0
30	SALESMAN	5600	0	0
30	NULL	9400	0	1
NULL	ANALYST	6000	1	0
NULL	CLERK	4150	1	0
NULL	MANAGER	8275	1	0
NULL	PRESIDENT	5000	1	0
NULL	SALESMAN	5600	1	0
NULL	NULL	29025	1	1

DEPT_GROUPING 칼럼의 값이 0
→ 이 행(ROW)이 DEPTNO 칼럼의
   집겟값임을 의미

GROUPING(JOB)의 값이 1
→ NOT의 의미로 이 행(ROW)이
   JOB 칼럼의 집겟값이 아님을
   의미

【 해석 】

결과는 기본적으로 앞서 살펴본 GROUPING SETS 함수 쿼리 결과와 같다. 다만 SELECT 절에 신규로 추가한 DEPT_GROUPING, JOB_GROUPING 칼럼이 보인다.

GROUPING(DEPTNO), GROUPING(JOB) 함수는 DEPTNO와 JOB 칼럼이 그룹화되어 소계, 총계 값을 계산할 때 해당 소계나 총계 값이 어떤 칼럼을 기준으로 집계되었는지 알려준다. 결과에서 1~3행을 보자.

DEPTNO	JOB	TOTAL_SALARY	DEPT_GROUPING	JOB_GROUPING
10	CLERK	1300	0	0
10	MANAGER	2450	0	0
10	PRESIDENT	5000	0	0

DEPTNO가 10인 부서로 먼저 그룹화된 다음, JOB별로 다시 그룹화된 것을 알 수 있다. 오른쪽을 보면 DEPT_GROUPING 칼럼과 JOB_GROUPING 칼럼의 값이 0임을 알 수 있다.

DEPT_GROUPING 칼럼, 즉 GROUPING(DEPTNO)의 값이 0이라는 말은 이 행(ROW)이 DEPTNO 칼럼의 집곗값임을 의미한다. 그리고 JOB_GROUPING 칼럼, 즉 GROUPING(JOB)의 값이 0이라는 것 역시 이 행(ROW)이 JOB 칼럼의 집곗값임을 의미한다. 결국 1~3행은 DEPTNO 칼럼과 JOB 칼럼 모두의 집곗값임을 알 수 있다.

위 결과에서 4행을 보자.

DEPTNO	JOB	TOTAL_SALARY	DEPT_GROUPING	JOB_GROUPING
10	NULL	8750	0	1

DEPTNO가 10이고, JOB이 NULL이므로 DEPTNO가 10인 부서로 그룹화된 것을 알 수 있다. 또한 오른쪽에서 DEPT_GROUPING 칼럼, 즉 GROUPING(DEPTNO)의 값이 0임을 알 수 있다. DEPT_GROUPING 칼럼의 값이 0이라는 말은 이 행(ROW)이 DEPTNO 칼럼의 집곗값이라는 것을 의미한다. 그리고 JOB_GROUPING 칼럼, 즉 GROUPING(JOB)의 값이 1이라는 것은 NOT의 의미로 이 행(ROW)이 JOB 칼럼의 집곗값이 아니라는 것을 의미한다.

17행을 보면, DEPT_GROUPING 칼럼의 값이 1이고 JOB_GROUPING 칼럼의 값이 0이다. 이는 17행이 DEPTNO 칼럼의 집곗값이 아니며, JOB 칼럼의 집곗값임을 의미한다.

DEPTNO	JOB	TOTAL_SALARY	DEPT_GROUPING	JOB_GROUPING
NULL	SALESMAN	5600	1	0

마지막 행을 보면, DEPT_GROUPING 칼럼의 값이 1이고, JOB_GROUPING 칼럼의 값도 1이다. 이는 이 행이 DEPTNO 칼럼과 JOB 칼럼 모두의 집곗값이 아니라는 것을 의미한다.

즉, 두 칼럼 모두의 집곗값이 아니라는 것은 'TOTAL = 전체 합곗값'이라는 의미다. DEPTNO와 JOB 칼럼의 값이 NULL인 것을 보고 이 사실을 알 수 있다.

DEPTNO	JOB	TOTAL_SALARY	DEPT_GROUPING	JOB_GROUPING
NULL	NULL	29025	1	1

참고

ORDER BY 절 사용 시 NULL 값의 순서

• 위 예에서 ORDER BY DEPTNO, JOB 구문은 먼저 DEPTNO 칼럼을 오름차순으로 정렬한 다음, JOB 칼럼을 오름차순으로 정렬하라는 의미다.

• NULL 값은 가장 마지막에 표시된다.

(5) 그룹 함수와 CASE 문 사용

① 그룹 함수에서 결과 가독성을 높이기

▪ 그룹 함수는 SQL에서 계층적 집계를 생성하는 데 사용되며, 이를 통해 집계 레코드를 포함한 다양한 집계 수준을 동시에 얻을 수 있다.

▪ 하지만 집계 시 NULL로 표시되어 가독성이 좋지 않다. 그나마 GROUPING(칼럼명) 함수를 사용하면 어떤 칼럼의 집곗값인지 알 수 있지만, 0과 1로 표시되기 때문에 한눈에 알아보기가 쉽지 않다.

▪ 그룹 함수에서 임의의 텍스트 칼럼명을 지정하여 무엇에 대한 집곗값인지 출력하면, 결과를 훨씬 더 쉽게 알아볼 수 있다.

▪ 이를 위해 그룹 함수에서 임의의 텍스트 지정하려면 CASE 문을 사용한다. 이때 집곗값을 구분하는 칼럼은 GROUPING(칼럼명) 함수의 결과 칼럼이다. 0과 1로 출력되는 이 GROUPING(칼럼명) 함수를 CASE 조건으로 사용하여 무엇에 대한 집곗값인지 출력하는 것이다.

② 그룹 함수와 CASE 문 사용

- ROLLUP, GROUPING, CASE 함수를 함께 사용한 예

  - 이 쿼리는 EMP 테이블에서 부서별, 직책별, 전체 급여 합계를 구하며, 각 집계 수준을 CASE 문을 사용하여 명확히 표시한다. GroupingLevel 칼럼은 집계 수준을 'Total', 'Department Total', 'Job Total', 'Detail'로 구분한다.

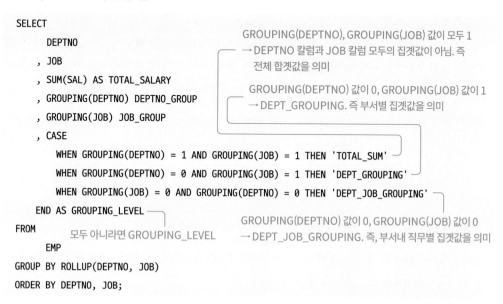

```
SELECT
        DEPTNO
    , JOB
    , SUM(SAL) AS TOTAL_SALARY
    , GROUPING(DEPTNO) DEPTNO_GROUP
    , GROUPING(JOB) JOB_GROUP
    , CASE
        WHEN GROUPING(DEPTNO) = 1 AND GROUPING(JOB) = 1 THEN 'TOTAL_SUM'
        WHEN GROUPING(DEPTNO) = 0 AND GROUPING(JOB) = 1 THEN 'DEPT_GROUPING'
        WHEN GROUPING(JOB) = 0 AND GROUPING(DEPTNO) = 0 THEN 'DEPT_JOB_GROUPING'
    END AS GROUPING_LEVEL
FROM
        EMP
GROUP BY ROLLUP(DEPTNO, JOB)
ORDER BY DEPTNO, JOB;
```

GROUPING(DEPTNO), GROUPING(JOB) 값이 모두 1
→ DEPTNO 칼럼과 JOB 칼럼 모두의 집곗값이 아님. 즉 전체 합곗값을 의미

GROUPING(DEPTNO) 값이 0, GROUPING(JOB) 값이 1
→ DEPT_GROUPING. 즉 부서별 집곗값을 의미

모두 아니라면 GROUPING_LEVEL

GROUPING(DEPTNO) 값이 0, GROUPING(JOB) 값이 0
→ DEPT_JOB_GROUPING. 즉, 부서내 직무별 집곗값을 의미

DEPTNO	JOB	TOTAL_ALARY	DEPTNO_GROUP	JOB_GROUP	GROUPING_LEVEL
10	CLERK	1300	0	0	DEPT&JOB_GROUPING
10	MANAGER	2450	0	0	DEPT&JOB_GROUPING
10	PRESIDENT	5000	0	0	DEPT&JOB_GROUPING
10		8750	0	1	DEPT_GROUPING
20	ANALYST	6000	0	0	DEPT&JOB_GROUPING
20	CLERK	1900	0	0	DEPT&JOB_GROUPING
20	MANAGER	2975	0	0	DEPT&JOB_GROUPING
20		10875	0	1	DEPT_GROUPING
30	CLERK	950	0	0	DEPT&JOB_GROUPING
30	MANAGER	2850	0	0	DEPT&JOB_GROUPING
30	SALESMAN	5600	0	0	DEPT&JOB_GROUPING
30		9400	0	1	DEPT_GROUPING
		29025	1	1	TOTAL_SUM

이 쿼리문에 사용된 그룹 함수는 ROLLUP(DEPTNO, JOB) 함수다. 따라서 기본적으로 출력되는 형식은 ROLLUP(DEPTNO, JOB) 함수 결과와 동일하다.

CASE 문은 SELECT 절에 사용되어 GROUPING_LEVEL이라는 칼럼명으로 표시된다. 이 CASE 문의 조건 판단 기준은 바로 GROUPING(칼럼명) 함수의 결괏값이다.

GROUPING(칼럼명) 함수만 단독으로 사용했을 때는 숫자인 0과 1로 결과가 표시됐다. 하지만 이번처럼 CASE 문과 함께 사용하면 SELECT 절에 GROUPING(칼럼명) 함수의 결괏값을 표시하지 않고, CASE 문의 조건으로 사용하여 전체 합계, 부서별 집계, 직무별 집계 등 텍스트로 결과를 표시하여 가독성을 높일 수 있다.

마지막으로 DEPTNO가 NULL인 행은 전체 합곗값을 의미한다.

DEPTNO	JOB	TOTAL_ALARY	DEPTNO_GROUP	JOB_GROUP	GROUPING_LEVEL
NULL	NULL	29025	1	1	TOTAL_SUM

③ 그룹 함수와 DECODE 함수 사용

- 오라클에는 CASE 문 대신 사용할 수 있는 강력한 DECODE 함수가 있다. 그룹 함수 사용 시 CASE 문 대신에 DECODE 함수를 사용해도 결과는 같다.

- DECODE 함수는 조건에 따라 값을 반환하는 함수로, 그룹 함수뿐만 아니라 모든 쿼리문에서 CASE 문과 같은 역할을 하며 다양하게 활용된다.

- DECODE 함수 형식

```
DECODE(expression, search1, result1, search2, result2, ..., default)
```

expression: 평가할 값

search: 비교할 값(조건)

result: search 값과 expression이 일치할 때 반환할 값

default: 모든 search 값과 일치하지 않을 때 반환할 기본 값(생략 가능)

- CASE 문과 DECODE 함수를 비교해보면, 비슷하지만 DECODE 함수를 사용할 때 코드를 간결하게 작성할 수 있다는 것을 알 수 있다.

- CASE 문 예

```
CASE
    WHEN GROUPING(DEPTNO) = 1 AND GROUPING(JOB) = 1 THEN 'TOTAL_SUM'
    WHEN GROUPING(DEPTNO) = 0 AND GROUPING(JOB) = 1 THEN 'DEPT_GROUPING'
    WHEN GROUPING(JOB) = 0 AND GROUPING(DEPTNO) = 0 THEN 'DEPT_JOB_GROUPING'
END AS GROUPING_LEVEL
```

- 위 CASE 문과 동일한 DECODE 함수 예

조건 기준 = GROUPING(DEPTNO)와 GROUPING(JOB) 두 결과의 합
GROUPING 함수의 결과인 0과 1은 DECODE 함수에서 평가할 값(expression)

GROUPING(DEPTNO) + GROUPING(JOB) 함수의 결괏값이 2
→ 두 값이 모두 1임을 의미. DEPTNO와 JOB 그룹의 집곗값이 아닌 전체 합계를 의미하므로
　TOTAL_SUM으로 출력

```
DECODE(
        GROUPING(DEPTNO) + GROUPING(JOB)
    , 2 , 'TOTAL_SUM'
    , 1 , DECODE(GROUPING(DEPTNO), 1, 'JOB_GROUPING', 'DEPT_GROUPING')
    , 0 , 'DEPT_JOB_GROUPING'
    ) AS GROUPING_LEVEL
```

GROUPING 함수의 결과가 1이면서
GROUPING(DEPTNO)가 1일 경우에는 JOB_GROUPING 출력
GROUPING(DEPTNO)가 1이 아닐 경우(0인 경우)에는 DEPT_GROUPING 출력

GROUPING 함수의 결과가 0
→ 두 값이 모두 0임을 의미한다. DEPTNO와 JOB 그룹 전체의 집곗값이라는 의미이므로
　DEPT_JOB_GROUPING을 출력

2과목 / 2장 / 3절 / 핵·심·문·제

01. 다음 중 GROUP BY 절과 HAVING 절에 대한 설명으로 틀린 것은?

① HAVING 절은 그룹핑된 결과에 조건을 적용한다.

② GROUP BY 절은 항상 HAVING 절보다 먼저 실행된다.

③ HAVING 절은 집계 함수가 없어도 사용할 수 있다.

④ GROUP BY는 반드시 ORDER BY 뒤에 와야 한다.

02. 다음 SQL 문에서 빈 칸의 코드를 완성하여 평균 급여가 3000 이상인 부서만 조회하려면?

```
SELECT DEPTNO, AVG(SAL)
FROM EMP
GROUP BY DEPTNO
_____ AVG(SAL) >= 3000;
```

① WHERE   ② HAVING
③ ORDER BY   ④ DISTINCT

03. 다음 SQL 문에서 ROLLUP 함수의 역할은 무엇인가?

```
SELECT DEPTNO, JOB, SUM(SAL)
FROM EMP
GROUP BY ROLLUP(DEPTNO, JOB);
```

① 부서별 직책별 총급여와 전체 합계를 계산한다.
② 부서별 총급여만 계산한다.
③ 모든 직책의 총급여만 계산한다.
④ 부서와 직책 조합의 모든 가능한 소계와 총계를 반환한다.

04. 다음 중 집계 함수와 함께 사용할 수 없는 절은 무엇인가?

① SELECT   ② WHERE
③ HAVING   ④ ORDER BY

05. 다음 SQL 문을 실행한 결과로 올바른 것을 고르시오.

【 EMP 테이블 】

EMPNO	ENAME	JOB	SAL	DEPTNO
7369	SMITH	CLERK	800	10
7499	ALLEN	SALESMAN	1600	30
7521	WARD	SALESMAN	1250	30
7566	JONES	MANAGER	2975	20
7698	BLAKE	MANAGER	2850	30

```
-- SQL 문 1
SELECT DEPTNO, JOB, SUM(SAL)
FROM EMP
GROUP BY ROLLUP(DEPTNO, JOB);
```

```
-- SQL 문 2
SELECT DEPTNO, JOB, SUM(SAL)
FROM EMP
GROUP BY CUBE(DEPTNO, JOB);
```

① 두 SQL 문은 항상 동일한 결과를 반환한다.

② SQL 문 1은 부서별, 직책별 소계와 전체 합계를 포함하지만, 모든 조합은 계산하지 않는다.

③ SQL 문 2는 부서별 소계만 계산하며, 전체 합계는 포함하지 않는다.

④ SQL 문 2의 결과는 SQL 문 1의 결과보다 행 수가 적다.

06. 다음 SQL 문이 반환하는 결과로 올바른 것은?

【 EMP 테이블 】

EMPNO	ENAME	JOB	SAL	DEPTNO
7369	SMITH	CLERK	800	20
7499	ALLEN	SALESMAN	1600	30
7521	WARD	SALESMAN	1250	30
7566	JONES	MANAGER	2975	20
7698	BLAKE	MANAGER	2850	30

```
SELECT JOB,
       COUNT(*) AS EMP_COUNT,
       MAX(SAL) AS MAX_SAL,
       SUM(SAL) / COUNT(*) AS AVG_SAL
FROM EMP
WHERE JOB IN ('MANAGER', 'SALESMAN')
GROUP BY JOB
HAVING MAX(SAL) > (SELECT AVG(SAL) FROM EMP WHERE JOB = 'SALESMAN');
```

① MANAGER와 SALESMAN 모두 반환되며, MAX(SAL) 값은 각각 2975와 1600이다.

② SALESMAN만 반환되며, MAX(SAL) 값은 1600이다.

③ MANAGER만 반환되며, MAX(SAL) 값은 2975이다.

④ 아무 행도 반환되지 않는다.

01. 답: ④

    해설: GROUP BY는 ORDER BY보다 앞서 실행된다.

02. 답: ②

    해설: HAVING 절은 그룹핑된 결과에 조건을 적용한다.

03. 답: ①

    해설: ROLLUP은 계층적으로 그룹을 생성하여 소계를 계산하고, 최종적으로 전체 합계를 계산한다. CUBE는 모든 가능한 조합
    (차원)의 소계를 계산하고 최종적으로 전체 합계를 계산한다. 계산 결과가 ROLLUP보다 더 많은 행을 포함한다.

04. 답: ②

    해설: 집계 함수는 WHERE 절에서 사용할 수 없으며, 대신 HAVING 절에서 사용한다.

05. 답: ②

    해설: SQL 문 1은 부서별, 직책별 소계와 전체 합계를 포함하지만, 모든 조합은 계산하지 않는다. ① 두 SQL 문은 다르다.
    CUBE는 모든 조합을 계산하며 ROLLUP은 계층적으로만 계산한다. ③ CUBE는 부서별 소계뿐만 아니라 직책별 소계와
    모든 조합을 포함한다. ④ CUBE는 ROLLUP보다 더 많은 조합을 계산하므로 결과 행 수가 더 많다.

06. 답: ①

    해설: WHERE JOB = 'SALESMAN' 조건으로 EMP 테이블에서 SALESMAN의 평균 급여를 계산하면 4350 / 3 = 1450
    이다. MANAGER 그룹은 MAX(SAL) = 2975, AVG(SAL) = (2975 + 2850) / 2 = 2912.50이다. SALESMAN 그룹은
    MAX(SAL) = 1600, AVG(SAL) = 1450이다. HAVING절의 조건이 MAX(SAL)이 1450보다 큰 경우이고, MANAGER
    그룹과 SALESMAN 그룹 각각 MAX(SAL)이 2975, 1600이므로 MANAGER와 SALESMAN 모두 반환된다.

4. 윈도우 함수

(1) 윈도우 함수의 개요

① 윈도우 함수의 기초 개념

- 윈도우 함수는 우리가 익히 알고 있는 운영체제인 윈도우즈(Windows)와는 전혀 관련이 없다. 이름
  에서 윈도우(WINDOW)라는 단어는 전체 데이터 중에서 특정한 부분만 발췌해서 보기 때문에 마치
  창문을 통해 보는 것과 비슷하다는 의미에서 유래했다.

- 윈도우 함수는 고급 레벨의 SQL 기능으로, 보고서 작성 및 데이터 분석 등에서 매우 많이 활용되기
  때문에 분석 함수라고도 불린다.

- 창문을 떠올려 보자. 창문을 통해 바깥 세상의 일부분만 볼 수 있듯이, 윈도우 함수도 전체 데이터 중 특정 부분만 '들여다본다'는 개념이다.

【 윈도우 함수 】

- 윈도우 함수는 칼럼을 기준으로 행의 데이터를 필터링하거나 조건값을 반환하는 전통적인 개념과 달리, 전체 데이터의 행들을 파티션으로 나누어 영역을 설정하고, 그 영역 안에서 행과 행 간의 관계를 쉽게 정의하기 위해 만들어진 함수다.

- 윈도우 함수는 사실 관계형 데이터베이스(RDB) SQL의 단점을 보완하기 위해 태어났다. 관계형 데이터베이스의 SQL은 칼럼과 칼럼 간의 비교 및 연산, 집합 처리 등에 매우 강력한 반면, 행과 행 간의 관계를 정의하거나 비교하는 데는 어려움이 있기 때문이다.

- SQL로 행과 행 간의 관계를 정의하거나 비교하려면 PL/SQL, SQL/PL, T-SQL, PRO*C 같은 절차형 프로그램을 작성하거나 INLINE VIEW를 이용해 복잡한 SQL 문을 작성해야 했지만, 윈도우 함수는 이러한 복잡함을 줄여주어 행간의 관계를 쉽게 정의할 수 있게 해준다.

- 윈도우 함수는 데이터 분석과 집계에 강력한 도구로, 데이터베이스 내의 행을 비교하고 계산하는 다양한 방식으로 사용할 수 있다. 이를 통해 복잡한 분석 작업을 효율적으로 수행할 수 있다.

② 윈도우 함수의 종류

- 윈도우 함수는 분류 기준이 책에 따라 약간씩 다를 수 있다. 여기서는 한국데이터진흥원의 〈SQL 개발자 가이드북〉 분류를 따르기로 한다.

- 다음 표의 마지막 분류인 '분석 함수'는 SQLD의 범위에서 벗어나며, 한국데이터진흥원의 〈SQL 개발자 가이드북〉에서도 다루지 않기 때문에 본 책에서도 다루지 않는다.

【 윈도우 함수의 종류 】

분류	함수	설명
순위 함수	ROW_NUMBER()	각 파티션 내에서 고유한 순위 부여
	RANK()	동일 값에 같은 순위, 다음 순위 건너뜀
	DENSE_RANK()	동일 값에 같은 순위, 다음 순위 연속
집계 함수	SUM()	합계 계산
	AVG()	평균 계산
	COUNT()	행 수 계산
	MAX()	최댓값 찾기
	MIN()	최솟값 찾기
	(집계 함수 + OVER)	이동 평균, 이동 합계 등 계산
행 순서 관련 함수(오프셋 함수)	LAG(n)	현재 행에서 n만큼 이전 행 값 반환
	LEAD(n)	현재 행에서 n만큼 이후 행 값 반환
	FIRST_VALUE	윈도우의 첫 번째 행 값 반환
	LAST_VALUE	윈도우의 마지막 행 값 반환
	NTH_VALUE(n)	윈도우의 n번째 행 값 반환
비율 함수	CUME_DIST()	누적 분포 값 계산
	PERCENT_RANK()	백분율 순위 계산
	NTILE(n)	데이터를 n개 그룹으로 균등 분할
	RATIO_TO_REPORT	그룹 내 비율 계산
분석 함수	CORE, COVAR_POP, COVAR_SAMP, STDDEV, STDDEV_POP, STDDEV_SAMP, VARIANCE, VAR_POP, VAR_SAMP, REGR_ (LINEAR REGRESSION), REGR_SLOPE, REGR_INTERCEPT, REGR_COUNT, REGR_R2, REGR_AVGX, REGR_AVGY, REGR_SXX, REGR_SYY, REGILSXY	통계 및 분석 관련 함수 (SQLD 범위 아님, 본 책에서는 다루지 않음)

③ 윈도우 함수의 형식

- 윈도우 함수에는 OVER 키워드가 필수로 포함된다.

- ROWS는 물리적인 결과 행의 수를, RANGE는 논리적인 값에 의한 범위를 나타낸다. 둘 중 하나를 선택해서 사용할 수 있다. 다만 WINDOWING 절은 SQL Server에서는 지원하지 않는다.

- 윈도우 함수의 형식

```
SELECT
      WINDOW_FUNCTION(ARGUMENTS)
      OVER ([PARTITION BY 칼럼] [ORDER BY 절] [WINDOWING 절])
FROM            └─── OVER 키워드가 필수로 포함됨
      테이블명;
```

【 해설 】

- **WINDOW_FUNCTION**: 기존에 사용하던 함수도 있고, 새롭게 WINDOW 함수용으로 추가된 함수도 있다.

- **ARGUMENTS(인수)**: 함수에 따라 0 ~ N개의 인수가 지정될 수 있다.

- **PARTITION BY 절**: 전체 집합을 기준에 따라 소그룹으로 나눌 수 있다.

- **ORDER BY 절**: 어떤 항목에 대해 순위를 지정하고자 할 때 ORDER BY 절을 기술한다.

- **WINDOWING 절**: 함수의 대상이 되는 행 기준의 범위(계산이 되는 범위)를 세밀하게 지정할 수 있다.

- 윈도우 함수의 예

```
SELECT
      E.EMPNO
    , E.ENAME
    , E.DEPTNO
    , D.DNAME
    , E.SAL
    , ROW_NUMBER() OVER(
                        PARTITION BY E.DEPTNO
                        ORDER BY E.SAL DESC
                        ) AS SALARY_RANK
FROM
      EMP E
      JOIN DEPT D
          ON E.DEPTNO = D.DEPTNO;
```

EMPNO	ENAME	DEPTNO	DNAME	SAL	SALARY_RANK	
7839	KING	10	ACCOUNTING	5000	1	
7782	CLARK	10	ACCOUNTING	2450	2	파티션 #1 DEPTNO=10
7934	MILLER	10	ACCOUNTING	1300	3	
7902	FORD	20	RESEARCH	3000	1	
7788	SCOTT	20	RESEARCH	3000	2	
7566	JONES	20	RESEARCH	2975	3	파티션 #2 DEPTNO=20
7876	ADAMS	20	RESEARCH	1100	4	
7369	SMITH	20	RESEARCH	800	5	
7698	BLAKE	30	SALES	2850	1	
7499	ALLEN	30	SALES	1600	2	
7844	TURNER	30	SALES	1500	3	파티션 #3 DEPTNO=30
7521	WARD	30	SALES	1250	4	
7654	MARTIN	30	SALES	1250	5	
7900	JAMES	30	SALES	950	6	

【 해설 】

SALARY_RANK 칼럼을 제외하면, 이 쿼리는 이전에 조인 예시로 자주 봤던 쿼리다. EMP 테이블의 DEPTNO 칼럼과 DEPT 테이블의 DEPTNO 칼럼을 ON 절의 조건으로 조인했다.

SELECT 문의 마지막 칼럼을 보자.

```
ROW_NUMBER() OVER (              파티션을 나눈 다음, 그룹화된 행별로 순위를 매기는 함수

            PARTITION BY E.DEPTNO ── 'PARTITION BY 기준 칼럼'으로 행을 나누는 기준 칼럼을 정의
            ORDER BY E.SAL DESC ── ORDER BY 절로 순위를 매기기 위해 행의 값들을 정렬
) AS SALARY_RANK
```

윈도우 함수 중 ROW_NUMBER() 함수는 파티션을 나눈 다음, 그룹화된 행별로 순위를 매기는 함수다. 자세한 설명은 '순위 함수' 편에서 다루기로 한다.

SELECT 절에서 ROW_NUMBER() 함수명을 적고, 그 뒤에 OVER() 절이 따라온다. OVER() 절은 괄호로 묶고, 그 안에 행을 나누는 기준 칼럼을 'PARTITION BY 기준 칼럼'과 같이 정의한다. 행을 나누는 기준 칼럼을 정하면 행은 그 칼럼을 기준으로 그룹화된다.

주의할 점은 칼럼(열)이 아니라 행이 그룹화된다는 것이다. 여기서는 'PARTITION BY E.DEPTNO' 이므로 EMP 테이블의 DEPTNO 칼럼이 행을 구분하는 파티션의 기준 칼럼이 된다.

먼저 파티션의 기준 칼럼으로 파티션을 나눈다. 그다음 ORDER BY 절로 순위를 매기기 위해 행의 값들을 정렬한다. 여기서는 ORDER BY E.SAL DESC이므로 EMP 테이블의 SAL 칼럼 값을 내림차 순으로 정렬한다. ORDER BY 절이 없으면 순위를 매길 수 없어 에러가 발생한다.

PARTITION BY DEPTNO이므로 기준 칼럼이 DEPTNO

EMPNO	ENAME	DEPTNO	DNAME	SAL	SALARY_RANK
7839	KING	10	ACCOUNTING	5000	1
7782	CLARK	10	ACCOUNTING	2450	2
7934	MILLER	10	ACCOUNTING	1300	3

위에서부터 순위를 매김

ORDER BY E.SAL DESC 이므로 SAL 값을 내림차순으로 정렬

1~3행을 보면 PARTITION BY 기준 칼럼인 DEPTNO의 값은 10이고, 부서명은 ACCOUNTING 이다. 행을 DEPTNO를 기준으로 나눈 다음, ORDER BY E.SAL DESC이므로 SAL 값을 기준으로 큰 값부터 내림차순으로 정렬한다. 그다음 위에서부터 순위를 매긴다. 이처럼 행을 DEPTNO를 기준 으로 나누면 전체 데이터 중에서 하나의 파티션 영역이 창문처럼 보일 수 있다. 이렇게 파티션 영역을 창문처럼 상상하면 '윈도우 함수'라는 이름이 이해가 될 것이다.

ROW_NUMBER() 함수로 생성되는 순위 칼럼인 SALARY_RANK 칼럼은 철저하게 파티션 내에서 ORDER BY 절에 따른 정렬 순서에 따라 결정된다.

이렇게 윈도우 함수는 전체 데이터가 아닌 일부 데이터를 파티션으로 분할해 집계, 순위 매기기, 분석 등을 목적으로 사용된다.

(2) 순위 함수

① ROW_NUMBER()

- ROW_NUMBER() 함수는 SQL에서 각 행에 고유한 순위 번호를 할당하는 윈도우 함수다. 이 함수는 주로 데이터의 순서를 매기거나 특정 기준에 따라 행을 나열할 때 사용된다.

- ROW_NUMBER() 형식

```
ROW_NUMBER() OVER (PARTITION BY [파티션 기준] ORDER BY [정렬 기준])
```

【 해설 】

- **ROW_NUMBER()** 뒤에 **OVER** 절이 오며, 두 가지 옵션을 괄호로 묶어 사용한다.
- **PARTITION BY [파티션 기준]**: 행을 기준으로 구분해 나누는 옵션이다. 생략할 수 있으며, 생략할 경우 전체 결과 집합에 대해 순위를 매긴다. 만약 4개의 파티션으로 구분되었다면 각 파티션에 독립적으로 순위가 매겨진다.
- **ORDER BY [정렬 기준]**: 순위를 매길 때 사용할 정렬 기준이며 반드시 지정해야 한다. 지정하지 않으면 에러가 발생한다.

▪ ROW_NUMBER() 예시 #1: 전체 행에 대해 급여(SAL)가 높은 순으로 순위를 매기는 함수 (PARTITION BY 옵션 지정 안함)

DEPTNO	ENAME	SAL	RANK
10	KING	5000	1
20	FORD	3000	2
20	SCOTT	3000	3
20	JONES	2975	4
30	BLAKE	2850	5

급여 값은 같은데 순위가 다름
ROW_NUMBER() 함수는 동일한 순위를 표시하지 못함

【 해설 】

위의 급여 순위 2위와 3위를 보자. 급여(SAL) 값은 동일한데 순위가 다르다. 이상하지 않은가? 결론부터 말하면 ROW_NUMBER() 함수는 동일한 순위를 표시하지 못한다. 순위는 고유값으로, 중복되지 않는다. 그렇다면 ORDER BY 정렬 순서가 동일한데 과연 무엇을 기준으로 순위를 매기는 것일까?

ROW_NUMBER() 함수는 같은 값을 가진 행들 사이의 순서를 데이터베이스 시스템에 의해 임의로 결정한다. 따라서 동일한 ORDER BY 정렬 순서에 대해 동일한 결과의 순위를 보장하지 못한다.

일관된 결과를 얻기 위해서는 ORDER BY 절에 추가로 칼럼을 지정해야 한다. 이때 추가되는 칼럼을 '타이브레이커(tie-breaker)'라 부른다.

이러한 이유로 동일한 순위를 지정하고 싶을 때는 ROW_NUMBER() 대신 다른 순위 함수를 사용해야 한다. 다음에 설명할 RANK(), DENSE_RANK() 함수를 사용하면 동일한 순위를 표시할 수 있다.

▪ ROW_NUMBER() 함수에서 동일한 순위를 해결하는 방법: ORDER BY 절에 추가로 칼럼을 지정

```
ROW_NUMBER() OVER (PARTITION BY [파티션 기준] ORDER BY [정렬 기준#1], [정렬 기준#2], … )
```
└─ ORDER BY 절에 추가로 칼럼을 지정

▪ ORDER BY 타이브레이커(tie-breaker) 예시

```
SELECT
      DEPTNO
    , ENAME
    , SAL
    , ROW_NUMBER() OVER (
                  ORDER BY SAL DESC, ENAME DESC
                  ) AS RANK
  FROM
      EMP;
```
└─ ORDER BY 절에 추가로 칼럼을 지정

DEPTNO	ENAME	SAL	RANK
10	KING	5000	1
20	SCOTT	3000	2
20	FORD	3000	3
20	JONES	2975	4
30	BLAKE	2850	5

【 해설 】
앞에서 동일한 순위가 발생했을 때는 2위 직원이 FORD였다.

DEPTNO	ENAME	SAL	RANK
20	FORD	3000	2
20	SCOTT	3000	3

ORDER BY SAL DESC, ENAME DESC와 같이 두 번째 정렬 기준을 지정하면 다음과 같이 순위가 ENAME 내림차순, 즉 알파벳 내림차순으로 정렬된다. 동일한 1차 정렬 기준에 이어 2차 정렬 기준이 적용되는 것이다.

DEPTNO	ENAME	SAL	RANK
20	SCOTT	3000	3
20	FORD	3000	2

- ROW_NUMBER() 예시 #2: 부서별로 구분하고, 부서별로 급여(SAL)가 높은 순으로 순위를 매기는 함수(PARTITION BY 옵션 지정)

DEPTNO	ENAME	SAL	RANK
10	KING	5000	1
10	CLARK	2450	2
10	MILLER	1300	3
20	SCOTT	3000	1
20	FORD	3000	2
20	JONES	2975	3
20	ADAMS	1100	4
20	SMITH	800	5
30	BLAKE	2850	1
30	ALLEN	1600	2
30	TURNER	1500	3
30	MARTIN	1250	4
30	WARD	1250	5
30	JAMES	950	6

파티션 #1
DEPTNO=10

파티션 #2
DEPTNO=20

파티션 #3
DEPTNO=30

【 해설 】

PARTITION BY는 기준 칼럼인 DEPTNO를 기준으로 파티션을 나눈다. DEPTNO는 10, 20, 30의 값을 가지며, 해당 값을 기준으로 3개의 파티션으로 구분된다. 그다음 3개의 파티션에 대해 각 파티션별로 순위를 매긴다.

- ROW_NUMBER() 예시 #3: 특정 부서에 대해서만 급여(SAL) 값이 높은 순으로 순위를 매기는 함수 (WHERE 절에서 특정 부서의 조건을 정의)

DEPTNO	ENAME	SAL	RANK
30	BLAKE	2850	1
30	ALLEN	1600	2
30	TURNER	1500	3
30	WARD	1250	4
30	MARTIN	1250	5
30	JAMES	950	6

30번 부서의 급여를
내림차순으로 순위를 매김

【 해설 】

PARTITION BY는 기준이 되는 칼럼의 데이터 고유값에 따라 파티션을 나누고, 각 파티션마다 순위를 매긴다. 이 예는 PARTITION BY 없이 WHERE 절에서 DEPTNO가 30인 부서를 특정했다. 따라서 그 특정된 부서에 대해서만 순위를 매긴 것이다.

② RANK()

- RANK() 함수는 ROW_NUMBER() 함수처럼 순위를 매길 때 사용되는 함수다.

TIP _RANK()와 DENSE_RANK()는 동일 순위 표현 방식이 다르기에 시험에 자주 출제됩니다.

- RANK() 함수는 동일한 값이 있을 때 동일한 순위를 부여하고, 다음 순위를 건너뛴다. 따라서 동일한 순위를 가진 행이 여러 개 있으면 그다음 순위는 연속되지 않고 건너뛰게 된다.
- RANK() 형식

```
RANK() OVER (PARTITION BY [파티션 기준] ORDER BY [정렬 기준])
```

【 해설 】

· RANK() 뒤에 OVER 절이 오며, 아래 두 가지 옵션을 괄호로 묶어 사용한다.

· PARTITION BY [파티션 기준], ORDER BY [정렬 기준] 옵션은 ROW_NUMBER() 함수와 동일하다.

- RANK()의 예시

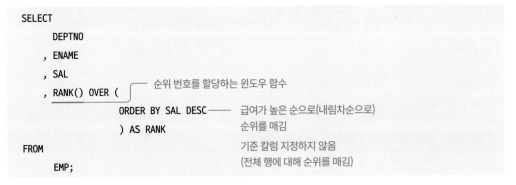

【 해설 】

위 결과에서 주황색 박스로 표시된 2위를 보자. 앞서 본 ROW_NUMBER() 함수와의 차이를 알 수 있다. ROW_NUMBER()는 강제로 순위를 매기지만, RANK() 함수는 동일한 순위를 가진 행에 공동으로 2위를 부여한다. 그리고 다음 순위인 3위를 건너뛴다. 따라서 다음 순위인 직원 JONES는 4위가 된다. 그런데 여기서 직원 JONES를 4위가 아닌 3위로 지정하고 싶을 수도 있다. 그럴 때 사용하는 함수가 바로 DENSE_RANK() 함수다.

③ DENSE_RANK()

- DENSE_RANK() 함수 역시 ROW_NUMBER(), RANK() 함수처럼 순위를 매길 때 사용되는 함수다.

- RANK() 함수는 동일한 값이 있을 때 동일한 순위를 부여하고 다음 순위를 건너뛰지만, DENSE_RANK()는 다음 순위를 건너뛰지 않고 연속된 순위를 매긴다.

- DENSE_RANK() 형식

```
DENSE_RANK() OVER (PARTITION BY [파티션 기준] ORDER BY [정렬 기준])
```

【 해설 】

- DENSE_RANK() 뒤에 OVER 절이 오며, 두 가지 옵션을 괄호로 묶어 사용한다.

- PARTITION BY [파티션 기준], ORDER BY [정렬 기준] 옵션은 ROW_NUMBER() 함수와 동일하다.

- DENSE_RANK()의 예시

```
SELECT
    DEPTNO
  , ENAME
  , SAL
  , DENSE_RANK() OVER (    ─── 순위 번호를 할당하는 윈도우 함수
        ORDER BY SAL DESC    ─── 급여가 높은 순으로(내림차순으로) 순위를 매김
      ) AS RANK               기준 칼럼 지정하지 않음
FROM                         (전체 행에 대해 순위를 매김)
    EMP;
```

DEPTNO	ENAME	SAL	RANK
10	KING	5000	1
20	FORD	3000	2
20	SCOTT	3000	2
20	JONES	2975	3
30	BLAKE	2850	4
10	CLARK	2450	5
30	ALLEN	1600	6
30	TURNER	1500	7
10	MILLER	1300	8

동일한 순위를 가진 행에 공동으로 순위를 부여하고, 다음 순위를 건너 뛰지 않음

─── 다음 순위인 JONES는 3위로 지정됨

30	WARD	1250	9
30	MARTIN	1250	9
20	ADAMS	1100	10
30	JAMES	950	11
20	SMITH	800	12

【 해설 】

위 결과에서 주황색 박스로 표시된 2위와 3위를 보자. 앞서 본 RANK() 함수와의 차이를 알 수 있다. RANK() 함수는 동일한 순위를 가진 행에 공동으로 2위를 부여하고, 다음 순위인 3위를 건너뛴다. 하지만 DENSE_RANK() 함수는 순위를 그대로 연속된 번호로 매긴다. 따라서 다음 순위인 직원 JONES는 4위가 아닌 3위가 된다.

(3) 집계 함수

① SUM()

- SUM() 함수는 집계 함수 중 하나로, 지정된 칼럼의 숫자 값들의 합계를 계산한다.

- NULL 값은 무시되므로, NULL을 0으로 처리하고 싶다면 COALESCE 혹은 NVL 함수를 함께 사용해야 한다.

```
SUM(COALESCE(column_name, 0))          NULL 값은 무시되므로 NULL을 0으로 처리하려면
SUM(NVL(column_name, 0))               COALESCE, NVL 함수 사용 필요
```

- SUM()의 예시

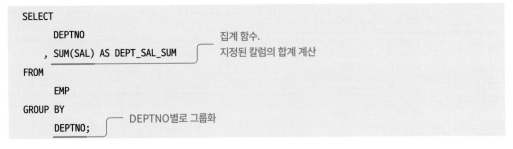

```
SELECT
        DEPTNO                              집계 함수.
      , SUM(SAL) AS DEPT_SAL_SUM           지정된 칼럼의 합계 계산
FROM
        EMP
GROUP BY
        DEPTNO;              DEPTNO별로 그룹화
```

DEPTNO	DEPT_SAL_SUM	
20	10875	
30	9400	─ DEPTNO별로 SAL의 합계 계산
10	8750	

- NULL 값을 0으로 처리하고 싶다면, 다음과 같이 COALESCE 또는 NVL 함수를 사용해 바꿀 수 있다.

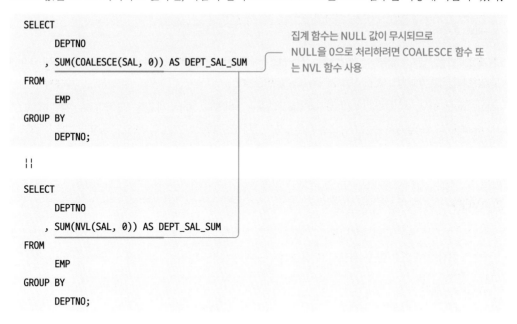

```
SELECT
    DEPTNO
  , SUM(COALESCE(SAL, 0)) AS DEPT_SAL_SUM
FROM
    EMP
GROUP BY
    DEPTNO;

  ‖

SELECT
    DEPTNO
  , SUM(NVL(SAL, 0)) AS DEPT_SAL_SUM
FROM
    EMP
GROUP BY
    DEPTNO;
```

집계 함수는 NULL 값이 무시되므로 NULL을 0으로 처리하려면 COALESCE 함수 또는 NVL 함수 사용

【 해설 】

COALESCE(SAL, 0)는 SAL 칼럼 값이 NULL일 경우 0으로 바꾸라는 의미이며, 그다음에 SUM하라는 의미다. NULL 값을 0으로 바꾸고 SUM을 계산하는 것은 큰 의미가 없을 수 있지만, 평균이나 다른 계산식에서는 결과에 차이를 가져올 수 있다.

참고

COALESCE와 NVL의 차이점

- 호환성 _ NVL은 오라클 전용이지만, COALESCE는 SQL 표준이므로 더 많은 데이터베이스에서 사용 가능하다.

- 매개변수의 수 _ NVL은 정확히 두 개의 매개변수만 사용한다. COALESCE는 두 개 이상의 매개변수를 사용할 수 있어 더 유연하다.

- 평가 방식 _ NVL은 두 번째 매개변수를 항상 평가한다. COALESCE는 NULL이 아닌 값을 찾으면 그 이후의 매개변수는 평가하지 않는다(Short-circuit evaluation).

- 성능 _ 일반적으로 COALESCE가 NVL보다 더 효율적일 수 있다. 특히 여러 대체 값이 있을 때 그렇다.

- 사용 예시 비교

```
-- COALESCE
SELECT 이름, COALESCE(전화번호, 이메일, '연락처 없음') AS 연락처
FROM 고객테이블;
```

```
-- NVL
SELECT 이름, NVL(전화번호, '연락처 없음') AS 연락처
FROM 고객테이블;
```

- NVL(전화번호, '연락처 없음')은 매개변수로 '전화번호' 하나만 사용 가능하다. COALESCE는 전화번호가 NULL이면 이메일을 확인하고, 이메일도 NULL이면 '연락처 없음'을 반환한다.
- 데이터베이스 이식성을 고려한다면 COALESCE를 사용하는 것이 좋다. 여러 대체 값을 확인해야 하는 경우 COALESCE가 더 적합하다. 오라클에서 단순히 NULL을 다른 값으로 대체하는 경우, NVL과 COALESCE 중 어느 것을 사용해도 무방하다.

② AVG( )

- AVG( ) 함수는 SQL에서 특정 칼럼의 평균 값을 계산할 때 NULL 값을 무시한다. 하지만 NULL 값을 0으로 취급하여 평균 값을 계산하고 싶다면 COALESCE 또는 NVL 함수를 사용할 수 있다.
- AVG()의 예시

【 EMP 테이블 】

```
SELECT
        DEPTNO
    , ENAME
    , SAL
    , COMM
    , COALESCE(COMM, 0) AS IF_COMM_NULL_0      ── COMM 칼럼이 NULL이라면 값을 0으로 변경
FROM
        EMP
ORDER BY
        DEPTNO
    , ENAME ;
```

DEPTNO	ENAME	SAL	COMM	IF_COMM_NULL_0	
10	CLARK	2450	NULL	0	
10	KING	5000	NULL	0	평균 0
10	MILLER	1300	NULL	0	
20	ADAMS	1100	NULL	0	
20	FORD	3000	NULL	0	
20	JONES	2975	NULL	0	평균 0
20	SCOTT	3000	NULL	0	
20	SMITH	800	NULL	0	

30	ALLEN	1600	300	300
30	BLAKE	2850	NULL	0
30	JAMES	950	NULL	0
30	MARTIN	1250	1400	1400
30	TURNER	1500	0	0
30	WARD	1250	500	500

NULL을 0으로 대치했을 때의 평균 366.6667
= (300+0+0+1400+0+500)/6

NULL을 0으로 대치하지 않았을 때의 평균 550
= (300+1400+0+500)/4

```
SELECT
      DEPTNO
    , AVG(COALESCE(COMM, 0)) AS COMM_AVG
FROM
      EMP
GROUP BY
      DEPTNO;
```

DEPTNO별로 COMM의 평균 계산
(NULL 값은 0으로 대치)

DEPTNO	COMM_AVG
20	0
30	366.6667
10	0

DEPTNO별로 COMM의 평균 계산

【 해설 】

GROUP BY DEPTNO이므로 부서별로 수당(COMM) 칼럼의 평균을 구하는 쿼리다. DEPTNO가 30인 부서를 보면 SUM 값이 2200이고, 이를 부서의 직원 수인 6으로 나누면 366.6667이 나온다.

그런데 만약 NULL 값을 0으로 대체하지 않으면 SUM 값이 2200이고, NULL은 집계 대상에서 제외되므로 NULL을 제외한 부서의 직원 수인 4로 나누면 평균 550이 나온다.

직원 TURNER의 경우 COMM이 0이지만, 0은 NULL이 아니므로 평균을 구할 때 모수에 포함된다.

```
SELECT
      DEPTNO
    , AVG(COMM) AS COMM_AVG
FROM
      EMP
GROUP BY
      DEPTNO;
```

DEPTNO별로 COMM의 평균 계산
(NULL 값 대치하지 않음)

DEPTNO	COMM_AVG
20	NULL
30	550
10	NULL

— DEPTNO별로 COMM의 평균 계산

③ COUNT()

- COUNT() 함수는 SQL에서 행의 개수를 계산하는 집계 함수다. 특정 칼럼이나 전체 행의 개수를 세는 데 사용된다. NULL 값은 무시할 수 있지만, 모든 행을 포함할 수도 있다.

- COUNT()의 예시

【 COUNT(*)는 NULL을 포함 】

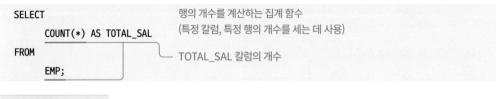

```
SELECT
    COUNT(*) AS TOTAL_SAL        행의 개수를 계산하는 집계 함수
                                 (특정 칼럼, 특정 행의 개수를 세는 데 사용)
FROM
                                 TOTAL_SAL 칼럼의 개수
    EMP;
```

TOTAL_SAL
14

【 특정 칼럼의 COUNT()는 기본적으로 NULL을 제외 】

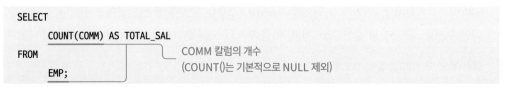

```
SELECT
    COUNT(COMM) AS TOTAL_SAL
                              COMM 칼럼의 개수
FROM                          (COUNT()는 기본적으로 NULL 제외)
    EMP;
```

TOTAL_SAL
4

【 특정 칼럼의 NULL을 포함해서 COUNT하고 싶을 때 】

```
SELECT
    COUNT(COALESCE(COMM, 0)) AS TOTAL_SAL
                                       COMM 칼럼의 개수
FROM                                   (NULL을 포함해서 COUNT)
    EMP;
```

TOTAL_SAL
14

COUNT( ) 함수는 기본적으로 NULL을 제외하기 때문에 NULL을 포함하여 COUNT하려면 반드시 COALESCE 혹은 NVL로 NULL을 0으로 대체한 다음 COUNT해야 한다.

④ MAX( )

▪ MAX( ) 함수는 SQL에서 지정된 칼럼의 최댓값을 반환하는 집계 함수다. 이 함수는 특정 칼럼의 가장 큰 값을 찾는 데 사용된다. NULL 값은 무시된다. 주로 수치 데이터, 날짜, 문자열 등 비교 가능한 값에 대해 적용된다.

▪ MAX( )의 예시

```
SELECT
        DEPTNO
      , MAX(SAL) AS MAX_SAL                     특정 칼럼의 가장 큰 값을 찾는 데 사용
FROM                                            DEPTNO별로 가장 큰 SAL 값
        EMP
GROUP BY
        DEPTNO
ORDER BY
        DEPTNO DESC;
```

DEPTNO	MAX_SAL
10	5000
20	3000
30	2850

— DEPTNO별로 가장 큰 SAL 값

⑤ MIN( )

▪ MIN( ) 함수는 SQL에서 지정된 칼럼의 최솟값을 반환하는 집계 함수다. 이 함수는 특정 칼럼의 가장 작은 값을 찾는 데 사용된다. NULL 값은 무시된다. 주로 수치 데이터, 날짜, 문자열 등 비교 가능한 값에 대해 적용된다.

- MIN()의 예시

DEPTNO	MIN_SAL
10	1300
20	800
30	950

— DEPTNO별로 가장 작은 SAL 값

⑥ 집계 함수 + OVER

- 집계 함수와 OVER 절을 함께 사용하면 집계 함수가 윈도우 함수로 작동하여 데이터의 특정 '윈도우' 또는 '프레임' 내에서 계산을 수행할 수 있다. 이는 앞에서 공부한 윈도우 함수 개념과 동일하다.

- OVER 절은 PARTITION BY와 ORDER BY를 포함할 수 있으며, 이를 통해 집계 함수의 적용 범위를 정의할 수 있다. SUM(), AVG(), MIN(), MAX(), COUNT() 등 모든 집계 함수가 가능하다.

- '집계 함수 + OVER' 예시

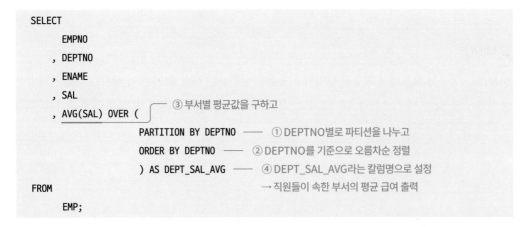

EMPNO	DEPTNO	ENAME	SAL	DEPT_SAL_AVG
7782	10	CLARK	2450	2916,667
7839	10	KING	5000	2916,667
7934	10	MILLER	1300	2916,667
7566	20	JONES	2975	2175
7902	20	FORD	3000	2175

— DEPTNO가 10번인 부서의 평균 급여

— DEPTNO가 20번인 부서의 평균 급여

(4) 행 순서 관련 함수(오프셋 함수)

① LAG(n)

- LAG(n) 함수는 주어진 행의 이전 행 값을 반환하는 윈도우 함수다. 이 함수는 데이터 집합 내에서 특정 행을 기준으로 n번째 이전 행의 값을 가져오는 데 사용된다. 이는 데이터 분석과 시계열 데이터 처리에서 매우 유용하다. 예컨대 주식 데이터에서 가격 변화량을 계산, 월별 매출의 증감, 부서별 매출 순위 비교 및 분석 등에 사용된다.

- 기본적으로 LAG() 함수는 OVER 절과 함께 사용되어 데이터를 파티션으로 나누고 정렬할 수 있다.

- LAG() 함수 형식

```
LAG(칼럼명, [위치 n], [이전 행이 없을 때 반환할 값])
OVER (PARTITION BY [파티션 기준] ORDER BY [정렬 기준])
```

【 해설 】

```
LAG(
    칼럼명,          —— 칼럼명을 지정하고 해당 칼럼에서
    [위치 n],         —— 이전 n(기본값은 1) 행의 위치 값을 가져옴
    [이전 행이 없을 때 반환할 값]    —— 이전 행이 없을 때는 이 기본값을 반환
)
OVER (
    PARTITION BY [파티션 기준]    —— 파티션을 이 기준으로 나누고
    ORDER BY [정렬 기준])         —— 이 기준으로 정렬
```

- LAG() 함수 예시

```
SELECT
    DEPTNO
```

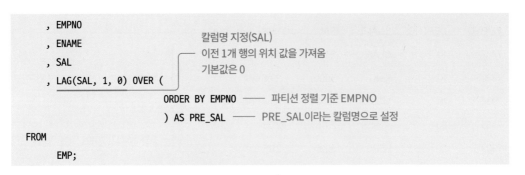

```
        , EMPNO
        , ENAME
        , SAL                        칼럼명 지정(SAL)
        , LAG(SAL, 1, 0) OVER (      이전 1개 행의 위치 값을 가져옴
                                     기본값은 0
                    ORDER BY EMPNO ── 파티션 정렬 기준 EMPNO
                    ) AS PRE_SAL   ── PRE_SAL이라는 칼럼명으로 설정
     FROM
            EMP;
```

DEPTNO	EMPNO	ENAME	SAL	PRE_SAL	
20	7369	SMITH	800	0	── 이전 행이 없으니 기본값인 0
30	7499	ALLEN	1600	800	── 이전 행의 값 800
30	7521	WARD	1250	1600	── 이전 행의 값 1600
20	7566	JONES	2975	1250	
30	7654	MARTIN	1250	2975	
30	7698	BLAKE	2850	1250	
10	7782	CLARK	2450	2850	
20	7788	SCOTT	3000	2450	
10	7839	KING	5000	3000	
30	7844	TURNER	1500	5000	
20	7876	ADAMS	1100	1500	
30	7900	JAMES	950	1100	
20	7902	FORD	3000	950	
10	7934	MILLER	1300	3000	

【 해설 】

먼저 EMP 테이블의 1행을 보면서 쿼리를 적용해보자. EMP 테이블의 1행이다.

DEPTNO	EMPNO	ENAME	SAL
20	7369	SMITH	800

1행부터 LAG(SAL, 1, 0) 쿼리가 실행된다. SAL 칼럼을 기준으로 [위치N] 행이 1이므로, 이전 1행을 찾아야 한다. 그러나 1행인 직원 SMITH 이전에는 행이 존재하지 않는다. 따라서 위 쿼리의 적용 결과, 직원 SMITH의 PRE_SAL 값은 0이 된다.

DEPTNO	EMPNO	ENAME	SAL	PRE_SAL
20	7369	SMITH	800	0

1행인 직원 SMITH는 이전 행이 없음
직원 SMITH의 PRE_SAL은 기본값인 0

다음으로 EMP 테이블의 2행인 ALLEN을 보자.

DEPTNO	EMPNO	ENAME	SAL
20	7369	SMITH	800
30	7499	ALLEN	1600

SAL 칼럼을 기준으로 [위치N] 행이 1이므로, ALLEN 이전의 1행을 찾아야 한다. ALLEN 이전 1행은 직원 SMITH의 EMP 데이터이며, SMITH의 SAL 값은 800이다. 따라서 위 쿼리의 적용 결과, 직원 ALLEN의 PRE_SAL 값은 800이 된다.

DEPTNO	EMPNO	ENAME	SAL	PRE_SAL
30	7499	ALLEN	1600	800

ALLEN 이전 1행은 SMITH
SMITH의 SAL 값은 800

이렇게 한 행씩 쿼리를 적용하면 최종 결과 테이블이 출력된다. 테이블의 색으로 구분하면 더욱 이해가 쉬울 것이다.

② LEAD(n)

- LEAD(n) 함수는 LAG(n) 함수의 반대라고 생각하면 된다. LAG(n) 함수가 이전 행의 값을 반환한다면, LEAD(n) 함수는 다음 행의 값을 반환하는 윈도우 함수다. 이 함수는 데이터 집합 내에서 특정 행을 기준으로 n번째 이후 행의 값을 가져오는 데 사용된다. 이는 데이터 분석과 시계열 데이터 처리에서 매우 유용하다.

- 기본적으로 LEAD(n) 함수는 OVER 절과 함께 사용되어 데이터를 파티션으로 나누고 정렬할 수 있다.

- LEAD(n) 함수 형식

```
LEAD(칼럼명, [위치 n], [이후 행이 없을 때 반환할 값])
OVER (PARTITION BY [파티션 기준] ORDER BY [정렬 기준])
```

【 해설 】

```
LEAD(
     칼럼명,        ── 칼럼명을 지정하고 해당 칼럼에서
     [위치 n],       ── 이후 n(기본값은 1) 행의 위치 값을 가져옴
     [이후 행이 없을 때 반환할 값]  ── 이후 행이 없을 때는 이 기본값을 반환
)
```

```
OVER (
    PARTITION BY [파티션 기준] ──── 파티션을 이 기준으로 나누고
    ORDER BY [정렬 기준]) ──── 이 기준으로 정렬
```

- LEAD() 함수 예시

```
SELECT
    DEPTNO
  , EMPNO
  , ENAME
  , SAL                          칼럼명 지정(SAL)
  , LEAD(SAL, 1, 0) OVER (       이후 1개 행의 위치 값을 가져옴
                                 기본값은 0
        ORDER BY EMPNO ──── 파티션 정렬 기준 EMPNO
    ) AS NEXT_SAL ──── NEXT_SAL이라는 칼럼명으로 설정
FROM
    EMP;
```

DEPTNO	EMPNO	ENAME	SAL	NEXT_SAL	
20	7369	SMITH	800	1600	──── 이후 행의 값 1600
30	7499	ALLEN	1600	1250	──── 이후 행의 값 1250
30	7521	WARD	1250	2975	
20	7566	JONES	2975	1250	
30	7654	MARTIN	1250	2850	
30	7698	BLAKE	2850	2450	
10	7782	CLARK	2450	3000	
20	7788	SCOTT	3000	5000	
10	7839	KING	5000	1500	
30	7844	TURNER	1500	1100	
20	7876	ADAMS	1100	950	
30	7900	JAMES	950	3000	
20	7902	FORD	3000	1300	
10	7934	MILLER	1300	0	──── 이후 행이 없으니 기본값인 0

【 해설 】

먼저 EMP 테이블의 1행을 보면서 쿼리를 적용해보자. EMP 테이블의 1행이다.

DEPTNO	EMPNO	ENAME	SAL
20	7369	SMITH	800

1행부터 LEAD(SAL, 1, 0) 쿼리가 실행된다. SAL 칼럼을 기준으로 [위치N] 행이 1이므로, 이후 1행을 찾아야 한다.

DEPTNO	EMPNO	ENAME	SAL
30	7499	ALLEN	1600

1행 SMITH의 다음 1행은 ALLEN이며, ALLEN의 SAL 값은 1600이다. 따라서 위 쿼리의 적용 결과 직원 SMITH의 NEXT_SAL 값은 1600이 된다.

DEPTNO	EMPNO	ENAME	SAL	NEXT_SAL
20	7369	SMITH	800	1600

SMITH 이후 1행은 ALLEN
ALLEN의 SAL 값은 1600

다음으로 EMP 테이블의 2행인 ALLEN을 보자.

DEPTNO	EMPNO	ENAME	SAL
30	7499	ALLEN	1600
30	7521	WARD	1250

SAL 칼럼의 기준 [위치N] 행이 1이므로, ALLEN 이후의 1행을 찾아야 한다. ALLEN의 다음 1행은 직원 WARD의 EMP 데이터이며, WARD의 SAL 값은 1250이다. 따라서 위 쿼리 적용 결과, 직원 ALLEN의 NEXT_SAL 값은 1250이 된다.

DEPTNO	EMPNO	ENAME	SAL	NEXT _SAL
30	7499	ALLEN	1600	1250

ALLEN 이후 1행은 WARD
WARD의 SAL 값은 1250

이렇게 한 행씩 쿼리를 적용하면 최종 결과 테이블이 출력된다. 테이블의 색으로 구분하면 더욱 이해가 쉬울 것이다.

③ FIRST_VALUE()

▪ FIRST_VALUE() 함수는 윈도우 함수로, 데이터 집합 또는 파티션 내에서 첫 번째 값을 반환한다. 주로 OVER 절과 함께 사용되어 데이터를 파티션으로 나누고 정렬할 수 있다. 이를 통해 각 그룹 내에서 첫 번째 값을 쉽게 참조할 수 있다.

- FIRST_VALUE() 함수 형식

FIRST_VALUE(칼럼명) ── 칼럼명을 지정하고 해당 칼럼에서 첫 번째 값
OVER (── (아래 파티션 기준)
   PARTITION BY [파티션 기준] ── 파티션을 이 기준으로 나누고
   ORDER BY [정렬 기준] ── 이 기준으로 정렬
   [WINDOW FRAME] ── 데이터의 범위를 지정(생략 가능)
)

- FIRST_VALUE() 예시

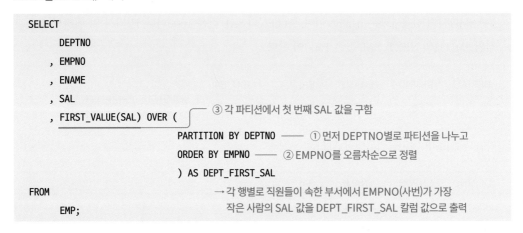

```
SELECT
      DEPTNO
   , EMPNO
   , ENAME
   , SAL
   , FIRST_VALUE(SAL) OVER (          ③ 각 파티션에서 첫 번째 SAL 값을 구함
                PARTITION BY DEPTNO  ── ① 먼저 DEPTNO별로 파티션을 나누고
                ORDER BY EMPNO       ── ② EMPNO를 오름차순으로 정렬
                ) AS DEPT_FIRST_SAL
FROM                          → 각 행별로 직원들이 속한 부서에서 EMPNO(사번)가 가장
      EMP;                       작은 사람의 SAL 값을 DEPT_FIRST_SAL 칼럼 값으로 출력
```

DEPTNO	EMPNO	ENAME	SAL	DEPT_FIRST_SAL
10	7782	CLARK	2450	2450
10	7839	KING	5000	2450
10	7934	MILLER	1300	2450
20	7369	SMITH	800	800
20	7566	JONES	2975	800
20	7788	SCOTT	3000	800

DEPTNO가 10번인 부서에서
사번이 가장 작은 CLARK의 SAL 2450

DEPTNO가 20번인 부서에서
사번이 가장 작은 SMITH의 SAL 800

④ LAST_VALUE()

- LAST_VALUE() 함수는 윈도우 함수로, 데이터 집합 또는 파티션 내에서 마지막 값을 반환한다. 주로 OVER 절과 함께 사용되어 데이터를 파티션으로 나누고 정렬할 수 있다. 이를 통해 각 그룹 내에서 마지막 값을 쉽게 참조할 수 있다.

▪ LAST_VALUE() 함수 형식

```
LAST_VALUE(칼럼명) ── 칼럼명을 지정하고 해당 칼럼에서 마지막 값
OVER ( ── (아래 파티션 기준)
    PARTITION BY [파티션 기준] ── 파티션을 이 기준으로 나누고
    ORDER BY [정렬 기준] ── 이 기준으로 정렬
    [WINDOW FRAME] ── 데이터의 범위를 지정(생략 가능)
    )
```

각 행별로 직원들이 속한 부서 내에서 사번(EMPNO)이 가장 최신인(순번일 경우 가장 값이 큰, 입사
일이 최근인) 사람의 SAL 값을 DEPT_LAST_VALUE 칼럼 값으로 출력

▪ LAST_VALUE() 예시

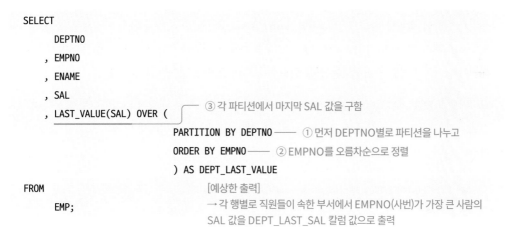

```
SELECT
    DEPTNO
, EMPNO
, ENAME
, SAL
, LAST_VALUE(SAL) OVER (                    ③ 각 파티션에서 마지막 SAL 값을 구함

                    PARTITION BY DEPTNO ── ① 먼저 DEPTNO별로 파티션을 나누고
                    ORDER BY EMPNO ── ② EMPNO를 오름차순으로 정렬
                    ) AS DEPT_LAST_VALUE
FROM                                [예상한 출력]
    EMP;                            → 각 행별로 직원들이 속한 부서에서 EMPNO(사번)가 가장 큰 사람의
                                    SAL 값을 DEPT_LAST_SAL 칼럼 값으로 출력
```

DEPTNO	EMPNO	ENAME	SAL	DEPT_LAST_VALUE
10	7782	CLARK	2450	2450
10	7839	KING	5000	5000
10	7934	MILLER	1300	1300
20	7369	SMITH	800	800
20	7566	JONES	2975	2975
20	7788	SCOTT	3000	3000

【 해설 】

출력 결과 테이블에서 1행을 살펴보자.

DEPTNO	EMPNO	ENAME	SAL	DEPT_LAST_VALUE
10	7782	CLARK	2450	2450

그런데 뭔가 이상하지 않은가? 출력 결과가 자신의 SAL 값과 동일하다. 출력 결과 테이블에서 2행도 살펴보자.

DEPTNO	EMPNO	ENAME	SAL	DEPT_LAST_VALUE
10	7839	KING	5000	5000

자신의 SAL 값과 동일한 값 출력
이유: 기본적으로 현재 행까지만의
데이터를 고려하기 때문

LAST_VALUE 함수를 적용했는데도 단순히 자신의 SAL 값을 그대로 출력하고 있다. 다른 행을 살펴 봐도 결과는 같다. 그 이유는 LAST_VALUE()가 기본적으로 현재 행까지만의 데이터를 고려하기 때문이다. 그래서 다음 행으로 진행돼도 항상 현재 행의 값을 마지막 값으로 가져오므로 결과가 항상 동일한 것이다.

앞에서 본 FIRST_VALUE() 함수의 경우, 현재까지의 행만 고려해도 첫 번째 값을 가져오기 때문에 우리가 원하던 결과를 얻을 수 있었지만, LAST_VALUE() 함수는 아직 함수 처리되지 않은 나머지 값들도 고려해야 한다. 따라서 LAST_VALUE() 함수에 어디부터 어디까지의 값을 읽어야 하는지 명시해줘야 한다. 이 범위를 명시하는 절을 윈도우 함수의 프레임 절이라고 부른다.

그렇다면 FIRST_VALUE()처럼 부서별로 파티션을 나누고, 부서 내에서 EMPNO를 오름차순으로 정렬했을 때 가장 마지막 값을 가져오려면 어떻게 해야 할까? 바로 쿼리에 다음의 프레임 절을 한 줄 추가하면 된다.

```
ROWS BETWEEN UNBOUNDED PRECEDING AND UNBOUNDED FOLLOWING    ──── 프레임 절을 추가
```

이 프레임 절의 의미는 다음과 같다.

```
ROWS    ──── 모든 ROW에 대해
BETWEEN UNBOUNDED PRECEDING    ──── 파티션의 첫 번째 행부터 시작해서
AND UNBOUNDED FOLLOWING    ──── 파티션의 마지막 행까지
```

이렇게 하면 전체에서 마지막 값을 가져오는 것이 아니라, 파티션 안에서 마지막 값을 찾아서 출력해준다. 최종적인 쿼리는 다음과 같다.

```
SELECT
      DEPTNO
    , EMPNO
    , ENAME
    , SAL
    , LAST_VALUE(SAL) OVER (        ④ 각 파티션에서 마지막 SAL 값을 구함
```

```
                    PARTITION BY DEPTNO ── ① 먼저 DEPTNO별로 파티션을 나누고
                    ORDER BY EMPNO ── ② EMPNO를 오름차순으로 정렬
                    ROWS BETWEEN UNBOUNDED PRECEDING AND UNBOUNDED FOLLOWING ─┐
                    ) AS DEPT_LAST_VALUE                    ③ 모든 ROWS에 대해
      FROM                                              파티션 첫 행부터 마지막행까지
              EMP;                         → 각 행별로 직원들이 속한 부서에서 EMPNO(사번)가 가장 큰 사람의
                                             SAL 값을 DEPT_LAST_SAL 칼럼 값으로 출력
```

DEPTNO	EMPNO	ENAME	SAL	DEPT_LAST_VALUE
10	7782	CLARK	2450	1300
10	7839	KING	5000	1300
10	7934	MILLER	1300	1300
20	7369	SMITH	800	3000
20	7566	JONES	2975	3000
20	7788	SCOTT	3000	3000
20	7876	ADAMS	1100	3000
20	7902	FORD	3000	3000
30	7499	ALLEN	1600	950

DEPTNO가 10번인 부서에서
사번이 가장 큰 MILLER의 SAL 1300

DEPTNO가 20번인 부서에서
사번이 가장 큰 FORD의 SAL 3000

참고

윈도우 함수의 프레임 절(frame clause)

• 윈도우 함수의 프레임 절 _ 윈도우 함수는 결과 집합의 특정 창(window) 또는 프레임 내에서 계산을 수행한다. 이 프레임 절은 함수가 작동할 행의 범위를 정의한다.

• 구문 해석

```
ROWS BETWEEN UNBOUNDED PRECEDING AND UNBOUNDED FOLLOWING
```

• ROWS: 행 기반 프레임을 사용함을 나타낸다.

• BETWEEN: 프레임의 시작과 끝을 지정한다.

• UNBOUNDED PRECEDING: 파티션의 첫 번째 행부터 시작한다.

• AND: 시작과 끝을 연결한다.

• UNBOUNDED FOLLOWING: 파티션의 마지막 행까지 포함한다.

```
ROWS BETWEEN UNBOUNDED PRECEDING AND CURRENT ROW
```

• 현재 행까지의 모든 행

```
ROWS BETWEEN 1 PRECEDING AND 1 FOLLOWING
```

- 현재 행과 그 전후의 행

- **사용 이유** _ 기본적으로 많은 윈도우 함수들은 현재 행까지만의 데이터를 고려한다. 이 구문을 사용하면 전체 파티션의 데이터를 고려하여 계산할 수 있다. 하지만 이 구문을 사용하면 전체 파티션을 메모리에 로드해야 하므로 대량의 데이터를 다룰 때는 성능에 영향을 줄 수 있다.

⑤ NTH_VALUE(n)

- NTH_VALUE() 함수는 윈도우 함수로, 데이터 집합 또는 파티션 내에서 지정된 순서의 값을 반환한다. 주로 OVER 절과 함께 사용되어 데이터를 파티션으로 나누고 정렬할 수 있다. 이를 통해 각 그룹 내에서 특정 순서의 값을 쉽게 참조할 수 있다.

- 기본적으로, NTH_VALUE() 함수는 OVER 절과 함께 사용되어 데이터를 파티션으로 나누고 정렬할 수 있다.

- NTH_VALUE() 함수 형식

```
NTH_VALUE(칼럼명, n) ──── 칼럼명을 지정하고 해당 칼럼에서 n번째 값, n은 1부터 시작
OVER (
      PARTITION BY [파티션 기준] ──── 파티션을 이 기준으로 나누고
      ORDER BY [정렬 기준] ──── 이 기준으로 정렬
      [WINDOW FRAME] ──── 데이터의 범위를 지정(생략 가능)
      )
```

- NTH_VALUE() 예시

```
SELECT
      DEPTNO
    , EMPNO
    , ENAME
    , SAL
    , NTH_VALUE(SAL, 2) OVER (          ④ 각 파티션의 n=2번째 값을 가져옴
          PARTITION BY DEPTNO          ① 먼저 DEPTNO별로 파티션을 나누고
          ORDER BY EMPNO               ② EMPNO를 오름차순으로 정렬
          ROWS BETWEEN UNBOUNDED PRECEDING AND UNBOUNDED FOLLOWING
      ) AS SECOND_SAL                       ③ 모든 ROWS에 대해
                                       파티션 첫 행부터 마지막행까지
      FROM
          EMP;                  → 각 행별로 직원들이 속한 부서에서 EMPNO(사번)을 오름차순으로
                         정렬하고 두 번째 사람의 SAL 값을 SECOND_SAL 칼럼 값으로 출력
```

DEPTNO	EMPNO	ENAME	SAL	SECOND_SAL
10	7782	CLARK	2450	5000
10	7839	KING	5000	5000
10	7934	MILLER	1300	5000
20	7369	SMITH	800	2975
20	7566	JONES	2975	2975
20	7788	SCOTT	3000	2975

DEPTNO가 10번인 부서에서
사번이 두 번째인 KING의 SAL 5000

DEPTNO가 20번인 부서에서
사번이 두 번째인 JONES의 SAL 2975

(5) 비율 함수

① CUME_DIST()

- CUME_DIST() 함수는 누적 분포 함수로, 데이터 집합 내에서 특정 값 이하의 값들이 차지하는 비율을 반환한다.

- 0과 1 사이의 값을 반환하며, 특정 값의 누적 분포를 계산하는 데 사용된다. 주로 OVER 절과 함께 사용되어 데이터를 파티션으로 나누고 정렬할 수 있다.

- CUME_DIST() 함수 형식

```
CUME_DIST()        ── 해당 행의 ORDER BY 칼럼의 값이 현재 행의
OVER (                값보다 작거나 같은 값을 가진 행의 비율
      PARTITION BY [파티션 기준]  ── 파티션을 이 기준으로 나누고
      ORDER BY [정렬 기준]  ── 이 기준으로 정렬
)
```

- CUME_DIST() 예시

```
SELECT
      DEPTNO
    , EMPNO
    , ENAME
    , SAL
    , CUME_DIST() OVER (        ③ 해당 행의 SAL 칼럼의 값이 현재 행의 값보다 작거나
                                   같은 값을 가진 행의 비율을 계산(누적분포비율)
          PARTITION BY DEPTNO  ── ① 먼저 DEPTNO별로 파티션을 나누고
          ORDER BY SAL  ── ② SAL을 오름차순으로 정렬
      ) AS DEPT_CUME_DIST
FROM
      EMP;
```

DEPTNO	EMPNO	ENAME	SAL	DEPT_CUME_DIST
10	7934	MILLER	1300	0.333333
10	7782	CLARK	2450	0.666667
10	7839	KING	5000	1
20	7369	SMITH	800	0.2
20	7876	ADAMS	1100	0.4
20	7566	JONES	2975	0.6
20	7788	SCOTT	3000	1
20	7902	FORD	3000	1
30	7900	JAMES	950	0.166667
30	7521	WARD	1250	0.5
30	7654	MARTIN	1250	0.5
30	7844	TURNER	1500	0.666667
30	7499	ALLEN	1600	0.833333
30	7698	BLAKE	2850	1

- DEPTNO가 10번인 파티션에서
- MILLER 사원의 SAL보다 작거나 같은 SAL 값을 가진 행의 비율 = 1/3(0.333333)
- CLARK 사원의 SAL보다 작거나 같은 SAL 값을 가진 행의 비율 = 2/3(0.666667)
- KING 사원의 SAL보다 작거나 같은 SAL 값을 가진 행의 비율 = 3/3(0.666667)
- DEPTNO가 20번인 파티션에서
- SMITH 사원의 SAL보다 작거나 같은 SAL 값을 가진 행의 비율 = 1/5(0.2)
- ADAMS 사원의 SAL보다 작거나 같은 SAL 값을 가진 행의 비율 = 2/5(0.4)

【 해설 】

먼저 DEPTNO가 10인 파티션을 살펴보자.

DEPTNO	EMPNO	ENAME	SAL	DEPT_CUME_DIST
10	7934	MILLER	1300	0.333333
10	7782	CLARK	2450	0.666667
10	7839	KING	5000	1

DEPTNO를 기준으로 파티션을 나누고, SAL 칼럼을 오름차순으로 정렬한 후, 한 행씩 함수를 적용하면 먼저 MILLER 사원의 SAL은 1300이다. DEPTNO가 10인 파티션에서 MILLER 사원의 SAL보다 작거나 같은 SAL 값을 가진 행의 비율은 전체 3행 중 1행(⅓), 즉 0.333333이 된다.

두 번째 행인 CLARK 사원의 SAL은 2450이다. DEPTNO가 10인 파티션에서 CLARK 사원의 SAL보다 작거나 같은 SAL 값을 가진 행의 비율은 전체 3행 중 2행(⅔), 0.666667이 된다(소수점 일곱번째 자리에서 반올림).

세 번째 행인 KING 사원의 SAL은 5000이다. DEPTNO가 10인 파티션에서 KING 사원의 SAL보다 작거나 같은 SAL 값을 가진 행의 비율은 전체 3행 중 3행(3/3), 1이 된다.

SAL 값의 누적 비율이 아니라 행의 개수에 따른 누적 비율이라는 것에 주의해야 한다.

② PERCENT_RANK()

- PERCENT_RANK() 함수는 데이터 집합 내에서 각 값의 백분위 순위를 계산하여, 첫 번째 행의 백분위 순위는 0으로 시작해서 0과 1 사이의 값을 반환한다. 각 항목의 상대적 위치를 백분율로 쉽게 표현할 수 있다.

- PERCENT_RANK() = 순위 – 1 / 전체 행의 개수 – 1

- CUME_DIST()와의 차이점은 PERCENT_RANK()는 순위 기반이고, CUME_DIST()는 누적 분포 기반이라는 점이다. PERCENT_RANK()는 0부터 시작하지만, CUME_DIST()는 0보다 큰 값부터 시작한다.

- PERCENT_RANK() 함수 형식

```
PERCENT_RANK() ── 해당 행의 ORDER BY 칼럼 값의 백분위 순위 값
OVER (
    PARTITION BY [파티션 기준] ── 파티션을 이 기준으로 나누고
    ORDER BY [정렬 기준] ── 이 기준으로 정렬
)
```

- PERCENT_RANK() 예시

```
SELECT
    DEPTNO
, EMPNO
, ENAME
, SAL
, PERCENT_RANK() OVER (          ③ 해당 행의 SAL 칼럼 값의 백분위 순위를 계산
                  PARTITION BY DEPTNO ── ① 먼저 DEPTNO별로 파티션을 나누고
                  ORDER BY SAL ── ② SAL을 오름차순으로 정렬
                  ) AS DEPT_PERCENT_RANK
FROM
    EMP;
```

DEPTNO	EMPNO	ENAME	SAL	DEPT_PERCENT_RANK
10	7934	MILLER	1300	0
10	7782	CLARK	2450	0.5
10	7839	KING	5000	1
20	7369	SMITH	800	0
20	7876	ADAMS	1100	0.25
20	7566	JONES	2975	0.5
20	7788	SCOTT	3000	0.75
20	7902	FORD	3000	0.75
30	7900	JAMES	950	0

DEPTNO가 10번인 파티션에서

MILLER 사원의 SAL 칼럼 값의 백분위 순위
= 1-1/3-1 = 0/2 = 0

CLARK 사원의 SAL 칼럼 값의 백분위 순위
= 2-1/3-1 = 1/2 = 0.5

KING 사원의 SAL 칼럼 값의 백분위 순위
= 3-1/3-1 = 2/2 = 1

DEPTNO가 20번인 파티션에서

SMITH 사원의 SAL 칼럼 값의 백분위 순위
= 1-1/5-1 = 0/4 = 0

ADAMS 사원의 SAL 칼럼 값의 백분위 순위
= 2-1/5-1 = 1/4 = 0.25

③ NTILE(n)

- NTILE(n) 함수는 데이터 집합을 n개의 동일한 크기의 그룹으로 나누고, 각 행에 그룹 번호를 부여한다. 이 함수는 주로 OVER 절과 함께 사용되어 데이터를 파티션으로 나누고 정렬할 수 있다. 이를 통해 각 그룹 내에서 데이터를 쉽게 분류하고 분석할 수 있다.

- NTILE(n) 함수 형식

```
NTILE(n) ── 전체 행을 n개의 그룹으로 나누고 그룹 번호를 부여
OVER (
    PARTITION BY [파티션 기준] ── 파티션을 이 기준으로 나누고
    ORDER BY [정렬 기준] ── 이 기준으로 정렬
    )
```

- NTILE(n) 예시

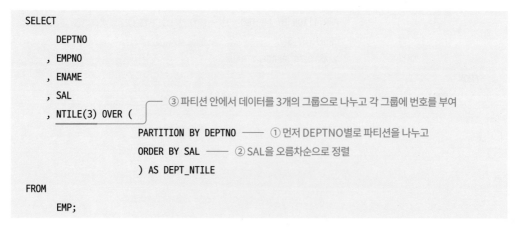

```
SELECT
    DEPTNO
  , EMPNO
  , ENAME
  , SAL
  , NTILE(3) OVER (        ③ 파티션 안에서 데이터를 3개의 그룹으로 나누고 각 그룹에 번호를 부여
        PARTITION BY DEPTNO ── ① 먼저 DEPTNO별로 파티션을 나누고
        ORDER BY SAL ── ② SAL을 오름차순으로 정렬
        ) AS DEPT_NTILE
FROM
    EMP;
```

DEPTNO	EMPNO	ENAME	SAL	DEPT_NTILE
10	7934	MILLER	1300	1
10	7782	CLARK	2450	2
10	7839	KING	5000	3
20	7369	SMITH	800	1
20	7876	ADAMS	1100	1
20	7566	JONES	2975	2
20	7788	SCOTT	3000	2
20	7902	FORD	3000	3
30	7900	JAMES	950	1

— DEPTNO가 10번인 파티션에서
  - 3개의 그룹으로 나누면 첫 번째 그룹
  - 3개의 그룹으로 나누면 두 번째 그룹
  - 3개의 그룹으로 나누면 세 번째 그룹

DEPTNO가 20번인 파티션에서
  - 3개의 그룹으로 나누면 첫 번째 그룹
  - 3개의 그룹으로 나누면 두 번째 그룹
  - 3개의 그룹으로 나누면 세 번째 그룹

【 해설 】

부서별(DEPTNO)로 파티션을 나누고 직원의 급여(SAL)를 오름차순으로 정렬한 후, 각 부서 내에서 데이터를 3개의 그룹으로 나누고 각 행에 그룹 번호(1, 2, 3)를 부여한다. 만약 NTILE(4)일 경우 DEPTNO가 10인 부서는 3행밖에 없으므로 이때는 4개의 그룹으로 나뉘지 못하고 최대 3개의 그룹으로 나뉘게 된다.

01. 다음 결과 테이블을 보고 SQL 문에서 빈칸에 들어갈 알맞은 보기를 고르시오.

【 결과 】

JOB	ENAME	SAL	NO
MANAGER	JONES	5000	1
SALESMAN	ALLEN	3000	2
SALESMAN	WARD	3000	2
CLERK	SMITH	2000	4
CLERK	ADAMS	2000	4

```
SELECT JOB, ENAME, SAL,
       _____ OVER (ORDER BY SAL DESC) AS NO,
FROM EMP;
```

① RANK()   ② DENSE_RANK()

③ RANK()와 DENSE_RANK() 둘 다 같은 결과   ④ FIRST_VALUE

02. 다음 SQL 문에서 누락된 코드를 완성하여, 직책별 최고 급여를 가진 사원의 이름을 반환하려면?

```
SELECT ENAME, JOB, SAL
FROM (
    SELECT ENAME, JOB, SAL,
           _____ OVER (PARTITION BY JOB ORDER BY SAL DESC) AS NO
    FROM EMP
) WHERE NO = 1;
```

① RANK   ② ROW_NUMBER

③ DENSE_RANK   ④ NTILE

03. 다음 SQL에서 NTILE(4)의 역할로 옳은 것은 무엇인가?

```
SELECT ENAME, SAL, NTILE(4) OVER (ORDER BY SAL DESC) AS QUARTILE
FROM EMP;
```

① 급여를 기준으로 4개의 값만 반환한다.   ② 급여를 기준으로 고유한 순위를 부여한다.

③ 급여를 기준으로 동일 순위를 부여한다.   ④ 급여를 기준으로 4등분한 그룹의 순위를 부여한다.

04. 다음 SQL 문에서 LAG() 함수의 반환 값으로 올바른 것은?

```
SELECT ENAME, SAL,
       LAG(SAL, 1, 0) OVER (ORDER BY SAL DESC) AS PREV_SAL
FROM EMP;
```

① 현재 행의 다음 값   ② 현재 행의 이전 값

③ 현재 행의 첫 번째 값   ④ 현재 행의 마지막 값

05. 다음 SQL 문에서 CUME_DIST() 함수의 반환 값인 CUME_DIST_RESULT에 대한 설명으로 올바른 것은?

```
SELECT ENAME, SAL,
       CUME_DIST() OVER (ORDER BY SAL DESC) AS CUME_DIST_RESULT
FROM EMP;
```

① 전체 행 수에 대한 현재 행의 비율   ② 현재 행보다 낮은 값의 누적 비율

③ 현재 행보다 높은 값의 누적 비율   ④ 전체 합계에 대한 현재 값의 비율

06. 다음 SQL 문을 실행한 결과에 대해 올바르게 설명한 것을 고르시오.

【 결과 테이블 】

DEPTNO	ENAME	JOB	SAL	NO
10	CLARK	MANAGER	2450	1
10	SMITH	CLERK	800	2
20	JONES	MANAGER	2975	1
30	BLAKE	MANAGER	2850	1
30	ALLEN	SALESMAN	1600	2

```
SELECT DEPTNO, ENAME, JOB, SAL, RN
FROM (
    SELECT DEPTNO, ENAME, JOB, SAL,
           ROW_NUMBER() OVER (PARTITION BY DEPTNO ORDER BY SAL DESC, ENAME ASC) AS NO
    FROM EMP
) WHERE NO <= 2;
```

① 각 부서에서 급여 순으로 상위 2명의 직원만 반환한다.

② 각 부서에서 직책 순으로 상위 2명의 직원만 반환한다.

③ 급여가 동일한 경우, ENAME의 역순으로 정렬된다.

④ ROW_NUMBER()는 부서별로 중복된 순위를 부여한다.

07. 다음 SQL 문에서 RANGE와 ROWS의 차이는 무엇인가?

```
SELECT ENAME, SAL,
       SUM(SAL) OVER (ORDER BY SAL RANGE BETWEEN 1000 PRECEDING AND CURRENT ROW) AS R_SUM
FROM EMP;
```

① RANGE와 ROWS는 동일하게 동작한다.

② RANGE는 물리적 범위, ROWS는 논리적 범위를 사용한다.

③ RANGE는 논리적 범위, ROWS는 물리적 범위를 사용한다.

④ RANGE는 항상 ROWS보다 느리다.

【 정답&해설 】

01. 답: ①

　해설: RANK()는 동일한 값을 가진 다음 순위를 건너뛰는 반면, DENSE_RANK()는 순위를 건너뛰지 않는다.

02. 답: ②

　해설: ROW_NUMBER()는 파티션 내에서 순차적으로 고유한 번호를 부여하며, 첫 번째 행만 선택하기에 적합하다.

03. 답: ④

　해설: NTILE(n)은 데이터를 n개의 그룹으로 나누고 각 행에 그룹 번호를 부여한다.

04. 답: ②

　해설: LAG()는 현재 행의 이전 값을 반환한다.

05. 답: ③

　해설: CUME_DIST() 함수는 기본적으로 현재 행보다 작거나 같은 값의 누적 비율을 반환한다. 그러나 CUME_DIST() OVER (ORDER BY SAL DESC)일 경우, 이는 현재 값보다 크거나 같은 값의 누적 비율을 반환한다. 정렬 기준에 따라 누적 비율의 해석이 달라지므로, 정렬 방향을 주의 깊게 확인해야 한다.

06. 답: ①

　해설: ROW_NUMBER()는 각 부서 내에서 고유한 순위를 부여한다. WHERE NO <= 2는 각 부서에서 상위 2개의 행만 반환한다. ② 직책 순이 아닌, 급여 순으로 정렬된다. ③ ENAME은 오름차순(ASC) 정렬이므로 역순이 아니다. ④ ROW_NUMBER()는 고유한 순위를 부여하므로 중복되지 않는다.

07. 답: ③

　해설: RANGE는 값의 논리적 범위를 기준으로 하므로 SAL-1000부터 현재 SAL까지의 모든 값을 포함한다. 반면 ROWS는 물리적인 행의 개수를 기준으로 동작하여 정확히 지정된 행 수만큼만 처리한다.

5. Top N 쿼리

(1) ROWNUM 슈도 칼럼

① 슈도(Pseudo Column) 칼럼

- 슈도 칼럼은 데이터베이스 시스템에서 제공하는 특별한 종류의 칼럼이다. 실제로 존재하는 데이터는 아니며, 가상의 칼럼을 만들어 쿼리에서 일반 칼럼처럼 사용할 수 있다.

- 슈도 칼럼은 데이터베이스 작업을 더 효율적으로 만들고, 특정 정보에 쉽게 접근할 수 있게 해주는 유용한 도구로 활용되고 있다.

- 슈도 칼럼의 특징

  · 시스템 생성: 데이터베이스 시스템에 의해 자동으로 생성되고 관리된다.

  · 읽기 전용: 대부분의 경우 값을 변경할 수 없다.

  · 동적 값: 쿼리 실행 시 동적으로 값이 할당된다.

- 오라클에서는 다음과 같은 슈도 칼럼을 사용할 수 있다.

  · ROWNUM: 쿼리 결과의 각 행에 순차적인 번호를 부여한다.

  · ROWID: 각 행의 고유 식별자.

  · LEVEL: 계층적 쿼리에서 트리 레벨을 표시한다.

  · CURRVAL, NEXTVAL: 시퀀스 관련 작업에 사용된다.

- 다른 데이터베이스 시스템의 슈도 칼럼

  · SQL Server: @@ERROR, @@IDENTITY

  · MySQL: FOUND_ROWS( ), ROW_COUNT( )

② ROWNUM

- ROWNUM은 결과 집합에서 각 행에 고유한 번호를 할당한다. 첫 번째 행은 1을 할당받고, 두 번째 행은 2를 할당받는 식으로 순차적으로 번호가 부여된다.

- ROWNUM은 쿼리 실행 순서에 따라 부여되므로 결과 집합의 행 순서가 중요한 경우 사용할 수 있다.

- ROWNUM은 특별한 형식이 정해져 있지 않고, 하나의 칼럼처럼 사용하면 된다.

▪ ROWNUM 예시

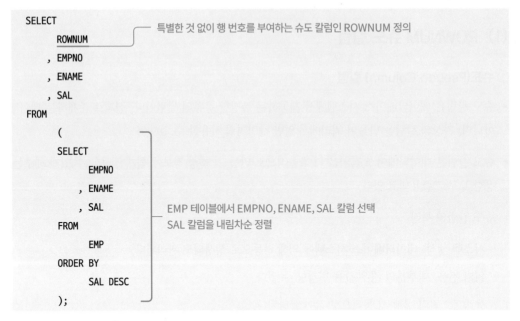

ROWNUM	EMPNO	ENAME	SAL
1	7839	KING	5000
2	7788	SCOTT	3000
3	7902	FORD	3000
4	7566	JONES	2975
5	7698	BLAKE	2850

행 번호를 부여

【 해설 】

먼저 FROM 절의 서브쿼리를 보자. EMP 테이블에서 EMPNO, ENAME, SAL 칼럼을 SELECT하되 SAL 칼럼을 내림차순으로 정렬한다. 그리고 메인쿼리를 보면, 특별한 것 없이 SAL 칼럼을 내림차순 으로 정렬된 행들에 행 번호를 부여하는 슈도 칼럼 ROWNUM을 정의한다.

(2) TOP 절

① SQL Server에서 사용하는 TOP 절

▪ TOP 절은 SQL Server에서 결과 집합의 상위 N개의 행을 반환하는 데 사용되는 절이다. 이는 결과 집합의 크기를 제한하고, 쿼리의 성능을 최적화하며, 특정 수의 행만 선택할 때 매우 유용하다.

- SELECT 문과 함께 사용되어 결과 집합에서 상위 N개의 행이나 상위 N%의 행을 선택할 수 있다. ORDER BY 절과 함께 사용하면 특정 기준에 따라 상위 N개의 행을 선택할 수 있다.

- TOP 절 예시

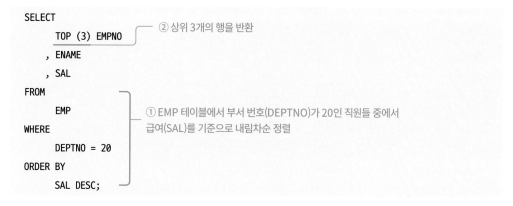

EMPNO	ENAME	SAL
7902	FORD	3000
7788	SCOTT	3000
7566	JONES	2975

— 상위 3개의 행을 반환

② 오라클에서 사용하는 ROW LIMITING 절

- ROW LIMITING 절은 오라클에서 결과 집합의 행 수를 제한하는 데 사용된다. FETCH FIRST와 OFFSET 절을 사용하여 결과 집합의 상위 N개의 행을 선택하거나 특정 위치에서부터 N개의 행을 선택할 수 있다.

- 이러한 절은 SQL 표준에 따라 도입되었으며, 데이터베이스 쿼리의 효율성을 높이는 데 도움을 준다.

- FETCH FIRST를 사용한 ROW LIMITING 절 예시

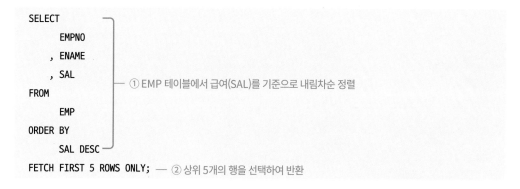

EMPNO	ENAME	SAL
7839	KING	5000
7902	FORD	3000
7788	SCOTT	3000
7566	JONES	2975
7698	BLAKE	2850

— 상위 5개의 행을 선택하여 반환

SQL Server의 TOP 쿼리보다는 조금 더 길고 복잡하다.

- OFFSET를 사용한 ROW LIMITING 절 사용 예시

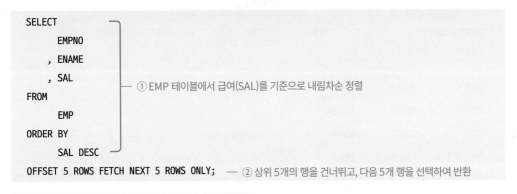

```
SELECT
        EMPNO
      , ENAME
      , SAL
FROM
        EMP
ORDER BY
        SAL DESC
OFFSET 5 ROWS FETCH NEXT 5 ROWS ONLY;
```

— ① EMP 테이블에서 급여(SAL)를 기준으로 내림차순 정렬

— ② 상위 5개의 행을 건너뛰고, 다음 5개 행을 선택하여 반환

EMPNO	ENAME	SAL
7782	CLARK	2450
7499	ALLEN	1600
7844	TURNER	1500
7934	MILLER	1300
7654	MARTIN	1250

— 상위 5개의 행을 건너뛰고, 다음 5개 행을 선택하여 반환

01. 다음 SQL 문은 상위 5명의 직원 정보를 출력한다. 이 SQL 문이 실행될 경우, 결과는 무엇인가?

```
SELECT ENAME, SAL
FROM EMP
ORDER BY SAL DESC
FETCH FIRST 5 ROWS ONLY;
```

① 직원 수에 관계없이 항상 5명의 직원 정보를 반환한다.   ② 급여가 높은 상위 5명의 직원 정보를 반환한다.

③ 동일 급여를 가진 직원은 포함되지 않는다.   ④ 오류가 발생한다.

02. 다음 SQL 문이 반환하는 결과는 무엇인가?

```
SELECT
      ENAME
    , SAL
FROM
    (
    SELECT  ENAME
          , SAL
          , ROWNUM AS RN
      FROM  (SELECT ENAME, SAL FROM EMP ORDER BY SAL DESC)
     WHERE  ROWNUM <= 5
    )
WHERE
      RN >= 2;
```

① 모든 데이터를 반환한다.

② 상위 5명 중 첫 번째를 제외한 모든 데이터를 반환한다.

③ 상위 5명 중 두 번째부터 다섯 번째까지 반환한다.

④ 오류가 발생한다.

03. 다음 SQL에서 OFFSET과 FETCH를 함께 사용하는 경우 반환 결과로 올바른 것은?

```
SELECT ENAME, SAL
FROM EMP
ORDER BY SAL DESC
OFFSET 5 ROWS FETCH NEXT 3 ROWS ONLY;
```

① 상위 3명만 반환된다.   ② 상위 6번째에서 8번째까지 반환된다.

③ 모든 데이터를 반환한다.   ④ 오류가 발생한다.

04. 다음 SQL 문이 반환하는 결과로 올바른 것은?

```
SELECT ENAME, SAL
FROM EMP
ORDER BY SAL DESC
FETCH FIRST 10 PERCENT ROWS ONLY;
```

① 전체 데이터 중 상위 10개 행만 반환된다.
② 전체 데이터 중 상위 10% 행만 반환된다.
③ 모든 데이터를 반환한다.
④ 오류가 발생한다.

【 정답&해설 】

01. **답:** ②

해설: FETCH FIRST 5 ROWS ONLY는 정렬된 결과 중 상위 5개의 행만 반환한다. FETCH FIRST는 ANSI SQL 표준으로, 행의 수를 제한하는 데 사용된다. 이 옵션은 항상 정렬된 결과에 대해 동작하므로, ORDER BY 절이 필수적이다.

02. **답:** ③

해설: 이 쿼리는 중첩된 두 개의 서브쿼리와 외부 쿼리로 구성되어 있다. EMP 테이블에서 급여(SAL)를 기준으로 내림차순 정렬한다. ROWNUM을 사용하여 상위 5개의 행에 순번을 부여한다. ROWNUM은 SQL 실행 순서상 WHERE 조건에 따라 행이 추가될 때마다 증가한다. 상위 5명 중 두 번째부터 다섯 번째까지 반환한다.

03. **답:** ②

해설: 정렬된 데이터에서 상위 5개의 행을 건너뛰고, 6번째 행부터 시작하도록 설정한다. OFFSET은 0-based가 아니라 1-based로 작동하므로, 첫 번째 행을 포함하려면 OFFSET 0을 사용해야 한다. FETCH NEXT 3 ROWS ONLY OFFSET으로 건너뛰고 남은 데이터 중 다음 3개의 행만 반환한다. FETCH NEXT는 데이터의 개수를 제한하는 역할을 한다.

04. **답:** ②

해설: 전체 행 수의 10%만큼의 행을 반환한다. PERCENT 키워드는 결과의 비율을 계산하여 그에 해당하는 행 수를 가져오는 역할을 한다. 반환되는 행 수는 총 행 수에 따라 달라질 수 있다. 예를 들어, 총 20개의 행이 있다면, 상위 10%에 해당하는 2개의 행이 반환된다.

6. 셀프 조인과 계층형 질의

(1) 셀프 조인(Self-Join)

① 셀프 조인 기초 개념

- 셀프 조인은 동일한 테이블을 두 번 이상 참조하여 서로 다른 별칭(alias)을 사용해 수행된다. 이를 통해 테이블 내 행 간의 관계를 조사할 수 있다. 예를 들어, 직원 테이블에서 각 직원과 그 직원의 관리자를 조회할 수 있다.

- 셀프 조인을 할 때는 동일한 하나의 테이블을 마치 서로 다른 두 개의 테이블인 것처럼 테이블의 별칭을 달리하여 쿼리를 작성해야 한다.

② 셀프 조인의 예시

- 자신의 MGR(매니저) 찾기

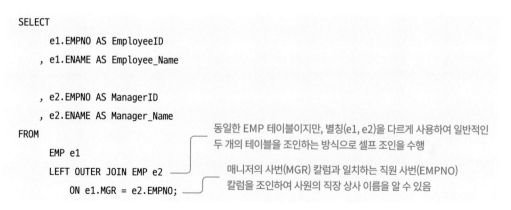

```
SELECT
        e1.EMPNO AS EmployeeID
     , e1.ENAME AS Employee_Name

     , e2.EMPNO AS ManagerID
     , e2.ENAME AS Manager_Name
FROM
        EMP e1
        LEFT OUTER JOIN EMP e2
            ON e1.MGR = e2.EMPNO;
```

동일한 EMP 테이블이지만, 별칭(e1, e2)을 다르게 사용하여 일반적인 두 개의 테이블을 조인하는 방식으로 셀프 조인을 수행

매니저의 사번(MGR) 칼럼과 일치하는 직원 사번(EMPNO) 칼럼을 조인하여 사원의 직장 상사 이름을 알 수 있음

EmployeeID	Employee_Name	ManagerID	Manager_Name
7698	BLAKE	7839	KING
7782	CLARK	7839	KING
7566	JONES	7839	KING
7654	MARTIN	7698	BLAKE
7499	ALLEN	7698	BLAKE
7844	TURNER	7698	BLAKE
7900	JAMES	7698	BLAKE
7521	WARD	7698	BLAKE
7934	MILLER	7782	CLARK

사원 BLAKE의 매니저는 사번이 7839인 KING

【 해설 】

동일한 EMP 테이블이지만, e1, e2라는 별칭을 각각 다르게 사용하여 일반적인 두 개의 테이블을 조인하는 방식으로 셀프 조인을 수행할 수 있다. 예를 들어, 자신의 테이블에서 매니저의 사번(MGR) 칼럼과 일치하는 직원 사번(EMPNO) 칼럼을 조인하면 사원의 매니저, 즉 직장상사의 이름을 알 수 있다.

EmployeeID	Employee_Name	ManagerID	Manager_Name
7698	BLAKE	7839	KING

사원 BLAKE의 매니저 사번(MGR)은 7839이며, 사번(EMPNO)이 7839인 직원은 KING이다. 즉, BLAKE의 매니저(직장 상사)는 KING이다.

(2) 계층형 질의(Hierarchical Query)

① 계층형 질의 기초 개념

- 계층형 질의는 데이터베이스에서 트리 구조 또는 계층 구조 데이터를 검색하는 방법이다. 예를 들어, 직원과 관리자, 제품 카테고리 등과 같은 데이터 구조를 탐색하는 데 사용된다.

- 트리 구조 또는 계층 구조 데이터가 무엇인지 감이 잘 오지 않을 수 있다. 계층형 데이터란 동일 테이블에 계층적으로 상위와 하위 데이터가 포함된 데이터를 말한다. 예를 들어, 사원 테이블에서는 사원들 사이에 상위 사원(관리자)과 하위 사원 관계가 존재하고, 조직 테이블에서는 조직들 사이에 상위 조직과 하위 조직의 관계가 존재하는데, 이런 데이터를 계층형 데이터라고 한다.

【 계층형 구조 】

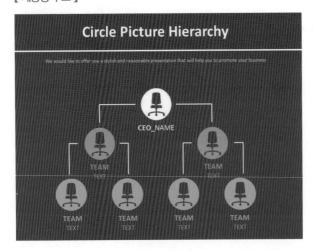

TIP_ 시험마다 빠지지 않고 등장할 만큼 오라클 계층형 질의는 자주 출제됩니다. 반드시 그 용법을 확실하게 익히고 넘어가야 합니다.

② 오라클에서의 계층형 질의

- 오라클에서의 계층형 질의 형식

```
SELECT
      칼럼#1
    , 칼럼#2
    , ...
FROM
      테이블명

START WITH ——— 계층 구조의 시작점
      조건#1
CONNECT BY [PRIOR] ——— 부모-자식 관계를 정의하여 계층 구조를 연결하는 조건
      조건#2
ORDER SIBLINGS BY ——— 형제 노드를 정렬하는 기준
      칼럼명 [ ASC ¦ DESC ];
```

【 해설 】

START WITH 조건#1에서는 테이블에서 계층 구조가 시작하는 조건을 명시한다. 조건#1을 만족하면 그 행부터 계층 구조가 시작된다. 이 시작점을 루트 노드(ROOT NODE)라고 부른다.

CONNECT BY [PRIOR] 조건#2에서는 조건#2를 만족하는 계층 구조로 조회한다. ORDER SIBLINGS BY 칼럼명 [ASC | DESC]에서는 계층 구조의 형제 노드를 정렬하는 기준을 명시한다.

- 기본적인 계층형 질의 예시

```
SELECT
      EMPNO
    , ENAME
    , MGR
    , LEVEL ——— ROWNUM과 같은 슈도 칼럼
                계층형 쿼리에서 노드의 깊이를 나타냄
FROM
      EMP
START WITH ——— MGR 칼럼은 상사의 EMPNO, MGR이 NULL인 루트에서 계층 구조를 시작
      MGR IS NULL
CONNECT BY ——————— EMPNO가 MGR인 직원들을 계층 구조로 조회
                    MGR(상위 노드, 부모 칼럼), EMPNO(하위 노드, 자식 칼럼)
      PRIOR EMPNO = MGR
ORDER BY
      LEVEL;
```

EMPNO	ENAME	MGR	LEVEL	
				ROWNUM과 같은 슈도 칼럼 계층형 쿼리에서 노드의 깊이를 나타냄
7839	KING	NULL	1	→ START WITH MGR IS NULL 매니저(MGR)가 NULL이므로 가장 높은 직위를 갖는 ROOT NODE
7566	JONES	7839	2	→ CONNECT BY PRIOR EMPNO = MGR 계층 구조를 연결하는 조건 → MGR는 EMPNO가 7839인 KING 바로 위 매니저는 KING
7698	BLAKE	7839	2	→ MGR는 EMPNO가 7839인 KING 바로 위 매니저는 KING
7782	CLARK	7839	2	→ MGR는 EMPNO가 7839인 KING 바로 위 매니저는 KING
7902	FORD	7566	3	→ MGR는 EMPNO가 7566인 JONES 바로 위 매니저는 JONES
7521	WARD	7698	3	→ MGR는 EMPNO가 7698인 BLAKE 바로 위 매니저는 BLAKE
7900	JAMES	7698	3	→ MGR는 EMPNO가 7698인 BLAKE 바로 위 매니저는 BLAKE
7934	MILLER	7782	3	→ MGR는 EMPNO가 7782인 CLARK 바로 위 매니저는 CLARK
7499	ALLEN	7698	3	→ MGR는 EMPNO가 7698인 BLAKE 바로 위 매니저는 BLAKE
7788	SCOTT	7566	3	→ MGR는 EMPNO가 7566인 JONES 바로 위 매니저는 JONES
7654	MARTIN	7698	3	→ MGR는 EMPNO가 7698인 BLAKE 바로 위 매니저는 BLAKE
7844	TURNER	7698	3	→ MGR는 EMPNO가 7698인 BLAKE 바로 위 매니저는 BLAKE
7876	ADAMS	7788	4	→ MGR는 EMPNO가 7788인 SCOTT 바로 위 매니저는 SCOTT
7369	SMITH	7902	4	→ MGR는 EMPNO가 7902인 FORD 바로 위 매니저는 FORD

【 해설 】

먼저 MGR 칼럼에서 숫자는 해당 직원의 바로 위 상사의 EMPNO를 의미한다. 이 쿼리는 EMP 테이블에서 MGR이 NULL인 루트 노드(최고 관리자)부터 시작하여, EMPNO가 MGR인 직원들을 계층 구조로 조회한다. 다시 말해 자신의 EMPNO와 일치하는 MGR 칼럼을 찾는 것이다.

- MGR 칼럼은 자신의 상위 노드를 나타내므로 부모 칼럼, EMPNO 칼럼은 하위 노드 칼럼이므로 자식 칼럼이라고 부른다. 이렇게 순차적으로 내려가다 보면, 자신의 부하 직원을 찾을 수 있다.

- 이때 위 쿼리에서 LEVEL 칼럼을 눈여겨보자. LEVEL은 원래 데이터에는 없는 칼럼으로, ROWNUM 과 같은 슈도 칼럼이다. ROWNUM은 일련의 번호를 매기는 반면, LEVEL은 계층형 쿼리를 사용할 때 각 노드의 깊이를 나타낸다.

- 'SYS_CONNECT_BY_PATH' 계층형 질의 예시

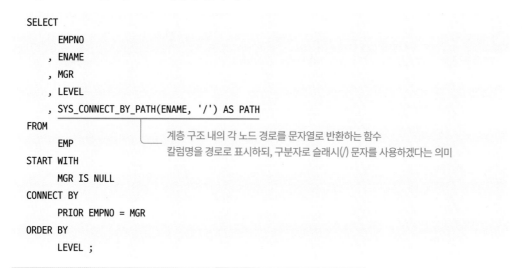

```
SELECT
      EMPNO
    , ENAME
    , MGR
    , LEVEL
    , SYS_CONNECT_BY_PATH(ENAME, '/') AS PATH
FROM
      EMP
START WITH
      MGR IS NULL
CONNECT BY
      PRIOR EMPNO = MGR
ORDER BY
      LEVEL ;
```

계층 구조 내의 각 노드 경로를 문자열로 반환하는 함수
칼럼명을 경로로 표시하되, 구분자로 슬래시(/) 문자를 사용하겠다는 의미

EMPNO	ENAME	MGR	LEVEL	PATH
7839	KING	NULL	1	/KING
7566	JONES	7839	2	/KING/JONES
7698	BLAKE	7839	2	/KING/BLAKE
7782	CLARK	7839	2	/KING/CLARK
7902	FORD	7566	3	/KING/JONES/FORD
7521	WARD	7698	3	/KING/BLAKE/WARD
7900	JAMES	7698	3	/KING/BLAKE/JAMES
7934	MILLER	7782	3	/KING/CLARK/MILLER
7499	ALLEN	7698	3	/KING/BLAKE/ALLEN
7788	SCOTT	7566	3	/KING/JONES/SCOTT
7654	MARTIN	7698	3	/KING/BLAKE/MARTIN
7844	TURNER	7698	3	/KING/BLAKE/TURNER
7876	ADAMS	7788	4	/KING/JONES/SCOTT/ADAMS
7369	SMITH	7902	4	/KING/JONES/FORD/SMITH

계층 구조 내의 각 노드 경로를 문자열로 표시
구분자는 슬래시(/)

【 해설 】

먼저 SELECT 문의 마지막 칼럼 PATH 생성 쿼리를 보자. SYS_CONNECT_BY_PATH 함수는 계층 구조 내의 각 노드 경로를 문자열로 반환하는 함수다. 이때 칼럼명을 경로로 표시하되, 구분자로 슬래시(/) 문자를 사용하겠다는 의미다. 구분자는 '>', '-', '//' 등 사용자가 자유롭게 정의할 수 있다. 오른쪽의 PATH 칼럼을 보면 계층 구조를 더 명확하게 확인할 수 있다.

- 'CONNECT_BY_ROOT' 계층형 질의 예시

CONNECT_BY_ROOT 함수 역시 계층형 쿼리에서 사용되는 슈도 함수다. SYS_CONNECT_BY_PATH 함수가 계층 구조 내의 각 노드 경로를 문자열로 반환하는 함수라면, CONNECT_BY_ROOT 함수는 현재 전개할 데이터의 루트 데이터를 표시한다.

```
SELECT
    CONNECT_BY_ROOT ENAME AS root_manager
  , SYS_CONNECT_BY_PATH(ENAME, '/') AS PATH        계층형 쿼리에서 사용되는 슈도 함수
  , EMPNO                                           현재 전개할 데이터의 루트 데이터를 표시
  , ENAME
  , MGR
  , LEVEL
FROM
    EMP
START WITH
    MGR IS NULL
CONNECT BY PRIOR
    EMPNO = MGR;
```

root_manager	PATH	EMPNO	ENAME	MGR	LEVEL
KING	/KING	7839	KING		1
KING	/KING/JONES	7566	JONES	7839	2
KING	/KING/JONES/SCOTT	7788	SCOTT	7566	3
KING	/KING/JONES/SCOTT/ADAMS	7876	ADAMS	7788	4
KING	/KING/JONES/FORD	7902	FORD	7566	3
KING	/KING/JONES/FORD/SMITH	7369	SMITH	7902	4
KING	/KING/BLAKE	7698	BLAKE	7839	2
KING	/KING/BLAKE/ALLEN	7499	ALLEN	7698	3
KING	/KING/BLAKE/WARD	7521	WARD	7698	3

KING	/KING/BLAKE/MARTIN	7654	MARTIN	7698	3
KING	/KING/BLAKE/TURNER	7844	TURNER	7698	3
KING	/KING/BLAKE/JAMES	7900	JAMES	7698	3
KING	/KING/CLARK	7782	CLARK	7839	2
KING	/KING/CLARK/MILLER	7934	MILLER	7782	3

【 해설 】

이렇게 보면 CONNECT_BY_ROOT 함수와 SYS_CONNECT_BY_PATH 함수의 차이를 한눈에 알수 있다.

- 'ORDER SIBLINGS BY' 계층형 질의 예시

```
SELECT
        EMPNO
      , ENAME
      , MGR
      , LEVEL
FROM
        EMP
START WITH
        MGR IS NULL
CONNECT BY PRIOR
        EMPNO = MGR
ORDER SIBLINGS BY
        ENAME;
```
— 형제 노드를 ENAME을 기준으로 정렬하여 계층 구조를 조회

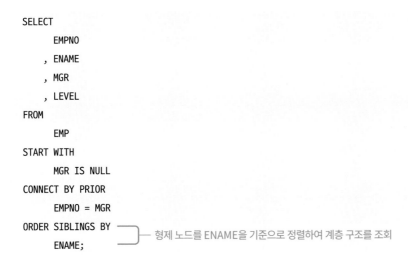

EMPNO	ENAME	MGR	LEVEL
7839	KING	NULL	1
7698	BLAKE	7839	2
7499	ALLEN	7698	3
7900	JAMES	7698	3
7654	MARTIN	7698	3
7844	TURNER	7698	3
7521	WARD	7698	3
7782	CLARK	7839	2
7934	MILLER	7782	3

— 형제 노드

형제 노드를 ENAME을 기준으로
정렬하여 계층 구조를 조회

7566	JONES	7839	2
7902	FORD	7566	3
7369	SMITH	7902	4
7788	SCOTT	7566	3
7876	ADAMS	7788	4

【 해설 】

EMP 테이블에서 형제 노드를 ENAME을 기준으로 정렬하여 계층 구조를 조회한다. 처음 살펴봤던 쿼리는 ORDER BY LEVEL 쿼리를 사용하여 LEVEL 기준으로 오름차순 정렬했다. 반면 ORDER SIBLINGS BY ENAME을 사용하면 형제 노드를 정렬할 때 ENAME을 오름차순으로 정렬한다는 의미다.

만약 ORDER SIBLINGS BY ENAME 대신 ORDER BY ENAME 쿼리를 사용하면 다음과 같이 출력된다.

EMPNO	ENAME	MGR	LEVEL
7876	ADAMS	7788	4
7499	ALLEN	7698	3
7698	BLAKE	7839	2
7782	CLARK	7839	2
7902	FORD	7566	3
7900	JAMES	7698	3
7566	JONES	7839	2
7839	KING	NULL	1
7654	MARTIN	7698	3
7934	MILLER	7782	3
7788	SCOTT	7566	3
7369	SMITH	7902	4
7844	TURNER	7698	3
7521	WARD	7698	3

TIP _ 계층형 쿼리 파트에서 순방향 전개와 역방향 전개는 시험에 자주 등장하는 테마입니다. 하지만 초심자에게는 이해하기 쉽지 않을 수 있습니다. 그래도 시간을 두고 꼭 먼저 이해하기를 추천합니다. 이 개념을 확실하게 이해하지 않으면, 시험에서 정말 헷갈릴 수 있기 때문입니다.

▪ 'CONNECT_BY_ISLEAF' 순방향 전개 계층형 질의 예시

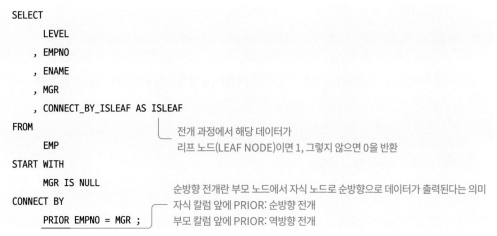

```
SELECT
       LEVEL
     , EMPNO
     , ENAME
     , MGR
     , CONNECT_BY_ISLEAF AS ISLEAF
  FROM
       EMP                          전개 과정에서 해당 데이터가
                                    리프 노드(LEAF NODE)이면 1, 그렇지 않으면 0을 반환
  START WITH
       MGR IS NULL                  순방향 전개란 부모 노드에서 자식 노드로 순방향으로 데이터가 출력된다는 의미
  CONNECT BY                        자식 칼럼 앞에 PRIOR: 순방향 전개
       PRIOR EMPNO = MGR ;          부모 칼럼 앞에 PRIOR: 역방향 전개
```

LEVEL	EMPNO	ENAME	MGR	ISLEAF
1	7839	KING	NULL	0	─── 자식 노드가 있으므로 ISLEAF가 0
2	7566	JONES	7839	0
3	7788	SCOTT	7566	0
4	7876	ADAMS	7788	1	─── 자식 노드가 없으므로(리프노드이므로) ISLEAF가 1
3	7902	FORD	7566	0
4	7369	SMITH	7902	1
2	7698	BLAKE	7839	0
3	7499	ALLEN	7698	1
3	7521	WARD	7698	1
3	7654	MARTIN	7698	1
3	7844	TURNER	7698	1
3	7900	JAMES	7698	1
2	7782	CLARK	7839	0
3	7934	MILLER	7782	1

이 쿼리문에서 CONNECT_BY_ISLEAF는 슈도 칼럼으로, 전개 과정에서 해당 데이터가 리프 노드
(LEAF NODE)이면 1, 그렇지 않으면 0을 반환한다. 리프 노드란 자식이 없는 노드를 의미한다. 즉,
ISLEAF 칼럼 값이 1이면 자식 노드가 더 이상 없는 마지막 리프 노드를 의미한다.

여기서 순방향 전개란 부모 노드에서 자식 노드로 순방향으로 데이터가 출력된다는 의미다. 순방향인지 구분하는 쿼리는 다음과 같다.

```
CONNECT BY PRIOR EMPNO = MGR
```

여기에서 PRIOR를 설명하려고 일부러 앞에서 자세히 설명하지 않았다. PRIOR는 현재 행의 부모 행을 참조하라는 의미다. 순방향인지 역방향인지를 구분하는 단서는 바로 PRIOR의 위치다.

```
CONNECT BY PRIOR 자식칼럼 = 부모칼럼
CONNECT BY PRIOR EMPNO = MGR
```

위 쿼리처럼 자식 칼럼 앞에 PRIOR를 두면 순방향 전개가 되고, 부모 칼럼 앞에 두면 역방향 전개가 된다.

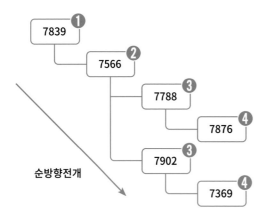

그렇다면 위 쿼리에서 PRIOR EMPNO = MGR의 의미는 현재 행 기준으로 자식 칼럼인 EMPNO를 이용하여 부모 칼럼인 MGR 칼럼 값과 같은 값을 사용하는 행을 찾는다는 의미가 된다.

LEVEL	EMPNO	ENAME	MGR	ISLEAF
1	7839	KING	NULL	0
2	7566	JONES	7839	0
3	7788	SCOTT	7566	0

1행인 KING은 시작점인 루트 노드이며, 부모 칼럼인 MGR은 NULL이다. 1행 KING의 자식 칼럼인 EMPNO는 7839이며, 이 값을 부모 칼럼인 MGR 칼럼에 사용하는 행을 찾으면 바로 2행의 JONES가 나온다. 즉, 자신의 EMPNO를 부모로 사용하는 행을 찾는 것은 바로 자신의 자식을 찾는 것과 같다. 그래서 이를 순방향 전개라고 부른다.

JONES는 부모 칼럼에 7839를 사용하며, 이는 JONES의 '직장 상사의 사번'인 MGR이 KING의 사번과 같다는 의미다. KING은 루트 노드이며 다음 노드는 자신의 사번을 MGR 값으로 사용하는 JONES가 된다. 이렇게 순방향으로 행을 내려가면서 KING의 EMPNO, 즉 자신의 사번을 MGR 값으로 사용하는 행을 찾으면 다음과 같다.

LEVEL	EMPNO	ENAME	MGR	ISLEAF
1	7839	KING	NULL	0
2	7566	JONES	7839	0
2	7698	BLAKE	7839	0
2	7782	CLARK	7839	0

▪ 'CONNECT_BY_ISLEAF' 역방향 전개 계층형 질의 예시

```
SELECT
      LEVEL
    , EMPNO
    , ENAME
    , MGR
    , CONNECT_BY_ISLEAF AS ISLEAF
FROM
      EMP
START WITH
      EMPNO = 7876
CONNECT BY
      EMPNO = PRIOR MGR;
```
— 부모 칼럼 앞에 PRIOR: 역방향 전개

LEVEL	EMPNO	ENAME	MGR	ISLEAF
1	7876	ADAMS	7788	0
2	7788	SCOTT	7566	0
3	7566	JONES	7839	0
4	7839	KING	NULL	1

【 해설 】

역방향 전개이므로 마지막 리프 노드에서 출발한다. 이 예에서는 임의로 EMPNO가 7876인 ADAMS 직원에서 출발하기로 한다.

```
START WITH EMPNO = 7876
```

PRIOR의 위치가 부모 칼럼인 MGR 쪽에 위치해 있다. PRIOR의 위치가 부모 칼럼 앞에 있으므로 역방향 전개가 된다.

```
CONNECT BY EMPNO = PRIOR MGR
```

앞서 순방향 전개에서는 자신의 EMPNO를 MGR로 사용하는 행을 찾았다면, 이번에는 자신의 부모 칼럼, 즉 MGR 값을 EMPNO로 사용하는 행을 찾는 개념이다.

```
= 자식 노드 찾기 = 순방향
= 부모 노드 찾기 = 역방향
```

LEVEL	EMPNO	ENAME	MGR	ISLEAF
1	7876	ADAMS	7788	0
2	7788	SCOTT	7566	0

따라서 1행, 즉 시작점은 EMPNO가 7876인 ADAMS에서 출발하여 ADAMS의 MGR 값인 7788을 자신의 EMPNO로 사용하는 행을 찾으면 된다.

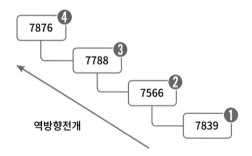

이는 자신의 부모를 찾는 전개 방향이다. 나머지 행도 같은 역방향 순서로 찾으면 된다.

TIP_이 유형의 문제는 시험에서 굉장히 헷갈리기 쉽다. 가장 먼저 부모 칼럼과 자식 칼럼을 구분해야 한다. 쉽게 생각하면, 부모 칼럼은 자신의 상사라고 보면 된다. 부모 칼럼이 지정되었으면, 그다음에는 PRIOR의 위치를 확인해야 한다. 자식 칼럼 앞에 PRIOR가 있으면 순방향, 부모 칼럼 앞에 있으면 역방향 전개가 된다. 간혹 [자식 칼럼], [부모 칼럼]의 순서가 바뀌는 보기가 있으니 헷갈리지 말고 무조건 부모 칼럼의 위치부터 확인해야 한다.

```
CONNECT BY PRIOR [자식칼럼] = [부모칼럼] → 순방향 전개
CONNECT BY [부모칼럼] = PRIOR [자식칼럼] → 순방향 전개
CONNECT BY PRIOR [부모칼럼] = [자식칼럼] → 역방향 전개
CONNECT BY [자식칼럼] = PRIOR [부모칼럼] → 역방향 전개
```

01. 다음 SQL 문은 KING의 모든 하위 사원을 계층형 질의를 통해 찾는다. 결과로 올바른 것은?

```
SELECT ENAME, JOB, LEVEL
FROM EMP
START WITH ENAME = 'KING'
CONNECT BY PRIOR EMPNO = MGR;
```

① 모든 사원이 포함된다.   ② KING만 포함된다.

③ KING과 그의 모든 하위 사원이 포함된다.   ④ KING의 직속 하위 사원만 포함된다.

02. 다음은 EMP 테이블에서 KING의 모든 하위 사원 중 리프 노드(하위 사원이 없는 사원)를 조회하려는 요구사항이다.
아래 보기 중 올바른 SQL 문은 무엇인가?

① SELECT ENAME

   FROM EMP

   WHERE MGR = (SELECT EMPNO FROM EMP WHERE ENAME = 'KING');

② SELECT ENAME, LEVEL

   FROM EMP

   START WITH ENAME = 'KING'

   CONNECT BY PRIOR EMPNO = MGR;

③ SELECT ENAME, CONNECT_BY_ISLEAF AS IS_LEAF

   FROM EMP

   START WITH ENAME = 'KING'

   CONNECT BY EMPNO = PRIOR MGR

   WHERE CONNECT_BY_ISLEAF = 0;

④ SELECT ENAME, CONNECT_BY_ISLEAF AS IS_LEAF

   FROM EMP

   START WITH ENAME = 'KING'

   CONNECT BY PRIOR EMPNO = MGR

   WHERE CONNECT_BY_ISLEAF = 1;

03. 다음 SQL에서 ORDER SIBLINGS BY는 어떤 역할을 하는가?

```
SELECT ENAME, LEVEL
FROM EMP
START WITH ENAME = 'KING'
CONNECT BY PRIOR EMPNO = MGR
ORDER SIBLINGS BY SAL DESC;
```

① 전체 계층 구조를 급여 내림차순으로 정렬한다.　② 동일 계층 내에서 급여 내림차순으로 정렬한다.

③ 상위 관리자 기준으로 정렬한다.　④ 오류가 발생한다.

04. ADAMS의 상위 관리자를 역방향으로 검색하려고 한다. 아래 보기 중 올바른 SQL 문은 무엇인가?

① SELECT ENAME, LEVEL

   FROM EMP

   START WITH ENAME = 'ADAMS'

   CONNECT BY PRIOR EMPNO = MGR;

② SELECT ENAME, LEVEL

   FROM EMP

   START WITH ENAME = 'ADAMS'

   CONNECT BY EMPNO = PRIOR MGR;

③ SELECT ENAME, LEVEL

   FROM EMP

   START WITH ENAME = 'ADAMS'

   CONNECT BY PRIOR MGR = EMPNO;

④ SELECT ENAME

   FROM EMP

   WHERE MGR = (SELECT EMPNO FROM EMP WHERE ENAME = 'ADAMS');

05. EMP 테이블을 보고 다음 조건을 만족하는 SQL 문을 작성하시오.

【 EMP 테이블 】

EMPNO	ENAME	JOB	MGR	SAL	DEPTNO
7839	KING	PRESIDENT	NULL	5000	10
7566	JONES	MANAGER	7839	2975	20
7698	BLAKE	MANAGER	7839	2850	30
7782	CLARK	MANAGER	7839	2450	10
7788	SCOTT	ANALYST	7566	3000	20

7902	FORD	ANALYST	7566	3000	20
7844	TURNER	SALESMAN	7698	1500	30
7900	JAMES	CLERK	7698	950	30
7876	ADAMS	CLERK	7788	1100	20
7934	MILLER	CLERK	7782	1300	10

【 조건 】

각 사원의 이름(ENAME), 직속 관리자의 이름(MANAGER), 최상위 관리자의 이름(TOP_MANAGER)을 출력한다.
최상위 관리자는 MGR 값이 NULL인 사원(KING)으로 가정한다.

① SELECT A.ENAME AS EMPLOYEE,

       B.ENAME AS MANAGER,

       C.ENAME AS TOP_MANAGER

  FROM EMP A

  LEFT JOIN EMP B ON A.MGR = B.EMPNO

  LEFT JOIN EMP C ON B.MGR = C.EMPNO;

② SELECT A.ENAME AS EMPLOYEE,

       B.ENAME AS MANAGER,

       NVL(B.ENAME, 'NO MANAGER') AS TOP_MANAGER

  FROM EMP A

  LEFT JOIN EMP B ON A.MGR = B.EMPNO;

③ SELECT A.ENAME AS EMPLOYEE,

       B.ENAME AS MANAGER,

       CASE WHEN B.MGR IS NULL THEN B.ENAME ELSE C.ENAME END AS TOP_MANAGER

  FROM EMP A

  LEFT JOIN EMP B ON A.MGR = B.EMPNO

  LEFT JOIN EMP C ON B.MGR = C.EMPNO;

④ SELECT A.ENAME AS EMPLOYEE,

       C.ENAME AS MANAGER,

       B.ENAME AS TOP_MANAGER

  FROM EMP A

  JOIN EMP B ON A.MGR = B.EMPNO

  LEFT JOIN EMP C ON B.MGR = C.EMPNO;

01. 답: ③

해설: START WITH ENAME = 'KING'은 KING을 루트 노드로 지정한다. CONNECT BY PRIOR EMPNO = MGR은 EMP 테이블에서 EMPNO와 MGR의 관계를 따라 계층적으로 데이터를 검색한다. 결과는 KING과 그의 모든 하위 사원(LEVEL에 따라 계층 구조로 나열)이다.

02. 답: ④

해설: ④ CONNECT_BY_ISLEAF = 1 조건을 추가하여 리프 노드(하위 사원이 없는 사원)만 필터링한다. ① KING의 직속 하위 사원만 반환하며, 계층 구조와 리프 노드 필터링을 처리하지 않는다. ② 모든 계층 구조를 반환하지만, 리프 노드만 필터링하지 않으므로 요구사항과 맞지 않다. ③ CONNECT_BY_ISLEAF = 0은 리프 노드가 아닌 노드만 반환하므로 요구사항과 맞지 않다.

03. 답: ②

해설: ORDER SIBLINGS BY는 동일한 계층(LEVEL) 내의 노드를 지정된 열을 기준으로 정렬한다. 여기서는 SAL DESC를 기준으로 정렬하므로, 같은 계층에 있는 사원들이 급여 순서대로 정렬된다. 계층 전체가 아닌, 각 LEVEL 내에서만 정렬이 이루어진다.

04. 답: ②

해설: 상위 관리자를 찾기 위해선 자식 노드(ADAMS)의 MGR을 부모 노드의 EMPNO와 매칭해야 한다. 이를 SQL에서 계층형 질의로 구현하려면 CONNECT BY PRIOR EMPNO = MGR을 사용해야 한다. ① PRIOR EMPNO = MGR은 ADAMS에서 시작하여 상위 관리자를 탐색하는 조건이다. ② EMPNO = PRIOR MGR은 하위 노드를 검색하는 조건으로, 문제에 적합하다. ③ PRIOR MGR = EMPNO는 하위 관리자를 탐색하는 조건이다. ④ 이 쿼리는 ADAMS를 직속 관리자로 둔 직원만 반환하며, 계층 구조를 처리하지 않는다.

05. 답: ③

해설: ① 모든 사원에 대해 직속 관리자와 최상위 관리자를 올바르게 연결하지만, MGR IS NULL 조건을 적용하지 않았다. ② 최상위 관리자 대신 직속 관리자(NVL)를 사용하므로 요구사항을 충족하지 못한다. ③ CASE 조건으로 MGR IS NULL일 때 최상위 관리자를 정확히 지정하며 요구사항에 부합한다. ④ JOIN 방식으로 구현했으나 직속 관리자가 없는 사원을 포함하지 못하므로 일부 데이터가 누락된다.

7. PIVOT 절과 UNPIVOT 절

(1) PIVOT 절

① PIVOT 절의 기초 개념

- PIVOT은 가로 기준의 행을 세로 기준의 칼럼으로 변환하는 개념이다.

- PIVOT 절은 테이블의 행을 칼럼으로 변환하여 데이터의 형태를 바꾼다. 이는 데이터 요약 및 보고서 작성에서 매우 유용하다.

- 또한 PIVOT 절을 사용하여 특정 칼럼의 고유 값을 새로운 칼럼으로 만들고, 그 칼럼에 해당하는 데이터를 집계할 수 있다.

【 PIVOT 개념 】

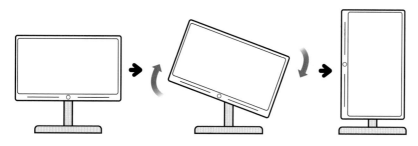

- PIVOT 절 형식

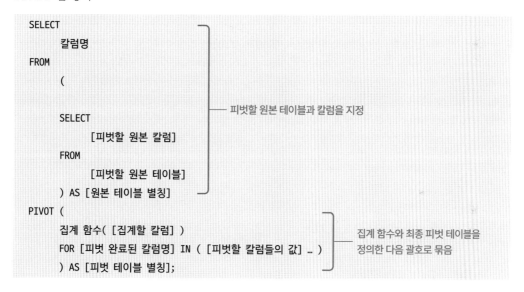

【 해설 】

FROM 절에 피벗할 원본 테이블과 칼럼을 지정한다. PIVOT 절 안에 집계 함수와 최종 피벗 테이블을 정의한 다음 괄호로 묶는다. 여기서 'FOR ~ IN ~' 구문에 대해 살펴보자.

흔히 'FOR 문'이라고 부르는 이 구문은 SQL뿐만 아니라 대부분의 프로그래밍 언어에서 사용된다.

쉽게 설명하자면, IN 다음에 오는 여러 개의 값을 FOR 다음에 오는 하나의 그릇(칼럼 혹은 변수)에 하나씩 담는 것을 반복하는 것이다. 이렇게 FOR 문을 반복하면서 새로운 피벗 테이블이 생성된다. 그리고 PIVOT 절에서 IN 다음에 오는 여러 개의 칼럼이 최종적으로 생성되는 피벗 칼럼이 된다.

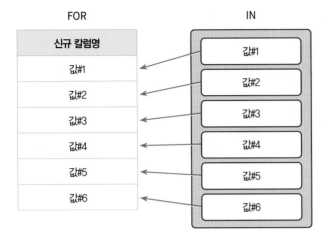

FOR		IN
신규 칼럼명		값#1
값#1	←	값#2
값#2	←	값#3
값#3	←	값#4
값#4	←	값#5
값#5	←	값#6
값#6	←	

② PIVOT 절 예시

- PIVOT 절 예시: 각 부서(DEPTNO)별로 업무 직책(JOB)에 따른 인원수

```
SELECT
    *
FROM
    (
    SELECT
          DEPTNO
        , JOB
        , EMPNO
    FROM
          EMP
    )
PIVOT (
    COUNT(EMPNO)
    FOR JOB IN ('CLERK', 'SALESMAN', 'MANAGER', 'ANALYST', 'PRESIDENT')
    );
```

DEPTNO	CLERK	SALESMAN	MANAGER	ANALYST	PRESIDENT
10	1	0	1	0	1
30	1	4	1	0	0
20	2	0	1	2	0

먼저 FROM 절의 서브쿼리를 수행해보자. 그러면 다음과 같은 테이블이 조회된다.

```
SELECT
        DEPTNO ——— 서브쿼리: 피벗할 원본 테이블과 칼럼을 지정
                   EMP 테이블에서 DEPTNO, JOB, EMPNO
      , JOB
      , EMPNO
FROM
        EMP;
```

DEPTNO	JOB	EMPNO
10	PRESIDENT	7839
30	MANAGER	7698
10	MANAGER	7782
20	MANAGER	7566
30	SALESMAN	7654
30	SALESMAN	7499
30	SALESMAN	7844
30	CLERK	7900
30	SALESMAN	7521
20	ANALYST	7902
20	CLERK	7369
20	ANALYST	7788
20	CLERK	7876
10	CLERK	7934

우리가 PIVOT을 활용해 행을 칼럼으로 변환하는 목적은 각 부서(DEPTNO)별로 업무 직책(JOB)에 따른 인원수를 구하는 것이다. 논리적인 흐름을 보면 먼저 부서별로 그룹화를 하고, 그다음 부서 내에서 업무 직책별로 몇 명이 있는지 집계(COUNT)해야 한다.

PIVOT 절에는 가장 먼저 사용할 집계 함수를 정의한다.

```
PIVOT (
    COUNT(EMPNO) ——— 집계할 칼럼(EMPNO) 정의
    FOR JOB IN ('CLERK', 'SALESMAN', 'MANAGER', 'ANALYST', 'PRESIDENT')
    );
```

집계 함수를 정의한 후에는 어떤 칼럼을 집계할 것인지 결정해야 한다. FROM 절의 서브쿼리 결과 테이블에서 DEPTNO, JOB, EMPNO 중에 어느 것을 집계해야 할까? 우리가 알고 싶은 것은 부서별, 업무 직책별로 몇 명이 있는지다. 결국 집계(COUNT)는 몇 명인지를 의미하므로, 집계할 칼럼은 사번(EMPNO)이다. 따라서 PIVOT 절에서는 먼저 COUNT(EMPNO)로 최종 집계할 칼럼을 정의한다.

이제 행을 칼럼으로 만들어서 피벗할 칼럼을 정의해야 한다. 우리가 관심 있는 칼럼은 JOB이다.

JOB
PRESIDENT
MANAGER
MANAGER
MANAGER
SALESMAN
SALESMAN
SALESMAN
CLERK
SALESMAN
ANALYST
CLERK
ANALYST
CLERK
CLERK

PIVOT 절 중에서 괄호 안에 있는 쿼리만 살펴보자.

```
COUNT(EMPNO) ──── 집계할 칼럼(EMPNO) 정의
FOR JOB IN ('CLERK', 'SALESMAN', 'MANAGER', 'ANALYST', 'PRESIDENT')
                  └─── 피벗할 칼럼들의 값을 의미
```

IN ('CLERK', 'SALESMAN', 'MANAGER', 'ANALYST', 'PRESIDENT')는 피벗할 칼럼들의 값을 의미한다. 즉, JOB 칼럼의 값들이 피벗된 칼럼이 되는 것이다. PIVOT 절에서 IN 다음에 오는 값들이 최종적으로 생성될 피벗 칼럼이 된다. 이 값들은 JOB이라는 큰 테이블에 담기며, 집계 함수를 적용하고 회전시켜 피벗된 테이블을 생성한다.

그림 오른쪽의 IN 아래 값들을 하나씩 살펴보자.

'PRESIDENT'는 1번, 'MANAGER'는 3번, 'SALESMAN'은 4번, 'CLERK'은 4번, 'ANALYST'는 2번 나온다. 이렇게 COUNT한 값을 회전시켜 보면 다음과 같다.

CLERK	SALESMAN	MANAGER	ANALYST	PRESIDENT
4	4	3	2	1

이 모양이 결국 큰 그릇의 개념인 JOB 칼럼의 행들이 칼럼으로 피벗된 모습이다. 엑셀에서 흔히 사용하는 피벗 개념과 다르지 않다. 좀 더 간단하게 피벗의 개념을 다음과 같이 이해해도 된다. 먼저 JOB 칼럼을 집계 함수 없이 단순히 칼럼으로 회전시켜 보자.

PRESI DENT	MANA GER	MANA GER	MANA GER	SALES MAN	SALES MAN	SALES MAN	CLERK	SALES MAN	ANALY ST	CLERK	ANALY ST	CLERK	CLERK

그다음 칼럼으로 활용할 것이므로 중복을 제거하고, 중복된 개수를 COUNT해 보면 행을 구성하는 고유 값들은 칼럼이 되고, 그 칼럼의 값은 해당 값의 개수를 COUNT한 값이 된다.

CLERK	SALESMAN	MANAGER	ANALYST	PRESIDENT
4	4	3	2	1

피벗 개념이 쉽지는 않지만, 그렇다고 너무 어려운 개념도 아니다. 마지막으로 그룹화의 기준은 FROM 절에 있는 DEPTNO 칼럼이다. 최종 결과는 다음과 같다. 모든 행을 더해보면 각 칼럼의 총합과 일치할 것이다.

DEPTNO	CLERK	SALESMAN	MANAGER	ANALYST	PRESIDENT
10	1	0	1	0	1
30	1	4	1	0	0
20	2	0	1	2	0

(2) UNPIVOT 절

① UNPIVOT 절의 기초 개념

▪ UNPIVOT 절은 SQL에서 칼럼 데이터를 행 데이터로 변환하는 데 사용된다. 이는 PIVOT 절과 반대로, 데이터베이스 테이블의 칼럼을 행으로 변환하여 데이터를 더 쉽게 분석할 수 있게 한다.

▪ UNPIVOT 절 형식

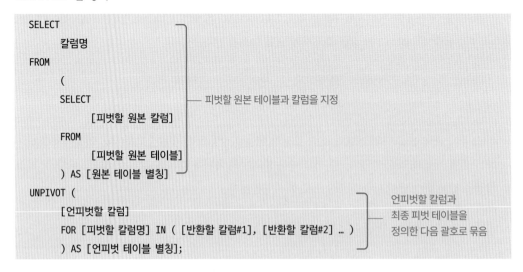

```
SELECT
    칼럼명
FROM
    (
    SELECT
        [피벗할 원본 칼럼]
    FROM
        [피벗할 원본 테이블]
    ) AS [원본 테이블 별칭]                        ── 피벗할 원본 테이블과 칼럼을 지정
UNPIVOT (
    [언피벗할 칼럼]                                    언피벗할 칼럼과
    FOR [피벗할 칼럼명] IN ( [반환할 칼럼#1], [반환할 칼럼#2] … )   ── 최종 피벗 테이블을
    ) AS [언피벗 테이블 별칭];                           정의한 다음 괄호로 묶음
```

【 해설 】

FROM 절에서는 피벗할 원본 테이블과 칼럼을 지정한다. UNPIVOT 절에서는 언피벗할 칼럼과 최종 반환할 칼럼들을 정의한 다음 괄호로 묶는다. UNPIVOT 절에서도 IN 다음에 오는 여러 칼럼들이 최종적으로 생성되는 언피벗 칼럼이 된다.

② UNPIVOT 절 예시

- 임의의 PIVOT 'EMP_PIVOT' 테이블 생성

```
CREATE TABLE EMP_PIVOT AS
SELECT
        *                           ── 임의의 PIVOT 테이블 생성
FROM
        (
        SELECT
                JOB
              , DEPTNO
              , SAL
        FROM
                EMP
        WHERE
                JOB IN ('CLERK', 'MANAGER')
        )
PIVOT (                         ── SUM(SAL), COUNT(*) 두 개의 집계 함수 사용
        SUM(SAL) AS SAL
      , COUNT(*) AS CNT                      그룹화할 부서는 DEPTNO가 10인
        FOR DEPTNO IN (10 AS DEPT10_ACCOUNTING    ACCOUNTING 부서와
      , 20 AS DEPT20_RESEARCH)                DEPTNO가 20인 RESEARCH 부서
        );
```

JOB	DEPT10_ ACCOUNTING_SAL	DEPT10_ ACCOUNTING_CNT	DEPT20_ RESEARCH_SAL	DEPT20_ RESEARCH_CNT
CLERK	1300	1	1900	2
MANAGER	2450	1	2975	1

【 해설 】

이 피벗 테이블에는 SUM(SAL) AS SAL과 COUNT(*) AS CNT 두 개의 집계 함수가 사용되었다. 그룹화할 부서는 DEPTNO가 10인 ACCOUNTING 부서와 DEPTNO가 20인 RESEARCH 부서다.

이 두 개의 부서에 대해 SUM()과 COUNT() 2개의 함수가 각각 적용되어 총 4개의 새로운 칼럼이 만들어지고 JOB 칼럼의 'CLERK', 'MANAGER' 직책이 행(ROW)으로 피벗된다.

JOB	DEPT10_ ACCOUNTING_SAL	DEPT10_ ACCOUNTING_CNT	DEPT20_ RESEARCH_SAL	DEPT20_ RESEARCH_CNT

JOB
CLERK
MANAGER

- EMP_PIVOT 테이블을 UNPIVOT하기

```
SELECT
       JOB
     , DEPTNO
     , SAL
FROM
       EMP_PIVOT
UNPIVOT (
       SAL FOR DEPTNO IN (DEPT10_ACCOUNTING_SAL, DEPT20_RESEARCH_SAL)
       )
ORDER BY
       JOB
     , DEPTNO;
```
DEPT10_ACCOUNTING_SAL 칼럼과
DEPT20_RESEARCH_SAL 칼럼을
DEPTNO 칼럼 값으로 변환

【 UNPIVOT 전 테이블 】

JOB	DEPT10_ ACCOUNTING_SAL	DEPT10_ ACCOUNTING_CNT	DEPT20_ RESEARCH_SAL	DEPT20_ RESEARCH_CNT
CLERK	1300	1	1900	2
MANAGER	2450	1	2975	1

【 UNPIVOT 후 테이블 】

JOB	DEPTNO	SAL
CLERK	DEPT10_ACCOUNTING_SAL	1300
CLERK	DEPT20_RESEARCH_SAL	1900
MANAGER	DEPT10_ACCOUNTING_SAL	2450
MANAGER	DEPT20_RESEARCH_SAL	2975

【 해설 】

언피벗 절을 살펴보자.

```
SAL FOR DEPTNO IN (DEPT10_ACCOUNTING_SAL, DEPT20_RESEARCH_SAL)
```

JOB	DEPT10_ ACCOUNTING_SAL	DEPT10_ ACCOUNTING_CNT	DEPT20_ RESEARCH_SAL	DEPT20_ RESEARCH_CNT

DEPT10_ACCOUNTING_SAL 칼럼과 DEPT20_RESEARCH_SAL 칼럼이 아래와 같이 DEPTNO 칼럼의 값으로 변환된다.

DEPTNO
DEPT10_ACCOUNTING_SAL
DEPT20_RESEARCH_SAL
DEPT10_ACCOUNTING_SAL
DEPT20_RESEARCH_SAL

원래 테이블에서 아래의 별색으로 칠해진 부분의 DEPT10_ACCOUNTING_SAL, DEPT20_ RESEARCH_SAL 칼럼의 값들은 SAL 칼럼으로 변환된다.

【 DEPT10_ACCOUNTING_SAL, DEPT20_RESEARCH_SAL 칼럼의 값 】

DEPT10_ACCOUNTING_SAL	DEPT20_RESEARCH_SAL
1300	1900
2450	2975

【 SAL 칼럼으로 변환 】

DEPTNO	SAL
DEPT10_ACCOUNTING_SAL	1300
DEPT20_RESEARCH_SAL	1900
DEPT10_ACCOUNTING_SAL	2450
DEPT20_RESEARCH_SAL	2975

마지막으로 ORDER BY JOB, DEPTNO를 사용하여 결과를 JOB 순으로, 그리고 같은 JOB 내에서는 DEPTNO 순으로 정렬한다. 원래 EMP_PIVOT 테이블에서 DEPT10_ACCOUNTING_SAL과 DEPT20_RESEARCH_SAL 칼럼에 있던 SAL 데이터가 각각 별도의 행으로 변환된다. DEPTNO 칼럼에는 '10'과 '20' 값이 들어가고, SAL 칼럼에는 해당 부서의 SAL 값이 들어간다.

01. 다음은 EMP 테이블의 데이터를 부서별 총급여로 변환하는 SQL이다. 결과를 올바르게 반환하는 쿼리는 무엇인가?

【 EMP 테이블 】

EMPNO	ENAME	SAL	DEPTNO
7839	KING	5000	10
7566	JONES	2975	20
7698	BLAKE	2850	30
7782	CLARK	2450	10
7788	SCOTT	3000	20
7902	FORD	3000	20
7844	TURNER	1500	30

【 결과 테이블 】

DEPT_10	DEPT_20	DEPT_30
7450	8975	4350

① SELECT *

  FROM EMP

  PIVOT (

    SUM(SAL) FOR DEPTNO IN (10 AS DEPT_10, 20 AS DEPT_20, 30 AS DEPT_30)

  );

② SELECT *

  FROM EMP

  PIVOT (

    SUM(SAL) FOR DEPTNO IN ('10' AS DEPT_10, '20' AS DEPT_20, '30' AS DEPT_30)

  );

③ SELECT *

  FROM (SELECT SAL, DEPTNO FROM EMP)

  PIVOT (

    SUM(SAL) FOR DEPTNO IN (10 DEPT_10, 20 DEPT_20, 30 DEPT_30)

  );

④ SELECT DEPT_10, DEPT_20, DEPT_30

  FROM EMP

  GROUP BY DEPTNO;

02. 다음 SQL 문에서 PIVOT 절을 사용하여 부서별 총급여를 계산한 결과를 출력하려 한다. 올바른 SQL은 무엇인가?

① SELECT *

　FROM EMP

　PIVOT (

　　　SUM(SAL) FOR DEPTNO IN (10 AS DEPT_10, 20 AS DEPT_20, 30 AS DEPT_30)

　);

② SELECT *

　FROM (

　　　SELECT SAL, DEPTNO FROM EMP

　)

　PIVOT (

　　　SUM(SAL) FOR DEPTNO IN (10 AS DEPT_10, 20 AS DEPT_20, 30 AS DEPT_30)

　);

③ SELECT *

　FROM EMP

　GROUP BY DEPTNO;

④ SELECT *

　FROM EMP

　PIVOT (

　　　MAX(SAL) FOR DEPTNO IN (10, 20, 30)

　);

03. UNPIVOT 절을 사용하여 열 데이터를 행 데이터로 변환할 때 적합한 사용 사례는 무엇인가?

① 각 부서의 총급여를 열로 나열한다.

② 부서별 급여 데이터를 원래 행 데이터 형식으로 변환한다.

③ 특정 부서의 급여 합계만 표시한다.

④ 모든 데이터를 정렬하여 출력한다.

【 정답&해설 】

01. **답:** ③

　해설: ① IN 절의 값은 문자열이 아닌 숫자로 작성되어야 하며, 별칭 지정 방식이 잘못되었다. 오라클 PIVOT 구문의 IN절에서 별칭을 사용하려면 ③번 보기처럼 AS 없이 그냥 바로 별칭을 써야한다. ② IN 절에서 부서 번호 값을 문자열로 감싸면 안 된다. (숫자로 작성해야 함) ③ 올바른 PIVOT 절을 사용했으며, 사전에 필요한 열만 가져오는 서브쿼리를 포함하여 적합하다. ④ PIVOT 대신 GROUP BY를 사용했으나, GROUP BY는 데이터를 열로 변환하지 않으므로 결과가 잘못된다.

02. **답: ②**

> **해설:** ① PIVOT 사용은 맞으나, 서브쿼리를 포함하지 않아서 오류가 발생한다. ② 서브쿼리를 사용하여 필요한 열(SAL, DEPTNO)만 가져와서 PIVOT 작업을 수행한다. 올바른 SQL. ③ GROUP BY는 데이터를 열로 변환하지 못하므로 적합하지 않다. ④ MAX(SAL)을 사용했으므로 요구사항과 맞지 않다.

03. **답: ②**

> **해설:** UNPIVOT은 열 데이터를 행 데이터로 변환한다. 주로 PIVOT으로 변환된 데이터를 원래 형태로 되돌릴 때 사용된다.

8. 정규표현식

(1) 정규표현식

① 기초 개념

- 정규표현식은 문자와 기호를 조합하여 특정 패턴을 정의하는 방식이다. 정규표현식의 기본 구성 요소는 문자, 숫자, 특수 문자 등으로 구성된다. 이들은 특정한 규칙을 따라 조합되어 복잡한 검색 조건을 만들 수 있다.

② 정규표현식의 주요 구성 요소

- 문자 클래스: 대괄호 [ ] 안에 여러 문자를 넣어 하나의 문자 집합을 정의한다.

  · [abc]는 'a', 'b', 'c' 중 하나의 문자를 의미한다.

  · [a-z]는 소문자 알파벳 중 하나의 문자를 의미한다.

  · [^abc]는 'a', 'b', 'c'를 제외한 모든 문자를 의미한다.

- 메타 문자: 특별한 의미를 가진 문자들(\ 역슬래시와 ₩는 같은 기호)

  · . → 임의의 한 문자를 의미한다.

  · \d → 숫자를 의미한다.

  · \D → 숫자가 아닌 문자를 의미한다.

  · \w → 알파벳 문자나 숫자, 밑줄을 의미한다.

  · \W → 알파벳 문자나 숫자, 밑줄이 아닌 문자를 의미한다.

  · \s → 공백 문자를 의미한다.

  · \S → 공백 문자가 아닌 문자를 의미한다.

- 수량자 → 특정 패턴이 반복되는 횟수를 정의한다.

  - * → 0회 이상 반복을 의미한다.

  - + → 1회 이상 반복을 의미한다.

  - ? → 0회 또는 1회를 의미한다.

  - {n} → 정확히 n회를 의미한다.

  - {n,} → n회 이상을 의미한다.

  - {n,m} → n회 이상 m회 이하를 의미한다.

- 경계 지정자: 특정 위치를 지정한다.

  - ^ → 문자열의 시작을 의미한다.

  - $ → 문자열의 끝을 의미한다.

  - \b → 단어 경계를 의미한다.

  - \B → 단어 경계가 아님을 의미한다.

참고
오라클에서 DUAL 테이블

오라클 문법에서 간혹 'FROM DUAL'을 볼 수 있습니다. 오라클 SQL 문법은 필수적으로 FROM 절, 즉 테이블을 반드시 명시해야 합니다. 그런데 단순 계산이나 함수 테스트 등의 쿼리는 특정한 테이블이 없습니다. 그래서 임의로 가상의 테이블 개념에서 사용하는 테이블이 바로 DUAL 테이블입니다. DUAL 테이블은 단순 계산, 함수 테스트, 시스템 값 조회 등에 유용합니다. 데이터를 처리할 테이블이 없을 때 오라클 SQL 문법을 충족시키기 위해 사용됩니다. MySQL, PostgreSQL, SQL Server 등은 DUAL이 필요 없습니다. 오라클과 DB2에서만 필요로 합니다.

(2) 정규표현식 문법

① POSIX 연산자

- POSIX(Portable Operating System Interface) 정규표현식은 유닉스 기반 시스템에서 널리 사용되는 표준 정규표현식 규칙이다. 이는 기본 모드(POSIX Basic Regular Expressions, BRE)와 확장 모드(POSIX Extended Regular Expressions, ERE) 두 가지로 제공된다.

- REGEXP_SUBSTR 함수: REGEXP_SUBSTR 함수는 주어진 문자열에서 정규표현식 패턴과 일치하는 첫 번째 부분 문자열을 반환한다.

REGEXP_SUBSTR(source_string, pattern) ── 주어진 문자열에서 정규표현식 패턴과 일치하는
첫 번째 부분 문자열을 반환

【 해설 】

주어진 문자열(source_string)과 패턴(pattern)이 일치하는 첫 번째 부분 문자열을 반환한다.

- . → dot 연산자 예시

```
SELECT
      REGEXP_SUBSTR ('aab', 'a.b') AS C1
    , REGEXP_SUBSTR ('abb', 'a.b') AS C2
    , REGEXP_SUBSTR ('acb', 'a.b') AS C3
    , REGEXP_SUBSTR ('adc', 'a.b') AS C4
  FROM DUAL;
```

C1	C2	C3	C4
aab	abb	acb	NULL

【 해설 】

- C1: REGEXP_SUBSTR('aab', 'a.b')

패턴 'a.b'에서의 .은 '임의의 문자'를 의미한다. 따라서 a로 시작하고, 중간에 어떤 문자가 와도 되며, 세 번째 문자가 b로 끝나는 문자열을 찾는다.

'a'로 시작하고, 임의의 한 문자('a')를 포함하며 'b'로 끝나는 문자열 → aab

- C2: REGEXP_SUBSTR ('abb', 'a.b')

'a'로 시작하고, 임의의 한 문자('b')를 포함하며 'b'로 끝나는 문자열 → abb

- C3: REGEXP_SUBSTR('acb', 'a.b')

'a'로 시작하고, 임의의 한 문자('c')를 포함하며 'b'로 끝나는 문자열 → acb

- C4: REGEXP_SUBSTR('adc', 'a.b')

'a'로 시작하고, 임의의 한 문자('d')를 포함하며 'c'로 끝나는 문자열. 그러나 'c'가 아닌 'b'로 끝나야 하므로 일치하는 부분 문자열이 없다. → NULL

- | → or 연산자 예시

```
SELECT
      REGEXP_SUBSTR('apple', 'a|e') AS C1
    , REGEXP_SUBSTR('banana', 'a|b') AS C2
    , REGEXP_SUBSTR('abcdef', 'ab|cd') AS C3
    , REGEXP_SUBSTR('cdefgh', 'ab|cd') AS C4
FROM
      DUAL;
```

- **C1: REGEXP_SUBSTR('apple', 'a|e')**

  패턴 'a|e'는 'a' 또는 'e' 중에서 첫 번째로 일치하는 부분 문자열을 찾는다.　　→ a

- **C2: REGEXP_SUBSTR('banana', 'a|b')**

  패턴 'a|b'는 'a' 또는 'b' 중에서 첫 번째로 일치하는 부분 문자열을 찾는다.　　→ b

- **C3: REGEXP_SUBSTR('abcdef', 'ab|cd')**

  패턴 'ab|cd'는 'ab' 또는 'cd' 중에서 첫 번째로 일치하는 부분 문자열을 찾는다.　　→ ab

- **C4: REGEXP_SUBSTR('cdefgh', 'ab|cd')**

  패턴 'ab|cd'는 'ab' 또는 'cd' 중에서 첫 번째로 일치하는 부분 문자열을 찾는다.　　→ cd

- \(₩) → backslash 연산자 예시

```
SELECT
      REGEXP_SUBSTR('a.b', 'a\.b') AS C1
    , REGEXP_SUBSTR('aab', 'a\.b') AS C2
    , REGEXP_SUBSTR('a\\b', 'a\\\\b') AS C3
    , REGEXP_SUBSTR('a\b', 'a\\\\b') AS C4
FROM
      DUAL;
```

C1	C2	C3	C4
a.b	NULL	a\\b	NULL

【 해설 】

. 은 정규표현식에서 '임의의 한 문자를 의미'한다고 했다. 그렇다면 .을 문자 칼럼 그대로의 점 '. '으로 표시하려면 어떻게 해야 할까? 이때 사용하는 것이 바로 백슬래시(\, ₩)다.

- **C1: REGEXP_SUBSTR('a.b', 'a\.b')**

앞에 있는 'a.b'에서의 .은 정규표현식이 아니다. REGEXP_SUBSTR() 함수는 앞에 반드시 문자열이 오고 뒤에 정규표현식 패턴이 따라온다. 따라서 앞의 'a.b'는 문자 그대로의 'a.b'를 의미한다. 정규표현식 패턴 'a\.b'에서 점 앞에 백슬래시가 있으므로 점을 정규표현식이 아니라 문자 그대로의 점 '.'으로 해석하게 된다.

입력 문자열: 'a.b'

패턴: 'a.b' → 문자 그대로의 'a.b'

결과: 'a.b' → 문자 그대로 일치

- **C2: REGEXP_SUBSTR('aab', 'a\.b')**

입력 문자열: 'aab'

패턴: 'a.b' → 문자 그대로의 'a.b'

결과: NULL → 일치하지 않음

윈도우 환경에서 경로를 표시할 때 사용하는 백슬래시 자체를 문자 그대로 인식하려면 이중 백슬래시(\\)를 사용해야 한다.

입력 문자열: C:\\MyFolder\\File

패턴: '\\' → 백슬래시 2개는 1개로 처리

결과: C:\MyFolder\File

- **C3: REGEXP_SUBSTR('a\\b', 'a\\\\b')**

입력 문자열: 'a\\b'

패턴: 'a\\b' → 문자 그대로의 'a\\b'

결과: 'a\\b' → 문자 그대로 일치

- **C4: REGEXP_SUBSTR('a\b', 'a\\\\b')**

입력 문자열: 'a\b'

패턴: 'a\b' → 문자 그대로의 'a\b'

결과: NULL → 일치하지 않음

- **^, $: 앵커(anchor) 연산자 예시**

- **^: 문자열의 시작을 의미(^는 꺾쇠 또는 캐럿(carrot)이라 부른다)**

- **$: 문자열의 끝을 의미(달러(dollar) 또는 스트링이라고 부른다)**

```
SELECT
      REGEXP_SUBSTR('apple', '^a') AS C1
    , REGEXP_SUBSTR('banana', '^a') AS C2
    , REGEXP_SUBSTR('apple pie', '^apple') AS C3
    , REGEXP_SUBSTR('apple', 'e$') AS C4
    , REGEXP_SUBSTR('banana', 'a$') AS C5
    , REGEXP_SUBSTR('apple pie', 'pie$') AS C6
    , REGEXP_SUBSTR('apple', '^apple$') AS C7
    , REGEXP_SUBSTR('apple pie', '^apple$') AS C8
    , REGEXP_SUBSTR('apple', '^a.*e$') AS C9
FROM
      DUAL;
```

C1	C2	C3	C4	C5	C6	C7	C8	C9
a	NULL	apple	e	a	pie	apple	NULL	apple

【 해설 】

· **C1: REGEXP_SUBSTR('apple', '^a')**

입력 문자열: 'apple'

패턴: ^a → 문자열이 'a'로 시작

결과: 'a'

· **C2: REGEXP_SUBSTR('banana', '^a')**

입력 문자열: 'banana'

패턴: ^a → 문자열이 'a'로 시작

결과: NULL → 일치하지 않음

· **C3: REGEXP_SUBSTR('apple pie', '^apple')**

입력 문자열: 'apple pie'

패턴: ^apple → 문자열이 'apple'로 시작

결과: 'apple'

· **C4: REGEXP_SUBSTR('apple', 'e$')**

패턴: e$ → 문자열 'apple'이 'e'로 끝남

결과: 'e' → 일치

- C5: REGEXP_SUBSTR('banana', 'a$')

  입력 문자열: 'banana'

  패턴: a$ → 문자열이 'a'로 끝남

  결과: 'a'

- C6: REGEXP_SUBSTR('apple pie', 'pie$')

  입력 문자열: 'apple pie'

  패턴: pie$ → 문자열이 'pie'로 끝남

  결과: 'pie'

- C7: REGEXP_SUBSTR('apple', '^apple$')

  입력 문자열: 'apple'

  패턴: ^apple$ → 문자열이 정확히 'apple'로 시작하고 끝남

  결과: 'apple'

- C8: REGEXP_SUBSTR('apple pie', '^apple$')

  입력 문자열: 'apple pie'

  패턴: ^apple$ → 문자열이 정확히 'apple'로 시작하고 끝남

  결과: NULL → 일치하지 않음

- C9: REGEXP_SUBSTR('apple', '^a.*e$')

  입력 문자열: 'apple'

  패턴: ^a.*e$ (문자열이 'a'로 시작하고 임의의 문자가 0회 이상 반복되며 'e'로 끝남)

  결과: 'apple'

■ 수량자(quantifier) 연산자: 특정 패턴의 반복 횟수를 지정할 때 사용한다.

【 수량자(quantifier) 연산자의 종류 】

수량자(quantifier) 연산자	해설
*	0회 이상 반복 예】a*는 "", "a", "aa", "aaa" 등과 일치
+	1회 이상 반복 예】a+는 "a", "aa", "aaa" 등과 일치하지만 ""와는 일치하지 않음
?	0회 또는 1회 발생 예】a?는 "", "a"와 일치

{n}	중괄호 숫자 → 정확히 n회 반복 **예〕** a{3}은 "aaa"와 일치
{n,}	중괄호, 숫자, 쉼표 → n회 이상 반복 **예〕** a{2,}는 "aa", "aaa", "aaaa" 등과 일치
{n,m}	중괄호, 두 숫자, 쉼표 → n회 이상 m회 이하 반복 **예〕** a{2,4}는 "aa", "aaa", "aaaa"와 일치

- 수량자(quantifier) 연산자의 예시

```
SELECT
        REGEXP_SUBSTR('ac', 'ab*c') AS C1
      , REGEXP_SUBSTR('abc', 'ab*c') AS C2
      , REGEXP_SUBSTR('abbc', 'ab*c') AS C3
      , REGEXP_SUBSTR('ac', 'ab+c') AS C4
      , REGEXP_SUBSTR('abc', 'ab+c') AS C5
      , REGEXP_SUBSTR('abbc', 'ab+c') AS C6
      , REGEXP_SUBSTR('ac', 'ab?c') AS C7
      , REGEXP_SUBSTR('abc', 'ab?c') AS C8
      , REGEXP_SUBSTR('abbc', 'ab?c') AS C9
FROM
        DUAL;
```

C1	C2	C3	C4	C5	C6	C7	C8	C9
ac	abc	abbc	NULL	abc	abbc	ac	abc	NULL

【 해설 】

- **C1: REGEXP_SUBSTR('ac', 'ab*c') AS C1**

  입력 문자열: 'ac'

  패턴: ab*c → 'a'로 시작하고 'b'가 0번 이상 반복되며 'c'로 끝나는 패턴

  결과: ac → 'ac'는 'a' 다음에 'b'가 없고 바로 'c'가 있으므로 이 패턴과 일치

- **C2: REGEXP_SUBSTR('abc', 'ab*c') AS C2**

  입력 문자열: 'abc'

  패턴: ab*c → 'a'로 시작하고 'b'가 0번 이상 반복되며 'c'로 끝나는 패턴

  결과: abc → 'abc'는 'a' 다음에 'b'가 한 번 있고, 그 뒤에 'c'가 있기 때문에 이 패턴과 완벽히 일치

- **C3: REGEXP_SUBSTR('abbc', 'ab*c') AS C3**

  입력 문자열: 'abbc'

  패턴: ab*c → 'a'로 시작하고 'b'가 0번 이상 반복되며 'c'로 끝나는 패턴

  결과: abbc → 'abbc'는 'a' 다음에 'b'가 두 번 나오고 'c'로 끝나므로 이 패턴과 일치

- **C4: REGEXP_SUBSTR('ac', 'ab+c') AS C4**

  입력 문자열: 'ac'

  패턴: ab+c → 'a'로 시작하고 'b'가 1번 이상 반복되며 'c'로 끝나는 패턴

  결과: NULL → 'ac'에는 'b'가 없기 때문에 이 패턴과 일치하지 않음

- **C5: REGEXP_SUBSTR('abc', 'ab+c') AS C5**

  입력 문자열: 'abc'

  패턴: ab+c → 'a'로 시작하고 'b'가 1번 이상 반복되며 'c'로 끝나는 패턴

  결과: abc → 'abc'는 'a' 다음에 'b'가 1번 있으며 'c'로 끝나기 때문에 이 패턴과 일치

- **C6: REGEXP_SUBSTR('abbc', 'ab+c') AS C6**

  입력 문자열: 'abbc'

  패턴: ab+c → 'a'로 시작하고 'b'가 1번 이상 반복되며 'c'로 끝나는 패턴

  결과: abbc → 'abbc'는 'a' 다음에 'b'가 두 번 있으며 'c'로 끝나기 때문에 이 패턴과 일치

- **C7: REGEXP_SUBSTR('ac', 'ab?c') AS C7**

  입력 문자열: 'ac'

  패턴: ab?c → 'a'로 시작하고 'b'가 0번 또는 1번 나타나며 'c'로 끝나는 패턴

  결과: ac → 'ac'에는 'b'가 없지만, 'b'가 0번 나타나도 패턴과 일치하기 때문에 'ac'와 일치

- **C8: REGEXP_SUBSTR('abc', 'ab?c') AS C8**

  입력 문자열: 'abc'

  패턴: ab?c → 'a'로 시작하고 'b'가 0번 또는 1번 나타나며 'c'로 끝나는 패턴

  결과: abc → 'abc'는 'a' 다음에 'b'가 1번 나타나며 'c'로 끝나기 때문에 패턴과 일치

- **C9: REGEXP_SUBSTR('abbc', 'ab?c') AS C9**

  입력 문자열: 'abbc'

  패턴: ab?c → 'a'로 시작하고 'b'가 0번 또는 1번 나타나며 'c'로 끝나는 패턴

  결과: NULL → 'abbc'에는 'b'가 두 번 나타나기 때문에 이 패턴과 일치하지 않음

■ 중괄호 수량자(quantifier) 연산자의 예시

```
SELECT
        REGEXP_SUBSTR('aaa', 'a{3}') AS C1
      , REGEXP_SUBSTR('aaaa', 'a{3}') AS C2
      , REGEXP_SUBSTR('aaa', 'a{2,}') AS C3
      , REGEXP_SUBSTR('aaa', 'a{2,4}') AS C4
      , REGEXP_SUBSTR('aaaaa', 'a{2,4}') AS C5
FROM
        DUAL;
```

C1	C2	C3	C4	C5
aaa	aaa	aaa	aaa	aaaa

【 해설 】

· **C1: REGEXP_SUBSTR('aaa', 'a{3}') AS C1**

입력 문자열: 'aaa'

패턴: 'a{3}'

결과: aaa → 'a'가 정확히 3번 반복되는 부분 문자열

· **C2: REGEXP_SUBSTR('aaaa', 'a{3}') AS C2**

입력 문자열: 'aaaa'

패턴: 'a{3}'

결과: aaa → 입력 문자열 'aaaa'에서 'a'가 3번 반복되는 부분 'aaa'가 패턴과 일치. 'aaaa' 전체가 아니라, 패턴에 일치하는 첫 3개의 'a'만 추출

· **C3: REGEXP_SUBSTR('aaa', 'a{2,}') AS C3**

입력 문자열: 'aaa'

패턴: 'a{2,}'

결과: aaa → 'a'가 최소 2번 이상 반복되는 부분 문자열

· **C4: REGEXP_SUBSTR('aaa', 'a{2,4}') AS C4**

입력 문자열: 'aaa'

패턴: 'a{2,4}'

결과: aaa → 'a'가 최소 2번 이상, 최대 4번 이하 반복되는 부분 문자열

- C5: REGEXP_SUBSTR('aaaaa', 'a{2,4}') AS C5

  입력 문자열: 'aaaaa'

  패턴: 'a{2,4}'

  결과: aaaa → 'a'가 최소 2번 이상, 최대 4번 이하 반복되는 부분 문자열

- ( ) → 괄호 연산자: 괄호 연산자는 정규표현식에서 그룹화(Grouping)와 캡처(Capturing) 목적으로 사용된다. 괄호를 사용하면 특정 패턴을 하나의 단위로 묶어 처리할 수 있으며, 해당 그룹 내에서 일치하는 내용을 나중에 참조하거나, 반복적인 패턴을 적용할 수 있다.

【 괄호 연산자 기능 】

그룹화(Grouping)	괄호 ()를 사용하여 정규표현식 내에서 패턴을 그룹화할 수 있다. 그룹화된 패턴에 대해 수량자를 적용하거나, 패턴의 일부분을 묶어 재사용할 수 있다. 예】(abc)+는 'abc'라는 문자열이 하나 이상 반복되는 경우에 일치
캡처(Capturing)	괄호를 사용하여 그룹화된 패턴은 캡처되며, 나중에 이를 참조할 수 있다. 캡처된 그룹은 정규표현식의 나머지 부분에서 백슬래시(\,₩)와 숫자(\1, \2 등)를 사용하여 참조할 수 있다. 예】(abc) \1은 'abcabc'와 일치한다. 여기서 \1은 첫 번째 그룹 (abc)를 참조한다.

- ( ) → 괄호 연산자 예시

```
SELECT
      REGEXP_SUBSTR('ababab', '(ab)+') AS C1
    , REGEXP_SUBSTR('abcdabcd', '(ab)(cd) \1\2') AS C2
    , REGEXP_SUBSTR('abcabc', '(abc){2}') AS C3
FROM
      DUAL;
```

C1	C2	C3
ababab	abcdabcd	abcabc

【 해설 】

- C1: REGEXP_SUBSTR('ababab', '(ab)+')

  입력 문자열: 'ababab'

  패턴: '(ab)+' → 'ab'가 한 번 이상 반복되는 부분 찾기

  결과: ababab → 문자열 'ababab'에서 'ab'가 세 번 반복되므로 전체 문자열과 일치

- C2: REGEXP_SUBSTR('abcdabcd', '(ab)(cd)\1\2')

  입력 문자열: 'abcdabcd'

패턴: '(ab)(cd) \1\2' → 'ab'와 'cd'가 차례로 나오고, 그 뒤에 다시 'ab'와 'cd'가 연속해서 나오는 부을 찾기

      (ab): 첫 번째 그룹으로 ab

      (cd): 두 번째 그룹으로 cd

      \1: 첫 번째 그룹(ab) 재참조

      \2: 두 번째 그룹(cd) 재참조

결과: abcdabcd → 문자열 'abcdabcd'는 'ab', 'cd'가 차례로 나온 후 다시 'ab', 'cd'가 반복되므로 전체 문자열과 일치

- **C3: REGEXP_SUBSTR('abcabc', '(abc){2}')**

입력 문자열: 'abcabc'

패턴: '(abc){2}' → 'abc'가 정확히 두 번 반복되는 부분을 찾기

결과: abcabc → 문자열 'abcabc'에서 'abc'가 두 번 반복되므로 전체 문자열과 일치

- 문자 리스트(character list) 연산자: 정규표현식에서 대괄호 [ ]를 사용하여 특정 위치에서 여러 문자 중 하나와 일치하는지 확인하는 데 사용된다. 문자 리스트는 대괄호 안에 포함된 여러 문자 중 어느 하나라도 일치하면 매칭으로 간주한다.

【 문자 리스트 연산자 사용법 】

[abc]	'a', 'b', 또는 'c' 중 하나와 일치
[a–z]	'a'부터 'z'까지의 모든 소문자와 일치(문자 범위)
[0–9]	'0'부터 '9'까지의 모든 숫자와 일치(숫자 범위)
[^abc]	'a', 'b', 'c'를 제외한 문자와 일치(부정 문자 리스트)

- 문자 리스트 연산자 예시

```
SELECT
    REGEXP_SUBSTR('apple', '[abc]') AS C1
  , REGEXP_SUBSTR('cat', '[a-c]') AS C2
  , REGEXP_SUBSTR('zip code 12345', '[0-9]') AS C3
  , REGEXP_SUBSTR('cherry', '[^abc]') AS C3
FROM
    DUAL;
```

C1	C2	C3	C4
a	c	1	h

【 해설 】

- C1: REGEXP_SUBSTR('apple', '[abc]') AS C1

입력 문자열: 'apple'

패턴: '[abc]' → 'a', 'b', 'c' 중 하나와 일치하는 첫 번째 문자

결과: a → 'apple' 문자열에서 첫 번째 문자 'a'가 패턴 [abc]에 포함되어 있어, 'a'가 일치하여 추출

- C2: REGEXP_SUBSTR('cat', '[a-c]') AS C2

입력 문자열: 'cat'

패턴: '[a-c]' → 'a'부터 'c' 사이의 문자와 일치하는 첫 번째 문자

결과: c → 'cat' 문자열에서 첫 번째 문자 'c'가 'a'부터 'c' 사이에 포함되므로, 'c'가 일치하여 추출

- C3: REGEXP_SUBSTR('zip code 12345', '[0-9]') AS C3

입력 문자열: 'zip code 12345'

패턴: '[0-9]' → '0'부터 '9' 사이의 숫자와 일치하는 첫 번째 문자

결과: 1 → 'zip code 12345' 문자열에서 첫 번째로 나타나는 숫자 '1'이 패턴에 일치하여 추출

- C4: REGEXP_SUBSTR('cherry', '[^abc]') AS C4

입력 문자열: 'cherry'

패턴: '[^abc]' → 'a', 'b', 'c'가 아닌 문자 중에서 첫 번째로 일치하는 문자, 여기서 ^는 부정(Not)을 의미

결과: h → 'cherry' 문자열에서 'a', 'b', 'c'가 아닌 첫 번째 문자 'h'가 패턴에 일치하여 추출

POSIX 문자 클래스

정규표현식에서 특정 범주의 문자 집합을 정의하기 위해 사용된다. 이 문자 클래스는 대괄호 안에 [: 와 :] 사이에 정의되어 있으며, 특정 범주에 속하는 문자와 일치한다. POSIX 문자 클래스는 주로 Unix 계열 시스템에서 사용되며, 다양한 문자 범주를 간단하게 지정할 수 있는 방법을 제공한다.

- [:alnum:] _ 알파벳 대소문자와 숫자 (A–Z, a–z, 0–9)

설명: 알파벳 문자와 숫자와 일치한다.

예제: SELECT REGEXP_SUBSTR('Hello123', '[[:alnum:]]') FROM DUAL;

결과: 'H' (첫 번째 알파벳이 일치)

- [:alpha:] _ 알파벳 대소문자 (A–Z, a–z)

  설명: 알파벳 문자와 일치한다.

  예제: SELECT REGEXP_SUBSTR('123Hello', '[[:alpha:]]') FROM DUAL;

  결과: 'H' (첫 번째 알파벳이 일치)

- [:digit:] _ 숫자 (0–9)

  설명: 숫자와 일치한다.

  예제: SELECT REGEXP_SUBSTR('abc123', '[[:digit:]]') FROM DUAL;

  결과: '1' (첫 번째 숫자가 일치)

- [:lower:] _ 소문자 (a–z)

  설명: 소문자와 일치한다.

  예제: SELECT REGEXP_SUBSTR('HelloWorld', '[[:lower:]]') FROM DUAL;

  결과: 'e' (첫 번째 소문자가 일치)

- [:upper:] _ 대문자 (A–Z)

  설명: 대문자와 일치한다.

  예제: SELECT REGEXP_SUBSTR('helloWorld', '[[:upper:]]') FROM DUAL;

  결과: 'W' (첫 번째 대문자가 일치)

- [:space:] _ 공백 문자 (스페이스, 탭, 줄 바꿈 등)

  설명: 공백 문자와 일치한다.

  예제: SELECT REGEXP_SUBSTR('Hello World', '[[:space:]]') FROM DUAL;

  결과: ' ' (공백이 일치)

- [:punct:] _ 구두점 문자 (쉼표, 마침표, 느낌표 등)

  설명: 구두점 문자와 일치한다.

  예제: SELECT REGEXP_SUBSTR('Hello, World!', '[[:punct:]]') FROM DUAL;

  결과: ',' (쉼표가 일치)

- [:xdigit:] _ 16진수 숫자 (0–9, A–F, a–f)

  설명: 16진수 문자와 일치한다.

  예제: SELECT REGEXP_SUBSTR('123abcDEF', '[[:xdigit:]]') FROM DUAL;

  결과: '1' (첫 번째 16진수 숫자가 일치)

② PERL 정규표현식 연산자

- PERL은 강력한 정규표현식 기능을 제공하며, PERL 정규표현식 연산자는 POSIX 문자 클래스와 유사하게 동작한다.

【 PERL 정규표현식 연산자 】

NO	연산자	해설	동일
1번	\d	숫자	[[:digit:]]
2번	\D	숫자가 아닌 모든 문자	[^[:digit:]]
3번	\w	숫자와 영문자(언더바 포함)	[[:alnum:]_]
4번	\W	숫자와 영문자가 아닌 모든 문자(언더바 제외)	[^[:alnum:]]
5번	\s	공백	[[:space:]]
6번	\S	공백 문자가 아닌 모든 문자	[^[:space:]]

- PERL 정규표현식 연산자 예시

```
SELECT
      REGEXP_SUBSTR('abc123', '\d') AS C1                    -- 1번: \d 사용
    , REGEXP_SUBSTR('abc123', '[[:digit:]]') AS C2           -- 1번: [[:digit:]] 사용
    , REGEXP_SUBSTR('123abc', '\D') AS C3                    -- 2번: \D 사용
    , REGEXP_SUBSTR('123abc', '[^[:digit:]]') AS C4          -- 2번: [^[:digit:]] 사용
    , REGEXP_SUBSTR('Hello_World123!', '\w') AS C5           -- 3번: \w 사용
    , REGEXP_SUBSTR('Hello_World123!', '[[:alnum:]_]') AS C6 -- 3번: [[:alnum:]_] 사용
    , REGEXP_SUBSTR('Hello_World123!', '\W') AS C7           -- 4번: \W 사용
    , REGEXP_SUBSTR('Hello_World123!', '[^[:alnum:]_]') AS C8 -- 4번: [^[:alnum:]_] 사용
    , REGEXP_SUBSTR('Hello World', '\s') AS C9               -- 5번: \s 사용
    , REGEXP_SUBSTR('Hello World', '[[:space:]]') AS C10     -- 5번: [[:space:]] 사용
    , REGEXP_SUBSTR('Hello World', '\S') AS C11              -- 6번: \S 사용
    , REGEXP_SUBSTR('Hello World', '[^[:space:]]') AS C12    -- 6번: [^[:space:]] 사용
FROM
      DUAL;
```

C1	C2	C3	C4	C5	C6	C7	C8	C9	C10	C11	C12
1	1	a	a	H	H	!	!			H	H

【 해설 】

- **C1: REGEXP_SUBSTR('abc123', '\d')**

'abc123' 문자열에서 첫 번째 숫자

- C2: REGEXP_SUBSTR('abc123', '[[:digit:]]')

'abc123' 문자열에서 첫 번째 숫자

- C3: REGEXP_SUBSTR('123abc', '\D')

'123abc' 문자열에서 첫 번째 숫자가 아닌 문자

- C4: REGEXP_SUBSTR('123abc', '[^[:digit:]]')

'123abc' 문자열에서 첫 번째 숫자가 아닌 문자

- C5: REGEXP_SUBSTR('Hello_World123!', '\w')

'Hello_World123!' 문자열에서 첫 번째 알파벳, 숫자 또는 언더바

- C6: REGEXP_SUBSTR('Hello_World123!', '[[:alnum:]_]')

'Hello_World123!' 문자열에서 첫 번째 알파벳, 숫자 또는 언더바

- C7: REGEXP_SUBSTR('Hello_World123!', '\W')

'Hello_World123!' 문자열에서 첫 번째 알파벳이나 숫자가 아닌 문자

- C8: REGEXP_SUBSTR('Hello_World123!', '[^[:alnum:]_]')

'Hello_World123!' 문자열에서 첫 번째 알파벳이나 숫자가 아닌 문자

- C9: REGEXP_SUBSTR('Hello World', '\s')

'Hello World' 문자열에서 첫 번째 공백 문자

- C10: REGEXP_SUBSTR('Hello World', '[[:space:]]')

'Hello World' 문자열에서 첫 번째 공백 문자

- C11: REGEXP_SUBSTR('Hello World', '\S')

'Hello World' 문자열에서 첫 번째 공백이 아닌 문자

- C12: REGEXP_SUBSTR('Hello World', '[^[:space:]]')

'Hello World' 문자열에서 첫 번째 공백이 아닌 문자

(3) 정규표현식 조건과 함수

① REGEXP_LIKE 조건

- REGEXP_LIKE는 오라클에서 사용되는 함수로, 문자열이 특정 정규표현식 패턴과 일치하는지를 확인하는 데 사용된다. 이 함수는 주로 SQL 쿼리에서 조건절에 사용되어 문자열이 특정 패턴을 만족하는지 여부에 따라 결과를 필터링한다.

▪ 특정 패턴을 포함하는 행 찾기

```
SELECT
        ENAME
      , JOB
FROM
        EMP
WHERE
        REGEXP_LIKE(ENAME, '^A');
```
┌─ 문자열이 특정 정규표현식 패턴과 일치하는지를 확인하는 데 사용

ENAME	JOB
ALLEN	SALESMAN
ADAMS	CLERK

【 해설 】

ENAME이 'A'로 시작하는 모든 직원을 찾는다. 여기서 패턴 ^A는 문자열이 'A'로 시작하는지 확인한다.

▪ 대소문자를 구분하지 않고 패턴 일치

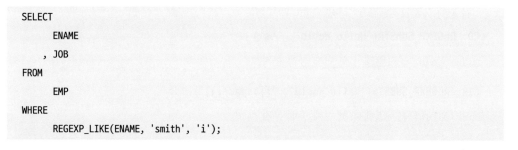

```
SELECT
        ENAME
      , JOB
FROM
        EMP
WHERE
        REGEXP_LIKE(ENAME, 'smith', 'i');
```

ENAME	JOB
SMITH	CLERK

【 해설 】

ENAME에 'smith'가 포함된 모든 직원을 찾는다. 'i' 플래그는 대소문자를 구분하지 않는다. 즉, 'Smith', 'smith', 'SMITH' 등 다양한 형태로 일치할 수 있다.

- 숫자를 포함하는 행 찾기

```
SELECT
      ENAME
    , JOB
    , SAL
    , COMM
FROM
      EMP
WHERE
      REGEXP_LIKE(COMM, '\d');
```

ENAME	JOB	SAL	COMM
ALLEN	SALESMAN	1600	300
WARD	SALESMAN	1250	500
MARTIN	SALESMAN	1250	1400
TURNER	SALESMAN	1500	0

【 해설 】

COMM 칼럼에 숫자(\d)가 포함된 모든 행을 찾는다.

- 특정 형식의 패턴 찾기

```
SELECT
      LAST_NAME
    , EMAIL
    , PHONE
FROM
      EMPLOYEES
WHERE
      REGEXP_LIKE(PHONE, '^\d{3}.\d{3}.\d{4}$')
      AND ROWNUM <= 5;
```

LAST_NAME	EMAIL	PHONE
Payne	summer.payne@example.com	515.123.8181
Stephens	rose.stephens@example.com	515.123.8080
Dunn	annabelle.dunn@example.com	515.123.4444
Bailey	tommy.bailey@example.com	515.123.4567
Cooper	blake.cooper@example.com	515.123.4569

【 해설 】

PHONE 칼럼에 'XXX.XXX.XXXX' 형식(숫자 3개, 하이픈, 숫자 3개, 하이픈, 숫자 4개)과 일치하는 모든 연락처를 찾는다. ROWNUM <= 5 코드를 추가하여 상위 5개만 출력한다.

▪ 공백 또는 탭 문자를 포함하는 행 찾기

```
SELECT
      PRODUCT_NAME
    , DESCRIPTION
    , LIST_PRICE
FROM
      PRODUCTS
WHERE
      REGEXP_LIKE(PRODUCT_NAME, '\s')
      AND ROWNUM <= 5;
```

PRODUCT_NAME	DESCRIPTION	LIST_PRICE
Intel Xeon E5-2699 V3 (OEM/Tray)	Speed:2.3GHz,Cores:18,TDP:145W	3410.46
Intel Xeon E5-2697 V3	Speed:2.6GHz,Cores:14,TDP:145W	2774.98
Intel Xeon E5-2698 V3 (OEM/Tray)	Speed:2.3GHz,Cores:16,TDP:135W	2660.72
Intel Xeon E5-2697 V4	Speed:2.3GHz,Cores:18,TDP:145W	2554.99
Intel Xeon E5-2685 V3 (OEM/Tray)	Speed:2.6GHz,Cores:12,TDP:120W	2501.69

【 해설 】

PRODUCT_NAME에 공백이나 탭 문자(\s)가 포함된 모든 제품을 찾는다.

② REGEXP_REPLACE 함수

▪ REGEXP_REPLACE 함수는 오라클에서 제공하는 함수로, 정규표현식을 사용해 문자열에서 특정 패턴을 찾아 다른 문자열로 대체하는 데 사용된다. 이 함수는 일반적인 REPLACE 함수보다 더 복잡한 패턴 매칭과 교체 작업을 수행할 수 있어 유연한 문자열 조작이 가능하다.

▪ 특정 패턴을 다른 문자열로 대체

```
SELECT
      REGEXP_REPLACE('123abc456def', '\d', '#') AS RESULT
FROM
      DUAL;
```

문자열에서 특정 패턴을 찾아 다른 문자열로 대체하는 데 사용

###abc###def

【 해설 】

숫자(\d)와 일치하는 모든 문자를 '#'으로 대체한다.

- 여러 개의 공백을 하나의 공백으로 대체

```
SELECT
      REGEXP_REPLACE('Hello  World  SQL', '\s+', ' ') AS RESULT
FROM
      DUAL;
```

Hello World SQL

【 해설 】

여러 개의 공백(\s+)을 하나의 공백으로 대체한다.

- 대소문자 구분 없이 문자열 대체

```
SELECT
      REGEXP_REPLACE('Hello World', 'world', 'Universe', 1, 0, 'i') AS RESULT
FROM
      DUAL;
```

Hello Universe

【 해설 】

Hello World에서 'world'를 'Universe'로 대체한다.

숫자 1은 검색 시작 위치를 의미하며, 1은 첫째자리부터 검색한다는 의미이다.

숫자 0은 대치할 일치 항목의 순서를 의미하며, 0은 모든 값이 일치했을 때라는 조건을 의미한다.

'i' 플래그는 대소문자를 구분하지 않음을 의미한다.

- 전화번호 형식 변환

```
SELECT
      REGEXP_REPLACE('123-456-7890', '(\d{3})-(\d{3})-(\d{4})', '(\1) \2-\3') AS RESULT
FROM
      DUAL;
```

(123) 456–7890

【 해설 】

전화번호 형식 '123–456–7890'을 '(123) 456–7890' 형식으로 변환한다.

여기서 \1, \2, \3은 각각 첫 번째, 두 번째, 세 번째 그룹을 참조한다.

- 문자열에서 모든 숫자를 제거

```
SELECT
      REGEXP_REPLACE('Address 1234, ZIP 56789', '\d', '') AS RESULT
  FROM
      DUAL;
```

Address , ZIP

【 해설 】

문자열에서 숫자(\d)를 모두 제거한다. 'Address 1234, ZIP 56789'에서 숫자를 제거하더라도 1234
만 삭제되고 그 앞의 공백(SPACE)은 삭제되지 않는다. 따라서 ZIP 뒤에 공백도 한 칸 그대로 남게
된다.

③ REGEXP_INSTR 함수

- REGEXP_INSTR 함수는 오라클에서 제공하는 함수로, 정규표현식을 사용해 문자열에서 특정 패턴
  이 처음 나타나는 위치를 찾는 데 사용된다. 이 함수는 일반적인 INSTR 함수와 유사하지만, 정규표현
  식을 통해 더 복잡한 패턴 매칭을 수행할 수 있다.

- REGEXP_INSTR 형식

```
REGEXP_INSTR ——— 문자열에서 특정 패턴이 처음 나타나는 위치를 찾는 데 사용
   (
     source_string
   , pattern [, position [, occurrence [, return_option [, match_parameter] ] ] ]
   )
```

【 해설 】

· source_string: 검사할 원본 문자열

- pattern: 정규표현식 패턴으로, 일치하는 패턴의 위치를 찾는다.

- position: (선택 사항) 검색을 시작할 위치이다. 기본값은 1이다.

- occurrence: (선택 사항) 패턴과 일치하는 몇 번째 위치를 찾을 것인지를 지정한다. 기본값은 1이다.

- return_option: (선택 사항) 패턴이 일치하는 위치의 시작점(0) 또는 끝점(1)을 반환할지 지정한다. 기본값은 0(시작 위치)이다.

- match_parameter: (선택 사항) 정규표현식의 동작을 제어하는 플래그다. 예를 들어, 'i'를 사용하면 대소문자를 구분하지 않는다.

- REGEXP_INSTR 예시: 첫 번째 일치 위치 찾기

```
SELECT
        REGEXP_INSTR('오라클SQL Developer', 'SQL') AS RESULT
FROM
        DUAL;
```

RESULT
8

【 해설 】

'오라클SQL Developer' 문자열에서 'SQL' 패턴이 처음 나타나는 위치를 반환한다.

- REGEXP_INSTR 예시: 특정 위치에서 검색 시작

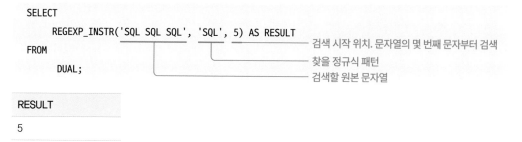

RESULT
5

【 해설 】

5번째 문자부터 검색을 시작해 'SQL' 패턴이 처음 나타나는 위치를 반환한다. 두 번째 'SQL'이 5번째 위치에서 시작한다.

- REGEXP_INSTR 예시: 여러 번째 일치 위치 찾기

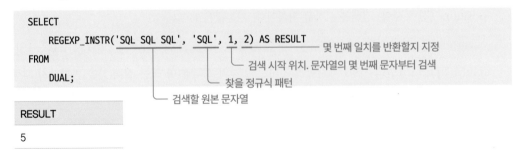

RESULT

5

【 해설 】

첫 번째 문자부터 검색을 시작하여 'SQL' 패턴이 두 번째로 나타나는 위치를 반환한다. 두 번째 'SQL'이 5번째 위치에서 시작한다.

- REGEXP_INSTR 예시: 대소문자 구분 없이 검색

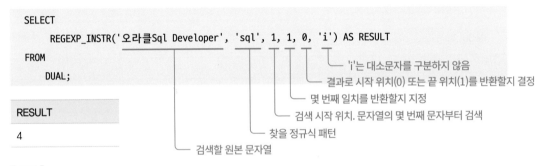

RESULT

4

【 해설 】

대소문자를 구분하지 않고 'sql' 패턴을 검색해 그 위치를 반환한다. 대소문자 구분 없이 'Sql'이 8번째 위치에서 시작한다.

④ REGEXP_COUNT 함수

- REGEXP_COUNT 함수는 오라클에서 제공하는 함수로, 문자열에서 정규표현식을 사용해 특정 패턴이 몇 번 나타나는지 계산하는 데 사용된다. 이 함수는 문자열 내에서 특정 패턴이 반복되는 횟수를 반환하므로, 데이터 분석 및 검증 작업에서 매우 유용하게 활용될 수 있다.

- REGEXP_COUNT 함수 형식

```
REGEXP_COUNT(source_string, pattern [, position [, match_parameter]])
```
　　　　　　　　　　　　　　　　　　　　　특정 패턴이 몇 번 나타나는지 계산하는 데 사용

【 해설 】

- source_string: 패턴을 검색할 원본 문자열

- pattern: 정규표현식 패턴으로, 이 패턴이 문자열에서 몇 번 나타나는지 계산

- position: (선택 사항) 검색을 시작할 위치로, 기본값은 1이다.

- match_parameter: (선택 사항) 정규표현식의 동작을 제어하는 플래그다. 예를 들어, 'i'를 사용하면 대소문자를 구분하지 않는다.

- REGEXP_COUNT 함수 예시: 특정 패턴의 출현 횟수 계산

```
SELECT
    REGEXP_COUNT('abc123abc456abc', 'abc') AS RESULT
FROM
    DUAL;
```

RESULT
3

【 해설 】

'abc123abc456abc' 문자열에서 'abc' 패턴이 몇 번 나타나는지를 계산한다. 문자열 내 'abc'는 총 3번 나타난다.

- REGEXP_COUNT 함수 예시: 숫자 패턴의 출현 횟수 계산

RESULT
3

【 해설 】

'abc123abc456abc789' 문자열에서 3자리 숫자($\backslash$d{3}) 패턴이 몇 번 나타나는지 계산한다. 3자리 숫자 패턴은 123, 456, 789로 총 3번 나타난다.

- REGEXP_COUNT 함수 예시: 특정 위치에서 패턴의 출현 횟수 계산

```
SELECT
    REGEXP_COUNT('abc123abc456abc', 'abc', 5) AS RESULT
FROM
    DUAL;
```

RESULT
2

【 해설 】

5번째 문자부터 시작해 'abc' 패턴이 몇 번 나타나는지 계산한다. 문자열의 5번째 위치 이후에는 'abc'
가 2번 나타난다.

▪ REGEXP_COUNT 함수 예시: 대소문자 구분 없이 패턴의 출현 횟수 계산

```
SELECT
      REGEXP_COUNT('OracleSQL Oraclesql', 'oracle', 1, 'i') AS RESULT
FROM
      DUAL;
```

RESULT
2

【 해설 】

대소문자를 구분하지 않고 'oracle' 패턴이 몇 번 나타나는지 계산한다. 문자열에서 'Oracle'과
'oracle'이 총 2번 나타난다.

⑤ REGEXP_SUBSTR 함수

▪ 앞서 이미 많은 예시를 통해 다뤘으므로 자세한 설명은 생략한다.

01. 다음 SQL은 이름이 "Ste"로 시작하고 "ven"으로 끝나는 직원을 찾는다. 결과를 올바르게 반환하는 쿼리는?

① SELECT FIRST_NAME

   FROM EMPLOYEES

   WHERE FIRST_NAME LIKE 'Steven%';

② SELECT FIRST_NAME

   FROM EMPLOYEES

   WHERE REGEXP_LIKE(FIRST_NAME, 'Ste+ven');

③ SELECT FIRST_NAME

   FROM EMPLOYEES

   WHERE REGEXP_LIKE(FIRST_NAME, '^Steven$');

④ SELECT FIRST_NAME

   FROM EMPLOYEES

   WHERE REGEXP_LIKE(FIRST_NAME, '^Ste.*ven$');

02. 다음 정규 표현식에 해당하는 이름을 찾으시오.

    정규 표현식: ^J[a-z]*s$

① James   ② John

③ Julse   ④ Jason

03. 다음 정규 표현식에 해당하는 전화번호를 찾으시오.

    정규 표현식: ^\(\d{3}\) \d{3}-\d{4}$

① (123) 456-7890   ② 123-456-7890

③ (123)456-7890   ④ (123)-456-7890

【 정답&해설 】

01. 답: ④

해설: REGEXP_LIKE는 주어진 패턴과 문자열이 일치하는지 확인한다. 정규 표현식 ^Ste.*ven$는 "Ste"로 시작하고 "ven"으로 끝나는 문자열을 찾는다. LIKE는 정규 표현식을 지원하지 않으므로 적합하지 않다. LIKE가 지원하는 패턴 매칭 문법은 정규 표현식과 다르며, 단순한 와일드카드 문자(%, _)만을 제공한다. ^, $, *, + 등의 정규 표현식 문법을 지원하지 않는다.

02. 답: ①

해설:

^	
J	첫 글자는 "J"여야 함
[a-z]*	"J" 다음에는 소문자 알파벳(a-z)이 0개 이상 나올 수 있음. *는 0개 이상을 의미하므로 "J" 바로 뒤에 다른 문자가 없어도 일치 가능.
s$	마지막 글자는 반드시 "s"여야 하며, 문자열 끝을 나타내는 $와 결합됨

03. 답: ①

해설:

^	문자열의 시작을 나타냄. 전화번호가 다른 문자를 포함하지 않고 반드시 정해진 형식으로 시작해야 함.
\(	여는 괄호 "("를 나타냄. 괄호는 메타문자이므로 백슬래시(₩)를 사용하여 이스케이프해야 함.
\d{3}	세 자리 숫자를 나타냄. {3}은 숫자 3개가 반드시 있어야 한다는 의미.
\)	닫는 괄호 ")"를 나타냄. 마찬가지로 백슬래시(₩)로 이스케이프 처리.
(공백)	괄호와 숫자 사이에 공백이 포함되어야 함.
\d{3}	공백 뒤에 세 자리 숫자가 나와야 함.
-	세 자리 숫자 뒤에 대시("-")가 포함되어야 함.
\d{4}	마지막 네 자리 숫자를 나타냄.
$	문자열의 끝을 나타냄. 전화번호 형식이 이 이후로 다른 문자를 포함하지 않아야 함.

01. 다음 중 서브쿼리의 실행 결과로 여러 칼럼을 반환하며, 메인쿼리의 조건절에서 여러 칼럼을 동시에 비교할 수 있는 서브쿼리의 종류는 무엇인가?

① 단일행 서브쿼리   ② 다중칼럼 서브쿼리

③ 다중행 서브쿼리   ④ 스칼라 서브쿼리

02. 다음 SQL 문의 실행 결과로 가장 올바른 것은 무엇인가?

```
SELECT EMPNO, SAL, DEPTNO
FROM EMP
WHERE (SAL, DEPTNO) IN (
                SELECT AVG(SAL), DEPTNO
                FROM EMP
                GROUP BY DEPTNO
                );
```

① 부서별 평균 급여 이상을 받는 사원의 정보가 출력된다.

② 부서별 평균 급여 이하를 받는 사원의 정보가 출력된다.

③ 모든 사원의 정보가 출력된다.

④ 오류가 발생하지 않지만, 아무런 출력 결과가 없다.

03. 다음 SQL 문 중에서 실행 결과가 다른 하나는 무엇인가?

① SELECT COL1, SUM(COL2) FROM T1 GROUP BY COL1 UNION ALL SELECT NULL, SUM(COL2) FROM T1 ORDER BY 1;

② SELECT COL1, SUM(COL2) FROM T1 GROUP BY GROUPING SETS (COL1) ORDER BY 1;

③ SELECT COL1, SUM(COL2) FROM T1 GROUP BY ROLLUP(COL1) ORDER BY 1;

④ SELECT COL1, SUM(COL2) FROM T1 GROUP BY CUBE(COL1) ORDER BY 1;

04. 다음 SQL 문에서 GROUPING SETS를 사용하면 어떤 결과가 출력되는가?

```
SELECT DEPTNO, JOB, SUM(SAL)
FROM EMP
GROUP BY GROUPING SETS (
    (DEPTNO, JOB),
    (DEPTNO),
    ()
);
```

① 오류가 발생한다.   ② JOB별 전체 데이터의 합계만 출력한다.

③ DEPTNO별 데이터만 출력한다.   ④ DEPTNO와 JOB별, DEPTNO별, 전체 데이터의 합계를 출력한다.

05. 다음 SQL 문에 대한 설명으로 가장 적절하지 않은 것은 무엇인가?

```
SELECT EMPNO, ENAME, JOB, SAL
FROM EMP
WHERE SAL > ALL (
    SELECT AVG(SAL)
    FROM EMP
    GROUP BY DEPTNO
);
```

① 각 부서 평균 급여보다 높은 사원의 정보를 출력한다.

② 서브쿼리 결과에 NULL이 있으면 메인쿼리 결과에 영향을 준다.

③ 서브쿼리에서 AVG(SAL)는 NULL 값을 포함하지 않는다.

④ ALL 키워드는 서브쿼리 결과의 모든 값보다 큰 조건을 의미한다.

06. 다음 SQL 문에서 WITH ROLLUP을 사용하면 어떤 결과를 얻을 수 있는가?

```
SELECT DEPTNO, JOB, SUM(SAL)
FROM EMP
GROUP BY ROLLUP (DEPTNO, JOB);
```

① DEPTNO별 데이터만 출력한다.

② JOB별 전체 데이터의 합계만 출력한다.

③ DEPTNO와 JOB별, DEPTNO별, 전체 합계를 출력한다.

④ 오류가 발생한다.

07. 다음 중 다중행 서브쿼리에 사용되는 연산자가 아닌 것은 무엇인가?

① IN   ② EXISTS

③ ALL   ④ =

08. 다음 SQL 실행 결과는 무엇인가?

```
SELECT DEPTNO, COUNT(*)
FROM EMP
GROUP BY DEPTNO
WITH ROLLUP;
```

① 각 부서의 직원 수만 출력된다.

② 각 부서의 직원 수와 전체 직원 수가 출력된다.

③ 부서별 직원 수를 출력하지만 전체 직원 수는 출력되지 않는다.

④ 오류가 발생한다.

09. 다음 중 서브쿼리에 대한 설명으로 가장 적절한 것은 무엇인가?

① 서브쿼리는 항상 메인쿼리와 같은 결과를 반환한다.

② 서브쿼리는 메인쿼리와 독립적으로 실행된다.

③ 서브쿼리는 단일 값 또는 여러 값을 반환할 수 있다.

④ 서브쿼리는 항상 다중칼럼을 반환해야 한다.

10. 다음 SQL 문의 실행 결과로 올바른 것은 무엇인가?

【 EMPLOYEES 테이블 】

EMP_ID	NAME	MANAGER_ID
1	Alice	NULL
2	Bob	1
3	Charlie	1
4	David	2

```
SELECT E1.NAME AS EMPLOYEE, E2.NAME AS MANAGER
FROM EMPLOYEES E1
LEFT JOIN EMPLOYEES E2
ON E1.MANAGER_ID = E2.EMP_ID;
```

①

EMPLOYEE	MANAGER
Alice	NULL
Bob	Alice
Charlie	Alice
David	Bob

②

EMPLOYEE	MANAGER
Alice	NULL
Bob	NULL
Charlie	NULL
David	NULL

③

EMPLOYEE	MANAGER
Bob	Alice
Charlie	Alice
David	Bob

④

EMPLOYEE	MANAGER
Alice	NULL
Bob	NULL

11. 다음 SQL 문의 실행 결과로 올바른 것은 무엇인가?

【 EMPLOYEES 테이블 】

EMP_ID	NAME	DEPT_ID
1	John	10
2	Alice	20

【 DEPARTMENTS 테이블 】

DEPT_ID	DEPT_NAME
10	HR
20	IT

【 LOCATIONS 테이블 】

LOCATION_ID	DEPT_ID	CITY
1	10	New York
2	20	Chicago

```
SELECT E.NAME, D.DEPT_NAME, L.CITY
FROM EMPLOYEES E
JOIN DEPARTMENTS D
ON E.DEPT_ID = D.DEPT_ID
JOIN LOCATIONS L
ON D.DEPT_ID = L.DEPT_ID;
```

① 직원과 부서 정보만 출력된다.

② 매칭되지 않은 데이터는 출력되지 않는다.

③ 직원 이름, 부서 이름, 도시 정보가 출력된다.

④ 오류가 발생한다.

12. 다음 SQL 문의 실행 결과로 올바른 것은 무엇인가?

【 ORDERS 테이블 】

ORDER_ID	CUSTOMER_ID	ORDER_DATE	TOTAL_AMOUNT
101	1	2024-12-01	50000
102	2	2024-12-02	70000
103	3	2024-12-03	120000

【 CUSTOMERS 테이블 】

CUSTOMER_ID	NAME	CITY
1	John Doe	New York
2	Jane Smith	Los Angeles
3	Alice Lee	Chicago

```
SELECT C.NAME, C.CITY, O.ORDER_DATE
FROM CUSTOMERS C
LEFT JOIN ORDERS O
ON C.CUSTOMER_ID = O.CUSTOMER_ID;
```

① 모든 주문 정보가 출력된다.

② 모든 고객 정보가 출력되고 매칭되지 않는 주문 정보는 NULL로 표시된다.

③ 고객 정보와 주문 정보가 모두 출력된다.

④ 오류가 발생한다.

13. 다음 SQL 문의 실행 결과로 올바른 것은 무엇인가?

【 ORDERS 테이블 】

ORDER_ID	CUSTOMER_ID	ORDER_DATE
201	1	2024-01-01
202	2	2024-01-02

【 CUSTOMERS 테이블 】

CUSTOMER_ID	NAME
1	Alice
3	Charlie

```
SELECT O.ORDER_ID, C.NAME
FROM ORDERS O
FULL OUTER JOIN CUSTOMERS C
ON O.CUSTOMER_ID = C.CUSTOMER_ID;
```

①

ORDER_ID	NAME
201	NULL
202	NULL

②

ORDER_ID	NAME
201	Alice
202	NULL

③

ORDER_ID	NAME
NULL	Alice
NULL	Charlie

④

ORDER_ID	NAME
201	Alice
202	NULL
NULL	Charlie

14. 다음 SQL 문의 실행 결과로 올바른 것은 무엇인가?

【 PRODUCTS 테이블 】

PRODUCT_ID	NAME
101	Laptop
102	Tablet

【 ORDERS 테이블 】

ORDER_ID	QUANTITY
201	5
202	3

```
SELECT P.NAME, O.QUANTITY
FROM PRODUCTS P
CROSS JOIN ORDERS O;
```

①

NAME	QUANTITY
Laptop	NULL
Tablet	NULL

②

NAME	QUANTITY
Laptop	5
Tablet	3

③

NAME	QUANTITY
Laptop	5
Laptop	3
Tablet	5
Tablet	3

④

NAME	QUANTITY
NULL	5
NULL	3

15. 다음 SQL 문의 실행 결과로 올바른 것은 무엇인가?

【 SALES 테이블 】

SALE_ID	PRODUCT_ID	AMOUNT
1	101	500
2	102	300

【 PRODUCTS 테이블 】

PRODUCT_ID	NAME	CATEGORY_ID
101	Laptop	1
102	Tablet	2

【 CATEGORIES 테이블 】

CATEGORY_ID	CATEGORY_NAME
1	Electronics
2	Gadgets

```
SELECT S.SALE_ID, P.NAME AS PRODUCT_NAME, C.CATEGORY_NAME, S.AMOUNT
FROM SALES S
JOIN PRODUCTS P
ON S.PRODUCT_ID = P.PRODUCT_ID
JOIN CATEGORIES C
ON P.CATEGORY_ID = C.CATEGORY_ID;
```

①

SALE_ID	PRODUCT_NAME	CATEGORY_NAME	AMOUNT
1	Laptop	Electronics	500

②

SALE_ID	PRODUCT_NAME	CATEGORY_NAME	AMOUNT
1	Laptop	Electronics	500
2	Tablet	Gadgets	300

③

SALE_ID	PRODUCT_NAME	CATEGORY_NAME	AMOUNT
2	Tablet	Gadgets	300

④

SALE_ID	PRODUCT_NAME	CATEGORY_NAME	AMOUNT
NULL	NULL	NULL	NULL

16. 다음 SQL 문의 실행 결과로 올바른 것은 무엇인가?

SALE_ID	PRODUCT	SALES_AMOUNT
1	Laptop	500
2	Tablet	300
3	Laptop	700
4	Tablet	400

```
SELECT *
FROM SALES_2
PIVOT (
    SUM(SALES_AMOUNT)
    FOR PRODUCT IN ('Laptop' AS LAPTOP)
) P;
```

①

SALE_ID	LAPTOP
1	300
3	400

②

SALE_ID	LAPTOP
1	300
2	NULL
3	400
4	NULL

③

SALE_ID	LAPTOP
1	500
3	700

④

SALE_ID	LAPTOP
1	500
2	NULL
3	700
4	NULL

17. 다음 테이블에 대한 SQL 문의 실행 결과로 결과 테이블이 출력되었다. 이 결과 테이블을 출력하는 올바른 SQL 쿼리를 고르시오.

【 EMPLOYEE_SALARY 】

EMP_ID	EMP_NAME	JAN_SALARY	FEB_SALARY	MAR_SALARY
1	철수	3000	3200	3100
2	영희	2500	2600	2700
3	민수	4000	4200	4100

【 결과 테이블 】

EMP_ID	EMP_NAME	MONTH	SALARY
1	철수	JAN_SALARY	3000
1	철수	FEB_SALARY	3200
1	철수	MAR_SALARY	3100
2	영희	JAN_SALARY	2500
2	영희	FEB_SALARY	2600
2	영희	MAR_SALARY	2700
3	민수	JAN_SALARY	4000
3	민수	FEB_SALARY	4200
3	민수	MAR_SALARY	4100

① SELECT EMP_ID, EMP_NAME, MONTH, SALARY

   FROM EMPLOYEE_SALARY

   UNPIVOT (

      MONTH FOR SALARY IN (JAN_SALARY, FEB_SALARY, MAR_SALARY)

   );

② SELECT EMP_ID, EMP_NAME, MONTH, SALARY

   FROM EMPLOYEE_SALARY

   UNPIVOT (

      SALARY FOR MONTH IN (JAN_SALARY, FEB_SALARY)

   );

③ SELECT *

   FROM EMPLOYEE_SALARY

   UNPIVOT (

      SALARY FOR MONTH IN (JAN_SALARY, FEB_SALARY, MAR_SALARY)

   );

④ SELECT EMP_ID, EMP_NAME, MONTH, SALARY

  FROM EMPLOYEE_SALARY

  UNPIVOT (

    SALARY FOR MONTH IN (JAN_SALARY AS JAN, FEB_SALARY AS FEB, MAR_SALARY AS MAR)

  );

【 문제 18~20 】 보기

【 EMPLOYEES 테이블 】

EMP_ID	NAME	PHONE	EMAIL
1	Alice Smith	123-456-7890	alice@example.com
2	Bob Johnson	987-654-3210	bob.johnson@company.org
3	Charlie Brown	(123)456-7890	charlie_b@business.net
4	David Lee	456-789-1234	david@myworkplace.com

18. 다음 SQL 문의 실행 결과로 올바른 것은 무엇인가?

```
SELECT NAME, PHONE
FROM EMPLOYEES
WHERE REGEXP_LIKE(PHONE, '^\d{3}-\d{3}-\d{4}$');
```

①

NAME	PHONE
Alice Smith	123-456-7890

②

NAME	PHONE
Charlie Brown	(123)456-7890

③

NAME	PHONE
Alice Smith	123-456-7890
Bob Johnson	987-654-3210
David Lee	456-789-1234

④

NAME	PHONE
Bob Johnson	987-654-3210

19. 다음 SQL 문에서 example.com 도메인을 가진 이메일 주소를 찾으려면 WHERE 절에 어떤 조건을 사용해야 하는가?

```
SELECT NAME, EMAIL
FROM EMPLOYEES
WHERE REGEXP_LIKE(EMAIL, '_____');
```

① '@example\.com$'

② 'example.com$'

③ '^@example.com$'

④ '^example\.com'

20. 다음 SQL 문의 실행 결과로 올바른 것은 무엇인가?

```
SELECT NAME, PHONE
FROM EMPLOYEES
WHERE REGEXP_LIKE(PHONE, '[^\d\-]');
```

①

NAME	PHONE
Charlie Brown	(123)456-7890

②

NAME	PHONE
Alice Smith	123-456-7890

③

NAME	PHONE
David Lee	456-789-1234

④

NAME	PHONE
Bob Johnson	987-654-3210

【 정답&해설 】

01. 답: ②

해설: 다중칼럼 서브쿼리는 여러 칼럼을 반환하며, 메인 쿼리의 조건에서 여러 칼럼을 동시에 비교할 수 있다.

02. 답: ④

해설: AVG(SAL)은 부서별 급여의 평균으로 계산되며, 소수점을 포함할 수 있다. 대부분의 SAL 값은 정수 형태이므로, 평균 급여와 일치하지 않는 경우가 많아 조건을 만족하는 행이 없다. 따라서 대부분의 경우 SAL과 AVG(SAL) 값이 정확히 일치하지 않기 때문에 조건을 만족하는 행이 없다. 그래서 ④번이 정답이다.

03. 답: ①

해설: 다른 SQL 문들은 GROUP BY를 기반으로 한 다양한 집계 데이터를 출력하지만, 첫 번째 SQL 문장은 단순히 UNION ALL로 데이터를 합친다.

04. 답: ④

해설: GROUPING SETS는 지정한 조합으로 그룹화하여 데이터를 집계한다.

05. 답: ②

해설: 서브쿼리 결과에 NULL 값이 포함되어도 ALL 키워드의 동작에 영향을 주지 않는다.

06. 답: ③

해설: ROLLUP은 계층적으로 데이터를 집계하며, 최종적으로 전체 합계까지 계산한다.

07. 답: ④

해설: 다중행 서브쿼리는 IN, EXISTS, ALL, ANY 같은 연산자를 사용하며, =는 단일행 서브쿼리에 사용된다.

08. 답: ②

해설: ROLLUP은 그룹화된 데이터의 상위 합계까지 계산하여 결과를 출력한다.

09. 답: ③

해설: 서브쿼리는 단일 값, 다중 값, 다중칼럼을 반환할 수 있다.

10. 답: ①

해설: SELF JOIN을 사용하여 EMPLOYEES 테이블의 MANAGER_ID를 기준으로 JOIN하며, LEFT JOIN이므로 매칭되지 않은 경우 NULL이 표시된다.

11. 답: ③

해설: 두 개의 JOIN을 사용하여 EMPLOYEES, DEPARTMENTS, LOCATIONS 데이터를 결합한 결과가 출력된다.

12. 답: ②

해설: LEFT JOIN은 CUSTOMERS 테이블의 모든 행을 반환하며, 매칭되지 않는 ORDERS 행은 NULL로 표시된다.

13. 답: ④

해설: FULL OUTER JOIN은 두 테이블의 모든 데이터를 포함하며, 매칭되지 않은 데이터는 NULL로 표시된다.

14. 답: ③

해설: CROSS JOIN은 두 테이블의 모든 행의 조합을 생성하며, 결과는 각 테이블의 행 수를 곱한 만큼 출력된다.

15. 답: ②

해설: 두 개의 JOIN을 사용하여 SALES, PRODUCTS, CATEGORIES 데이터를 결합한 결과가 출력된다.

16. 답: ④

해설: PIVOT에서 그룹핑을 수행하지 않고 SALE_ID 단위로 데이터를 유지한다. 즉, 각 SALE_ID 행마다 피벗된 값을 출력하려고 했기 때문에, SUM(SALES_AMOUNT)이 동일한 행 내에서만 적용된다. SALE_ID = 1과 SALE_ID = 3만 PRODUCT = 'Laptop'이므로 해당 값은 그대로 반환된다. 나머지 행은 NULL로 반환된다. SUM(SALES_AMOUNT)을 전체 PRODUCT가 모두 계산되게 하려면 SALE_ID가 아닌 전체 PRODUCT를 기준으로 그룹핑해야 한다.

17. 답: ③

해설: ③번은 UNPIVOT 구문은 올바르게 SALARY 열과 MONTH 열을 생성하고 모든 월(JAN_SALARY, FEB_SALARY, MAR_SALARY)에 대해 값을 변환한다. ①번은 SALARY와 MONTH를 잘못 바꿔 사용했다. ②번은 MAR_SALARY가 포함되지 않아 결과와 다르다. ④번은 AS 구문 오류로 에러가 발생한다.

18. 답: ③

해설: ^\d{3}-\d{3}-\d{4}$는 "세 자리 숫자-세 자리 숫자-네 자리 숫자" 형식의 전화번호를 찾는다.

19. 답: ①

해설: '@example\.com$'는 이메일 주소 끝부분이 example.com인 데이터를 정확히 찾는다. \.는 점을 이스케이프 처리한 것이다. ②번 'example.com$'는 문자열 끝이 example.com으로 끝나는 것을 확인하지만, @ 기호가 포함되지 않아 이메일 주소인지 보장하지 않는다. 이 조건은 notexample.com처럼 단순 문자열도 매칭될 수 있기 때문에 틀린 보기다.

20. 답: ①

해설: [^\d\-]는 숫자(\d)나 대시(-)가 아닌 문자를 포함한 데이터를 반환한다. Charlie Brown의 전화번호는 괄호가 포함되어 있으므로 조건에 해당한다.

03
장

관리 구문

학습목표

· 데이터 조작어를 사용하여 데이터를 추가, 수정, 삭제하는 방법을 배웁니다.

· SQL 트랜잭션과 TCL을 이해하고, 데이터베이스 변경 사항을 관리하는 방법을 익힙니다.

· 테이블을 생성, 수정, 이름 변경, 삭제, 데이터 삭제하는 방법과 각 명령어의 특징을 익힙니다.

· DCL의 GRANT/REVOKE 명령어와 Role을 이용한 권한 관리 방법을 익힙니다.

1. DML(데이터 조작어: Data Manipulation Language)

(1) INSERT

일러두기 _ 관리구문에서는 SQL문의 가독성을 위해 특정한 부분에 가로쓰기를 적용하였습니다.

① 단일행 INSERT 문

- INSERT 문은 데이터베이스 테이블에 새로운 데이터를 추가할 때 사용하는 SQL 명령어다. 데이터 삽입 시 테이블의 모든 칼럼에 값을 지정하거나 특정 칼럼에만 값을 지정할 수 있다. 기본적인 INSERT 구문은 다음과 같다.

- INSERT 문 기본 형식

```
INSERT INTO 테이블명 (칼럼1, 칼럼2, ...)
VALUES (값1, 값2, ...) ;
```

- 모든 칼럼에 값을 삽입할 경우 다음과 같이 칼럼 이름을 생략할 수 있다.

```
INSERT INTO 테이블명
VALUES (값1, 값2, ...) ;
```

- INSERT 문 예시: EMP 테이블에 새로운 직원 데이터를 추가하는 예시

```
INSERT INTO EMP (EMPNO, ENAME, JOB, HIREDATE)
        VALUES (101, 'YONGMOON', 'MANAGER', '2023-08-01') ;
```

→ 성공 후 테이블 조회

```
SELECT * FROM EMP ;
```

EMPNO	ENAME	JOB	MGR	HIREDATE	SAL	COMM	DEPTNO
7369	SMITH	CLERK	7902	1980-12-17	800	NULL	20
7499	ALLEN	SALESMAN	7698	1981-02-20	1600	300	30
7902	FORD	ANALYST	7566	1981-12-03	3000	NULL	20
7934	MILLER	CLERK	7782	1982-01-23	1300	NULL	10
101	YONGMOON	MANAGER	NULL	2023-08-01	NULL	NULL	NULL

└── 새로 추가된 직원 데이터

▪ INSERT 문 예시: 모든 칼럼을 지정하지 않고 삽입

```
INSERT INTO EMP
        VALUES (102, 'YONGMOON2', 'CLERK', '7902', '2023-08-03', 2000, NULL, 20) ;
```

→ 성공 후 테이블 조회

```
SELECT * FROM EMP ;
```

EMPNO	ENAME	JOB	MGR	HIREDATE	SAL	COMM	DEPTNO
7369	SMITH	CLERK	7902	1980-12-17	800	NULL	20
7499	ALLEN	SALESMAN	7698	1981-02-20	1600	300	30
7934	MILLER	CLERK	7782	1982-01-23	1300	NULL	10
101	YONGMOON	MANAGER	NULL	2023-08-01	NULL	NULL	NULL
102	YONGMOON2	CLERK	7902	2023-08-03	2000	NULL	20

└── 새로 추가된 직원 데이터

② 서브 쿼리를 이용한 다중행 INSERT 문

▪ 다른 테이블에서 데이터를 추출해 새로운 테이블에 삽입해야 할 경우, INSERT INTO 다음에 서브쿼리 구문을 사용하면 된다. 이 방법은 많은 데이터를 일괄로 삽입할 때 유용하다.

▪ 서브쿼리를 이용하여 다른 테이블의 데이터를 통째로 옮기는 개념이다.

▪ 먼저 임시로 EMP_MNG 테이블을 하나 만들고, 아무런 데이터도 없는 상태에서 기존의 EMP 테이블의 데이터 중 일부를 통째로 옮겨보자.

▪ 서브 쿼리를 이용한 다중행 INSERT 문 예시

【 EMP_MNG 테이블 생성 】

```
CREATE TABLE EMP_MNG ──── EMP_MNG 테이블 생성
    (
    EMPNO NUMBER(4,0)
  , ENAME VARCHAR2(10)
  , JOB VARCHAR2(9)
  , MGR NUMBER(4,0)
  , HIREDATE DATE
  , SAL NUMBER(7,2)
```

```
        , COMM NUMBER(7,2)
        , DEPTNO NUMBER(2,0)
          ) ;


[EMP_MNG 테이블 조회]
SELECT * FROM EMP_MNG ;
```

비어 있는 EMP_MNG 테이블

EMPNO	ENAME	JOB	MGR	HIREDATE	SAL	COMM	DEPTNO

【 서브쿼리 】

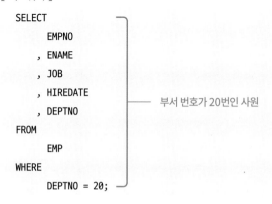

```
SELECT
        EMPNO
      , ENAME
      , JOB
      , HIREDATE
      , DEPTNO
FROM
        EMP
WHERE
        DEPTNO = 20;
```
부서 번호가 20번인 사원

EMPNO	ENAME	JOB	HIREDATE	DEPTNO
7369	SMITH	CLERK	1980-12-17	20
7566	JONES	MANAGER	1981-04-02	20
7788	SCOTT	ANALYST	1987-07-13	20
7876	ADAMS	CLERK	1987-07-13	20
7902	FORD	ANALYST	1981-12-03	20
102	YONGMOON2	CLERK	2023-08-03	20

【 서브 쿼리를 이용한 다중행 INSERT 문 】

```
INSERT INTO EMP_MNG ──── 서브쿼리를 이용한 다중행 INSERT
        (
        EMPNO
      , ENAME
      , JOB
      , HIREDATE
```

```
        , DEPTNO)
SELECT
          EMPNO
        , ENAME
        , JOB
        , HIREDATE ───── 부서 번호가 20번인 사원을 조회하는 서브쿼리
        , DEPTNO
FROM
          EMP
WHERE
          DEPTNO = 20;
```

【 EMP_MNG 테이블 조회 】

```
SELECT * FROM EMP_MNG ;
```

부서 번호가 20번인 사원들만
EMP_MNG 테이블에 추가됨

EMPNO	ENAME	JOB	MGR	HIREDATE	SAL	COMM	DEPTNO
7369	SMITH	CLERK	NULL	1980-12-17	NULL	NULL	20
7566	JONES	MANAGER	NULL	1981-04-02	NULL	NULL	20
7788	SCOTT	ANALYST	NULL	1987-07-13	NULL	NULL	20
7876	ADAMS	CLERK	NULL	1987-07-13	NULL	NULL	20
7902	FORD	ANALYST	NULL	1981-12-03	NULL	NULL	20
102	YONGMOON2	CLERK	NULL	2023-08-03	NULL	NULL	20

【 해설 】

먼저 EMP_MNG 테이블을 만들고, EMP 테이블 데이터 중 DEPTNO = 20인 데이터만 SELECT하여 EMP_MNG 테이블에 데이터를 INSERT한다. 이렇게 하면 서브쿼리에서 지정한 칼럼의 데이터값들만 INSERT된다. EMPNO, ENAME, JOB, HIREDATE, DEPTNO 다섯 개의 칼럼만 SELECT했으므로, MGR, SAL, COMM 칼럼의 데이터는 INSERT 후에도 값이 NULL로 남는다.

(2) UPDATE

① UPDATE 기초 개념

▪ UPDATE 문은 SQL에서 테이블에 이미 존재하는 데이터를 수정하는 데 사용되는 명령어다. 특정 조건을 만족하는 행의 데이터를 변경할 수 있으며, 조건을 지정하지 않으면 테이블의 모든 행이 업데이트된다.

▪ UPDATE 문 기본 형식

```
UPDATE 테이블명
SET 칼럼1 = 값1, 칼럼2 = 값2, ...
WHERE 조건 ;
```

【 해설 】

테이블을 지정하고 SET 명령어 다음에 칼럼에 대한 값을 지정하면 된다. 특정 조건을 만족할 때만 변경하고 싶다면 WHERE 조건을 활용한다.

② UPDATE 예시

▪ 여러 칼럼을 동시에 UPDATE

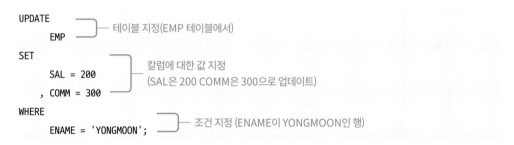

```
UPDATE
      EMP                 ── 테이블 지정(EMP 테이블에서)
SET
      SAL = 200           ── 칼럼에 대한 값 지정
    , COMM = 300             (SAL은 200 COMM은 300으로 업데이트)
WHERE
      ENAME = 'YONGMOON';  ── 조건 지정 (ENAME이 YONGMOON인 행)
```

【 쿼리 적용 전 】

EMPNO	ENAME	JOB	MGR	HIREDATE	SAL	COMM	DEPTNO
101	YONGMOON	MANAGER	NULL	2023-08-01	NULL	NULL	NULL

【 쿼리 적용 후 】　　　　ENAME이 YONGMOON인 행의 SAL, COMM 업데이트

EMPNO	ENAME	JOB	MGR	HIREDATE	SAL	COMM	DEPTNO
101	YONGMOON	MANAGER	NULL	2023-08-01	200	300	NULL

▪ 서브쿼리를 이용한 UPDATE: 'YONGMOON'의 SAL 값을 DEPTNO가 10인 부서의 SAL 평균값으로 UPDATE하는 예시

```
UPDATE EMP
SET SAL = (SELECT AVG(SAL)
               FROM EMP            ── DEPTNO가 10인 부서의 SAL 평균값
               WHERE DEPTNO = 10)
WHERE ENAME = 'YONGMOON';
```

【 쿼리 적용 전 】

EMPNO	ENAME	JOB	MGR	HIREDATE	SAL	COMM	DEPTNO
101	YONGMOON	MANAGER	NULL	2023-08-01	200	300	NULL

【 쿼리 적용 후 】

EMPNO	ENAME	JOB	MGR	HIREDATE	SAL	COMM	DEPTNO
101	YONGMOON	MANAGER	NULL	2023-08-01	2916.67	300	NULL

DEPTNO가 10인 부서의 SAL 평균값으로 업데이트 ──┘

【 해설 】

SELECT AVG(SAL) FROM EMP WHERE DEPTNO = 10 쿼리는 DEPTNO가 10인 부서의 SAL 평균값을 찾는다. 값은 '2916.666666666666666666666666666666667'이며, 소수점 둘째 자리까지 반올림하면 '2916.67'이 된다. 이 값을 ENAME이 'YONGMOON'인 조건의 SAL 값으로 UPDATE하는 것이다.

(3) DELETE

① DELETE 기초 개념

- DELETE 문은 SQL에서 테이블의 특정 행을 삭제할 때 사용하는 명령어다. 특정 조건에 맞는 행을 삭제할 수 있으며, WHERE 절을 사용하지 않으면 테이블의 모든 행이 삭제된다. DELETE 문을 사용할 때는 주의가 필요하며, 삭제된 데이터는 ROLLBACK을 사용해 복구할 수 있다(자동 커밋이 발생하지 않는 경우).

- DELETE 문 기본 형식

```
DELETE FROM 테이블명
    WHERE 조건 ;
```

② DELETE 예시

- 여러 칼럼을 동시에 DELETE

```
DELETE FROM
        EMP
    WHERE
        ENAME = 'YONGMOON2';
```

【 쿼리 적용 전 】

EMPNO	ENAME	JOB	MGR	HIREDATE	SAL	COMM	DEPTNO
7369	SMITH	CLERK	7902	1980–12–17	800	NULL	20
7499	ALLEN	SALESMAN	7698	1981–02–20	1600	300	30
7934	MILLER	CLERK	7782	1982–01–23	1300	NULL	10
101	YONGMOON	MANAGER	NULL	2023–08–01	2916.67	300	NULL
102	YONGMOON2	CLERK	7902	2023–08–03	2000	NULL	20

【 쿼리 적용 후 】

EMPNO	ENAME	JOB	MGR	HIREDATE	SAL	COMM	DEPTNO
7369	SMITH	CLERK	7902	1980–12–17	800	NULL	20
7499	ALLEN	SALESMAN	7698	1981–02–20	1600	300	30
7934	MILLER	CLERK	7782	1982–01–23	1300	NULL	10
101	YONGMOON	MANAGER	NULL	2023–08–01	2916.67	300	NULL

참고

삭제 명령인 DELETE와 TRUNCATE와의 차이점

	DELETE	TRUNCATE
작동 방식	행 단위로 데이터를 삭제	테이블 구조를 유지한 채 모든 데이터를 한 번에 제거
속도	각 행을 개별적으로 삭제하므로 상대적으로 느림	전체 테이블을 한 번에 비우므로 일반적으로 더 빠름
트랜잭션 로그	각 삭제 작업을 트랜잭션 로그에 기록	최소한의 트랜잭션 로그만 생성
롤백 가능성	트랜잭션 내에서 롤백이 가능	일반적으로 롤백이 불가능(일부 DBMS에서는 제한적으로 가능)
WHERE 절 사용	WHERE 절을 사용하여 특정 조건의 데이터만 삭제할 수 있음	WHERE 절을 사용할 수 없으며, 항상 전체 테이블을 비움
자동 커밋	자동 커밋되지 않음	대부분의 DBMS에서 자동으로 커밋
인덱스 영향	인덱스를 유지	인덱스를 재설정
외래 키 제약 조건	외래 키 제약 조건을 준수	일반적으로 외래 키 제약 조건이 있는 테이블에서는 사용할 수 없음
트리거	삭제 트리거를 발생	일반적으로 트리거를 발생시키지 않음

	DELETE	TRUNCATE
권한	테이블에 대한 DELETE 권한이 필요	일반적으로 더 높은 수준의 권한(예: 테이블 소유자 또는 관리자 권한)이 필요

- 결론적으로 DELETE는 더 유연하고 제어 가능하지만 느린 반면, TRUNCATE는 빠르고 효율적이지만 제어력이 떨어집니다. 사용 상황에 따라 적절한 명령을 선택해야 합니다.

(4) MERGE

① MERGE 기초 개념

- MERGE 문은 SQL에서 데이터의 삽입, 업데이트, 삭제 작업을 하나의 명령문으로 처리할 수 있도록 도와주는 명령어다. 주로 소스 테이블의 데이터를 타깃 테이블에 반영할 때 사용된다.

- MERGE 문을 사용하면 특정 조건에 따라 데이터가 이미 존재하는지 확인하고, 존재하면 업데이트를, 존재하지 않으면 삽입을 수행할 수 있다.

- MERGE 문 기본 형식

```
MERGE INTO 타깃_테이블 타깃(별칭)
    USING 소스_테이블 소스(별칭)
        ON (타깃.조건_칼럼 = 소스.조건_칼럼)
        WHEN MATCHED THEN
            UPDATE SET 타깃.칼럼1 = 소스.칼럼1
                    , ...
        WHEN NOT MATCHED THEN
            INSERT (칼럼1, 칼럼2, ...)
            VALUES (소스.칼럼1, 소스.칼럼2, … ) ;
```

【 해설 】

주의해야 할 점은 오라클 버전에 따라 MERGE 문에서 별칭 사용 시 AS를 적으면 에러가 발생할 수 있다는 것이다. 실습에서 사용한 Oracle Database 21c Express Edition 버전에서는 MERGE 문에서 AS를 생략했다. 원래 오라클에서는 AS를 사용해도 되고, 사용하지 않아도 된다. 다만 이 책에서는 표준 SQL 문법을 고려하여 AS를 사용해왔다.

```
MERGE INTO 타깃_테이블 타깃(별칭)
    USING     소스_테이블 소스(별칭)
```

MERGE INTO 타깃_테이블은 데이터를 갱신하거나 삽입할 대상 테이블을 지정한다. USING 소스_
테이블은 비교할 기준이 되는 소스 테이블을 지정한다. ON 조건은 타깃과 소스 테이블 간의 조인 조
건을 지정한다. 이 조건에 따라 행이 일치하는지 여부를 결정한다.

· WHEN MATCHED THEN UPDATE는 조건에 맞는 행이 있을 경우, 해당 행을 업데이트한다.

· WHEN NOT MATCHED THEN INSERT는 조건에 맞는 행이 없을 경우, 새로운 행을 삽입한다.

② MERGE 예시

- 기본적인 MERGE 예시: EMP 테이블의 데이터를 EMP_MNG 테이블에 MERGE하고자 한다. 소스
는 EMP 테이블의 데이터이며, 인서트, 업데이트하는 타깃은 EMP_MNG 테이블이다.

```
MERGE INTO EMP_MNG M  ─── 타깃: EMP_MNG 테이블
      USING EMP E  ─── 소스: EMP 테이블의 데이터
          ON (M.EMPNO = E.EMPNO)  ─── 조건: EMP_MNG 테이블의 EMPNO와 EMP 테이블의 EMPNO가 일치
          WHEN MATCHED THEN
              UPDATE SET
                  M.SAL = E.SAL             ─── 조건에 맞는 행이 있다면 해당 행을 업데이트
                  , M.COMM = E.SAL
          WHEN NOT MATCHED THEN                                     조건에 맞는 행이 없다면 새로운 행 삽입 ───
              INSERT (EMPNO, ENAME, JOB, MGR, HIREDATE, SAL, COMM, DEPTNO)
              VALUES (E.EMPNO, E.ENAME, E.JOB, E.MGR, E.HIREDATE, E.SAL, E.COMM, E.DEPTNO);
```

【 쿼리 적용 전 EMP_MNG 테이블 → 타깃 테이블 】

EMPNO	ENAME	JOB	MGR	HIREDATE	SAL	COMM	DEPTNO
7369	SMITH	CLERK	NULL	1980-12-17	NULL	NULL	20
7566	JONES	MANAGER	NULL	1981-04-02	NULL	NULL	20
7788	SCOTT	ANALYST	NULL	1987-07-13	NULL	NULL	20
7876	ADAMS	CLERK	NULL	1987-07-13	NULL	NULL	20
7902	FORD	ANALYST	NULL	1981-12-03	NULL	NULL	20
101	YONGMOON2	CLERK	NULL	2023-08-03	NULL	NULL	20

【 쿼리 적용 전 EMP 테이블 → 소스 테이블 】

EMPNO	ENAME	JOB	MGR	HIREDATE	SAL	COMM	DEPTNO
7369	SMITH	CLERK	7902	1980-12-17	800	NULL	20
7499	ALLEN	SALESMAN	7698	1981-02-20	1600	300	30

7521	WARD	SALESMAN	7698	1981-02-22	1250	500	30
7566	JONES	MANAGER	7839	1981-04-02	2975	NULL	20
7654	MARTIN	SALESMAN	7698	1981-09-28	1250	1400	30
7698	BLAKE	MANAGER	7839	1981-05-01	2850	NULL	30
7782	CLARK	MANAGER	7839	1981-06-09	2450	NULL	10
7788	SCOTT	ANALYST	7566	1987-07-13	3000	NULL	20
7839	KING	PRESIDENT	NULL	1981-11-17	5000	NULL	10
7844	TURNER	SALESMAN	7698	1981-09-08	1500	0	30
7876	ADAMS	CLERK	7788	1987-07-13	1100	NULL	20
7900	JAMES	CLERK	7698	1981-12-03	950	NULL	30
7902	FORD	ANALYST	7566	1981-12-03	3000	NULL	20
7934	MILLER	CLERK	7782	1982-01-23	1300	NULL	10
101	YONGMOON	MANAGER	NUL				

EMP_MNG와 EMP 테이블에서 EMPNO가 일치하는 행이 있을 경우 → EMP 테이블의 SAL 값을 EMP_MNG 테이블의 SAL과 COMM 칼럼에 UPDATE

【 쿼리 적용 후 EMP_MNG 테이블 】

EMPNO	ENAME	JOB	MGR	HIREDATE	SAL	COMM	DEPTNO
7369	SMITH	CLERK	NULL	1980-12-17	800	800	20
7566	JONES	MANAGER	NULL	1981-04-02	2975	2975	20
7788	SCOTT	ANALYST	NULL	1987-07-13	3000	3000	20
7876	ADAMS	CLERK	NULL	1987-07-13	1100	1100	20
7902	FORD	ANALYST	NULL	1981-12-03	3000	3000	20
102	YONGMOON2	CLERK	NULL	2023-08-03	NULL	NULL	20
101	YONGMOON	MANAGER	NULL	2023-08-01	2916.67	300	NULL
7499	ALLEN	SALESMAN	7698	1981-02-20	1600	300	30
7521	WARD	SALESMAN	7698	1981-02-22	1250	500	30
7654	MARTIN	SALESMAN	7698	1981-09-28	1250	1400	30
7698	BLAKE	MANAGER	7839	1981-05-01	2850	NULL	30
7782	CLARK	MANAGER	7839	1981-06-09	2450	NULL	10
7839	KING	PRESIDENT	NULL	1981-11-17	5000	NULL	10
7844	TURNER	SALESMAN	7698	1981-09-08	1500	0	30
7900	JAMES	CLERK	7698	1981-12-03	950	NULL	30
7934	MILLER	CLERK	7782	1982-01-23	1300	NULL	10

일치하지 않는 EMP 테이블 행들의 값은 EMP_MNG 테이블에 그대로 INSERT

【 해설 】

EMP_MNG와 EMP 테이블에서 EMPNO가 일치하는 행이 있을 경우, EMP 테이블의 SAL 값을 EMP_MNG 테이블의 SAL과 COMM 칼럼에 UPDATE한다. EMP 테이블에서 EMP_MNG 테이블의 EMPNO와 일치하는 행은 다음의 다섯 행이다.

EMPNO	ENAME	JOB	MGR	HIREDATE	SAL	COMM	DEPTNO
7369	SMITH	CLERK	7902	1980-12-17	800	NULL	20
7566	JONES	MANAGER	7839	1981-04-02	2975	NULL	20
7788	SCOTT	ANALYST	7566	1987-07-13	3000	NULL	20
7876	ADAMS	CLERK	7788	1987-07-13	1100	NULL	20
7902	FORD	ANALYST	7566	1981-12-03	3000	NULL	20

여기에서 SAL 값을 EMP_MNG 테이블의 EMPNO와 일치하는 행의 SAL과 COMM 데이터로 UPDATE한다.

EMPNO	ENAME	JOB	MGR	HIREDATE	SAL	COMM	DEPTNO
7369	SMITH	CLERK	NULL	1980-12-17	800	800	20
7566	JONES	MANAGER	NULL	1981-04-02	2975	2975	20
7788	SCOTT	ANALYST	NULL	1987-07-13	3000	3000	20
7876	ADAMS	CLERK	NULL	1987-07-13	1100	1100	20
7902	FORD	ANALYST	NULL	1981-12-03	3000	3000	20

EMP_MNG 테이블의 EMPNO와 일치하지 않는 행의 SAL과 COMM 데이터로 INSERT한다.

EMPNO	ENAME	JOB	MGR	HIREDATE	SAL	COMM	DEPTNO
7499	ALLEN	SALESMAN	7698	1981-02-20	1600	300	30
7521	WARD	SALESMAN	7698	1981-02-22	1250	500	30
7654	MARTIN	SALESMAN	7698	1981-09-28	1250	1400	30
7698	BLAKE	MANAGER	7839	1981-05-01	2850	NULL	30
7782	CLARK	MANAGER	7839	1981-06-09	2450	NULL	10
7839	KING	PRESIDENT	NULL	1981-11-17	5000	NULL	10
7844	TURNER	SALESMAN	7698	1981-09-08	1500	0	30
7900	JAMES	CLERK	7698	1981-12-03	950	NULL	30
7934	MILLER	CLERK	7782	1982-01-23	1300	NULL	10
101	YONGMOON	MANAGER	NULL	2023-08-01	2916.67	300	NULL

그리고 다음의 행은 EMP_MNG 테이블에만 존재하는 데이터다.

EMPNO	ENAME	JOB	MGR	HIREDATE	SAL	COMM	DEPTNO
101	YONGMOON2	CLERK	NULL	2023-08-03	NULL	NULL	20

최종적으로 쿼리 적용 후 결과 테이블을 보면 EMP_MNG와 EMP 테이블에서 EMPNO가 일치하는 행이 있을 경우, EMP 테이블의 SAL 값이 EMP_MNG 테이블의 SAL과 COMM 칼럼에 UPDATE된 것을 확인할 수 있다. 그리고 일치하지 않는 EMP 테이블 행들의 값은 EMP_MNG 테이블에 그대로 INSERT된 것을 알 수 있다.

EMPNO가 101인 행은 원래부터 EMP_MNG에 있던 행이므로 그대로 그 값을 유지한다.

2과목 / 3장 / 1절 핵·심·문·제

01. 다음 SQL 실행 결과로 맞는 것을 고르시오.

```
UPDATE EMPLOYEE
SET EMP_NAME = '김철수'
WHERE EMP_ID = 101;
```

① EMPLOYEE 테이블에서 EMP_ID가 101인 행의 EMP_NAME이 '김철수'로 변경된다.
② EMPLOYEE 테이블에서 EMP_ID가 101인 행이 삭제된다.
③ EMPLOYEE 테이블에서 EMP_NAME이 '김철수'인 새로운 행이 추가된다.
④ EMPLOYEE 테이블에서 EMP_NAME 칼럼이 삭제된다.

02. 다음 SQL 실행 후의 결과로 가장 적절한 것은?

```
DELETE FROM EMPLOYEE
WHERE EMP_ID IN (
    SELECT EMP_ID
    FROM EMPLOYEE
    WHERE DEPT_ID = 20
    AND JOB = 'MANAGER'
);
```

① EMPLOYEE 테이블에서 DEPT_ID가 20이고 JOB이 'MANAGER'인 데이터가 삭제되고 복구할 수 없다.
② EMPLOYEE 테이블의 모든 데이터가 삭제된다.
③ EMPLOYEE 테이블에서 JOB이 'MANAGER'인 데이터가 모두 삭제된다.
④ EMPLOYEE 테이블에서 삭제된 데이터는 COMMIT하기 전까지 복구할 수 있다.

03. 다음 SQL 실행 결과를 보고, 데이터 삽입이 실패할 수 있는 조건으로 적절한 것을 고르시오.

```
INSERT INTO EMPLOYEE (EMP_ID, EMP_NAME, DEPT_ID)
SELECT E.EMP_ID, E.EMP_NAME, D.DEPT_ID
FROM TEMP_EMPLOYEE E
LEFT JOIN DEPARTMENT D
ON E.DEPT_NAME = D.DEPT_NAME;
```

① EMPLOYEE 테이블의 EMP_ID가 고유값(PK) 제약 조건을 가지고 있으며, TEMP_EMPLOYEE에 중복된 EMP_ID가 있을 경우.

② DEPARTMENT 테이블에 NULL 값이 포함된 경우.

③ TEMP_EMPLOYEE 테이블의 데이터가 DEPARTMENT 테이블과 매칭되지 않는 경우.

④ EMPLOYEE 테이블의 칼럼 개수가 TEMP_EMPLOYEE와 일치하지 않는 경우.

【 정답&해설 】

01. 답: ①

해설: UPDATE 명령어는 테이블에서 특정 조건에 맞는 데이터를 수정하는 DML 명령어이다.

02. 답: ④

해설: DELETE는 트랜잭션 제어어(TCL)인 COMMIT이 실행되기 전까지 ROLLBACK으로 복구할 수 있다. 조건에 맞는 데이터만 삭제된다.

03. 답: ①

해설: EMP_ID가 PRIMARY KEY로 설정되어 있다면 중복된 EMP_ID가 삽입되면 오류가 발생한다. 매칭되지 않는 데이터나 NULL은 LEFT JOIN 특성상 허용된다.

2. TCL(트랜잭션 제어어: Transaction Control Language)

(1) COMMIT

① 트랜잭션의 기초 개념

▪ 트랜잭션에 대해서 1과목에서 살펴보았으므로 여기서는 간단하게 핵심만 설명하고 넘어가기로 한다.

▪ 트랜잭션이란 데이터베이스 내에서 실행되는 하나의 논리적인 작업 단위를 말하며, 여러 개의 연산을 포함할 수 있다. 이는 DB 내에서 이루어지는 논리적인 명령의 단위라고 표현할 수 있다. 결국 데이터베이스의 응용프로그램들은 수많은 트랜잭션의 집합체라고 보면 된다.

▪ 트랜잭션에는 다음의 세 가지 명령어가 존재한다. 첫째, 데이터를 데이터베이스에 저장하는 COMMIT 명령어, 둘째 데이터의 상태를 이전으로 되돌리는 ROLLBACK 명령어, 그리고 마지막으로 트랜잭션의 일부만 취소하는 SAVEPOINT 명령어다. 그리고 이들을 모두 포함해서 TCL(Transaction Control Language)이라고 부른다.

【 트랜잭션의 ACID 속성 】

원자성(Atomicity)	데이터베이스의 일관성을 유지하는 핵심 메커니즘으로, 모든 연산이 성공적으로 완료되거나 아무 것도 실행되지 않은 상태를 유지해야 한다.
일관성(Consistency)	트랜잭션은 데이터베이스의 일관성을 유지해야 한다.
고립성(Isolation)	다른 트랜잭션의 영향을 받지 않고 독립적으로 실행되어야 한다.
지속성(Durability)	성공적으로 수행된 트랜잭션의 결과는 시스템 오류가 발생해도 유지해야 한다.

② COMMIT

▪ COMMIT을 실행하면 트랜잭션이 종료되고, 해당 트랜잭션에서 이루어진 모든 변경 사항이 데이터 베이스에 영구적으로 저장된다. 다른 트랜잭션이나 사용자는 COMMIT이 완료된 데이터만을 볼 수 있다. 데이터의 일관성을 보장하기 위해서 트랜잭션 단위로 데이터를 확정해야 한다.

▪ COMMIT 이후에는 해당 트랜잭션에 대한 ROLLBACK이 불가능하다. 트랜잭션이 잘못되거나 오류 가 발생했을 때는 ROLLBACK으로 취소할 수 있지만, COMMIT 이후에는 데이터 복구가 어렵다.

▪ COMMIT 이후에는 일반적으로 데이터 복구가 매우 어렵지만, 몇 가지 방법을 통해 일부 복구 작업 이 가능하다. 백업에서 복구하는 방법, 오라클의 경우 플래시백(Flashback) 기능을 사용해 복구하는 방법, Redo 로그 및 아카이브 로그 분석을 사용하는 방법, 데이터베이스 트리거를 활용하는 방법 등 여러 방법이 있지만, 이러한 방법은 모두 복잡하고 전문적인 지식을 요구한다. 이들은 SQLD의 범위 를 넘어서므로 여기서는 자세한 설명은 생략한다.

▪ 오토커밋(Auto-commit): 일부 데이터베이스 시스템에서는 SQL 문이 실행될 때마다 자동으로 COMMIT을 수행하는 자동 커밋 모드를 사용할 수 있다. 오토커밋이 활성화된 경우, 각 SQL 문이 실 행될 때마다 트랜잭션이 자동으로 종료된다.

▪ COMMIT 예시

```
-- 1. EMP_MNG 테이블의 YONGMOON, YONGMOON2를 삭제
DELETE FROM
    EMP
```

```
WHERE
        ENAME = 'YONGMOON'
        OR ENAME = 'YONGMOON2' ;
```

EMPNO	ENAME	JOB	MGR	HIREDATE	SAL	COMM	DEPTNO
7369	SMITH	CLERK	7902	1980–12–17	800	NULL	20
7499	ALLEN	SALESMAN	7698	1981–02–20	1600	300	30
7902	FORD	ANALYST	7566	1981–12–03	3000	NULL	20
7934	MILLER	CLERK	7782	1982–01–23	1300	NULL	10

EMP_MNG 테이블에서 YONGMOON, YONGMOON2 삭제

```
-- 2. 새로운 직원을 EMP 테이블에 추가
INSERT INTO EMP (EMPNO, ENAME, JOB, MGR, HIREDATE, SAL, COMM, DEPTNO)
VALUES (7935, 'JAMESBOND', 'ANALYST', 7566, TO_DATE('2023-08-19', 'YYYY-MM-DD'), 3500, NULL, 20);
```

EMPNO	ENAME	JOB	MGR	HIREDATE	SAL	COMM	DEPTNO
7369	SMITH	CLERK	7902	1980–12–17	800	NULL	20
7499	ALLEN	SALESMAN	7698	1981–02–20	1600	300	30
7902	FORD	ANALYST	7566	1981–12–03	3000	NULL	20
7934	MILLER	CLERK	7782	1982–01–23	1300	NULL	10
7935	JAMESBOND	ANALYST	7566	2023–08–19	3500	NULL	20

EMP 테이블에 새로운 직원 추가

```
-- 3. 특정 직원의 급여를 10% 인상 (EMPNO가 7935인 'JAMESBOND')
UPDATE
        EMP
SET
        SAL = SAL * 1.1
WHERE
        EMPNO = 7935;
```

EMPNO	ENAME	JOB	MGR	HIREDATE	SAL	COMM	DEPTNO
7935	JAMESBOND	ANALYST	7566	2023–08–19	3850	NULL	20

EMPNO가 7935인 직원의 급여를 10% 인상

```
-- 4. 특정 직원의 부서 번호를 30번으로 변경 (EMPNO가 7902인 FORD)
UPDATE
      EMP
SET
      DEPTNO = 30
WHERE
      EMPNO = 7902;
```

EMPNO	ENAME	JOB	MGR	HIREDATE	SAL	COMM	DEPTNO
7902	FORD	ANALYST	7566	1981-12-03	3000	NULL	30

EMPNO가 7902인 직원의 부서 번호를 30번으로 변경 ─┘

```
-- 5. 모든 변경 사항을 확정
COMMIT ;
```

Name	Value
Updated Rows	0
Query	COMMIT
Start time	Mon Aug 19 12:40:49 KST 2024
Finish time	Mon Aug 19 12:40:49 KST 2024

─── 커밋(모든 변경 사항 확정)

(2) ROLLBACK

① ROLLBACK의 기초 개념

- ROLLBACK 문은 데이터베이스 트랜잭션에서 이루어진 모든 변경 사항을 취소하고, 트랜잭션이 시작된 시점으로 되돌리는 명령어다. ROLLBACK을 사용하면 트랜잭션 내에서 수행된 모든 SQL 명령이 취소되며, 데이터베이스는 변경 이전의 상태로 복구된다.

- ROLLBACK은 트랜잭션 중간에서 사용될 수 있으며, COMMIT 이전의 모든 작업을 되돌린다. 예를 들어, 여러 개의 UPDATE 문이 실행된 후 문제가 발생하면, ROLLBACK을 사용하여 모든 UPDATE 작업을 취소할 수 있다.

- ROLLBACK은 특정 지점까지 되돌릴 수 있다. 이를 위해 SAVEPOINT를 설정하고, ROLLBACK TO SAVEPOINT를 사용하여 트랜잭션의 일부분만 취소할 수 있다.

② ROLLBACK 예시

```
-- 1. 특정 직원의 급여를 40% 인상 (EMPNO가 7935인 'JAMESBOND')
UPDATE

      EMP

SET

      SAL = SAL * 1.4          ┐── EMPNO가 7935인 직원의 급여를 40% 인상

WHERE

      EMPNO = 7935;


-- 2. 특정 직원의 부서 번호를 30번으로 변경 (EMPNO가 7935인 'JAMESBOND')
UPDATE

      EMP

SET

      DEPTNO = 30          ┐── EMPNO가 7935인 직원의 DEPTNO를 30으로 업데이트

WHERE

      EMPNO = 7935;


-- 3 모든 변경 사항을 취소

ROLLBACK;          ┐── 모든 변경 사항 취소
```

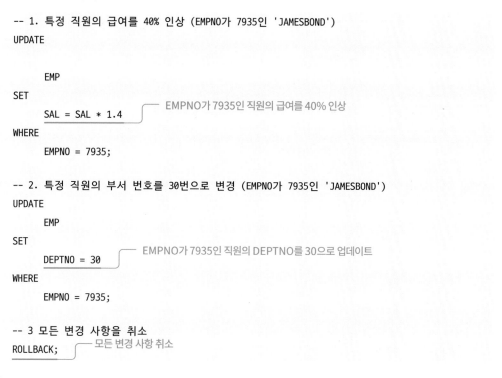

【 쿼리 수행하고 ROLLBACK 적용 전 】

EMPNO	ENAME	JOB	MGR	HIREDATE	SAL	COMM	DEPTNO
7935	JAMESBOND	ANALYST	7566	2023-08-19	5390	NULL	30

【 ROLLBACK 적용 후 】

EMPNO	ENAME	JOB	MGR	HIREDATE	SAL	COMM	DEPTNO
7935	JAMESBOND	ANALYST	7566	2023-08-19	3850	NULL	20

 참고

만약 ROLLBACK 후에도 데이터값이 그대로인 경우

- DBeaver 설정이 기본값으로 오토커밋이 설정되어 있을 수 있다.

- 상단 메뉴에서 [윈도우] → [설정]을 클릭해 환경 설정 창을 열고, 왼쪽 창에서 [연결] → [연결 유형]을 선택한 다음 'Auto-commit by default'가 체크돼 있으면 체크를 해제한다.

- 체크를 해제한 후에는 반드시 DBeaver를 종료하고 재시작해야 한다.

- DBeaver 설정이 기본값으로 오토커밋이 설정된 경우, 쿼리문마다 자동으로 COMMIT된다.

- 실습 후에는 다시 'Auto-commit by default'를 체크하여 편하게 실습하는 것이 좋다.

(3) SAVEPOINT

TIP _ 시험에 TCL 명령어 문제는 COMMIT, ROLLBACK, SAVEPOINT가 항상 묶어서 출제됩니다. COMMIT과 SAVEPOINT를 중간에 섞어두고 나중에 ROLLBACK했을 때의 결과를 묻는 문제 유형이 꼭 시험에 나옵니다.

① SAVEPOINT의 기초 개념

- SAVEPOINT는 트랜잭션 내에서 특정 지점을 설정하여 그 지점까지의 작업을 안전하게 저장해두고, 이후에 문제가 발생하면 해당 지점으로 롤백할 수 있도록 하는 기능이다. SAVEPOINT를 사용하면 트랜잭션을 여러 단계로 나누어 관리할 수 있어, 필요할 경우 트랜잭션 전체를 취소하지 않고 특정 시점 이후의 작업만 취소할 수 있다.

- ROLLBACK TO savepoint_name 구문은 지정된 SAVEPOINT 이후에 수행된 모든 작업을 취소한다. 하지만 SAVEPOINT 이전의 작업은 취소되지 않고 그대로 유지한다.

- 트랜잭션 내에서 여러 개의 SAVEPOINT를 설정할 수 있다. 이때 COMMIT을 실행하면 트랜잭션 내의 모든 작업이 확정되며, 모든 SAVEPOINT는 삭제된다. ROLLBACK 명령을 실행하면 트랜잭션 전체가 취소되고, 역시 모든 SAVEPOINT가 삭제된다.

② SAVEPOINT 예시

```
-- 트랜잭션 시작
BEGIN;
——— 트랜잭션 시작

-- 1. 첫 번째 INSERT
INSERT INTO EMP (EMPNO, ENAME, JOB, SAL, DEPTNO)
VALUES (8001, 'AAAAA', 'CLERK', 1500, 10);
```
EMPNO가 8001인 직원을 EMP 테이블에 추가

```
-- 2. 첫 번째 SAVEPOINT 설정
SAVEPOINT sp1;
——————— 첫 번째 SAVEPOINT 설정

-- 3. 두 번째 INSERT
INSERT INTO EMP (EMPNO, ENAME, JOB, SAL, DEPTNO)
VALUES (8002, 'BBBBB', 'MANAGER', 2500, 20);
```
EMPNO가 8002인 직원을 EMP 테이블에 추가

```
-- 4. 두 번째 SAVEPOINT 설정
SAVEPOINT sp2;
——————— 두 번째 SAVEPOINT 설정

-- 5. 세 번째 INSERT
INSERT INTO EMP (EMPNO, ENAME, JOB, SAL, DEPTNO)
VALUES (8003, 'CCCCC', 'ANALYST', 3000, 30);
```
EMPNO가 8003인 직원을 EMP 테이블에 추가

```
-- 6. 오류 발생으로 인해 두 번째 SAVEPOINT로 롤백
ROLLBACK TO sp2;    두 번째 SAVEPOINT로 롤백
——————————    → 세 번째 INSERT (EMPNO 8003)가 취소됨
-- 7. COMMIT 실행으로 나머지 트랜잭션 확정
COMMIT;    COMMIT(나머지 트랜잭션 확정)
————    → 첫 번째와 두 번째 INSERT가 영구적으로 데이터베이스에 저장됨
```

EMP 테이블에는 두 개의 새로운 레코드가 추가됨
EMPNO: 8001, ENAME: 'AAAAA', JOB: 'CLERK', SAL: 1500, DEPTNO: 10
EMPNO: 8002, ENAME: 'BBBBB', JOB: 'MANAGER', SAL: 2500, DEPTNO: 20
EMPNO 8003인 레코드는 롤백으로 인해 테이블에 추가되지 않음

01. 다음 SQL 실행 흐름에서 최종적으로 EMPLOYEE 테이블에 남아있는 데이터는 무엇인가?

```
INSERT INTO EMPLOYEE (EMP_ID, EMP_NAME) VALUES (101, '홍길동');
SAVEPOINT SP1;
INSERT INTO EMPLOYEE (EMP_ID, EMP_NAME) VALUES (102, '이순신');
ROLLBACK TO SP1;
COMMIT;
```

① EMPLOYEE 테이블에 데이터가 없다.

② EMPLOYEE 테이블에 EMP_ID 101, 102 데이터가 있다.

③ EMPLOYEE 테이블에 EMP_ID 101 데이터만 있다.

④ EMPLOYEE 테이블에 EMP_ID 102 데이터만 있다.

02. 다음 중 COMMIT 명령어에 대한 설명으로 가장 적절하지 않은 것은?

① COMMIT은 현재 트랜잭션에 대한 모든 변경 사항을 데이터베이스에 반영한다.

② COMMIT 이후에는 변경 사항을 다시 롤백할 수 있다.

③ COMMIT은 성공적으로 완료된 트랜잭션을 종료한다.

④ COMMIT은 TCL(트랜잭션 제어어) 중 하나이다.

03. 다음 SQL 실행 결과로 최종적으로 EMPLOYEE 테이블에 남아 있는 데이터는 무엇인가?

```
BEGIN;
INSERT INTO EMPLOYEE (EMP_ID, EMP_NAME, SALARY) VALUES (101, '홍길동', 3000);
SAVEPOINT SP1;
INSERT INTO EMPLOYEE (EMP_ID, EMP_NAME, SALARY) VALUES (102, '이순신', 4000);
SAVEPOINT SP2;
ROLLBACK TO SP1;
INSERT INTO EMPLOYEE (EMP_ID, EMP_NAME, SALARY) VALUES (103, '김유신', 5000);
COMMIT;
```

① EMP_ID: 101

② EMP_ID: 101, 102

③ EMP_ID: 101, 103

④ EMP_ID: 101, 102, 103

【 정답&해설 】

01. 답: ③

해설: ROLLBACK TO SP1 명령어로 SP1 이후 작업(EMP_ID 102 삽입)이 취소된다. 이후 COMMIT이 실행되므로 EMP_ID 101 데이터만 테이블에 남는다.

해설: COMMIT 이후에는 변경 사항이 데이터베이스에 반영되므로 다시 롤백할 수 없다. 이 설명은 틀렸다.

03. 답: ③

해설: ROLLBACK TO SP1로 SP1 이후의 작업(EMP_ID 102 삽입)이 취소된다. 이후 EMP_ID 103 데이터가 삽입된다. COM-MIT으로 EMP_ID 101, 1030이 최종적으로 반영된다.

3. DDL(데이터 정의어, Data Definition Language)

(1) CREATE TABLE

① DDL 명령어 기초 개념

- DDL(Data Definition Language)은 데이터베이스에서 테이블, 인덱스, 뷰, 스키마 등 데이터베이스 객체를 정의하고 관리하기 위한 SQL 명령어들의 집합이다.

- DDL 명령어를 사용하면 데이터베이스의 구조를 생성, 수정, 삭제할 수 있다. 이 명령어들은 데이터의 정의와 관련된 작업을 수행하며, 주로 데이터베이스 관리자(DBA)나 개발자가 데이터베이스의 구조를 설계하고 관리할 때 사용한다.

② DDL 명령어의 특징

- 자동 커밋: 대부분의 DDL 명령어는 실행 후 자동으로 커밋되며, 이로 인해 ROLLBACK을 사용할 수 없다. 즉, 실행된 DDL 명령어는 취소할 수 없다.

- 데이터 정의: DDL 명령어는 데이터 자체가 아닌 데이터 구조를 정의하고 변경한다. 이로 인해 데이터베이스의 스키마를 설계하거나 유지 보수하는 데 주로 사용된다.

- 데이터 무결성 보장: DDL 명령어를 통해 테이블과 데이터베이스 객체를 정의할 때 제약 조건을 설정하여 데이터 무결성을 보장할 수 있다. 예를 들어, PRIMARY KEY, FOREIGN KEY, UNIQUE, NOT NULL 등의 제약 조건을 사용하여 데이터의 일관성을 유지할 수 있다.

③ CREATE TABLE

- CREATE TABLE 명령은 데이터 정의어(DDL) 중 하나로, 데이터베이스에 새로운 테이블을 생성하는 SQL 명령어다. 이 명령어를 사용하여 테이블의 이름, 칼럼(column), 데이터 타입, 제약 조건 등

을 정의할 수 있다. 테이블이 생성되면 데이터베이스에 저장될 데이터를 관리할 수 있는 구조가 만들어지며, 이후 데이터 조작어(DML) 명령어를 사용하여 데이터를 삽입, 조회, 수정, 삭제할 수 있다.

■ CREATE TABLE 형식

```
CREATE TABLE 테이블명
    (
    , 칼럼1 데이터타입 [제약조건]
    , 칼럼2 데이터타입 [제약조건]
    ...
    ) ;
```

【해설】

- 테이블의 기본 구조: 테이블은 행(row)과 칼럼(column)으로 구성된 2차원 구조를 가지며, 각각의 칼럼에는 특정 데이터 타입과 제약 조건을 정의할 수 있다. 각 칼럼은 테이블 내에서 고유한 이름을 가져야 하며, 특정 데이터 타입을 가지도록 설정된다.

- 데이터 타입: 각 칼럼은 저장할 데이터의 종류에 따라 적절한 데이터 타입을 가져야 한다. 예를 들어, 숫자를 저장하기 위한 NUMBER, 날짜를 저장하기 위한 DATE, 문자를 저장하기 위한 VARCHAR2 등이 있다.

- 제약 조건(Constraints): 테이블을 생성할 때 각 칼럼에 대해 제약 조건을 설정할 수 있다. 제약 조건은 데이터 무결성을 보장하기 위해 사용된다. 주요 제약 조건으로는 PRIMARY KEY, FOREIGN KEY, UNIQUE, NOT NULL, CHECK 등이 있다.

- 기본 키(Primary Key): PRIMARY KEY는 테이블에서 각 행을 고유하게 식별하기 위한 칼럼 또는 칼럼들의 집합이다. 기본 키로 설정된 칼럼은 고유한 값을 가지며, NULL 값을 가질 수 없다.

■ CREATE TABLE 예시

```
CREATE TABLE STUDENT
    (
    STUDENT_ID NUMBER(5) PRIMARY KEY —— 기본키, 최대 5자리의 숫자 저장
    , NAME VARCHAR2(50) NOT NULL —— 최대 50자까지의 문자 저장, NOT NULL 제약 조건(빈 값 가질 수 없음)
    , AGE NUMBER(3) —— 최대 3자리 숫자 저장
    , ENROLL_DATE DATE DEFAULT SYSDATE —— 기본값(=현재 날짜), DATE 타입 칼럼
    , DEPT_ID NUMBER(3) REFERENCES DEPARTMENT(DEPT_ID) —— DEPARTMENT 테이블의
                                                          DEPT_ID 칼럼을 참조하는 외래 키로 설정
    ) ;
```

④ 참조 무결성 유지를 위한 CREATE TABLE 옵션

■ 참조 무결성(Referential Integrity)은 데이터베이스에서 두 테이블 간의 관계를 정의하고, 데이터의 일관성을 유지하기 위해 사용하는 제약 조건이다. 이 제약 조건은 외래 키(Foreign Key)를 통해 정의 되며, 한 테이블의 칼럼이 다른 테이블의 기본 키(Primary Key)나 고유 키(Unique Key)를 참조하 도록 한다. 참조 무결성 규정을 적용함으로써 데이터베이스 내에서 잘못된 데이터 참조를 방지할 수 있다.

■ CASCADE: 부모 테이블의 행이 삭제되거나 업데이트될 때 자식 테이블의 해당 외래 키를 참조하는 행들도 자동으로 삭제되거나 업데이트된다. 이 옵션은 외래 키에 ON DELETE CASCADE 또는 ON UPDATE CASCADE와 함께 사용된다.

```
CREATE TABLE CHILD_TABLE_CASCADE
    (
    CHILD_ID NUMBER PRIMARY KEY          데이터의 무결성(Integrity)을
    , PARENT_ID NUMBER                   유지하기 위한 SQL 명령어
    , CONSTRAINT FK_PARENT_CASCADE FOREIGN KEY (PARENT_ID)
    REFERENCES PARENT_TABLE (PARENT_ID) ON DELETE CASCADE
    );
```

【 해설 】

CONSTRAINT는 데이터의 무결성(Integrity)을 유지하기 위한 SQL 명령어다. CONSTRAINT는 테이블이 생성되거나 수정될 때 정의되며, 데이터베이스에 입력되는 데이터가 특정 조건을 충족하도록 강제한다.

별색으로 표시된 부분을 살펴보면, 'FK_PARENT_CASCADE'라는 이름의 외래 키 제약 조건을 생성한다. 이 이름은 임의로 정하는 제약 조건의 이름이며, 다른 이름으로 해도 상관 없다.

· FOREIGN KEY (PARENT_ID) → PARENT_ID 칼럼을 FK(외래키)로 설정한다.

· REFERENCES PARENT_TABLE (PARENT_ID) → PARENT_ID 칼럼을 FK(외래키)로 설정할 때 PARENT_TABLE의 PARENT_ID 칼럼과 연결하여 참조한다.

· ON DELETE CASCADE → 부모 테이블(PARENT_TABLE)에서 레코드가 삭제될 때, 연관된 자식 테이블(CHILD_TABLE_CASCADE)의 레코드도 자동으로 삭제되도록 한다.

즉, 부모 테이블인 PARENT_TABLE 테이블에서 PARENT_ID라는 칼럼과 자식 테이블인 CHILD_TABLE_CASCADE 테이블의 PARENT_ID가 서로 연결된 상태에서, 만약 PARENT_TABLE 테이블

에서 특정 PARENT_ID가 삭제된다면 자식 테이블인 CHILD_TABLE_CASCADE 테이블에서 같은 값을 가지는 PARENT_ID의 데이터도 같이 삭제된다.

ON 다음에 오는 옵션은 부모 테이블과 자식 테이블을 연결한 후, 부모 테이블의 데이터 값 삭제 시 자식 테이블의 값을 어떻게 처리할지를 결정하는 옵션이다. ON 다음에 오는 옵션에는 여러 가지가 있으며, 이 부분은 이어서 자세히 살펴보도록 하자.

- SET NULL: 부모 테이블에서 행이 삭제되면 자식 테이블의 해당 외래 키가 NULL로 설정된다.

```
CREATE TABLE CHILD_TABLE_CASCADE
    (
    CHILD_ID NUMBER PRIMARY KEY
  , PARENT_ID NUMBER
  , CONSTRAINT FK_PARENT_CASCADE FOREIGN KEY (PARENT_ID)
    REFERENCES PARENT_TABLE (PARENT_ID) ON DELETE SET NULL
    );
```
부모 테이블에서 행이 삭제되면 자식 테이블의 해당 외래 키가 NULL로 설정됨

- SET DEFAULT: 부모 테이블에서 행이 삭제되면 자식 테이블의 해당 외래 키가 기본값으로 설정된다.

```
CREATE TABLE CHILD_TABLE_CASCADE
    (
    CHILD_ID NUMBER PRIMARY KEY
  , PARENT_ID NUMBER
  , CONSTRAINT FK_PARENT_CASCADE FOREIGN KEY (PARENT_ID)
    REFERENCES PARENT_TABLE (PARENT_ID) ON DELETE SET DEFAULT
    );
```
부모 테이블에서 행이 삭제되면 자식 테이블의 해당 외래 키가 기본값으로 설정됨

- NO ACTION: 부모 테이블에서 행이 삭제되거나 업데이트될 때 자식 테이블의 외래 키는 아무런 작업도 수행되지 않는다. 자식 테이블에서 참조 중인 부모 테이블의 행을 삭제하려고 하면 오류가 발생한다.

```
CREATE TABLE CHILD_TABLE_CASCADE
    (
    CHILD_ID NUMBER PRIMARY KEY
  , PARENT_ID NUMBER
  , CONSTRAINT FK_PARENT_CASCADE FOREIGN KEY (PARENT_ID)
    REFERENCES PARENT_TABLE (PARENT_ID) ON DELETE NO ACTION
    );
```
부모 테이블에서 행이 삭제되거나 업데이트 될 때 자식 테이블의 외래 키는 아무런 작업도 수행되지 않음

자식 테이블에서 참조 중인 부모 테이블의 행을 삭제하려고 하면 오류가 발생

- RESTRICT: 부모 테이블에서 행이 삭제되거나 업데이트될 때 자식 테이블의 외래 키는 아무런 작업도 수행되지 않으며, 부모 테이블의 행이 참조 중이면 삭제할 수 없다. NO ACTION과 유사하다.

```
CREATE TABLE CHILD_TABLE_CASCADE
    (
    CHILD_ID NUMBER PRIMARY KEY
  , PARENT_ID NUMBER
  , CONSTRAINT FK_PARENT_CASCADE FOREIGN KEY (PARENT_ID)
    REFERENCES PARENT_TABLE (PARENT_ID) ON DELETE RESTRICT
    );
```

부모 테이블에서 행이 삭제되거나 업데이트될 때
자식 테이블의 외래 키는 아무런 작업도 수행되지 않음

부모 테이블의 행이 참조 중이면
삭제할 수 없음

(2) ALTER TABLE

① ALTER TABLE 명령어 기초 개념

- ALTER TABLE 명령어는 데이터베이스에서 기존 테이블의 구조를 수정할 때 사용하는 SQL 명령어다. 이를 통해 테이블에 칼럼을 추가하거나 삭제하고, 칼럼의 데이터 타입을 변경하거나, 제약 조건을 추가 또는 제거하는 등의 작업을 할 수 있다.

- ALTER TABLE은 이미 생성된 테이블의 구조를 변경하고자 할 때 사용되며, 데이터베이스 관리에서 매우 중요한 역할을 한다.

② ALTER TABLE 명령어의 종류

- 칼럼 추가(ADD COLUMN): 테이블에 새로운 칼럼을 추가할 때 사용한다. 새로 추가된 칼럼은 기본적으로 NULL 값을 가지며, 기본값을 지정할 수도 있다. 제약 조건은 생략될 수 있다. NULL 값이 오면 안 되는 경우 제약 조건에 'NOT NULL'을 지정할 수 있으며, NULL 값이 와도 되는 경우에는 생략해도 된다.

```
-- 형식
ALTER TABLE 테이블명
ADD 칼럼명 데이터타입 [제약조건] ;
-- 예시
ALTER TABLE EMPLOYEE
ADD PHONE_NUMBER VARCHAR2(15) NOT NULL ;
```

테이블에 새로운 칼럼을 추가할 때 사용

- 칼럼 삭제(DROP COLUMN): 테이블에서 특정 칼럼을 삭제할 때 사용한다. 칼럼을 삭제하면 해당 칼럼에 저장된 모든 데이터가 삭제되며, 복구할 수 없다.

```
-- 형식
ALTER TABLE 테이블명
DROP COLUMN 칼럼명 ;          테이블에서 특정 칼럼을 삭제할 때 사용

-- 예시
ALTER TABLE EMPLOYEE
DROP COLUMN PHONE_NUMBER;
```

- 칼럼명 변경(RENAME COLUMN): 테이블에서 특정 칼럼의 이름을 변경할 때 사용한다. 이 명령어는 일부 DBMS에서만 지원된다.

```
-- 형식
ALTER TABLE 테이블명
RENAME COLUMN 기존칼럼명 TO 새로운칼럼명 ;

-- 예시                        테이블에서 특정 칼럼의 이름을 변경할 때 사용
ALTER TABLE EMPLOYEE
RENAME COLUMN NAME TO FULL_NAME ;
```

RENAME COLUMN 기능 지원 DBMS

RENAME COLUMN 기능은 DBMS마다 다르게 지원되며, 오라클, PostgreSQL, MySQL, MariaDB, SQL Server에서는 각 DBMS에 맞는 구문을 통해 칼럼 이름을 변경할 수 있다. SQLite의 경우 직접적인 RENAME COLUMN 명령어를 제공하지 않지만, 테이블을 재구성하는 방법으로 칼럼 이름을 변경할 수 있다. 각 DBMS의 지원 여부와 명령어 구문을 이해하고, 그에 맞는 방법을 사용하는 것이 중요하다.

- 칼럼 데이터 타입 변경(MODIFY COLUMN): 테이블에서 특정 칼럼의 데이터 타입을 변경할 때 사용한다. 이 변경은 데이터가 새로운 데이터 타입으로 변환될 수 있는 경우에만 성공한다.

```
-- 형식
ALTER TABLE 테이블명
MODIFY 칼럼명 새로운데이터타입 ;

-- 예시                        테이블에서 특정 칼럼의 데이터 타입을 변경할 때 사용
ALTER TABLE EMPLOYEE
MODIFY SALARY NUMBER(10, 2) ;
```

- 제약 조건 추가(ADD CONSTRAINT): 테이블에 새로운 제약 조건을 추가할 때 사용한다. 제약 조건을 추가하면 데이터의 무결성을 보장할 수 있다.

```
-- 형식
ALTER TABLE 테이블명
ADD CONSTRAINT 제약조건명 제약조건 (칼럼명) ;
-- 예시                          ┐ 테이블에 새로운 제약 조건을 추가할 때 사용
ALTER TABLE EMPLOYEE
ADD CONSTRAINT CHK_SALARY CHECK (SALARY > 0) ;
```

- 제약 조건 삭제(DROP CONSTRAINT): 테이블에서 기존에 정의된 제약 조건을 제거할 때 사용한다. 제약 조건을 제거하면 해당 제약 조건에 의해 보호되던 데이터 무결성이 더 이상 보장되지 않는다.

```
-- 형식
ALTER TABLE 테이블명
DROP CONSTRAINT 제약조건명 ;
-- 예시                          ┐ 테이블에서 기존에 정의된 제약 조건을 제거할 때 사용
ALTER TABLE EMPLOYEE
DROP CONSTRAINT CHK_SALARY ;
```

- 기본값 설정/변경(SET DEFAULT): 테이블에서 특정 칼럼의 기본값을 설정하거나 변경할 때 사용한다.

```
-- 형식
ALTER TABLE 테이블명
MODIFY 칼럼명 데이터타입 DEFAULT 기본값 ;
-- 예시                          ┐ 테이블에서 특정 칼럼의 기본값을 설정하거나 변경할 때 사용
ALTER TABLE EMPLOYEE
MODIFY JOIN_DATE DATE DEFAULT SYSDATE ;
```

(3) RENAME TABLE

① RENAME TABLE 기초 개념

- RENAME TABLE 명령어는 데이터베이스에서 기존 테이블의 이름을 변경할 때 사용하는 SQL 명령어다. 이 명령어를 사용하면 테이블의 이름만 변경되고, 테이블의 구조나 데이터는 그대로 유지된다. 데이터베이스 설계나 관리 과정에서 테이블의 용도를 명확히 하거나 변경된 요구 사항에 맞게 테이블 이름을 수정해야 할 때 유용하다.

- RENAME TABLE 시 주의사항

  - 제약 조건 및 인덱스: 테이블 이름이 변경되면 이 테이블에 관련된 제약 조건, 인덱스, 뷰, 트리거 등도 동일하게 영향을 받는다. 따라서 이들을 참조하는 다른 객체들의 이름이나 참조도 확인해야 한다.

  - 종속성 관리: 테이블 이름이 변경되면 이를 참조하는 모든 SQL 쿼리, 저장 프로시저, 함수 등에서 새로운 이름을 사용해야 하므로 종속성 관리에 주의가 필요하다.

  - 권한: 테이블의 이름이 변경되더라도 기존의 권한 설정은 유지되지만, 이를 관리하는 데 주의가 필요할 수 있다.

② RENAME TABLE 사용법

- 오라클에서 RENAME 명령어 사용

```
-- 형식
RENAME 기존테이블명 TO 변경테이블명 ;
-- 예시
RENAME EMP TO EMP_BACKUP ;
```

- SQL Server에서 sp_rename 명령어 사용

```
-- 형식
sp_rename '기존테이블명', '새테이블명' ;
-- 예시
sp_rename 'EMP', 'EMP_BACKUP' ;
```

(4) DROP TABLE

① DROP TABLE 기초 개념

- DROP TABLE 명령어는 데이터베이스에서 테이블을 삭제할 때 사용하는 SQL 명령어다. 이 명령어를 사용하면 테이블에 저장된 모든 데이터뿐만 아니라, 테이블 자체와 관련된 모든 제약 조건, 인덱스, 트리거 등도 함께 삭제된다. 삭제된 테이블은 복구할 수 없으며, 이를 사용하려면 다시 생성해야 한다.

- DROP TABLE 명령어는 데이터베이스 관리에서 테이블을 완전히 제거할 때 사용된다. 이 명령어는 테이블과 그 안의 모든 데이터를 삭제하기 때문에 실행할 때 주의가 필요하다. 테이블을 삭제하면 그 테이블에 의존하는 모든 데이터베이스 객체(예: 뷰, 저장 프로시저 등)도 영향을 받을 수 있다.

- DROP TABLE 시 주의사항

  · 데이터 손실: DROP TABLE 명령어를 실행하면 테이블과 그 안의 데이터가 영구적으로 삭제된다. 삭제된 테이블은 복구할 수 없으며, 이를 다시 사용하려면 새로 생성해야 한다.

  · 관련 객체 삭제: 테이블에 연결된 제약 조건, 인덱스, 트리거, 뷰 등도 함께 삭제된다. 이로 인해 데이터베이스의 다른 부분에서 문제가 발생할 수 있으므로 주의해야 한다.

  · 종속성 관리: 테이블이 삭제되면 이 테이블을 참조하는 모든 객체(예: 외래 키가 있는 다른 테이블, 뷰, 저장 프로시저 등)도 영향을 받게 된다. 이러한 종속성을 고려하여 삭제를 진행해야 한다.

② DROP TABLE 사용법

- 오라클에서 DROP TABLE 명령어 사용

```
-- 형식
DROP TABLE 테이블명 ;
-- 예시
DROP TABLE EMP_BACKUP ;
```

(5) TRUNCATE TABLE

① TRUNCATE TABLE 기초 개념

- TRUNCATE TABLE 명령어는 데이터베이스에서 테이블의 모든 데이터를 빠르게 삭제할 때 사용하는 SQL 명령어다. TRUNCATE TABLE을 사용하면 테이블 구조는 그대로 유지하면서 테이블의 모든 행을 삭제한다.

- 이 명령어는 일반적으로 DELETE 명령어보다 빠르게 데이터를 삭제하며, DELETE와 달리 각 행의 삭제 작업이 개별적으로 기록되지 않는다. 또한, TRUNCATE TABLE은 데이터 삭제 후 ROLLBACK으로 되돌릴 수 없다.

- TRUNCATE TABLE은 내부적으로 테이블에서 데이터를 삭제하는 대신, 테이블의 데이터를 포함하는 영역을 초기화하는 방식으로 동작하므로 일반적으로 DELETE보다 훨씬 빠르다. TRUNCATE TABLE은 테이블에서 모든 행을 삭제하지만, 개별 행의 삭제 작업을 기록하지 않기 때문에 성능이 향상된다.

- TRUNCATE TABLE 명령어는 자동으로 커밋된다. 즉, 실행 후 ROLLBACK으로 삭제된 데이터를 복구할 수 없다. 데이터베이스 트랜잭션에서 TRUNCATE 명령어를 실행하면 트랜잭션이 강제로 커밋된다.

- DROP TABLE 명령과 TRUNCATE TABLE의 차이

특성	DROP TABLE	TRUNCATE TABLE
구조와 데이터	테이블 구조와 데이터 모두 제거	데이터만 삭제, 구조 유지
속도	일반적으로 빠름	대량 데이터 삭제에 효율적
롤백	트랜잭션 내에서 롤백 가능	대부분 자동 커밋, 롤백 불가
권한	높은 수준의 권한 필요	상대적으로 낮은 권한으로 실행 가능
참조 무결성	외래 키로 인해 제한 가능	보통 참조 무결성 문제없음
인덱스와 트리거	모두 제거	유지

② TRUNCATE TABLE 사용법

```
-- 형식
TRUNCATE TABLE 테이블명 ;
-- 예시
TRUNCATE TABLE EMP_BACKUP ;
```

참고
인덱스

인덱스(Index)는 데이터베이스에서 검색 성능을 향상시키기 위해 사용하는 자료구조이다. 책의 목차처럼, 특정 데이터를 빠르게 찾을 수 있도록 데이터를 정렬하고 관리한다. DML(INSERT, UPDATE, DELETE) 사용 시 인덱스도 함께 갱신되므로 작업이 느려질 수 있으며, 과도한 인덱스 사용은 비효율을 유발할 수 있다. B-Tree 인덱스, Bitmap 인덱스, Unique 인덱스, Composite(복합) 인덱스 등이 있다. 이중에서 B-Tree 인덱스가 가장 일반적인 인덱스이며, 특정 칼럼에 대해 정렬된 구조를 가지고 있어서 테이블 전체를 스캔하지 않고도 원하는 데이터에 빠르게 접근할 수 있다.

2과목 / 3장 / 3절 / 핵·심·문·제

01. 다음 SQL을 실행했을 때 올바른 설명을 고르시오.

```
CREATE TABLE EMPLOYEE (
    EMP_ID NUMBER PRIMARY KEY,
    EMP_NAME VARCHAR2(50) NOT NULL,
    DEPT_ID NUMBER
);
```

① EMPLOYEE 테이블은 EMP_ID가 기본키로 설정되며, EMP_NAME은 NULL을 허용한다.

② EMPLOYEE 테이블은 EMP_NAME이 NULL을 허용하지 않으며, EMP_ID는 중복될 수 없다.

③ EMPLOYEE 테이블은 기본키 제약 조건을 설정하지 않았다.

④ EMPLOYEE 테이블은 EMP_ID와 EMP_NAME이 모두 중복과 NULL을 허용하지 않는다.

02. **다음 SQL 실행 결과로 가장 적절한 설명을 고르시오.**

```
DROP TABLE EMPLOYEE CASCADE CONSTRAINTS;
```

① EMPLOYEE 테이블이 삭제되며, 관련된 제약 조건도 모두 삭제된다.

② EMPLOYEE 테이블이 삭제되며, 데이터는 남아 있다.

③ EMPLOYEE 테이블만 삭제되고, 관련된 제약 조건은 유지된다.

④ EMPLOYEE 테이블 삭제는 실패한다.

03. **다음 SQL을 실행한 후 EMPLOYEE 테이블의 SALARY 칼럼에 대한 제약 조건이 유지되는지 확인하는 방법으로 적절한 것은?**

```
ALTER TABLE EMPLOYEE
MODIFY SALARY NUMBER(12, 2);
```

① EMPLOYEE 테이블의 SALARY 값이 NULL인지 확인한다.

② EMPLOYEE 테이블의 데이터 타입 변경이 실패하는지 확인한다.

③ SALARY 칼럼의 제약 조건이 삭제되었는지 확인한다.

④ 데이터 타입 변경 후에도 기존 제약 조건은 유지된다.

【 정답&해설 】

01. **답: ②**

해설: EMP_ID는 PRIMARY KEY로 설정되어 중복과 NULL을 허용하지 않는다. EMP_NAME은 NOT NULL로 설정되어 NULL 값을 허용하지 않는다.

02. **답: ①**

해설: DROP TABLE ... CASCADE CONSTRAINTS는 테이블과 테이블에 정의된 제약 조건(FOREIGN KEY 등)을 모두 삭제한다.

03. **답: ④**

해설: ALTER TABLE ... MODIFY는 데이터 타입을 변경해도 기존의 제약 조건은 유지된다.

4. DCL(데이터 제어어: Data Control Language)

(1) 유저와 권한

① DCL 명령의 기초 개념

- DCL(Data Control Language) 구문은 데이터베이스에서 사용자 권한을 관리하고 제어하는 데 사용되는 SQL 명령어다.

- DCL은 주로 데이터베이스 관리자(DBA)가 데이터베이스 사용자와 그들이 수행할 수 있는 작업을 관리하기 위해 사용된다. DCL의 주요 명령어로는 GRANT와 REVOKE가 있으며, 이를 통해 사용자의 권한을 부여하거나 회수할 수 있다.

② 유저

- 유저는 데이터베이스에 접근할 수 있는 계정을 의미한다. 각 사용자는 고유한 유저 이름과 비밀번호를 가지며, 이 계정을 통해 데이터베이스에 로그인하여 작업을 수행할 수 있다.

- 데이터베이스 관리자는 새로운 유저를 생성하거나 유저의 권한을 설정하고 관리할 수 있다.

```
CREATE USER 유저명 IDENTIFIED BY 패스워드 ;
```

③ 권한

- 권한은 사용자가 데이터베이스에서 수행할 수 있는 작업의 범위를 정의한다. 권한은 일반적으로 데이터베이스 객체(예: 테이블, 뷰)나 특정한 SQL 명령어(예: SELECT, INSERT, UPDATE, DELETE)에 대한 접근을 제어하는 데 사용된다.

- 권한은 사용자에게 직접 부여할 수 있으며, 특정 역할(Role)에 권한을 부여하고, 해당 역할을 사용자에게 부여할 수도 있다.

【 주요 권한 】

시스템 권한(System Privileges)	데이터베이스 전체에 영향을 미치는 작업에 대한 권한이다. 예】CREATE TABLE, CREATE USER, ALTER SYSTEM 등
객체 권한(Object Privileges)	특정 데이터베이스 객체(예: 테이블, 뷰, 프로시저)에 대한 접근 권한이다. 예】SELECT, INSERT, UPDATE, DELETE 등

(2) GRANT & REVOKE 명령어

① GRANT 명령어

- GRANT 명령어는 사용자나 역할(Role)에게 특정 권한을 부여하는 데 사용된다. 권한을 부여받은 사용자는 해당 권한에 따라 데이터베이스 작업을 수행할 수 있다.

```
-- 형식
GRANT 권한명 ON 객체명 TO 유저명 ;
-- 예시: bbigter 사용자에게 EMP 테이블에 대한 SELECT(조회)와 INSERT(삽입) 권한을 부여한다.
GRANT SELECT, INSERT ON EMP TO bbigter;
```

- WITH GRANT OPTION: 유저가 부여받은 권한을 다른 사용자에게 다시 부여할 수 있도록 허용하는 옵션이다.

```
GRANT SELECT ON EMP TO bbigter WITH GRANT OPTION;
```

② REVOKE 명령어

- REVOKE 명령어는 유저나 역할(Role)로부터 특정 권한을 회수하는 데 사용된다. 권한이 회수된 사용자는 해당 권한에 따른 작업을 더 이상 수행할 수 없다.

```
-- 형식
REVOKE 권한명 ON 객체명 FROM 유저명 ;
-- 예시: bbigter 사용자에게 EMP 테이블에 대한 SELECT(조회)와 INSERT(삽입) 권한을 회수한다.
REVOKE SELECT, INSERT ON EMP TO bbigter  ;
```

(3) Role을 이용한 권한 부여

① Role 기초 개념

- Role은 여러 권한을 하나로 묶어 관리할 수 있는 방법이다. 예를 들어, 특정 부서의 모든 직원에게 동일한 데이터베이스 권한이 필요할 때 각각의 사용자에게 개별적으로 권한을 부여하는 대신, Role을 생성하고 해당 Role에 필요한 권한을 부여한 후, 이를 사용자들에게 할당할 수 있다.

- Role을 사용하면 사용자의 권한 관리를 일괄적으로 할 수 있어 관리가 용이해지고 오류의 가능성을 줄일 수 있다.

② Role을 이용한 권한 부여

- Role 생성: 새로운 Role을 생성하기 위해 CREATE ROLE 명령어를 사용한다.

```
-- 형식
CREATE ROLE  Role명칭 ;
-- 예시: hr_role이라는 이름의 새로운 Role을 생성한다.
CREATE ROLE hr_role ;
```

- Role에 권한 부여: GRANT 명령으로 생성된 Role에 특정 권한을 부여할 수 있다. 이 권한은 시스템 권한 또는 객체 권한일 수 있다.

```
-- 예시: hr_role에 EMP 테이블에 대한 SELECT와 INSERT 권한을 부여하고, 테이블 생성 권한도
부여한다.
GRANT SELECT, INSERT ON EMP TO hr_role;
GRANT CREATE TABLE TO hr_role;
```

- 사용자에게 Role 할당: 권한이 부여된 Role을 사용자에게 할당하기 위해 GRANT 명령어를 사용한다.

```
-- 예시: bbigter 유저에게 hr_role을 할당하여, 해당 Role이 가진 모든 권한을 부여한다.
GRANT hr_role TO bbigter ;
```

- 사용자에게 부여된 Role 회수: 사용자가 더 이상 특정 Role에 속하지 않도록 하려면 REVOKE 명령어를 사용하여 해당 Role을 회수할 수 있다.

```
-- 예시: bbigter 유저로부터 hr_role을 회수하여 더 이상 해당 Role의 권한을 사용하지 못하게
한다.
REVOKE hr_role FROM bbigter ;
```

- Role 삭제: 더 이상 필요하지 않은 Role은 삭제할 수 있다. Role을 삭제하면 이 Role에 속한 모든 사용자들은 해당 Role로부터 부여받은 권한을 잃게 된다.

```
-- 예시
DROP ROLE hr_role ;
```

01. 다음 SQL 실행 결과로 적절하지 않은 것을 고르시오.

```
GRANT SELECT ON EMPLOYEE TO PUBLIC;
```

① EMPLOYEE 테이블에 대해 모든 사용자가 SELECT 권한을 갖게 된다.
② GRANT 명령어에서 PUBLIC은 데이터베이스의 모든 사용자 그룹을 의미한다.
③ 특정 사용자(USER1)만 SELECT 권한을 부여받는다.
④ EMPLOYEE 테이블의 SELECT 권한은 별도로 회수(REVOKE)하지 않는 한 유지된다.

02. 다음 SQL에 대한 설명 중 틀린 것을 고르시오.

```
GRANT SELECT, INSERT ON EMPLOYEE TO USER1 WITH GRANT OPTION;
```

① USER1은 EMPLOYEE 테이블에 SELECT와 INSERT 권한을 갖는다.
② USER1은 부여받은 권한을 다른 사용자에게 다시 부여할 수 있다.
③ GRANT 명령어에 WITH GRANT OPTION을 사용하면 부여받은 권한을 전달할 수 있다.
④ USER1은 GRANT OPTION을 사용해 다른 사용자의 권한을 REVOKE할 수 있다.

03. 다음 SQL 실행 흐름에서 USER1의 권한 상태를 올바르게 설명한 것은?

```
GRANT SELECT ON EMPLOYEE TO USER1;
REVOKE SELECT ON EMPLOYEE FROM USER1;
GRANT INSERT ON EMPLOYEE TO USER1;
```

① USER1은 EMPLOYEE 테이블에 대해 SELECT와 INSERT 권한을 갖는다.
② USER1은 EMPLOYEE 테이블에 대해 INSERT 권한만 갖는다.
③ USER1은 EMPLOYEE 테이블에 대해 권한이 없다.
④ USER1은 EMPLOYEE 테이블에 대해 SELECT 권한만 갖는다.

【 정답&해설 】

01. **답:** ③
해설: PUBLIC은 모든 사용자 그룹을 의미하므로 특정 사용자에게만 권한이 부여되지는 않는다.

02. **답:** ④
해설: WITH GRANT OPTION은 권한을 전달할 수 있지만 다른 사용자의 권한을 회수(REVOKE)할 수는 없다.

03. **답:** ②
해설: SELECT 권한은 REVOKE로 회수되었고, 이후 INSERT 권한이 부여되었으므로 INSERT 권한만 남는다.

01. 다음 중 데이터 정의어(DDL)에 속하지 않는 명령어는?

① CREATE ② DROP

③ INSERT ④ ALTER

02. 다음 중 오류 없이 실행될 수 있는 올바른 INSERT 문은 무엇인가?

```
CREATE TABLE EMPLOYEE (
EMP_ID NUMBER PRIMARY KEY
, EMP_NAME VARCHAR2(50) NOT NULL
, SALARY NUMBER(10,2)
, DEPT_CODE CHAR(3)
);
```

① INSERT INTO EMPLOYEE VALUES(1001, 'John Doe', 5000, 'HR1');

② INSERT INTO EMPLOYEE(EMP_ID, EMP_NAME) VALUES(1002, 'Jane Smith');

③ INSERT INTO EMPLOYEE VALUES(1003, NULL, 6000, 'IT2');

④ INSERT INTO EMPLOYEE(EMP_ID, EMP_NAME, SALARY) VALUES(1004, 'Mike Johnson', '7000');

03. 다음 중 오류 없이 실행될 수 있는 올바른 INSERT 문은 무엇인가?

```
CREATE TABLE ORDER_DETAILS (
ORDER_ID NUMBER PRIMARY KEY
, CUSTOMER_ID NUMBER NOT NULL
, ORDER_DATE DATE DEFAULT SYSDATE
, TOTAL_AMOUNT NUMBER(10,2) CHECK (TOTAL_AMOUNT > 0)
);
```

① INSERT INTO ORDER_DETAILS VALUES(1001, 5001, '2023-05-01', 0);

② INSERT INTO ORDER_DETAILS(ORDER_ID, CUSTOMER_ID, TOTAL_AMOUNT) VALUES(1002, 5002, -100);

③ INSERT INTO ORDER_DETAILS(ORDER_ID, CUSTOMER_ID) VALUES(1003, 5003);

④ INSERT INTO ORDER_DETAILS VALUES(1004, NULL, SYSDATE, 500);

04. 다음 SQL 문장을 실행할 경우 발생하는 결과로 올바른 것은?

```
GRANT SELECT, INSERT ON EMPLOYEES TO USER_A;
```

① USER_A는 EMPLOYEES 테이블에 대해 SELECT 및 INSERT 권한을 가진다.

② USER_A는 EMPLOYEES 테이블을 삭제할 수 있다.

③ USER_A는 EMPLOYEES 테이블의 구조를 변경할 수 있다.

④ USER_A는 EMPLOYEES 테이블의 데이터를 삭제할 수 있다.

05. 다음 SQL의 결과로 가장 적절한 것은 무엇인가?

【 SAMPLE 테이블: EMP 】

EMPNO	ENAME	DEPTNO	SALARY
7369	SMITH	20	800
7566	JONES	20	2975
7788	SCOTT	20	3000
7876	ADAMS	20	1100
7902	FORD	20	3000
7499	ALLEN	30	1600

```
UPDATE EMP SET SALARY = SALARY * 1.1 WHERE DEPTNO = 20;
```

① 6개 행이 수정된다.　　　　　　② 5개 행이 수정된다.

③ 1개 행이 수정된다.　　　　　　④ 0개 행이 수정된다.

06. 다음 SQL을 순서대로 수행한 결과로 EMPLOYEE 테이블의 데이터로 가장 적절한 것은 무엇인가?

```
MERGE INTO EMPLOYEE A
USING TEMP_EMPLOYEE B
  ON (A.EMP_ID = B.EMP_ID)
WHEN MATCHED THEN
  UPDATE SET A.SALARY = B.SALARY
WHEN NOT MATCHED THEN
  INSERT(EMP_ID, EMP_NAME, SALARY) VALUES(B.EMP_ID, B.EMP_NAME, B.SALARY);
```

【 EMPLOYEE 테이블 초기 상태 】

EMP_ID	EMP_NAME	SALARY
101	John	50000
102	Mary	55000

【 TEMP_EMPLOYEE 테이블 】

EMP_ID	EMP_NAME	SALARY
102	Mary	60000
103	Tom	52000
104	Lisa	58000

①		
EMP_ID	EMP_NAME	SALARY
101	John	50000
102	Mary	60000

②		
EMP_ID	EMP_NAME	SALARY
101	John	50000
102	Mary	60000
103	Tom	52000

③		
EMP_ID	EMP_NAME	SALARY
101	John	50000
102	Mary	55000
103	Tom	52000
104	Lisa	58000

④		
EMP_ID	EMP_NAME	SALARY
101	John	50000
102	Mary	60000
103	Tom	52000
104	Lisa	58000

07. 다음 SQL 문장의 실행 결과로 가장 적절한 것은?

```
CREATE TABLE EMPLOYEES (
    EMP_ID NUMBER(5) PRIMARY KEY,
    EMP_NAME VARCHAR2(50),
    DEPT_ID NUMBER(5) NOT NULL
);

INSERT INTO EMPLOYEES (EMP_ID, EMP_NAME, DEPT_ID)
VALUES (1, 'John Doe', NULL);
```

① 테이블 생성과 데이터 삽입이 성공한다.

② 테이블 생성은 성공하지만 데이터 삽입은 실패한다.

③ 테이블 생성이 실패한다.

④ 테이블 생성과 데이터 삽입이 모두 실패한다.

08. 다음 빈칸에 들어갈 내용으로 가장 적절한 것은 무엇인가? (단, MANAGER는 사용자명)

```
CREATE ( ① ) MGR;
GRANT CREATE SESSION, CREATE TABLE TO MGR;
GRANT SELECT, INSERT ON EMPLOYEES TO MGR;
GRANT MGR TO MANAGER;
```

① USER

② VIEW

③ ROLE

④ INDEX

09. 다음 결과를 도출하기 위해 빈칸에 들어갈 SQL로 가장 적절한 것은 무엇인가?

```
CREATE TABLE EMPLOYEE (EMP_ID NUMBER);
INSERT INTO EMPLOYEE VALUES(101);
SAVEPOINT SP1;
INSERT INTO EMPLOYEE VALUES(102);
SAVEPOINT SP2;
INSERT INTO EMPLOYEE VALUES(103);
(        )
COMMIT;
```

【 결과 】

EMP_ID
101
102

① ROLLBACK;   ② ROLLBACK TO SP1;
③ ROLLBACK TO SP2;   ④ COMMIT;

10. 다음과 같은 테이블에서 Product의 pid가 '1'인 행이 삭제될 때 Order의 pid가 '1'인 행도 같이 삭제하도록 하는 방법으로 가장 적절한 것은 무엇인가?

【 보기 】

```
Product(pid, pname, price)
Order(oid, pid, quantity)
```

① Order 테이블을 생성할 때 FOREIGN KEY(pid) REFERENCES Product(pid) ON DELETE RESTRICT 명령어를 추가한다.
② Product 테이블을 생성할 때 FOREIGN KEY(pid) REFERENCES Order(pid) ON DELETE CASCADE 명령어를 추가한다.
③ Order 테이블을 생성할 때 FOREIGN KEY(pid) REFERENCES Product(pid) ON DELETE CASCADE 명령어를 추가한다.
④ Product 테이블을 생성할 때 FOREIGN KEY(pid) REFERENCES Order(pid) ON DELETE RESTRICT 명령어를 추가한다.

11. 다음 중 EMPLOYEE 테이블에서 SALARY 칼럼의 데이터 타입을 NUMBER로 변경하고 기본값을 1000으로 주는 SQL을 고르시오.

① ALTER TABLE EMPLOYEE MODIFY (SALARY NUMBER) DEFAULT 1000;
② ALTER TABLE EMPLOYEE MODIFY (SALARY NUMBER DEFAULT 1000);
③ ALTER TABLE EMPLOYEE MODIFY SALARY NUMBER (DEFAULT 1000);
④ 정답 없음

01. **답:** ③

　　해설: INSERT는 데이터 조작어(DML)에 속하며, 테이블에 데이터를 삽입하는 명령어이다. 나머지 CREATE, DROP, ALTER는
　　　　 테이블이나 데이터 구조를 정의하는 DDL에 속한다.

02. **답:** ②

　　해설: 2번 옵션이 오류 없이 실행될 수 있다. EMP_ID와 EMP_NAME은 각각 PRIMARY KEY와 NOT NULL 제약조건이 있어
　　　　 반드시 값을 입력해야 하며, 이 옵션은 두 칼럼에 대해 올바르게 값을 제공하고 있다. SALARY와 DEPT_CODE는 NULL
　　　　 을 허용하므로 값을 제공하지 않아도 된다.

03. **답:** ③

　　해설: 3번 옵션이 오류 없이 실행될 수 있다. ORDER_ID와 CUSTOMER_ID는 각각 PRIMARY KEY와 NOT NULL 제약조건이
　　　　 있어 반드시 값을 입력해야 하며, 이 옵션은 두 칼럼에 대해 올바르게 값을 제공하고 있다. ORDER_DATE는 DEFAULT
　　　　 값이 SYSDATE로 설정되어 있어 값을 제공하지 않아도 되고, TOTAL_AMOUNT는 CHECK 제약조건이 있지만 NULL
　　　　 을 허용하므로 값을 제공하지 않아도 된다.

04. **답:** ①

　　해설: USER_A는 EMPLOYEES 테이블에 대해 SELECT 및 INSERT 권한을 가진다. GRANT 명령어는 데이터 제어어(DCL)로,
　　　　 특정 사용자에게 권한을 부여한다. 여기서는 USER_A에게 EMPLOYEES 테이블에 대해 SELECT와 INSERT 권한이 부
　　　　 여된다.

05. **답:** ②

　　해설: UPDATE 문은 WHERE 절의 조건을 만족하는 모든 행에 대해 실행된다. 이 경우 DEPTNO가 20인 행은 총 5개(SMITH,
　　　　 JONES, SCOTT, ADAMS, FORD)이므로, 이 5개 행의 SALARY가 1.1배로 증가한다.

06. **답:** ④

　　해설: MERGE 문은 EMPLOYEE 테이블(대상 테이블)과 TEMP_EMPLOYEE 테이블(소스 테이블)을 EMP_ID를 기준으로 비
　　　　 교한다.
　　　　 • EMPLOYEE 테이블에서 EMP_ID = 102는 TEMP_EMPLOYEE와 매칭되므로, SALARY를 60000으로 업데이트
　　　　 • EMPLOYEE 테이블에 없는 EMP_ID (103, 104)를 TEMP_EMPLOYEE 테이블에서 삽입

07. **답:** ②

　　해설: ② 테이블 생성은 성공하지만 데이터 삽입은 실패한다. DEPT_ID 칼럼은 NOT NULL 제약 조건이 있으므로 NULL 값을
　　　　 삽입하려 하면 오류가 발생한다. 테이블은 정상적으로 생성된다.

08. **답:** ③

　　해설: 이 SQL 문은 'MGR'이라는 이름으로 새로운 ROLE을 생성하고, 이 ROLE에 세션 생성과 테이블 생성 권한을 부여한 후,
　　　　 EMPLOYEES 테이블에 대한 SELECT와 INSERT 권한을 부여한다. 마지막으로 이 ROLE을 MANAGER라는 사용자에
　　　　 게 부여한다. 따라서 빈칸에 들어갈 적절한 단어는 'ROLE'이다.

09. 답: ③

해설: ROLLBACK TO SP2를 실행하면 SP2 지점까지의 변경사항은 유지되고, 그 이후의 변경사항(103 삽입)만 취소된다. 따라서 101과 102만 남게 된다.

10. 답: ③

해설: Order 테이블의 pid가 Product 테이블의 pid를 참조하는 외래키이므로, Order 테이블 생성 시 FOREIGN KEY 제약조건을 추가해야 한다. ON DELETE CASCADE 옵션을 사용하면 참조되는 Product 테이블의 행이 삭제될 때 Order 테이블의 관련 행도 함께 삭제된다.

11. 답: ④

해설: ①번 MODIFY 절 안에서 DEFAULT를 설정하는 문법은 지원되지 않는다. 따라서 틀린 보기이다.

②번 오라클에서는 기본값 설정을 별도로 처리해야 하므로 문법적으로 올바르지 않다. 틀린 보기이다. 오라클 문법에 맞게 수정하면 다음과 같다.

```
ALTER TABLE EMPLOYEE MODIFY SALARY NUMBER;
ALTER TABLE EMPLOYEE MODIFY SALARY DEFAULT 1000;
```

이렇게 두 단계로 나누어서 실행해야 한다. 첫 번째 명령은 데이터 타입을 NUMBER로 변경한다. 두 번째 명령은 DEFAULT 값을 1000으로 설정한다. 한 문장으로 데이터 타입 변경과 DEFAULT 값 설정을 동시에 하는 것은 오라클에서 허용되지 않는다.

③번 DEFAULT 값을 괄호로 감싸는 것은 잘못된 문법이다.

④번이 정답이다. 주어진 보기에서 올바른 SQL 문법은 없다.

01. 데이터베이스를 설계할 때 고려해야 할 데이터 모델링의 원칙으로 가장 적절한 것은?

① 데이터베이스의 물리적 저장공간을 최소화하기 위해 데이터의 중복을 허용한다.

② 데이터의 정합성보다는 처리 성능을 우선적으로 고려한다.

③ 데이터 간의 상호 연관관계를 명확하게 정의하여 일관성을 유지한다.

④ 사용자의 요구사항에 따라 데이터 구조를 자주 변경할 수 있도록 유연하게 설계한다.

02. 아래 설명에서 의미하는 데이터베이스 관리의 특성은?

> 데이터베이스를 장기간 운영하면서 발생하는 다양한 변경사항과 장애 상황에도 시스템이 안정적으로 운영될 수 있
> 도록 하는 특성이다. 이는 데이터의 백업과 복구, 시스템 장애 대응, 버전 관리 등을 통해 데이터베이스의 신뢰성과
> 가용성을 보장하는 것을 의미한다.

① 효율성

② 유연성

③ 일관성

④ 안정성

03. 데이터베이스의 스키마 구조에 대한 설명으로 가장 적절하지 않은 것은?

① 내부 스키마는 물리적인 저장구조를 결정하는 정의이다.

② 개념 스키마는 전체 데이터베이스 구조를 정의한다.

③ 외부 스키마는 응용 프로그램이 접근하는 방식을 결정한다.

④ 세 가지 스키마는 항상 동일한 구조로 정의되어야 한다.

04. 아래 ERD에 대한 설명으로 가장 적절하지 않은 것은?

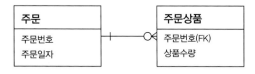

① 하나의 주문은 여러 개의 주문상품을 가질 수 있다.

② 주문상품은 반드시 하나의 주문에 속해야 한다.

③ 하나의 주문상품은 여러 주문에 포함될 수 있다.

④ 주문이 없는 주문상품은 존재할 수 없다.

05. 다음 중 엔터티의 유형과 그 특성이 올바르게 연결되지 않은 것은?

① 중심 엔터티 – 업무에서 중요한 정보로 독립적으로 생성이 가능하다.

② 기본 엔터티 – 업무의 중심적 역할을 하는 독립적인 엔터티이다.

③ 관계 엔터티 – 두 개 이상의 엔터티 간 관계를 표현하는 정보집합이다.

④ 행위 엔터티 – 두 개의 엔터티로부터 발생하는 실제 업무의 결과물이다.

06. 속성 (k, l, m, n, o)로 구성된 릴레이션에서 아래와 같은 함수적 종속 관계를 가질 때, n이 수퍼키가 되기 위해 추가로 필요한 속성은?

n → k, k → l, m → o

① l   ② m
③ o   ④ k

07. 아래와 같이 제품 카테고리가 있을 때 테이블에서 나타날 수 있는 현상으로 가장 적절한 것은?

전제조건: 제품카테고리코드에 해당하는 속성들은 상위 분류 또는 상위 기준값이 일정하며, SQL Where절에서 각각의 값이 상수 값으로 조건 입력될 수 있는 특징(개별 조건)을 가진다.

[제품]
제품코드
제품명
제품카테고리코드
판매가
재고량
A제품카테고리코드1
B제품카테고리코드2
C제품카테고리코드3
D제품카테고리코드4
규격
색상
브랜드
...

① 제품카테고리코드에 대해 where절에 조건으로 들어오는 값이 있으므로 복합 인덱스만 있으면 SQL 성능은 향상된다고 할 수 있다.

② 조회 성능을 위해 제품카테고리코드들을 개별적으로 인덱스 구성할 경우, 저장공간의 낭비가 심하므로 하나의 복합 인덱스로 구성하는 것이 좋다.

③ 제품카테고리코드가 서로 독립적으로 속성이 구분되어 있기 때문에 개별 인덱스를 생성하여 제2정규화를 수행해야 한다.

④ 제품카테고리코드에 따라 반복되는 그룹이 계층적이므로 복합 인덱스로 구성하면 제1정규형이라고 할 수 있다.

08. 아래 주문/배송 데이터 모델을 3차 정규화까지 수행했을 때 도출되는 엔터티 수로 가장 적절한 것은? (하나의 주문에 대해 하나의 대표번호로 여러 개의 배송/수령지를 관리하고자 한다고 가정하고, 엔터티 통합은 고려하지 않음)

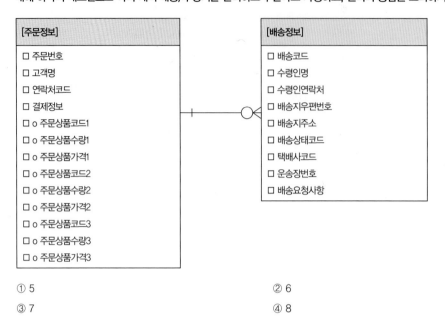

[주문정보]	[배송정보]
□ 주문번호	□ 배송코드
□ 고객명	□ 수령인명
□ 연락처코드	□ 수령인연락처
□ 결제정보	□ 배송지우편번호
□ o 주문상품코드1	□ 배송지주소
□ o 주문상품수량1	□ 배송상태코드
□ o 주문상품가격1	□ 택배사코드
□ o 주문상품코드2	□ 운송장번호
□ o 주문상품수량2	□ 배송요청사항
□ o 주문상품가격2	
□ o 주문상품코드3	
□ o 주문상품수량3	
□ o 주문상품가격3	

① 5

② 6

③ 7

④ 8

09. 데이터베이스 정규화 과정에 대한 설명으로 가장 적절하지 않은 것은?

① 제2정규화의 목적은 부분 함수 종속성을 제거하여 데이터의 중복을 최소화하는 것이다.

② 정규화는 데이터 일관성과 무결성을 확보하기 위한 것이며, 항상 성능 향상을 보장하지는 않는다.

③ 제1정규화는 반복되는 속성이나 그룹 속성을 제거하여 원자성을 확보하는 것을 의미한다.

④ 반정규화된 테이블은 데이터의 정합성과 무결성을 향상시키는 것을 주된 목적으로 한다.

10. 아래와 같이 직원정보 엔터티를 만들었을 때 이에 해당하는 정규형과 정규화의 대상으로 가장 적절한 것은?

【 직원정보 】

사번
부서코드
급여
부서명
부서위치

【 함수종속성(FD) 】

1. 급여 → 사번
2. 부서위치 → 부서코드
3. 부서명 → 부서코드

① 1차 정규형, 2차 정규화 대상

② 2차 정규형, 3차 정규화 대상

③ 3차 정규형, 보이스-코드 정규화 대상

④ 보이스-코드 정규형, 4차 정규화 대상

11. 아래에서 빈칸 (ㄱ)에 들어갈 내용으로 가장 적절한 것은?

【 아래 】

INSERT는 테이블에 새로운 데이터를 저장할 때 사용한다.

(ㄱ)은 테이블에서 기존 데이터를 제거하고자 할 때 사용한다.

UPDATE는 테이블의 데이터를 수정하고자 할 때 사용한다.

① ALTER   ② DELETE

③ DROP   ④ TRUNCATE

12. 아래 내용에 해당하는 SQL 명령어의 종류는?

【 아래 】

데이터베이스에 접근하고 객체들을 사용하도록 권한을 주고 회수하는 명령어들의 집합으로, GRANT와 REVOKE 가 여기에 해당한다. 데이터베이스 관리자가 사용자에게 권한을 부여하거나 회수할 때 사용하는 명령어이다.

① DCL   ② DDL

③ TCL   ④ DML

13. 아래 SQL의 수행 결과로 가장 적절한 것은?

【 DATA_TBL 】

ID	NUM1	NUM2
100	10	NULL
NULL	20	30
200	NULL	40

```
SELECT SUM(NUM1) + SUM(NUM2) FROM DATA_TBL;
SELECT SUM(NUM1) + SUM(NUM2) FROM DATA_TBL WHERE ID > 100;
SELECT SUM(NUM1) + SUM(NUM2) FROM DATA_TBL WHERE ID IS NOT NULL;
SELECT SUM(NUM1) + SUM(NUM2) FROM DATA_TBL WHERE ID IS NULL;
```

① 100, 70, 100, NULL

② 100, NULL, 50, 50

③ NULL, 70, 100, 50

④ 100, 40, 50, 50

14. 아래에 대한 설명으로 가장 적절한 것은?

【 아래 】

```
CREATE TABLE EMPLOYEE (
    EMP_ID VARCHAR2(10) PRIMARY KEY,
    EMP_NAME VARCHAR2(50) NOT NULL,
    SALARY NUMBER NULL,
    HIRE_DATE DATE NOT NULL
);
```

【 SQL 】

ⓐ SELECT * FROM EMPLOYEE WHERE EMP_ID = 'E001';

ⓑ INSERT INTO EMPLOYEE VALUES ('100', 'Jane Doe', NULL, '2024-01-01');

ⓒ SELECT * FROM EMPLOYEE WHERE SALARY = '';

ⓓ SELECT * FROM EMPLOYEE WHERE SALARY IS NULL;

① EMP_ID 칼럼에 'E001'과 같은 문자형 데이터가 저장되어 있다면 ⓐ는 오류가 발생한다.

② 오라클에서 ⓑ와 같이 데이터를 입력했을 때, SALARY 칼럼은 빈 문자열이 NULL로 저장된다.

③ 오라클에서 ⓑ와 같이 데이터를 입력하고 ⓒ와 같이 조회했을 때, 데이터가 조회된다.

④ 오라클에서 ⓑ와 같이 데이터를 입력하고, ⓓ와 같이 SALARY IS NULL 조건으로 조회했을 때, 데이터가 조회된다.

15. 아래를 참고할 때 실행 결과가 다른 SQL은?

【 아래 】

주문이력
* 주문번호
* 회원ID
– 주문일시
– 완료일시

< 논리모델 >

ORDER_HISTORY
ORDER_NO VARCHAR2(12) NOT NULL
USER_ID VARCHAR2(12) NOT NULL
ORDER_DATETIME DATE NOT NULL
COMPLETE_DATETIME DATE NOT NULL

< 물리모델 >

① SELECT USER_ID, COUNT(*) AS CNT

   FROM USER_INFO

   WHERE ORDER_DATETIME >= TO_DATE('20240101000000', 'YYYYMMDDHH24MISS')

   AND ORDER_DATETIME <= TO_DATE('20240131235959', 'YYYYMMDDHH24MISS')

   AND TO_CHAR(COMPLETE_DATETIME, 'YYYYMMDDHH24') = '2024010100'

   GROUP BY USER_ID;

② SELECT USER_ID, COUNT(*) AS CNT

   FROM USER_INFO

```
    WHERE ORDER_DATETIME >= TO_DATE('20240101', 'YYYYMMDD')
    AND ORDER_DATETIME < TO_DATE('20240201', 'YYYYMMDD')
    AND COMPLETE_DATETIME = TO_DATE('2024010100', 'YYYYMMDDHH24')
    GROUP BY USER_ID;
③ SELECT USER_ID, COUNT(*) AS CNT
    FROM USER_INFO
    WHERE '202401' = TO_CHAR(ORDER_DATETIME, 'YYYYMM')
    AND TO_CHAR(COMPLETE_DATETIME, 'YYYYMMDDHH24') = '2024010100'
    GROUP BY USER_ID;
④ SELECT USER_ID, COUNT(*) AS CNT
    FROM USER_INFO
    WHERE TO_DATE('202401', 'YYYYMM') = ORDER_DATETIME
    AND COMPLETE_DATETIME = TO_DATE('2024010100', 'YYYYMMDDHH24')
    GROUP BY USER_ID;
```

16. 다음 SQL의 실행 결과로 가장 적절한 것은? (단, DBMS는 오라클로 가정)

```
SELECT TO_CHAR(TO_DATE('2024.03.15 14', 'YYYY.MM.DD HH24')
+ 1/24/(60/15), 'YYYY.MM.DD HH24:MI:SS') FROM DUAL;
```

① 2024.03.15 15:01:00   ② 2024.03.15 14:15:00
③ 2024.03.15 14:30:00   ④ 2024.03.15 14:45:00

17. 아래의 (가)와 (나)가 동일한 결과를 출력한다고 할 때, 빈칸 ㉠에 들어갈 내용으로 가장 적절한 것은?

(가)
```
SELECT DEPT_NAME,
        CASE WHEN DEPT_NAME = 'SALES' THEN 'FRONT'
            ELSE 'BACK'
        END as DIVISION
FROM DEPARTMENT;
```

(나)
```
SELECT DEPT_NAME,
        [ ㉠ ] as DIVISION
FROM DEPARTMENT;
```

① CASE WHEN DEPT_NAME IS 'SALES' THEN 'FRONT' ELSE 'BACK' END
② CASE DEPT_NAME WHEN 'SALES' THEN 'FRONT' DEFAULT 'BACK' END
③ CASE DEPT_NAME WHEN 'SALES' THEN 'FRONT' ELSE 'BACK' END
④ DECODE (DEPT_NAME, 'FRONT', 'SALES', 'BACK')

18. CUSTOMER 테이블에서 PARENT_ID의 값이 1000과 같으면 NULL을 표시하고, 같지 않으면 PARENT_ID를 표시하려고 할 때 빈칸 ⓐ에 들어갈 함수는?

```
SELECT CUSTOMER_NAME, CUSTOMER_ID, PARENT_ID, [ⓐ] (PARENT_ID,1000) as PID
  FROM CUSTOMER;
```

① NULLIF　　　　　　　　　　　② NVL
③ ISNULL　　　　　　　　　　　④ COALESCE

19. 실행 결과가 다른 하나는?

① SELECT ENAME, SAL, HIREDATE
   FROM EMP
   ORDER BY ENAME, SAL, 3 DESC;

② SELECT ENAME, SAL, HIREDATE
   FROM EMP
   ORDER BY ENAME, SAL, HIREDATE DESC;

③ SELECT ENAME, SAL, HIREDATE
   FROM EMP
   ORDER BY 1, 2, 3 DESC;

④ SELECT ENAME, SAL, HIREDATE
   FROM EMP
   ORDER BY ENAME DESC, SAL, 3 DESC;

20. 아래는 이메일 주소에서 '@' 기호 앞의 문자가 5글자이고 영문자로 된 이메일을 검색하는 SQL이다. 빈칸 ⓐ에 들어갈 수 있는 내용으로 가장 적절한 것은?

```
SELECT 회원ID, 이메일
FROM 회원
WHERE 이메일 LIKE [ⓐ]
```

① '[A-Z]%@%'　　　　　　　　② '[A-Z][A-Z][A-Z][A-Z][A-Z]@%'
③ '_____@%'　　　　　　　　　④ '[A-Z]____@%'

21. SQL의 실행 결과로 가장 적절하지 않은 것은?

① TRUNC(15.792, 1) = 15.7

② UPPER('Database') = 'DATABASE'

③ TO_CHAR('20240315', 'YYYY/MM/DD') = '2024/03/15'

④ REPLACE('SQL Expert', 'E', 'e') = 'SQL expert'

22. 다음 ERD를 참고하여 주문상세별 최신 배송 현황을 조회하는 SQL의 빈칸에 들어갈 적절한 SQL을 고르시오.

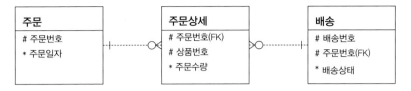

```
SELECT O.주문번호, O.주문일자, D.상품번호, D.주문수량, S.배송상태
FROM 주문 O, 주문상세 D, 배송 S,
(_____) T
WHERE O.주문번호 = T.주문번호
AND D.주문번호 = T.주문번호
AND S.주문번호 = T.주문번호
AND S.배송번호 = T.배송번호;
```

① SELECT 주문번호, MIN(배송번호) AS 배송번호

  FROM 배송

  GROUP BY 주문번호

② SELECT 주문번호, MAX(배송번호) AS 배송번호

  FROM 배송

  GROUP BY 주문번호

③ SELECT DISTINCT 주문번호, 배송번호

  FROM 배송

  WHERE 배송상태 = '배송중'

④ SELECT 주문번호, COUNT(배송번호) AS 배송번호

  FROM 배송

  GROUP BY 주문번호

23. [EMPLOYEE] 테이블과 SQL이 다음과 같을 때, 실행 결과로 가장 적절한 것은?

【 EMPLOYEE 】

EMP_ID
1001
1001
2002
2002
2002
3003
3003

```
SELECT EMP_ID FROM EMPLOYEE
GROUP BY EMP_ID
HAVING COUNT(*) >= 2
ORDER BY (CASE WHEN EMP_ID = 2002 THEN 0 ELSE EMP_ID END);
```

① EMP_ID	② EMP_ID	③ EMP_ID	④ EMP_ID
1001	1001	2002	2002
2002	3003	1001	1001
3003			3003

24. 아래 4개의 SQL 중에서 오류가 발생하는 SQL은?

① SELECT 부서, SUM(급여) AS 총급여
   FROM 사원정보
   GROUP BY 부서
   ORDER BY 총급여 DESC;

② SELECT 부서, COUNT(직원번호) AS 직원수
   FROM 사원정보
   GROUP BY 부서, 직급
   HAVING SUM(급여) > 5000
   ORDER BY 직원수;

③ SELECT 부서, AVG(급여) AS 평균급여
   FROM 사원정보
   WHERE 입사일자 >= '2023-01-01'
   GROUP BY 부서
   ORDER BY 부서 ASC;

④ SELECT 부서, MAX(급여) AS 최대급여
   FROM 사원정보
   GROUP BY 부서
   HAVING 부서장 = '홍길동'
   ORDER BY COUNT(*) DESC;

25. 아래 SQL의 실행 결과로 가장 적절한 것은?

```
SELECT TO_CHAR(TO_DATE('2025.01.20', 'YYYY.MM.DD') +
5/5/(60/30), 'YYYY.MM.DD HH24:MI:SS')
FROM DUAL;
```

① 2025.01.20 00:05:00   ② 2025.01.20 00:00:10
③ 2025.01.20 12:00:00   ④ 2025.01.21 00:00:00

26. 다음 중 실행 결과가 NULL인 SQL은? (단, DBMS는 오라클로 가정)

① SELECT NULLIF('ABC', 'ABC') FROM DUAL;

② SELECT COALESCE('A', NULL, 'B') FROM DUAL;

③ SELECT NVL(NULLIF('X', 'X'), 'Y') FROM DUAL;

④ SELECT COALESCE(NULL, NULL, 'Z') FROM DUAL;

27. 다음은 주문, 고객, 배송 테이블이 있을 때 주문금액이 100만 원 이상인 주문정보를 조회하는 SQL입니다. 가장 적절한 것은? (단, 각 테이블의 기본키는 아래와 같다.)

【 테이블 구조 】

주문(주문번호, 주문일자, 주문금액, 고객번호, 배송번호)

고객(고객번호, 고객명, 연락처)

배송(배송번호, 배송지, 배송상태)

① SELECT 주문.주문일자, 고객.고객명, 배송.배송상태
  FROM 주문, 고객, 배송
  WHERE 주문.주문금액 >= 1000000
  AND 주문.고객번호 = 고객.고객번호
  AND 배송.배송번호 = 주문.배송번호;

② SELECT 주문.주문일자, 고객.고객명, 배송.배송상태
  FROM 고객, 주문, 배송
  WHERE 주문.주문금액 >= 1000000
  AND 고객.고객번호 = 배송.배송번호
  AND 배송.배송번호 = 주문.배송번호;

③ SELECT 주문일자, 고객명, 배송상태
  FROM 주문, 고객, 배송
  WHERE 주문금액 >= 1000000
  AND 고객번호 = 고객.고객번호
  AND 배송.배송번호 = 주문.주문번호;

④ SELECT 주문.주문일자, 고객.고객명, 배송.배송상태
  FROM 배송, 고객, 주문
  WHERE 주문.주문금액 >= 1000000
  AND 주문.고객번호 = 고객.고객번호
  OR 배송.배송번호 = 주문.배송번호;

28. 관계형 데이터베이스에서 설명하는 인덱스의 종류로 가장 적절한 것은?

인덱스는 테이블 데이터를 더 빠르게 검색할 수 있도록 도와준다. 특정 칼럼에 대해 정렬된 구조를 가지며, 해당 칼럼의 값을 기준으로 검색할 때 테이블 전체를 스캔하지 않고도 원하는 데이터에 빠르게 접근할 수 있다.

① B-Tree 인덱스   ② 비트맵 인덱스
③ 클러스터드 인덱스   ④ 리버스 키 인덱스

29. DBMS에 관한 다음의 내용이 설명하는 조인 유형으로 가장 적절한 것은?

두 개 이상의 테이블을 결합할 때 사용되는 방식으로, 첫 번째 테이블의 각 행에 대해 두 번째 테이블을 반복적으로 검색하여 조인 조건을 만족하는 데이터를 찾는다. 주로 인덱스가 있는 작은 테이블과 큰 테이블을 조인할 때 효과적이다.

① Sort Merge Join   ② Hash Join
③ Nested Loop Join   ④ Full Outer Join

30. 다음 SQL 중 실행 결과 출력되는 행의 수가 나머지 셋과 다른 하나는?

EMPNO	ENAME	JOB	SAL
1001	KING	MANAGER	3000
1002	JONES	MANAGER	2700
1003	BLAKE	MANAGER	2500
1004	SCOTT	ANALYST	3000
1005	ADAMS	ANALYST	2000
1006	FORD	ANALYST	2000
1007	MILLER	CLERK	1500
1008	SMITH	CLERK	1000
1009	ALLEN	SALESMAN	3000
1010	TURNER	SALESMAN	2700
1011	WARD	SALESMAN	1000

①
```
SELECT JOB, SUM(SAL)
  FROM EMP
  GROUP BY JOB
  HAVING SUM(SAL) > 5000;
```

②
```
SELECT JOB, SUM(SAL)
  FROM EMP
  GROUP BY ROLLUP(JOB)
  HAVING COUNT(*) > 1;
```

③
```
SELECT JOB, SUM(SAL)
  FROM EMP
  WHERE SAL > 2000
  GROUP BY JOB;
```

④
```
SELECT JOB, SUM(SAL)
  FROM EMP
  GROUP BY JOB
  HAVING COUNT(*) > 2;
```

31. GROUP BY절에 대한 설명으로 가장 적절하지 않은 것은?

① GROUP BY절에서는 SELECT절에서 사용한 별칭(ALIAS)을 사용할 수 있다.
② GROUP BY절은 특정 칼럼을 기준으로 데이터를 그룹화한다.
③ GROUP BY절에는 집계 함수와 함께 사용되는 칼럼이 포함되어야 한다.
④ GROUP BY절은 WHERE절 다음에 위치하며 HAVING절 이전에 위치한다.

32. 다음 ERD와 SQL의 실행 결과가 동일한 SQL을 고르시오.

```
┌─────────────────┐           ┌─────────────────┐
│ 고객            │           │ 주문            │
├─────────────────┤           ├─────────────────┤
│ 고객ID(PK)      │──┼────○<──│ 주문ID (PK)     │
│ 고객명          │           │ 고객ID (FK)     │
│                 │           │ 주문일자        │
└─────────────────┘           └─────────────────┘
```

```sql
SELECT C.고객명, (
SELECT COUNT(*)
FROM 주문 O
WHERE O.고객ID = C.고객
AND O.주문일자 >= '20230101'
) AS 주문횟수
FROM 고객 C;
```

① SELECT C.고객명 , COUNT(O.주문ID) AS 주문횟수
   FROM 고객 C LEFT JOIN 주문 O ON C.고객ID = O.고객ID
   AND O.주문일자 >= '20230101'
   GROUP BY C.고객명;

② SELECT C.고객명, COUNT(*) AS 주문횟수
   FROM 고객 C, 주문 O
   WHERE C.고객ID = O.고객ID
   AND O.주문일자 >= '20230101'
   GROUP BY C.고객명;

③ SELECT C.고객명, COUNT(*) AS 주문횟수
   FROM 고객 C INNER JOIN 주문 O ON C.고객ID = O.고객ID
   WHERE O.주문일자 >= '20230101'
   GROUP BY C.고객명;

④ SELECT C.고객명, COUNT(*) AS 주문횟수
   FROM 고객 C
   WHERE EXISTS (
     SELECT 1
     FROM 주문 O
     WHERE O.고객ID = C.고객ID
     AND O.주문일자 >= '20230101'
)
   GROUP BY C.고객ID, C.고객명;

33. 다음의 테이블과 SQL 실행 결과를 보고 빈칸에 들어갈 적절한 내용을 고르시오.

【 PRODUCT 】

PID	PNAME	CATEGORY	PRICE
P001	Mouse	A	50000
P002	Keyboard	A	89000
P003	Monitor	B	250000
P004	Notebook	C	1250000
P005	Tablet	C	890000

【 SALES 】

SID	PID	SDATE	QTY
S001	P001	2024-01-01	5
S002	P002	2024-01-01	3
S003	P003	2024-01-02	2
S004	P001	2024-01-02	4
S005	P005	2024-01-03	1

```
SELECT b.CATEGORY, a.PNAME, SUM(a.PRICE * b.QTY) AS TOTAL_SALES, COUNT(*) AS CNT
FROM PRODUCT a, SALES b
WHERE a.PID = b.PID
GROUP BY _____
```

【 실행 결과 】

CATEGORY	PNAME	TOTAL_SALES	CNT
A	Mouse	450000	2
A	Keyboard	267000	1
B	Monitor	500000	1
C	Tablet	890000	1

① GROUPING SETS(CATEGORY, (PNAME, CATEGORY))

② ROLLUP(CATEGORY, PNAME)

③ CATEGORY, PNAME

④ CUBE(CATEGORY, PNAME)

34. 아래 SQL을 수행할 때 정렬 순서상 3번째에 표시될 값은?

【 EMPLOYEE 】

EMP_ID	MGR_ID	NAME
1001	NULL	Kim
1002	1001	Lee
1003	1001	Park
1004	1002	Choi

```
SELECT NAME
FROM EMPLOYEE
START WITH MGR_ID IS NULL
CONNECT BY PRIOR EMP_ID = MGR_ID
ORDER SIBLINGS BY NAME DESC;
```

① Lee
② Kim
③ Park
④ Choi

35. 해시 조인(Hash Join)에 대한 설명으로 가장 적절하지 않은 것은?

① 해시 조인은 두 테이블 중 작은 집합을 기준으로 해시 테이블을 생성한다.
② 해시 조인 시 해시 테이블은 메모리에 생성되며, 메모리가 부족할 경우 디스크를 사용한다.
③ 해시 테이블 생성 시 동등 조인(Equi-Join) 조건만 사용 가능하다.
④ 해시 조인은 항상 인덱스 기반의 중첩 루프 조인보다 성능이 우수하다.

36. 아래 테이블과 SQL의 실행 결과로 가장 적절한 것은?

【 고객 】

고객번호	고객명	가입일자	추천고객번호
101	김철수	2023-01-01	NULL
102	이영희	2023-01-01	101
103	박지성	2023-02-01	101
104	손흥민	2023-02-01	101
105	김연아	2023-02-01	NULL
106	이강인	2023-03-01	105
107	황희찬	2023-03-01	105

【 SQL 】

```
SELECT 고객번호, 고객명, 가입일자, 추천고객번호
FROM 고객
START WITH 추천고객번호 IS NULL
CONNECT BY PRIOR 고객번호 = 추천고객번호
AND 가입일자 BETWEEN '2023-02-01' AND '2023-02-28'
ORDER SIBLINGS BY 고객번호;
```

①

고객번호	고객명	가입일자	추천고객번호
101	김철수	2023-01-01	NULL
103	박지성	2023-02-01	101
104	손흥민	2023-02-01	101
105	김연아	2023-02-01	NULL

②

고객번호	고객명	가입일자	추천고객번호
103	박지성	2023-02-01	101
104	손흥민	2023-02-01	101
105	김연아	2023-02-01	NULL

③

고객번호	고객명	가입일자	추천고객번호
101	김철수	2023-01-01	NULL

④

고객번호	고객명	가입일자	추천고객번호
101	김철수	2023-01-01	NULL
105	김연아	2023-02-01	NULL

37. 다음의 테이블과 실행 결과를 참고하여 적절한 SQL문을 고르시오.

【 고객 】

고객ID	고객명	상위고객ID
100	본사	NULL
110	서울지점	100
111	강남점	110
112	종로점	110
120	부산지점	100
121	해운대점	120
122	서면점	120

【 매출 】

고객ID	매출액
111	5000
112	3000
121	4000
122	2000

【 실행결과 】

고객ID	고객명	상위고객ID	매출액	LEVEL
100	본사	NULL	NULL	1
110	서울지점	100	NULL	2

| 111 | 강남점 | 110 | 5000 | 3 |
| 112 | 종로점 | 110 | 3000 | 3 |

① SELECT A.고객ID, A.고객명, A.상위고객ID, B.매출액, LEVEL

  FROM 고객 A LEFT OUTER JOIN 매출 B ON (A.고객ID = B.고객ID)

  START WITH 고객ID = '100'

  CONNECT BY 고객ID = PRIOR 상위고객ID

  AND 고객ID LIKE '11%'

② SELECT A.고객ID, A.고객명, A.상위고객ID, B.매출액, LEVEL

  FROM 고객 A LEFT OUTER JOIN 매출 B ON (A.고객ID = B.고객ID)

  WHERE 고객ID LIKE '11%'

  START WITH 고객ID = '100'

  CONNECT BY PRIOR 고객ID = 상위고객ID

③ SELECT A.고객ID, A.고객명, A.상위고객ID, B.매출액, LEVEL

  FROM (SELECT * FROM 고객 WHERE 고객ID LIKE '11%') A

  LEFT OUTER JOIN 매출 B ON (A.고객ID = B.고객ID)

  START WITH 고객ID = '100'

  CONNECT BY PRIOR 고객ID = 상위고객ID

④ SELECT A.고객ID, A.고객명, A.상위고객ID, B.매출액, LEVEL

  FROM 고객 A LEFT OUTER JOIN 매출 B ON (A.고객ID = B.고객ID)

  START WITH 고객ID = '100'

  CONNECT BY PRIOR 고객ID = 상위고객ID

  WHERE 고객ID LIKE '11%'

38. 다음의 테이블 생성 및 데이터 입력 후 실행한 SQL의 결과와 동일한 것을 고르시오.

【 테이블 생성 】

  CREATE TABLE CUSTOMER (CID NUMBER, CNAME VARCHAR2(10));

  INSERT INTO CUSTOMER VALUES (100, 'BROWN');

  INSERT INTO CUSTOMER VALUES (300, 'RED');

  CREATE TABLE ORDERS (CID NUMBER, AMOUNT NUMBER);

  INSERT INTO ORDERS VALUES (100, 5000);

  INSERT INTO ORDERS VALUES (200, 3000);

  COMMIT;

【 SQL 】

  SELECT C.CNAME, O.AMOUNT

  FROM CUSTOMER C, ORDERS O

  WHERE C.CID = O.CID;

① SELECT C.CNAME, O.AMOUNT

   FROM CUSTOMER C NATURAL JOIN ORDERS O;

② SELECT C.CNAME, O.AMOUNT

   FROM CUSTOMER C CROSS JOIN ORDERS O;

③ SELECT C.CNAME, O.AMOUNT

   FROM CUSTOMER C LEFT JOIN ORDERS O

   USING (CID);

④ SELECT C.CNAME, O.AMOUNT

   FROM CUSTOMER C RIGHT JOIN ORDERS O

   USING (CID);

39. 다음의 테이블과 실행 결과가 주어졌을 때, WINDOW FUNCTION을 사용하지 않고 동일한 결과를 출력하는 SQL문으로 가장 적절한 것은?

【 직원급여 】

사번	급여
1001	3000
1002	3000
1003	3000
1004	3000
1005	3000

【 실행 결과 】

사번	급여	누적급여
1001	3000	3000
1002	3000	6000
1003	3000	9000
1004	3000	12000
1005	3000	15000

① SELECT A.사번, A.급여, SUM(A.급여) AS 누적급여

   FROM 직원급여 A

   GROUP BY A.사번

   ORDER BY A.사번;

② SELECT A.사번, A.급여, SUM(B.급여) AS 누적급여

   FROM 직원급여 A JOIN 직원급여 B ON (A.사번 >= B.사번)

   GROUP BY A.사번, A.급여

   ORDER BY A.사번;

③ SELECT A.사번, A.급여, (SELECT SUM(급여) FROM 직원급여 WHERE 사번 >= A.사번) AS 누적급여

   FROM 직원급여 A

   ORDER BY A.사번;

④ SELECT A.사번, A.급여, SUM(B.급여) AS 누적급여

   FROM 직원급여 A, 직원급여 B

   WHERE A.사번 = B.사번

   GROUP BY A.사번, A.급여

   ORDER BY A.사번;

40. 다음 SQL의 실행 결과로 가장 적절한 것은?

【 CUSTOMER 】

ID	NAME	GRADE	POINT
1	Kim	A	1000
2	Lee	A	2000
3	Park	B	1500
4	Choi	C	500

【 GRADE_INFO 】

GRADE	BENEFIT	MIN_POINT
A	Premium	1000
B	Basic	500
C	Normal	0

```
SELECT COUNT(DISTINCT C.NAME||C.POINT)
FROM CUSTOMER C
WHERE C.GRADE = (SELECT GRADE FROM GRADE_INFO WHERE BENEFIT = 'Premium');
```

① 0   ② 1   ③ 2   ④ 3

41. 아래 SQL과 동일한 결과를 출력하는 SQL로 가장 적절하지 않은 것은?

직원		근태기록
직원번호(PK)	1:N	직원번호(FK)
직원명		근무일자

```
SELECT A.직원번호, A.직원명
FROM 직원 A, 근태기록 B
WHERE A.직원번호 = B.직원번호
AND B.근무일자 = '20240101'
GROUP BY A.직원번호, A.직원명
HAVING COUNT(*) >= 2
ORDER BY A.직원번호;
```

① SELECT A.직원번호, A.직원명
```
  FROM 직원 A
  WHERE EXISTS (SELECT 1 FROM 근태기록 B
                WHERE A.직원번호 = B.직원번호
                AND B.근무일자 = '20240101'
                GROUP BY B.직원번호
                HAVING COUNT(*) >= 2)
  ORDER BY A.직원번호;
```

② SELECT A.직원번호, A.직원명

　 FROM 직원 A

　 WHERE (SELECT COUNT(*) FROM 근태기록 B

　　　　　 WHERE A.직원번호 = B.직원번호

　　　　　 AND B.근무일자 = '20240101') >= 2

　 ORDER BY A.직원번호;

③ SELECT A.직원번호, A.직원명

　 FROM 직원 A, 근태기록 B

　 WHERE A.직원번호 = B.직원번호

　 AND B.근무일자 = '20240101'

　 HAVING COUNT(*) >= 2

　 ORDER BY A.직원번호;

④ SELECT DISTINCT A.직원번호, A.직원명

　 FROM 직원 A, 근태기록 B

　 WHERE A.직원번호 = B.직원번호

　 AND B.근무일자 = '20240101'

　 AND 2 <= (SELECT COUNT(*)

　　　　　　 FROM 근태기록 C

　　　　　　 WHERE B.직원번호 = C.직원번호

　　　　　　 AND C.근무일자 = '20240101')

　 ORDER BY A.직원번호;

42. 다음 테이블과 뷰 생성 스크립트가 있을 때, SQL을 실행한 결과로 가장 적절한 것은?

【 SALES 】

CODE	AMOUNT	STATUS
A	1000	Y
B	2000	Y
B	1500	N
B	NULL	Y
NULL	2000	Y

【 뷰 생성 스크립트 】

```
CREATE VIEW V_SALES AS
SELECT *
FROM SALES
WHERE CODE = 'B' OR CODE IS NULL
```

```
SELECT SUM(AMOUNT) AMOUNT
FROM V_SALES
WHERE AMOUNT >= 2000 AND CODE = 'B';
```

① 0   ② 2000   ③ 3500   ④ 4000

43. 아래의 테이블과 SQL을 참고하여 실행 결과로 가장 적절한 것을 고르시오.

【 영업부 】

영업ID	지역ID	실적
101	10	3000
102	10	4000
103	20	5000
104	20	3500
105	20	4200
106	30	6000
107	30	4500

```
SELECT 영업ID, COL2, COL3
FROM (SELECT 영업ID
        ,ROW_NUMBER() OVER(PARTITION BY 지역ID ORDER BY 실적 DESC) AS COL1
        ,SUM(실적) OVER(PARTITION BY 지역ID ORDER BY 영업ID
         ROWS BETWEEN UNBOUNDED PRECEDING AND CURRENT ROW) AS COL2
        ,MAX(실적) OVER(ORDER BY 실적 DESC
         ROWS CURRENT ROW) AS COL3
        FROM 영업부)
WHERE COL1 = 2
ORDER BY 1;
```

①

영업ID	COL2	COL3
102	7000	4000
104	8500	3500
107	4500	4500

②

영업ID	COL2	COL3
101	3000	3000
105	12700	4200
107	10500	4500

③

영업ID	COL2	COL3
102	4000	5000
104	8500	4200
107	10500	4500

④

영업ID	COL2	COL3
102	7000	5000
104	8500	4200
107	10500	6000

44. 다음 SQL과 실행 결과를 참고하여 빈칸에 들어갈 적절한 GROUP BY절을 고르시오.

```
SELECT REGION,
       TEAM_NAME,
       COUNT(PLAYER_ID) TOTAL_PLAYER,
       SUM(SALARY) TOTAL_SALARY
FROM TEAM, PLAYER
WHERE TEAM.TEAM_ID = PLAYER.TEAM_ID
GROUP BY [빈칸] (REGION, TEAM_NAME);
```

【 실행 결과 】

REGION	TEAM_NAME	TOTAL_PLAYER	TOTAL_SALARY
서울	FC서울	18	45000
서울	NULL	18	45000
부산	아이파크	20	38000
부산	NULL	20	38000
전체	NULL	38	83000

① ROLLUP (REGION, TEAM_NAME)
② CUBE (REGION, TEAM_NAME)
③ GROUPING SETS ((REGION, TEAM_NAME), REGION)
④ REGION, ROLLUP (TEAM_NAME)

45. 다음 주문 테이블과 SQL문의 실행 결과로 가장 적절한 것은?

【 주문 】

주문ID	지역	판매액
A001	서울	1000
A001	부산	2000
A002	서울	1500
A002	대구	2500
A003	부산	1800
A003	서울	1200

```
SELECT 주문ID, 지역, SUM(판매액) AS 판매액
FROM 주문
GROUP BY GROUPING SETS((주문ID), (지역), (주문ID, 지역));
```

①

주문ID	지역	판매액
A001	NULL	3000
A002	NULL	4000
A003	NULL	3000
NULL	서울	3700
NULL	부산	3800
NULL	대구	2500

②

주문ID	지역	판매액
A001	서울	1000
A001	부산	2000
A002	서울	1500
A002	대구	2500
A003	부산	1800
A003	서울	1200

③

주문ID	지역	판매액
A001	NULL	3000
A002	NULL	4000
A003	NULL	3000
NULL	서울	3700
NULL	부산	3800
NULL	대구	2500
A001	서울	1000
A001	부산	2000
A002	서울	1500
A002	대구	2500
A003	부산	1800
A003	서울	1200

④

주문ID	지역	판매액
NULL	NULL	10000
A001	NULL	3000
A002	NULL	4000
A003	NULL	3000

46. 아래 데이터 모델과 같은 테이블 및 FK 제약조건을 생성하는 DDL 문장으로 가장 적절한 것은? (단, DBMS는 오라클로 가정)

IE 표기법	바커 표기법
EMPLOYEE	**EMPLOYEE()**
EMP_ID: VARCHAR2(10) NOT NULL EMP_NM: VARCHAR2(100) NOT NULL DEPT_ID: VARCHAR2(5) NOT NULL HIRE_DT: DATE NOT NULL	# EMP_ID VARCHAR2(10) * EMP_NM VARCHAR2(100) * DEPT_ID VARCHAR2(5) * HIRE_DT DATE

범례:

#: Primary Key (바커)

*: Not Null (바커)

【 IE 표기법 】

```
EMPLOYEE
EMP_ID: VARCHAR2(10) NOT NULL
EMP_NM: VARCHAR2(100) NOT NULL
DEPT_ID: VARCHAR2(5) NOT NULL
HIRE_DT: DATE NOT NULL
```

【 바커 표기법 】

```
EMPLOYEE()
# EMP_ID VARCHAR2(10)
* EMP_NM VARCHAR2(100)
* DEPT_ID VARCHAR2(5)
* HIRE_DT DATE
```

① CREATE TABLE EMPLOYEE (

　　EMP_ID VARCHAR2(10),

　　EMP_NM VARCHAR2(100),

　　DEPT_ID VARCHAR2(5),

　　HIRE_DT DATE,

　　CONSTRAINT EMPLOYEE_FK FOREIGN KEY (DEPT_ID) REFERENCES DEPT(DEPT_ID));

② CREATE TABLE EMPLOYEE (

　　EMP_ID VARCHAR2(10) NOT NULL,

　　EMP_NM VARCHAR2(100) NOT NULL,

　　DEPT_ID VARCHAR2(5) NOT NULL,

　　HIRE_DT DATE NOT NULL,

　　ADD CONSTRAINT EMPLOYEE_FK FOREIGN KEY (DEPT_ID) REFERENCES DEPT(DEPT_ID));

③ CREATE TABLE EMPLOYEE (

EMP_ID VARCHAR2(10) NOT NULL,

EMP_NM VARCHAR2(100) NOT NULL,

DEPT_ID VARCHAR2(5) NOT NULL,

HIRE_DT DATE NOT NULL,

CONSTRAINT EMPLOYEE_FK FOREIGN KEY (DEPT_ID) REFERENCES DEPT(DEPT_ID));

④ CREATE TABLE EMPLOYEE (

EMP_ID VARCHAR2(10) NOT NULL PRIMARY KEY,

EMP_NM VARCHAR2(100) NOT NULL,

DEPT_ID VARCHAR2(5) NOT NULL,

HIRE_DT DATE NOT NULL,

FOREIGN KEY (DEPT_ID) REFERENCES DEPT(DEPT_ID));

47. 아래 테이블과 트랜잭션 상황에서 발생하는 문제의 특성으로 가장 적절한 것은?

【 TableB 】

COL1	COL2
P001	500
P002	1000

【 트랜잭션 】

시간	TX1	TX2
t1	UPDATE TableB SET COL2 = 800 WHERE COL1 = 'P001';	
t2		UPDATE TableB SET COL2 = 600 WHERE COL1 = 'P001';
t3	COMMIT;	
t4		COMMIT;

【 트랜잭션 수행결과 】

COL1	COL2
P001	600
P002	1000

① 원자성(Atomicity)

② 고립성(Isolation)

③ 일관성(Consistency)

④ 지속성(Durability)

48. 트리거(Trigger)에 대한 설명으로 가장 적절하지 않은 것은?

① DML 문장 수행 전후에 자동으로 실행된다.

② 트리거 내에서는 COMMIT을 사용할 수 없다.

③ 한 테이블에 여러 개의 트리거를 생성할 수 없다.

④ 테이블의 데이터 무결성을 유지하는 데 사용될 수 있다.

49. 다음 EMPLOYEE 테이블에 대한 SQL의 실행 결과로 가장 적절한 것은?

【 EMPLOYEE 】

DEPT	NAME
10	SMITH
10	ALLEN
10	CLARK
20	JONES

```
SELECT COUNT(DEPT) AS CNT1, COUNT(NAME) AS CNT2
FROM (
    SELECT DISTINCT DEPT, NAME
    FROM EMPLOYEE
);
```

① 4, 4   ② 4, 3

③ 3, 4   ④ 3, 3

50. 다음 PRODUCT 테이블을 참고하여 오류가 발생하는 SQL문을 고르시오.

PRODUCT

PROD_ID: VARCHAR2(5) NOT NULL

PRICE: NUMBER NOT NULL

REG_DATE: DATE NOT NULL

DESCRIPTION: VARCHAR2(100) NULL

칼럼명	데이터 타입 및 제약조건
PROD_ID	VARCHAR2(5) NOT NULL
PRICE	NUMBER NOT NULL
REG_DATE	DATE NOT NULL
DESCRIPTION	VARCHAR2(100) (NULL 가능)

① INSERT INTO PRODUCT VALUES('P1001', 1000, SYSDATE, 'New Product');

② INSERT INTO PRODUCT(PROD_ID, PRICE) VALUES('P1002', 2000);

③ UPDATE PRODUCT SET DESCRIPTION = 'Best Product' WHERE PROD_ID = 'P1001';

④ UPDATE PRODUCT SET DESCRIPTION = NULL WHERE PROD_ID = 'P1001';

1회 _ 모의고사 해답

01. 답: ③

해설: 데이터 모델링의 주요 원칙 중 하나는 데이터 간의 상호 연관관계를 명확하게 정의하여 일관성을 유지하는 것이다. 이는 데이터의 무결성을 보장하고 중복을 최소화하며, 데이터베이스의 안정성과 신뢰성을 확보하는 데 필수적인 요소다.

02. 답: ④

해설: 데이터베이스 관리의 안정성은 시스템 운영 과정에서 발생할 수 있는 다양한 변경사항과 장애 상황에서도 데이터베이스가 안정적으로 동작할 수 있도록 하는 특성을 의미한다. 이는 데이터의 안전한 보관과 복구, 시스템 장애 대응 능력 등을 포함한다.

03. 답: ④

해설: 데이터베이스의 스키마는 각각 다른 목적과 역할을 가지고 있어 서로 다른 구조로 정의될 수 있다. 내부 스키마는 물리적 저장구조를, 개념 스키마는 전체적인 논리구조를, 외부 스키마는 사용자 관점의 구조를 정의하므로 이들을 동일한 구조로 통일할 필요가 없다.

04. 답: ③

해설: ③번 제시된 ERD에서 주문과 주문상품은 1:N 관계를 가지며, 하나의 주문상품은 오직 하나의 주문에만 속할 수 있기 때문에 하나의 주문상품이 여러 주문에 포함될 수 있다는 설명은 적절하지 않다. ①번 옳은 보기이다. 1:N 관계를 보여주고 있어서 한 주문에 여러 상품이 포함될 수 있다. ②번 주문번호가 FK(외래키) 관계로 표시되어 있어 주문상품은 반드시 하나의 주문에 연결되어야 한다. ④번 주문번호가 FK(외래키) 관계로 표시되어 있어 주문없이 주문상품이 독립적으로 존재할 수 없다.

05. 답: ②

해설: 기본 엔터티(Fundamental Entity)는 업무의 중심적 역할을 하는 것이 아니라, 업무에서 기본적이고 독립적으로 생성되는 정보집합을 의미한다. 업무의 중심적 역할을 하는 것은 중심 엔터티(Main Entity)의 특성이다. 이는 엔터티 분류에서 중요한 개념적 차이점이다. ①번 중심 엔터티는 업무 흐름상 기본 엔터티로부터 발생하는 것이 일반적이지만, 실제 데이터베이스 구현에서는 독립적으로 생성이 가능하다.

06. 답: ②

해설: 수퍼키가 되기 위해서는 모든 속성을 결정할 수 있어야 한다. 주어진 함수적 종속 관계에서 n은 k를 결정하고, k는 l을 결정할 수 있다. 하지만 m과 o를 결정하기 위해서는 추가 속성이 필요하다. m이 추가되면 n과 함께 모든 속성을 결정할 수 있으므로, n이 수퍼키가 되기 위해서는 m이 필요하다.

07. 답: ③

해설: ③번 제품카테고리코드가 독립적인 속성으로 사용되기 때문에 개별적으로 인덱스를 생성하는 것이 적합하다. 이는 속성 간 중복을 제거하고, 각 속성이 독립적으로 관리될 수 있도록 설계하는 제2정규화 원칙과도 부합한다. ①번 복합 인덱스는 여러 열을 결합하여 하나의 인덱스를 만드는 방식으로, 특정 열의 독립적인 조건 검색 성능을 보장하지 못한다. 이 문제에서는 제품카테고리코드가 개별적으로 사용(조건절에서 각각의 값이 입력)되므로 적합하지 않다. ②번 복합 인덱스를 구성하면, 인덱스가 결합된 순서대로 조건이 적용될 때만 효율적이다. 문제 조건에서 제품카테고리코드는 독립적으로 조건이 입력될 수 있으므로 개별 인덱스가 더 적합하다. ④번 제1정규형은 데이터가 반복되는 그룹 없이 원자값을 갖도록 설계하는 기본적인 데이터베이스 설계 원칙이다. 복합 인덱스를 구성하는 것과는 관련이 없다.

08. 답: ③

해설: 3차 정규화를 수행하면 고객 정보, 주문 기본정보, 주문상품 정보, 상품 정보, 배송지 정보, 배송상태 정보, 택배사 정보로 총 7개의 엔터티가 도출된다. 7개의 엔터티는 다음과 같다.

[고객] – 고객ID(PK), 고객명, 연락처

[주문] – 주문ID(PK), 고객ID(FK), 주문일자, 결제정보

[주문상품] – 주문상품ID(PK), 주문ID(FK), 상품ID(FK), 수량, 가격

[상품] – 상품ID(PK), 상품명, 기준가격

[배송지] – 배송ID(PK), 주문ID(FK), 배송상태ID(FK), 택배사ID(FK), 운송장번호, 수령인명, 수령인연락처, 우편번호, 주소, 요청사항

[배송상태] – 배송상태ID(PK), 상태명

[택배사] – 택배사ID(PK), 택배사명

09. 답: ④

해설: 반정규화는 성능 향상을 위해 데이터의 중복을 허용하고 정규화된 데이터 모델을 통합하거나 중복하여 구성하는 데이터 모델링 기법이다. 정합성과 무결성 향상이 아닌, 조회 성능 향상이 주된 목적이다.

10. 답: ②

해설: 현재 직원정보 테이블은 2차 정규형 상태이다. 부서코드가 부서명을 결정하는 이행적 함수 종속성이 존재하므로 3차 정규화의 대상이 된다.

11. 답: ②

해설: DELETE 명령어는 테이블에서 특정 데이터를 삭제할 때 사용하는 DML(Data Manipulation Language) 명령어다. ALTER는 테이블 구조를 변경하는 DDL 명령어이고, DROP은 테이블 자체를 삭제하는 명령어이며, TRUNCATE는 테이블의 모든 데이터를 한 번에 삭제하는 명령어다.

12. 답: ①

해설: DCL(Data Control Language)은 데이터베이스에 대한 접근 권한과 사용 권한을 관리하는 명령어다. GRANT로 권한을 부여하고 REVOKE로 권한을 회수하는 명령어가 포함되며, 데이터베이스의 보안과 무결성을 위해 사용된다.

13. 답: ②

해설: SUM 함수는 NULL을 제외하고 계산한다. 첫 번째 쿼리는 (10+20)+(NULL+30+40)=100을 반환한다. 두 번째는 (NULL)+(40)=NULL 을 반환한다. 왜냐하면, SUM 함수는 개별적으로는 NULL을 무시하지만, SUM 함수가 아닌 수식에서는 최종적으로 더해지는 값 중 하나라도 NULL이면 결과는 NULL이 된다. 세 번째는 (10+NULL)+(NULL+40)=50을 반환한다. 네 번째는 ID가 NULL인 행만 더하면 되므로, (20)+(30)= 50을 반환한다. WHERE 절의 조건에 따라 집계되는 행이 달라지므로 결괏값이 각각 다르게 나온다.

14. 답: ④

해설: ④번 ⓑ에서 SALARY에 NULL을 입력했고, SALARY IS NULL 조건은 정확히 NULL 값을 조회하므로 해당 데이터가 조회되므로 정답이다. ①번 EMP_ID는 VARCHAR2(10)로 정의되어 문자형 데이터를 저장할 수 있다. ⓐ는 오류 없이 정상 실행된다. ②번 빈 문자열('')은 오라클에서 NULL로 처리되지만, ⓑ의 입력은 빈 문자열이 아닌 명시적으로 NULL을 입력한 경우다. 빈 문자열과 관련된 논점이 없어 이 설명은 적합하지 않다. ③번 SALARY에 빈 문자열을 입력할 수 없고, 조건 SALARY = ''는 NULL과의 비교가 불가능하므로 데이터가 조회되지 않는다.

15. 답: ④

해설: ④번 쿼리에서 TO_DATE('202401', 'YYYYMM') = ORDER_DATETIME 조건은 시간 정보가 포함된 ORDER_DATETIME과 월 단위로만 표현된 날짜를 비교하므로 다른 쿼리들과 다른 결과를 반환한다. 나머지 쿼리들은 모두 2024년 1월의 데이터를 추출하는 동등한 조건을 가지고 있으며 COMPLETE_DATETIME도 동일한 시점의 데이터를 검색한다.

16. 답: ②

해설: SQL에서 날짜 연산식 1/24는 1시간, 1/24/60은 1분을 의미한다. 여기서 1/24/(60/15)는 15분을 의미하므로, 초기 시간 14:00:00에 15분을 더한 14:15:00이 정답이다.

17. 답: ③

해설: CASE 문의 두 가지 작성 방식 중에서 (가)의 CASE WHEN column = value THEN result 형식은 CASE column WHEN value THEN result 형식으로 변경 가능하다. 따라서 (가)와 동일한 결과를 출력하기 위해서는 CASE DEPT_NAME WHEN 'SALES' THEN 'FRONT' ELSE 'BACK' END가 적절하다.

18. 답: ①

해설: NULLIF 함수는 첫 번째 매개변수와 두 번째 매개변수가 같으면 NULL을 반환하고, 다르면 첫 번째 매개변수 값을 반환한다. 문제의 요구사항이 PARENT_ID가 1000과 같으면 NULL을 표시하고 다르면 PARENT_ID를 표시하는 것이므로 NULLIF 함수가 적절하다.

19. 답: ④

해설: ①, ②, ③은 모두 ENAME을 기준으로 오름차순, SAL을 기준으로 오름차순, HIREDATE를 기준으로 내림차순으로 정렬하는 동일한 결과를 보여준다. 하지만 ④는 ENAME을 기준으로 내림차순 정렬을 하므로 다른 결과가 출력된다.

20. 답: ②

해설: 문제에서 요구하는 조건은 '@' 앞의 문자가 정확히 5글자이고 영문자여야 한다는 것이다. ②번은 [A-Z]를 5번 반복하여 정확히 5개의 영문자를 매칭하고 그 뒤에 '@'가 오도록 지정한다. ①번은 길이를 특정할 수 없고, ③번은 영문자 여부를 확인할 수 없으며, ④번은 첫 글자만 영문자임을 보장한다.

21. 답: ③

해설: TO_CHAR 함수는 날짜나 숫자를 문자열로 변환할 때 사용하지만, 주어진 예시에서는 이미 문자열인 '20240315'를 입력값으로 사용하고 있다. 올바른 사용을 위해서는 TO_DATE('20240315')를 먼저 수행하여 날짜형으로 변환한 후 TO_CHAR 함수를 적용해야 한다.

22. 답: ②

해설: 주문상세별 최신 배송 현황을 조회하기 위해서는 주문번호별로 가장 최근에 생성된 배송번호를 찾아야 한다. 배송번호는 순차적으로 증가하므로 주문번호별로 MAX(배송번호)를 구하면 가장 최근의 배송정보를 얻을 수 있다. 따라서 서브쿼리에서 주문번호별 최대 배송번호를 구하는 ②번이 정답이다.

23. 답: ④

해설: HAVING절에서 COUNT(*))= 2 조건으로 각 EMP_ID별로 2건 이상인 데이터만 선택된다. ORDER BY절의 CASE문에서 EMP_ID가 2002일 때 0을 리턴하므로 2002가 가장 먼저 정렬되고, 나머지는 EMP_ID 순으로 정렬된다. 따라서 2002, 1001, 3003 순으로 출력된다.

24. 답: ④

해설: HAVING 절에는 GROUP BY로 그룹화된 그룹별 조건을 지정해야 하며, 집계함수나 GROUP BY절에 명시된 칼럼만 사용할 수 있다. ④번 SQL에서는 HAVING절에 부서장이라는 개별 행의 칼럼을 조건으로 사용했기 때문에 오류가 발생한다.

25. 답: ③

해설: 5/5 = 1 이다. 60/30 = 2 이다. 최종적으로 1/2 = 0.5 가 된다. 0.5는 하루의 절반을 의미하므로 12시간 추가된 2025-01-20 12:00:00 이 정답이다.

26. 답: ①

해설: NULLIF 함수는 두 입력값이 동일할 경우 NULL을 반환하고, 다를 경우 첫 번째 값을 반환한다. ①번의 경우 'ABC'와 'ABC'가 동일하므로 NULL을 반환한다. 나머지 SQL들은 각각 'A', 'Y', 'Z'를 반환한다.

27. 답: ①

해설: 각 테이블 간의 조인 조건이 정확하게 명시되어 있으며, 테이블의 기본키와 외래키 관계가 올바르게 연결되어 있다. 또한 테이블명과 칼럼명이 모호성 없이 명확하게 지정되어 있어 ①번이 가장 적절한 SQL문이다.

28. 답: ①

해설: 주어진 설명은 B-Tree 인덱스를 설명하고 있다. B-Tree 인덱스는 가장 일반적인 인덱스 유형으로, 칼럼 값을 정렬된 상태로 유지하며 효율적인 검색을 가능하게 한다. 특정 칼럼 값에 대한 검색 시 전체 테이블 스캔을 피하고 원하는 데이터에 빠르게 접근할 수 있는 특징을 가진다.

29. **답:** ③

해설: 주어진 설명은 Nested Loop Join을 설명하고 있다. Nested Loop Join은 중첩 반복 방식으로 첫 번째 테이블(드라이빙 테이블)의 각 행에 대해 두 번째 테이블을 검색하여 조인을 수행한다. 특히 인덱스가 있는 작은 테이블을 드라이빙 테이블로 사용할 때 효율적인 조인 방식이다.

30. **답:** ②

해설: ②번 ROLLUP(JOB)을 사용하여 각 JOB별 집계와 추가로 전체 합계 행을 출력한다. HAVING COUNT(*) 〉 1 조건으로 최소 2개 이상의 행을 포함하는 그룹만 반환한다. 4개의 JOB별 집계 행과 전체 합계 행을 포함하여 총 5개의 행이 출력된다. 나머지 보기는 모두 3개의 행을 출력한다.

31. **답:** ①

해설: GROUP BY절에서는 SELECT절에서 정의한 별칭(ALIAS)을 사용할 수 없다. SQL 실행 순서상 GROUP BY절이 SELECT절보다 먼저 실행되기 때문에 SELECT절에서 정의한 별칭을 GROUP BY절에서 참조할 수 없다. 반면에 ORDER BY절은 SELECT절 이후에 실행되므로 SELECT절의 별칭을 사용할 수 있다.

32. **답:** ①

해설: ①번은 LEFT JOIN을 사용하여 주문이 없는 고객도 포함되며, COUNT(O.주문ID)를 사용해 주문 횟수를 계산한다. 주어진 SQL의 서브쿼리 방식과 달리, JOIN 방식으로 동일한 결과를 반환한다. ②번은 C.고객ID = O.고객ID 조건을 사용한 카테시안 조인 방식이다. 주문이 없는 고객은 결과에 포함되지 않는다. 주어진 SQL과 동일한 결과를 반환하지 않는다. ③번은 INNER JOIN을 사용하여 주문이 있는 고객만 포함한다. 주문이 없는 고객은 제외되므로, 주어진 SQL과 결과가 다르다. ④번 EXISTS 서브쿼리는 특정 고객이 조건에 맞는 주문이 있는지 확인한다. COUNT(*)는 고객 테이블에서 고객별 행 개수를 계산한다. 그러나 주어진 SQL은 주문 횟수를 계산하므로, 이 쿼리는 정확히 동일하지 않다.

33. **답:** ③

해설: 실행 결과를 보면 카테고리와 제품명으로 그룹핑된 결과가 출력되었다. ROLLUP이나 CUBE는 부분합계나 총합계가 포함되므로 적절하지 않고, GROUPING SETS는 여러 그룹화 결과를 UNION ALL로 합치는 결과를 만들기 때문에 주어진 실행 결과와 다르다. 따라서 단순히 CATEGORY, PNAME으로 그룹화하는 것이 정답이다.

34. **답:** ①

해설: 계층형 쿼리에서 START WITH절은 Kim(1001)을 시작으로 하고, 정렬기준이 ORDER SIBLINGS BY에 의해 첫 번째가 계층형 LEVEL이고, 그 다음이 NAME DESC 이므로 Kim → Park → Lee → Choi가 된다.

35. **답:** ④

해설: 해시 조인은 작은 테이블을 해시 테이블로 생성하여 큰 테이블과 조인하는 방식으로, 대용량 데이터 처리에 효율적일 수 있다. 그러나 모든 상황에서 인덱스 기반의 중첩 루프 조인보다 우수한 것은 아니다. 특히 조인 결과가 소량이거나 인덱스가 잘 구성되어 있는 경우에는 중첩 루프 조인이 더 효율적일 수 있다.

36. **답:** ①

해설: 계층형 쿼리에서 START WITH 절은 최상위 노드를 지정하고, CONNECT BY PRIOR는 계층 구조의 관계를 정의한다. 조건절에서 가입일자가 2023년 2월인 데이터만 필터링하지만, 계층 구조는 유지된다. 따라서 추천고객번호가 NULL인 루트 노드(101, 105)와 2월에 가입한 하위 노드(103, 104, 105)가 모두 포함된 결과가 출력된다.

37. **답:** ④

해설: 계층형 쿼리에서 WHERE 절은 모든 계층 구조를 전개한 후에 필터링하는 역할을 한다. 주어진 결과는 서울지점(110) 하위의 강남점(111)과 종로점(112)만을 포함하고 있으므로, WHERE 절에서 고객ID LIKE '11%' 조건으로 필터링하는 ④번이 올바른 답이다. 다른 보기들은 계층 구조가 올바르게 전개되지 않거나 필터링 시점이 적절하지 않다.

38. **답:** ①

해설: 원본 SQL은 WHERE절을 사용한 동등 조인으로, 동일한 이름을 가진 칼럼(CID)에 대해 조인을 수행한다. NATURAL JOIN은 동일한 이름을 가진 모든 칼럼에 대해 자동으로 동등 조인을 수행하므로 원본 SQL과 동일한 결과를 반환한다. 다른 조인 유형들은 조인 조건이나 결과 집합이 다르므로 정답이 될 수 없다.

39. **답:** ②

해설: 실행 결과는 각 사번별로 해당 사번까지의 급여 합계를 보여주는 누적합을 계산한 것이다. 이를 구현하기 위해서는 SELF JOIN을 사용하여 현재 행의 사번보다 작거나 같은 모든 사번의 급여를 합산해야 한다. ②번 보기는 A.사번 >= B.사번 조건으로 SELF JOIN하여 각 행마다 필요한 누적합을 정확히 계산할 수 있다.

40. **답:** ③

해설: SQL은 CUSTOMER 테이블에서 GRADE가 'Premium' 혜택을 받는 등급(A)인 고객의 NAME과 POINT를 연결한 문자열의 중복을 제거한 개수를 계산한다. A등급 고객은 Kim(1000)과 Lee(2000) 2명이므로, 결괏값은 2가 된다.

41. **답:** ③

해설: 주어진 SQL은 특정 일자('20240101')에 2회 이상 근태기록이 있는 직원을 조회하는 쿼리다. ③번은 GROUP BY 절이 누락되어 있어 HAVING 절을 사용할 수 없으므로 구문 오류가 발생한다. 나머지 옵션들은 모두 서브쿼리나 EXISTS를 활용하여 동일한 결과를 올바르게 도출할 수 있다.

42. **답:** ②

해설: 뷰 V_SALES는 CODE가 'B'이거나 NULL인 데이터만 포함한다. 이 뷰에서 AMOUNT가 2000 이상이고 CODE가 'B'인 레코드는 AMOUNT가 2000인 한 건만 해당된다. 따라서 SUM(AMOUNT)의 결과는 2000이 된다.

43. **답:** ②

해설: 서브쿼리에서 각 영업사원의 영업ID를 기준으로 ROW_NUMBER, SUM, MAX와 같은 윈도우 함수(OVER)를 계산하여 가상 열 COL1, COL2, COL3을 생성한다. WHERE 조건에서 COL1 = 2인 데이터만 필터링하고, 최종적으로 영업ID를 기준으로 오름차순으로 정렬한다.

44. 답: ①

해설: ROLLUP (REGION, TEAM_NAME)은 계층적 집계를 수행하며, (REGION, TEAM_NAME), (REGION), (전체) 순으로 그룹화한다. 실행 결과를 보면 지역별 팀별 집계, 지역별 집계(TEAM_NAME이 NULL), 전체 집계(REGION, TEAM_NAME 모두 NULL)가 출력되어 ROLLUP 연산의 특징과 일치한다.

45. 답: ③

해설: GROUPING SETS((주문ID), (지역), (주문ID, 지역))는 주문ID별 집계, 지역별 집계, 그리고 주문ID와 지역별 상세 데이터를 모두 UNION ALL한 결과를 반환한다. 따라서 주문ID별 합계, 지역별 합계, 그리고 원본 데이터가 모두 포함된 ③이 올바른 실행 결과이다.

46. 답: ④

해설: 바커 표기법에서 #는 PK를, *는 NOT NULL을 의미한다. 따라서 EMP_ID 컬럼에는 PRIMARY KEY 제약조건이 반드시 선언되어야 하고, DEPT_ID 컬럼은 외래 키(FK) 제약조건이 필요하다. NOT NULL 제약조건과 함께 PK를 정의하고 CONSTRAINT 키워드를 사용하여 FK를 명시적으로 정의한 ④번이 가장 적절하다. ①번은 NOT NULL이 누락되었으며, ②번은 ADD 구문이 잘못되었고, ③번은 PK 제약조건이 누락되었다.

47. 답: ②

해설: 이 문제는 트랜잭션의 고립성(Isolation) 특성과 관련이 있다. TX1이 데이터를 수정하고 커밋했음에도 불구하고, TX2가 나중에 같은 데이터를 수정하여 커밋함으로써 TX1의 변경사항이 덮어 쓰였다. 이는 트랜잭션 간의 고립성이 제대로 보장되지 않아 발생한 문제다.

48. 답: ③

해설: 한 테이블에 여러 개의 트리거를 생성하는 것이 가능하다. 예를 들어 INSERT, UPDATE, DELETE 각각에 대해 BEFORE와 AFTER 트리거를 모두 생성할 수 있으며, 같은 이벤트에 대해서도 여러 개의 트리거를 생성할 수 있다. 다만 실행 순서를 명시적으로 지정해야 할 수 있다.

49. 답: ①

해설: DISTINCT 절은 DEPT와 NAME 칼럼의 조합에 대해 중복을 제거한다. 주어진 데이터에서 모든 행이 서로 다른 조합을 가지고 있으므로, 중복 제거 후에도 4개의 행이 남는다. COUNT(DEPT)와 COUNT(NAME) 모두 4를 반환한다.

50. 답: ②

해설: REG_DATE 칼럼은 NOT NULL 제약조건이 있으므로 이 칼럼이 누락된 ②번 INSERT문은 오류가 발생한다. ①번은 모든 칼럼에 대한 값을 제공하고, ③번은 NULL 허용 칼럼에 대한 업데이트이며, ④번은 기본키 제약조건 위반으로 실행은 되지 않지만 문법적 오류는 아니다.

2회 모의고사

01. 데이터 독립성 개념의 구성요소에 대한 설명으로 가장 적절하지 않은 것은?

① 논리적 독립성은 개념 스키마가 변경되어도 외부 스키마에 영향을 주지 않는다는 뜻이다.

② 물리적 독립성은 내부 스키마가 변경되어도 개념 스키마는 영향을 받지 않는다는 뜻이다.

③ View는 데이터 독립성을 지원하는 중요한 도구이다.

④ 데이터 독립성은 오직 물리적 저장구조의 변경에만 초점을 맞춘다.

02. 아래에서 설명하는 데이터베이스 구성요소로 가장 적절한 것은?

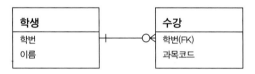

- 데이터베이스의 물리적인 저장 구조와 접근 경로를 정의
- 디스크에 저장되는 레코드의 형식, 인덱스의 유무 등을 나타냄
- 시스템 성능과 물리적인 저장 구조를 담당하는 가장 하위 단계의 스키마

① 개념 스키마(Conceptual Schema)　　② 논리 스키마(Logical Schema)

③ 내부 스키마(Internal Schema)　　④ 외부 스키마(External Schema)

03. 아래 ERD에 대한 설명으로 가장 적절하지 않은 것은?

학생
학번
이름

수강
학번(FK)
과목코드

① 한 학생은 여러 과목을 수강할 수 있다.

② 수강 정보는 학생 정보가 없어도 존재할 수 있다.

③ 학생은 수강 과목을 하나도 듣지 않을 수 있다.

④ 하나의 수강 정보는 반드시 한 학생에게 속한다.

04. 데이터베이스 설계 시 엔터티의 특성에 따른 분류 중 가장 적절한 것은?

① 행위 엔터티는 업무 프로세스에 의해 발생되는 엔터티이다.

② 기본 엔터티는 다른 엔터티와의 관계에서만 존재하는 엔터티이다.

③ 중심 엔터티는 업무상 관리되어야 할 집합이나 그룹이 아니다.

④ 관계 엔터티는 기본 엔터티로부터 발생되는 2개 이상의 관계를 연결한다.

05. 데이터 모델링에서 업무에서 필요로 하는 데이터의 최소 단위로 더 이상 분리될 수 없는 것은?

① 속성　　② 도메인

③ 인스턴스　　④ 식별자

06. 다음 중 속성의 특징으로 가장 적절한 것은?

① 하나의 속성은 여러 개의 값을 동시에 가질 수 있다.

② 속성은 업무상 관리되지 않는 데이터도 포함할 수 있다.

③ 속성은 엔터티에 대한 구체적이고 자세한 정보를 나타낸다.

④ 속성은 다른 속성과 중복되어 표현되어야 한다.

07. 아래 주문 관리 시스템의 ERD에서 수행한 정규화 작업으로 가장 적절한 것은? (단, 이후 필요한 정규화 작업은 계속 수행될 예정)

【 변경 전 】

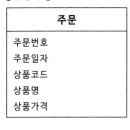

【 변경 후 】

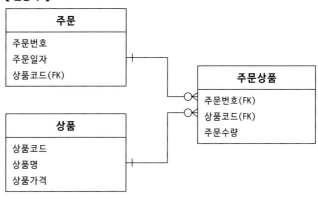

① 1차 정규화   ② 2차 정규화

③ 3차 정규화   ④ BCNF

08. 데이터베이스 정규화 수행에 대한 설명으로 가장 적절하지 않은 것은?

① 정규화는 데이터의 중복성을 최소화하고 일관성을 보장하기 위한 단계적 과정이다.

② 제3정규화는 이행적 함수 종속성을 제거하여 테이블의 구조를 개선하는 것이다.

③ 비정규화는 시스템의 전반적인 성능 향상을 보장하므로 적극적으로 수행해야 한다.

④ BCNF는 제3정규형을 만족하면서 모든 결정자가 후보키가 되도록 분해하는 과정이다.

09. 고객정보를 보여주는 아래 엔터티에서 제3정규화가 필요한 속성으로 가장 적절한 것은?

【 고객 】

고객번호	고객명	주민등록번호	지역코드	지역명	영업사원ID	영업사원명
A001	홍길동	781225-*******	R01	서울	S100	김철수
A002	이영희	850101-*******	R02	부산	S200	박영희
A003	최기석	900303-*******	R01	서울	S100	김철수

① 고객명   ② 주민등록번호

③ 영업사원명   ④ 지역코드

10. 데이터베이스에서 동시에 실행되는 트랜잭션 X와 Y의 처리에 대한 설명으로 가장 적절한 것은?

① 트랜잭션 X와 Y는 서로 다른 격리수준(Isolation Level)을 가질 수 없다.

② X가 업데이트하는 동안 Y는 해당 데이터를 절대 읽을 수 없다.

③ X와 Y의 동시성(Concurrency)은 트랜잭션의 지속성(Durability)을 보장한다.

④ 트랜잭션 격리 수준에 따라 X와 Y의 동시 접근을 제어할 수 있다.

11. SQL 문을 실행했을 때 오류가 발생하는 부분으로 가장 적절한 것은?

① SELECT DEPTNO, COUNT(*), MAX(HIRE_DATE)

② FROM EMP

③ GROUP BY DEPTNO

④ HAVING COUNT(*) < AVG(SALARY);

12. 아래 SQL의 수행 결과로 가장 적절한 것은?

【 STUDENT_TBL 】

GRADE	SCORE
A	90
NULL	85
B	NULL
NULL	75

```
SELECT COUNT(*), COUNT(GRADE), SUM(SCORE) FROM STUDENT_TBL;
SELECT COUNT(*), COUNT(GRADE), SUM(SCORE) FROM STUDENT_TBL WHERE GRADE = 'A';
SELECT COUNT(*), COUNT(GRADE), SUM(SCORE) FROM STUDENT_TBL WHERE GRADE IS NOT NULL;
SELECT COUNT(*), COUNT(GRADE), SUM(SCORE) FROM STUDENT_TBL WHERE GRADE IS NULL;
```

① 4,2,250　1,1,90　2,2,90　2,0,160　　② 4,2,250　1,1,90　2,2,90　2,0,NULL

③ 4,3,250　1,1,90　3,3,90　1,0,85　　④ 4,2,250　1,1,90　2,2,NULL　2,0,85

13. 아래의 (가)와 (나)가 동일한 결과를 출력한다고 할 때, 빈칸 ㉠에 들어갈 내용으로 가장 적절한 것은?

(가)

```
SELECT EMP_NAME,
       CASE WHEN SALARY = 5000 THEN 'HIGH'
            ELSE 'LOW'
       END AS GRADE
FROM EMPLOYEE;
```

(나)

```
SELECT EMP_NAME,
        [    ㉠    ] AS GRADE
FROM EMPLOYEE;
```

① CASE SALARY WHEN >= 5000 THEN 'HIGH' ELSE 'LOW' END

② CASE WHEN SALARY IS >= 5000 THEN 'HIGH' ELSE 'LOW' END

③ DECODE (SALARY, 5000, 'HIGH', 'LOW')

④ DECODE (CASE WHEN SALARY >= 5000 THEN 'HIGH' ELSE 'LOW' END)

14. PRODUCT 테이블에서 STOCK_QTY의 값이 0이면 NULL을 표시하고, 같지 않으면 재고수량을 표시할 때 사용할 수 있는 함수로 가장 적절하지 않은 것은?

① DECODE   ② CASE WHEN

③ NULLIF   ④ NVL

15. 실행 결과가 다른 하나는?(칼럼명은 서로 다르게 출력될 수 있음)

① SELECT PNAME, PRICE, STOCK_QTY

   FROM PRODUCT

   ORDER BY PNAME, PRICE DESC, 3;

② SELECT PNAME NAME, PRICE AMT, STOCK_QTY QTY

   FROM PRODUCT

   ORDER BY NAME, AMT DESC, QTY;

③ SELECT PNAME PRODUCT_NAME, PRICE, STOCK_QTY

   FROM PRODUCT

   ORDER BY 1, 2 DESC, STOCK_QTY;

④ SELECT PNAME, PRICE, STOCK_QTY

   FROM PRODUCT

   ORDER BY PNAME DESC, PRICE, 3;

16. 아래는 전화번호가 다섯 자리 이상이고 세 번째 문자가 '−'인 고객번호를 출력하는 SQL이다. 빈칸 ⓐ에 들어갈 수 있는 내용 으로 가장 적절한 것은?

```
SELECT 고객번호
FROM 고객
WHERE 전화번호 LIKE [ⓐ]
```

① '__-_%'   ② '__-%'

③ '%%-%'   ④ '__-%__%'

17. SQL의 실행 결과로 가장 적절하지 않은 것은?

① LPAD('SQL', 5, '#') = '#SQL' ② INSTR('ORACLE SQL', 'SQL') = 8

③ NVL(NULL, 'Empty') = 'Empty' ④ TRIM(' SQL ') = 'SQL'

18. PRODUCT 테이블과 SQL이 다음과 같을 때, 실행 결과로 가장 적절한 것은?

【 PRODUCT 】

CODE	TYPE
A100	1
A100	1
B200	2
B200	2
B200	2
C300	3
D400	3

```
SELECT CODE, TYPE FROM PRODUCT
GROUP BY CODE, TYPE
HAVING COUNT(*) > 1
ORDER BY (CASE WHEN TYPE = 2 THEN 0 ELSE TYPE END), CODE;
```

①

CODE	TYPE
B200	2
A100	1

②

CODE	TYPE
A100	1
B200	2
D400	3

③

CODE	TYPE
B200	2
A100	1
C300	3

④

CODE	TYPE
A100	1
B200	2

19. 다음 중 실행 결과가 NULL이 아닌 SQL은? (단, DBMS는 오라클로 가정)

① SELECT NULLIF('X', 'X') + 1 FROM DUAL;

② SELECT NVL2(NULL, 'A', NULL) FROM DUAL;

③ SELECT COALESCE(NULL, NULL) FROM DUAL;

④ SELECT NVL(NULL, '0') FROM DUAL;

20. 학생, 수강, 과목 테이블이 있을 때 평점이 3.5 이상인 학생의 정보를 조회하는 SQL로 가장 적절한 것은? (단, 각 테이블의 기본키는 아래와 같다.)

【 테이블 구조 】

학생(학번, 이름, 학과)

수강(수강번호, 학번, 과목코드, 평점)

과목(과목코드, 과목명, 학점)

① SELECT 학생.이름, 과목.과목명, 수강.평점
   FROM 학생, 과목, 수강
   WHERE 수강.평점 >= 3.5
   AND 수강.과목코드 = 과목.과목코드
   AND 수강.학번 = 학생.학번;

② SELECT 학생.이름, 과목.과목명, 수강.평점
   FROM 수강, 과목, 학생
   WHERE 수강.평점 >= 3.5
   AND 학생.학번 = 과목.과목코드
   AND 과목.과목코드 = 수강.과목코드;

③ SELECT 이름, 과목명, 평점
   FROM 학생, 과목, 수강
   WHERE 평점 >= 3.5
   AND 학번 = 수강.학번
   AND 수강.과목코드 = 과목코드;

④ SELECT 학생.이름, 과목.과목명, 수강.평점
   FROM 수강, 과목, 학생
   WHERE 평점 >= 3.5
   AND 수강.학번 = 학생.학번
   AND 수강.과목코드 = 과목코드;

21. 아래에서 인덱스(Index)에 대한 설명으로 적절한 것을 모두 고르시오.

(가) 인덱스는 테이블에 저장된 데이터를 빠르게 조회하기 위한 데이터베이스 객체이다.

(나) DBMS는 하나의 테이블에 생성된 모든 인덱스를 동시에 사용할 수 있다.

(다) B-tree 인덱스는 칼럼값을 기준으로 정렬된 구조를 가진다.

(라) 인덱스는 INSERT, UPDATE, DELETE 시에는 성능이 저하될 수 있다.

(마) 테이블의 모든 칼럼에 인덱스를 생성하면 조회 성능이 항상 향상된다.

① (가), (나), (다)

② (가), (다), (라)

③ (가), (나), (다), (라)

④ (가), (다), (라), (마)

22. 아래 SQL의 실행 결과로 가장 적절한 것은?

【 PRODUCT_TBL 】

PROD_ID	PROD_NAME
100	Apple Phone
200	Smart Pad
300	Note PC

【 CODE_TBL 】

CODE	PATTERN
1	%one%
2	%pad%

```
SELECT COUNT(*) CNT
FROM PRODUCT_TBL A, CODE_TBL B
WHERE UPPER(A.PROD_NAME) LIKE UPPER(B.PATTERN);
```

① 0   ② 2
③ 3   ④ 4

23. 아래 두 SQL이 같은 결과를 출력할 때, 빈칸 ⓐ에 들어갈 내용으로 가장 적절한 것은?

【 SQL(1) 】

```
SELECT REGIST_DT, USER_NM
FROM CUSTOMER, USER_INFO
ORDER BY REGIST_DT;
```

【 SQL(2) 】

```
SELECT REGIST_DT, USER_NM
FROM CUSTOMER [   ⓐ   ] USER_INFO
ORDER BY REGIST_DT;
```

① LEFT OUTER JOIN   ② SELF JOIN
③ NATURAL JOIN   ④ CROSS JOIN

24. 아래 SQL의 실행 결과로 가장 적절한 것은?

【 EMPLOYEE 】

EMP_ID	DEPT_ID
E1	10
E2	20
E3	20
E4	30
E5	40

【 DEPARTMENT 】

DEPT_ID	DEPT_NAME
10	HR
20	IT
30	Sales

```
SELECT *
FROM EMPLOYEE E LEFT OUTER JOIN DEPARTMENT D
   ON (E.DEPT_ID = D.DEPT_ID AND D.DEPT_NAME LIKE 'I%')
```

①

EMP_ID	DEPT_ID (EMPLOYEE)	DEPT_ID (DEPARTMENT)	DEPT_NAME
E1	10	NULL	NULL
E2	20	20	IT
E3	20	20	IT
E4	30	NULL	NULL
E5	40	NULL	NULL

②

EMP_ID	DEPT_ID (EMPLOYEE)	DEPT_ID (DEPARTMENT)	DEPT_NAME
E1	10	NULL	NULL
E2	20	20	IT
E3	20	20	IT
E4	30	30	Sales
E5	40	NULL	NULL

③

EMP_ID	DEPT_ID (EMPLOYEE)	DEPT_ID (DEPARTMENT)	DEPT_NAME
E1	10	10	HR
E2	20	20	IT
E3	20	20	IT
E4	30	30	Sales
E5	40	NULL	NULL

④

EMP_ID	DEPT_ID (EMPLOYEE)	DEPT_ID (DEPARTMENT)	DEPT_NAME
E1	10	10	HR
E2	20	NULL	NULL
E3	20	NULL	NULL
E4	30	30	Sales
E5	40	NULL	NULL

25. 아래의 오라클 SQL을 동일한 결과를 출력하는 ANSI 표준 구문으로 변경하고자 할 때 가장 적절한 SQL은?

【 ERD 】

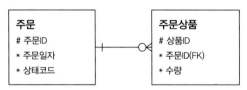

```
SELECT O.주문ID, COUNT(D.상품ID) AS 상품수
FROM 주문 O, 주문상품 D
WHERE O.주문ID = D.주문ID(+)
   AND O.상태코드 = 'ACTIVE'
   AND D.수량(+) > 0
GROUP BY O.주문ID
ORDER BY O.주문ID;
```

① SELECT O.주문ID, COUNT(D.상품ID) AS 상품수
  FROM 주문 O RIGHT OUTER JOIN 주문상품 D
  ON (O.주문ID = D.주문ID AND D.수량 > 0)
  WHERE O.상태코드 = 'ACTIVE'
  GROUP BY O.주문ID
  ORDER BY O.주문ID;

② SELECT O.주문ID, COUNT(D.상품ID) AS 상품수
  FROM 주문상품 D LEFT OUTER JOIN 주문 O
  ON (O.주문ID = D.주문ID)
  WHERE O.상태코드 = 'ACTIVE'
  AND D.수량 > 0
  GROUP BY O.주문ID
  ORDER BY O.주문ID;

③ SELECT O.주문ID, COUNT(D.상품ID) AS 상품수
  FROM 주문 O LEFT OUTER JOIN 주문상품 D
  ON (O.주문ID = D.주문ID AND D.수량 > 0)
  WHERE O.상태코드 = 'ACTIVE'
  GROUP BY O.주문ID
  ORDER BY O.주문ID;

④ SELECT O.주문ID, COUNT(D.상품ID) AS 상품수
  FROM 주문 O FULL OUTER JOIN 주문상품 D
  ON (O.주문ID = D.주문ID)
  WHERE O.상태코드 = 'ACTIVE'
  AND D.수량 > 0
  GROUP BY O.주문ID
  ORDER BY O.주문ID;

26. 다음 중 SQL 실행 결과가 다른 하나는?

① SELECT DEPTNO, SUM(SAL)
  FROM EMP
  GROUP BY ROLLUP(DEPTNO)
  ORDER BY 1 ASC;

② SELECT DEPTNO, SUM(SAL)
  FROM EMP
  GROUP BY DEPTNO
  UNION ALL
  SELECT NULL, SUM(SAL)
  FROM EMP
  ORDER BY 1 ASC;

③ SELECT DEPTNO, SUM(SAL)
  FROM EMP
  GROUP BY GROUPING SETS(DEPTNO)
  ORDER BY 1 ASC;

④ SELECT DEPTNO, SUM(SAL)
  FROM EMP
  GROUP BY CUBE(DEPTNO)
  ORDER BY 1 ASC;

27. INSERT 연산자에 대한 설명으로 가장 적절하지 않은 것은?

① INSERT 연산은 여러 테이블에 동시에 데이터를 삽입할 수 있다.

② INSERT 연산을 수행할 때 칼럼의 DEFAULT 값이 정의되어 있다면 생략할 수 있다.

③ INSERT 연산자를 사용한 SQL문에서 VALUES절과 SELECT절을 동시에 사용할 수 없다.

④ INSERT 연산은 테이블에 새로운 행을 추가하는 데 사용된다.

28. 아래 테이블과 실행 결과를 참고하여 적절하지 않은 SQL을 고르시오.

【 직원 】

사원번호	이름	부서코드	입사일	급여
E001	김철수	DEV	2020-01-01	3,000,000
E002	이영희	DEV	2020-02-15	3,500,000
E003	박지성	MKT	2019-11-20	4,000,000
E004	최동욱	MKT	2018-08-01	4,500,000

【 실행 결과 】

부서코드	사원번호	급여	급여비중
DEV	E001	3,000,000	0.46
DEV	E002	3,500,000	0.54
MKT	E003	4,000,000	0.47
MKT	E004	4,500,000	0.53

① SELECT 부서코드, 사원번호, 급여,
  ROUND(RATIO_TO_REPORT(급여) OVER (PARTITION BY 부서코드),2) AS 급여비중
  FROM 직원
  ORDER BY 부서코드, 급여;

② SELECT 부서코드, 사원번호, 급여,
  ROUND(급여/SUM(급여) OVER (PARTITION BY 부서코드),2) AS 급여비중
  FROM 직원
  ORDER BY 부서코드, 급여;

③ SELECT 부서코드, 사원번호, 급여,

　　ROUND((급여/SUM(급여)) OVER (PARTITION BY 부서코드),2) AS 급여비중

　　FROM 직원

　　ORDER BY 부서코드, 급여;

④ SELECT 부서코드, 사원번호, 급여,

　　ROUND(급여/(SELECT SUM(급여) FROM 직원 b WHERE b.부서코드 = a.부서코드),2) AS 급여비중

　　FROM 직원 a

　　ORDER BY 부서코드, 급여;

29. 아래 SQL을 수행할 때 정렬 순서상 2번째 표시될 값은?

【 DEPT 】

DEPT_ID	UP_DEPT	DEPT_NM
10	NULL	HQ
20	10	Sales
30	10	IT
40	20	Export

```
SELECT DEPT_NM
FROM DEPT
START WITH UP_DEPT IS NULL
CONNECT BY PRIOR DEPT_ID = UP_DEPT
ORDER SIBLINGS BY DEPT_NM ASC;
```

① Export　　　　　　　　　　② IT

③ HQ　　　　　　　　　　　④ Sales

30. 소트 머지 조인(Sort Merge Join)에 대한 설명으로 가장 적절하지 않은 것은?

① 두 테이블을 각각의 조인 키를 기준으로 정렬한 후 병합하는 방식이다.

② 조인 조건이 비등가 조인(Non-Equi Join)인 경우에는 사용할 수 없다.

③ 정렬 단계가 완료된 후에는 조인 단계에서 랜덤 액세스가 발생하지 않는다.

④ 이미 정렬되어 있는 테이블은 정렬 과정을 생략하면서 조인 과정을 진행할 수 없다.

31. 아래 테이블과 SQL의 실행 결과로 가장 적절한 것은?

【 부서 】

부서ID	부서명	상위부서ID	설립일자
D001	영업본부	〈NULL〉	2023-01-01
D002	국내영업팀	D001	2023-01-01
D003	해외영업팀	D001	2023-01-01
D004	마케팅본부	〈NULL〉	2023-02-01
D005	디지털마케팅팀	D004	2023-03-01
D006	브랜드마케팅팀	D004	2023-03-01

```
SELECT 부서ID, 부서명, 설립일자, 상위부서ID
FROM 부서
START WITH 상위부서ID IS NULL
CONNECT BY PRIOR 부서ID = 상위부서ID
AND 설립일자 >= '2023-02-01'
ORDER SIBLINGS BY 부서ID;
```

①

부서ID	부서명	설립일자	상위부서ID
D001	영업본부	2023-01-01	〈NULL〉
D004	마케팅본부	2023-02-01	〈NULL〉
D005	디지털마케팅팀	2023-03-01	D004
D006	브랜드마케팅팀	2023-03-01	D004

②

부서ID	부서명	설립일자	상위부서ID
D004	마케팅본부	2023-02-01	〈NULL〉
D005	디지털마케팅팀	2023-03-01	D004
D006	브랜드마케팅팀	2023-03-01	D004

③

부서ID	부서명	설립일자	상위부서ID
D001	영업본부	2023-01-01	〈NULL〉
D004	마케팅본부	2023-02-01	〈NULL〉

④

부서ID	부서명	설립일자	상위부서ID
D004	마케팅본부	2023-02-01	〈NULL〉

32. 다음과 같은 테이블이 있을 때, SQL과 실행 결과가 같은 것은?

【 테이블 생성 】

```
CREATE TABLE EMP1 (ID NUMBER, NAME VARCHAR2(10));
INSERT INTO EMP1 VALUES (1, 'SMITH');

CREATE TABLE EMP2 (ID NUMBER, DEPT VARCHAR2(10));
INSERT INTO EMP2 VALUES (1, 'SALES');
INSERT INTO EMP2 VALUES (2, 'HR');
COMMIT;
```

【 SQL 】

```
SELECT A.ID, A.NAME, B.DEPT
FROM EMP1 A, EMP2 B
WHERE A.ID = B.ID;
```

① SELECT A.ID, A.NAME, B.DEPT
   FROM EMP1 A LEFT OUTER JOIN EMP2 B
   ON A.ID = B.ID;

② SELECT A.ID, A.NAME, B.DEPT
   FROM EMP1 A INNER JOIN EMP2 B
   ON A.ID = B.ID;

③ SELECT A.ID, A.NAME, B.DEPT
   FROM EMP1 A CROSS JOIN EMP2 B;

④ SELECT A.ID, A.NAME, B.DEPT
   FROM EMP1 A FULL OUTER JOIN EMP2 B
   ON A.ID = B.ID;

33. 아래 테이블과 실행 결과가 주어졌을 때, WINDOW FUNCTION을 사용하지 않고 동일한 결과를 출력하는 SQL문으로 가장 적절한 것은?

【 월별실적 】

영업일자	실적금액
2023.01.01	1000
2023.01.02	1000
2023.01.03	1000
2023.01.04	1000
2023.01.05	1000

【 실행 결과 】

영업일자	실적금액	3일평균실적
2023.01.01	1000	1000
2023.01.02	1000	1000
2023.01.03	1000	1000
2023.01.04	1000	1000
2023.01.05	1000	1000

① SELECT A.영업일자, A.실적금액, AVG(A.실적금액) AS 삼일평균실적
   FROM 월별실적 A
   GROUP BY A.영업일자
   ORDER BY A.영업일자;

② SELECT A.영업일자, A.실적금액,

　　(SELECT AVG(B.실적금액)

　　FROM 월별실적 B

　　WHERE B.영업일자 BETWEEN A.영업일자-2 AND A.영업일자-1) AS 삼일평균실적

　　FROM 월별실적 A

　　ORDER BY A.영업일자;

③ SELECT A.영업일자, A.실적금액, AVG(B.실적금액) AS 삼일평균실적

　　FROM 월별실적 A, 월별실적 B

　　WHERE B.영업일자 BETWEEN A.영업일자-2 AND A.영업일자

　　GROUP BY A.영업일자, A.실적금액

　　ORDER BY A.영업일자;

④ SELECT A.영업일자, A.실적금액, AVG(A.실적금액) OVER () AS 삼일평균실적

　　FROM 월별실적 A

　　ORDER BY A.영업일자;

34. 다음 SQL 실행 결과로 가장 적절한 것은?

【 PRODUCT 】

CODE	CATEGORY	PRICE	STATUS
P1	Food	1000	A
P2	Food	2000	A
P3	Drink	1500	B
P4	Drink	2500	A

【 STATUS_CODE 】

STATUS	DESC	DISCOUNT
A	Active	10
B	Break	20
C	Close	0

```
SELECT COUNT(DISTINCT P.CATEGORY||P.PRICE)
FROM PRODUCT P
WHERE P.STATUS = (SELECT STATUS FROM STATUS_CODE WHERE DISCOUNT = 10);
```

① 0　　　　　　　　　　　　　② 2

③ 3　　　　　　　　　　　　　④ 4

35. 아래 SQL의 실행 결과와 동일한 결과를 얻을 수 있는 GROUP BY절을 고르시오.

```
SELECT STORE_TYPE,
       PRODUCT_TYPE,
       COUNT(SALE_ID) TOTAL_SALES,
       SUM(AMOUNT) TOTAL_AMOUNT
FROM SALES
GROUP BY _____ ;
```

【 실행 결과 】

STORE_TYPE	PRODUCT_TYPE	TOTAL_SALES	TOTAL_AMOUNT
마트	식품	100	5000000
마트	의류	80	4000000
마트	NULL	180	9000000
백화점	식품	50	2500000
백화점	의류	60	3000000
백화점	NULL	110	5500000
NULL	NULL	290	14500000

① CUBE (STORE_TYPE, PRODUCT_TYPE)

② ROLLUP (STORE_TYPE, PRODUCT_TYPE)

③ GROUPING SETS ((STORE_TYPE, PRODUCT_TYPE), STORE_TYPE)

④ STORE_TYPE, ROLLUP (PRODUCT_TYPE)

36. 다음과 같은 테이블이 있을 때, 실행 결과를 출력하는 SQL로 가장 적절한 것은?(오라클 기준)

【 주문 】

주문ID	주문명
1	주문1
2	주문2
3	주문3

【 주문상세내역 】

주문ID	상품코드	주문금액
1	A01	1000
1	A02	2000
1	A03	1500
2	A01	3000
2	A02	2500
3	A01	1800

【 실행 결과 】

주문ID	상품코드	합계금액
1	A01	1000
1	A02	2000
1	A03	1500
1	NULL	4500
2	A01	3000
2	A02	2500
2	NULL	5500
3	A01	1800
3	NULL	1800

① SELECT 주문ID, 상품코드, SUM(주문금액) AS 합계금액
   FROM 주문상세내역
   GROUP BY ROLLUP(주문ID, 상품코드)
   ORDER BY 주문ID, 상품코드;

② SELECT 주문ID, 상품코드, SUM(주문금액) AS 합계금액
   FROM 주문상세내역
   GROUP BY CUBE(주문ID, 상품코드)
   ORDER BY 주문ID, 상품코드;

③ SELECT 주문ID, 상품코드, SUM(주문금액) AS 합계금액
   FROM 주문상세내역
   GROUP BY GROUPING SETS((주문ID), (주문ID, 상품코드))
   ORDER BY 주문ID, 상품코드;

④ SELECT 주문ID, 상품코드, SUM(주문금액) AS 합계금액
   FROM 주문상세내역
   GROUP BY 주문ID, 상품코드 WITH ROLLUP
   ORDER BY 주문ID, 상품코드;

37. 다음의 테이블과 SQL문이 주어졌을 때, 실행 결과로 가장 적절한 것은?

【 직원 】

직원ID(PK)	직원명
101	김철수
102	박영희
103	이민수
104	정미경
105	한지영

【 월별실적 】

월(PK)	직원ID(PK)	실적금액
202301	101	1200
202301	102	1500
202301	103	1100
202301	104	1500
202301	105	1200
202302	101	1300
202302	102	1100
202302	104	1400
202302	105	1700

```
SELECT 직원ID, 직원명, SUM(실적금액) as 총실적
, RANK() OVER(ORDER BY SUM(실적금액) DESC) AS 순위
FROM 직원 A INNER JOIN 월별실적 B
ON A.직원ID = B.직원ID
GROUP BY A.직원ID, A.직원명
ORDER BY 순위;
```

①

직원ID	직원명	총실적	순위
104	정미경	2900	1
105	한지영	2900	1
102	박영희	2600	2
101	김철수	2500	3
103	이민수	1100	4

②

직원ID	직원명	총실적	순위
104	정미경	2900	1
105	한지영	2900	2
102	박영희	2600	3
101	김철수	2500	4
103	이민수	1100	5

③

직원ID	직원명	총실적	순위
104	정미경	2900	1
105	한지영	2900	1
102	박영희	2600	3
101	김철수	2500	4
103	이민수	1100	5

④

직원ID	직원명	총실적	순위
105	한지영	2900	1
104	정미경	2900	2
102	박영희	2600	3
101	김철수	2500	4
103	이민수	1100	5

38. 다음 실행 결과를 얻기 위한 SQL문의 빈칸에 들어갈 적절한 내용은?

【 실행 결과 】

JOB	ENAME	SAL	BONUS	RNK
ANALYST	SCOTT	3000	500	1
ANALYST	FORD	3000	500	1
MANAGER	JONES	2975	400	2
MANAGER	BLAKE	2850	400	3
CLERK	ADAMS	1100	200	4

```
SELECT JOB, ENAME, SAL,
       CASE JOB WHEN 'ANALYST' THEN 500
              WHEN 'MANAGER' THEN 400
              ELSE 200 END AS BONUS,
       [    ] OVER(ORDER BY SAL DESC) AS RNK
  FROM EMP;
```

① DENSE_RANK   ② RANK
③ ROW_NUMBER   ④ COUNT

39. 아래 실행 결과를 얻기 위한 SQL문의 빈칸에 들어갈 적절한 내용은?

【 실행 결과 】

DEPTNO	ENAME	SAL	SEQ
10	KING	5000	1
10	CLARK	2450	2
20	FORD	3000	1
20	JONES	2975	2
30	BLAKE	2850	1

```
SELECT DEPTNO, ENAME, SAL,
       [    ] OVER(PARTITION BY DEPTNO
              ORDER BY SAL DESC) AS SEQ
  FROM EMP;
```

① NTILE(2)   ② TOP
③ ROW_NUMBER   ④ COUNT

40. 다음 테이블과 SQL문이 주어졌을 때, 실행 결과로 가장 적절한 것은?

【 강의평가 】

과목코드	교수명	학생명	평가점수
CS101	김교수	이학생	85
CS101	김교수	박학생	92
CS102	이교수	최학생	88
CS102	이교수	정학생	95
CS103	박교수	강학생	90
CS103	박교수	윤학생	87

```
SELECT 과목코드, 교수명, 학생명, 평가점수
FROM (SELECT 과목코드, 교수명, 학생명, 평가점수,
            ROW_NUMBER() OVER(PARTITION BY 과목코드
            ORDER BY 평가점수 DESC) AS RN
        FROM 강의평가)
WHERE RN = 1;
```

① 모든 강의평가 데이터가 출력된다.

② 각 과목별로 가장 높은 평가점수를 받은 데이터만 출력된다.

③ 전체 데이터 중 가장 높은 평가점수를 받은 데이터만 출력된다.

④ 각 교수별로 가장 높은 평가점수를 받은 데이터만 출력된다.

41. 다음 테이블과 SQL문이 주어졌을 때, 실행 결과로 가장 적절한 것은?

【 매출실적 】

영업부서	직원명	고객사	매출액
영업1팀	김영업	LG전자	1200
영업1팀	박영업	삼성전자	1500
영업2팀	이영업	현대차	1800
영업2팀	최영업	기아차	1400
영업3팀	정영업	SK하이닉스	2000
영업3팀	강영업	삼성SDI	1600

```
SELECT *
FROM (SELECT 영업부서, 직원명, 고객사, 매출액,
            DENSE_RANK() OVER(ORDER BY 매출액 DESC) AS RNK
        FROM 매출실적)
WHERE RNK <= 2;
```

① 매출액이 가장 높은 데이터만 출력된다.

② 매출액 하위 2개의 데이터만 출력된다.

③ 각 부서별 매출액 상위 2개 데이터가 출력된다.

④ 매출액이 가장 높은 1, 2위에 해당하는 모든 데이터가 출력된다.

42. 다음 테이블과 SQL문이 주어졌을 때, 실행 결과로 가장 적절한 것은?

【 학생성적 】

학번	학과ID	학생명	평균점수
A101	D01	김학생	85
A102	D01	이학생	92
A103	D02	박학생	88
A104	D02	최학생	88
A105	D03	정학생	95
A106	D03	강학생	91

```
SELECT Y.학번, Y.학과ID, Y.학생명, Y.평균점수
FROM (SELECT 학과ID, MIN(평균점수) OVER(PARTITION BY 학과ID) AS 최저점수
        FROM 학생성적) X, 학생성적 Y
WHERE X.학과ID = Y.학과ID
AND X.최저점수 = Y.평균점수;
```

① 모든 학생의 성적 정보가 출력된다.

② 전체에서 가장 낮은 점수를 받은 학생의 정보만 출력된다.

③ 각 학과별로 가장 낮은 점수를 받은 학생의 정보가 출력된다.

④ 90점 이상인 학생들의 정보만 출력된다.

43. DCL(Data Control Language)의 DROP과 TRUNCATE에 대한 설명으로 가장 적절하지 않은 것은?

① DROP 명령어는 테이블의 구조와 데이터를 모두 삭제하며, 복구가 불가능하다.

② DROP 명령어로 삭제된 테이블은 ROLLBACK으로 취소할 수 없다.

③ TRUNCATE는 테이블의 모든 데이터를 삭제하지만 테이블 구조는 유지된다.

④ TRUNCATE로 삭제된 데이터는 ROLLBACK으로 복구할 수 있다.

44. 다음 테이블과 SQL문의 실행 결과를 참고하여, SQL의 빈칸에 들어갈 값으로 가장 적절한 것은?

【 PRODUCT 】

PROD_ID	PROD_NAME	CATEGORY	PRICE
P001	노트북	전자제품	1500000
P002	스마트폰	전자제품	800000
P003	이어폰	전자제품	300000
P004	청바지	의류	50000
P005	티셔츠	의류	30000
P006	운동화	신발	80000

```
SELECT p.prod_id, p.prod_name, p.category,
       LEAD(p.price, [   ]) OVER (PARTITION BY p.category
       ORDER BY p.price) AS next_price
FROM product p;
```

【 실행 결과 】

PROD_ID	PROD_NAME	CATEGORY	NEXT_PRICE
P003	이어폰	전자제품	800000
P002	스마트폰	전자제품	1500000
P001	노트북	전자제품	NULL
P005	티셔츠	의류	50000
P004	청바지	의류	NULL
P006	운동화	신발	NULL

① 0
② 1
③ 2
④ 3

45. 다음과 같은 주문 테이블과 주문이력 테이블이 있을 때, 주문 테이블의 최종 배송상태를 업데이트하기 위한 가장 적절한 SQL문은?

【 주문 】

주문코드(PK)	주문명	배송상태
O001	주문1	배송중
O002	주문2	완료
O003	주문3	배송중

【 주문이력 】

변경일시	주문코드(PK)	배송상태
2023.12.01	O001	접수
2023.12.02	O001	배송중
2023.12.02	O002	완료
2023.12.03	O003	접수
2023.12.04	O003	배송중

주문코드(PK)	주문명	배송상태
O001	주문1	배송중
O002	주문2	완료
O003	주문3	배송중

① UPDATE 주문 A SET 배송상태 = (SELECT B.배송상태 FROM 주문이력 B WHERE B.주문코드 = A.주문코드 AND B.변경일시 = '2023.12.04')

② UPDATE 주문 A SET 배송상태 = (SELECT B.배송상태 FROM (SELECT 주문코드, MAX(변경일시) AS 변경일시 FROM 주문이력 GROUP BY 주문코드) C, 주문이력 B WHERE B.주문코드 = C.주문코드 AND B.변경일시 = C.변경일시 AND A.주문코드 = B.주문코드)

③ UPDATE 주문 A SET 배송상태 = (SELECT B.배송상태 FROM 주문이력 B WHERE B.주문코드 = A.주문코드 ORDER BY B.변경일시 DESC FETCH FIRST 2 ROW ONLY)

④ UPDATE 주문 A SET 배송상태 = (SELECT 배송상태 FROM 주문이력 WHERE 주문코드 = A.주문코드 HAVING MAX(변경일시))

46. 다음 테이블에서 점수가 높은 순으로 5위까지 출력하되 5위와 점수가 같은 학생이 있다면 함께 출력하기 위한 SQL문으로 가장 적절한 것은?(오라클 기준)

【 학생성적 】

번	이름	점수
1001	김철수	95
1002	이영희	90
1003	박민수	85
1004	정다희	90
1005	윤서준	85
1006	한미래	95
1007	조현우	80

① SELECT 학번, 이름, 점수
   FROM 학생성적
   WHERE ROWNUM <= 5
   ORDER BY 점수 DESC;

② SELECT TOP 5 학번, 이름, 점수
   FROM 학생성적
   ORDER BY 점수 DESC;

③ SELECT 학번, 이름, 점수
   FROM 학생성적
   ORDER BY 점수 DESC
   FETCH FIRST 5 WITH TIES;

④ SELECT 학번, 이름, 점수
   FROM 학생성적
   ORDER BY 점수 DESC
   FETCH FIRST 5 ROWS ONLY;

47. 다음 SQL을 실행했을 때 PRODUCT 테이블의 상품ID '2001'의 최종 상품명은 무엇인가?

【 PRODUCT 】

상품ID	상품명
2001	노트북

```
BEGIN TRANSACTION;
SAVE TRANSACTION SP1;
UPDATE PRODUCT SET 상품명 = 'Gaming-NB' WHERE 상품ID = '2001';
SAVE TRANSACTION SP2;
UPDATE PRODUCT SET 상품명 = 'Ultra-NB' WHERE 상품ID = '2001';
ROLLBACK TRANSACTION SP2;
COMMIT;
```

① 노트북   ② Gaming-NB

③ Ultra-NB   ④ 오류가 발생한다.

48. 다음 트랜잭션 수행 후 PRODUCT 테이블에서 PRICE=3000인 레코드 수를 구하시오.

【 PRODUCT 】

PROD_ID	PRICE
P001	2000
P002	3000
P003	2000
P004	3000

```
BEGIN TRANSACTION;
INSERT INTO PRODUCT(PROD_ID, PRICE) VALUES('P005', 3000);
COMMIT;
BEGIN TRANSACTION;
UPDATE PRODUCT SET PRICE=2000 WHERE PRICE=3000;
ROLLBACK;
SELECT COUNT(PROD_ID) FROM PRODUCT WHERE PRICE=3000;
```

① 1   ② 2

③ 3   ④ 4

49. INSERT, UPDATE, MERGE 명령어에 대한 비교 설명으로 가장 적절하지 않은 것은?

① 특정 테이블에 대하여 조건절이 없는 UPDATE 명령을 수행하면 MERGE 명령을 수행했을 때와 동일한 결과를 얻을 수 있다.

② INSERT 명령어는 새로운 데이터를 입력하고, MERGE 명령어는 조건에 따라 입력과 수정을 동시에 수행할 수 있다.

③ MERGE 명령어는 WHEN MATCHED THEN과 WHEN NOT MATCHED THEN 절을 사용하여 데이터의 존재 여부에 따라 다른 작업을 수행할 수 있다.

④ INSERT와 UPDATE는 사용자 Commit으로 수행되고, MERGE도 사용자 Commit으로 수행된다.

50. 다음 SQL 연산자들을 실행 우선순위가 높은 순서대로 나열한 것은?

① EXISTS, LIKE, BETWEEN, AND, OR

② NOT, BETWEEN, IN, AND, OR

③ NOT, AND, OR, IN, LIKE

④ AND, OR, NOT, IN, BETWEEN

2회 _ 모의고사 해답

01.   답: ④

해설: 데이터 독립성은 물리적 저장구조의 변경뿐만 아니라 논리적 구조의 변경에도 독립성을 보장하는 개념이다. 이는 물리적 독립성과 논리적 독립성을 모두 포함하며, 각각의 계층이 다른 변경으로부터 독립적으로 운영될 수 있도록 하는 특성을 의미한다.

02.   답: ③

해설: 내부 스키마는 데이터베이스의 물리적 저장구조를 정의하는 것으로, 실제 데이터가 저장되는 방법을 기술한다. 데이터의 물리적 저장구조, 레코드 구조, 인덱스, 접근 경로 등 실제 저장과 관련된 사항을 다루는 최하위 레벨의 스키마이다.

03.   답: ②

해설: 제시된 ERD에서 학생과 수강은 1:N 관계이며, 수강 테이블의 학번이 FK로 설정되어 있다. 학생이 1이고, 까마귀발이 있는 쪽(수강)이 필수적 N을 의미하므로, 수강 정보는 반드시 학생 정보와 연결되어야 한다. 따라서 수강 정보가 학생 정보 없이 존재할 수 있다는 설명은 적절하지 않다.

04.   답: ①

해설: 행위 엔터티(Active Entity)는 업무를 수행함에 따라 발생되는 엔터티로, 업무 프로세스의 실행으로 생성되는 엔터티를 의미한다. 이는 기본 엔터티나 중심 엔터티로부터 발생되는 2차적인 엔터티의 성격을 가지고 있다. ②번은 관계 엔터티에 대한 설명이다. 기본 엔터티는 독립적으로 존재하며, 다른 엔터티에 의존하지 않는 엔터티이다. ③번 중심 엔터티는 업무상 관리되어야 하는 주요 데이터 집합으로, 다른 엔터티와 연결되어 데이터를 중심적으로 관리한다. 따라서 틀린 보기다. ④번 관계 엔터티는 기본 엔터티 간의 관계를 연결하기 위해 만들어지지만, 기본 엔터티에서 직접적으로 '발생'하지는 않는다. 따라서 틀린 보기다.

05. 답: ②

해설: 도메인(Domain)은 업무에서 필요로 하는 데이터의 최소 단위이며, 하나의 속성이 가질 수 있는 모든 가능한 값의 집합을 의미한다. 이는 더 이상 분리될 수 없는 원자값으로 구성되어야 하며, 데이터베이스의 가장 기본적인 데이터 단위가 된다.

06. 답: ③

해설: 속성은 엔터티에 대한 자세하고 구체적인 정보를 나타내는 것으로, 업무에서 관리하고자 하는 데이터의 항목이다. 모든 속성은 하나의 값만 가질 수 있으며, 해당 업무에서 필요한 데이터만을 속성으로 정의해야 한다.

07. 답: ②

해설: 제시된 ERD는 2차 정규화가 수행된 상태이다. 변경 전에는 주문 엔터티에서 상품명과 상품가격이 복합키(주문번호+상품코드)에 대해 부분적으로 종속되어 있었다. 이러한 부분 함수적 종속성을 제거하기 위해 상품 엔터티를 분리하고, 주문상품 엔터티를 생성하여 다대다 관계를 해소했다. 이는 전형적인 2차 정규화의 과정을 보여준다.

08. 답: ③

해설: 비정규화는 성능 향상을 위한 방법 중 하나이지만, 항상 전반적인 성능 향상을 보장하지는 않는다. 비정규화는 데이터의 무결성을 희생하고 중복을 허용하는 것이므로, 신중한 검토 후에 선택적으로 적용해야 한다.

09. 답: ③

해설: 제3정규화는 제2정규화를 만족하면서 이행적 종속을 제거하는 것이다. 이 엔터티에서 영업사원명은 고객번호에 직접적으로 종속되지 않고 영업사원ID를 통해 간접적으로 종속되는 이행적 종속 관계에 있다. 따라서 영업사원명 속성을 분리하여 영업사원 엔터티를 생성하는 제3정규화가 필요하다. 보기에는 예시로 주어지지 않았지만 지역명도 같은 원리로 제3정규화 적용이 필요하다.

10. 답: ④

해설: 트랜잭션의 격리수준(Isolation Level)은 동시에 실행되는 트랜잭션들 간의 상호작용을 제어하는 중요한 메커니즘이다. 적절한 격리수준을 설정함으로써 동시성과 일관성 사이의 균형을 맞출 수 있으며, 이를 통해 데이터의 무결성을 보장하면서도 성능을 최적화할 수 있다.

11. 답: ④

해설: HAVING절에서는 GROUP BY로 나누어진 그룹에 대한 조건을 지정하는데, 여기서는 서로 다른 집계함수(COUNT와 AVG)를 직접 비교하고 있다. AVG(SALARY)는 집계 함수이지만, 이 값은 COUNT(*)와 비교하기 위해 각 그룹에서 이미 계산된 값이어야 한다.

```
SELECT DEPTNO, COUNT(*), MAX(HIRE_DATE), AVG(SALARY) AS AVG_SAL
FROM EMP
GROUP BY DEPTNO
HAVING COUNT(*) < AVG_SAL;
```

12. 답: ①

해설: COUNT(*)는 NULL을 포함한 모든 행을 계산하고, COUNT(칼럼)은 NULL을 제외한 행을 계산한다. SUM은 NULL을 제외하고 계산한다. 전체 행은 4개, GRADE가 NOT NULL인 행은 2개, 점수 합계는 250이다. WHERE 절 조건에 따라 필터링된 결과가 각각 다르게 집계된다.

13. **답: ③**

   해설: 단순 비교가 아닌 조건식을 사용하는 CASE 문의 경우 DECODE 함수로 변환할 수 있다. DECODE 함수는 첫 번째 인자와 두 번째 인자가 같을 경우 세 번째 인자를, 다를 경우 네 번째 인자를 반환하는 방식으로 작동한다.

14. **답: ④**

   해설: NVL 함수는 첫 번째 매개변수가 NULL일 때 두 번째 매개변수를 반환하는 함수다. 문제의 요구사항은 반대로 특정 값(0)일 때 NULL을 반환해야 하므로 NVL 함수로는 구현할 수 없다. DECODE, CASE WHEN, NULLIF는 모두 특정 값과의 비교를 통해 NULL을 반환하도록 구현 가능하다.

15. **답: ④**

   해설: ①, ②, ③은 상품명을 기준으로 오름차순, 가격을 기준으로 내림차순, 재고수량을 기준으로 오름차순 정렬하는 동일한 결과를 보여준다. 하지만 ④는 상품명을 기준으로 내림차순, 가격을 기준으로 오름차순 정렬을 하므로 다른 결과가 출력된다.

16. **답: ④**

   해설: ④번은 최소 길이가 5자리 이상임을 정확히 보장한다. 예: '12-345'는 조건에 부합하며, 5자리 이상이고 세 번째 문자가 - 인 경우만 결과에 포함된다.정답이다. ①번은 다섯 자리 이상 조건을 만족하지 못할 수 있다. ②번은 다섯 자리 이상 조건을 만족하지 못할 수 있다. ③번은 세 번째 문자가 - 임을 보장하지 못한다.

17. **답: ①**

   해설: LPAD 함수는 지정된 길이에서 문자열을 왼쪽으로 채우는 함수다. LPAD('SQL', 5, '#')의 결과는 문자열 'SQL'을 길이 5로 만들기 위해 왼쪽에 '#'을 한 번 채워 '#SQL'이 되어야 하는데, 주어진 결과는 잘못되었다. 정확한 결과는 '##SQL'이다.

18. **답: ①**

   해설: GROUP BY로 CODE와 TYPE별로 그룹화한 후 HAVING절에서 COUNT(*) 〉1 조건으로 2건 이상인 데이터만 선택된다. ORDER BY절의 CASE문에서 TYPE이 2일 때 0을 리턴하므로 TYPE=2인 B200이 먼저 정렬되고, 그다음으로 TYPE=1인 A100이 출력된다.

19. **답: ④**

   해설: NVL 함수는 첫 번째 인자가 NULL일 경우 두 번째 인자를 반환한다. ④번의 경우 NULL 대신 '0'을 반환한다. ①번은 NULL+1=NULL, ②번은 첫 번째 인자가 NULL이므로 세 번째 인자인 NULL 반환, ③번은 모든 인자가 NULL이므로 NULL을 반환한다.

20. **답: ①**

   해설: ①번은 테이블 간의 조인 조건이 정확하게 명시되어 있으며, 각 테이블의 기본키와 외래키 관계가 올바르게 연결되어 있다. 또한 모든 칼럼에 테이블명이 명확하게 지정되어 있어 가장 적절한 SQL문이다. ②번은 학생.학번 = 과목.과목코드 조건이 잘못되었다. 학생.학번과 과목.과목코드는 관계가 없으므로 논리적으로 틀린 답이다. ③번은 테이블 접두사(별칭 또는 테이블명)가 일부 누락되었다. ④번은 조인 조건에서 수강.과목코드 = 과목코드는 과목.과목코드로 명시되어야 한다. 테이블명이 생략되어 혼동될 수 있다.

21. **답: ②**

   해설: (가), (다), (라)는 인덱스의 특성을 정확하게 설명하고 있다. (나)는 옵티마이저가 최적의 실행 계획을 위해 하나의 인덱스만 선택하여 사용하며, (마)는 너무 많은 인덱스는 오히려 성능을 저하시킬 수 있으므로 잘못된 설명이다.

22. **답: ②**

   해설: 'Apple Phone'은 'one'을 포함하므로 CODE 1과 매칭되고, 'Smart Pad'는 'pad'를 포함하므로 CODE 2와 매칭된다. 총 2건의 매칭이 발생하므로 COUNT(*)의 결과는 2이다.

23. **답: ④**

   해설: CROSS JOIN은 FROM절에서 단순히 테이블을 나열하고 조인 조건을 지정하지 않은 경우와 동일한 결과를 생성한다. 두 SQL문 모두 조인 조건이 없어 카테시안 곱(Cartesian Product)이 발생하며, 모든 가능한 행 조합을 생성하게 된다.

24. **답: ①**

   해설: LEFT OUTER JOIN과 함께 조인 조건에 'D.DEPT_NAME LIKE 'I%''가 추가되어 있으므로, IT 부서(DEPT_ID=20)만 조인이 성공하고 나머지는 NULL 값이 반환된다. E2, E3의 DEPT_ID가 20이므로 이들만 DEPARTMENT 테이블과 조인되고, 나머지 행들은 모두 NULL 값을 가지게 된다.

25. **답: ③**

   해설: 오라클에서 외부 조인 조건이 WHERE절에 있는 경우, ANSI SQL에서는 ON절에 포함시켜야 한다. (+) 연산자가 주문상품 테이블 쪽에 있으므로 LEFT OUTER JOIN을 사용해야 하며, 수량 조건도 ON절에 포함시켜야 동일한 결과를 얻을 수 있다.

26. **답: ③**

   해설: CUBE는 결합 가능한 모든 값의 조합에 대해 다차원 집계를 생성하므로 다른 쿼리들과 다른 결과를 출력한다. ROLLUP, UNION ALL과 GROUPING SETS는 부서별 합계와 전체 합계만 계산하지만, CUBE는 모든 가능한 조합의 소계를 계산하여 출력한다. 다른 보기와 동일한 결과를 보기 위해서는 ③번 쿼리를 수정하려면, GROUPING SETS(DEPTNO, ())이라고 해 주어야 한다.

27. **답: ①**

   해설: INSERT문은 한 번에 하나의 테이블에만 데이터를 삽입할 수 있다. 여러 테이블에 동시에 데이터를 삽입하는 것은 불가능하다. SELECT문을 통해 여러 테이블의 데이터를 조회하여 하나의 테이블에 삽입하는 것은 가능하지만, 하나의 INSERT문으로 여러 테이블에 동시에 삽입할 수는 없다.

28. **답: ③**

   해설: ROUND와 OVER 절의 위치가 잘못되었다. (급여/SUM(급여))에 OVER 절이 적용되면 window function의 결과가 아닌 산술 연산 결과에 OVER 절이 적용되어 원하는 결과를 얻을 수 없다. SQL 문법적으로 오류는 없지만, 계산이 잘못되어 실행 결과와 다르다. 정확한 방법은 ②번처럼 window function인 SUM(급여) OVER (PARTITION BY 부서코드)를 먼저 계산한 후 급여를 나누는 것이다.

29. **답: ②**

해설: 계층형 쿼리에서 START WITH절은 HQ(10)를 시작으로 하고, CONNECT BY PRIOR절에 의해 HQ → IT & Sales → Export 순으로 연결된다. ORDER SIBLINGS BY DEPT_NM ASC에 의해 이름 오름차순으로 정렬되므로 HQ → IT → Sales → Export 순으로 정렬되어 두 번째 값은 IT가 된다.

```
HQ
├── Sales
│   └── Export
└── IT
```

30. **답: ④**

해설: 소트 머지 조인에서는 이미 정렬되어 있는 테이블의 경우 정렬 과정을 생략하고 바로 조인 단계로 진행할 수 있다. 예를 들어, 조인 키에 인덱스가 있어 이미 정렬되어 있거나, 이전 작업에서 정렬된 결과를 그대로 활용할 수 있는 경우에는 정렬 단계를 건너뛸 수 있으므로 성능상 이점을 얻을 수 있다.

31. **답: ①**

해설: 계층형 쿼리에서 START WITH 절은 최상위 노드를 지정하고, CONNECT BY PRIOR는 계층 구조의 관계를 정의한다. 조건절에서 설립일자가 2023년 2월 1일보다 큰 데이터만 필터링하지만, 계층 구조는 유지된다. 따라서 부서ID가 NULL인 루트 노드(D001, D004)와 2월 1일 이후에 설립한 하위 노드(D005, D006)가 모두 포함된 결과가 출력된다.

32. **답: ②**

해설: 주어진 SQL은 WHERE절을 사용한 일반 조인문으로, INNER JOIN과 동일한 결과를 반환한다. LEFT OUTER JOIN은 EMP1의 모든 데이터를 포함하고, CROSS JOIN은 카테시안 곱을 생성하며, FULL OUTER JOIN은 양쪽 테이블의 모든 데이터를 포함하므로 원본 SQL과 다른 결과를 반환한다.

33. **답: ③**

해설: 실행 결과는 각 영업일자별로 해당 일자를 포함한 이전 3일간의 평균 실적을 보여준다. 이를 구현하기 위해서는 SELF JOIN을 사용하여 각 일자에 대해 이전 2일과 현재 일자의 실적 평균을 계산해야 한다. ③번 보기는 BETWEEN 조건으로 3일치 데이터를 결합하고 GROUP BY로 평균을 계산하여 원하는 결과를 정확히 도출할 수 있다. ①번 GROUP BY A.영업일자는 각 일자의 실적금액만 계산하며, 이전 3일 평균을 고려하지 않는다. ②번 'BETWEEN A.영업일자-2 AND A.영업일자'가 되어야 맞다. ④번 OVER ()는 WINDOW FUNCTION으로 문제에서 사용하지 않기로 한 방식이다. 따라서 틀린 보기이다.

34. **답: ③**

해설: SQL은 PRODUCT 테이블에서 STATUS가 10% 할인(A)인 상품의 CATEGORY와 PRICE를 연결한 문자열의 중복을 제거한 개수를 계산한다. A 상태인 상품은 P1(Food,1000), P2(Food,2000), P4(Drink,2500) 3개이므로, 중복 없는 문자열은 3개가 되어 결괏값은 3이 된다.

35. **답: ②**

해설: 주어진 실행 결과는 업종별-상품유형별 집계, 업종별 집계(PRODUCT_TYPE이 NULL), 전체 집계(모두 NULL)를 보여주고 있다. ROLLUP은 계층적으로 GROUP BY를 수행하여 (STORE_TYPE, PRODUCT_TYPE), (STORE_TYPE), () 순으로 집계를 생성하므로 주어진 실행 결과와 정확히 일치한다.

36. 답: ③

해설: GROUPING SETS를 사용하여 주문ID별 소계와 주문ID, 상품코드별 상세 집계를 동시에 구할 수 있다. (주문ID)와 (주문ID, 상품코드)를 개별적으로 그룹화하여 원하는 결과를 얻을 수 있다. ROLLUP이나 CUBE는 불필요한 중간 집계나 총계를 포함하므로 문제의 요구사항에 맞지 않다. ④번은 My-SQL에서만 사용가능하므로 틀린 보기이다.

37. 답: ③

해설: 주어진 SQL은 직원별 총실적을 계산하고 이를 내림차순으로 순위를 매기는 쿼리다. 정미경과 한지영의 총실적이 2900으로 가장 높고, 박영희(2600), 김철수(2500), 이민수(1100) 순으로 정렬된다. RANK() 함수는 동일한 값에 대해 동일한 순위를 부여하고, 다음 순위는 건너뛰므로 1, 1, 3, 4, 5 순으로 순위가 부여된다.

38. 답: ①

해설: DENSE_RANK 함수는 동일한 값에 대해 동일한 순위를 부여하고, 다음 순위는 이전 순위 +1을 부여한다. 실행 결과를 보면 SAL이 3000으로 동일한 SCOTT와 FORD가 1위, 2975와 2850인 JONES와 BLAKE가 2위로 할당되어 있어 DENSE_RANK 함수가 사용되었음을 알 수 있다.

39. 답: ③

해설: 실행 결과를 보면 각 DEPTNO별로 SAL을 기준으로 내림차순 정렬하여 순차적인 번호가 부여되어 있다. 동일한 DEPTNO 내에서 중복된 SAL 값이 없고 순차적인 번호가 필요하므로 ROW_NUMBER 함수가 사용되었음을 알 수 있다.

40. 답: ②

해설: SQL문은 과목코드별로 파티션을 나누고, 각 파티션 내에서 평가점수를 기준으로 내림차순 정렬하여 순위를 매긴 후, 순위가 1인 데이터만 선택한다. 따라서 CS101에서는 92점(박학생), CS102에서는 95점(정학생), CS103에서는 90점(강학생)인 데이터만 출력된다.

41. 답: ④

해설: SQL문은 DENSE_RANK 함수를 사용하여 매출액을 기준으로 내림차순 순위를 매기고, 순위가 1위와 2위인 데이터를 모두 출력한다. 매출액 2000(SK하이닉스)이 1위, 1800(현대차)이 2위가 되어 이 두 데이터가 출력된다. DENSE_RANK는 동일한 값에 대해 같은 순위를 부여하므로, 같은 매출액이 있다면 해당 데이터도 함께 출력된다.

42. 답: ③

해설: SQL문은 각 학과별로 최저 점수를 구한 후, 그 점수와 일치하는 학생들의 정보를 출력한다. D01 학과에서는 85점(김학생), D02 학과에서는 88점(박학생, 최학생), D03 학과에서는 91점(강학생)이 각각 최저점이므로 이 학생들의 정보가 출력된다.

43. 답: ④

해설: TRUNCATE는 테이블의 데이터를 빠르게 삭제하는 명령어지만, 삭제된 데이터는 ROLLBACK으로 복구할 수 없다. TRUNCATE는 자동으로 COMMIT이 수행되며, 데이터를 삭제한 후 저장 공간을 즉시 해제하기 때문에 롤백이 불가능하다.

44. **답:** ②

    해설: LEAD 함수는 현재 행을 기준으로 다음 행의 값을 참조한다. 두 번째 매개변수는 몇 번째 다음 행을 참조할지를 지정한다. 실행 결과를 보면 각 카테고리 내에서 가격 순으로 정렬했을 때 바로 다음 행의 가격이 표시되므로 1이 적절하다.

45. **답:** ②

    해설: 주문이력 테이블에서 주문코드별로 가장 최근의 변경일시를 찾아 해당 시점의 배송상태로 업데이트해야 한다. ②번은 서브쿼리에서 GROUP BY로 주문코드별 최대 변경일시를 구한 후, 그 시점의 배송상태를 가져와 UPDATE하여 실행 결과와 같은 상태를 만들 수 있다. ③번도 주문 테이블의 배송상태를 주문이력 테이블의 최신 변경일시를 기준으로 업데이트하는 역할을 수행한다. 하지만 ③번 쿼리 마지막 'FETCH FIRST 2 ROW ONLY' 부분이 'FETCH FIRST 1 ROW ONLY'이 되어야 한다.

46. **답:** ③

    해설: 문제에서 요구하는 것은 점수 기준 상위 5명을 조회하면서 5위와 동일한 점수를 가진 학생도 함께 출력하는 것이다. FETCH FIRST 5 ROWS WITH TIES 구문은 정렬 기준값이 같은 행도 함께 출력하므로 점수가 85점으로 동일한 박민수와 윤서준이 모두 출력된다. 다른 보기들은 동점자를 모두 출력하지 못하거나 단순히 상위 5개 행만 출력한다. ①번 ROWNUM은 데이터를 선택 후 정렬하므로, 정렬되지 않은 상위 5개 행이 선택된다. 점수 기준 상위 5명과 동점자를 포함하지 못한다. ②번 TOP 5는 점수 기준 상위 5명만 출력한다. 동점자는 포함되지 않는다. ④번 FETCH FIRST 5 ROWS ONLY는 정렬 기준 상위 5명만 출력한다. 동점자는 포함되지 않는다.

47. **답:** ②

    해설: 트랜잭션이 SP2 지점으로 롤백되면서 'Ultra-NB'로의 업데이트는 취소되고, SP1에서 수행된 'Gaming-NB'로의 업데이트는 유지된다. 이후 COMMIT이 실행되어 'Gaming-NB'가 최종 상품명이 된다.

48. **답:** ③

    해설: 초기 테이블에서 PRICE=3000인 레코드는 P002와 P004 두 개다. 첫 번째 트랜잭션으로 P005(PRICE=3000)가 추가되고 COMMIT되었다. 두 번째 트랜잭션에서 PRICE=3000인 레코드를 2000으로 수정하려 했으나 ROLLBACK되어 취소되었다. 따라서 최종적으로 PRICE=3000인 레코드는 P002, P004, P005 세 개이다.

49. **답:** ①

    해설: 조건절이 없는 UPDATE 명령은 테이블의 모든 행을 수정하는 반면, MERGE 명령은 조건에 따라 데이터를 선택적으로 입력하거나 수정하는 명령어다. 따라서 두 명령어의 실행 결과는 다를 수 있으며, 동일한 결과를 보장할 수 없다.

50. **답:** ②

    해설: SQL 연산자의 우선순위는 NOT이 가장 높고, 그 다음으로 비교 연산자인 BETWEEN과 IN이 높다. 논리 연산자 중에서는 AND가 OR보다 우선순위가 높다. 따라서 NOT, BETWEEN, IN, AND, OR 순서가 올바른 우선순위이다.

01. 다음 중 시스템으로 구축하고자 하는 업무에 대해 키, 속성, 관계 등을 정확하게 표현하고 재사용성이 높은 모델링으로 알맞은 것은?

① 개념적 데이터 모델링   ② 물리적 데이터 모델링

③ 논리적 데이터 모델링   ④ 관계형 데이터 모델링

02. 엔터티의 특징으로 적절하지 않은 것은?

① 엔터티는 데이터 저장의 기본 단위이다.

② 엔터티는 유일한 식별자에 의해 식별이 가능해야 한다.

③ 엔터티는 영속적으로 존재하는 인스턴스가 2개 이상 있어야 한다.

④ 엔터티는 속성이 없어도 존재할 수 있다.

03. 속성(Attribute)의 특징으로 적절하지 않은 것은?

① 기본 속성은 업무로부터 추출한 모든 일반적인 속성을 의미한다.

② 설계 속성은 데이터 모델링을 위해 업무를 규칙화하려고 새로 만든 속성이다.

③ 파생 속성은 다른 속성으로부터 계산이나 변형되어 생성된다.

④ 파생 속성은 많을수록 좋다.

04. 식별자(Identifier)의 특징으로 적절하지 않은 것은?

① 식별자는 엔터티 내에서 인스턴스를 유일하게 구분할 수 있어야 한다.

② 식별자는 최소성을 만족해야 하며 여러 개의 속성을 조합하여 만들 수 있다.

③ 식별자는 엔터티를 대표할 수 있는 고유한 이름이어야 한다.

④ 주식별자로 지정된 속성은 업무적 요구에 따라 값을 변경할 수 있다.

05. 식별자 관계에 대한 설명으로 적절하지 않은 것은?

① 식별자 관계를 표현하는 실선은 엔터티의 기본키 속성이 자식 쪽의 기본키이자 외래키가 되는 관계를 표현한다.

② 비식별자 관계에서 부모와의 관계는 필수 조건이다.

③ 비식별자 관계를 표현하는 점선은 엔터티의 기본키 속성이 자식 쪽의 일반 속성으로 사용되어도 무방하다는 의미이다.

④ 비식별자 관계는 부모로부터 받은 속성이 자식 엔터티에서 일반적인 속성으로 사용되는 관계이다.

06. 아래 고객, 주문 관련 ERD를 보고 적절한 설명을 고르시오.

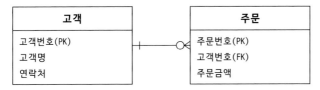

① 고객과 주문은 비식별자 관계로 표현되어 있다.

② 주문에서의 고객번호는 고객 엔터티에서 상속받은 것이다.

③ 고객과 주문의 관계는 1:1 관계를 나타내고 있다.

④ 관계선의 식별자 표시는 주문이 고객에 종속되지 않음을 의미한다.

07. 다음 보기 설명 중 가장 옳은 것을 고르시오.

① 제1정규형은 복합 속성이나 다중값을 분리하여 테이블의 모든 속성에 원자성을 부여한 상태를 말한다.

② 제2정규형은 일반 속성이 주식별자 일부가 아닌 주식별자 전체에 종속된 상태를 말한다.

③ 상품명이 상품번호에 종속된다는 것은 동일한 상품번호에 대해 상품명이 하나만 존재한다는 의미는 아니다.

④ 함수적 종속성이란 X의 값을 알면 Y의 값을 식별할 수 있는 X, Y 속성 간의 관계를 말한다.

08. 다음 〈보기〉에서 설명하는 식별자는 무엇인가?

〈보기〉

업무적으로 만들어지지는 않지만 원조 식별자가 복잡한 구성을 갖고 있기 때문에 인위적으로 만든 식별자

① 인조 식별자   ② 본질 식별자

③ 대리 식별자   ④ 복합 식별자

09. 다음 보기 설명 중 ERD 표기법에 대한 설명으로 적절하지 않은 것은?

【 IE 표기법 】   【 바커 표기법 】

① IE 표기법은 관계를 실선과 점선으로 표현하고, 엔터티 내부에 속성을 포함한다.

② 바커 표기법은 관계를 점선으로 표현하고, O 표시를 사용하여 선택성을 나타낸다.

③ IDEF1X 표기법은 IE 표기법과 유사하나, 비식별자 관계를 점선으로 표현한다.

④ 바커 표기법은 실선과 O 표시를 사용하지 않는 것이 특징이다.

10. NULL에 대한 설명으로 적절하지 않은 것은?

① 바커 표기법에서는 NULL 허용 여부를 알 수 있지만, IE 표기법에서는 NULL 허용 여부를 알 수 없다.

② NULL은 미지의 값이므로 다른 값과의 비교가 불가능하다.

③ NULL에는 연산자를 사용할 수 없다.

④ NULL은 '존재하지 않는 값' 또는 '모르는 값'을 의미하며 공백이나 숫자 0과는 다른 의미이다.

11. CTAS(Create Table As Select)에 대한 설명으로 가장 적절하지 않은 것은?

① CTAS는 기존 테이블의 구조와 데이터를 복사하여 새로운 테이블을 생성한다.

② CTAS를 수행하면 테이블의 기본 제약조건이 모두 복사된다.

③ CTAS는 데이터 이관이나 백업 용도로 활용할 수 있다.

④ CTAS로 생성된 테이블은 원본 테이블의 인덱스를 상속받지 않는다.

12. View(뷰)에 대한 설명으로 가장 적절하지 않은 것은?

① 뷰는 보안을 강화하기 위한 목적으로도 활용할 수 있다.

② 뷰는 복잡한 SQL 문장을 단순화하는 장점이 있다.

③ 테이블 구조가 변경되더라도 뷰를 변경할 필요가 없어 응용프로그램을 수정하지 않아도 된다.

④ 뷰는 데이터 딕셔너리에 SQL 형태로 저장되며 실행 시점에 질의를 재작성하여 수행한다.

13. 데이터베이스에서 더 이상 분해할 수 없는 작업(업무)의 최소 단위는 무엇인가?

① 뷰   ② 쿼리
③ 테이블   ④ 트랜잭션

14. 다음 데이터 테이블에서 전화번호가 특정 정규 표현식을 만족하지 않는 값을 조회하는 SQL을 작성하려고 한다. 정규 표현식 '^02-'는 전화번호가 '02-'로 시작하는 형태만 허용한다는 의미이다. 아래 테이블에서 이 정규 표현식을 만족하지 않는 값을 찾기 위해 적합한 SQL을 선택하시오.

【 데이터 테이블 (PHONE_BOOK) 】

ID	NAME	PHONE_NUMBER
1	김철수	02-123-4567
2	이영희	010-9876-5432
3	박민수	031-456-7890
4	정다희	02-456-7890

① SELECT PHONE_NUMBER
   FROM PHONE_BOOK
   WHERE PHONE_NUMBER NOT LIKE '02-%';

② SELECT PHONE_NUMBER
   FROM PHONE_BOOK
   WHERE PHONE_NUMBER LIKE '^02-';

③ SELECT PHONE_NUMBER
　　FROM PHONE_BOOK
　　WHERE PHONE_NUMBER REGEXP '^02-';

④ SELECT PHONE_NUMBER
　　FROM PHONE_BOOK
　　WHERE NOT PHONE_NUMBER ~ '^02-';

15. 다음과 같은 계층형 질의문(Hierarchical Query)과 그 실행 결과를 보고, 가장 적절하지 않은 설명을 고르시오.

```
SELECT LEVEL, LPAD(' ', 4 * (LEVEL-1)) || 사원명 AS 사원, 관리자
FROM 사원
START WITH 관리자 IS NULL
CONNECT BY PRIOR 사원 = 관리자;
```

【 실행결과 】

LEVEL	사원	관리자
1	홍길동	NULL
2	임꺽정	홍길동
2	장길산	홍길동
3	김유신	장길산
3	이순신	장길산

① START WITH 절은 계층 구조 전개의 시작 위치를 지정하는 구문이다.

② 이 SQL은 순방향 전개로, 부모 데이터에서 자식 데이터(상위에서 하위) 방향으로 전개한다.

③ 이 SQL은 역방향 전개로, 자식 데이터에서 부모 데이터(하위에서 상위) 방향으로 전개한다.

④ LEVEL은 계층형 질의에서 계층 구조의 단계를 표현하는 의사 칼럼이다.

16. 서브쿼리(Subquery)에 대한 설명으로 가장 적절하지 않은 것은?

① 메인쿼리와 서브쿼리가 1:M 관계일 때 결과 집합의 건수는 M건이다.

② 메인쿼리에서는 서브쿼리의 칼럼을 사용할 수 없다.

③ 서브쿼리에서는 메인쿼리의 칼럼을 참조할 수 있다.

④ 단일행 비교연산자(=, 〉, 〈, 〉=, 〈=)를 사용할 때는 서브쿼리의 결과가 반드시 2건 이상이어야 한다.

17. SQL의 결과가 다른 것은? (조건: 오라클에 한함)

【 TAB 】

COL1	COL2	COL3
1	2	A
2	3	B
3	2	C
4	3	D

① SELECT COL1, COL2, COL3 FROM TAB WHERE COL1 < 5;

② SELECT * FROM TAB;

③ SELECT T.* FROM TAB AS T;

④ SELECT * FROM TAB WHERE COL2 IN (2,3);

18. 다음 두 SQL이 동일한 결과를 도출할 때 빈칸에 들어갈 함수로 가장 적절한 것은?

【 SQL 1 】

```
SELECT CASE WHEN col1 = 'X' THEN null
            ELSE col1
        END
FROM table1;
```

【 SQL 2 】

```
SELECT [          ] (col1, 'X')
FROM table1;
```

① NVL   ② NULLIF
③ COALESCE   ④ DECODE

19. 다음 SQL 중 적절하지 않은 것을 고르시오.

① SELECT STADIUM.STADIUM_NAME, GAME.GAME_DATE
   FROM STADIUM, GAME
   WHERE STADIUM.STADIUM_ID = GAME.STADIUM_ID;

② SELECT STADIUM_NAME, GAME_DATE
   FROM STADIUM, GAME
   WHERE STADIUM_ID = STADIUM_ID;

③ SELECT S.STADIUM_NAME, G.GAME_DATE
   FROM STADIUM S, GAME G
   WHERE S.STADIUM_ID = G.STADIUM_ID;

④ SELECT A.STADIUM_NAME, B.GAME_DATE
   FROM STADIUM A
   JOIN GAME B
   ON A.STADIUM_ID = B.STADIUM_ID;

20. 다음 테이블에 대해 SQL문 수행 결과로 가장 적절한 것을 고르시오.

【 TAB1 】

COL1	COL2	COL3
1	NULL	A
2	20	B
3	NULL	C
4	40	D
5	NULL	E

```
SELECT
SUM(COALESCE(COL2, 50)) AS SUM_COL2,
COUNT(COL3) AS COUNT_COL3
FROM TAB1;
```

① 210, 5　　　　　　　　　　　② 210, 0

③ 110, 5　　　　　　　　　　　④ 110, 0

21. 아래 두 테이블에서 NATURAL JOIN을 적용한 SQL 실행 결과로 가장 적절한 것은?

【 TAB1 】

KEYA	COL1	COL2
1	A	가
2	A	가
5	C	다

【 TAB2 】

KEYB	COL1	COL2
1	A	가
3	C	다

```
SELECT * FROM TAB1 NATURAL JOIN TAB2;
```

①

KEYA	COL1	COL2	KEYB
1	A	가	1
5	C	다	3

②

KEYA	COL1	COL2	KEYB
1	A	가	NULL
2	A	가	NULL
5	C	다	NULL

③

KEYA	COL1	COL2	KEYB
1	A	가	1
2	A	가	2
5	C	다	3

④

KEYA	COL1	COL2	KEYB
1	A	가	1
2	A	가	1
5	C	다	3

22. 아래 두 테이블에서 SQL을 수행한 결과로 가장 적절한 것을 고르시오.

【 TABLE_A 】

NAME	AGE
KIM	30
KIM	40
LEE	25

【 TABLE_B 】

NAME	CITY
KIM	SEOUL
KIM	BUSAN
PARK	DAEGU

```
SELECT *
FROM TABLE_A
INNER JOIN TABLE_B
ON TABLE_A.NAME = TABLE_B.NAME
WHERE TABLE_B.CITY = 'SEOUL';
```

①

NAME	AGE	CITY
KIM	30	SEOUL
KIM	30	BUSAN
KIM	40	SEOUL
KIM	40	BUSAN

②

NAME	AGE	CITY
KIM	30	BUSAN
KIM	40	BUSAN

③

NAME	AGE	CITY
KIM	30	SEOUL
KIM	40	SEOUL

④

NAME	AGE	CITY
KIM	30	SEOUL
KIM	30	BUSAN
KIM	40	SEOUL
KIM	40	BUSAN
PARK	25	DAEGU

23. 아래 두 테이블에서 SQL을 수행한 결과로 가장 적절한 것을 고르시오.

【 EMP_A 】

NAME	DEPTNO
SMITH	10
ALLEN	20
JAMES	20

【 EMP_B 】

NAME	SALARY
ALLEN	3000
JAMES	2500
BLAKE	4000

```
SELECT EMP_A.NAME, EMP_A.DEPTNO, EMP_B.SALARY
FROM EMP_A
LEFT OUTER JOIN EMP_B
ON EMP_A.NAME = EMP_B.NAME;
```

①		
NAME	DEPTNO	SALARY
SMITH	10	NULL
ALLEN	20	3000

②		
NAME	DEPTNO	SALARY
ALLEN	20	3000
JAMES	20	2500

③		
NAME	DEPTNO	SALARY
SMITH	10	NULL
ALLEN	20	3000
JAMES	20	2500

④		
NAME	DEPTNO	SALARY
SMITH	10	NULL
ALLEN	20	3000
JAMES	20	2500
KIM	NULL	4000

24. 아래 두 테이블에 대해 SQL을 실행했을 때 행의 수가 가장 많은 SQL을 고르시오.

【 TAB1 】

CODE	PCOLOR
1	빨강
2	노랑
3	파랑
4	검정

【 TAB2 】

CODE	PSIZE
1	소
2	중
3	대
4	특대

① SELECT CODE FROM TAB1
   UNION ALL
   SELECT CODE FROM TAB2;

② SELECT * FROM TAB1, TAB2
   WHERE TAB1.PCOLOR IN ('노랑', '파랑', '검정')
   AND TAB2.PSIZE IN ('소', '중', '대');

③ SELECT * FROM TAB1, TAB2
   WHERE TAB1.PCOLOR = '노랑'
   AND TAB2.PSIZE = '소';

④ SELECT * FROM TAB1
   FULL OUTER JOIN TAB2
   ON TAB1.CODE = TAB2.CODE;

25. 아래는 데이터베이스의 제약조건에 대한 설명이다. 가장 적절하지 않은 것을 고르시오.

① UNIQUE 제약조건은 NULL 값을 허용한다.

② PRIMARY KEY는 NOT NULL과 UNIQUE 제약조건의 특성을 모두 가진다.

③ CHECK 제약조건은 데이터의 값의 범위나 조건을 설정한다.

④ FOREIGN KEY로 참조하는 테이블의 칼럼은 반드시 PRIMARY KEY로 설정되어 있어야 한다.

26. 아래 SQL과 동일한 결과를 출력하는 SQL을 고르시오.

```
SELECT 사원번호, 사원명
FROM 사원 A
WHERE 부서번호 IN (
    SELECT 부서번호
    FROM 부서
    WHERE A.지역 = 부서.지역
);
```

① SELECT 사원번호, 사원명
　FROM 사원 A
　WHERE EXISTS (
　　　SELECT 'X'
　　　FROM 부서 B
　　　WHERE A.지역 = B.지역
　　　AND A.부서번호 = B.부서번호
　　);

② SELECT 사원번호, 사원명
　FROM 사원 A
　WHERE EXISTS (
　　　SELECT 1
　　　FROM 부서 B
　　　WHERE A.부서번호 = B.부서번호
　　);

③ SELECT 사원번호, 사원명
　FROM 사원 A
　WHERE 부서번호 = (
　　　SELECT B.부서번호
　　　FROM 부서 B
　　　WHERE B.지역 = A.지역
　　);

④ SELECT 사원번호, 사원명
　FROM 사원 A
　WHERE 부서번호 = ALL (
　　　SELECT 부서번호
　　　FROM 부서
　　　WHERE A.지역 = 부서.지역
　　);

27. 아래 SQL의 실행 결과 출력되는 건수로 가장 적절한 것을 고르시오.

【 직원 테이블 】

사원번호	사원명	부서번호
1	김철수	10
2	이영희	20
3	박지훈	30
4	정수연	NULL

【 부서 테이블 】

부서번호	부서명
10	A영업부
20	A기획부
30	관리부
NULL	NULL

```
SELECT COUNT(*)
FROM 직원
WHERE 부서번호 NOT IN (
    SELECT 부서번호
    FROM 부서
    WHERE 부서명 LIKE 'A%'
);
```

① 1건   ② 2건
③ 3건   ④ 4건

28. 아래 SQL의 실행 결과로 가장 적절한 것을 고르시오.

```
SELECT 사원번호, 사원명
FROM 사원
WHERE 부서코드 IN ('10', '20', NULL)
```

① 조회되는 데이터가 없다.

② 부서코드가 '10', '20'이거나 NULL인 사원 데이터가 조회된다.

③ 부서코드가 NULL인 사원 데이터만 조회된다.

④ 부서코드가 '10', '20'인 사원 데이터만 조회된다.

29. 아래 SQL의 실행 결과로 가장 적절한 것을 고르시오.

【 나이 테이블 】

나이
10
20
20
30
30

```
SELECT AVG(나이)
FROM (
    SELECT DISTINCT 나이
    FROM 나이테이블
    WHERE 나이 <= 20
);
```

① 25   ② 20
③ 15   ④ 10

30. 아래와 같은 요구사항이 있을 때 이를 만족하는 SQL문의 빈칸에 들어갈 내용으로 가장 적절한 것을 고르시오.

【 요구사항 】

부서코드와 지역별 매출액 집계, 그리고 지역별 소계(부서코드가 NULL로 표시됨)를 함께 출력해야 한다.

지역별 집계에서는 부서코드가 NULL로 출력되어야 한다.

만약 여러 방안이 있을 경우 레코드 수를 최소화해야 한다.

```
SELECT 부서코드, 지역, SUM(매출액) AS 매출액
FROM 부서
GROUP BY _____ ;
```

① GROUPING SETS ((부서코드), (지역))

② GROUPING SETS ((부서코드, 지역), (부서코드))

③ GROUPING SETS ((부서코드, 지역), (지역))

④ CUBE (부서코드, 지역)

31. 다음 설명에 해당하는 Window Function으로 가장 적절한 것을 고르시오.

【 설명 】

파티션별 윈도우의 전체 건수에서 현재 행보다 작거나 같은 건수에 대한 누적 백분율을 구하는 함수

① PERCENT_RANK   ② CUME_DIST

③ RATIO_TO_REPORT   ④ NTILE

32. 각 부서별로 특정 사원의 연봉 기준 −100 ~ +200 범위의 연봉을 받는 사원 수를 구하려고 할 때 SQL문으로 가장 적절한 것을 고르시오.

```
① SELECT employee_id, first_name, salary,
      COUNT(*) OVER (
         PARTITION BY department_id
         ORDER BY salary
         RANGE BETWEEN 100 PRECEDING AND 200 FOLLOWING
      ) AS range_count
   FROM employees
   WHERE department_id = 30
   ORDER BY salary;
```

② SELECT employee_id, first_name, salary,

　　COUNT(*) OVER (

　　　PARTITION BY department_id

　　　ORDER BY salary

　　　ROWS BETWEEN 100 PRECEDING AND 200 FOLLOWING

　　) AS range_count

　FROM employees

　WHERE department_id = 30

　ORDER BY salary;

③ SELECT employee_id, first_name, salary,

　　COUNT(*) OVER (

　　　PARTITION BY department_id

　　　ORDER BY salary DESC

　　　RANGE BETWEEN 100 PRECEDING AND 200 FOLLOWING

　　) AS range_count

　FROM employees

　WHERE department_id = 30

　ORDER BY salary;

④ SELECT employee_id, first_name, salary,

　　SUM(salary) OVER (

　　　PARTITION BY department_id

　　　ORDER BY salary

　　　RANGE BETWEEN 100 PRECEDING AND 200 FOLLOWING

　　) AS range_count

　FROM employees

　WHERE department_id = 30

　ORDER BY salary;

33. 다음 테이블과 SQL을 실행한 결과, 사원번호 7783의 ROW_NUM, RANK_NUM, DENSE_RANK_NUM 결괏값으로 옳은 것은?

【 EMP 】

EMPNO	ENAME	SAL
7788	SCOTT	3000
7839	KING	5000
7782	CLARK	2450
7783	KIM	3000

```
SELECT EMPNO, ENAME, SAL,
      ROW_NUMBER() OVER (ORDER BY SAL DESC, ENAME DESC) AS ROW_NUM,
      RANK() OVER (ORDER BY SAL DESC, ENAME ASC) AS RANK_NUM,
      DENSE_RANK() OVER (ORDER BY SAL DESC, ENAME ASC) AS DENSE_RANK_NUM
   FROM EMP;
```

① 3, 2, 2   ② 3, 3, 2
③ 4, 2, 2   ④ 4, 4, 3

34. 아래와 같은 테이블이 있을 때, 강좌번호가 100과 101인 과목을 동시에 듣는 학번을 구하는 SQL로 가장 적절한 것을 고르시오.

【 TAB1 】

STUDENT_ID	COURSE_ID
1	100
2	100
1	101
3	101
2	101
3	102
4	102

① SELECT STUDENT_ID
   FROM TAB1
   WHERE COURSE_ID IN (100, 101);

② SELECT STUDENT_ID
   FROM TAB1
   WHERE COURSE_ID = 100
   INTERSECT
   SELECT STUDENT_ID
   FROM TAB1
   WHERE COURSE_ID = 101;

③ SELECT STUDENT_ID
   FROM TAB1
   GROUP BY STUDENT_ID
   HAVING COUNT(DISTINCT COURSE_ID) = 2;

④ SELECT DISTINCT STUDENT_ID
   FROM TAB1
   WHERE COURSE_ID = 100
   AND COURSE_ID = 101;

35. 아래의 테이블에서 각 학생의 점수에 대한 순위를 구하는 SQL문의 빈칸에 들어갈 내용을 순서대로 바르게 적은 것을 고르시오.

【 성적 】

이름	점수
김철수	85
이영희	92
박민수	78
정수진	92

```
SELECT 이름, 점수,
        (SELECT _____(1)_____
         FROM 성적 T2
         WHERE _____(2)_____ ) AS 순위
FROM 성적 T1
ORDER BY 순위;
```

```
        (1)             (2)
① COUNT(*), T1.점수 > T2.점수
② MAX(점수), T1.점수 < T2.점수
③ COUNT(*)+1, T1.점수 < T2.점수
④ COUNT(*)-1, T1.점수 <= T2.점수
```

36. 아래와 같이 2건의 데이터가 있는 테이블에서 실행 결과 건수가 나머지 셋과 다른 보기를 고르시오.

【 STUDENT 】

ID	NAME
1	김철수
2	이영희

```
① SELECT *
   FROM STUDENT
   WHERE ROWNUM <= 2;

③ SELECT *
   FROM STUDENT
   WHERE ROWNUM = 2;
```

```
② SELECT *
   FROM STUDENT
   WHERE ID IN (1, 2);

④ SELECT *
   FROM (
       SELECT *
       FROM STUDENT
       WHERE ROWNUM <= 2
   )
   WHERE ROWNUM <= 2;
```

37. 아래의 SQL에 대한 설명으로 가장 적절한 것을 고르시오.

```
-- CREATE TABLE EMP_TEST AS SELECT * FROM HR.EMPLOYEES;
UPDATE EMP_TEST A
SET SALARY = (SELECT SALARY * 1.1
              FROM EMP_TEST B
              WHERE A.EMPLOYEE_ID = B.EMPLOYEE_ID
              AND B.DEPARTMENT_ID = 60);

SELECT * FROM EMP_TEST
WHERE DEPARTMENT_ID = 90;
```

① DEPARTMENT_ID가 60인 사원들의 월급만을 10% 인상하는 쿼리이다.

② UPDATE EMP_TEST SET SALARY = SALARY * 1.1 WHERE DEPARTMENT_ID = 60과 동일한 의미이다.

③ 오류가 발생한다.

④ DEPARTMENT_ID가 60이 아닌 모든 사원의 월급이 NULL로 수정된다.

38. 아래의 SQL을 보고 최종적으로 SUM 집계되는 올바른 결괏값을 고르시오.

```
CREATE TABLE TAB1 (
    COL1 NUMBER PRIMARY KEY,    -- PRIMARY KEY 제약조건
    COL2 NUMBER CHECK (COL2 > 500) -- CHECK 제약조건: COL2 > 500
);
-- SQL 수행(순서대로 실행)
INSERT INTO TAB1 VALUES (1, 1000);
UPDATE TAB1 SET COL2 = 100 WHERE COL1 = 1;
INSERT INTO TAB1 VALUES (1, 2000);
INSERT INTO TAB1 VALUES (2, 2000);
SELECT SUM(COL2) FROM TAB1;
```

① 1000　　　　　　　　　　② 2000

③ 3000　　　　　　　　　　④ 4000

39. 아래 SQL의 결과로 알맞은 것을 고르시오.

【 TAB1 】

COL1	매출
부서1	10000
부서1	8000
부서2	5000
부서2	6300

```
SELECT COL1,
       SUM(매출) AS 총매출
FROM TAB1
GROUP BY COL1
ORDER BY 총매출;
```

①

COL1	총매출
부서2	18000
부서1	11300

②

COL1	총매출
부서1	18000
부서2	11300

③

COL1	총매출
부서1	11300
부서2	18000

④

COL1	총매출
부서2	11300
부서1	18000

40. 아래의 테이블과 SQL을 참고할 때, SQL의 실행 결과로 가장 적절한 것을 고르시오.

【 TAB_A 】

COL1	COL2	COL3
NULL	NULL	NULL
1	NULL	20
2	1	NULL
3	1	20

```
SELECT COL1,
       MIN(COL2),
       MAX(COL2),
       SUM(COL2 + COL3)
FROM TAB_A
GROUP BY COL1;
```

①

COL1	MIN(COL2)	MAX(COL2)	SUM
NULL	0	0	NULL
1	NULL	NULL	20
2	1	1	NULL
3	1	1	21

②

COL1	MIN(COL2)	MAX(COL2)	SUM
NULL	NULL	NULL	NULL
1	NULL	NULL	NULL
2	1	1	NULL
3	1	1	21

③

COL1	MIN(COL2)	MAX(COL2)	SUM
NULL	NULL	NULL	0
1	NULL	NULL	20
2	1	1	NULL
3	1	1	21

④

COL1	MIN(COL2)	MAX(COL2)	SUM
NULL	NULL	NULL	NULL
1	NULL	NULL	20
2	1	1	NULL
3	1	1	21

41. 트랜잭션 처리와 관련하여 아래의 괄호에 들어갈 명령어로 가장 적절한 것은?

> 입력, 수정, 삭제한 데이터에 대해 전혀 문제가 없다고 판단됐을 경우 (   ) 명령어로 트랜잭션을 완료할 수 있다.

① COMMIT
② ROLLBACK
③ SAVEPOINT
④ CHECKPOINT

42. 아래의 SQL문에 대한 설명으로 가장 적절한 것을 고르시오.

```
SELECT a.주문일시, b.상품명, c.계좌번호
FROM 주문 a
JOIN 주문내역 b ON (a.주문번호 = b.주문번호)
JOIN 계좌 c ON (a.계좌번호 = c.계좌번호)
WHERE a.주문일시 >= '20230101'
ORDER BY 계좌번호 DESC;
```

① 주문과 주문내역 테이블의 조인을 기준으로, 주문 테이블의 모든 데이터를 상품명 및 계좌번호와 함께 조회한다.
② 주문 테이블의 주문일시가 2023년 1월 1일 이후인 데이터를 기준으로 상품명과 계좌번호를 조회한다.
③ 계좌 테이블에 계좌번호가 없는 경우에도 데이터를 포함한다.
④ ORDER BY 조건은 계좌번호를 오름차순으로 정렬한다.

43. 테이블과 해당 테이블을 참조하는 모든 종속 객체(제약조건, 인덱스, 뷰 등)를 함께 삭제하고자 할 때, 다음 중 사용해야 하는 SQL 명령어로 가장 적절한 것은?

① DELETE TABLE tablename CASCADE
② DROP TABLE tablename CASCADE
③ TRUNCATE TABLE tablename CASCADE
④ REMOVE TABLE tablename CASCADE

44. 아래 SQL에 대한 결과로 가장 적절한 것을 고르시오.

【 TAB1 】

REGION	ITEM
동부	운동화
동부	운동화
서부	모자
서부	운동화

```
SELECT REGION,
       CASE
         WHEN ITEM = '운동화' THEN '판매중'
         WHEN ITEM = '모자' THEN '판매중'
         ELSE '취급안함'
       END AS STATUS
FROM TAB1
WHERE REGION = '서부';
```

①

REGION	STATUS
서부	판매중
서부	취급안함

②

REGION	STATUS
동부	판매중
서부	판매중

③

REGION	STATUS
서부	판매중
서부	판매중

④

REGION	STATUS
서부	판매중
서부	취급안함
동부	판매중

45. 아래 SQL에 대한 설명으로 가장 적절한 것을 고르시오.

【 TAB1 】

COL1
Apple
apple
ASIA
ant
BALL
AAA

```
SELECT COL1
FROM TAB1
WHERE COL1 LIKE 'A%';
```

① COL1이 대문자 'A'로 시작하는 모든 행을 조회한다.

② COL1이 문자 'A'나 'a'로 시작하는 모든 행을 조회한다.

③ COL1이 소문자 'a'로 시작하는 모든 행을 조회한다.

④ COL1의 첫 번째 문자가 'A'이고 두 번째 문자가 '%'인 행을 조회한다.

46. 다음의 테이블과 쿼리를 참고하여, 쿼리 수행 후 출력되는 결과를 고르시오.

【 TAB1 】

COL1
1
2
3

```
SELECT COL1,
       LAG(COL1) OVER (ORDER BY COL1) AS COL2
FROM TAB1;
```

①

COL1	COL2
1	NULL
2	1
3	2

②

COL1	COL2
1	1
2	1
3	2

③

COL1	COL2
1	NULL
2	NULL
3	NULL

④

COL1	COL2
1	2
2	3
3	NULL

47. 다음 테이블과 SQL문을 보고 실행 결괏값으로 알맞은 것을 고르시오.

【 TAB1 】

COL1	COL2
NULL	A
1	A
2	B
NULL	NULL
3	A

```
SELECT COUNT(*) + COUNT(COL1) + COUNT(DISTINCT COL2)
FROM TAB1;
```

① 8   ② 9

③ 10   ④ 11

48. 단일행 함수에 대한 설명으로 가장 적절하지 않은 것을 고르시오.

① 각 행에 개별적으로 적용되어 하나의 결과를 반환한다.

② 여러 개의 인자를 입력 데이터로 사용할 수 있다.

③ 단일행 함수는 함수 내부에 다른 함수를 중첩해서 사용할 수 있다.

④ 단일행 함수는 GROUP BY 절에서 사용할 수 없다.

49. INNER JOIN에 대한 설명으로 가장 적절하지 않은 것을 고르시오.

① INNER JOIN은 두 테이블에서 조인 조건을 만족하는 행들만 반환한다.

② WHERE 절이나 ON 절을 사용하여 조인 조건을 지정할 수 있다.

③ 조인에 사용되는 칼럼은 반드시 동일한 칼럼명을 가져야 한다.

④ 여러 개의 테이블을 동시에 조인하는 것이 가능하다.

50. 아래 테이블과 SQL문을 보고 실행 결과로 알맞은 것을 고르시오.

【 T1 】

COL1	COL2	COL3
가	A	2
나	B	3
다	C	NULL

【 T2 】

COL1	COL2
2	A
3	C

```
SELECT *
FROM T1
INNER JOIN T2
ON T1.COL2 = T2.COL2
WHERE 1=1
   AND T1.COL3 >= 3
   AND T2.COL2 IN ('A', 'B');
```

① 결과 없음   ② 1건 출력

③ 2건 출력   ④ 3건 출력

SQLD 54회 _ 기출 변형 문제 해답

01. 답: ③

해설: 논리적 데이터 모델링은 시스템으로 구축하려는 업무에 대해 키, 속성, 관계 등을 정확하게 표현하는 단계
다. 이 단계에서는 재사용성이 높은 모델을 만들 수 있으며, 업무의 모습을 기술자의 관점에서 모델링하여
데이터 관점에서 약속된 표기법으로 형상화한다. 업무 중심의 데이터 모델을 만들어내며, 데이터 모델링 과
정의 핵심이 되는 단계다.

02. 답: ④

해설: 엔터티는 업무에 필요하고 유용한 정보를 저장하고 관리하기 위한 집합적인 것으로, 반드시 속성을 포함해
야 한다. 속성이 없는 엔터티는 정보로서의 가치가 없으며, 데이터베이스의 설계 원칙에도 맞지 않는다. 엔
터티는 업무상 관리가 필요한 정보여야 하고, 유일한 식별자가 있어야 하며, 2개 이상의 인스턴스가 존재해
야 하고, 반드시 속성을 포함해야 한다.

03. 답: ④

해설: 파생 속성은 다른 속성으로부터 계산이나 변형되어 생성되는 속성으로, 되도록 적게 보유하는 것이 좋다. 파
생 속성이 많으면 데이터의 일관성이 깨질 수 있고, 저장공간이 불필요하게 낭비되며, 성능에도 영향을 미칠
수 있다. 따라서 파생 속성은 업무적으로 조회가 빈번한 경우에만 선택적으로 사용해야 한다.

04. 답: ④

해설: 주식별자는 엔터티의 인스턴스를 유일하게 구분할 수 있는 속성으로, 한번 부여된 값은 절대로 변하지 않아
야 한다. 주식별자의 값이 변경되면 이를 참조하는 다른 엔터티의 외부식별자도 모두 변경해야 하므로 데이
터의 일관성이 깨질 수 있다. 따라서 주식별자는 업무적으로 안정적이고 지속적으로 사용할 수 있는 값이어
야 한다.

05. 답: ②

해설: 비식별자 관계에서는 부모와의 관계가 선택 사항이며, 부모 없이도 자식 데이터가 생성될 수 있다. 비식별자
관계는 부모 테이블의 기본키가 자식 테이블의 기본키가 아닌 일반 칼럼으로 전환되는 관계로, 반드시 부모
데이터가 있어야만 자식 데이터가 만들어지는 것은 아니다. 따라서 부모와의 관계가 필수 조건이라는 설명
은 잘못된 것이다.

06. 답: ②

해설: ERD에서 주문 엔터티의 고객번호는 고객 엔터티의 기본키(PK)를 외래키(FK)로 상속받아 사용하고 있다. 이는 식별자 관계를 나타내며, 실선으로 표현된 관계선과 식별자 표시를 통해 확인할 수 있다. 또한 관계선의 실선 동그라미는 필수 관계를 나타내며, 한 고객이 여러 개의 주문을 가질 수 있는 1:N 관계를 표현하고 있다.

07. 답: ④

해설: ①번은 제1정규형의 정의는 맞지만, 이는 함수 종속성에 대한 직접적인 설명이 아니다. ②번 제2정규형은 부분함수 종속을 제거하여 완전함수 종속을 만족하는 상태이다. 제2정규형의 정의를 잘못 설명하고 있다. ③번 함수 종속성에서 A→B는 A값이 같으면 B값도 반드시 같아야 하므로, 상품번호가 같으면 상품명도 반드시 하나여야 한다. ④번 정답이다. 함수적 종속성은 어떤 테이블의 두 속성 집합 X, Y가 있을 때 X의 값이 Y의 값을 유일하게 결정하는 관계를 의미한다. X를 결정자, Y를 종속자라고 하며, X → Y로 표기한다. 예를 들어 주민등록번호 → 이름의 경우, 주민등록번호를 통해 한 사람의 이름을 유일하게 결정할 수 있다. 이러한 함수적 종속성은 데이터베이스 정규화의 기본이 된다.

08. 답: ①

해설: 인조 식별자는 업무적으로는 존재하지 않지만, 원조 식별자가 너무 복잡하거나 여러 개의 속성으로 구성된 경우 일련번호와 같은 단순한 형태로 인위적으로 만든 식별자를 말한다. 이는 데이터베이스의 성능 향상이나 구현의 편의성을 위해 사용되며, 원조 식별자가 복잡한 구성을 가질 때 주로 채택된다.

09. 답: ④

해설: 바커 표기법은 실제로 점선과 O 표시를 사용하여 관계를 표현한다. ERD에서 O 표시는 선택성을 나타내며, 점선은 관계를 표현하는 기본 표기 방식이다. ③번 IDEF1X 표기법은 IE 표기법과 유사하나, 비식별자 관계를 점선으로 표현한다.

10. 답: ③

해설: NULL에는 'IS NULL'이나 'IS NOT NULL'과 같은 특별한 SQL 연산자를 사용할 수 있다. 이러한 연산자들은 특정 칼럼의 값이 NULL인지 아닌지를 확인하는 데 사용된다. NULL은 미지의 값이므로 일반적인 비교 연산자(=, 〈, 〉 등)로는 비교가 불가능하지만, IS NULL과 같은 특정 연산자는 사용 가능하다. 따라서 NULL에는 연산자를 사용할 수 없다는 설명은 잘못되었다.

11. 답: ②

해설: CTAS는 테이블을 생성하면서 데이터를 입력하는 방법으로, 기존 테이블의 구조와 데이터는 복사되지만 제약조건(Primary Key, Foreign Key, Check 등)은 복사되지 않는다. NOT NULL 제약조건만 복사되며, 인덱스도 복사되지 않는다. 따라서 필요한 제약조건과 인덱스는 테이블 생성 후 별도로 생성해야 한다.

12. 답: ③

해설: 뷰는 하나 이상의 테이블이나 다른 뷰를 기반으로 생성된 가상 테이블이다. 테이블의 구조가 변경될 경우(칼럼 추가, 삭제, 변경 등) 해당 테이블을 참조하는 뷰도 함께 수정해야 한다. 따라서 테이블 구조가 변경되면 뷰도 변경해야 하며, 이에 따라 응용프로그램도 수정이 필요할 수 있다.

13. 답: ④

해설: 트랜잭션은 데이터베이스의 상태를 변환시키는 하나의 논리적 기능을 수행하기 위한 작업의 단위 또는 한 꺼번에 수행되어야 할 일련의 연산들을 의미한다. 트랜잭션은 데이터베이스 시스템에서 더 이상 분해할 수 없는 가장 작은 단위의 작업으로, 전체가 수행되거나 전혀 수행되지 않아야 하는 원자성(Atomicity)을 가진다.

14. 답: ①

해설: ①번 정규 표현식 없이 LIKE 연산자를 사용하여 '02-'로 시작하지 않는 값을 필터링할 수 있다. ②번 LIKE 연산자를 정규 표현식처럼 사용할 수 없으므로 틀린 표현이다. ③번은 정규 표현식 REGEXP를 사용했지만 NOT 조건이 없으므로 정답과 다르다. ④번은 REGEXP 대신 '~' 연산자를 사용하여 잘못된 구문이다. 문법적으로 올바르지 않아 오류가 발생한다. (14번 문제는 복원이 완전치 않아 비슷한 주제의 문제로 변경함)

15. 답: ③

해설: ③번 해당 SQL은 순방향 전개를 수행한다. CONNECT BY PRIOR 사원 = 관리자 구문에서 PRIOR가 부모 쪽(사원)에 붙어있어 부모에서 자식으로 전개되는 순방향 전개를 의미한다. 만약 역방향 전개를 원한다면 CONNECT BY PRIOR 관리자 = 사원 형태로 작성해야 한다. START WITH 구문은 계층 구조 전개의 시작점을 지정한다. 여기서는 관리자 IS NULL 조건을 통해 '홍길동'을 계층의 루트로 설정했다. ①번 START WITH 구문은 계층 구조 전개의 시작점을 지정한다. 여기서는 관리자 IS NULL 조건을 통해 '홍길동'을 계층의 루트로 설정했다. ②번 CONNECT BY PRIOR 사원 = 관리자는 순방향 전개(부모에서 자식) 조건으로, 부모 데이터에서 자식 데이터 방향으로 계층 구조를 전개한다. ④번 LEVEL은 계층 구조의 깊이를 나타내는 의사 칼럼으로, 1은 루트 노드(최상위), 2는 1단계 아래, 3은 2단계 아래를 나타낸다.

16. 답: ④

해설: 단일행 비교연산자(=, >, <, >=, <=)를 사용할 때는 서브쿼리의 결과가 반드시 1건 이하여야 한다. 만약 서브쿼리의 결과가 2건 이상이면 다중행 비교연산자(IN, ANY, ALL 등)를 사용해야 한다. 서브쿼리가 여러 건을 반환하는 데 단일행 비교연산자를 사용하면 'single-row subquery returns more than one row' 오류가 발생한다.

17. 답: ③

해설: 오라클에서는 T.*와 같은 테이블 별칭을 사용할 때 'AS' 키워드를 사용하지 않는다. 따라서 ③번 쿼리 SELECT T.* FROM TAB AS T는 오라클에서 문법 오류가 발생한다. 오라클의 올바른 테이블 별칭 사용법: SELECT T.* FROM TAB T

18. 답: ②

해설: NULLIF 함수는 두 개의 입력값이 같으면 NULL을 반환하고, 다르면 첫 번째 입력값을 반환한다. 따라서 NULLIF(col1, 'X')는 col1이 'X'와 같으면 NULL을 반환하고, 다르면 col1 값을 반환하므로 주어진 CASE문과 동일한 결과를 도출한다. 이는 조건식을 간단하게 표현할 수 있는 효율적인 방법이다.

19. 답: ②

해설: ②번은 테이블명을 명시하지 않았으며, STADIUM_ID = STADIUM_ID 조건이 모호하다. 이는 두 테이블 간의 관계를 명확히 하지 못했으므로 적절하지 않다. 나머지 보기는 모두 테이블명 또는 별칭을 명확히 사용하여 테이블 간의 관계를 올바르게 정의했다. (19번 문제는 복원이 완전치 않아 비슷한 주제의 문제로 변경함)

20. 답: ①

해설: SUM(COALESCE(COL2, 50))은 COL2에서 NULL 값을 50으로 대체하여 합산한다. 계산하면, 50 + 20 + 50 + 40 + 50 = 210이다. COUNT(COL3)은 COL3의 NULL이 아닌 값을 모두 카운트한다. 계산하면, A, B, C, D, E → 총 5개다.

21. 답: ④

해설: NATURAL JOIN은 COL1과 COL2 값이 일치하는 행을 기준으로 결합한다. 결과로 나오는 행은 다음과 같다.
1행: (KEYA=1, COL1=A, COL2=가) ↔ (KEYB=1, COL1=A, COL2=가)
2행: (KEYA=2, COL1=A, COL2=가) ↔ (KEYB=1, COL1=A, COL2=가)
3행: (KEYA=5, COL1=C, COL2=다) ↔ (KEYB=3, COL1=C, COL2=다)

22. 답: ③

해설: INNER JOIN은 두 테이블 간 공통 칼럼 NAME의 값이 동일한 행을 결합한다. KIM의 경우, 두 테이블에서 공통적으로 존재한다. WHERE TABLE_B.CITY = 'SEOUL' 조건에 따라 CITY='SEOUL'인 경우만 결과로 포함된다. TABLE_A의 NAME=KIM과 AGE는, TABLE_B의 NAME=KIM 및 CITY=SEOUL과 결합된다. 조건에 따라 KIM의 모든 AGE와 CITY=SEOUL만 조합된 결과를 반환한다. ①번 모든 조합을 포함하여 WHERE 조건을 무시했으므로 잘못된 결과이다. ②번 CITY=BUSAN 조건에 따라 잘못된 결과로 필터링되었다. ④번 INNER JOIN에서 PARK는 두 테이블에 공통적으로 존재하지 않으므로 결과에 포함되지 않아야 한다.

23. 답: ③

해설: LEFT OUTER JOIN은 왼쪽 테이블(EMP_A)의 모든 행을 유지하며, 오른쪽 테이블(EMP_B)과 일치하는 값이 있으면 결합하고, 없으면 NULL로 채운다. 결과적으로 SMITH는 EMP_B에 없으므로 SALARY가 NULL로 채워진다. BLAKE는 EMP_A에 없으므로 결과에 포함되지 않는다.

24. 답: ②

해설: ②번은 조건 필터링된 카테시안 곱 SQL문이다. TAB1과 TAB2의 조건(PCOLOR와 PSIZE)에 맞는 조합이다. 조건에 맞게 3×3 = 9행이 생성된다. ①번은 UNION ALL로 TAB1과 TAB2의 CODE를 단순히 합쳐 8행이 생성된다. ③번은 조건이 너무 제한적(PCOLOR='노랑' AND PSIZE='소')이라 1행 출력이 실행된다. ④번은 FULL OUTER JOIN이며 TAB1과 TAB2를 결합하여 4행 생성된다.

25. 답: ④

해설: ④번 FOREIGN KEY는 참조 대상 테이블의 칼럼이 반드시 PRIMARY KEY일 필요는 없다. 대신 PRIMARY KEY 또는 UNIQUE 제약조건이 설정되어 있어야 한다. ①번 UNIQUE는 한 칼럼의 값이 유일해야 한다는 제약조건이다. 그러나 NULL 값은 서로 비교되지 않으므로 여러 개의 NULL 값을 허용할 수 있다. ②번 PRIMARY KEY는 한 테이블의 레코드를 고유하게 식별하기 위해 사용되며, NOT NULL 및 UNIQUE 특성을 모두 만족해야 한다. ③번 CHECK 제약조건은 특정 칼럼의 값이 지정된 조건이나 범위 내에 있어야 함을 정의한다.

26. **답**: ①

해설: ① EXISTS 사용: EXISTS는 서브쿼리의 조건이 참이면 해당 행을 반환한다. 조건: A.지역 = B.지역 AND A.부서번호 = B.부서번호. 이는 SQL 1의 조건(부서번호 IN (...))과 동일하게 작동한다. ② EXISTS 사용 (조건 누락): A.지역 = B.지역 조건이 없다. 따라서 SQL1과 동일한 결과를 출력하지 않는다. ③ 같은 지역에 여러 부서가 있을 경우 서브쿼리가 여러 행을 반환하려고 하므로 오류가 발생한다. ④ ALL 사용: ALL은 모든 조건이 만족되어야 하므로 IN의 동작과 다르다. SQL 수행 결과가 다르다.

27. **답**: ①

해설: 서브쿼리 실행 결과 (10, 20)이 반환되며, NOT IN조건으로 부서번호가 (30, NULL)에서 부서번호가 NULL인 경우를 제외하고 30인 직원 1명이 조회된다.

28. **답**: ④

해설: IN 연산자 목록에 NULL이 포함되어 있더라도, IN 조건은 명시된 값들과 동등 비교를 수행한다. 하지만 NULL과의 동등 비교는 항상 UNKNOWN으로 평가된다. 따라서 IN ('10', '20', NULL)은 부서코드가 '10' 또는 '20'인 경우에만 조건을 만족하며, NULL 값은 포함되지 않는다. IN ('10', '20', NULL) 조건에서 NULL 값은 포함되지 않으므로, 부서코드가 '10' 또는 '20'인 데이터만 조회된다.

29. **답**: ③

해설: 나이가 20 이하인 값만 선택하고 DISTINCT 적용하여 중복을 제거하면 10과 20이 남는다. 서브쿼리 결과의 평균을 계산하면 평균 = (10+20)/2 = 15가 된다.

30. **답**: ③

해설: ③번은 원하는 집계 조합만 지정하여 효율적으로 데이터를 집계할 수 있도록 한다. GROUPING SETS ((부서코드, 지역), (지역))은 다음과 같은 두 집계 결과를 생성한다. 첫 번째 집계는 부서코드와 지역별 상세 집계이다. 두 번째 집계는 지역별 소계(부서코드가 NULL로 표시됨)이다. ①번은 부서코드별 집계와 지역별 소계를 생성한다. 부서코드와 지역별 상세 집계가 누락되었다. ②번은 부서코드와 지역별 상세 집계, 부서코드별 소계를 생성한다. 지역별 소계가 누락되었다. ④번은 가능한 모든 조합의 집계(부서코드별, 지역별, 전체소계 등)를 생성한다. 불필요한 전체 소계와 과도한 집계가 포함되어 요구사항(레코드 수를 최소화)을 만족하지 못한다.

③번 결과

부서코드	지역	매출액
10	서울	1000
20	서울	800
10	부산	700
20	부산	900
NULL	서울	1800
NULL	부산	1600

31. **답: ②**

해설: ②번 CUME_DIST는 파티션 내에서 현재 행의 값보다 작거나 같은 값이 나타난 횟수를 전체 행 수로 나누어 누적 분포 백분율을 반환한다. 데이터의 누적 분포를 0과 1 사이의 값으로 계산하며, 누적 백분율을 구하는 데 사용된다. ①번 PERCENT_RANK는 파티션 내에서 행의 순위를 기반으로 백분율을 계산한다. 첫 번째 행은 항상 0.0이고, 마지막 행은 (N−1)/N으로 계산된다. CUME_DIST는 누적 백분율, PERCENT_RANK는 순위 백분율을 계산한다. ③번 RATIO_TO_REPORT는 파티션 내 특정 값의 비율을 계산한다. ④번 NTILE은 파티션 내의 행을 N등분하여 각 행이 속하는 구간(타일)을 반환한다.

32. **답: ①**

해설: ①번 COUNT(*) OVER (...)는 윈도우 함수로, 현재 행을 기준으로 지정된 범위 내의 행 수를 계산한다. RANGE는 실제 값(연봉)의 범위를 기준으로 계산한다. 100 PRECEDING과 200 FOLLOWING은 현재 행의 연봉 기준으로 −100에서 +200 사이의 값을 포함하는 행 수를 계산한다. PARTITION BY department_id는 부서별로 데이터를 나누어 각 부서의 연봉 범위를 기준으로 계산한다. ②번은 물리적 행의 개수를 기준으로 계산하므로, 현재 행에서 앞뒤 100개와 200개의 행을 포함한다. 범위 기준이 아닌 행 수 기준이므로 틀린 답이다. ③번은 정렬 방향(ORDER BY salary DESC)이 반대이므로, 현재 행을 기준으로 하는 −100 ～ +200의 범위가 뒤집혀 잘못된 결과를 초래한다. ④번은 SUM 대신 COUNT를 사용해야 한다.

33. **답: ①**

해설: 사원번호 7783 (KIM)의 결과는 다음과 같다.

ROW_NUM: 3 (순차적으로 3번째)

RANK_NUM: 2 (동일 값인 SCOTT과 같은 순위)

DENSE_RANK_NUM: 2 (동일 값인 SCOTT과 같은 순위, 순위를 건너뛰지 않음)

34. **답: ②**

해설: ②번 INTERSECT는 COURSE_ID = 100 조건을 만족하는 학생과 COURSE_ID = 101 조건을 만족하는 학생의 교집합을 반환한다. 즉, 두 강좌를 동시에 듣는 학생만 선택된다. ①번 COURSE_ID IN (100, 101)은 COURSE_ID가 100 또는 101인 모든 학생을 조회한다. 두 강좌를 '동시에 듣는' 학생을 구별하지 못하므로 오답이다. ③번 GROUP BY와 HAVING COUNT(DISTINCT COURSE_ID) = 2는 STUDENT_ID가 정확히 두 개의 강좌를 듣는 경우를 찾는다. 그러나 두 강좌가 반드시 100과 101일 필요는 없으므로 오답이다. ④번 WHERE COURSE_ID = 100 AND COURSE_ID = 101은 논리적으로 불가능하다. 하나의 행에서 COURSE_ID가 동시에 100과 101일 수 없으므로 오답이다.

35. **답: ③**

해설: ③번 COUNT(*)+1은 자신보다 높은 점수를 가진 학생의 수에 1을 더해 순위를 계산한다. ①번은 현재 점수보다 낮은 점수를 가진 학생의 수를 계산한다. ②번 MAX(점수)는 최대 점수를 반환하므로 순위 계산과 무관하다. ④번 COUNT(*)−1은 자신과 동점인 학생까지 포함하므로 순위 계산이 틀린다.

③번 결과

```
SELECT 이름, 점수,
       (SELECT COUNT(*)+1
```

```
              FROM 성적 T2
              WHERE T1.점수 < T2.점수) AS 순위
    FROM 성적 T1
    ORDER BY 순위;
```

이름	점수	순위
이영희	92	1
정수진	92	1
김철수	85	3
박민수	78	4

36.   **답: ③**

해설: ③번 ROWNUM = 2 조건은 ROWNUM의 동작 특성상 항상 만족할 수 없으므로 결과가 0건이 된다. 다른 보기는 모두 2건이 반환된다.

① ROWNUM <= 2: ROWNUM이 1 또는 2인 행을 반환한다.

ID	NAME
1	김철수
2	이영희

② ID IN (1, 2): ID가 1 또는 2인 행을 반환한다.

ID	NAME
1	김철수
2	이영희

③ ROWNUM = 2: ROWNUM은 1부터 시작하고 조건을 만족하는 순간 증가한다. 하지만 ROWNUM = 2 조건은 만족할 수 없다. 조건을 만족하는 첫 번째 행이 2가 될 수 없으므로 결과는 0건이다.

④ 서브쿼리 사용: 내부 쿼리에서 ROWNUM <= 2로 첫 두 행을 반환하고, 외부 쿼리에서 다시 ROWNUM <= 2 조건을 적용한다.

ID	NAME
1	김철수
2	이영희

37.   **답: ④**

해설: ④번 DEPARTMENT_ID가 60이 아닌 모든 사원들의 월급이 NULL로 수정된다. 상관 서브쿼리가 결과를 반환하지 않는 경우 NULL로 갱신되므로 정확한 설명이다. ①번은 DEPARTMENT_ID가 60인 사원들의 월급을 10% 인상할 뿐만 아니라, DEPARTMENT_ID가 60이 아닌 사원들의 월급을 NULL로 수정하는 서브

쿼리다. 이 쿼리는 60번 부서 직원들의 월급을 10% 인상하지만, 60번 부서가 아닌 직원들의 SALARY가 NULL로 갱신되므로 틀린 설명이다. ②번 UPDATE EMP_TEST SET SALARY = SALARY * 1.1 WHERE DEPARTMENT_ID = 60과 동일한 의미이다. 이 쿼리는 단순히 60번 부서의 직원들만 갱신하지만, 원래 쿼리는 60번 부서가 아닌 직원들의 SALARY를 NULL로 변경하므로 동일하지 않다. ③번 상관 서브쿼리를 사용하더라도 문법적으로 오류가 없으며, 정상적으로 실행된다. 따라서 틀린 설명이다.

38. 답: ③

해설: 순서대로 실행하면 다음과 같다.

```
INSERT INTO TAB1 VALUES (1, 1000);
```

성공적으로 수행되어 (1, 1000)이 입력된다.

```
UPDATE TAB1 SET COL2 = 100 WHERE COL1 = 1;
```

CHECK 제약조건 COL2 > 500을 위반하므로 실패한다.

```
INSERT INTO TAB1 VALUES (1, 2000);
```

COL1이 PRIMARY KEY로 설정되어 있으므로 중복 키 제약조건을 위반하여 실패한다.

```
INSERT INTO TAB1 VALUES (2, 2000);
```

성공적으로 수행되어 (2, 2000)이 입력된다.

```
SELECT SUM(COL2) FROM TAB1;
    SUM(COL2) = 1000 + 2000 = 3000
```

COL1	COL2
1	1000
2	2000

39. 답: ④

해설: 부서1의 매출 합계는 10000+8000=18000이며, 부서2의 매출 합계는 5000+6300=113000이다. 총매출 기준으로 오름차순 정렬하면 다음과 같다.

COL1	총매출
부서2	11300
부서1	18000

40. 답: ②

해설: NULL 값과 관련된 집계함수의 특성을 고려할 때, MIN과 MAX는 NULL을 제외한 값들 중 최솟값과 최댓값을 반환하며, NULL만 있는 경우 NULL을 반환한다. SUM의 경우 NULL과의 연산(COL2 + COL3)은 NULL을 반환하며, NULL 값들의 합도 NULL을 반환한다. 따라서 각 그룹별로 NULL 처리를 고려한 결과가 ②번과 같이 도출된다.

41. 답: ①

해설: 트랜잭션에서 수행된 데이터 변경사항을 완전히 확정하고 영구적으로 저장하기 위해서는 COMMIT 명령어를 사용한다. COMMIT이 실행되면 해당 트랜잭션의 변경사항이 데이터베이스에 영구적으로 반영되며, 다른 사용자도 변경된 데이터를 볼 수 있게 된다. 이는 트랜잭션의 영속성(Durability)을 보장하는 중요한 명령어.

42. 답: ②

해설: ②번은 WHERE a.주문일시 >= '20230101' 조건으로 주문일시가 2023년 1월 1일 이후인 데이터를 필터링하고, 상품명과 계좌번호를 조회한다. ①번 WHERE 절로 인해 주문일시가 2023년 1월 1일 이후인 데이터만 조회되므로 '주문 테이블의 모든 데이터'는 포함되지 않는다. ③번 JOIN 조건은 a.계좌번호 = c.계좌번호로 정의되어 있어, 계좌번호가 없는 경우 데이터가 제외된다. 틀린 설명이다. ④번 ORDER BY 계좌번호 DESC는 내림차순 정렬이므로 '오름차순'이라는 설명이 틀리다.

43. 답: ②

해설: ②번 DROP TABLE 명령어는 테이블 자체와 테이블과 관련된 모든 객체를 삭제하는 데 사용된다. CASCADE 옵션은 테이블을 참조하고 있는 모든 종속 객체(제약조건, 인덱스, 뷰 등)를 함께 삭제하도록 지정한다. ①번 DELETE는 테이블 자체를 삭제하는 명령어가 아니며, 테이블 내의 데이터를 삭제하는 명령어이다. SQL 표준에 DELETE TABLE 구문은 존재하지 않는다. ③번 TRUNCATE TABLE은 테이블의 모든 데이터를 삭제하지만, 테이블 자체와 종속 객체는 삭제하지 않는다. 또한, CASCADE 옵션은 TRUNCATE와 함께 사용할 수 없다. ④번 REMOVE는 SQL 표준에서 테이블 삭제와 관련된 명령어가 아니다.

44. 답: ③

해설: ③번 WHERE REGION = '서부' 조건으로, REGION이 서부인 데이터만 필터링된다. 두 행 모두 STATUS = '판매중'이다. '서부', '판매중'이 정확히 두 건 출력된다.

45. 답: ①

해설: LIKE 연산자에서 'A%'는 대문자 'A'로 시작하는 모든 문자열을 의미한다. 여기서 %는 0개 이상의 임의의 문자를 나타내는 와일드카드이다. 따라서 예제 데이터에서는 'apple', 'ant'와 같은 소문자 'a'로 시작하는 행은 제외되고, 'ASIA', 'AAA'와 같이 대문자 'A'로 시작하는 행만 조회된다.

46. 답: ①

해설: ①번 LAG(COL1) OVER (ORDER BY COL1)은 COL1 기준으로 오름차순 정렬한 후, 이전 행의 COL1 값을 반환한다. 첫 번째 행에는 이전 행이 없으므로 NULL을 반환한다.

47. 답: ③

해설: ③번 COUNT(*)는 NULL 여부와 상관없이 테이블의 전체 행 개수(5)를 반환한다. COUNT(COL1)은 COL1에서 NULL이 아닌 값의 개수(3)를 반환한다. COUNT(DISTINCT COL2)는 COL2의 NULL을 제외한 고유 값의 개수(2)를 반환한다. 계산 결과는 5+3+2=10이 된다.

48. 답: ④

해설: ④번 단일행 함수는 GROUP BY 절에서 사용할 수 있다. 따라서 ④번이 틀린 보기이다. 나머지 보기는 다 맞다. ①번 단일행 함수는 각 행에 대해 개별적으로 적용되고, 하나의 결과를 반환한다. ②번 단일행 함수는 여러 개의 인자를 받을 수 있다. ③번 단일행 함수는 중첩 사용이 가능하다.

49. 답: ③

해설: ③번 INNER JOIN에서 조인 칼럼의 이름이 반드시 동일할 필요는 없다. 예를 들어 EMP 테이블의 DEPTNO
와 DEPT 테이블의 DNO처럼 서로 다른 이름의 칼럼이라도 ON절이나 WHERE절에서 조인 조건을 올바르게
지정하면 조인이 가능하다.

50. 답: ①

해설: INNER JOIN의 조건인 T1.COL2 = T2.COL2에 따라 두 테이블을 조인한다.

T1.COL1	T1.COL2	T1.COL3	T2.COL1	T2.COL2
가	A	2	2	A
다	C	NULL	3	C

WHERE 절 T1.COL3 >= 3 조건에 따라 조인된 데이터 중 T1.COL3 값이 3 이상인 데이터만 포함한다. 그리
고 T2.COL2 IN ('A', 'B') 조건에 따라 T2.COL2 값이 'A' 또는 'B'인 데이터만 포함한다. 하지만 조인 결과
T1.COL3 >= 3 조건을 만족하는 행이 없다. 따라서 최종 결과는 아무것도 없는 빈 결과 집합이다.

(55회)기출 변형 문제

01. 내부 스키마에 대한 다음 설명 중 옳은 것을 고르시오.

> 가) 개념 스키마의 물리적인 저장구조
> 나) 물리적 저장구조에 대한 정의
> 다) 응용 프로그램이 접근하는 방법
> 라) 데이터베이스 관리자가 접근하는 방법

① 가   ② 나
③ 나, 라   ④ 다, 라

02. ERD(Entity Relationship Diagram)를 작성할 때 엔터티(Entity)의 이름을 표기하는 올바른 방법을 고르시오.

① 길고 상세한 설명을 그대로 사용한다.   ② 띄어쓰기를 사용해야 한다.
③ 약어를 사용할 수 있다.   ④ 복수형으로 표현해야 한다.

03. 다음 중 관계형 데이터베이스와 계층형 데이터베이스를 올바르게 비교한 설명은?

① 관계형 데이터베이스는 데이터를 비정형 구조로 관리하며, 계층형 데이터베이스는 정형화된 구조를 가진다.
② 관계형 데이터베이스는 1:N 관계를, 계층형 데이터베이스는 1:1 관계만을 기본으로 지원한다.
③ 관계형 데이터베이스는 관계를 테이블 기반으로 표현하며, 계층형 데이터베이스는 트리 구조를 통해 데이터 관계를 관리한다.
④ 관계형 데이터베이스는 정렬된 데이터만 관리하며, 계층형 데이터베이스는 비정렬 데이터를 관리한다.

04. 다음 중 IN/EXISTS 서브쿼리를 사용할 때 문법적으로 올바르게 작성된 구문은?

① SELECT * FROM EMPLOYEE WHERE SALARY IN (SELECT MAX(SALARY) DEPARTMENT)
② EXISTS (SELECT * FROM EMPLOYEE E WHERE E.DEPT_ID = D.DEPT_ID)
③ WHERE DEPARTMENT EXISTS (SELECT * FROM EMPLOYEE)
④ DEPARTMENT.ID IN EXISTS (SELECT DEPT_ID FROM EMPLOYEE)

05. 다음 쿼리의 실행 결과로 가장 적절한 것은?

【 EMP 테이블 】

EMPNO	ENAME	JOB
7369	SMITH	CLERK
7566	JONES	MANAGER
7698	BLAKE	MANAGER
7788	SCOTT	ANALYST

```
SELECT ENAME AAA, JOB AAB FROM EMP
WHERE EMPNO = 7369
UNION ALL
SELECT ENAME BBA, JOB BBB FROM EMP
WHERE EMPNO = 7566
ORDER BY 1, 2;
```

①

AAA	AAB
CLERK	SMITH
MANAGER	JONES

②

AAA	AAB
JONES	MANAGER
SMITH	CLERK

③

BBA	BBB
SMITH	CLERK
JONES	MANAGER

④

AAA	AAB
SMITH	CLERK
JONES	MANAGER

06. 데이터 모델 구성의 단계를 나타낸 그림에서 다음 순서로 올바르게 나열된 것은?

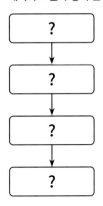

① 엔터티 – 인스턴스 – 속성 – 속성값　　② 속성 – 속성값 – 엔터티 – 인스턴스

③ 엔터티 – 속성 – 인스턴스 – 속성값　　④ 인스턴스 – 엔터티 – 속성값 – 속성

07. alias 칼럼에 대한 설명 중 틀린 것은?!

① AS는 칼럼과 별칭 사이에 올 수 있다.

② 별칭이 칼럼 앞뒤에 올 수 있다.

③ 공백이나 특수문자를 사용할 경우 " "를 사용하면 된다.

④ 별칭의 대소문자를 구분하고 싶은 경우에는 " "를 이용해야 한다.

08. 다음 중 올바른 테이블 생성 SQL문은 무엇인가?

① CREATE TABLE EMPLOYEE-2023

② CREATE TABLE EMP_2023

③ CREATE TABLE 123_EMPLOYEE

④ CREATE TABLE TABLE#EMP

09. 아래는 트랜잭션의 어떤 특성에 대한 설명인가?

> 트랜잭션에서 정의된 연산들은 모두 성공적으로 실행되든지, 아니면 전혀 실행되지 않은 상태로 남아있어야 한다.
> 즉, 트랜잭션이 실행되다가 오류가 발생하면 트랜잭션이 수행한 모든 변경 사항이 원래 상태로 복구된다. 이 특성
> 은 '모든 것이 하나의 단위로 실행된다(All-or-Nothing)'는 개념을 강조한다.

① 원자성

② 일관성

③ 고립성

④ 지속성

10. 데이터 조작어에 해당하는 것은?

① CREATE, ALTER, DROP

② INSERT, UPDATE, DELETE

③ GRANT, REVOKE

④ COMMIT, ROLLBACK

11. UNION ALL과 같은 결과가 나오는 집합 연산자 조합은?

① INTERSECT

② EXCEPT

③ UNION + INTERSECT

④ UNION - INTERSECT

12. 다음은 ROLLUP 함수를 사용한 그룹화 결과다. 쿼리 실행 결과 레코드(행)의 수는?

【 TABLE_A 】

COL1	COL2	VALUE
A	X	50
A	Y	50
B	X	100
C	Z	700

```
SELECT COL1, COL2, SUM(VALUE)
FROM TABLE_A
GROUP BY ROLLUP(COL1, COL2);
```

① 2

② 4

③ 6

④ 8

13. 다음의 SQL을 실행한 결과는?

【 TABLE_EMP 】

EMP_ID	DEPT_ID	SALARY
1	10	3000
2	20	5000
3	10	3000
4	20	4000

```
SELECT
    EMP_ID, DEPT_ID, SALARY,
    DENSE_RANK() OVER (ORDER BY SALARY) AS SAL_RANK
FROM TABLE_EMP;
```

①

EMP_ID	DEPT_ID	SALARY	SAL_RANK
1	10	3000	1
3	10	3000	1
4	20	4000	2
2	20	5000	3

②

EMP_ID	DEPT_ID	SALARY	SAL_RANK
1	10	3000	1
2	20	5000	2
3	10	3000	2
4	20	4000	3

③

EMP_ID	DEPT_ID	SALARY	SAL_RANK
1	10	3000	1
2	20	5000	1
3	10	3000	1
4	20	4000	2

④

EMP_ID	DEPT_ID	SALARY	SAL_RANK
1	10	3000	1
2	20	5000	2
3	10	3000	3
4	20	4000	4

14. 다음은 COMMIT과 ROLLBACK에 관한 설명이다. 이 중 올바른 설명을 고르시오.

가) COMMIT 명령어는 트랜잭션 중 실행된 변경사항을 데이터베이스에 영구적으로 저장한다.

나) ROLLBACK은 트랜잭션이 실행된 상태 그대로 유지하며 변경사항을 확정한다.

다) ROLLBACK 명령어는 COMMIT되지 않은 변경사항을 모두 취소한다.

라) COMMIT된 후에는 ROLLBACK을 사용할 수 없다.

마) ROLLBACK 명령어는 항상 테이블의 모든 데이터를 삭제하는 명령어이다.

① 가, 나, 다   ② 가, 다, 라

③ 나, 다, 라   ④ 가, 라, 마

15. 다음 보기 중 CUSTOMERS 테이블에 OFFI_POST_NUMBER라는 새 칼럼을 테이블에 추가하는 명령어로 옳은 것을 고르시오. (오라클 기준)

【 CUSTOMERS 】

ID	NAME	ADDRESS
1	Alice	Seoul, South Korea
2	Bob	Busan, South Korea
3	Charlie	Incheon, South Korea
4	David	Daegu, South Korea
5	Eva	Daejeon, South Korea

① ALTER TABLE CUSTOMERS ADD COLUMN (OFFI_POST_NUMBER VARCHAR2(80));

② ALTER CUSTOMERS ADD COLUMN OFFI_POST_NUMBER VARCHAR2(80);

③ ALTER TABLE CUSTOMERS ADD (OFFI_POST_NUMBER VARCHAR2(80));

④ ADD COLUMN OFFI_POST_NUMBER TO CUSTOMERS VARCHAR2(80);

16. 아래 [수행 후 결과 조회 테이블]과 같은 결과를 만들어 내는 SQL 쿼리는 무엇인가?

【 수행 전 테이블_ EMPLOYEES 】

ID	NAME	SALARY
1	Alice	3000
2	Bob	5000
3	Charlie	4000
4	David	6000
5	Eva	5000

【 수행 후 결과 조회 테이블 】

ID	NAME	SALARY
4	David	6000
2	Bob	5000
5	Eva	5000

① SELECT * FROM EMPLOYEES
   ORDER BY SALARY DESC
   OFFSET 1 ROWS FETCH NEXT 2 ROWS ONLY;

② SELECT * FROM EMPLOYEES
   ORDER BY SALARY DESC
   FETCH FIRST 2 ROWS ONLY;

③ SELECT * FROM EMPLOYEES
   ORDER BY SALARY DESC
   FETCH FIRST 2 ROWS WITH TIES;

④ SELECT * FROM EMPLOYEES
   ORDER BY SALARY ASC
   FETCH FIRST 3 ROWS WITH TIES;

17. 다음 중 TAB1 테이블에서 COL1 칼럼이 NULL이 아닌 조건으로 이름(NAME)을 조회하는 올바른 SQL문은?

① SELECT NAME FROM TAB1 WHERE COL1 IS NOT NULL ② SELECT NAME FROM TAB1 WHERE COL1 <> NULL

③ SELECT NAME FROM TAB1 WHERE COL1 != NULL ④ SELECT NAME FROM TAB1 WHERE NOT (COL1 = NULL)

18. 다음 ERD를 참고하여 가장 적절한 정규화 단계를 고르시오. (ERWIN 작성)

【 ERD 예 】

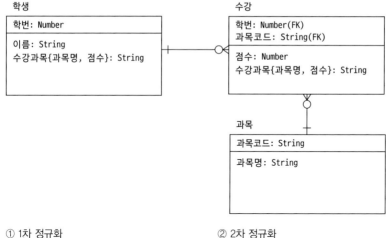

① 1차 정규화　　　　　　　　② 2차 정규화
③ 3차 정규화　　　　　　　　④ 4차 정규화

19. 1:1, 1:M과 같이 두 엔터티 간의 관계에서 참여자의 수를 나타내는 것은?

① 관계명　　　　　　　　　② 관계정의
③ 관계선택사양　　　　　　　④ 관계차수

20. 아래 테이블 데이터를 참고하여 각 SQL의 실행 결과를 고르시오.

【 TABLE_A 】

COL1	COL2	COL3
1	NULL	A
2	1	B
3	NULL	C
4	2	NULL
5	NULL	D

(가) SELECT COUNT(*) FROM TABLE_A;
(나) SELECT COUNT(COL2) FROM TABLE_A;
(다) SELECT COUNT(COL3) FROM TABLE_A;

　　(가), (나), (다)　　　　　　　　　(가), (나), (다)
① 5건, 3건, 3건　　　　　　② 5건, 3건, 4건
③ 5건, 2건, 3건　　　　　　④ 5건, 2건, 4건

21. 아래 SQL문 중 실행 결과가 다른 하나는?

【 주문정보 테이블 】

주문번호	고객번호	주문금액
1	1000	5000
2	1000	3000
3	2000	2000
4	3000	1000
5	3000	4000

① SELECT 고객번호
   FROM 주문정보
   GROUP BY 고객번호
   HAVING COUNT(*) > 0;

② SELECT 고객번호
   FROM 주문정보
   GROUP BY 고객번호;

③ SELECT 고객번호
   FROM 주문정보
   WHERE COUNT(*) > 0;

④ SELECT DISTINCT 고객번호
   FROM 주문정보;

22. 아래 SQL 실행 결과로 적절한 것은?

(가) SELECT COL1 / COL2 AS RESULT FROM TAB WHERE COL1 = 0 AND COL2 = 300;
(나) SELECT COL1 / COL2 AS RESULT FROM TAB WHERE COL1 = 300 AND COL2 = 0;
(다) SELECT COL1 / COL2 AS RESULT FROM TAB WHERE COL1 = 100 AND COL2 IS NULL;

	(가)	(나)	(다)			(가)	(나)	(다)
①	0,	0,	NULL		②	0,	ERROR,	NULL
③	NULL,	ERROR,	0		④	ERROR,	ERROR,	NULL

23. 아래 AAA와 BBB 테이블을 참고하여 LEFT JOIN, RIGHT JOIN, FULL JOIN의 결과 건수가 각각 몇 건인지 순서대로 나열한 것으로 가장 적절한 것은?

【 AAA 테이블 】

A	B	C
1	x	y
2	a	b
3	c	d

【 BBB 테이블 】

A	B	C
10	x	y
20	z	w
30	a	b

(가) SELECT AAA.A, AAA.B, BBB.A, BBB.C
    FROM AAA
    LEFT JOIN BBB ON AAA.B = BBB.B;

(나) SELECT BBB.A, BBB.B, AAA.A, AAA.C
    FROM BBB
    RIGHT JOIN AAA ON AAA.B = BBB.B;

(다) SELECT AAA.*, BBB.*
    FROM AAA
    FULL OUTER JOIN BBB ON AAA.B = BBB.B;

(가), (나), (다)	(가), (나), (다)
① 3건, 3건, 4건	② 3건, 3건, 5건
③ 4건, 4건, 4건	④ 4건, 4건, 5건

24. 다음 중 DML(Data Manipulation Language)에 해당하지 않는 것은?

① UPDATE EMPLOYEE SET SALARY = 5000 WHERE EMP_ID = 100;

② CREATE INDEX IDX_EMPLOYEE ON EMPLOYEE(EMP_ID);

③ INSERT INTO DEPARTMENT VALUES (10, 'SALES', 'SEOUL');

④ DELETE FROM PRODUCT WHERE PRICE < 1000;

25. 기본 엔터티(Basic Entity)의 특성으로 가장 적절하지 않은 것은?

① 업무에서 중요하고 독립적으로 생성이 가능한 엔터티이다.

② 다른 엔터티로부터 주식별자를 상속받지 않는다.

③ 타 엔터티의 영향을 받지 않고 독자적으로 생성이 가능하다.

④ 부모 엔터티로부터 주식별자를 상속받는다.

26. 다음 쿼리의 결과를 고르시오.

    SELECT REGEXP_INSTR('12345678', '(123)(4(56)(78))',1, 1, 0, 'i', 2)
    FROM DUAL;

① 1	② 2
③ 3	④ 4

27. 다음 쿼리의 결과를 고르시오.

```
SELECT
REGEXP_SUBSTR('abcd', 'b\*c') AS COL1
, REGEXP_SUBSTR('abcd', 'b*c') AS COL2
FROM DUAL;
```

① NULL, bc ② b*c, bc

③ NULL, NULL ④ bc, bc

28. 다음의 수행 결과 테이블을 보고 수행 쿼리문의 괄호에 알맞은 보기를 고르시오.

【 수행 결과 】

사원번호	관리자번호
1	NULL
2	1
3	1
4	2
5	3

```
SELECT 사원번호, 관리자번호
FROM EMPLOYEES
START WITH 관리자번호 IS NULL CONNECT BY (          );
```

① PRIOR 관리자번호 = 사원번호 ② PRIOR 사원번호 = 관리자번호

③ PRIOR 관리자번호 = 관리자번호 ④ PRIOR 사원번호 = 사원번호

29. 다음 판매 테이블에 대한 쿼리의 수행 결과로 옳은 보기를 고르시오.

【 판매 】

판매ID	상품ID	판매액
101	A001	1000
102	A001	2000
103	B001	1500
104	B001	2500
105	C001	3000
106	C001	1500

```
SELECT
판매ID
, SUM(판매액) OVER(PARTITION BY 상품ID) AS COL1
, SUM(판매액) OVER(ORDER BY 판매액 ROWS BETWEEN 1 PRECEDING AND CURRENT ROW) AS COL2
, MAX(판매액) OVER(ORDER BY 판매액 DESC ROWS BETWEEN CURRENT ROW AND 1 FOLLOWING) AS COL3
FROM 판매
WHERE 상품ID LIKE 'A%'
ORDER BY 판매ID;
```

①

판매ID	COL1	COL2	COL3
101	3000	1000	2000
102	3000	3000	2000

②

판매ID	COL1	COL2	COL3
101	3000	1000	1000
102	3000	3000	2000

③

판매ID	COL1	COL2	COL3
101	3000	1000	2000
102	2000	2000	1000

④

판매ID	COL1	COL2	COL3
101	3000	3000	2000
102	3000	3000	1000

30. 다음 T1 테이블에 대한 쿼리의 수행 결과로 옳은 보기를 고르시오.

【 T1 】

EMP_ID	NAME	DEPT_ID	SALARY
101	Alice	1	3000
102	Bob	2	2500
103	Charlie	1	3200
104	David	2	2800
105	Eve	1	2900

```
SELECT
EMP_ID, NAME, SALARY
, ROW_NUMBER() OVER(PARTITION BY DEPT_ID ORDER BY SALARY DESC) AS RANK
FROM T1;
```

①

EMP_ID	NAME	SALARY	RANK
103	Charlie	3200	1
101	Alice	3000	1
105	Eve	2900	2
104	David	2800	2
102	Bob	2500	3

②

EMP_ID	NAME	SALARY	RANK
103	Charlie	3200	1
101	Alice	3000	1
105	Eve	2900	2
104	David	2800	1
102	Bob	2500	2

③

EMP_ID	NAME	SALARY	RANK
103	Charlie	3200	1
101	Alice	3000	2
105	Eve	2900	3
104	David	2800	2
102	Bob	2500	3

④

EMP_ID	NAME	SALARY	RANK
103	Charlie	3200	1
101	Alice	3000	2
105	Eve	2900	3
104	David	2800	1
102	Bob	2500	2

31. 테이블의 구조는 그대로 두고 데이터만 삭제하는 함수는?

(가) ERASE

(나) DELETE

(다) DROP

(라) TRUNCATE

① (가)
② (나)
③ (나), (라)
④ (다), (라)

32. 데이터베이스에서 두 테이블 간의 관계에서 데이터의 일관성을 보장하기 위해 사용되는 참조 무결성 관련 키는 무엇인가?

① 슈퍼키(Super Key)
② 기본키(Primary Key)
③ 외래키(Foreign Key)
④ 후보키(Candidate Key)

33. 다음 T1 테이블에 대한 쿼리의 수행 결과는?

【 T1 】

Col1
1
2
140
150

```
SELECT *
FROM (SELECT *
        FROM T1
        ORDER BY Col1 DESC)
WHERE ROWNUM <= 2;
```

① 1, 2, 140, 150

② 2, 1, 140, 150

③ 150, 140

④ 140, 150

34. 다음 T2 테이블에 대한 쿼리의 수행 결과로 생성되는 총 레코드 수는?

【 T2 】

COL1	COL2
A	5000
B	5000
A	5000
B	3000
C	3000

```
SELECT COUNT(*)
FROM T2
GROUP BY ROLLUP((COL1));
```

① 4

② 5

③ 6

④ 7

35. 다음 T3 테이블에 대한 쿼리 수행 결과 테이블을 보고 괄호에 들어갈 내용으로 적절한 것을 보기에서 고르시오.

【 T3 】

A	B	SUM(AMT)
A1	B1	100
A1	B2	200
A2	B1	150
A2	B2	300

【 쿼리 수행 결과 테이블 】

A	B	SUM(AMT)
A1	B1	100
A1	B2	200
A2	B1	150
A2	B2	300
NULL	NULL	750

```
SELECT A, B, SUM(AMT)
FROM T3
(                                    )
```

① GROUP BY GROUPING SETS (A, B, ());   ② GROUP BY ROLLUP (A, B);

③ GROUP BY GROUPING SETS ((A, B), ());   ④ GROUP BY GROUPING SETS(A,(B,()));

36. 아래 T4 테이블을 참조하여 'ENAME =홍길동'의 자식의 자식 노드를 조회하는 쿼리로 알맞은 것을 고르시오.

【 T4 】

EMPNO	ENAME	MGR
1	홍길동	NULL
2	이순신	1
3	강감찬	1
4	유관순	2
5	윤봉길	2
6	안중근	3

① SELECT C.EMPNO, C.ENAME, C.MGR
   FROM T4 A, T4 B, T4 C
   WHERE A.ENAME = '홍길동'
   AND B.MGR = A.EMPNO
   AND C.MGR = B.EMPNO;

② SELECT B.EMPNO, B.ENAME, B.MGR
   FROM T4 A, T4 B
   WHERE A.ENAME = '홍길동'
   AND B.MGR = A.EMPNO;

③ SELECT C.EMPNO, C.ENAME, C.MGR
   FROM T4 A, T4 C
   WHERE A.ENAME = '홍길동'
   AND C.MGR = A.EMPNO;

④ SELECT A.EMPNO, A.ENAME, A.MGR
   FROM T4 A
   WHERE A.ENAME = '홍길동';

37. 다음 쿼리의 실행 결과가 나머지 셋과 다른 하나는?

【 T5 】

EMP_ID	ENAME	DEPT_ID
1	John	10
2	Alice	20
3	Bob	30
4	Carol	10

【 T6 】

DEPT_ID	DEPT_NAME
10	Sales
20	Marketing
30	HR

① SELECT * FROM T5 A
   INNER JOIN T6 B ON A.DEPT_ID = B.DEPT_ID
   WHERE A.DEPT_ID = 10;

② SELECT * FROM T5 A
   INNER JOIN T6 B USING (DEPT_ID)
   WHERE DEPT_ID = 10;

③ SELECT * FROM T5 A
   NATURAL JOIN T6 B
   WHERE DEPT_ID = 10;

④ SELECT * FROM T5 A
   INNER JOIN T6 B ON (DEPT_ID)
   WHERE A.DEPT_ID = 10;

38. [보기]의 테이블 생성 SQL을 보고 주어진 보기 중 오류가 발생하는 것을 고르시오. (①~④까지 순서대로 실행)

【 보기 】

```
CREATE TABLE T7
(
    COL1 VARCHAR2(50),
    COL2 NUMBER,
    COL3 VARCHAR2(50),
    CONSTRAINT PK_01 PRIMARY KEY (COL1)
);

CREATE TABLE T8
(
    COL4 VARCHAR2(50),
    COL5 NUMBER,
    COL1 VARCHAR2(50),
    CONSTRAINT PK_02 PRIMARY KEY (COL4),
    CONSTRAINT FK_02_01 FOREIGN KEY (COL1) REFERENCES T7(COL1)
);
```

① INSERT INTO T7 VALUES ('A', 100, '가');
② INSERT INTO T8 VALUES ('02_A', 100, NULL);
③ INSERT INTO T8 VALUES ('02_B', 200, 'A');
④ UPDATE T8 SET COL1 = 'B' WHERE COL4 = '02_A';

39. 다음 쿼리를 수행할 때 최종적으로 출력되는 것으로 올바른 것은?

【 보기 】

```
CREATE TABLE T9 (
    DEPT_ID   NUMBER PRIMARY KEY,
    DEPT_NAME  VARCHAR2(50)
);

INSERT INTO T9 (DEPT_ID, DEPT_NAME) VALUES (10, 'Sales');
SAVEPOINT SP1;

INSERT INTO T9 (DEPT_ID, DEPT_NAME) VALUES (20, 'Marketing');
SAVEPOINT SP2;

DELETE FROM T9 WHERE DEPT_ID = 10;
SAVEPOINT SP3;

ROLLBACK TO SAVEPOINT SP1;

INSERT INTO T9 (DEPT_ID, DEPT_NAME) VALUES (30, 'HR');
COMMIT;  -- 트랜잭션 종료

SELECT DEPT_NAME FROM T9;
```

① Sales, Marketing, and HR   ② Sales and HR

③ Marketing and HR   ④ Sales only

40. 다음 테이블을 보고 전체 합계와 부서별 합계를 계산하는 SQL로 적절한 것을 고르시오.

【 T10 】

EMP_ID	ENAME	DEPT_ID	SALARY
1	John	10	5000
2	Alice	20	7000
3	Bob	10	6000
4	Carol	30	8000
5	Dave	20	9000

```
① SELECT EMP_ID, ENAME, DEPT_ID, SALARY,
       SUM(SALARY) OVER () AS TOTAL_SALARY,
       SUM(SALARY) OVER (PARTITION BY DEPT_ID) AS DEPT_TOTAL_SALARY
     FROM T10;
```

```
② SELECT EMP_ID, ENAME, DEPT_ID, SALARY,
     SUM(SALARY) AS TOTAL_SALARY,
     SUM(SALARY) OVER (PARTITION BY DEPT_ID) AS DEPT_TOTAL_SALARY
   FROM T10;
③ SELECT EMP_ID, ENAME, DEPT_ID, SALARY,
     SUM(SALARY) OVER (PARTITION BY DEPT_ID) AS TOTAL_SALARY,
     SUM(SALARY) OVER () AS DEPT_TOTAL_SALARY
   FROM T10;
④ SELECT EMP_ID, ENAME, DEPT_ID, SALARY,
     SUM(SALARY) OVER (PARTITION BY DEPT_ID) AS DEPT_TOTAL_SALARY
   FROM T10;
```

41. 다음 보기 중 결과가 다른 하나는?

【 T11 】

ORDER_ID	CUSTOMER_NAME	ORDER_DATE
1	John	2023–12–01
2	Alice	2023–12–02
3	Bob	2023–12–03
4	Carol	2023–12–04
5	Dave	2023–12–05

```
① SELECT * FROM T11
  WHERE ORDER_DATE BETWEEN TO_DATE('2023-12-02', 'YYYY-MM-DD')
  AND TO_DATE('2023-12-04', 'YYYY-MM-DD');
② SELECT * FROM T11
  WHERE ORDER_DATE >= TO_DATE('2023-12-02', 'YYYY-MM-DD')
  AND ORDER_DATE <= TO_DATE('2023-12-04', 'YYYY-MM-DD');
③ SELECT * FROM T11
  WHERE ORDER_DATE IN ('2023-12-02', '2023-12-03', '2023-12-04');
④ SELECT * FROM T11
  WHERE ORDER_DATE
  BETWEEN TO_DATE('2023-12-02', 'YYYY-MM-DD')
  AND TO_DATE('2023-12-03', 'YYYY-MM-DD');
```

42. 아래 SQL의 결과로 적절한 것은?

【 T12 】

C1	C2
10	NULL
20	30
NULL	40
NULL	NULL

```
SELECT NVL(SUM(C1) + SUM(C2), 0) AS TOTAL_SUM
  FROM T12;
```

① 100   ② 90

③ 70   ④ 0

43. 다음 설명 중 틀린 것을 고르시오.

① 단일행 서브쿼리는 서브쿼리의 결과가 1개의 행을 반환해야 한다.

② 단일행 서브쿼리는 =, 〈, 〉 등의 단일값 비교 연산자와 함께 사용된다.

③ 단일행 서브쿼리에서는 IN 연산자를 사용할 수 없다.

④ 단일행 서브쿼리는 외부 쿼리의 WHERE 절이나 SELECT 절에서 사용될 수 있다.

44. 다음의 T13 테이블을 참조하여 SQL을 실행한 결과로 가장 적절한 것은 무엇인가?

【 T13 】

ID	과목
1	과학
2	영어
3	국어
4	역사
5	수학
6	지리

```
SELECT COUNT(*) FROM T13
WHERE 과목 LIKE '%학';
```

① 1개   ② 2개

③ 3개   ④ 4개

45. 다음 도서관 테이블 구조에서 새로운 데이터를 삽입하려고 할 때, 어떤 결과가 발생하는지 고르시오.

【 LIBRARY 테이블 】

도서ID(PK)	도서명	출판사ID(FK)
1	자바	100
3	파이썬	200
4	SQL	300

【 PUBLISHER 테이블 】

출판사ID(PK)	출판사명
100	가나출판
200	다라출판
300	마바출판

```
INSERT INTO LIBRARY (도서ID, 도서명) VALUES (2, 'xxx');
```

① 도메인 무결성 위배로 삽입이 실패한다.　② 참조 무결성 위배로 삽입이 실패한다.

③ 기본 키 제약조건 위배로 삽입이 실패한다.　④ 제약조건 위배 없이 정상적으로 삽입된다.

46. 아래의 SQL을 실행했을 때 결과로 반환되는 레코드의 수는 몇 개인가?

【 CUSTOMER 】

고객번호	이름	등급	구매금액
1	John	A	500
2	Alice	B	300
3	Bob	A	700
4	Carol	C	100
5	Dave	B	600

```
SELECT * FROM CUSTOMER
WHERE 고객번호 = 2
        OR (고객번호 = 4 AND 등급 = 'C' AND 구매금액 < 200);
```

① 1개　② 2개

③ 3개　④ 5개

47. 다음 중 집계 함수(Aggregate Function)에 대한 설명으로 적절하지 않은 것은 무엇인가?

① COUNT(*)는 NULL 값을 포함하여 테이블의 전체 행 수를 반환한다.

② COUNT(expr)은 표현식의 값이 NULL인 경우 제외하고 계산한다.

③ SUM(expr)은 NULL 값을 포함하여 합계를 계산한다.

④ 집계 함수는 그룹 함수로도 불리며, GROUP BY 절과 함께 사용할 수 있다.

48. 다음 중 계층형 모델에 대한 설명으로 적절하지 않은 것은 무엇인가?

① 계층형 모델은 트리 구조를 기반으로 데이터를 표현한다.

② 각 부모 노드는 여러 자식 노드를 가질 수 있으며, 각 자식 노드는 하나의 부모 노드만 가질 수 있다.

③ 계층형 모델은 복잡한 다대다 관계를 쉽게 표현할 수 있다.

④ 계층형 모델은 부모-자식 간의 관계를 정의하는 데 용이하다.

49. 다음 중 로그인 관련 쿼리와 SQL의 동작에 대한 설명으로 적절하지 않은 것은 무엇인가?

① GROUP BY 구문에서 SELECT 절의 ALIAS를 사용할 수 있다.

② ORDER BY ALIAS1, ALIAS2는 오라클에서 정상적으로 작동한다.

③ 5일간 하루 3회 로그인을 한 경우, 쿼리 결과는 15회이다.

④ HAVING 절은 집계 함수 결과를 필터링하는 데 사용된다.

50. 다음 SQL에 대한 설명으로 적절하지 않은 것은 무엇인가?

```
SELECT *
FROM EMP
WHERE DEPT IN (
    SELECT DEPT
    FROM DEPT_TABLE
    WHERE EMPNM IN ('JOHN', 'SMITH')
);
```

① IN 절은 서브쿼리의 결과를 중복 제거(DISTINCT)하여 비교한다.

② 서브쿼리 결과에 NULL 값이 포함되면 외부 쿼리는 정상적으로 실행되지 않는다.

③ IN 절은 하나 이상의 값을 비교할 때 적합하다.

④ 서브쿼리에서 JOHN이 두 명 이상일 경우에도 오류가 발생하지 않는다.

SQLD 55회 _ 기출 변형 문제 해답

01. 답: ②

해설: 내부 스키마는 데이터베이스의 물리적 저장구조를 정의하는 것이다. 시스템 프로그래머나 시스템 설계자가 보는 관점으로 물리적 레코드의 형식, 저장 데이터의 표현 방법, 내부 레코드의 물리적인 순서 등을 표현한다. 가) 개념 스키마의 물리적인 저장구조(X): 내부 스키마는 개념 스키마와는 별개의 독립적인 스키마다. 나) 물리적 저장구조에 대한 정의(O). 다) 응용 프로그램이 접근하는 방법(X): 응용 프로그램은 외부 스키마를 통해 접근한다. 라) 데이터베이스 관리자가 접근하는 방법(X): DBA가 보는 관점이기는 하지만, 접근 방법을 의미하지는 않는다.

02. 답: ③

해설: ERD에서 엔터티의 이름을 표기할 때는 약어를 사용할 수 있다. 이는 설계의 간결성과 가독성을 높이기 위한 것으로, 긴 이름이나 상세한 설명을 사용하면 다이어그램이 복잡해지고 이해하기 어려워질 수 있기 때문이다. 긴 이름이나 상세한 설명 대신에 약어를 사용함으로써 ERD의 시각적 표현을 더 효과적으로 할 수 있다.

03. 답: ③

해설: ① 관계형 데이터베이스는 오히려 매우 정형화된 구조(테이블 형태)로 데이터를 관리하며, 데이터의 정형화된 구조는 관계형 데이터베이스의 핵심 특징 중 하나다. ② 관계형 데이터베이스는 1:1, 1:N, N:M 등 모든 유형의 관계를 지원한다. 계층형 데이터베이스도 1:N 관계를 기본으로 지원하며, 1:1 관계만 지원하는 것이 아니다. ④ 관계형 데이터베이스는 정렬 여부와 관계없이 모든 데이터를 관리할 수 있다. 데이터의 정렬은 필요에 따라 질의 시점에 수행할 수 있는 선택적 기능이며, 데이터베이스의 기본 특성과는 관계가 없다.

04. 답: ②

해설: 'IN' 조건은 서브쿼리 결괏값들이 메인 쿼리의 특정 칼럼 값과 일치하면 데이터를 반환한다. EXISTS 서브쿼리는 데이터의 존재 여부를 확인하는 연산자다. ① IN 서브쿼리에서 FROM 절이 빠져 있다. ② EXISTS는 서브쿼리의 결과가 존재하는지 여부를 평가하는 구문으로 올바른 형태이다. ③ WHERE 절에서 EXISTS 앞에 칼럼명이 올 수 없다. ④ IN과 EXISTS를 동시에 사용할 수 없다.

05. 답: ②

해설: 첫 번째 SELECT 문에서 ENAME은 AAA, JOB은 AAB로 출력된다. 두 번째 SELECT 문에서 ENAME은 BBA, JOB은 BBB로 출력되지만, UNION ALL은 결과를 단순히 결합하므로 두 SELECT 문 모두 AAA와 AAB로 출력된다. ORDER BY 1, 2는 첫 번째 칼럼(AAA)을 기준으로 오름차순 정렬한 후, 두 번째 칼럼(AAB)을 기준으로 정렬한다. 따라서 JONES(MANAGER)가 먼저, SMITH(CLERK)가 뒤에 온다.

06. 답: ③

해설: 데이터 모델을 구성할 때는 먼저 엔터티를 정의하고, 해당 엔터티의 속성들을 정의한 후, 구체적인 인스턴스를 생성하고, 마지막으로 각 인스턴스의 속성값을 지정하는 순서로 진행된다.

07. 답: ②

해설: 별칭(Alias)은 항상 칼럼명 뒤에 위치해야 한다. 칼럼 별칭을 사용할 때는 AS 키워드를 사용하거나 생략할 수 있으며, 공백이나 특수문자가 포함된 별칭 또는 대소문자를 구분하고 싶을 때는 큰따옴표(" ")를 사용한다. 예를 들어 'SELECT empno AS "Employee No", ename "Employee Name" FROM emp'와 같이 사용할 수 있지만, 별칭이 칼럼 앞에 오는 것은 SQL 문법에 맞지 않는다.

08. 답: ②

해설: SQL에서 테이블 이름은 다음 규칙을 따라야 한다. 첫 글자는 반드시 알파벳이어야 한다. 숫자, 언더스코어(_), 알파벳만 사용할 수 있다. 특수 문자(-, # 등)나 공백은 허용되지 않는다. 예약어(예: TABLE, SELECT 등)는 사용할 수 없다.

09.   **답:** ①

해설: 트랜잭션에서 정의된 연산들은 모두 성공적으로 실행되든지, 아니면 전혀 실행되지 않은 상태로 남아 있어야 한다는 것은 트랜잭션의 특성 중 원자성에 대한 설명이다. 원자성은 트랜잭션 연산이 DB에 모두 반영되거나 전혀 반영되지 않아야 함을 의미한다.

10.   **답:** ②

해설: INSERT, UPDATE, DELETE는 데이터 조작어(DML, DATA MANIPULATION LANGUAGE)에 해당한다. CREATE, ALTER, DROP은 데이터 정의어(DDL), GRANT, REVOKE는 데이터 제어어(DCL), COMMIT, ROLLBACK은 트랜잭션 제어어(TCL)에 해당한다.

11.   **답:** ③

해설: UNION ALL은 중복을 포함한 모든 결과를 출력하는 연산자다. UNION + INTERSECT는 수학적으로 UNION ALL과 동일한 결과를 생성한다. UNION은 중복을 제거한 합집합을 만들고, 여기서 INTERSECT(교집합)를 빼면 중복을 포함한 모든 결과가 출력되기 때문이다. 따라서 UNION + INTERSECT가 UNION ALL과 동일한 결과를 만든다.

12.   **답:** ④

해설: ROLLUP(COL1, COL2)의 결과는 다음 단계를 포함한다. ① COL1과 COL2의 모든 조합에 대한 그룹화 결과. ② COL2를 NULL로 한 상위 그룹화(COL1 기준으로만 그룹화). ③ COL1과 COL2 모두 NULL로 한 전체 합계.

【 쿼리 실행 결과 】

COL1	COL2	VALUE
A	X	50
A	Y	50
B	X	100
C	Z	700
A	NULL	100
B	NULL	100
C	NULL	700
NULL	NULL	900

13.   **답:** ①

해설: DENSE_RANK는 동일한 값에 동일한 랭크를 부여하며, 중간 랭크를 건너뛰지 않기 때문에 ①번이 정답이다. SALARY = 3000인 행(EMP_ID: 1, 3)은 동일한 랭크 '1'을 부여하고, SALARY = 4000인 행(EMP_ID: 4)은 랭크 '2'를 부여한다. 마지막으로 SALARY = 5000인 행(EMP_ID: 2)은 랭크 '3'을 부여한다.

14.   **답:** ②

해설: 가) COMMIT은 트랜잭션 변경사항을 영구적으로 저장하는 명령어이다. (O)

　　　나) ROLLBACK은 변경사항을 취소하는 명령어이며, 확정과는 반대 개념이다. (X)

다) ROLLBACK은 COMMIT되지 않은 변경사항을 모두 취소한다. (O)

라) COMMIT된 후에는 ROLLBACK으로 변경사항을 취소할 수 없다. (O)

마) ROLLBACK은 트랜잭션의 변경사항을 취소하는 명령어이며, 테이블 데이터를 삭제하지 않는다. (X)

15. **답:** ③

해설: ① 오라클에서는 ADD COLUMN 구문을 사용하지 않는다. ADD만 사용해야 한다. (X)

② ALTER 키워드 뒤에 테이블명을 바로 작성해야 하며, ADD COLUMN 구문은 지원되지 않는다. (X)

③ 오라클에서 칼럼을 추가하려면 ALTER TABLE 테이블명 ADD (칼럼명 데이터 타입); 형식을 사용한다. (O)

④ 이 형식은 SQL 문법에 맞지 않다. 오라클 SQL의 표준이 아니다. (X)

16. **답:** ③

해설: ① OFFSET 1 ROWS는 첫 번째 행을 건너뛰고 그다음 2개 행을 반환하므로, 결과는 ID 2, ID 3이 된다. (X)

② FETCH FIRST 2 ROWS ONLY는 상위 2개 행만 반환하며 동순위 행을 포함하지 않으므로, 결과는 ID 4, ID 2이다. (X)

③ FETCH FIRST 2 ROWS WITH TIES는 ORDER BY 기준 상위 2개의 행과 마지막 행의 동순위 데이터를 포함하여 반환하므로 결과는 ID 4, ID 2, ID 5이다. (O)

④ ORDER BY SALARY ASC는 급여가 낮은 순서로 정렬하며, 상위 3개의 행을 동순위 행을 포함해 반환한다. 결과는 ID 1, ID 3, ID 2이다. (X)

17. **답:** ①

해설: NULL 값을 비교할 때는 일반적인 비교 연산자(=, <>, !=)를 사용할 수 없고, 반드시 IS NULL 또는 IS NOT NULL을 사용해야 한다. NULL은 '알 수 없는 값'을 의미하므로 일반 비교 연산자로는 비교가 불가능하다. 따라서 COL1이 NULL이 아닌 데이터를 조회하기 위해서는 'IS NOT NULL' 구문을 사용해야 한다.

18. **답:** ②

해설: 제시된 ERD는 2차 정규화가 적용된 상태다. 학생 테이블의 반복 그룹인 수강과목들이 수강 테이블로 분리되어 1차 정규화가 되었고, 과목명이라는 부분 함수적 종속성을 가진 속성이 과목 테이블로 분리되어 2차 정규화까지 완료된 상태다. 이는 각각의 테이블이 완전 함수적 종속성을 가지고 있음을 보여준다.

19. **답:** ④

해설: 관계차수(Cardinality)는 두 개의 엔터티 타입 간에 관계를 맺고 있는 실체들의 수적인 대응관계를 말한다. 예를 들어, 1:1(일대일), 1:M(일대다), M:N(다대다)와 같은 관계의 수를 의미한다. 엔터티 간의 관계를 정의할 때 업무적 연관성을 규정하는 중요한 제약조건이 된다.

20. **답:** ④

해설: (가) 모든 행의 개수-5건, (나) COL2의 NULL이 아닌 값-2건, (다) COL3의 NULL이 아닌 값-4건

21. **답:** ③

해설: COUNT(*)는 GROUP BY나 HAVING 절에서만 사용할 수 있으며, WHERE 절에서는 사용할 수 없고 에러가 발생한다(ORA-00934: group function is not allowed here).

22. 답: ②

해설: (가) 0 / 300 = 0 → 0을 어떤 수로 나누면 결과는 항상 0

(나) 300 / 0 = 에러 → 어떤 수를 0으로 나누면 'division by zero' 에러가 발생(수학적으로 정의되지 않은 연산)

(다) 100 / NULL = NULL → NULL과의 모든 산술 연산의 결과는 NULL

23. 답: ①

해설: (가) 3건, (나) 3건, (다) 4건

(가) LEFT JOIN

A	B	A	C
1	x	10	y
2	a	30	b
3	c	NULL	NULL

(나) RIGHT JOIN

A	B	A	C
10	x	1	y
30	a	2	b
NULL	NULL	3	d

(다) FULL OUTER JOIN

A	B	C	A	B	C
1	x	y	10	x	y
NULL	NULL	NULL	20	z	w
2	a	b	30	a	b
3	c	d	NULL	NULL	NULL

24. 답: ②

해설: • DML(Data Manipulation Language): 데이터의 조회(SELECT), 삽입(INSERT), 수정(UPDATE), 삭제(DELETE) 작업을 다루는 SQL 명령어(SELECT, INSERT, UPDATE, DELETE)

• DDL(Data Definition Language): 데이터베이스 객체(테이블, 인덱스, 뷰 등)의 생성(CREATE), 수정(ALTER), 삭제(DROP) 작업을 다루는 SQL 명령어(CREATE, ALTER, DROP, TRUNCATE)

25. 답: ④

해설: 기본 엔터티는 기본적이고 독립적인 엔터티로서, 다른 엔터티의 도움 없이 독자적으로 생성이 가능하다. 다른 엔터티로부터 주식별자를 상속받지 않으며, 스스로 생성된 식별자를 가진다. 주식별자를 상속받는 것은 중심 엔터티나 행위 엔터티의 특성이므로, 기본 엔터티의 특성으로는 적절하지 않다.

26. **답: ④**

해설: REGEXP_INSTR 함수는 정규 표현식을 사용하여 문자열에서 특정 패턴이 위치한 시작 위치를 반환한다.

- '12345678': 대상 문자열
- '(123)(4(56)(78))': 정규 표현식 패턴. 그룹화된 패턴으로, 괄호에 따라 하위 그룹이 형성됨 → Group 1: (123) / Group 2: (4(56)(78)) / Group 3: (56) / Group 4: (78)
- 1 (검색 시작 위치): 검색을 시작할 위치(1부터 시작).
- 1 (찾는 번째): 첫 번째 일치 결과를 반환.
- 0 (반환 값 유형): 0은 일치 시작 위치를 반환하라는 뜻.
- 'i' (대소문자 무시): 패턴 매칭 시 대소문자를 구분하지 않음.
- 2 (그룹 번호): 패턴의 2번 그룹(즉, (4(56)(78)))의 시작 위치를 반환.
- sub_expression = 2: 두 번째 캡처 그룹 (4(56)(78))의 시작 위치를 반환해야 한다.입력 문자열 '12345678'에서 두 번째 캡처 그룹 (4(56)(78))은 4번째 문자인 '4'부터 시작한다.

27. **답: ①**

해설:
- REGEXP_SUBSTR('abcd', 'b*c'): 정규 표현식에서 *는 문자 그대로의 '*'을 찾는다. 문자열 'abcd'에는 'b*c'가 없으므로 결과는 NULL.
- REGEXP_SUBSTR('abcd', 'b*c'): 정규 표현식에서 *는 0회 이상 반복을 의미한다. 'b*c'는 'b'가 0회 또는 여러 번 나타난 뒤 'c'가 오는 패턴을 찾는다. 따라서 'c' 앞에 'b'가 0번 이상 나오는 패턴을 찾는다. 'abcd'에서 'bc' 부분이 매치되므로 결과는 'bc'이다.

28. **답: ②**

해설: ① PRIOR 관리자번호 = 사원번호: 관계가 역방향으로 설정되어 결과가 요구사항과 다름.

② PRIOR 사원번호 = 관리자번호: 요구사항인 순방향 계층 출력.

③ PRIOR 관리자번호 = 관리자번호: 올바르지 않은 관계 설정.

④ PRIOR 사원번호 = 사원번호: 자기 자신을 참조하는 쿼리로 잘못된 관계.

29. **답: ②**

해설: COL1: 상품ID별 합계 → 항상 3000. COL2: 판매액 기준 정렬 후, 현재 행과 이전 행의 합계 → 1000, 3000. COL3: 판매액 내림차순 정렬 후, 현재 행과 다음 행의 최댓값 → 1000, 2000.

- SUM(판매액) OVER(PARTITION BY 상품ID) AS COL1

  PARTITION BY 상품ID: 동일한 상품ID를 그룹화하여 판매액의 합계를 계산.

  결과: 상품ID = A001 → 합계 = 1000 + 2000 = 3000.

  COL1 값: 101 → 3000, 102 → 3000

- SUM(판매액) OVER(ORDER BY 판매액 ROWS BETWEEN 1 PRECEDING AND CURRENT ROW) AS COL2

  ROWS BETWEEN: 현재 행과 바로 이전 행의 판매액 합계를 계산.

판매액 기준으로 정렬:

첫 번째 행: 판매액 = 1000

이전 행 없음 → 합계 = 1000

두 번째 행: 판매액 = 2000

이전 행(1000) + 현재 행(2000) → 합계 = 3000

COL2 값: 101 → 1000, 102 → 3000

- MAX(판매액) OVER(ORDER BY 판매액 DESC ROWS BETWEEN CURRENT ROW AND 1 FOLLOWING) AS COL3

판매액을 내림차순 정렬:

첫 번째 행: 판매액 = 2000

현재 행 = 2000, 다음 행 = 1000 → 최댓값 = 2000

두 번째 행: 판매액 = 1000, 현재 행 = 1000, 다음 행 없음 → 최댓값 = 1000.

COL3 값: 101 → 1000, 102 → 2000

30. **답:** ④

해설: DEPT_ID를 기준으로 그룹화하고, 그룹 내에서 SALARY를 기준으로 내림차순 정렬한 다음, 그룹 내에서 순번을 매김

- DEPT_ID = 1:

3200 (Charlie) → RANK = 1

3000 (Alice) → RANK = 2

2900 (Eve) → RANK = 3

- DEPT_ID = 2:

2800 (David) → RANK = 1

2500 (Bob) → RANK = 2

31. **답:** ③

해설: 테이블의 데이터만 삭제하는 명령어는 DELETE와 TRUNCATE이다. DELETE는 데이터를 조건별로 삭제할 수 있고 로그를 남기는 DML 명령어이며, TRUNCATE는 모든 데이터를 한 번에 삭제하는 DDL 명령어다. DROP은 테이블 구조 자체를 삭제하며, ERASE는 존재하지 않는 명령어다.

32. **답:** ③

해설: 외래키(Foreign Key)는 두 테이블 간의 참조 무결성을 보장하는 제약조건이다. 참조 무결성이란 부모 테이블의 기본키를 참조하는 자식 테이블의 외래키는 반드시 부모 테이블의 기본키에 존재하는 값만 가질 수 있음을 의미한다. 이를 통해 데이터베이스의 일관성과 정확성을 유지할 수 있다.

33. **답:** ③

해설: 서브쿼리 먼저 수행되면 150, 140, 2, 1이 반환되고, ROWNUM 조건에 의해 상위 2개만 반환된다. 따라서 150, 140이 반환된다.

34. 답: ①

해설: ROLLUP(COL1)은 COL1을 기준으로 그룹화하며, 상위 수준의 그룹(전체 합계)을 추가한다. 각 COL1별로 그룹을 만들고, 마지막에 전체 합계를 포함하는 NULL 그룹을 생성한다.

[쿼리 수행 결과] → 아래로 A, B, C, NULL 그룹의 순

COUNT(*)
2
2
1
5

35. 답: ③

해설:

① GROUP BY GROUPING SETS (A, B, ());

A	B	SUM(AMT)
A1	NULL	300
A2	NULL	450
NULL	B1	250
NULL	B2	500
NULL	NULL	750

② GROUP BY ROLLUP (A, B);

A	B	SUM(AMT)
A1	B1	100
A1	B2	200
A2	B1	150
A2	B2	300
A1	NULL	300
A2	NULL	450
NULL	NULL	750

③ GROUP BY GROUPING SETS ((A, B), ());

A	B	SUM(AMT)
A1	B1	100
A1	B2	200
A2	B1	150
A2	B2	300
NULL	NULL	750

④ GROUP BY GROUPING SETS(A,(B,()));

　　　　-〉 오류 발생: SQL Error [936] [42000]: ORA-00936: 누락된 표현식

36. **답:** ①

　　해설: '홍길동'의 자식 노드는 〈MGR = '홍길동'의 EMPNO인 직원들〉이다. '홍길동'의 자식의 자식은 〈MGR = '홍길동'의 EMPNO인 직원들〉의 MGR이 되는 노드이다.

①

EMPNO	ENAME	MGR
4	유관순	2
5	윤봉길	2
6	안중근	3

②

EMPNO	ENAME	MGR
2	이순신	1
3	강감찬	1

③

EMPNO	ENAME	MGR
2	이순신	1
3	강감찬	1

④

EMPNO	ENAME	MGR
1	홍길동	NULL

37. **답:** ④

　　해설: ON (DEPT_ID)는 구문 오류이다. ON 조건에는 두 테이블 간의 칼럼 비교가 필요하며, 올바른 표현은 'ON A.DEPT_ID = B.DEPT_ID'이다.

38. **답:** ④

　　해설: • T7에 COL1 = 'B'가 존재하지 않아, T8의 COL1 값을 변경할 수 없다. 왜냐하면 T8 테이블의 COL1은 외래키(FK)로 T7 테이블의 COL1을 참조한다. 외래키로 지정된 칼럼에 특정값이 오려면 반드시 외래키가 참조하는 T7 테이블의 PK인 COL1에도 그 특정값이 존재해야 한다. → CONSTRAINT FK_02_01 FOREIGN KEY (COL1) REFERENCES T7(COL1)

　　　　• 외래 키(FK) 무결성 조건을 위반하기 때문에 다음의 에러가 출력된다. → 'SQL Error [2291] [23000]: ORA-02291: 무결성 제약조건(C##OT.FK_02_01)이 위배되었습니다- 부모 키가 없습니다.'

39. 답: ②

해설: Sales가 추가되고, SAVEPOINT SP1 저장 → Marketing이 추가되고, SAVEPOINT SP2 저장 → Sales가 삭제되고, SAVEPOINT SP3 저장 → SP1 상태로 돌아가므로 Sales만 복원 → HR이 추가되고, 트랜잭션이 COMMIT → Sales와 HR만 남는다.

40. 답: ①

해설:

① • SUM(SALARY) OVER ():
  ○ 모든 행에서 전체 합계를 계산.
  ○ 결과: 전체 SALARY의 합계 35000.
• SUM(SALARY) OVER (PARTITION BY DEPT_ID):
  ○ DEPT_ID별로 SALARY 합계를 계산.
  ○ 부서별 합계:
    □ DEPT_ID = 10: 5000 + 6000 = 11000.
    □ DEPT_ID = 20: 7000 + 9000 = 16000.
    □ DEPT_ID = 30: 8000.
• 결과

EMP_ID	ENAME	DEPT_ID	SALARY	TOTAL_SALARY	DEPT_TOTAL_SALARY
1	John	10	5000	35000	11000
3	Bob	10	6000	35000	11000
5	Dave	20	9000	35000	16000
2	Alice	20	7000	35000	16000
4	Carol	30	8000	35000	8000

② 오류 발생 → SUM(SALARY)는 집계 함수로, Window Function이 아니므로 전체 SALARY 합계를 행별로 계산할 수 없다.
③ 전체 합계(TOTAL_SALARY)와 부서 합계(DEPT_TOTAL_SALARY)가 서로 바뀌어 있다.
④ 전체 합계(TOTAL_SALARY)가 없다.

41. 답: ④

해설: ①, ②, ③은 모두 2023-12-02 ~ 2023-12-04 데이터를 포함한다. ④ BETWEEN TO_DATE('2023-12-02') AND TO_DATE('2023-12-03')은 2023-12-04 데이터를 포함하지 않는다.

42. 답: ①

해설: SUM 함수는 자동으로 NULL 값을 제외하고 계산한다. 테이블 데이터의 유효 값만 더해진다. NVL 함수는 NULL 값을 대체한다. 이 경우 SUM(C1) + SUM(C2)가 NULL이 아니므로 NVL은 적용되지 않는다.

43. 답: ③

해설: ③은 잘못된 설명이다. IN 연산자는 단일행/다중행 서브쿼리 모두에서 사용 가능하다. IN 연산자는 단일값과 비교할 때도 유효하며, 여러 값과 비교할 때도 유효하다. = 연산자의 확장된 형태로 볼 수 있다.

44. 답: ②

해설: 과목 LIKE '%학'에 해당하는 데이터는 과학, 수학이며, COUNT하면 2개이다.

45. 답: ④

해설: ① 도메인 무결성 확인: 도메인 무결성은 칼럼 값의 데이터 타입과 허용 가능한 값 범위를 지키는지 확인한 다. 도서ID와 도서명은 각각 숫자(PK)와 문자열로 선언되어 있으므로, 값 2와 'xxx'는 도메인 무결성을 위반 하지 않는다. ② 참조 무결성 확인: 참조 무결성은 외래 키(FK)가 참조하는 테이블에 존재하는 값이어야 한 다는 규칙이다. SQL문에 출판사ID 칼럼 값이 없으므로 외래 키 무결성 검사는 수행되지 않는다. ③ 기본 키 제약조건 확인: 기본 키 제약조건은 테이블에서 중복되지 않는 유일한 값이어야 한다는 것이다. 도서ID 2는 기존 데이터에서 중복되지 않으므로 기본 키 제약조건에 위배되지 않는다. → 따라서 ④ 도메인 무결성, 참 조 무결성, 기본 키 제약조건 모두 위배되지 않으므로 삽입이 정상적으로 수행된다.

46. 답: ②

해설: (고객번호 = 2)를 만족하는 것 1개, OR (고객번호 = 4 AND 등급 = 'C' AND 구매금액 < 200)을 만족하는 것 1개이므로 총 2개이다.

47. 답: ③

해설: SUM(expr)은 NULL 값을 제외하고 합계를 계산한다. NULL 값은 자동으로 무시되며, 계산에 포함되지 않는다.

48. 답: ③

해설: 계층형 모델은 1:N 관계(부모–자식)는 잘 표현할 수 있지만, 다대다(M:N) 관계를 표현하기에는 적합하지 않 다. 다대다 관계를 구현하려면 추가적인 중간 테이블(Bridge Table)과 같은 해결책이 필요하다.

49. 답: ①

해설: GROUP BY 절에서는 SELECT 절의 ALIAS를 사용할 수 없다. GROUP BY 절에서는 칼럼 이름이나 표현식 을 직접 사용해야 한다.

50. 답: ②

해설: 서브쿼리 결과에 NULL 값이 포함되어도 외부 쿼리는 정상적으로 실행된다. 다만 NULL은 어떠한 값과도 일 치하지 않으므로 조건에 부합하지 않는다.